Passo a Passo

Microsoft®
Outlook® 2010

L222m Lambert, Joan.

Microsoft Outlook 2010 : passo a passo / Joan Lambert, Joyce Cox ; tradução: Aldir José Coelho Corrêa da Silva ; revisão técnica: Luciana Michel. – Porto Alegre : Bookman, 2012.

xxvi, 542 p. : il. ; 25 cm.

ISBN 978-85-407-0084-0

1. Programa de computador. 2. Software. 3. Microsoft Office – Outlook 2010. I. Cox, Joyce. II. Título

CDU 004.4Outlook 2010

Catalogação na publicação: Ana Paula M. Magnus – CRB 10/2052

Joan Lambert e Joyce Cox

Microsoft

Passo a Passo

Microsoft® Outlook® 2010

Tradução:
Aldir José Coelho Corrêa da Silva

Revisão técnica:
Luciana Michel
Profissional com certificações MCSA, MCSE, MCTS, MCITP, MCT
Instrutura da Alfamídia Prow – Educação Profissional

bookman

2012

Obra originalmente publicada sob o título
Microsoft Outlook 2010 Step by Step, autoria de Joan Lambert e Joyce Cox.
ISBN 978-0-7356-2690-4

Capa: *VS Digital*, arte sobre capa original

Leitura Final: *Carla Sanceverino*

Editora responsável por esta obra: *Mariana Belloli Cunha*

Gerente editorial – CESA: *Arysinha Jacques Affonso*

Editoração: *Techbooks*

Av. Jerônimo de Ornelas, 670 – Santana
90040-340 – Porto Alegre – RS
Fone: (51) 3027-7000   Fax: (51) 3027-7070

Unidade São Paulo
Av. Embaixador Macedo Soares, 10.735 – Pavilhão 5 – Cond. Espace Center
Vila Anastácio – 05095-035 – São Paulo – SP
Fone: (11) 3665-1100   Fax: (11) 3667-1333

SAC 0800 703-3444 – www.grupoa.com.br

IMPRESSO NO BRASIL
PRINTED IN BRAZIL

As autoras

Joan Lambert

Joan atua na indústria de treinamento e certificação há mais de uma década. Como Presidente da Online Training Solutions, Inc. (OTSI), é responsável por conduzir a conversão de informações e requisitos técnicos em ferramentas de treinamento e certificação úteis, relevantes e mensuráveis.

Tem as certificações Microsoft Office Master (MOM), Microsoft Certified Application Specialist (MCAS), Microsoft Certified Technology Specialist (MCTS), Microsoft Certified Trainer (MCT) e é autora de vários livros sobre Windows e Office (para Windows e Mac).

Joyce Cox

Joyce tem 30 anos de experiência em desenvolvimento de materiais de treinamento em assuntos técnicos para públicos não técnicos e é autora de vários livros sobre tecnologias Office e Windows. É vice-presidente da OTSI.

Como presidente e principal autora da Online Press, desenvolveu a série *Quick Course* para aprendizes adultos de nível iniciante e intermediário. Além disso, foi a primeira gerente editorial da Microsoft Press e foi editora na Sybex e na Universidade da Califórnia.

A Equipe

Este livro não existiria sem o suporte dos membros altamente empenhados da equipe de publicação da OTSI descritos a seguir:

- Kathleen Atkins
- Jan Bednarczuk
- Jenny Moss Benson
- Rob Carr
- Susie Carr
- Jeanne Craver
- Patty Gardner
- Elizabeth Hansford
- Kathy Krause
- Marlene Lambert
- Patty Masserman
- Brianna Morgan
- Jaime Odell
- Jean Trenary
- Liv Trenary
- Elisabeth Van Every

Nossos agradecimentos especiais às equipes de apoio de casa, que permitiram que os integrantes de nossa equipe dedicassem seu tempo e atenção a esses projetos.

Devon Musgrave deu suporte inestimável em nome da Microsoft Learning.

Online Trainig Solutions, Inc. (OTSI)

A OTSI é especializada em design, criação e produção de materiais de treinamento do Office e do Windows para profissionais da área de informação e usuários de computadores domésticos. Para obter mais informações sobre a OTSI, visite:

www.otsi.com

Apresentando o Microsoft Outlook 2010

O sonho de Bill Gates de "um computador em cada mesa" aos poucos vai se tornando realidade – atualmente, muitas pessoas trabalham (e jogam e se divertem) em computadores tanto no escritório quanto em casa. Mas os computadores de mesa também estão se tornando um item do passado. Laptops, netbooks e outros computadores portáteis, assim como os dispositivos Windows Mobile, smartphones, Windows Phones, Blackberries e iPhones passaram a ser as plataformas de comunicação padrão. As mensagens eletrônicas – por email, mensagem instantânea ou mensagem de texto – mantêm muitos de nós em contato com colegas, clientes, amigos e familiares durante um tempo surpreendente todo dia. Para pessoas que dependem de mensagens eletrônicas como meio de comunicação, o Microsoft Outlook 2010 oferece uma solução ideal. Além do Outlook 2010 incluir funcionalidade de email, ele também se integra a programas de mensagem instantânea e provedores de serviço de mensagem de texto SMS. O Outlook nos permite gerenciar mensagens e informações – catálogos de endereços, calendários, listas de tarefas, blocos de notas e muito mais – em uma interface atraente. O mais importante é que ele torna essas informações imediatamente disponíveis quando e onde precisamos delas. A partir do mesmo lugar, podemos rapidamente armazenar, organizar, gerenciar e recuperar muitos tipos de informação. Você pode usar o Outlook para:

- Enviar, receber, organizar e arquivar emails.
- Criar diagramas empresariais interessantes e incorporar e editar imagens externas em suas comunicações.
- Enviar documentos, planilhas, imagens e outros arquivos como anexos de mensagens e visualizar os anexos que receber de outras pessoas.
- Agendar eventos, compromissos e reuniões, convidar os participantes e reservar salas de reunião, projetores e outros recursos gerenciados.
- Visualizar compromissos e tarefas futuros e receber lembretes sobre eles.
- Armazenar informações de contato em um formato transferível e de fácil acesso.
- Controlar as suas tarefas e as de outras pessoas e reservar tempo para concluí-las.
- Armazenar fragmentos de informação aleatórios como anotações.

- Compartilhar informações de agenda com outras pessoas, dentro e fora de sua empresa.
- Rastrear as interações que você tem com outras pessoas.
- Organizar e localizar facilmente informações de mensagens, anexos, calendários, contatos e tarefas.
- Filtrar mensagens indesejadas e incômodas.
- Ter informações dos sites favoritos sendo distribuídas diretamente para você.

Em um ambiente empresarial, o Outlook 2010 interage com os produtos de servidor da Microsoft para fornecer serviços de comunicação unificados que incluem informações de presença e *status* em tempo real, funcionalidade especializada de correio interno, acesso a mensagens de fac-símile e correio de voz, acesso offline ao conteúdo do site do SharePoint e muitos outros recursos úteis.

Alterações significativas foram feitas em comparação às versões anteriores do Outlook. Se você estiver fazendo a atualização do Outlook 2007 ou 2003, pode achar difícil se acostumar com algumas das alterações – principalmente a incorporação global de elementos da interface do Office 2010 como a Faixa de Opções, a Barra de Ferramentas de Acesso Rápido e o novo modo de exibição Backstage. Esses elementos foram cuidadosamente projetados para fornecer acesso intuitivo a ferramentas e comandos. No Outlook 2010 você pode controlar o conteúdo exibido nas guias da Faixa de Opções e personalizar seu ambiente de trabalho de mais maneiras do que em versões anteriores do Outlook.

Vamos começar!

Resumindo, o Outlook 2010 é realmente um excelente sistema de gerenciamento de informações em um único local. Nunca foi tão fácil gerenciar mensagens, compromissos e informações. Após usar esse programa durante algum tempo, você vai acabar se perguntando como conseguiu viver sem ele antes. Junte-se a nós agora para examinar de perto todos os recursos e funções do Outlook 2010.

Modificando a exibição da Faixa de Opções

O objetivo do ambiente de trabalho do Microsoft Office 2010 é tornar o trabalho com arquivos do Office – que incluem documentos do Microsoft Word, planilhas do Excel, apresentações do PowerPoint, emails do Outlook e bancos de dados do Access – o mais intuitivo possível. Trabalhamos com um arquivo do Office e seu conteúdo fornecendo comandos para o programa em que o documento é aberto. Todos os programas do Office 2010 organizam os comandos em uma barra horizontal chamada *Faixa de Opções*, que aparece ao longo do topo da janela de cada programa havendo ou não um documento ativo.

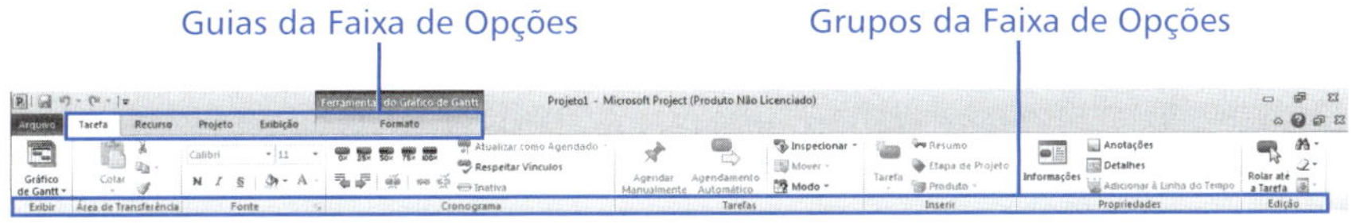

Uma típica Faixa de Opções da janela de um programa.

Os comandos estão organizados em guias da Faixa de Opções específicas de tarefas e em grupos específicos de recursos em cada guia. Geralmente os comandos assumem a forma de botões e listas. Alguns aparecem em galerias, outros têm caixas de diálogo ou painéis de tarefas relacionados que contêm comandos adicionais.

No decorrer deste livro, discutiremos os comandos e os elementos da Faixa de Opções associados ao recurso do programa abordado. Neste tópico, discutiremos a aparência geral da Faixa de Opções, o que afeta sua aparência e quais são as maneiras de localizar comandos que não ficam visíveis nos modos de exibição compactos da faixa.

Consulte também Para obter informações detalhadas sobre a Faixa de Opções no Microsoft Outlook, consulte "Trabalhando na janela do programa Outlook" no Capítulo 2, "Explore as janelas do Outlook".

Dica Alguns comandos mais antigos não aparecem mais na Faixa de Opções, mas ainda estão disponíveis no programa. Você pode tornar esses comandos disponíveis adicionando-os à Barra de Ferramentas de Acesso Rápido. Para obter mais informações, consulte "Personalizando a Barra de Ferramentas de Acesso Rápido" no Capítulo 13, "Personalize o Outlook".

Elementos dinâmicos da Faixa de Opções

A Faixa de Opções é dinâmica, ou seja, a aparência dos comandos muda quando a largura da faixa muda. Um comando pode ser exibido na Faixa de Opções na forma de um botão grande, de um botão pequeno, de um botão pequeno rotulado ou de uma entrada de lista. Quando a largura da Faixa de Opções diminui, o tamanho, a forma e a presença dos botões na faixa se adaptam ao espaço disponível.

Por exemplo, quando há espaço horizontal suficiente disponível, os botões da guia Página Inicial da janela do programa Outlook ficam espalhados e conseguimos ver mais comandos disponíveis em cada grupo.

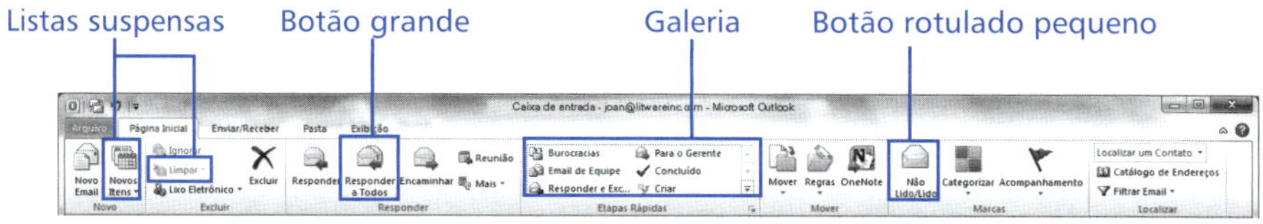

A guia Página Inicial da janela do programa Outlook com 1024 pixels de largura.

Se você diminuir a largura da Faixa de Opções, os rótulos dos botões pequenos desaparecerão e grupos inteiros de botões ficarão ocultos sob um botão representando o grupo. Clique no botão para exibir uma lista dos comandos disponíveis nesse grupo.

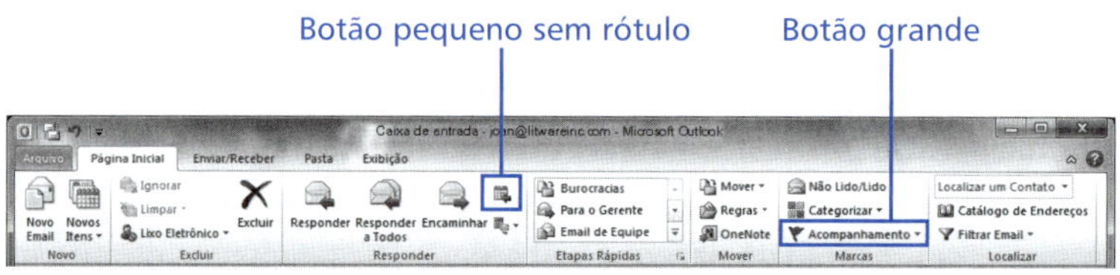

A guia Página Inicial da janela do programa Outlook com 675 pixels de largura.

Quando a janela fica estreita demais para exibir todos os grupos, uma seta de rolagem aparece em seu lado direito. Clique na seta para exibir os grupos ocultos.

A guia Página Inicial da janela do programa Outlook com 340 pixels de largura.

Alterando a largura da Faixa de Opções

A largura da Faixa de Opções depende do espaço horizontal disponível para ela, que depende desses três fatores:

- **Largura da janela do programa** A maximização da janela do programa fornece mais espaço para os elementos da Faixa de Opções. Você pode redimensionar a janela do programa clicando no botão em seu canto superior direito ou arrastando a borda de uma janela não maximizada.

  Dica Em um computador executando o Windows 7, você pode maximizar a janela do programa arrastando sua barra de título para o topo da tela.

- **Resolução de tela** Resolução de tela é o tamanho da exibição da tela expresso na largura em pixels × a altura em pixels. Quanto maior a resolução, maior a quantidade de informações que caberão em uma tela. Suas opções de resolução de tela vão depender do monitor. Quando este texto foi escrito, as resoluções de tela possíveis variavam de 800 × 600 a 2048 × 1152. No caso da Faixa de Opções, quanto maior o número de pixels de largura (o primeiro número), maior o número de botões que poderão ser exibidos na faixa e maiores poderão ser esses botões.

Em um computador executando o Windows 7, você pode alterar sua resolução de tela na janela Resolução da tela do Painel de Controle.

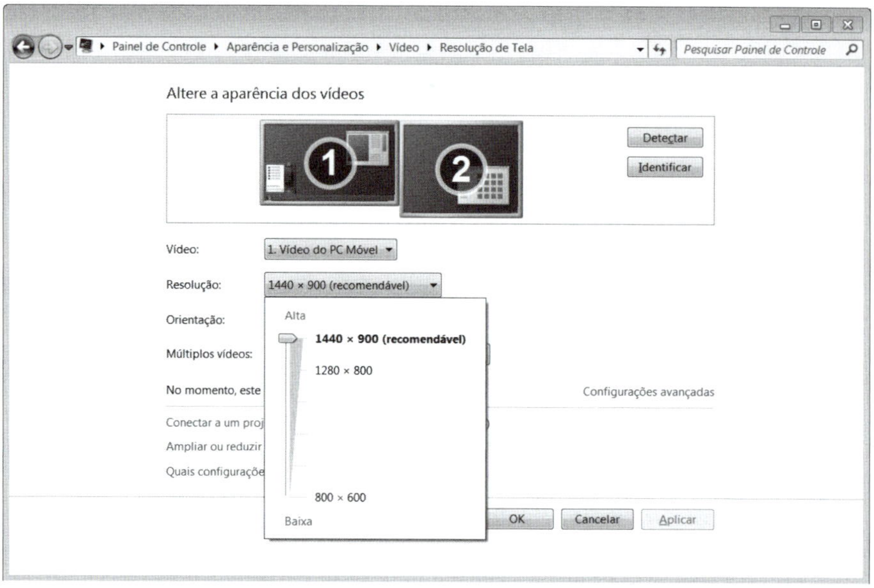

Você pode configurar a resolução arrastando o ponteiro do controle deslizante.

- **Densidade de exibição da tela** Talvez você não saiba que pode alterar a ampliação de tudo que aparece em sua tela alterando a configuração de ampliação da tela no Windows. A configuração da ampliação de sua tela com 125% tornará os elementos de texto e interface de usuário maiores na tela. Isso aumentará a legibilidade das informações, mas também significa que uma quantidade menor caberá em cada tela.

  Em um computador executando o Windows 7, você pode alterar a ampliação da tela na janela Vídeo do Painel de Controle.

  Consulte também Para obter mais informações sobre configurações de vídeo, consulte *Windows 7 Passo a Passo*, *Windows Vista Passo a Passo* ou *Windows XP Step by Step*, de Joan Lambert e Joyce Cox.

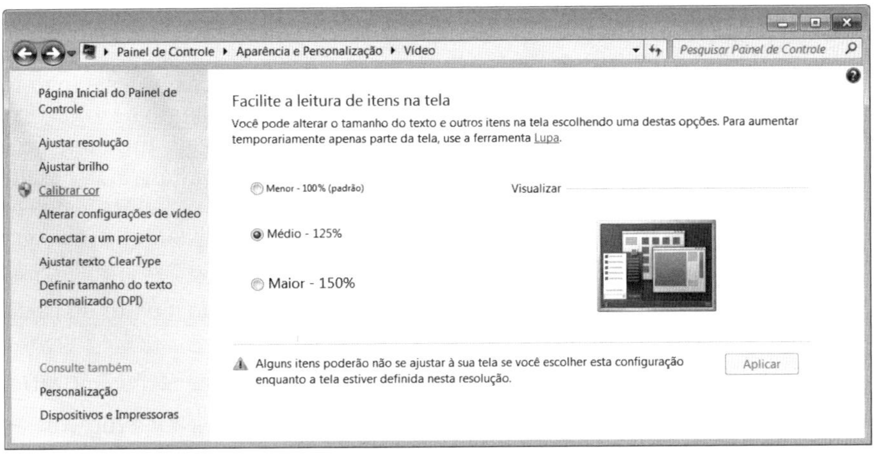

Você pode selecionar uma das opções padrão de ampliação da exibição ou criar outra definindo um tamanho de texto personalizado.

A ampliação está diretamente relacionada à densidade dos elementos do texto na tela, que é expressa em pontos por polegada (ppp). Quanto maior o ppp, maiores aparecem os elementos de texto e interface de usuário na tela. Por padrão, o Windows exibe os elementos de texto e tela com 96 ppp. A seleção da configuração de exibição Médio – 125% altera o ppp dos elementos de texto e tela para 120 ppp. Você pode selecionar uma configuração personalizada com ampliação de até 500%, ou 480 ppp, na caixa de diálogo Configuração de DPI Personalizada.

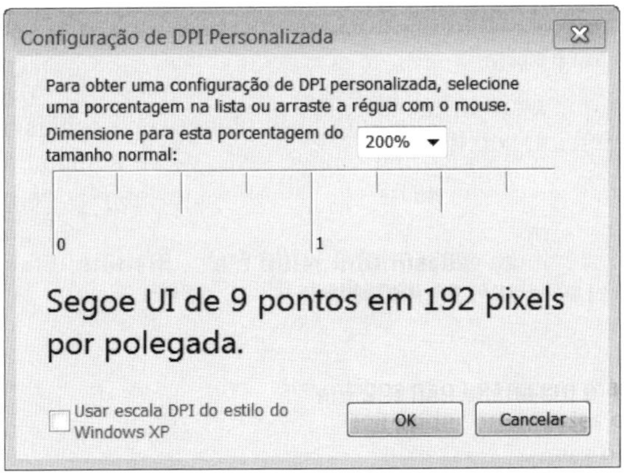

Você pode selecionar uma ampliação de até 200% na lista ou uma maior arrastando o mouse ao longo da régua da esquerda para a direita.

Adaptando as etapas dos exercícios

As imagens de tela inteira mostradas nos exercícios deste livro foram capturadas a uma resolução de tela de 1024 x 768, com ampliação de 100%, e o tamanho de texto padrão (96 ppp). Se alguma de suas configurações for diferente, a Faixa de Opções pode não aparecer em sua tela como mostrada no livro. Por exemplo, você pode ver mais ou menos botões em cada um dos grupos, os botões vistos podem ser representados por ícones maiores ou menores do que os mostrados, ou o grupo pode ser representado por um botão no qual você terá que clicar para exibir os comandos.

Quando o instruirmos para fornecer um comando a partir da Faixa de Opções em um exercício, faremos nesse formato:

- Na guia **Inserir**, no grupo **Ilustrações**, clique no botão **Gráfico**.

Se o comando estiver em uma lista, forneceremos a instrução nesse formato:

- Na guia **Layout da Página**, no grupo **Configurar Página**, clique no botão **Quebras** e, em seguida, na lista, clique em **Página.**

Na primeira vez que dissermos para clicar em um botão específico em cada exercício, exibiremos uma imagem do botão na margem da página à esquerda da etapa do exercício.

Se diferenças entre as suas configurações de exibição e as nossas fizerem um botão aparecer na tela diferente do mostrado no livro, você poderá adaptar facilmente as etapas para localizar o comando. Primeiro, clique na guia especificada. Em seguida, localize o grupo especificado. Se um grupo tiver sido recolhido em uma lista ou botão de grupos, clique na lista ou botão para exibir os comandos do grupo. Para concluir, procure um botão que apresente o mesmo ícone em um tamanho maior ou menor do que o mostrado no livro. Se necessário, aponte para os botões do grupo para exibir seus nomes em dicas de tela.

Se preferir não ter que adaptar as etapas, configure sua tela para ficar como a nossa ao ler e fazer os exercícios do livro.

Recursos e convenções do livro

Este livro foi elaborado para conduzi-lo, passo a passo, por todas as tarefas que provavelmente você vai querer executar no Microsoft Outlook 2010. Se você partir do início e percorrer todos os exercícios, ganhará experiência suficiente para gerenciar informações usando o Outlook e criar e manipular emails, itens de calendário e registros de contatos. No entanto, os tópicos são independentes. Se você trabalhou com uma versão anterior do Outlook, ou concluiu todos os exercícios e, mais tarde, precisar de ajuda para lembrar como executar um procedimento, os recursos listados abaixo ajudarão a localizar informações específicas:

- **Sumário detalhado** Examine a lista de tópicos e existentes em cada capítulo.
- **Guias indicativas de início de capítulo** Localize facilmente o início do capítulo que deseja.
- **Glossário** Procure o significado de uma palavra ou a definição de um conceito.
- **Atalhos de teclado** Se preferir trabalhar com o teclado em vez do mouse, encontre todos os atalhos em um mesmo local.
- **Índice detalhado** Procure tarefas e recursos específicos no índice, que foi elaborado cuidadosamente para atender ao leitor.

Leia este livro com calma, entendendo como a série *Passo a Passo* apresenta as instruções para os exercícios, teclas a serem pressionadas, botões a serem clicados e outras informações. A tabela a seguir lista essas convenções.

Convenção	Significado
PREPARAÇÃO	Quando este parágrafo aparece, indica os arquivos que você usará ao trabalhar no exercício. Também indica requisitos que precisam ser atendidos ou ações que tenham que ser executadas antes de o exercício começar.
LIMPEZA	Quando aparece depois de um exercício passo a passo, este parágrafo fornece instruções para salvar e fechar arquivos ou programas abertos antes que outro tópico possa começar. Também sugere maneiras de reverter qualquer alteração que você tiver feito em seu computador ao executar o exercício.
1 2	Etapas numeradas em azul o guiarão pelos exercícios interativos de um tópico.
1 **2**	Etapas numeradas em preto guiam pelos procedimentos das observações e textos expositivos.
Consulte também	Indica como obter mais informações sobre um tópico neste livro ou em outro local.
Solução de problemas	Alerta sobre um problema comum fornecendo orientações para sua correção.
Dica	Fornece uma dica ou atalho útil para facilitar a execução de uma tarefa.
Importante	Dá informações necessárias à execução de um procedimento.
Atalho de teclado	Fornece informações sobre um atalho de teclado disponível para a tarefa explicada anteriormente.
Ctrl+B	Um sinal de adição (+) entre duas teclas significa que você deve pressioná-las ao mesmo tempo. Por exemplo, "Pressione Ctrl+B" significa que você deve manter a tecla Ctrl pressionada enquanto pressiona a tecla B.
	Quando um botão é usado pela primeira vez em um exercício, a imagem dele aparece na margem.
Objetos de interface	Em exercícios que começarem com informações de preparação, os nomes de elementos do programa, como botões, comandos, janelas e caixas de diálogo, assim como arquivos, pastas ou texto com os quais você interagirá nas etapas, serão exibidos em negrito.
Entrada do usuário	Em exercícios que começarem com informações de preparação, o texto que você terá que digitar será exibido em negrito.

Usando os arquivos de exercícios

Para concluir os exercícios deste livro, você precisa copiar os arquivos de exercícios para seu computador. Para fazer o download dos arquivos, acesse a área de conteúdo online na página do livro em:

www.grupoa.com.br

Importante O programa Microsoft Outlook 2010 não está disponível no site. Você deve comprar e instalar o programa antes de usar o livro.

Ao fazer os exercícios deste livro, você usará alguns arquivos que fornecemos e criará itens do Outlook para usar como arquivo em exercícios posteriores. A tabela a seguir lista os arquivos que você usará e criará ao fazer os exercícios do livro.

Capítulo	Use estes arquivos e itens	Crie estes arquivos e itens
Capítulo 1: Introdução ao Outlook 2010	Nenhum	Nenhum
Capítulo 2: Explore as janelas do Outlook	Nenhum	Nenhum
Capítulo 3: Envie e receba emails	Fornecemos: Brochura.docx SessãoEstratégica.pptx	Mensagem SBS – Primeiro Esboço RE: mensagem SBS – Primeiro Esboço ENC: mensagem SBS – Primeiro Esboço Mensagem SBS – Agenda do "Tradeshow"
Capítulo 4: Armazene e acesse informações de contato	Nenhum	Registros de contato para Nancy Anderson, Andrew Davis, Sara Davis, Andrea Dunker e Idan Rubin
Capítulo 5: Gerencie o agendamento	Nenhum	Compromisso SBS – Almoço com a Jane Compromisso SBS – Reunião com a Equipe Reunião SBS – Encontro Marcado Evento SBS – Dia de Pagamento
Capítulo 6: Controle as tarefas	Você fornece: Mensagem SBS – Primeiro Esboço Mensagem SBS – Agenda do "Tradeshow"	Mensagem SBS – Primeiro Esboço sinalizada Mensagem SBS – Agenda do "Tradeshow" sinalizada Tarefa SBS – Reservas do Jantar Tarefa SBS – Pedir Brochuras Tarefa SBS – Enviar Convites do Jantar

Capítulo	Use estes arquivos e itens	Crie estes arquivos e itens
Capítulo 7: Organize sua caixa de entrada	Você fornece: Mensagem SBS – Primeiro Esboço ENC: mensagem SBS – Primeiro Esboço RE: mensagem SBS – Primeiro Esboço Mensagem SBS – Agenda do "Tradeshow"	Pasta Mensagens SBS
Capítulo 8: Gerencie seu calendário	Nenhum	Calendário secundário
Capítulo 9: Trabalhe com sua lista de contatos	Fornecemos: JoanLambert.jpg ContatosSBS.txt Você fornece: Registros de contato de Nancy Anderson, Adrew Davis, Sara Davis, Andrea	Catálogo de endereços SBS – Contatos Catálogo de endereços SBS – Litware Registros de contatos para Joel Lachance, Joan Lambert, Cris Mayo, Heidi Steen, Max Stevens e Amy Strande Grupo de contatos de Clientes Registros de contatos para Eli Bowen, Liberty Munson e Tjeerd Veninga
Capítulo 10: Melhore o conteúdo das mensagens	Fornecemos: Dunker, Idan Rubin Farol.jpg	Assinatura de email Casual Mensagem SBS – Ciclo de Desenvolvimento e elemento gráfico SmartArt embutido Mensagem SBS – Ferramentas de Imagens e imagem modificada embutida
Capítulo 11: Gerencie as configurações de emails	Você fornece: Pasta Mensagens SBS	Mensagem SBS – Teste de alerta 1 Regra SBS
Capítulo 12: Trabalhe remotamente	Nenhum	Nenhum
Capítulo 13: Personalize o Outlook	Nenhum	Nenhum

Obtendo ajuda

Todos os esforços foram feitos para garantir a exatidão das informações deste livro. Se você tiver alguma dúvida, entre em contato com as fontes listadas nas seções a seguir.

Obtendo ajuda sobre este livro*

Se sua dúvida ou problema for referente ao conteúdo deste livro ou seus arquivos de exercícios, consulte primeiro a página de errata do livro, que pode ser acessada em:

go.microsoft.com/fwlink/?LinkId=192151

Essa página fornece informações sobre erros conhecidos e correções feitas no livro. Se não encontrar sua resposta na página de errata, envie a pergunta ou comentário para o suporte técnico da Microsoft Press em:

mspinput@microsoft.com

Obtendo ajuda sobre o Outlook 2010

Se sua dúvida for sobre o Microsoft Outlook 2010, e não sobre o conteúdo deste livro, primeiro você deve recorrer ao sistema de ajuda do Outlook. Esse sistema é uma combinação de ferramentas e arquivos que foram armazenados em seu computador quando você instalou o Outlook e, se seu computador estiver conectado à Internet, informações disponíveis no site Microsoft Office Online. Você pode encontrar informações de ajuda gerais ou específicas das seguintes maneiras:

- Para encontrar informações sobre um item da tela, você pode abrir uma Dica de tela. Por exemplo, para exibir a Dica de tela de um botão, aponte para o botão sem clicar nele. A Dica de tela fornecerá o nome do botão, o atalho de teclado associado se houver um, e a menos que você especifique o contrário, uma descrição do que o botão faz quando clicado.
- Na janela do Outlook, você pode clicar no botão Ajuda do Microsoft Outlook (um ponto de interrogação em um círculo azul) na extremidade direita da Faixa de Opções para exibir a janela Ajuda do Outlook.
- Após abrir uma caixa de diálogo, pode clicar no botão Ajuda (também um ponto de interrogação) na extremidade direita do título da caixa para exibir a janela Ajuda do Outlook. Em alguns casos, os tópicos relacionados à caixa de diálogo já se encontram identificados na janela.

---

* N. de E.: Comentários sobre a edição brasileira desta obra podem ser encaminhados para secretariaeditorial@grupoa.com.br.

Para praticar a busca por ajuda, faça o exercício a seguir.

PREPARAÇÃO Não é preciso arquivo para fazer esse exercício. Inicie o Outlook e então siga as etapas.

1. Na extremidade direita da Faixa de Opções, clique no botão **Microsoft Ajuda do Outlook**. A janela Ajuda do Outlook será aberta.

Sua janela de ajuda pode ter uma aparência diferente porque o material do site Office Online está sempre sendo atualizado.

Dica Você pode maximizar a janela ou ajustar seu tamanho arrastando a alça do canto inferior direito. E pode alterar o tamanho da fonte clicando no botão Alterar Tamanho da Fonte na barra de ferramentas.

2. Abaixo da lista com marcadores que fica sob **Navegue no Suporte do Outlook 2010**, clique em **veja todos**. A janela mudará para exibir uma lista de tópicos de ajuda e instruções do Outlook 2010.

3. Na lista de tópicos, clique em **Ativando o Outlook.**

   A ajuda do Outlook exibirá uma lista de tópicos relacionados à ativação de programas do Microsoft Office. Você pode clicar em qualquer tópico para exibir as informações correspondentes.

4. Na barra de ferramentas, clique no botão **Mostrar Sumário** e, em seguida, role o painel da esquerda para baixo.

   Como o sumário de um livro, o sumário da ajuda está organizado em seções. Se você estiver conectado à Internet, o Outlook exibirá as seções, tópicos e treinamentos disponíveis no site Office Online assim como os armazenados em seu computador.

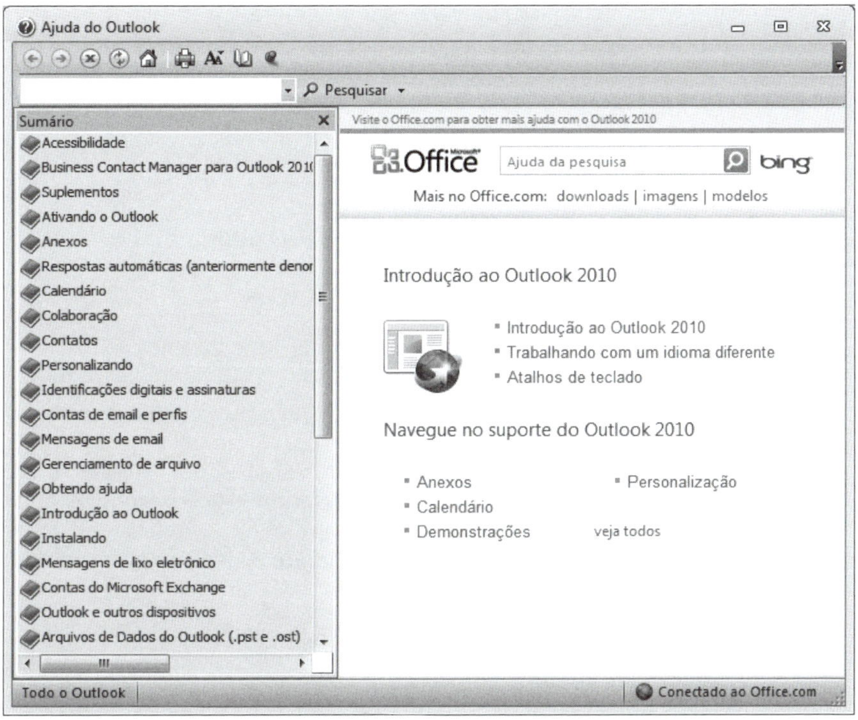

Um clique em qualquer seção (representada por um ícone de livro) exibirá seus tópicos (representados por ícones de ajuda).

5. No painel **Sumário**, clique em algumas seções e tópicos. Em seguida, clique nos botões **Voltar** e **Avançar** para acessar os tópicos que já visualizou.

6. Na extremidade direita da barra de título do painel **Sumário**, clique no botão **Fechar**.

7. No topo da janela **Ajuda do Outlook**, clique na caixa **Pesquisar**, digite **Salvando** e pressione a tecla Enter.

   A janela Ajuda do Outlook exibirá tópicos relacionados à palavra que você digitou.

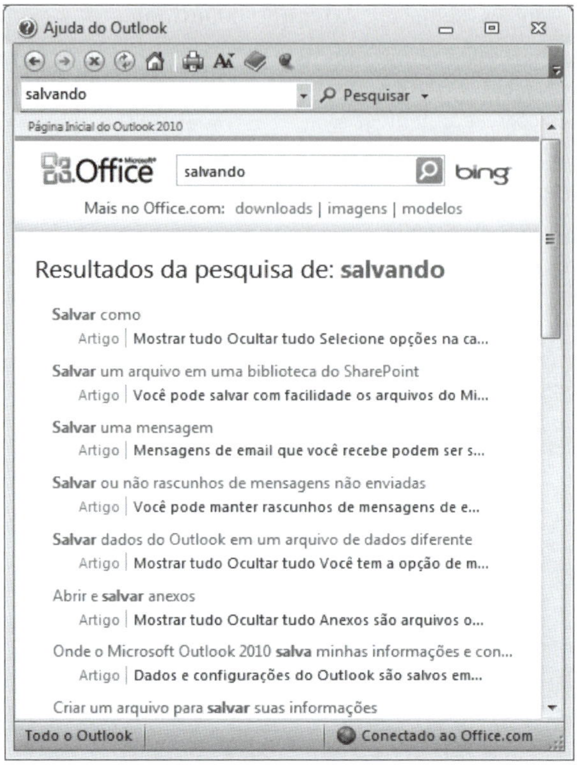

Os botões Voltar e Avançar aparecem para facilitar a busca dos tópicos desejados.

Dica Se você inserir um termo na caixa Pesquisar e clicar na seta Pesquisar adjacente, poderá especificar o tipo de ajuda que está buscando ou onde deseja procurá-lo.

8. Na lista de resultados, clique no tópico **Salvar ou não rascunhos de mensagens não enviadas**.

   O tópico selecionado aparecerá na janela Ajuda do Outlook.

9. Abaixo do título na parte superior do tópico, clique em **Show All**.

   O Outlook exibirá qualquer informação auxiliar oculta disponível no tópico e mudará o botão Show All para Hide All. Você pode saltar para informações relacionadas clicando em hiperlinks identificados por texto em azul.

Dica Se quiser, clique no botão Imprimir da barra de ferramentas para imprimir um tópico. Só as informações exibidas são impressas.

LIMPEZA Clique no botão Fechar no canto superior direito da janela Ajuda do Outlook.

Mais informações

Se sua dúvida estiver relacionada ao Outlook 2010 ou outro produto Microsoft e você não conseguir a resposta no sistema de Ajuda do produto, procure o centro de soluções apropriado ou Microsoft Knowledge Base (Base de Dados de Conhecimento Microsoft) em:

support.microsoft.com

Sumário

Parte 1

Habilidades básicas

Resumo do capítulo

Conecte-se a contas de email, **p. 4**

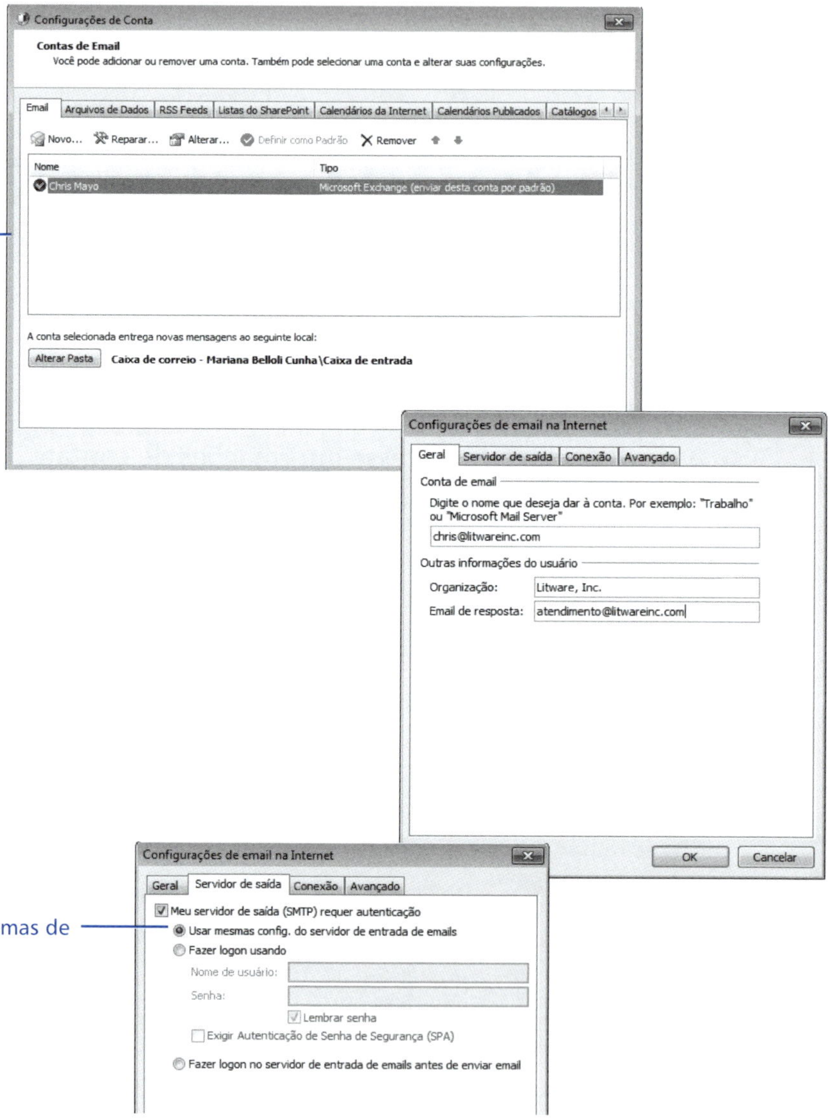

Solucione problemas de conexão, **p. 17**

Capítulo 1

Introdução ao Outlook 2010

Neste capítulo, você vai aprender a:

- Conectar-se a contas de email.
- Solucionar problemas de conexão.

Bem-vindo ao maravilhoso mundo do Microsoft Outlook 2010! Usando o Outlook 2010, você poderá gerenciar facilmente uma ou mais contas de email. Se sua conta incluir informações adicionais, como itens de calendário e registros de contatos, você também poderá gerenciar essas informações a partir do Outlook.

Antes de começar a usar o Outlook, você precisa fornecer as informações necessárias para ele se conectar com sua conta de email. Após configurar o Outlook para se conectar com uma conta, você poderá gerenciar facilmente as informações armazenadas nessa conta usando os recursos do Outlook projetados especificamente para cada tipo de informação.

Você pode configurar o Outlook para se conectar a vários tipos diferentes de contas de email, comerciais e pessoais. Se sua empresa usa o Microsoft Exchange Server, você pode usar o Outlook para trabalhar com todos os recursos de sua conta do Exchange, inclusive emails, calendários, controle de contatos, controle de tarefas e anotações. Se ela também usa recursos do Microsoft Office Communications Center, como o Microsoft Office Communicator e o Microsoft Office Live Meeting, você poderá iniciar chamadas telefônicas, sessões de mensagem instantânea, reuniões online e muito mais a partir do Outlook 2010.

Neste capítulo, você vai configurar o Outlook para se conectar com uma ou mais contas de email.

Arquivos de exercícios Você não precisará de arquivos para fazer os exercícios deste capítulo. Para obter mais informações sobre os requisitos de uso dos arquivos de exercícios, consulte "Usando os arquivos de exercícios" no começo deste livro.

Conectando-se a contas de email

Uma instalação padrão do Outlook 2010 dá suporte aos seguintes tipos de contas de email:

- **Do Exchange** Você pode configurar o Outlook 2010 para se conectar com uma conta do Exchange hospedada no Microsoft Exchange Server 2010, Exchange Server 2007 ou Exchange Server 2003. Se sua empresa usa alguma dessas versões do Exchange Server, você poderá enviar emails estando dentro ou fora da rede da empresa. As mensagens são armazenadas centralizadamente no servidor do Exchange. Também serão armazenadas localmente em um arquivo de dados em seu computador. O Outlook sincronizará com o servidor quando você estiver conectado a ele por uma rede corporativa ou pela Internet para que você possa trabalhar com itens existentes do Outlook e criar novos itens mesmo trabalhando offline.

  Se seu computador estiver conectado diretamente à rede corporativa, o Outlook manipulará a conexão com a conta corporativa do Exchange para você. Se seu computador não estiver conectado diretamente à rede corporativa – por exemplo, se você estiver configurando seu computador caseiro ou portátil para se conectar com sua conta corporativa do Exchange –, você poderá se conectar com essa conta de uma entre duas maneiras:

  - Pode criar uma conexão de rede virtual privativa (VPN, virtual private network) de seu computador com a rede corporativa e então configurar o Outlook para se conectar com o servidor corporativo do Exchange pela conexão VPN.
  - Pode configurar o Outlook para se conectar com o servidor do Exchange pela Internet usando o Outlook Anywhere (um nome amigável para um serviço também conhecido como *RPC over HTTP*). O servidor do Exchange deve ser configurado especificamente para permitir esse tipo de conexão.

Dica Alguns recursos do Outlook dependem da funcionalidade da versão específica do Exchange que está hospedando a conta de email. As funcionalidades descritas neste livro são específicas de contas do Exchange Server 2010. O Outlook ainda pode fornecer funcionalidade adicional em ambientes empresariais que incluem o Microsoft Office Communications Server (OCS).

- **Do Post Office Protocol (POP)** Quando conectado a uma conta POP, o Outlook baixa (copia) mensagens do servidor de emails para o computador e remove as mensagens originais do servidor após um período de tempo especificado. Você poderá ler e gerenciar mensagens em seu computador (ou *localmente*) e o Outlook sincronizará com o servidor quando conectado.
- **Do Internet Message Access Protocol (IMAP)** Quando conectado a uma conta IMAP, o Outlook armazena cópias de mensagens no computador, mas deixa as originais no servidor de emails. Você poderá ler e gerenciar mensagens localmente e o Outlook sincronizará com o servidor quando conectado.

Dica O Outlook 2010 também dá suporte a contas do Windows Live Hotmail. Para obter mais informações, consulte a observação "Conectando-se a contas do Hotmail" mais à frente neste capítulo.

Antes de você usar o Outlook, precisa configurar o programa para se conectar com sua(s) conta(s) de email. Quando iniciar o programa pela primeira vez, o assistente para inicialização do Microsoft Outlook 2010 o guiará por um processo automatizado. Esse processo é uma melhoria significativa em comparação ao processo manual de configuração de contas do Outlook 2003 e versões anteriores, que requeria o fornecimento de muito mais informações. Para a maioria das contas, só temos que fornecer três informações – nome, endereço de email e senha da conta de email – e o assistente para inicialização manipula o resto do processo de conexão. Se o assistente não conseguir configurar o Outlook para se conectar com sua conta, você poderá fornecer informações adicionais para concluir o processo manualmente.

A configuração do Outlook cria um perfil que armazena informações sobre contas de email. Você pode trabalhar com seu perfil de dentro do Outlook ou a partir do ícone Email disponível no Painel de Controle do Windows. Seu perfil incluirá informações sobre sua conta de email como o nome de usuário, nome para exibição, nome do servidor, senha e onde seus dados do Outlook estão armazenados. Você pode se conectar com mais de uma conta de email por perfil para gerenciar todas as suas comunicações por email através do Outlook. Também pode criar vários perfis vinculados a diferentes contas de email ou a diferentes conjuntos de contas de email.

É possível adicionar várias contas de email de qualquer tipo ao seu perfil do Outlook, durante a configuração ou a qualquer momento depois disso.

Neste exercício, você configurará o Outlook para se conectar automaticamente com uma conta de email e definirá manualmente as configurações da conta do Exchange. Demonstraremos a conexão com uma conta do Exchange, mas você pode seguir o mesmo processo básico para se conectar com outro tipo de servidor de email.

PREPARAÇÃO Você vai precisar do nome de usuário e senha de sua conta de email para fazer este exercício. Se estiver se conectando com uma conta POP, uma conta IMAP ou uma conta do Exchange hospedada por um provedor de serviços externo, talvez também tenha que saber os nomes e requisitos de autenticação de seus servidores de entrada e saída. Essas informações estarão disponíveis em seu provedor de serviços de email.

1. No menu **Iniciar**, clique em **Todos os Programas** e em **Microsoft Office** e, em seguida, clique em **Microsoft Outlook 2010**.
2. A próxima etapa vai depender do Outlook já ter sido ou não configurado para se conectar com uma conta de email.
   a. Se você ainda não tiver configurado o Outlook para se conectar com uma conta de email, o Assistente para Inicialização do Microsoft Outlook 2010 será iniciado.

O Assistente para Inicialização do Outlook 2010.

Na página de boas-vindas do Assistente para Inicialização, e novamente na página **Contas de Email**, clique em **Avançar**.

b. Se o Outlook já estiver configurado para se conectar com uma ou mais contas de email, ele será iniciado e exibirá a Caixa de Entrada de uma conta existente. É preciso iniciar manualmente o processo de configuração de contas. Clique na guia **Arquivo** na extremidade esquerda da Faixa de Opções para exibir o modo de exibição Backstage. Em seguida, na página **Informações** do modo de exibição Backstage, embaixo das informações da conta atual, clique em **Adicionar Conta**.

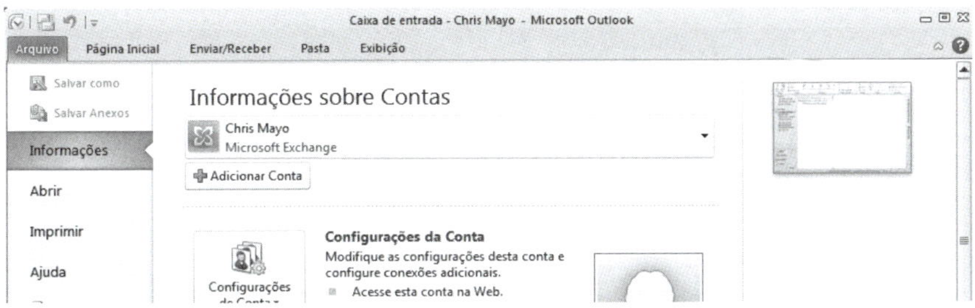

Você pode adicionar uma conta ao Outlook a partir do modo de exibição Backstage da janela do programa.

Dica Você controlará as configurações do programa Outlook e das contas de email no modo de exibição Backstage. Para obter informações detalhadas sobre esse novo recurso do Office 2010, consulte "Personalizando suas configurações do Office e do Outlook" no Capítulo 13, "Personalize o Outlook".

Independente de se você seguiu a etapa 2a ou 2b, agora a página Configuração Automática de Conta do assistente Adicionar Nova Conta estará sendo exibida.

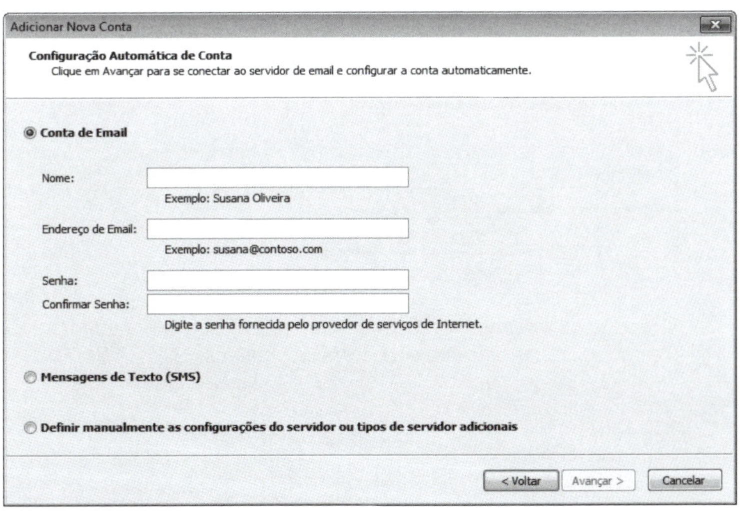

O assistente Adicionar Nova Conta, que pode ser aberto a partir do Assistente para Inicialização ou da página Informações do modo de exibição Backstage.

3. Na página **Configuração Automática de Conta** do assistente **Adicionar Nova Conta**, insira seu nome, endereço de email e senha da conta de email nas caixas de texto fornecidas.

   Observe que você deve inserir sua senha duas vezes.

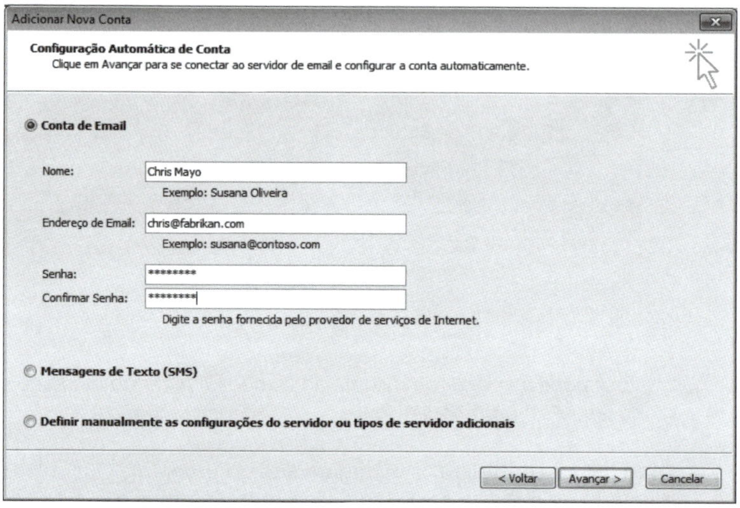

Os caracteres de senha que você inserir ficarão ocultos, portanto, certifique-se de que a tecla Caps Lock não esteja ativa quando inserir a senha.

4. Na página **Configuração Automática de Conta**, clique em **Avançar**.

   O Assistente Adicionar Nova Conta procurará o domínio específico nas redes que você tiver disponíveis e na Internet.

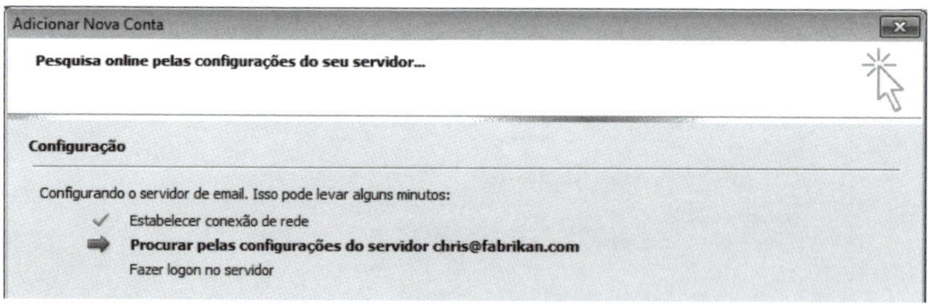

O assistente procurará o domínio que hospeda sua conta e tentará fazer logon nele usando as credenciais que você forneceu na etapa 3.

Se o assistente localizar uma conta correspondente ao endereço de email que você inseriu, tentará fazer logon usando a senha fornecida. Se a conexão for bem-sucedida, uma confirmação aparecerá, junto com opções adicionais de configuração de conta. Você pode clicar em Concluir na página final do assistente para começar a usar sua conta ou pode definir configurações adicionais.

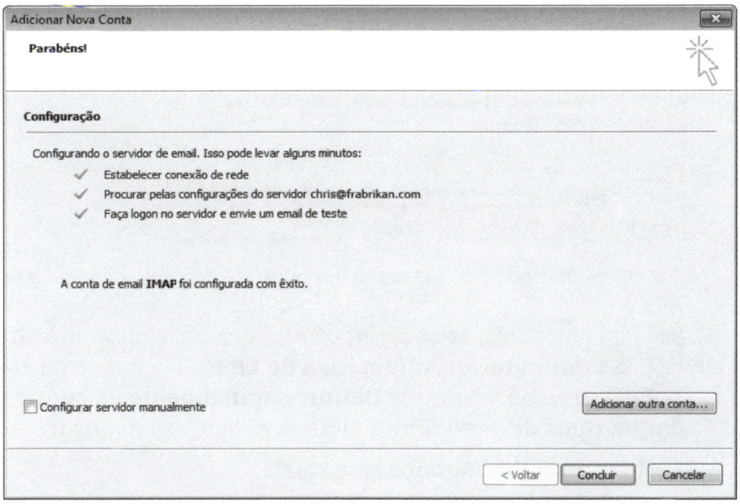

Após configurar com sucesso uma conexão a uma conta de email, você pode modificar as configurações do servidor da conta, adicionar outra conta ou clicar em Concluir para começar a usar a conta.

Dica Se for a primeira vez que você iniciou um programa do sistema Microsoft Office 2010, o Office solicitará que insira seu nome completo e as iniciais. Os programas do sistema Office 2010 usam essas informações quando rastreiam alterações, respondem mensagens e assim por diante. Em seguida, o Office lhe pedirá para selecionar o tipo de informação que deseja compartilhar pela Internet, e para concluir, oferecerá a opção de inscrição no recebimento de atualizações automáticas de programas do serviço Microsoft Update.

5. Se o assistente se conectar com sucesso à sua conta, marque a caixa de seleção **Configurar servidor manualmente**, clique em **Avançar** e salte para a etapa 12 para praticar a definição de configurações adicionais.

Se o assistente não conseguir se conectar com sua conta usando as credenciais que você forneceu, uma mensagem aparecerá.

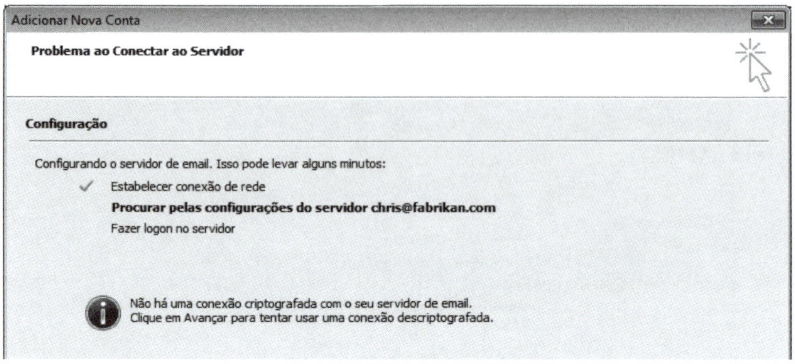

A mensagem específica que você verá pode ser diferente da mostrada aqui.

6. Se o assistente não se conectar com sua conta, clique em **Voltar** para retornar à página **Configuração Automática de Conta** (mostrada na etapa 3 deste exercício). Em seguida, clique em **Definir manualmente as configurações do servidor ou tipos de servidor adicionais** e clique em **Avançar.**

   A página **Escolher Serviço** será aberta.

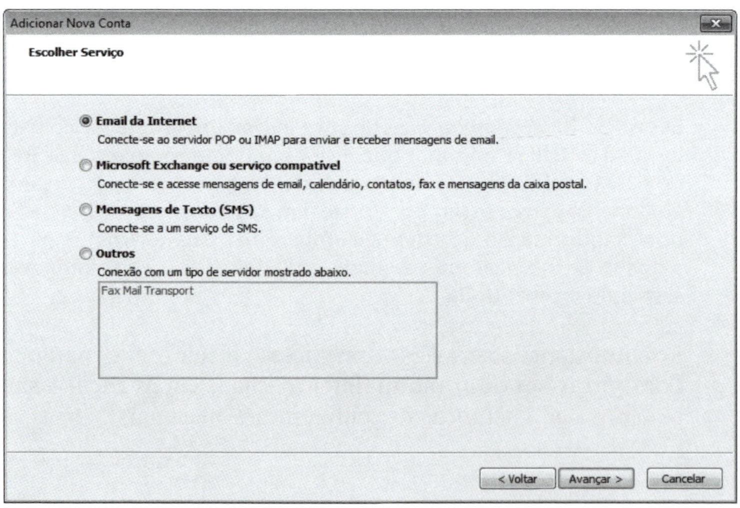

Dependendo das informações inseridas na página Configuração Automática de Conta, a opção Outros pode ou não aparecer na página Escolher Serviço.

7. Na página **Escolher Serviço**, clique em **Microsoft Exchange** e em **Avançar**.

   Importante A tela que aparecerá em seguida vai variar dependendo do tipo de conta selecionado. Para os fins deste exercício, nos conectaremos a uma conta do Exchange.

   Dica É mais provável que você tenha que executar a configuração manual ao se conectar a uma conta de email da Internet do que a uma conta do Exchange. Para obter informações sobre a configuração manual de uma conexão com uma conta de email da Internet, consulte "Solucionando problemas de conexão" mais à frente neste capítulo.

8. Na página **Configurações do servidor**, insira o nome ou o endereço de seu servidor do Exchange (fornecido pelo administrador do servidor do Exchange) e seu nome de usuário (geralmente o endereço de email) nas caixas fornecidas e clique em **Verificar Nome**.

   Se você não forneceu sua senha na página Configuração Automática de Conta, o Outlook a solicitará agora.

9. Se a caixa de diálogo **Conectar** aparecer, insira suas informações de logon e clique em **OK**.

   O assistente entrará em contato com o servidor especificado. Se o nome de usuário e senha que você forneceu coincidirem com as informações armazenadas no servidor, o assistente substituirá seu nome de usuário por seu nome para exibição (como registrado na Lista de Endereços Global) e o sublinhará. (Isso é conhecido como resolução de endereço.)

   Se o assistente não conseguir validar as informações, uma caixa de diálogo do Microsoft Exchange será aberta. Isso pode ocorrer se você estiver se conectando a um servidor corporativo do Exchange pela Internet e o Outlook demandar informações adicionais para estabelecer a conexão.

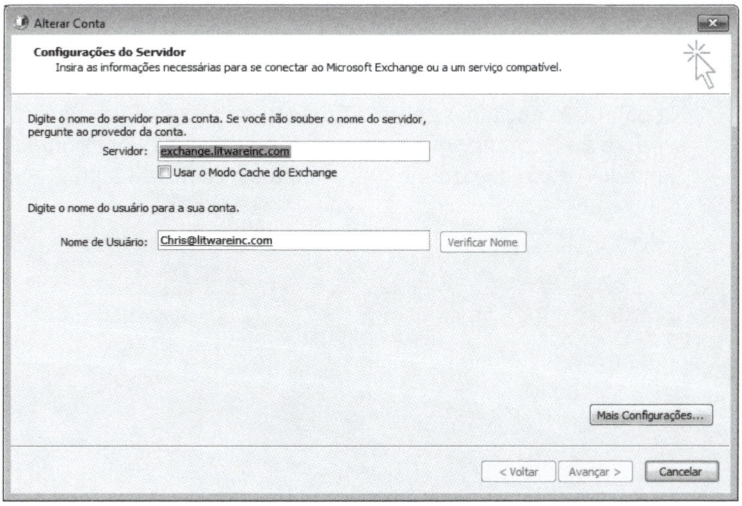

Resultado possível da tentativa de validar credenciais de conta do Exchange.

10. Se a caixa de diálogo **Microsoft Exchange** for aberta, clique em **Cancelar** e espere o assistente voltar à página **Configurações do Servidor.**

11. Se o assistente resolver com sucesso o nome do servidor e de usuário, você poderá clicar em **Avançar** e em **Concluir** para começar a usar sua conta ou poderá definir manualmente configurações de conta adicionais.

    Para os fins deste exercício, examinaremos as opções de configuração manual.

12. Na página **Configurações do Servidor**, clique em **Mais Configurações**.

    Uma caixa de diálogo de configurações de conta do Microsoft Exchange será aberta, exibindo a página Geral. Nessa página, você pode especificar o nome que identificará a conta dentro do Outlook (por exemplo, na barra de título da janela do programa e no Painel de Navegação). Essa ação não afeta o nome que aparece para os destinatários de mensagens.

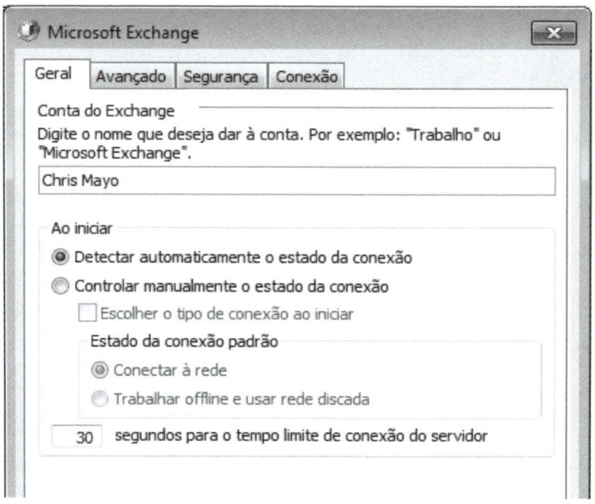

A página Geral da caixa de diálogo de configurações de conta do Microsoft Exchange.

13. Clique em cada uma das guias da caixa de diálogo para examinar as configurações disponíveis.

    Na página Avançado, se quiser, especifique caixas de correio adicionais no mesmo servidor do Exchange que deseja abrir no Outlook. Por exemplo, se monitorar uma caixa de correio departamental, poderá especificá-la aqui.

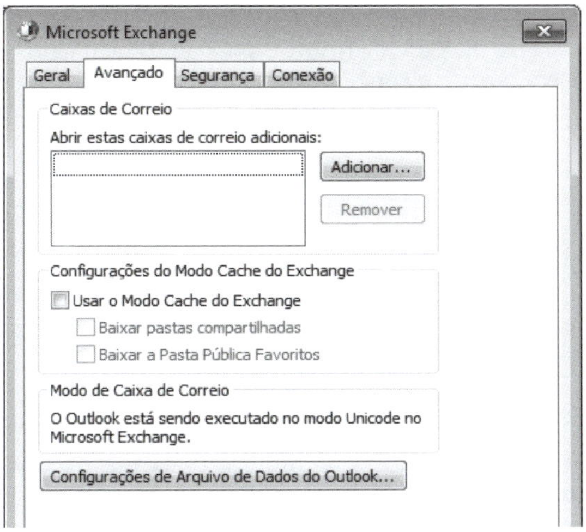

A página Avançado da caixa de diálogo de configurações de conta do Microsoft Exchange.

Na página Segurança, você pode optar por proteger os dados de sua conta armazenados localmente requerendo credenciais de logon sempre que iniciar o Outlook.

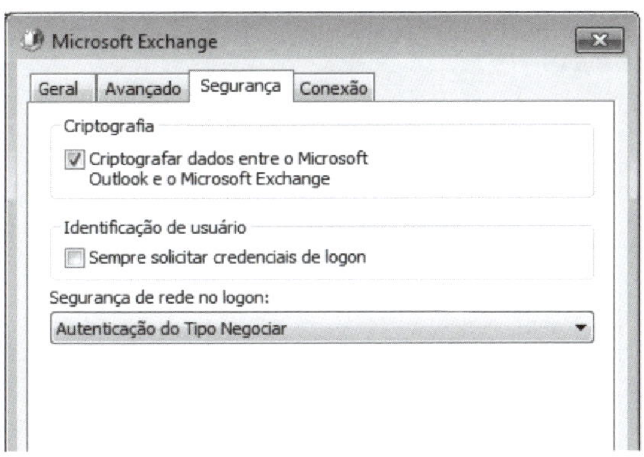

A página Segurança da caixa de diálogo de configurações de conta do Microsoft Exchange.

Consulte também Para obter informações sobre o modo cache do Exchange, consulte "Trabalhando offline com itens do Outlook" no Capítulo 12, "Trabalhe remotamente".

Dica Um clique em Configurações de Arquivo de Dados do Outlook na página Avançado da caixa de diálogo Microsoft Exchange exibe o caminho e o nome do arquivo de dados em que uma cópia local das informações de sua conta de email está armazenada.

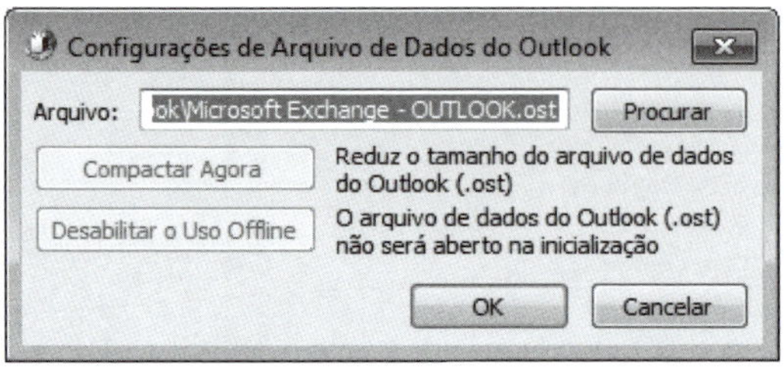

Na caixa de diálogo Configurações de Arquivo de Dados do Outlook, você pode reduzir o tamanho do arquivo de dados compactando seu conteúdo ou desativar o uso offline do arquivo de dados local para que as informações da conta só fiquem disponíveis quando o Outlook estiver conectado ao servidor do Exchange.

Na página Conexão, selecione a maneira como deseja que o Outlook se conecte com o servidor do Exchange. A opção de conexão padrão, Conectar usando minha rede local, é apropriada para qualquer conexão local com ou sem fio.

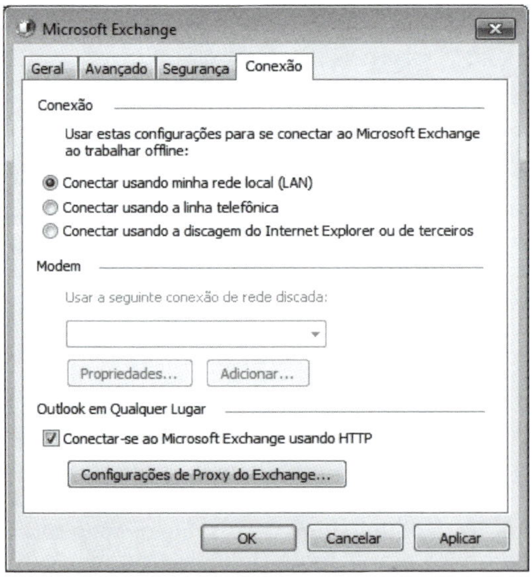

A página Conexão da caixa de diálogo de configurações de conta do Microsoft Exchange.

Se você se conectar à rede através de um modem analógico e precisar discar usando uma linha telefônica, terá que selecionar uma das outras opções e fornecer as informações de conexão de rede dial-up necessárias.

Dica Você pode criar conexões de rede a partir do Windows. Para obter informações sobre a criação de uma conexão de rede a partir da versão do Windows que está sendo executada em seu computador, consulte o livro *Windows 7 Passo a Passo* (Microsoft Press), *Windows Vista Passo a Passo* (Microsoft Press) ou *Windows XP Passo a Passo* (Microsoft Press) de Joan Lambert Preppernau e Joyce Cox.

14. Na caixa de diálogo **Microsoft Exchange**, insira qualquer informação de conexão adicional fornecida para você pelo administrador de seu servidor do Exchange e clique em **OK**.
15. Na página **Configurações do Servidor**, clique em **Avançar**. Em seguida, na última página do assistente, clique em **Concluir.**

    A página Contas de Email da caixa de diálogo Configurações de Conta pode aparecer e exibir a nova conta de email.

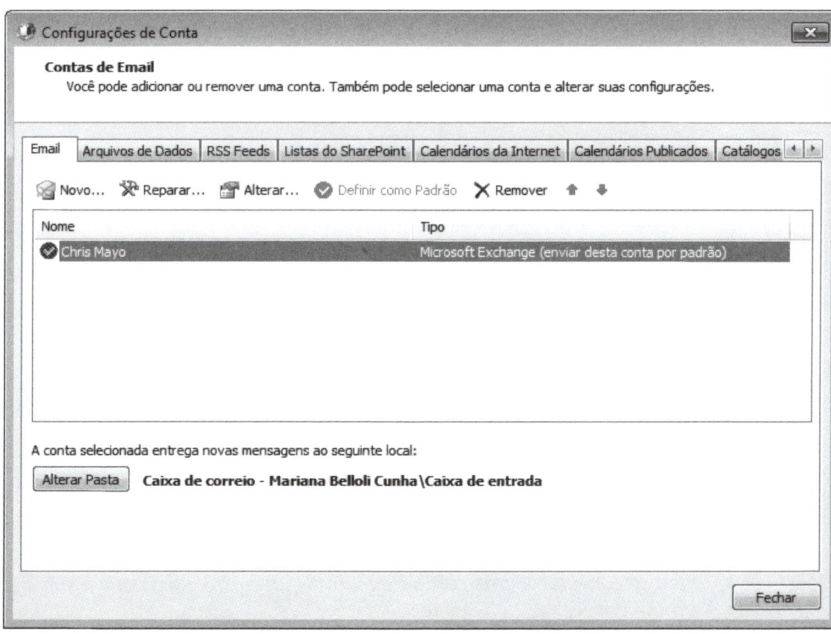

Sua conta está pronta para uso.

16. Se a caixa de diálogo **Configurações de Conta** abrir, feche-a para exibir a Caixa de entrada de sua conta de email.

    Uma mensagem de teste do Outlook aparecerá no topo da Caixa de entrada, com suas outras mensagens de email abaixo dela.

LIMPEZA Agora você está pronto para começar a usar sua conta de email!

Conectando-se a contas do Hotmail

As contas do Windows Live Hotmail são contas do Hypertext Transfer Protocol (HTTP). As mensagens enviadas através de uma conta HTTP assumem a forma de páginas Web que o programa de email copia do servidor de email HTTP e exibe dentro da janela da mensagem.

O complemento gratuito Microsoft Outlook Hotmail Connector fornece uma maneira de configurarmos o Outlook para se conectar a contas do Windows Live Hotmail, ao Windows Live Calendar e ao Windows Live Contacts. O Outlook Connector está disponível na Central de Downloads da Microsoft (www.microsoft.com/downloads/). No entanto, você também pode instalá-lo diretamente do Outlook. Apenas insira seu endereço de email do Hotmail na página Configuração Automática de Conta do Assistente Adicionar Nova Conta e clique em Avançar. O Outlook lhe pedirá para instalar o Outlook Connector e fornecerá o link do arquivo de instalação.

Após instalar o Outlook Connector, reinicie o Outlook. O Outlook Connector lhe dará então a oportunidade de configurar o Outlook para se conectar a uma conta do Hotmail. Você só terá que inserir as informações básicas de sua conta. E terá a opção de especificar um nome amigável com o qual a conta será identificada no Outlook, e um endereço de resposta alternativo, da mesma forma que é possível fazer com uma conta de email da Internet.

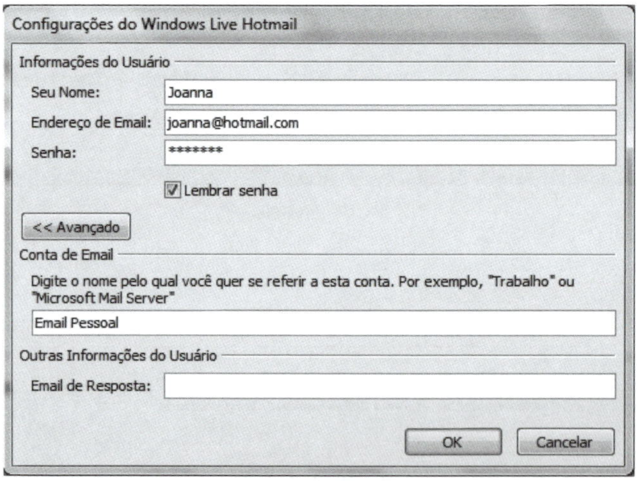

Para se conectar a uma conta do Hotmail, primeiro você deve instalar o Outlook Connector.

Após concluir o processo do Outlook Connector, você poderá usar sua conta do Hotmail dentro do Outlook da mesma forma que faria com qualquer outro tipo de conta.

Solucionando problemas de conexão

O recurso de configuração automática de conta é muito útil, mas nem sempre funciona. Ele funciona melhor na conexão a uma conta corporativa do Exchange por meio de uma rede corporativa. Na conexão a um servidor remoto do Exchange ou a uma conta do Exchange hospedada por uma empresa de hospedagem externa, ou na conexão a uma conta POP ou IMAP, a solução de problemas manual pode ser necessária.

Conectando-se a contas do Exchange

Aqui estão algumas mensagens de erro e problemas comuns que você poderia encontrar ao se conectar a uma conta do Exchange e maneiras como abordá-los:

- **Certificado do servidor não corresponde ao site** Se o Outlook encontrar problemas de segurança associados ao arquivo eletrônico (certificado digital) que valida a identidade do servidor de email – por exemplo, se o certificado digital não tiver o nome de domínio correto –, ele o notificará desse problema e permitirá que você decida se deve prosseguir.

  Se uma caixa de mensagem Alerta de Segurança aparecer, você poderá clicar no botão Exibir Certificado para ver o certificado digital do servidor de email e verificar se conhece e confia na empresa que o emitiu. Se quiser, pode instalar o certificado em seu computador clicando no botão Instalar Certificado e seguindo as etapas do assistente para importação de certificados.

  Consulte também Para mais informações sobre certificados digitais, consulte "Protegendo seus emails" no Capítulo 11, "Gerencie as configurações de emails".

- **Conexão criptografada não está disponível** Primeiro o Outlook tentará estabelecer uma conexão criptografada com o servidor. Se essa tentativa não for bem-sucedida, ele o notificará do problema e perguntará se você deseja tentar estabelecer uma conexão não criptografada.

  Se você selecionar essa opção, o Outlook pode acabar configurando inadvertidamente sua conta do Exchange como uma conta IMAP ou POP, e não do Exchange. Essa configuração resultará em perda de funcionalidades – por exemplo, a Barra de Tarefas Pendentes não exibirá suas informações de calendário e tarefas.

Se encontrar um desses erros ao se conectar à sua conta do Exchange, verifique se o computador está conectado ao domínio da rede (localmente, por uma conexão VPN ou usando a opção HTTP) e usando o método correto de endereçamento de servidor interno. Por exemplo, se seu endereço de email for *jane@adatum.com*, você poderia endereçar seu servidor de email como *mail.adatum.com* ou com um endereço interno, como *ADATUMExchange.adatum.local.*

Para solucionar com sucesso seus problemas de conexão, provavelmente você terá que definir manualmente as configurações de servidor. Para que isso ocorra vai precisar de informações adicionais do administrador de servidores sobre sua conta de email, inclusive os nomes dos servidores de entrada e saída e se algum deles requer autenticação adicional.

Conectando-se a contas de email da Internet

Se o assistente Adicionar Nova Conta não conseguir configurar automaticamente o Outlook para se conectar à sua conta POP ou IMAP, você pode configurar manualmente a conexão.

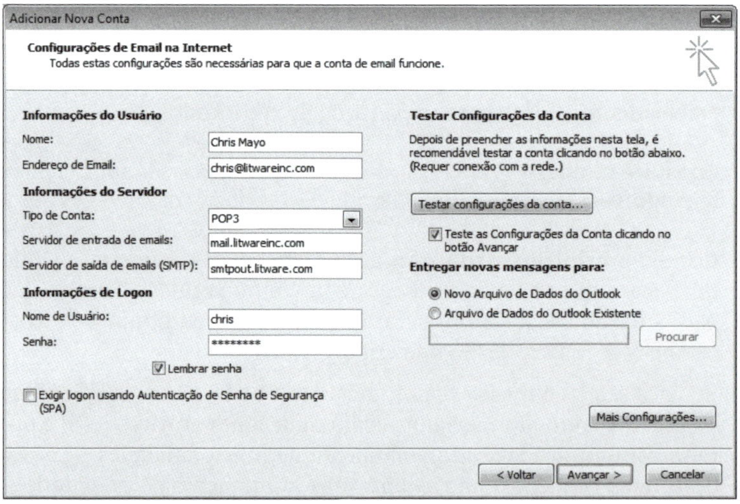

As informações básicas requeridas para a conexão a uma conta POP ou IMAP.

É preciso fornecer as informações a seguir, que você pode obter com seu provedor de serviços de email:

- Nome
- Endereço de email
- Tipo de conta
- Servidor de email de entrada
- Servidor de email de saída
- Nome de usuário da conta
- Senha da conta
- Requisitos de autenticação de logon

Você pode fornecer informações adicionais como o nome pelo qual deseja identificar a conta, o endereço de email que quer que apareça ao responder uma mensagem e informações adicionais de autenticação do servidor de saída.

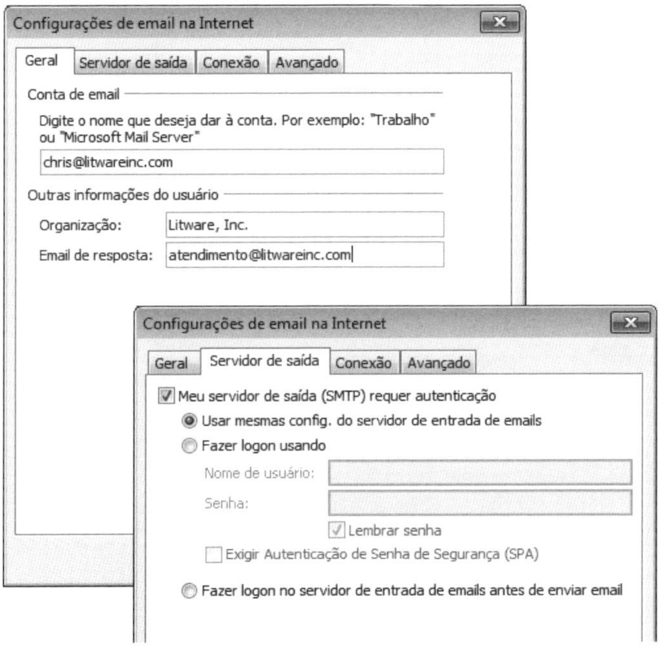

Pode ser necessário fornecer informações adicionais de autenticação do servidor.

O mais importante é que, ao se conectar a uma conta POP, você consiga controlar a retenção de mensagens no servidor de email. Por padrão, as mensagens baixadas de um servidor POP para seu computador serão removidas do servidor após 14 dias. No entanto, você pode optar por deixar as mensagens no servidor permanentemente, deixá-las por um período de tempo especificado ou deixá-las até excluí-las do Outlook. Se você acessa sua conta de email a partir de vários computadores, provavelmente vai querer deixar as mensagens no servidor para assegurar que elas estejam disponíveis em todos os seus computadores.

A página Avançado da caixa de diálogo Configurações de Email na Internet, na qual você pode controlar como as mensagens serão retidas no servidor de email.

Após fornecer as informações de conexão de sua conta de email da Internet, você poderá clicar em Testar Configurações da Conta na página Configurações de Email na Internet do assistente Adicionar Nova Conta para verificar se o Outlook está se conectando com sucesso aos seus servidores de entrada e saída.

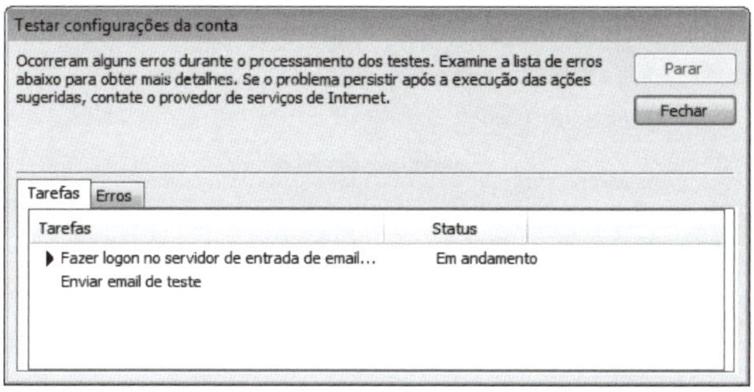

Validando a configuração bem-sucedida de uma conta de email da Internet.

Pontos principais

- Você pode configurar o Outlook para se conectar a contas do Exchange, POP e IMAP. Também pode se conectar a contas do Windows Live Hotmail instalando o Outlook Connector.
- Você pode configurar várias contas de email dentro de um perfil do Outlook.
- O assistente Adicionar Nova Conta pode se conectar com a maioria das contas de email automaticamente. Você só precisa fornecer seu endereço de email e a senha da conta.

Resumo do capítulo

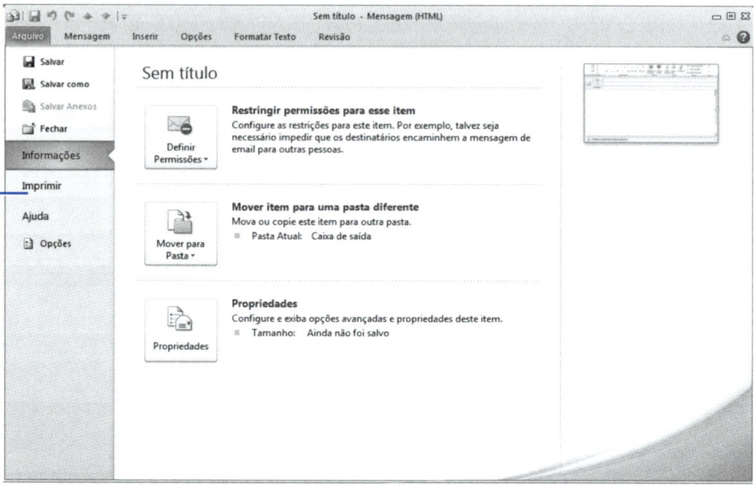

Trabalhe com a faixa de opções e o modo de exibição Backstage, **p. 28**

Trabalhe no módulo Contatos, **p. 61**

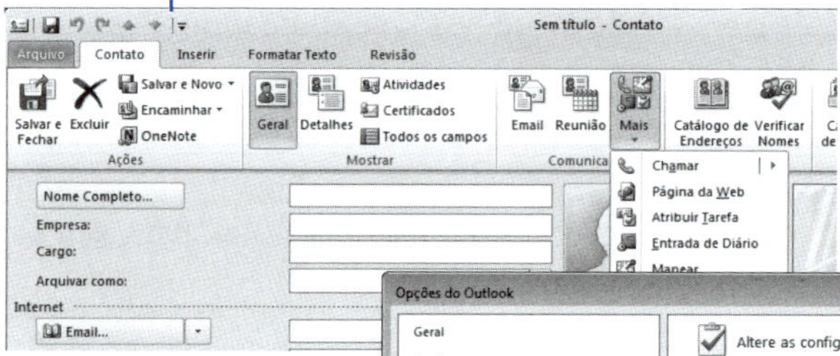

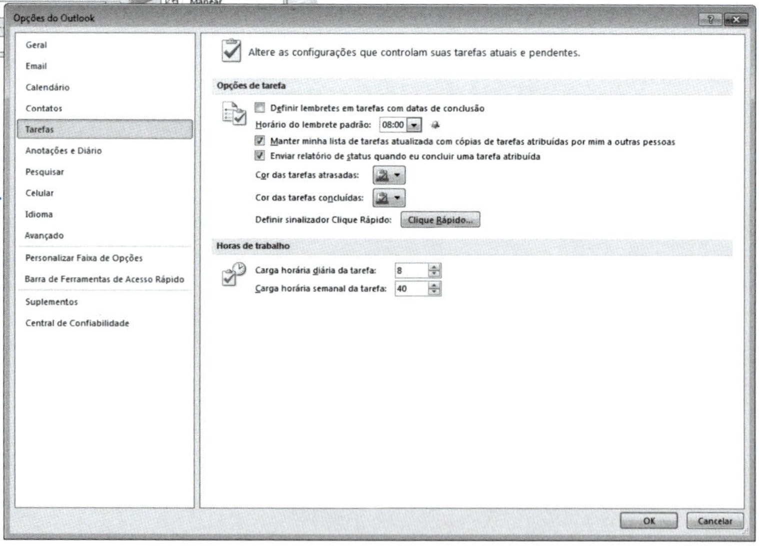

Trabalhe no módulo Tarefas, **p. 73**

Capítulo 2

Explore as janelas do Outlook

Neste capítulo, você vai aprender a:

- Trabalhar na janela do programa Outlook.
- Trabalhar com a Faixa de Opções e o modo de exibição Backstage.
- Trabalhar no módulo Email.
- Trabalhar no módulo Calendário.
- Trabalhar no módulo Contatos.
- Trabalhar no módulo Tarefas.

A interface de usuário do Microsoft Outlook 2010 inclui muitos recursos e ferramentas, organizados de modo a facilitar o armazenamento, a busca e a exibição de informações. Como nos outros programas do Microsoft Office 2010, os comandos do Outlook estão disponíveis na Faixa de Opções no topo da janela do programa. Além disso, uma versão separada da Faixa de Opções aparece no topo de cada janela de mensagem, de compromisso, de registro de contato e de outros tipos de janelas de itens.

A Faixa de Opções de cada módulo do Outlook exibe comandos específicos para o trabalho com os itens do Outlook criados e armazenados nesse módulo. Da mesma forma, a Faixa de Opções de cada tipo de janela de item do Outlook tem uma guia exclusiva que exibe comandos específicos para a criação desse tipo de item.

Neste capítulo, primeiro você vai conhecer os recursos e ferramentas disponíveis na janela do programa Outlook. Vai aprender a usar os comandos da Faixa de Opções e a Barra de Ferramentas de Acesso Rápido. Para concluir, vai explorar os recursos das janelas de itens nas janelas de mensagens, de registro de contatos, de itens de calendário e de tarefas.

Arquivos de exercícios Você não precisará de arquivos para fazer os exercícios deste capítulo. Para mais informações sobre os requisitos de uso dos arquivos de exercícios, consulte "Usando os arquivos de exercícios" no começo deste livro.

Trabalhando na janela do programa Outlook

Diferente de outros programas do Office 2010, o Outlook não funciona com uma finalidade única ou para criar uma única categoria de arquivos. Você pode usá-lo para criar, organizar e controlar vários tipos de informações cruciais para manter sua vida diária fluindo sem problemas. Para minimizar o trabalho da manipulação de itens de informação tão diversos como emails, contatos, compromissos, tarefas e anotações, o Outlook fornece um módulo para cada tipo e apresenta todos os módulos em uma interface semelhante, nos permitindo trabalhar com diferentes itens de informação de maneira consistente.

A janela do programa

A janela do programa Outlook inclui oito áreas em que podemos trabalhar com o Outlook e seus itens.

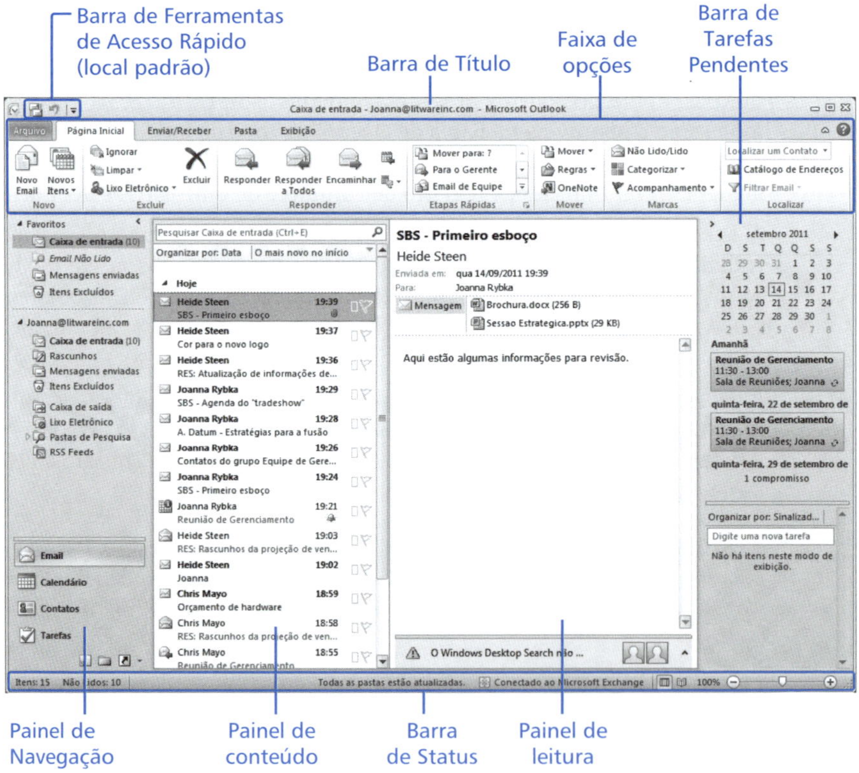

A janela do programa Outlook.

Solucionando problemas A aparência dos botões e grupos da Faixa de Opções muda de acordo com a largura da janela do programa ou do item. Para obter informações sobre a mudança de aparência da Faixa de Opções para coincidir com as imagens de nossa tela, consulte "Modificando a exibição da Faixa de Opções" no início deste livro.

- **Barra de título** A barra de título exibe o nome da conta ativa. Em sua extremidade esquerda fica o ícone do Outlook. Um clique no ícone exibe um menu de comandos para a movimentação, dimensionamento e fechamento da janela do programa. Os três botões da extremidade direita da barra de título servem à mesma função em todos os programas Windows: você pode ocultar temporariamente a janela do programa clicando no botão Minimizar, ajustar o tamanho da janela clicando no botão Restaurar, Maximizar ou sair do Outlook clicando no botão Fechar.

  Dica O Windows 7 introduziu muitas técnicas novas, divertidas e eficientes de gerenciamento de janelas. Para obter informações sobre maneiras de trabalhar com a janela do programa Outlook em um computador Windows 7, consulte nosso livro *Windows 7 Passo a Passo,* de Joan Lambert e Joyce Cox.

- **Barra de Ferramentas de Acesso Rápido** Por padrão, a Barra de Ferramentas de Acesso Rápido aparece na extremidade esquerda da barra de título à direita do ícone do Outlook. Ela exibe o botão Enviar/Receber Todas as Pastas e o botão Desfazer/Refazer. Você pode alterar o local da Barra de Ferramentas de Acesso Rápido e personalizá-la para incluir qualquer comando ao qual queira ter acesso com um clique.

  A janela do programa e as janelas de manipulação de cada tipo de item do Outlook têm Barras de Ferramentas de Acesso Rápido configuráveis individualmente. Portanto, por exemplo, você só pode exibir comandos específicos de criação e formatação do conteúdo de mensagens nas janelas de itens de mensagens e comandos específicos de criação e gerenciamento de tarefas nas janelas de itens de tarefas.

  Dica Se você criar e manipular itens complicados do Outlook, poderá aumentar sua eficiência se adicionar todos os comandos que usa com frequência à Barra de Ferramentas de Acesso Rápido e exibi-la abaixo da Faixa de Opções, diretamente acima do espaço de trabalho. Para obter informações, consulte "Personalizando a Barra de Ferramentas de Acesso Rápido" no Capítulo 13, "Personalize o Outlook".

- **Faixa de Opções** Abaixo da barra de título fica a Faixa de Opções. Os comandos para o trabalho com itens do Outlook e seu conteúdo ficam disponíveis nesse local central para podermos trabalhar eficientemente com o programa.

  A janela do programa e todas as janelas de itens do Outlook têm faixas de opções configuráveis individualmente.

  Consulte também Para obter informações sobre os elementos da Faixa de Opções, consulte "Trabalhando com a Faixa de Opções e o modo de exibição Backstage", mais à frente neste capítulo.

- **Painel de Navegação** Esse painel recolhível aparece na extremidade esquerda da janela do Outlook. Seu conteúdo muda de acordo com o módulo que está sendo visualizado – pode exibir links de pastas, links de conteúdo externo ou tópicos de ajuda, opções de visualização e assim por diante.

  Consulte também Para obter informações sobre os módulos disponíveis no Outlook, consulte "Módulos do Outlook" mais à frente neste tópico.

- **Painel de Conteúdo** Esse painel aparece no centro da janela. Ele exibe o conteúdo do módulo selecionado – seus emails, calendário, contatos e assim por diante.
- **Painel de Leitura** Quando esse painel é exibido, podemos visualizar o conteúdo de um item ou anexo selecionado (inclusive documentos totalmente formatados do Microsoft Word, planilhas do Microsoft Excel e apresentações do Microsoft PowerPoint).

  O Painel de Leitura pode ser exibido em qualquer módulo do Outlook, mas é exibido por padrão apenas nos módulos Email e Tarefas.

  Consulte também Para obter informações sobre o uso do Painel de Leitura, consulte "Visualizando mensagens e anexos de mensagens" no Capítulo 3, "Envie e receba emails".

- **Barra de Tarefas Pendentes** No lado direito da janela do Outlook, esse painel recolhível exibe um calendário mensal, compromissos futuros e a lista de tarefas.

  A Barra de Tarefas Pendentes pode ser exibida em qualquer módulo do Outlook, mas é exibida por padrão apenas nos módulos Email, Contatos, Tarefas e Anotações.

  Atalho do teclado Pressione Alt+F2 para exibir ou ocultar a Barra de Tarefas Pendentes.

  Consulte também Para obter informações sobre atalhos do teclado, consulte "Atalhos do Teclado" no fim deste livro. Para obter informações sobre o trabalho com tarefas na Barra de Tarefas Pendentes, consulte "Exibindo diferentes visualizações das tarefas" no Capítulo 6, "Controle as tarefas".

- **Barra de Status** Ao longo da parte inferior da janela do Outlook, a Barra de Status exibe informações sobre o documento atual e dá acesso a certos recursos do programa. Você pode controlar o conteúdo da Barra de Status clicando nela com o botão direito do mouse para exibir o menu Personalizar Barra de Status, onde poderá clicar em qualquer item para exibir ou ocultá-lo.

Você pode especificar os itens que deseja exibir na Barra de Status.

Na extremidade direita da Barra de Status ficam os botões de atalho para alterar o modo de exibição (Exibir Atalhos), o botão Zoom e o Controle Deslizante de Zoom. Essas ferramentas fornecem métodos convenientes de ajuste da exibição de informações no Painel de Conteúdo, no Painel de Leitura, nas janelas de itens e assim por diante.

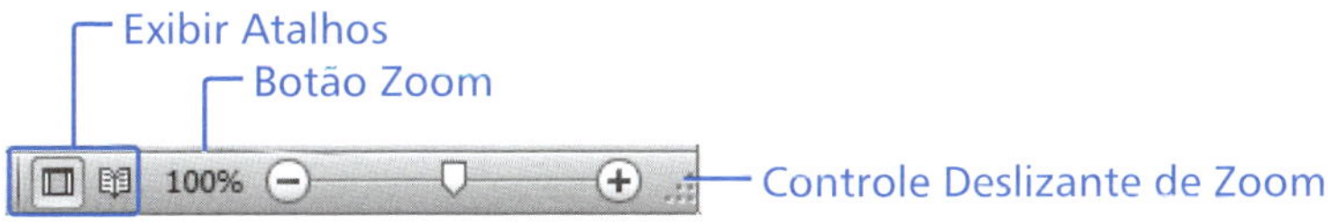

Os botões da barra de ferramentas de atalhos dos modos de exibição mudam para refletir as visualizações disponíveis no módulo ativo.

Consulte também Discutiremos as visualizações específicas dos módulos no Capítulo 4, "Armazene e acesse informações de contato", Capítulo 5, "Gerencie o agendamento", Capítulo 6, "Controle as tarefas", e Capítulo 7, "Organize sua caixa de entrada".

Dica Você pode achar que o layout padrão da janela do Outlook não é muito adequado à maneira como trabalha diariamente. Ou talvez queira testar um layout diferente. Há muitas maneiras de personalizar a aparência e o funcionamento do Outlook. Para obter mais informações, consulte "Personalizando a janela do programa Outlook" no Capítulo 13, "Personalize o Outlook".

Módulos do Outlook

A funcionalidade do Outlook foi dividida entre vários módulos que são específicos do conteúdo trabalhado e incluem email, calendário, contatos, tarefas e anotações. Você só pode exibir e manipular um módulo de cada vez na janela do programa. Os elementos da janela do programa referentes a cada módulo apresentam funcionalidades específicas do conteúdo.

Dica Quando você iniciar o Outlook, a janela do programa vai exibir o módulo Email.

Você pode exibir qualquer um dos módulos primários – Email, Calendário, Contatos, Tarefas ou Anotações – clicando no botão correspondente na parte inferior do Painel de Navegação. Ou pode manter a tecla Ctrl pressionada e então pressionar a tecla de função que representa o módulo que deseja exibir.

Módulo	Atalho do teclado
Email	Ctrl+1
Calendário	Ctrl+2
Contatos	Ctrl+3
Tarefas	Ctrl+4
Anotações	Ctrl+5

Os botões dos módulos podem ser grandes, médios ou pequenos, dependendo do tamanho e da disposição do Painel de Navegação em um momento específico. Cada botão de módulo tem como marca um ícone que representa o tipo de conteúdo gerenciado nesse módulo.

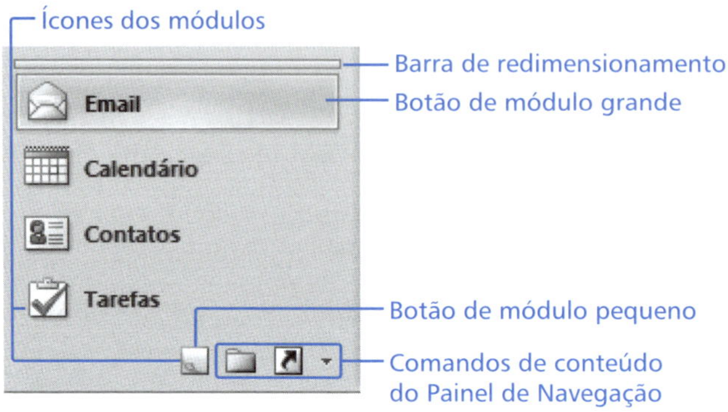

A área de botões de módulos na parte inferior do Painel de Navegação.

O conteúdo do Painel de Navegação varia dependendo do módulo exibido. Discutiremos o Painel de Navegação de cada módulo em tópicos específicos dos módulos mais à frente neste capítulo.

Trabalhando com a Faixa de Opções e o modo de exibição Backstage

A Faixa de Opções, introduzida em alguns dos programas do Office 2007, é comum a todos os programas do Office 2010. Ela se estende ao longo do topo da janela do programa, diretamente abaixo da barra de título, e é composta por um conjunto de guias que mudam dependendo do módulo, item ou conteúdo ativo atualmente. Um clique no nome de uma guia exibe o conjunto de comandos associado.

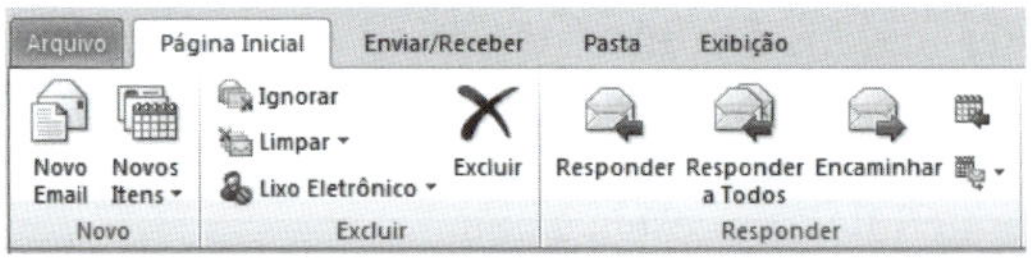

As guias do módulo Email. A guia ativa fica, por padrão, mais clara.

O modo de exibição Backstage

A guia que fica na extrema esquerda da Faixa de Opções, chamada *Arquivo* e identificada no Outlook pela cor laranja (a cor da guia Arquivo nas janelas de programas do Office 2010 é igual a do ícone do programa) não é realmente uma guia. Um clique na guia Arquivo exibe o modo de exibição Backstage, um novo recurso que é comum a todos os programas do Office 2010.

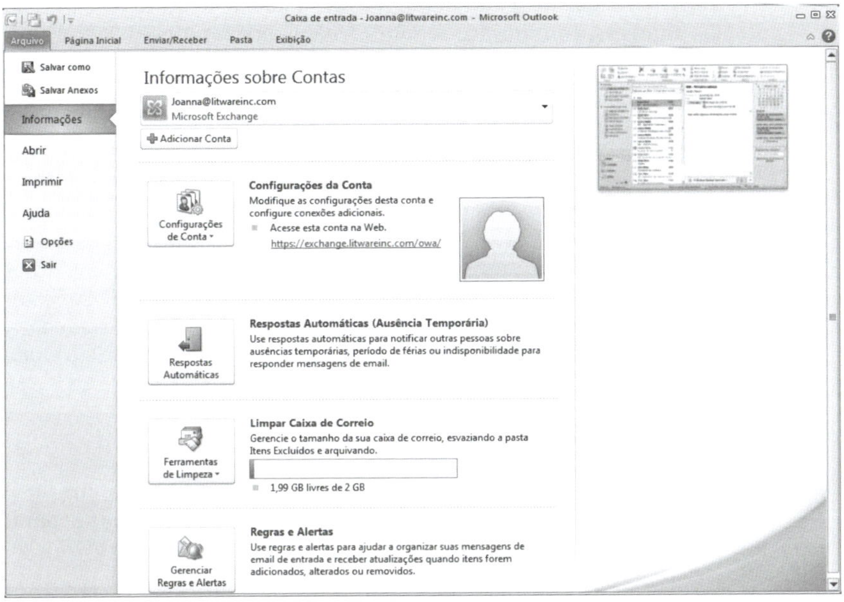

O modo de exibição Backstage da janela do programa Outlook 2010.

Dica Quardo aberto a partir da janela do programa, o conteúdo do modo de exibição Backstage será sempre o mesmo, independentemente do módulo em que você está trabalhando.

Você pode acessar os comandos do modo de exibição Backstage no painel esquerdo. Comandos simples de gerenciamento de arquivos que interagem com o sistema operacional Windows ficam disponíveis no topo do painel esquerdo. Esses comandos mudam dependendo do módulo ou item ativo e incluem Salvar, Salvar Como, Salvar Anexos e Fechar.

As categorias de comandos relacionados ao gerenciamento do Outlook e de contas do Outlook (e não dos itens e seu conteúdo) foram organizadas em páginas, que você pode exibir clicando nas guias de páginas no painel esquerdo. O modo de exibição Backstage do Outlook 2010 inclui as páginas a seguir:

- **Informações** Nessa página, você pode gerenciar configurações de conta, respostas automáticas, o tamanho da caixa de correio, regras e alertas.
- **Abrir** Nessa página, você pode abrir um arquivo de calendário externo, um arquivo de dados do Outlook ou outras pastas de usuário do Outlook, e pode importar arquivos, configurações e RSS feeds para o Outlook.
- **Imprimir** Nessa página, você pode selecionar uma impressora, definir opções de impressão, visualizar o efeito das opções aplicadas e imprimir o item selecionado.
- **Ajuda** Nessa página, você pode acessar informações sobre sua instalação do Outlook ou do Office, gerenciar a ativação e as chaves de produtos e acessar recursos de suporte e opções e atualizações do programa.

Consulte também Para obter informações sobre o gerenciamento do Outlook e de contas do Outlook no modo de exibição Backstage, consulte "Conectando-se a contas de email" no Capítulo 1, "Introdução ao Outlook 2010", e "Personalizando suas configurações do Office e do Outlook" no Capítulo 13, "Personalize o Outlook".

Guias de módulos e itens

Os comandos relacionados ao trabalho com o conteúdo dos itens do Outlook são representados em grupos referentes a funções que ficam em guias separadas específicas dos recursos na Faixa de Opções.

- A Faixa de Opções de cada módulo inclui quatro guias padrão: Página Inicial, Enviar/Receber, Pasta e Exibição. A guia Página Inicial muda para refletir os comandos necessários ao gerenciamento dos itens do módulo atual.
- A Faixa de Opções de cada nova janela de item do Outlook inclui uma guia específica do item como Mensagem, Compromisso, Contato ou Tarefa. Também inclui as guias Inserir, Formatar Texto e Revisão. A Faixa de Opções também pode conter guias adicionais específicas de um tipo de item, de um programa instalado em seu computador ou de personalizações que você fez na caixa de diálogo Opções do Outlook.

Consulte também Para obter informações sobre a inclusão de guias padrão e a remoção e criação de guias e grupos padrão, consulte "Personalizando a Faixa de Opções" no Capítulo 13, "Personalize o Outlook".

- Quando certos tipos de conteúdo de item (como tabelas, diagramas e elementos gráficos) estão ativos (selecionados), *guias contextuais* adicionais aparecem na extremidade direita da Faixa de Opções. Essas guias contextuais são indicadas por títulos coloridos e uma borda inferior colorida e contêm comandos que são específicos do trabalho com o conteúdo selecionado.

Por exemplo, quando o cursor está em uma tabela, duas guias contextuais de ferramentas de tabela – Design e Layout – aparecem à direita da guia Revisão. Quando um diagrama ou elemento de diagrama é selecionado, três guias contextuais de ferramentas de gráfico – Design, Layout e Formatar – aparecem à direita da guia Revisão. Cada um dos grupos de guias contextuais disponíveis tem uma cor exclusiva para que possamos diferenciá-los facilmente.

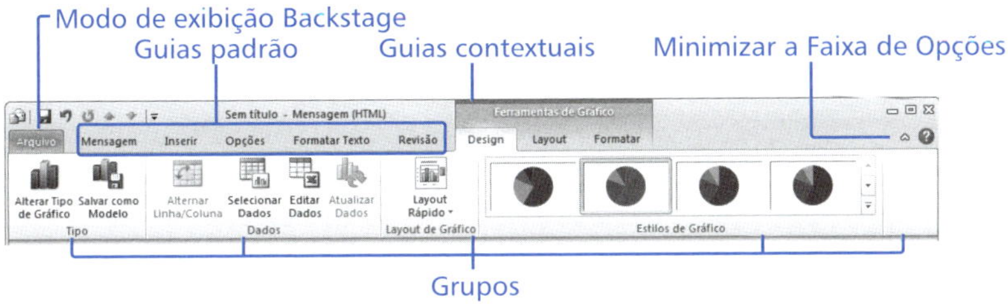

Guias e grupos da Faixa de Opções.

Dica Não se preocupe se sua Faixa de Opções tiver guias não mostradas em nossas figuras. O Office 2010 permite que outros programas adicionem suas próprias guias à Faixa de Opções.

- À direita dos nomes de guias da Faixa de Opções, abaixo dos botões Minimizar/Maximizar/Fechar, fica o botão Minimizar a Faixa de Opções. Um clique nesse botão oculta os comandos mas deixa os nomes das guias visíveis. Você pode então clicar no nome de qualquer guia para exibir temporariamente seus comandos. Um clique em qualquer local fora da Faixa de Opções oculta os comandos novamente. Quando a Faixa de Opções completa está temporariamente visível, podemos clicar no botão em sua extremidade direita, com formato de alfinete, para tornar a exibição permanente. Quando a Faixa de Opções completa está oculta, podemos clicar no botão Expandir a Faixa de Opções para exibi-la novamente.

Atalho do teclado Pressione Ctrl+F1 para minimizar ou expandir a Faixa de Opções.

- Um clique no botão Ajuda do Microsoft Outlook na extremidade direita da Faixa de Opções exibe a janela Ajuda do Outlook, em que você pode usar técnicas padrão para encontrar informações.

Atalho do teclado Pressione F1 para exibir a janela Ajuda do Outlook.

Consulte também Para obter informações sobre o sistema de ajuda do Outlook, consulte "Obtendo ajuda" no início deste livro.

Em cada guia, botões representando comandos estão organizados em grupos nomeados. Os grupos que aparecem em cada guia, e os botões que aparecem em cada grupo, variam de acordo com o módulo ou item ativo.

- Dependendo de sua resolução de tela e do tamanho da janela do programa, os comandos de um grupo podem ser exibidos como botões rotulados, como botões não rotulados ou como um ou mais botões grandes nos quais você deve clicar para exibir os comandos do grupo.

Se o nome de um botão não estiver visível, você poderá exibir o comando, uma descrição de sua função e seu atalho no teclado (se ele tiver um) em uma Dica de tela ao apontar para o botão.

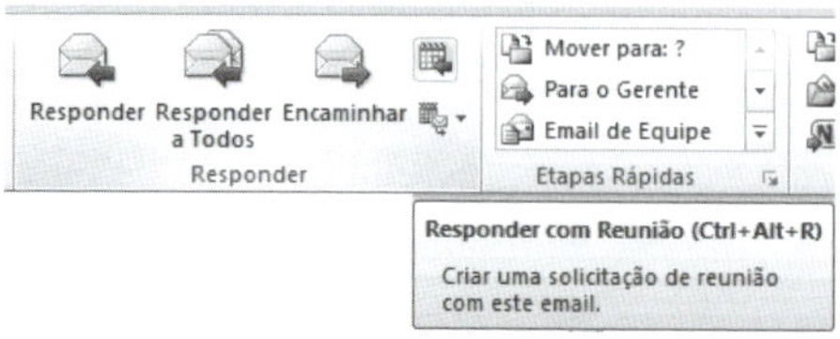

Dicas de tela fornecem informações úteis sobre botões não rotulados.

Dica Na caixa de diálogo Opções do Outlook, você pode controlar a exibição e o conteúdo das dicas de tela a partir da área Opções da Interface do Usuário da guia Geral e alterar o idioma do conteúdo da Dica de tela na página Idioma. Para obter mais informações, consulte "Personalizando suas configurações do Office e do Outlook" no Capítulo 13, "Personalize o Outlook".

- Comandos relacionados mas menos comuns não são representados como botões em um grupo. Em vez disso, ficam disponíveis em uma caixa de diálogo ou painel de tarefas, que você pode exibir clicando no iniciador da caixa de diálogo localizado no canto inferior direito do grupo.
- Alguns botões incluem uma seta integrada ou separada. Para determinar se um botão e uma seta estão integrados, aponte para o botão ou seta para exibir sua borda. Se um botão e sua seta estiverem integrados dentro de uma borda, um clique no botão exibirá uma lista de ações ou opções relacionadas. Se o botão e a seta tiverem bordas separadas, um clique no botão executará a ação padrão indicada pelo ícone atual do botão. Você pode alterar a ação padrão do botão clicando na seta e depois na ação desejada.

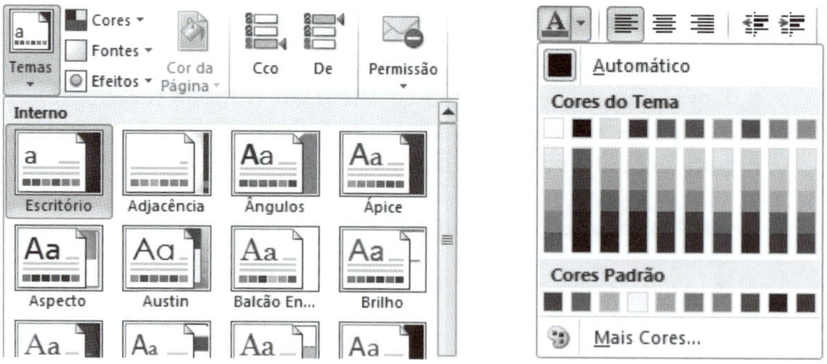

A seta do botão Temas é integrada, e a do botão Cor da Fonte é separada.

O objetivo da Faixa de Opções como um todo é tornar o trabalho com os itens do Outlook e seu conteúdo o mais intuitivo possível. Os comandos de tarefas que você executa com frequência estarão imediatamente disponíveis e até mesmo aqueles que você usa menos serão fáceis de achar.

Por exemplo, quando uma opção de formatação tem várias alternativas disponíveis, geralmente elas são exibidas em uma galeria de miniaturas. Essas galerias forneccem uma visão geral de cada alternativa. Se você apontar para uma miniatura em uma galeria, a Visualização Dinâmica exibirá a aparência fornecida por essa alternativa se você aplicá-la ao documento.

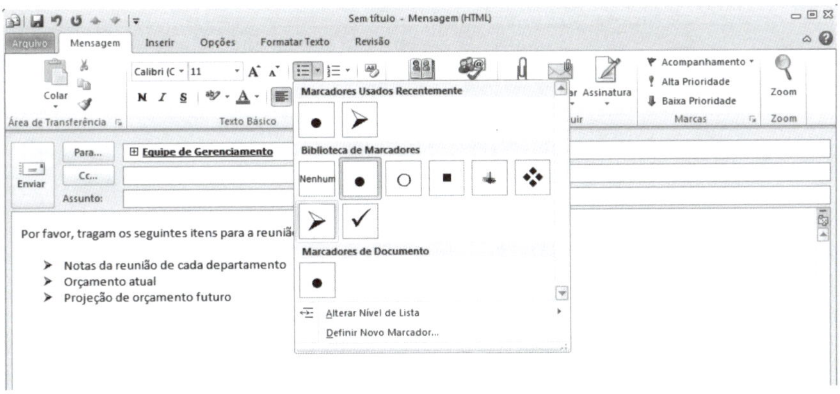

A Visualização Dinâmica exibe o efeito causado no elemento selecionado quando clicamos na miniatura para a qual estamos apontando.

Dica Talvez você não encontre comandos que usava em versões anteriores do Outlook disponíveis na Faixa de Opções, mas você pode deixá-los acessíveis adicionando-os à Barra de Ferramentas de Acesso Rápido. Para obter mais informações, consulte "Personalizando a Barra de Ferramentas de Acesso Rápido" no Capítulo 13, "Personalize o Outlook".

Trabalhando no módulo Email

O módulo Email é exibido por padrão quando iniciamos o Outlook ou clicamos em Email no Painel de Navegação.

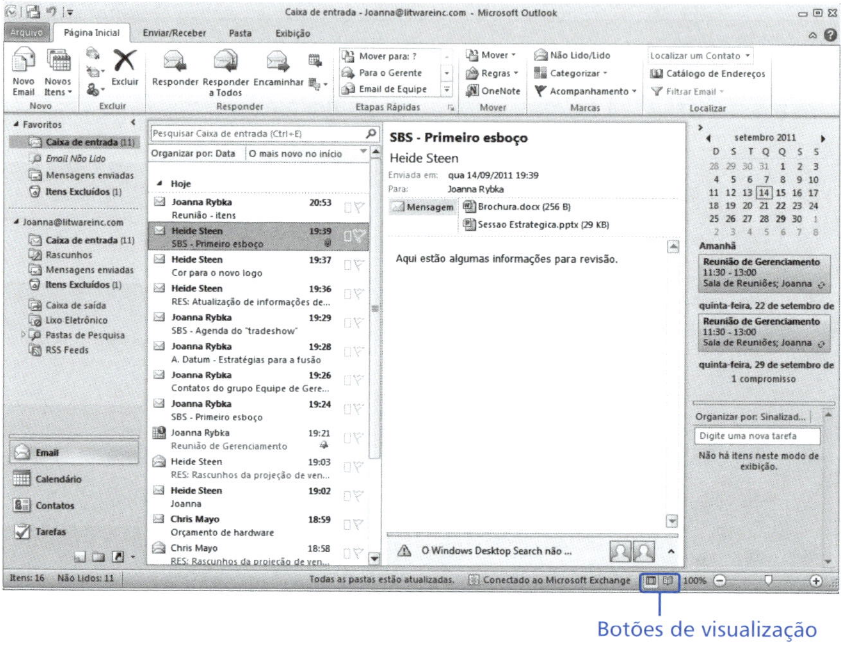

A janela do programa Outlook exibindo o módulo Email no modo de exibição Normal.

Conteúdo do Painel de Navegação

No módulo Email, o Painel de Navegação exibe a lista Favoritos e a estrutura de pastas da caixa de correio (ou caixas de correio, se você tiver definido várias contas de email). Quando você se conectar a qualquer tipo de conta de email, essas quatro pastas ficarão visíveis em sua caixa de correio:

- **Caixa de entrada** O Outlook distribui novas mensagens para essa pasta.
- **Itens Enviados** Quando você enviar uma mensagem, o Outlook armazenará uma cópia dela nessa pasta.
- **Itens Excluídos** Os itens do Outlook que você excluir de outras pastas serão mantidos nesta pasta. Eles não serão excluídos permanentemente até você esvaziar a pasta.

  Consulte também Para obter informações sobre a exclusão e restauração de itens, consulte "Excluindo mensagens" no Capítulo 7, "Organize sua caixa de entrada".

- **Lixo Eletrônico** O Outlook distribui mensagens bloqueadas pelo filtro de spam para essa pasta.

Dica Você pode adicionar qualquer pasta da caixa de correio à lista Favoritos clicando na pasta com o botão direito do mouse e clicando em Mostrar nos Favoritos. Se estiver gerenciando várias contas de email no Outlook, pode ser mais conveniente e eficiente adicionar as pastas da Caixa de entrada de cada conta à lista Favoritos para trabalhar com todas elas no mesmo local.

Nas caixas de correio de contas do Exchange, essas cinco pastas também ficam visíveis:

- **Rascunhos** O Outlook armazena nessa pasta cópias temporárias de mensagens que estão em desenvolvimento.

  Consulte também Para obter informações sobre a criação e manipulação de rascunhos de mensagens, consulte "Criando e enviando mensagens" no Capítulo 3, "Envie e receba emails".

- **News Feed** Os feeds de notícias em que você está inscrito estarão nesta pasta
- **Caixa de saída** É nessa pasta que o Outlook mantém as mensagens que são enviadas enquanto estabelece uma conexão com o servidor de email.
- **RSS Feeds** Os feeds de informações de sites em que você tiver se inscrito estarão disponíveis nessa pasta. Na primeira vez que você iniciar o Outlook, talvez encontre aqui feeds de informações recomendados pela Microsoft.
- **Pastas de Pesquisa** Essas pastas contêm resultados atualizados de buscas por mensagens que atendam critérios de pesquisa específicos.

Em todos os módulos, a área da parte inferior do Painel de Navegação exibe botões de módulos e comandos de gerenciamento do painel. Você pode alterar o tamanho dos botões dessa área arrastando a barra de redimensionamento que aparece acima do botão Email.

Se você clicar no botão Lista de Pastas na parte inferior do Painel de Navegação, essas sete pastas adicionais aparecerão nas caixas de correio de contas do Exchange.

- **Calendário** O módulo Calendário do Outlook.
- **Contatos** O módulo Contatos do Outlook
- **Diário** O módulo Diário do Outlook
- **Anotações** O módulo Anotações do Outlook
- **Contatos Sugeridos** Uma lista de endereços de email com os quais você se correspondeu recentemente que não estão em seu catálogo de endereços primário
- **Problemas de sincronização** Uma lista de conflitos e falhas na comunicação com seu servidor de email ou com sua caixa de correio
- **Tarefas** O módulo Tarefas do Outlook

Atalho do teclado Pressione Ctrl+6 para exibir a lista expandida de pastas no Painel de Navegação.

Modos de exibição do módulo Email

Chamamos de painel Email o painel central que exibe conteúdo do módulo Email. O painel Email exibe as mensagens da caixa de entrada ou de outra pasta de email selecionada assim como o Painel de Leitura, que exibe o conteúdo da mensagem selecionada.

Há dois modos de exibição padrão do módulo Email:

- **Normal** Nesse modo de exibição, o Painel de Navegação e a Barra de Tarefas Pendentes são maximizados.
- **Leitura** Nesse modo de exibição, o Painel de Navegação, a Barra de Tarefas Pendentes e a Faixa de Opções ficam minimizados.

Você pode se alternar entre os modos de exibição clicando no botão do modo desejado na Barra de Status.

A Faixa de Opções

A Faixa de Opções do módulo Email inclui a guia Arquivo e quatro guias que aparecem em todos os módulos:

- **Página Inicial** Essa guia inclui os comandos necessários à criação e gerenciamento de mensagens de email (mas não do conteúdo da mensagem).

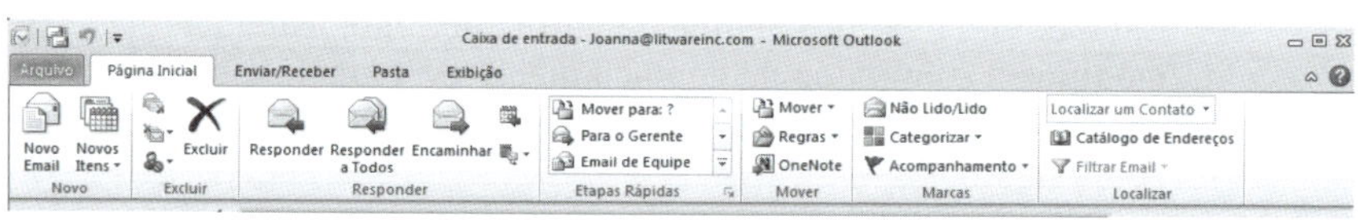

A guia Página Inicial da Faixa de Opções do módulo Email.

- **Enviar/Receber** Essa guia inclui os comandos de sincronização de dados do Outlook com dados do servidor de email. Você pode controlar o envio e recebimento de mensagens, processos manuais de download e se o Outlook fará automaticamente o download de mensagens completas ou apenas dos cabeçalhos das mensagens. Também pode optar por desconectar o Outlook da conexão ativa da Internet se quiser trabalhar offline; por exemplo, para interromper o envio e recebimento de mensagens por um período de tempo.

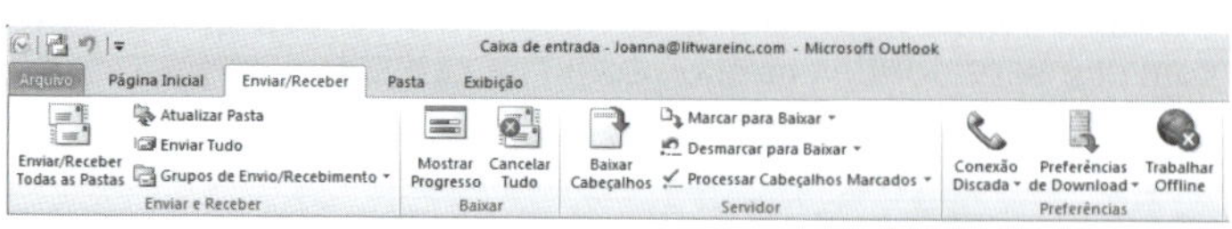

A guia Enviar/Receber da Faixa de Opções do módulo Email.

- **Pasta** Essa guia inclui os comandos de criação e gerenciamento das pastas em que você poderá armazenar mensagens, itens de calendário, registros de contato, anotações, tarefas e outros itens do Outlook, assim como Pastas de Pesquisa em que poderá exibir conjuntos atualizados de mensagens que atendam a critérios específicos. Você poderá gerenciar o conteúdo da pasta e recuperar itens excluídos inadvertidamente, adicionar uma pasta à lista Favoritos e controlar configurações de arquivo, permissões de acesso a pastas e propriedades das pastas.

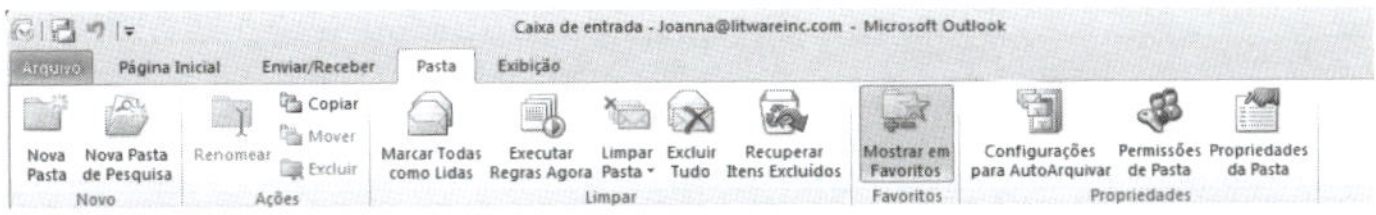

A guia Pasta da Faixa de Opções do módulo Email.

- **Exibição** Essa guia inclui comandos de alteração da maneira como os itens são exibidos no Painel de Conteúdo; exibição, ocultação ou alteração do local dos painéis da janela do programa; e abertura e fechamento de janelas secundárias do programa.

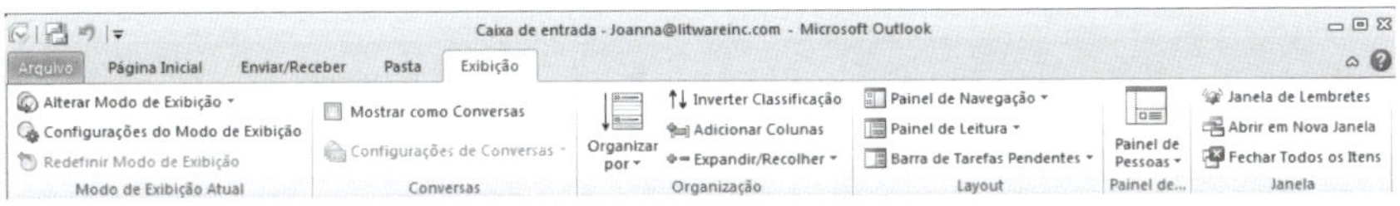

A guia Exibição da Faixa de Opções do módulo Email.

Janelas de mensagens

O Outlook exibe emails (assim como solicitações de reunião e atribuições de tarefas provenientes de outros usuários do Outlook) no módulo Email. Quando você iniciar o Outlook, ele exibirá a Caixa de Entrada de sua conta de email padrão no módulo Email. Quando criar uma nova mensagem ou abrir uma mensagem existente, ele abrirá uma janela de mensagem. A janela de mensagem tem sua própria Faixa de Opções e Barra de Ferramentas de Acesso Rápido separadas das da janela do programa Outlook. Você pode criar, inserir e formatar o conteúdo das mensagens, modificar as configurações de emails enviados e executar ações com mensagens recebidas usando os comandos da Faixa de Opções da janela de mensagem.

O layout de todas as janelas de mensagens é semelhante. No entanto, dependendo de você estar trabalhado em uma janela de composição ou de leitura de mensagens, o conteúdo da janela e os comandos de sua Faixa de Opções serão diferentes.

Janelas de composição de mensagens

Quando você estiver compondo uma mensagem original ou a resposta a uma mensagem, trabalhará em uma janela de composição de mensagem.

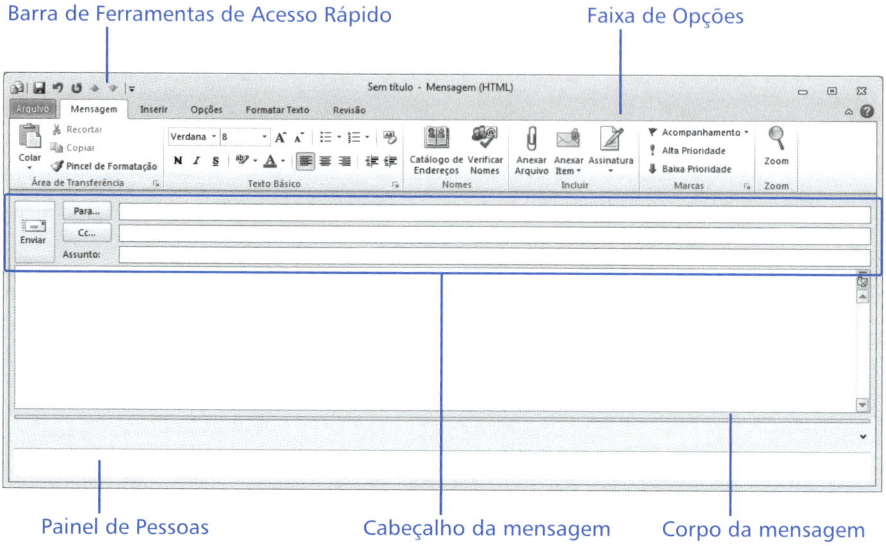

Uma janela de composição de mensagem.

A interface da janela de composição de mensagem inclui os elementos a seguir:

- **Barra de Ferramentas de Acesso Rápido** Dá acesso ao menu de gerenciamento de janelas (representado por um ícone Nova Mensagem) e aos botões Salvar, Desfazer, Refazer/Repetir, Item Anterior e Próximo Item. O comando Salvar está disponível no modo de exibição Backstage, mas os outros comandos não estão disponíveis no modo Backstage ou na Faixa de Opções; eles só estão disponíveis na Barra de Ferramentas de Acesso Rápido.

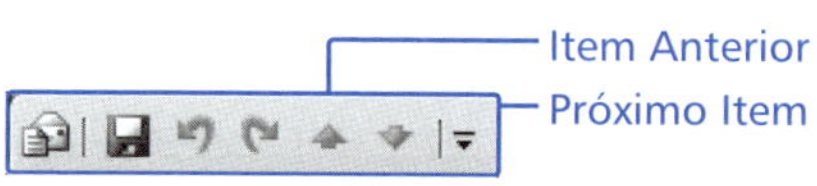

Os botões Item Anterior e Próximo Item da Barra de Ferramentas de Acesso Rápido ficam inativos em uma janela de composição de mensagem; em uma janela de leitura de mensagem eles ficam ativos.

Dica Você pode adicionar comandos à Barra de Ferramentas de Acesso Rápido para que eles fiquem disponíveis independente da guia que estiver ativa atualmente na janela de composição de mensagem. O acréscimo de um comando à Barra de Ferramentas de Acesso Rápido em uma janela de composição de mensagem não o adiciona à Barra de Ferramentas de Acesso Rápido de nenhuma outra janela de itens do Outlook (inclusive a janela de leitura de mensagem) ou outras janelas de programas do Office 2010.

- **Faixa de Opções** Inclui a guia Arquivo (link para o modo de exibição Backstage) e as guias Mensagem, Inserir, Opções, Formatar Texto e Revisão.
- **Cabeçalho da mensagem** Inclui os campos de endereço Para e Cc e o campo Assunto, por padrão. Você também pode exibir o campo De (se gerenciar várias contas na mesma instalação do Outlook) e o campo Cco.

Consulte também Para obter informações sobre o campo De, consulte a observação "Gerenciando várias contas" no Capítulo 3, "Envie e receba emails". Para obter informações sobre o campo Cco, consulte "Criando e enviando mensagens" no mesmo capítulo.

Dica Você pode salvar as informações de um campo inserindo-as na caixa de texto correspondente. O Outlook salvará as informações que você inserir como dados anexos à mensagem e as usará de várias formas. Alguns tipos de campos têm regras especiais associadas que afetam a aparência dos dados no campo. Por exemplo, os campos de número telefônico dos registros de contatos formatam automaticamente os números inseridos para ficarem no formato padrão (12) 3456-7890.

- **Corpo da mensagem** É a área em que você criará o conteúdo da mensagem. O corpo da mensagem pode incluir texto, imagens, tabelas, gráficos, recortes de tela, hiperlinks e outros tipos de conteúdo. Um email criado no Outlook 2010 pode incluir praticamente qualquer elemento que possa ser inserido em um documento eletrônico padrão, como um documento do Microsoft Word.
- **Painel de Pessoas** Exibe informações sobre os destinatários de mensagem desejados. Um clique no ícone de uma pessoa exibe informações sobre comunicações anteriores com essa pessoa no Painel de Pessoas expandido.

Consulte também Para obter informações sobre o cabeçalho e o corpo da mensagem e o Painel de Pessoas, consulte "Criando e enviando mensagens" no Capítulo 3, "Envie e receba emails".

Quando aberto a partir de uma janela de composição de mensagem, o modo Backstage, que você pode acessar clicando na guia Arquivo, inclui comandos relacionados a tarefas de gerenciamento de mensagens, como o salvamento de mensagens e anexos e o fechamento, restrição de acesso, movimentação, reenvio, cancelamento e impressão de mensagens.

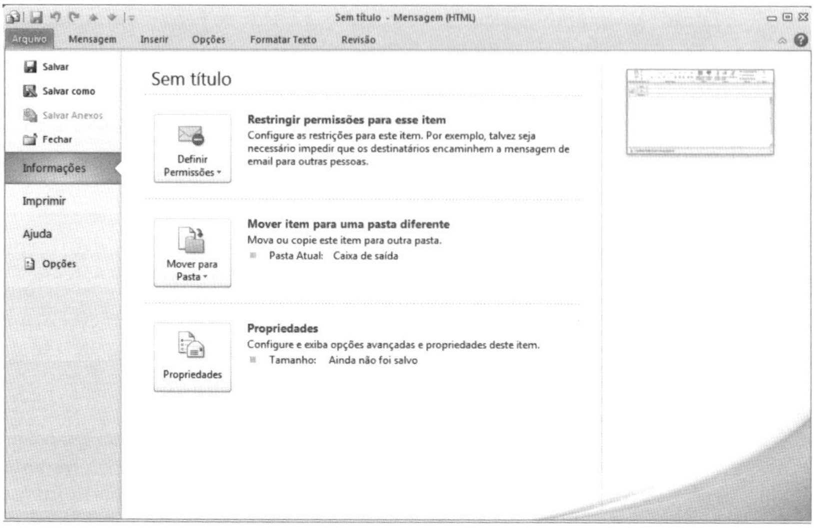

O modo de exibição Backstage de uma janela de composição de mensagem.

Os comandos da Faixa de Opções de uma janela de composição de mensagem se encontram organizados em cinco guias.

- **Mensagem** Essa guia inclui uma seleção dos comandos que costumam ser mais usados na criação de uma nova mensagem e alguns deles também estão disponíveis em outras guias da Faixa de Opções. Específicos da guia Mensagem são os comandos de inserção e validação de endereços de email, marcar uma mensagem enviada para acompanhamento, indicar para o destinatário a importância de uma mensagem enviada e ampliar o conteúdo da mensagem.

A guia Mensagem da Faixa de Opções da janela de composição de mensagem.

- **Inserir** Essa guia inclui comandos que são padrão em todas as janelas de criação de itens para a anexação de itens como arquivos e cartões de visita à mensagem e a inserção de conteúdo especializado como assinaturas de email, tabelas, imagens, links e texto artístico no corpo da mensagem. Além dos comandos padrão, o comando Inserir Calendário está disponível no grupo Incluir da guia Inserir da Faixa de Opções da janela de composição de mensagem.

A guia Inserir da Faixa de Opções da janela de composição de mensagem.

- **Opções** Essa guia inclui comandos que são específicos da janela de composição de mensagem para a aplicação de formatação temática ao conteúdo da mensagem, a exibição de campos de endereço usados com menos frequência no cabeçalho da mensagem e a configuração de opções especializadas de distribuição de mensagens.

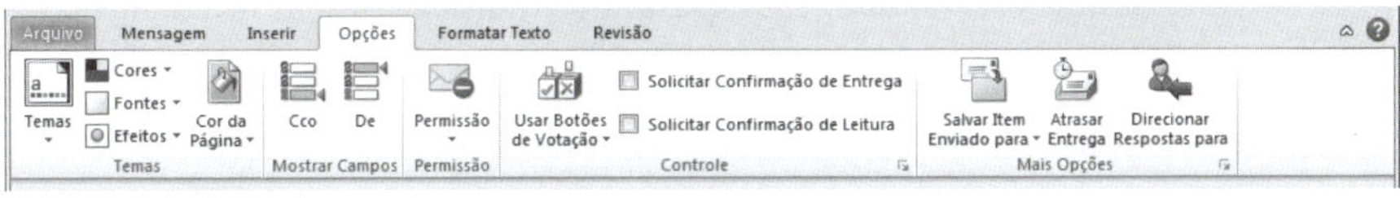

A guia Opções da Faixa de Opções da janela de composição de mensagem.

- **Formatar Texto** Essa guia inclui comandos que são padrão em todas as janelas de criação de itens para a manipulação e formatação de caracteres e parágrafos, aplicação e manipulação de Estilos Rápidos e conjuntos de estilos e busca, substituição e seleção de texto e objetos dentro de uma caixa de texto. Além dos comandos padrão, comandos de alteração do formato da mensagem estão disponíveis no grupo Formatar da guia Formatar Texto da Faixa de Opções da janela de composição de mensagem.

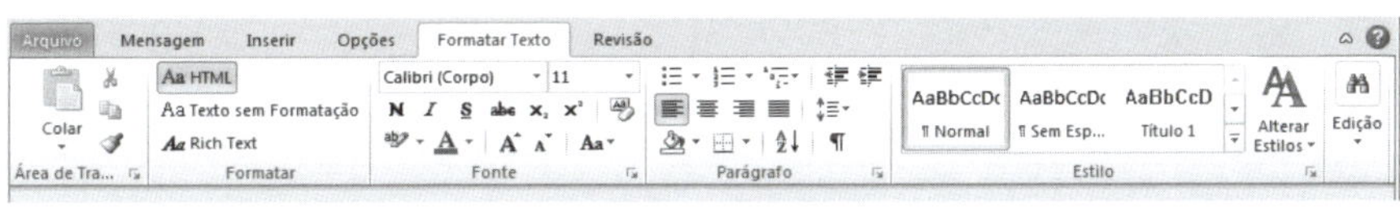

A guia Formatar Texto da Faixa de Opções da janela de composição de mensagem.

Consulte também Para obter informações sobre a inserção de vários tipos de ilustrações, consulte o Capítulo 10, "Melhore o conteúdo das mensagens". Sobre a definição de permissões, o controle de mensagens e outras opções, consulte "Alterando as configurações e as opções de distribuição das mensagens" nesse mesmo capítulo. E sobre a formatação de fontes e o uso de estilos, consulte "Personalizando a aparência do texto da mensagem" ainda no mesmo capítulo.

- **Revisão** Essa guia inclui comandos que são padrão em todas as janelas de criação de itens para o trabalho com o idioma do corpo da mensagem, inclusive a verificação ortográfica e gramatical, a busca de palavras opcionais, a exibição de estatísticas sobre o conteúdo da mensagem (páginas, palavras, caracteres, parágrafos e linhas) e a tradução do conteúdo diretamente ou por um serviço online.

A guia Revisão da Faixa de Opções da janela de composição de mensagem.

Dica Dependendo dos programas que você tiver instalado em seu computador, guias e grupos diferentes dos descritos aqui também podem aparecer na Faixa de Opções.

Janelas de leitura de mensagem

Quando você estiver manipulando uma mensagem enviada ou recebida, trabalhará em uma janela de leitura de mensagem.

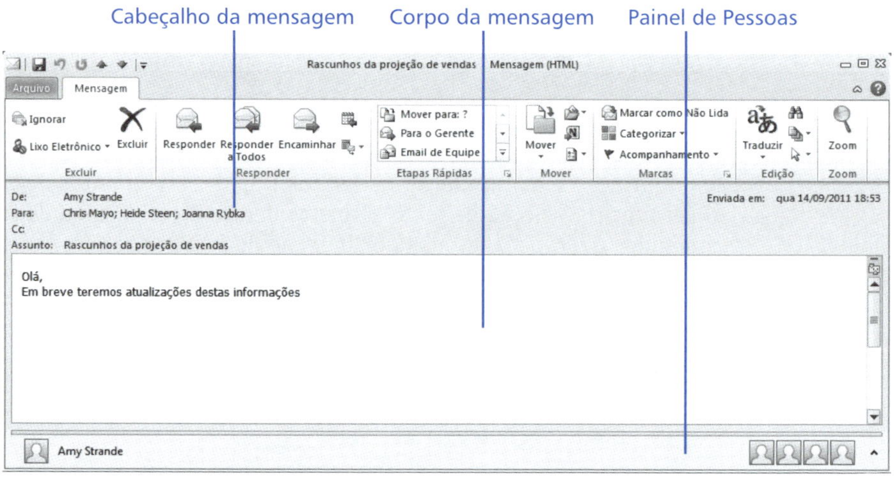

Uma janela de leitura de mensagem.

A interface da janela de leitura de mensagem inclui os elementos a seguir:

- **Barra de Ferramentas de Acesso Rápido** Dá acesso ao menu de gerenciamento de janelas (representado pelo ícone Mensagem Recebida) e aos mesmos comandos a que dá acesso na janela de composição de mensagem. Os comandos Item Anterior e Próximo Item ficam ativos.
- **Faixa de Opções** Inclui a guia Arquivo e uma guia Mensagem que contém um conjunto de comandos diferentes dos da guia Mensagem de uma janela de composição de mensagem.

- **Cabeçalho da mensagem** Exibe o nome e o status online (se disponível) do emitente da mensagem e dos destinatários (que foram inseridos nas caixas Para e Cc), junto com o assunto e qualquer notificação, categoria ou sinalizador da mensagem.
- **Corpo da mensagem** Exibe o conteúdo da mensagem. Você não pode editar o conteúdo em uma janela de leitura de mensagem (mas pode copiá-lo da janela de leitura e colar em outro documento do Office).
- **Painel de Pessoas** Exibe informações sobre o emitente e os destinatários da mensagem, inclusive sobre você.

Quando aberto a partir de uma janela de leitura de mensagem, o modo de exibição Backstage inclui os comandos Definir Permissões, Mover para Pasta e Propriedades que estão disponíveis na janela de composição de mensagem, assim como comandos relacionados à visualização de relatórios de distribuição e cancelamento e reenvio da mensagem.

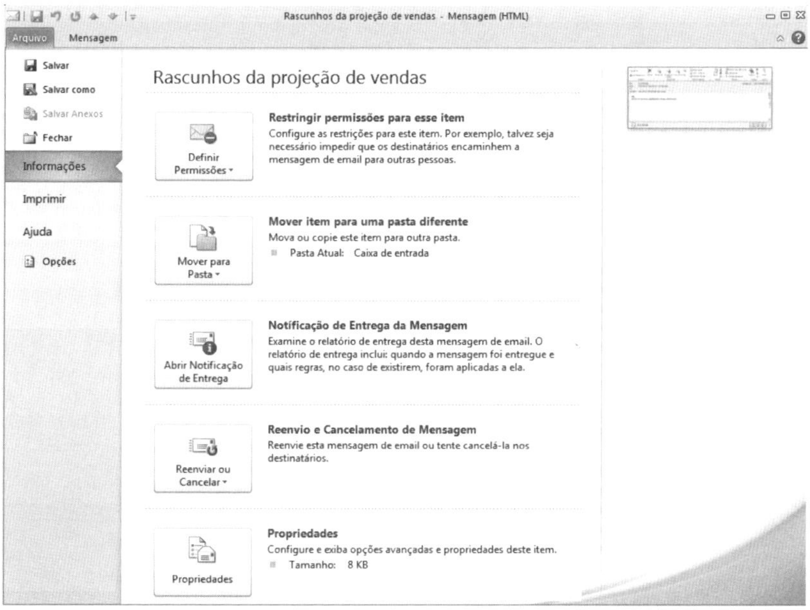

O modo de exibição Backstage de uma janela de leitura de mensagem.

Consulte também Para obter informações sobre os comandos e opções de impressão, consulte "Imprimindo mensagens" no Capítulo 7, "Organize sua caixa de entrada". Sobre a movimentação de itens do Outlook, consulte "Organizando mensagens em pastas" no mesmo capítulo. Sobre a configuração de opções e propriedades avançadas para uma mensagem, consulte "Alterando as configurações e as opções de distribuição das mensagens" no Capítulo 10, "Melhore o conteúdo das mensagens". E sobre evitar que os destinatários encaminhem, copiem ou imprimam mensagens que você enviar, consulte "Protegendo seus emails" no Capítulo 11, "Gerencie as configurações de emails".

Os comandos da Faixa de Opções de uma janela de leitura de mensagem se encontram organizados em uma guia: Mensagem. Essa guia inclui comandos para o trabalho com a mensagem ativa, inclusive sua exclusão, resposta, movimentação, identificação, edição e visualização. A guia Mensagem também inclui a galeria Etapas Rápidas de combinações de comandos que permite a execução de várias tarefas com um clique.

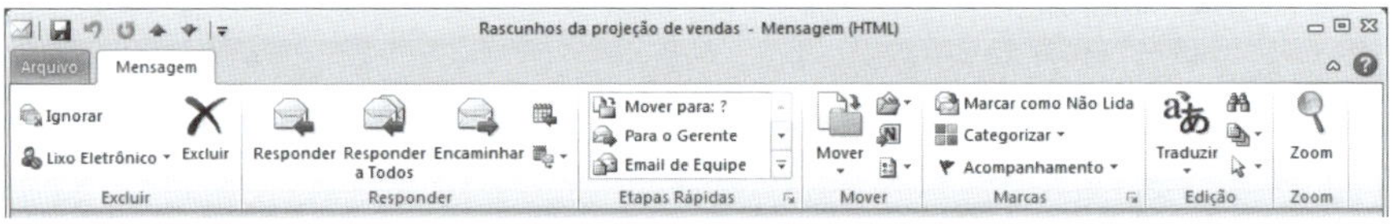

A guia Mensagem da Faixa de Opções da janela de leitura de mensagem.

Consulte também Para obter informações sobre as Etapas Rápidas, consulte "Gerenciando mensagens usando as Etapas Rápidas" no Capítulo 7, "Organize sua caixa de entrada". Para obter informações sobre os elementos da Faixa de Opções das janelas de itens do Outlook, consulte "Trabalhando no módulo Calendário", "Trabalhando no módulo Contatos" e "Trabalhando no módulo Tarefas" mais à frente neste capítulo.

Neste exercício, você travará conhecimento com as ferramentas de gerenciamento de janelas e de gerenciamento de conteúdo em uma janela de composição de mensagem. Durante o percurso, aprenderá a trabalhar com comandos da Faixa de Opções, da Barra de Ferramentas de Acesso Rápido e do modo de exibição Backstage.

PREPARAÇÃO Não é preciso arquivo para fazer este exercício. Exiba sua caixa de entrada do Outlook e então siga as etapas.

1. Na guia **Página Inicial**, no grupo **Novo,** clique no botão Novo Email.

   Atalho do teclado Pressione Ctrl+Shift+M para criar uma mensagem.

   Uma janela de mensagem sem título será aberta, com o cursor na caixa Para.

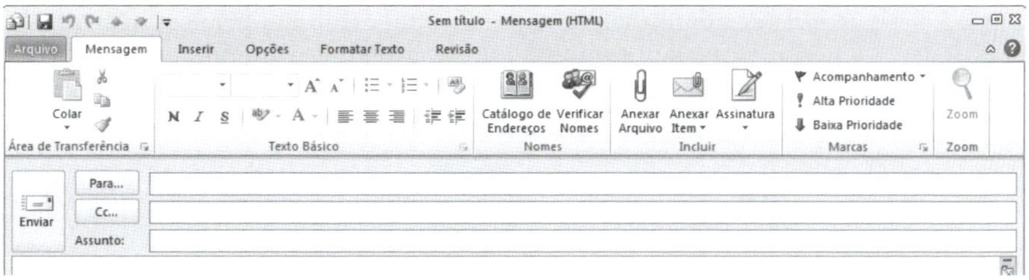

Você pode compor e enviar qualquer email padrão usando apenas os comandos disponíveis na guia Mensagem.

Dica Só os botões de comandos que possam ser executados no elemento da mensagem selecionado atualmente estarão ativos.

2. Clique para inserir o cursor no corpo da mensagem.

   Comandos adicionais da Faixa de Opções ficarão ativos.

3. Na guia **Mensagem**, examine os comandos disponíveis.

   Os comandos se encontram organizados em seis grupos: Área de Transferência, Texto Básico, Nomes, Incluir, Marcas e Zoom.

4. No canto inferior direito do grupo **Área de Transferência**, clique no iniciador da caixa de diálogo. O painel de tarefas Área de Transferência do Microsoft Office exibirá conteúdo recortado e/ou copiado.

O painel de tarefas Área de Transferência exibe conteúdo recortado ou colado de qualquer aplicativo do Office.

A área de transferência será compartilhada pelos aplicativos do Office 2010 instalados em seu computador e pode exibir conteúdo recortado ou copiado do Outlook ou de programas como o Word, Excel ou PowerPoint. A origem do conteúdo é indicada pelo ícone de programa que antecede o recorte.

Dica Você pode controlar quando e onde os elementos da área de transferência serão exibidos fazendo a seleção na lista que aparece quando clicamos em Opções na parte inferior do painel de tarefas.

5. Se a área de transferência tiver recortes de que você não precise, clique em **Limpar Tudo**.

   Você pode remover todos os recortes da área de transferência usando esse comando.

6. No corpo da mensagem, digite **Por favor me responda o quanto antes por email, telefone ou fax**. Selecione o texto que inseriu, e na guia Mensagem, no grupo **Área de Transferência**, clique no botão **Recortar**.

   O texto será transferido do corpo da mensagem para a área de transferência e agora estará disponível para ser colado em um campo de texto de qualquer item do Outlook ou em qualquer outro tipo de documento do Office.

7. Aponte para o texto recortado e clique na seta que surgiu.

   Um menu curto de ações que você pode executar com o recorte selecionado aparecerá.

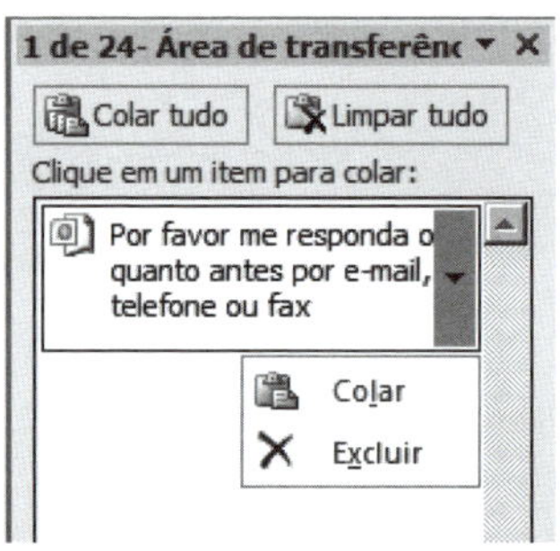

Você pode inserir e remover todos os recortes clicando em Colar Tudo ou Limpar Tudo, ou recortes individuais apontando para o item, clicando na seta e em um comando.

8. No menu da área de transferência, clique em **Colar**.

   O texto reaparecerá no corpo da mensagem mas permanecerá disponível na área de transferência para reutilização posterior.

Dica Quando você colar texto em uma mensagem, o botão Opções de Colagem aparecerá no canto inferior direito do texto colado. Um clique nesse botão exibirá o menu Opções de Colagem no qual você poderá selecionar manter a formatação original do texto colado, passar para o formato do texto em que você fez a colagem e definir outras opções de colagem.

9. No canto superior direito do painel de tarefas **Área de Transferência**, clique no botão **Fechar**.
10. No corpo da mensagem, selecione o texto inserido.

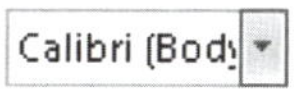

11. No grupo **Texto Básico** da guia **Mensagem**, clique na seta **Fonte** e, na lista **Fonte**, clique em **Arial Rounded MT Bold.**

    O texto mudará para a fonte selecionada.

12. No grupo **Texto Básico**, clique no botão **Aumentar Fonte** e no botão **Centralizar**.

    O tamanho da fonte aumentará de 11 para 12 pontos e o parágrafo que contém a frase será centralizado horizontalmente no Painel de Conteúdo da mensagem.

13. Aponte para os outros botões do grupo **Texto Básico** e observe sua funcionalidade como descrito nas dicas de tela exibidas. Em seguida, clique no iniciador da caixa de diálogo **Texto Básico**.

    A caixa de diálogo Fonte abrirá, exibindo a página Fonte, que contém muitos comandos adicionais de formatação de fontes.

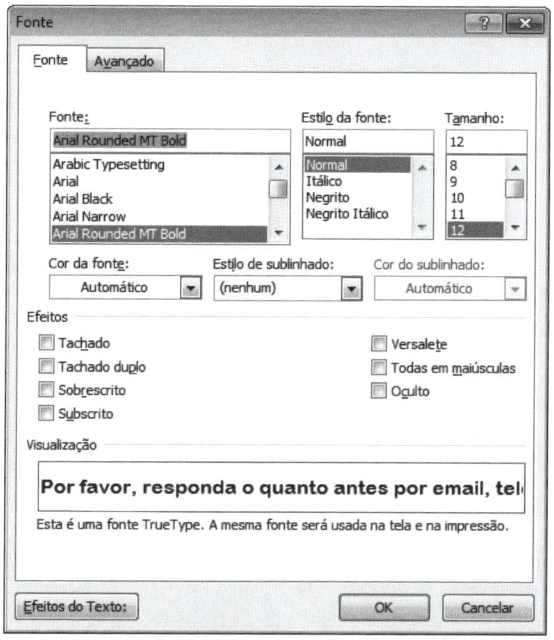

A caixa de diálogo Fonte inclui configurações que não estão disponíveis no grupo Texto Básico da guia Mensagem.

Dica Não é possível formatar o conteúdo dos campos de cabeçalho da mensagem.

14. Na caixa de diálogo **Fonte**, clique na guia **Avançado**.

    A segunda página da caixa de diálogo aparecerá. Na página Avançado, você pode controlar o espaçamento dos caracteres e características específicas das fontes.

A caixa de visualização demonstra o efeito das opções de formatação de fonte selecionadas atualmente.

15. No canto inferior esquerdo da caixa de diálogo, clique em **Efeitos do Texto**.

    A caixa de diálogo Formatar Efeitos de Texto será aberta.

16. No painel esquerdo da caixa de diálogo **Formatar Efeitos de Texto**, clique em **Sombra**.

    A página Sombra da caixa de diálogo Formatar Efeitos de Texto inclui muitas opções para a inclusão de sombras padrão e personalizadas nos caracteres.

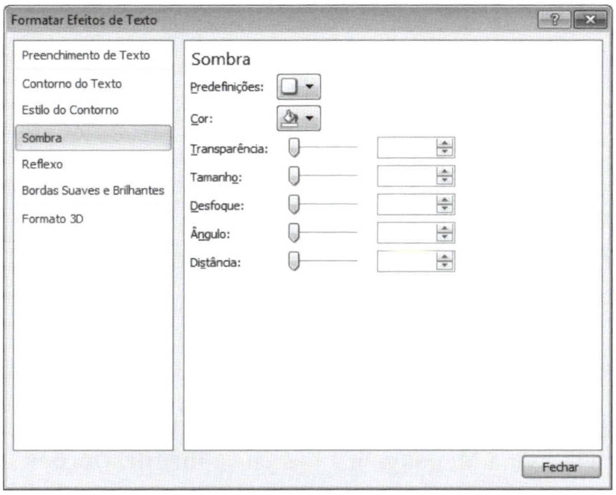

As configurações de efeitos de texto incluem muitas opções avançadas que adicionam dimensão aos caracteres.

17. Clique no botão **Predefinições** e, em seguida, clique na primeira configuração de sombra da seção **Externa** (**Deslocamento Diagonal Inferior à Direita**).

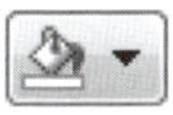

18. Clique no botão **Cor**, e na seção **Cores Padrão**, clique no quadrado **Vermelho**. Em seguida, na caixa de diálogo **Formatar Efeitos de Texto**, clique em **Fechar**.

    A caixa Visualização exibirá os efeitos de texto das opções selecionadas sobre o texto atual.

19. Clique na guia **Fonte** da caixa de diálogo **Fonte** e, na seção **Efeitos**, marque a caixa de seleção **Versalete**. Em seguida, clique em **OK.**

    O texto da mensagem mudará para refletir as opções de formatação de texto selecionadas.

20. Com o texto recém formatado ainda selecionado, clique no iniciador da caixa de diálogo **Área de Transferência**.

    O painel de tarefas Área de Transferência será aberto. Agora ele contém tanto o texto original não formatado quanto a versão recém formatada.

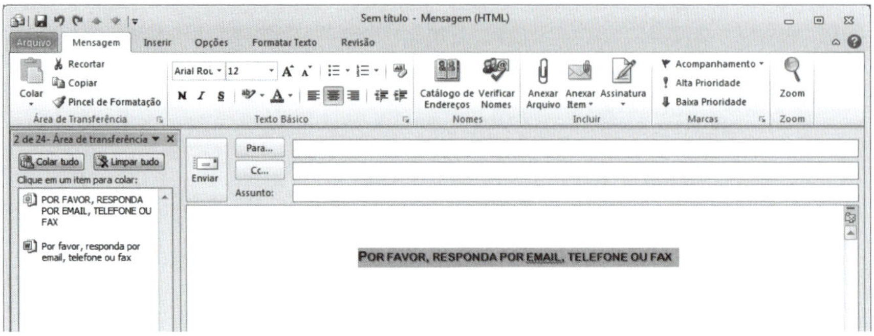

Você pode armazenar várias versões do mesmo texto na Área de Transferência.

21. Feche o painel de tarefas **Área de Transferência**. Em seguida, examine os outros comandos da guia **Mensagem** e das guias **Inserir, Opções, Formatar Texto** e **Revisão.**

    Muitos dos comandos disponíveis nessas guias também estão disponíveis na guia Mensagem. Trabalharemos com esses comandos posteriormente neste capítulo e no decorrer do livro.

22. Na extremidade direita da Faixa de Opções, clique no botão **Minimizar a Faixa de Opções**.

    A Faixa de Opções será recolhida para que só as guias fiquem visíveis.

23. Na Barra de Ferramentas de Acesso Rápido, clique no botão **Desfazer**.

    A formatação que você aplicou a partir da caixa de diálogo Efeitos de Texto será revertida.

24. Clique na guia **Formatar Texto** uma vez, e no grupo **Fonte**, clique no botão **Limpar Formatação**.

    O texto voltará à sua fonte e tamanho originais e a guia Formatar Texto retornará ao seu estado minimizado.

Dica Um clique em uma guia da Faixa de Opções minimizada a expandirá temporariamente para que você possa executar um único comando. Você pode recolher a Faixa de Opções sem executar um comando clicando em qualquer local fora dela ou pressionando Esc. Clicar duas vezes em uma guia ou clicar no botão Expandir a Faixa de Opções restaura permanentemente a Faixa de Opções em seu estado maximizado.

25. Na Faixa de Opções minimizada, clique na guia **Arquivo.**

    O modo de exibição Backstage será aberto e exibirá a página Informações, contendo informações sobre a mensagem atual, como sua localização (a pasta Rascunhos) e tamanho.

26. No painel esquerdo, clique em **Fechar**.

    O Outlook perguntará se você deseja salvar ou descartar o rascunho.

    Consulte também Para obter informações sobre rascunhos de mensagens, consulte "Criando e enviando mensagens" no Capítulo 3, "Envie e receba emails".

27. Na caixa de mensagem **Microsoft Outlook**, clique em **Não**.

    A janela da mensagem fechará.

LIMPEZA Abra uma nova janela de mensagem, clique no botão Expandir a Faixa de Opções e feche a janela de mensagem para retornar a Faixa de Opções ao seu estado padrão antes de passar para o próximo exercício.

Trabalhando no módulo Calendário

O módulo Calendário é exibido quando clicamos em Calendário no Painel de Navegação.

Conteúdo do módulo Calendário

No módulo Calendário, o Painel de Navegação exibe o Navegador de Data e uma lista de calendários que podem ser usados. A lista pode incluir só o calendário padrão do Outlook ou os calendários personalizados que você criar, calendários compartilhados com você por outros usuários do Outlook e os calendários da Internet ou do SharePoint com os quais você se conectar.

Dica Se só o calendário padrão do Outlook estiver disponível, o ícone Calendário aparecerá próximo a ele no Painel de Navegação em vez de uma caixa de seleção. Isso assegura que pelo menos um calendário esteja sempre selecionado para exibição no módulo Calendário.

Chamamos o painel central que exibe o conteúdo do módulo Calendário de painel Calendário. O painel Calendário exibirá seu calendário pelo período de tempo que você selecionar. O período de tempo padrão é um dia; no entanto, talvez você ache mais útil ter uma visão geral de um período de tempo mais longo, como uma semana ou um mês.

Há quatro modos de exibição padrão do módulo Calendário:

- **Normal** Nesse modo de exibição, o Painel de Navegação é maximizado, a Barra de Tarefas Pendentes é desativada e a Lista de Tarefas Diárias é exibida abaixo do calendário.
- **Calendário e Tarefas** Nesse modo de exibição, o Painel de Navegação é minimizado, a Barra de Tarefas Pendentes é desativada e a Lista de Tarefas Diárias é exibida abaixo do calendário.
- **Somente Calendário** Nesse modo de exibição, o Painel de Navegação é minimizado e a Barra de Tarefas Pendentes e a Lista de Tarefas Diárias são desativadas.
- **Clássico** Nesse modo de exibição, o Painel de Navegação e a Barra de Tarefas Pendentes são maximizados e a Lista de Tarefas Diárias é desativada.

A Faixa de Opções do módulo Calendário inclui a guia Arquivo e as quatro guias padrão dos módulos:

- **Página Inicial** Essa guia inclui os comandos necessários à criação de itens de calendário, exibição de visualizações do calendário, gerenciamento de outros calendários e grupos de calendários e compartilhamento do calendário com outras pessoas.

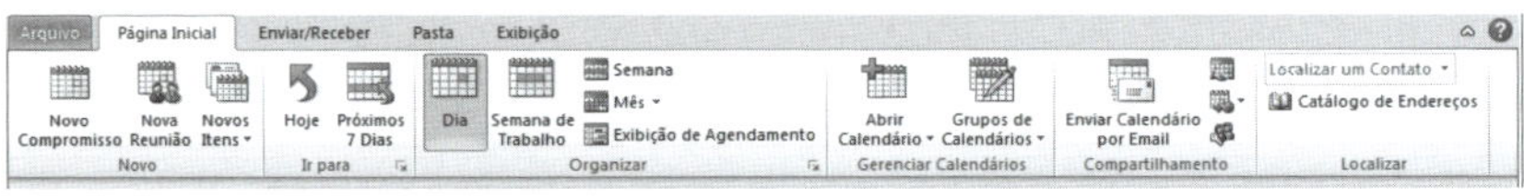

A guia Página Inicial da Faixa de Opções do módulo Calendário.

Consulte também Para obter informações sobre os modos de exibição do calendário, consulte "Exibindo diferentes visualizações de um calendário" no Capítulo 5, "Gerencie o agendamento".

- **Enviar/Receber** Essa guia inclui comandos para a sincronização do Outlook com suas contas de email. Esse conjunto de comandos é comum à guia Enviar/Receber de todos os módulos.

A guia Enviar/Receber da Faixa de Opções do módulo Calendário.

- **Pasta** Essa guia inclui comandos para a criação e manipulação de calendários. Nela você pode criar um novo calendário, manipular um calendário existente, compartilhar um calendário com outros usuários do Outlook e especificar o que cada usuário pode fazer com ele, abrir um calendário ao qual você não esteja conectado atualmente e controlar o comportamento interno de um calendário.

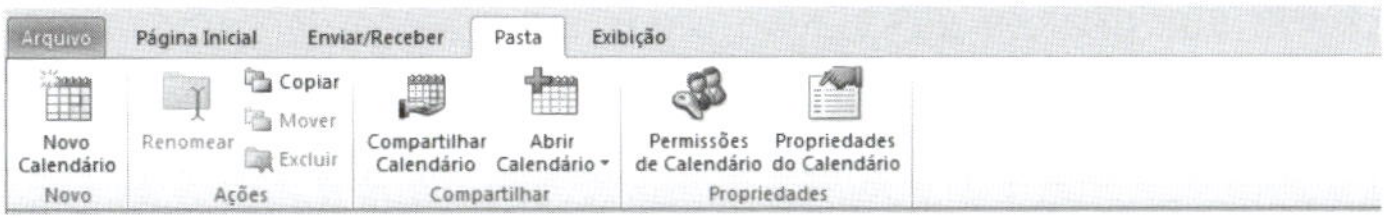

A guia Pasta da Faixa de Opções do módulo Calendário.

Consulte também Para obter informações sobre a criação de calendários, consulte "Trabalhando com vários calendários" no Capítulo 8, "Gerencie seu calendário".

- **Exibição** Essa guia inclui comandos para a visualização e organização de itens de calendário, alteração do layout e da aparência do módulo Calendário, exibição de lembretes perdidos, abertura de vários calendários em janelas separadas e fechamento de todas as janelas de itens de calendário abertas.

A guia Exibição da Faixa de Opções do módulo Calendário.

Janelas de itens de calendário

Chamamos de janela de compromissos a janela em que você criará ou responderá a um compromisso, de janela de reuniões a janela em que você criará ou responderá a uma reunião e de janela de eventos a janela em que você criará ou responderá a um evento; coletivamente as chamamos de janelas de itens de calendário. Como as janelas de mensagens, as janelas de itens de calendários contêm seus próprios comandos organizados na Faixa de Opções.

A interface das janelas de itens de calendário inclui a Barra de Ferramentas de Acesso Rápido, a Faixa de Opções e a área de conteúdo que exibe informações sobre o compromisso, mensagem ou evento.

Quando aberto a partir de uma janela de item de calendário, o modo de exibição Backstage inclui comandos relacionados ao gerenciamento de tarefas, como o salvamento de tarefas e seus anexos e o fechamento, movimentação e impressão de tarefas.

Dica Os comandos disponíveis no modo Backstage de uma janela de item de calendário são idênticos aos do modo Backstage de uma janela de registro de contato. Para obter mais informações, consulte "Trabalhando no módulo Contatos", mais à frente neste capítulo.

Os comandos da Faixa de Opções de uma janela de item de calendário se encontram organizados em quatro guias: uma guia principal específica do tipo de item de calendário e as guias Inserir, Formatar Texto e Revisão. As três últimas guias são idênticas às de outras janelas de itens.

Os comandos usados na criação e gerenciamento de compromissos ficam disponíveis na guia principal. O nome da guia muda de acordo com o tipo de item que está sendo criado e quando outras pessoas são convidadas para participar. Independente do nome da guia, os comandos ficam organizados na guia principal em seis grupos: Ações, Mostrar, Participantes, Opções, Marcas e Zoom. Você pode criar um item de calendário usando apenas os comandos disponíveis nessa guia.

Neste exercício, você travará conhecimento com os elementos da janela de itens de calendário que diferem dos encontrados nas janelas de mensagens discutidas anteriormente neste capítulo. Também aprenderá as diferenças entre os tipos de itens de calendário.

PREPARAÇÃO Não é preciso arquivo para fazer este exercício; apenas siga as etapas.

1. No Painel de Navegação, clique no botão Calendário.

Atalho do teclado Pressione Ctrl+2 para exibir o módulo Calendário.

O módulo Calendário é aberto. O painel Calendário exibirá o calendário associado à sua conta de email padrão.

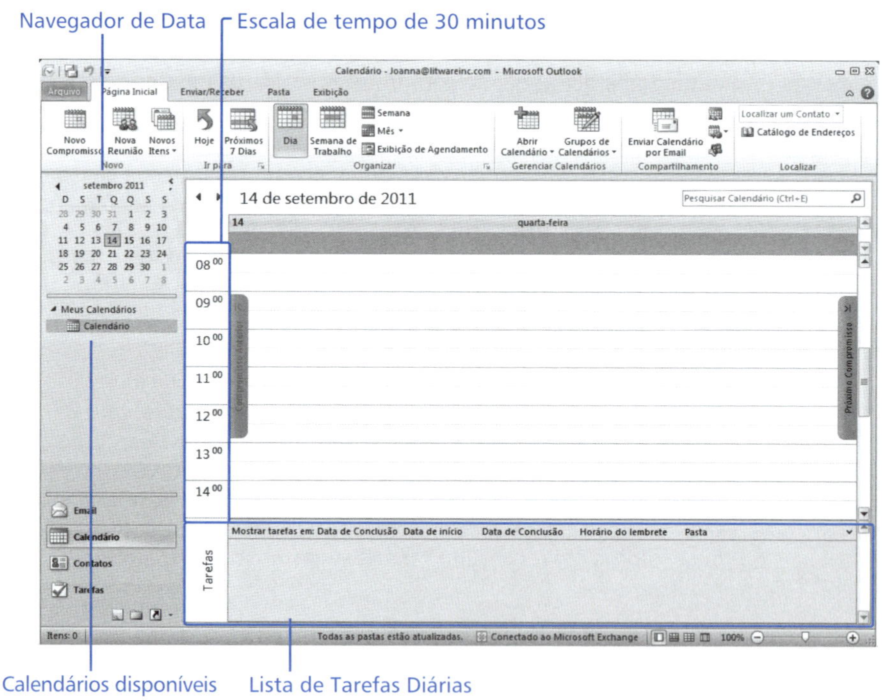

A janela do programa Outlook exibindo o módulo Calendário no modo de exibição Normal.

2. No grupo **Novo** da guia **Página Inicial**, clique no botão **Novo Compromisso**.

Atalho do teclado Pressione Ctrl+N para criar um compromisso de dentro do módulo Calendário. Pressione Ctrl+Shift+A para criar um compromisso a partir de qualquer módulo do Outlook.

Uma janela de compromisso sem título será aberta com a guia Compromisso ativa.

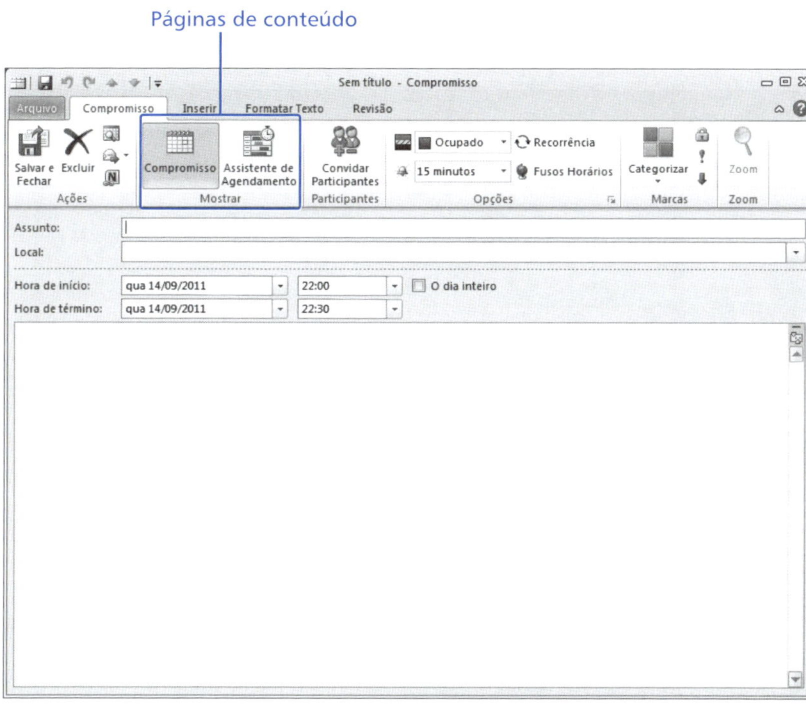

A página Compromisso de uma janela de compromisso.

3. No grupo **Participantes** da guia **Compromisso**, clique no botão **Convidar Participantes**.

   A janela de compromisso mudará para uma janela de reunião e a guia Compromisso será substituída pela guia Reunião.

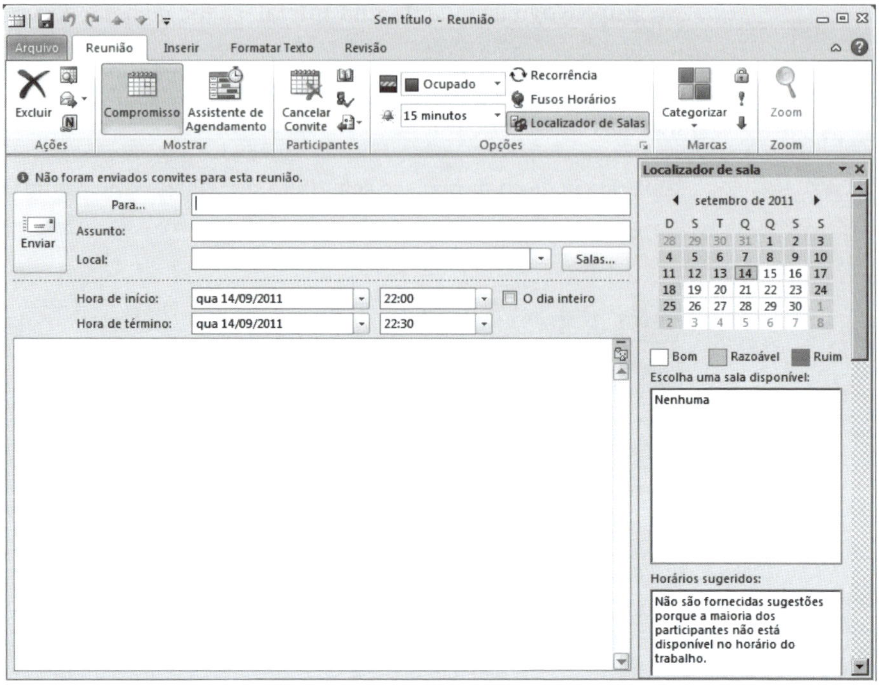

A página Compromisso de uma janela de reunião.

Dica As guias Inserir, Formatar Texto e Revisão das janelas de itens de calendário contêm os mesmos comandos que exibem em outros tipos de janelas de itens.

O cabeçalho da solicitação de reunião inclui um campo Para além dos campos Assunto e Local presentes nas janelas Compromisso e Evento. Você pode convidar participantes inserindo-os no campo Para, clicando no botão Para e selecionando--os em uma lista de endereços ou inserindo-os na lista Todos os Participantes do Assistente de Agendamento.

4. Insira um ou mais nomes de contato ou endereços de email na caixa **Para.** Em seguida, no grupo **Mostrar** da guia **Reunião**, clique no botão **Assistente de Agendamento.**

A janela de reunião exibirá informações sobre o tempo disponível dos participantes da reunião solicitada.

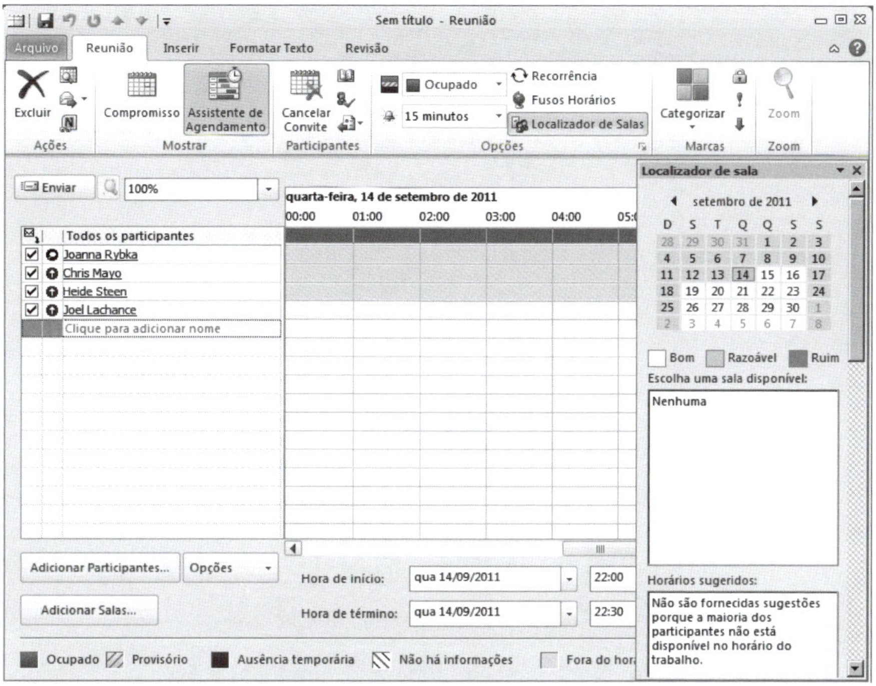

A página Agendamento de uma janela de reunião.

5. Familiarize-se com as informações do Agendamento. Em seguida, feche a janela de reunião.

6. No grupo **Novo** da guia **Página Inicial** do módulo **Calendário**, clique em **Novos Itens** e em **Evento de Dia Inteiro**.

   Uma janela de evento sem título será aberta com a guia Evento ativa.

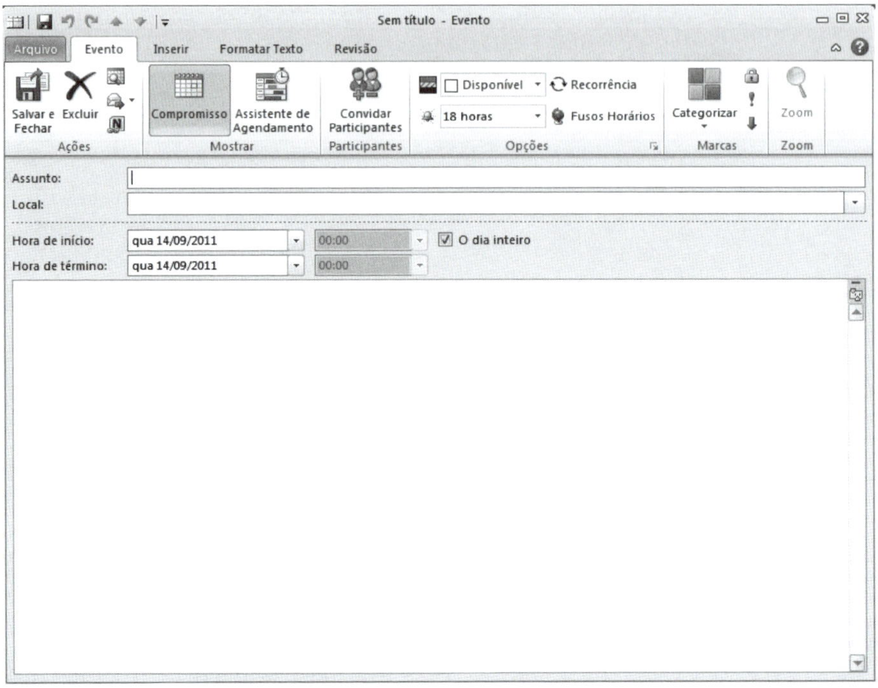

A página Evento de uma janela de evento.

Dica Você também pode abrir uma janela Evento marcando a caixa de seleção Evento de Dia Inteiro no cabeçalho de uma janela de compromisso.

O conteúdo da guia Evento é quase idêntico ao da guia Compromisso – a única diferença é que no grupo Opções da guia Evento, seu tempo será exibido por padrão como Livre em vez de Ocupado e o lembrete é configurado para ser exibido 18 horas, e não 15 minutos, antes do evento.

Dica Você pode convidar pessoas para um evento da mesma forma que para uma reunião, clicando no botão Convidar Participantes de dentro de uma janela de evento.

7. Na área **Hora de Início**, desmarque a caixa de seleção **O dia inteiro** para mudar o evento para um compromisso.

8. No grupo **Opções** da guia **Compromisso**, clique no botão **Fusos Horários.w**

Um novo campo exibindo o fuso horário de cada hora de início e fim aparecerá. Com esse recurso útil do Outlook 2010, você pode agendar um compromisso que atravesse fusos horários – por exemplo, um voo de Los Angeles para Nova York.

Consulte também Para obter mais informações sobre a exibição de mais de um fuso horário em seu calendário, consulte "Configurando fusos horários" no Capítulo 8, "Gerencie seu calendário".

9. Exiba o modo de exibição Backstage e clique em **Opções.**

   A caixa de diálogo Opções do Outlook será aberta, exibindo a página Calendário.

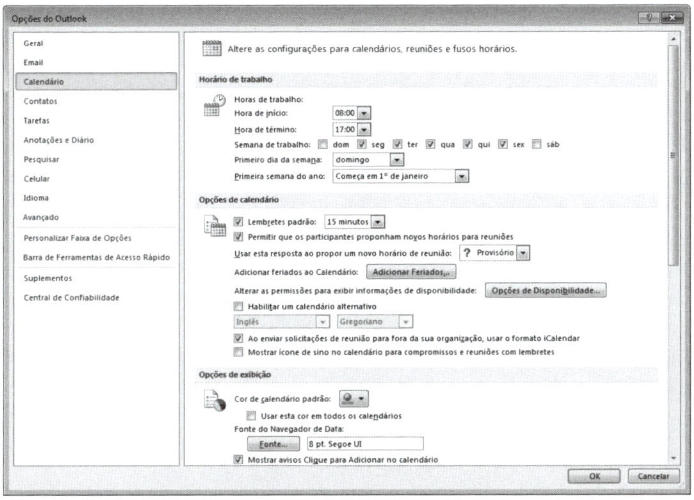

A metade superior da página Calendário da caixa de diálogo Opções do Outlook.

10. Examine os tipos de personalizações que você pode criar nas áreas **Horário de trabalho** e **Opções de calendário**. Em seguida, role até o fim da página.

    Os recursos adicionais que você pode personalizar no módulo Calendário serão exibidos.

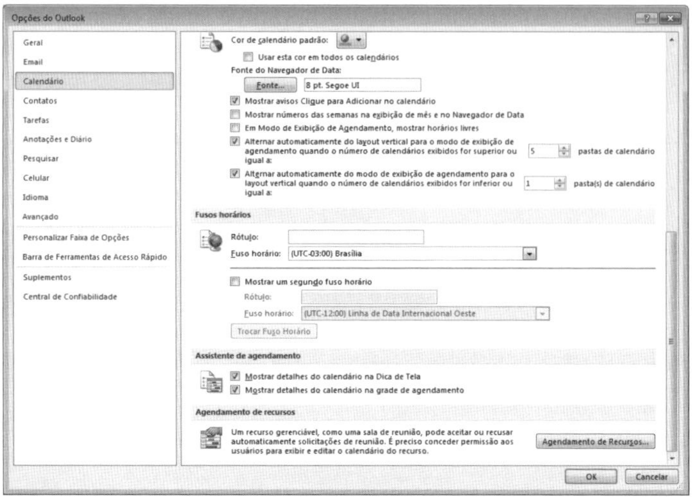

A metade inferior da página Calendário da caixa de diálogo Opções do Outlook.

11. Examine os tipos de personalizações que você pode criar nas áreas **Opções de exibição, Fusos horários, Assistente de Agendamento** e **Agendamento de recursos**. Em seguida, clique em **Cancelar** para voltar à janela de compromisso.

LIMPEZA Clique no botão Fusos Horários para ocultar as configurações de fuso horário, se não quiser exibi-las. Depois feche a janela de compromisso sem salvar suas alterações.

Trabalhando no módulo Contatos

O módulo Contatos é exibido quando clicamos em Contatos no Painel de Navegação.

Conteúdo do módulo Contatos

No módulo Contatos, o Painel de Navegação exibirá seus catálogos de endereços disponíveis. Os catálogos de endereços Contatos e Contatos Sugeridos aparecerão por padrão, junto com os catálogos personalizados que você criar e os compartilhados com você por colaboradores.

Chamamos o painel central que exibe conteúdo do módulo Contatos de painel Contatos. O painel Contatos exibe os registros de contatos salvos no catálogo de endereços selecionado. Por padrão, os registros de contatos são exibidos como cartões de visita, mas você pode selecionar diversas visualizações padrão, inclusive cartões só de texto e listas.

Há três modos de exibição padrão do módulo Contatos:

- **Normal** Nesse modo de exibição, o Painel de Navegação e a Barra de Tarefas Pendentes são maximizados.
- **Somente Cartões** Nesse modo de exibição, o Painel de Navegação e a Barra de Tarefas Pendentes são minimizados.
- **Nenhuma Barra de Tarefas Pendentes** Nesse modo de exibição, o Painel de Navegação é maximizado e a Barra de Tarefas Pendentes é minimizada.

A Faixa de Opções do módulo Contatos inclui a guia Arquivo e as quatro guias padrão dos módulos:

- **Página Inicial** Essa guia inclui os comandos necessários à criação, gerenciamento e visualização de registros de contato e ao início da comunicação com os contatos. Você pode selecionar contatos para um processo de mala direta, enviar informações de contato para o Microsoft OneNote, compartilhar contatos com outros usuários do Outlook e marcar registros de contato de maneiras que lhe permitam localizar ou gerenciá-los melhor.

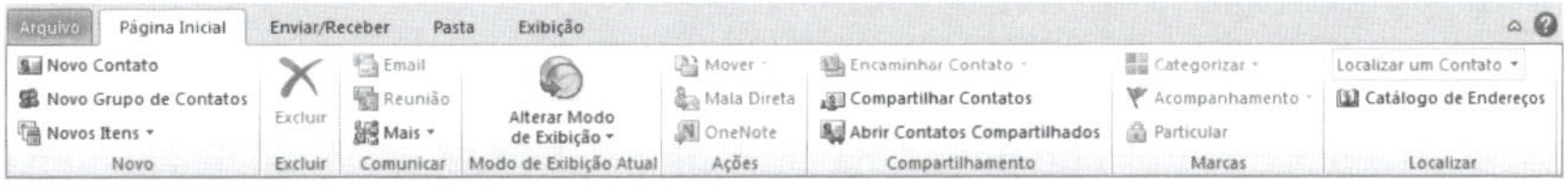

A guia Página Inicial da Faixa de Opções do módulo Contatos.

- **Enviar/Receber** Essa guia é idêntica nos módulos Calendário e Tarefas.

A guia Enviar/Receber da Faixa de Opções do módulo Contatos.

- **Pasta** Essa guia fornece a mesma funcionalidade fornecida nos módulos Calendário e Tarefas, mas é específica dos registros de contatos.

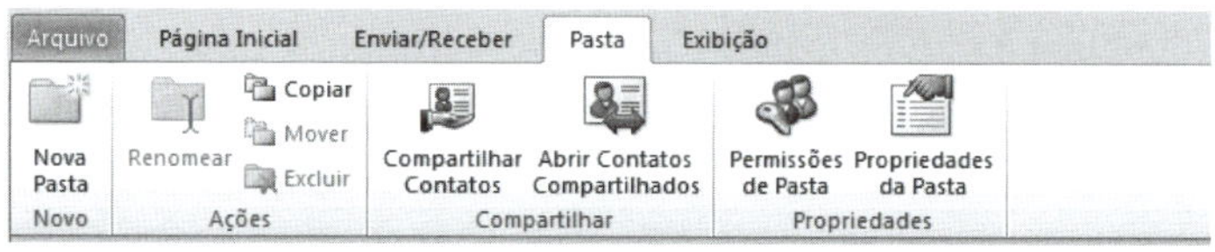

A guia Pasta da Faixa de Opções do módulo Contatos.

- **Exibição** Essa guia fornece a mesma funcionalidade fornecida nos módulos Email e Tarefas. O conteúdo da galeria Organização é específico dos registros de contatos.

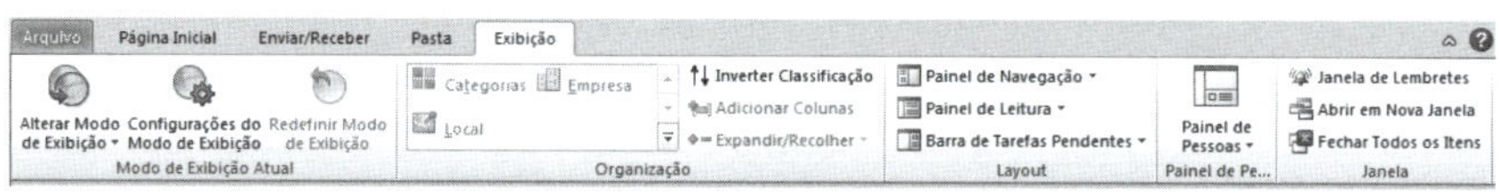

A guia Exibição da Faixa de Opções do módulo Contatos.

Dica Os comandos da galeria Organização só ficam disponíveis quando visualizamos os registros de contatos em um modo de exibição de lista.

Janelas de registros de contatos

Quando você criar um registro de contato ou exibi-lo para uma pessoa ou grupo de pessoas, ele será aberto em uma janela de registro de contato. A janela de registro de contato tem sua própria Faixa de Opções e Barra de Ferramentas de Acesso Rápido, separadas das da janela do programa Outlook e outros tipos de janelas de itens. Você pode inserir, formatar e manipular informações de um registro de contato ou registro de grupo de contatos usando os comandos da Faixa de Opções da janela de registro de contato.

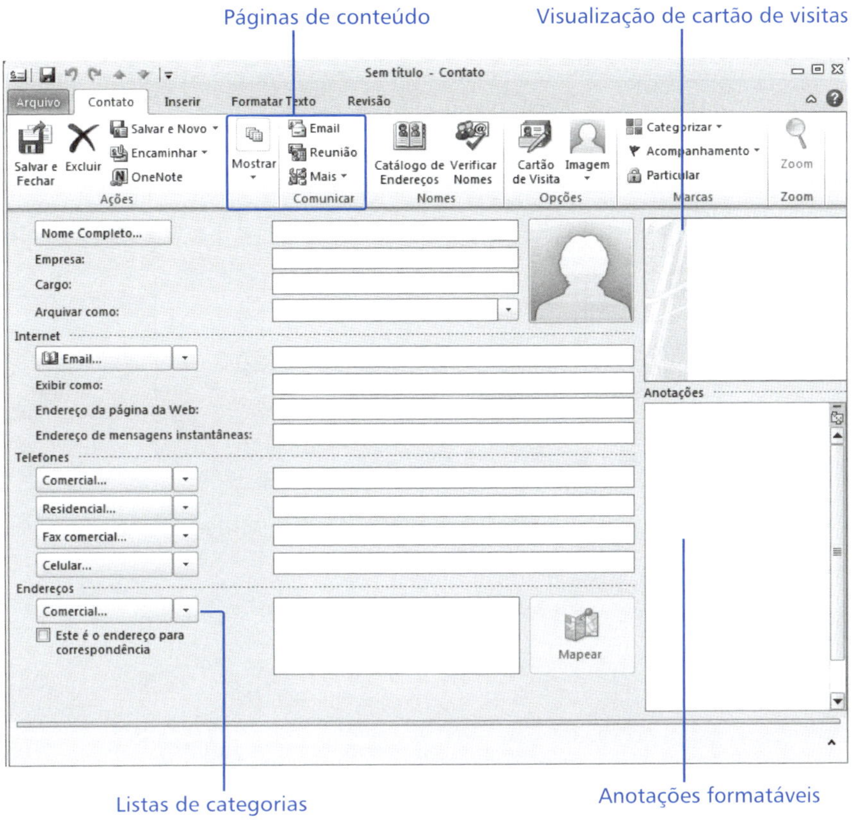

Uma nova janela de registro de contato.

A interface da janela de registro de contato inclui a Barra de Ferramentas de Acesso Rápido, a Faixa de Opções e o Painel de Pessoas, assim como a área de conteúdo que exibe as informações dos registros de contato.

Dica No decorrer deste livro, com frequência as pessoas cujas informações de contato foram armazenadas no Outlook são chamadas de *contatos*.

Quando aberto a partir de uma janela de registro de contato, o modo de exibição Backstage inclui comandos relacionados ao gerenciamento de registros de contato, como o salvamento dos registros e seus anexos e o fechamento, a movimentação e a impressão de registros.

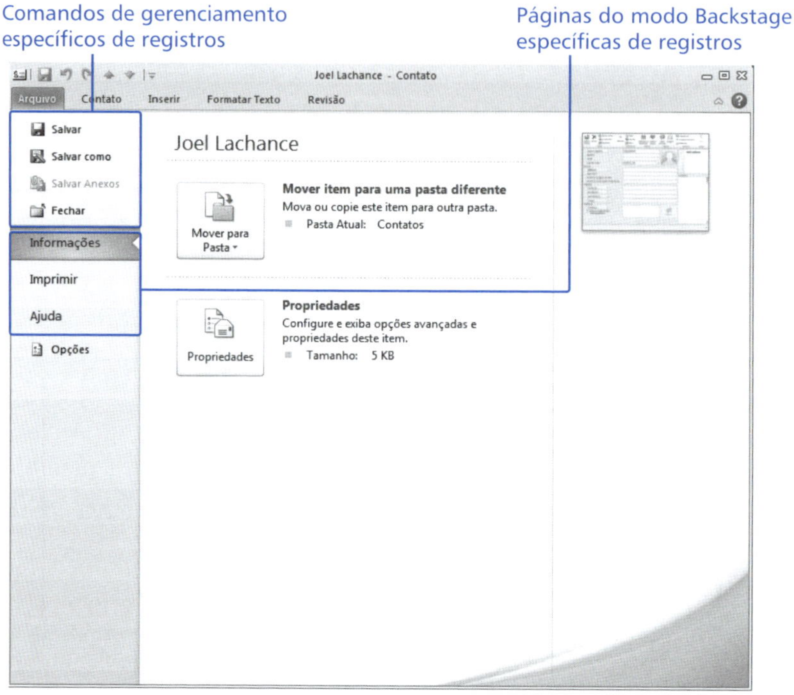

O modo de exibição Backstage de uma janela de registro de contato.

Os comandos da Faixa de Opções de uma janela de registro de contato se encontram organizados em quatro guias:

- **Contato** Essa guia inclui comandos que são específicos do gerenciamento e manipulação de registros de contatos. São comandos de gerenciamento do registro de contato, alternância entre páginas de registros de contato, comunicação com o contato, acesso e verificação das informações de contato salvas e personalização do cartão de visita eletrônico de um contato. A guia também inclui comandos que atribuem uma categoria ou um sinalizador de acompanhamento a um registro de contato, impedem que outros usuários do Outlook visualizem o registro quando conectados à sua conta e alteram o nível de ampliação do painel Anotações (e não da janela de registro de contato).

A guia Contato da Faixa de Opções da janela de registro de contato.

Dica Os comandos de gerenciamento de registros de contato só estão disponíveis na guia Contato.

- **Inserir** Essa guia inclui os mesmos comandos padrão da guia Inserir da Faixa de Opções de uma janela de composição de mensagem. Diferente dos comandos do grupo Incluir, os comandos da guia Inserir da Faixa de Opções da janela de registro de contato só são aplicáveis ao conteúdo do painel Anotações.

A guia Inserir da Faixa de Opções da janela de registro de contato.

Consulte também Para obter informações sobre a inserção de vários elementos gráficos, consulte o Capítulo 10, "Melhore o conteúdo das mensagens".

- **Formatar Texto** Essa guia inclui os mesmos comandos padrão da guia Formatar Texto da Faixa de Opções de uma janela de composição de mensagem. Exceto pelos comandos Colar e pelo comando Selecionar, os comandos da guia Formatar Texto da Faixa de Opções da janela de registro de contato só são aplicáveis ao conteúdo do painel Anotações.

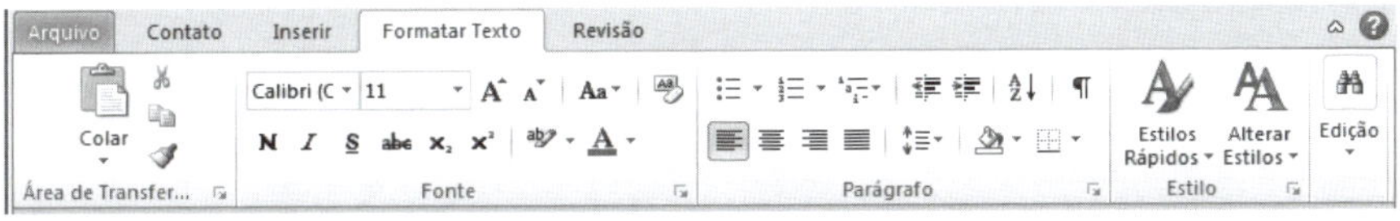

A guia Formatar Texto da Faixa de Opções da janela de registro de contato.

- **Revisão** Essa guia inclui os mesmos comandos padrão da guia Revisão da Faixa de Opções de uma janela de composição de mensagem. Exceto pelos comandos Pesquisar e Dicionário de Sinônimos, os comandos da guia Revisão da Faixa de Opções da janela de registro de contato só são aplicáveis ao conteúdo do painel Anotações.

A guia Revisão da Faixa de Opções da janela de registro de contato.

Neste exercício, você conhecerá os tipos de informação que pode armazenar em um registro de contato e as personalizações que pode fazer no gerenciamento de registros do Outlook.

PREPARAÇÃO Não é preciso arquivo para fazer este exercício; apenas siga as etapas.

1. No **Painel de Navegação**, clique no botão **Contatos**.

   Atalho do teclado Pressione Ctrl+3 para exibir o módulo Contatos.

   Dica Se quiser trabalhar em dois módulos ao mesmo tempo, você pode abrir um módulo em uma segunda instância do Outlook clicando com o botão direito do mouse no botão do módulo no Painel de Navegação e clicando em Abrir em Nova Janela.

   O módulo Contatos é aberto. O Painel de Conteúdo, que no módulo Contatos é chamado de *painel Contatos*, exibirá seu catálogo de endereços principal, com qualquer registro de contato que estiver sendo exibido como um cartão de visita.

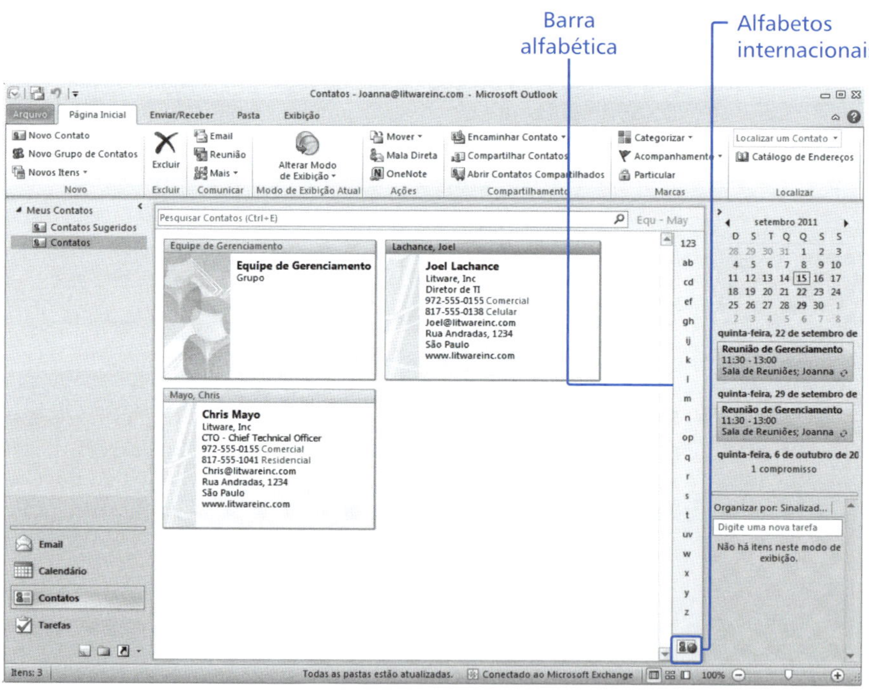

A janela do programa Outlook exibindo o módulo Contatos no modo Normal.

Solução de problemas Se os registros de contato de seu módulo Contatos não forem apresentados como os mostrados aqui, clique em Cartão de Visita na galeria Modo de Exibição Atual da guia Página Inicial.

Dica Um clique em uma letra ou em um par de letras na barra alfabética rola o painel Contatos para exibir registros de contato que comecem com essa letra. Você pode adicionar uma segunda barra alfabética que exiba o alfabeto árabe, cirílico, grego, tailandês ou vietnamita clicando no botão Contatos Internacionais e no idioma desejado.

2. No grupo **Novo** da guia **Página Inicial**, clique no botão **Novo Contato**.

Atalho do teclado Pressione Ctrl+N para criar um registro de contato de dentro do módulo Contatos. Pressione Ctrl+Shift+C para criar um registro de contato a partir de qualquer módulo do Outlook.

Uma nova janela de registro de contato em branco será aberta, exibindo a página Contato do registro. O cursor ficará automaticamente ativo na caixa Nome Completo para que você possa começar a inserir imediatamente as informações de um contato.

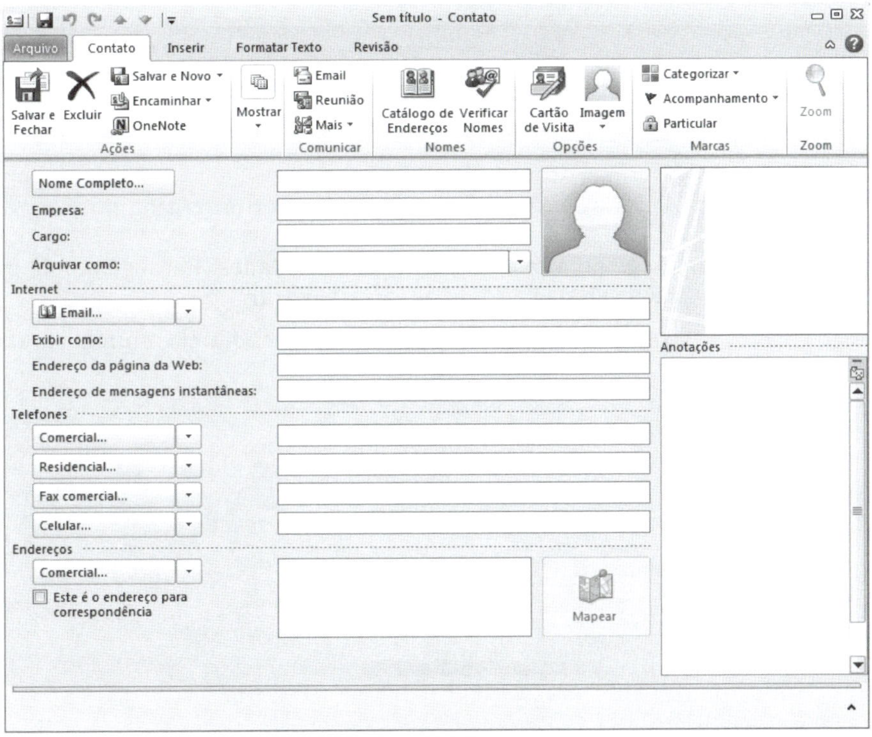

A página Contato de uma janela de registro de contato.

Dica Uma seta à direita do nome de um campo indica que o campo exibido pertence a um grupo de campos relacionados que você pode exibir nesse local, um de cada vez. Por exemplo, a seta próxima ao nome de email indica que há vários campos de endereço de email; um clique na seta exibe uma lista. Clicar em um campo da lista o exibirá em vez do campo relacionado anterior.

A guia Contato fica ativa por padrão. Os botões que representam comandos relacionados à criação e manipulação de registros de contato se encontram organizados nessa guia em sete grupos: Ações, Mostrar, Comunicar, Nomes, Opções, Marcas e Zoom. Trabalharemos com a maioria desses comandos nos exercícios do Capítulo 4, "Armazene e acesse informações de contato".

3. No grupo **Mostrar** da guia **Contato**, clique em **Detalhes**.

   A página Detalhes aparecerá no Painel de Conteúdo da janela de registro de contato.

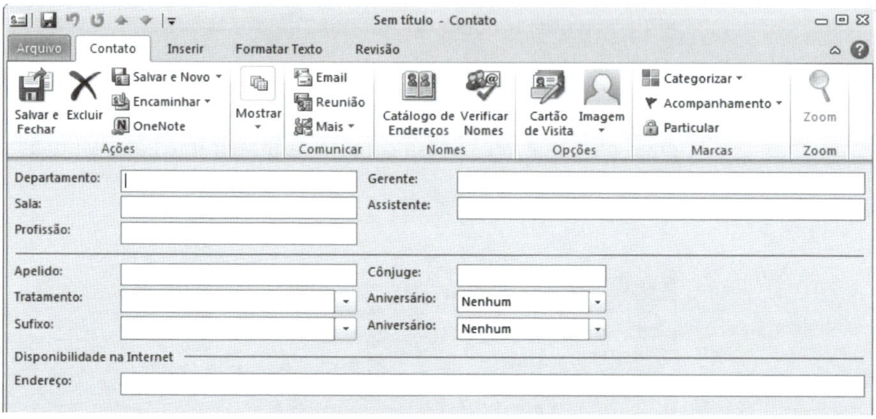

A página Detalhes de uma janela de registro de contato.

4. No grupo **Mostrar**, clique em **Atividades**. Em seguida, na página **Atividades**, clique na seta ao lado da caixa **Mostrar**.

   O Outlook exibirá os tipos de atividades que ele controla para cada contato.

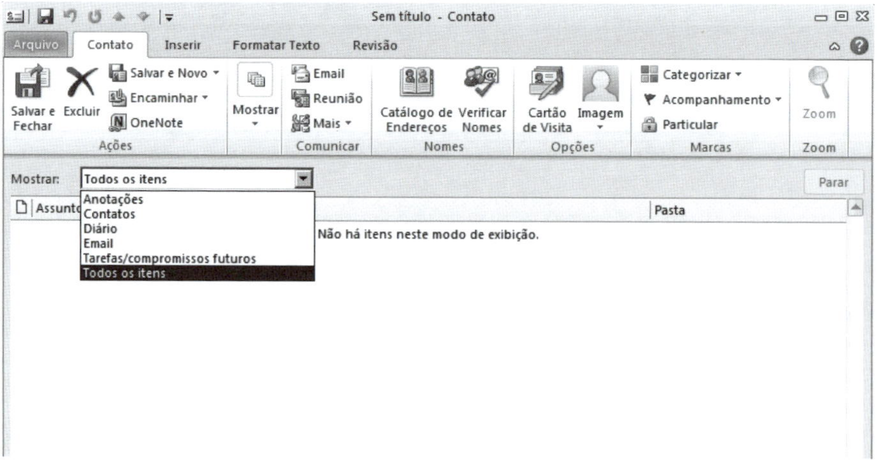

A página Atividades de uma janela de registro de contato.

5. No grupo **Mostrar**, clique em **Certificados**.

   A página Certificados aparecerá. Essa página exibe as IDs digitais que estão instaladas no computador e comandos de gerenciamento de IDs digitais.

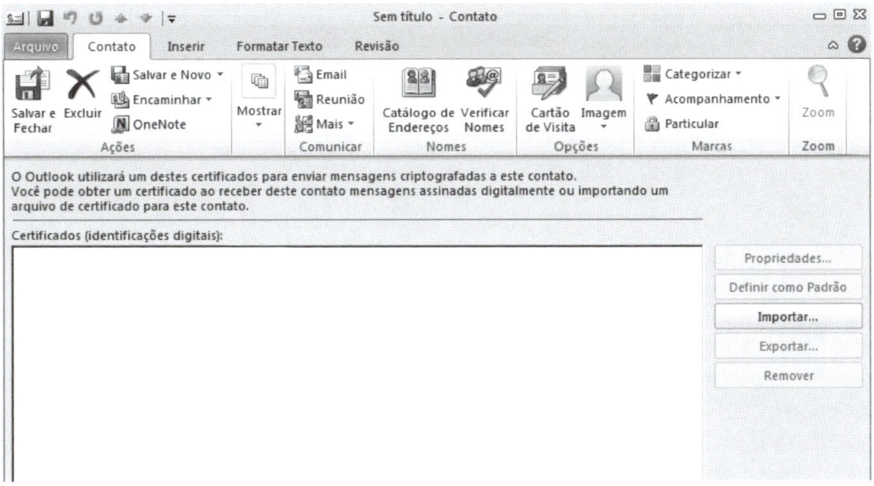

A página Certificados de uma janela de registro de contato.

Consulte também Para obter informações sobre IDs digitais, consulte "Protegendo seus emails" no Capítulo 11, "Gerencie as configurações de emails".

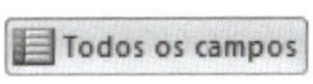

6. No grupo **Mostrar**, clique em **Todos os Campos**.

   A página Todos os Campos da janela de registro de contato aparecerá. A visualização padrão exibirá os campos personalizados que você mesmo definiu, nenhum deles estando presentes na janela padrão de registro de contato.

Consulte também Para obter informações sobre a definição de campos personalizados, consulte a observação "Campos definidos pelo usuário" no Capítulo 4, "Armazene e acesse informações de contato".

7. Clique na seta ao lado da caixa **Selecionar De** e role a lista para examinar as várias categorias que você pode usar para filtrar as informações exibidas na página **Todos os Campos**. Em seguida, na lista **Selecionar De**, clique em **Campos de número de telefone**.

   A página Todos os Campos será filtrada para exibir todos os números de telefone que podem ser incluídos nesse registro de contato.

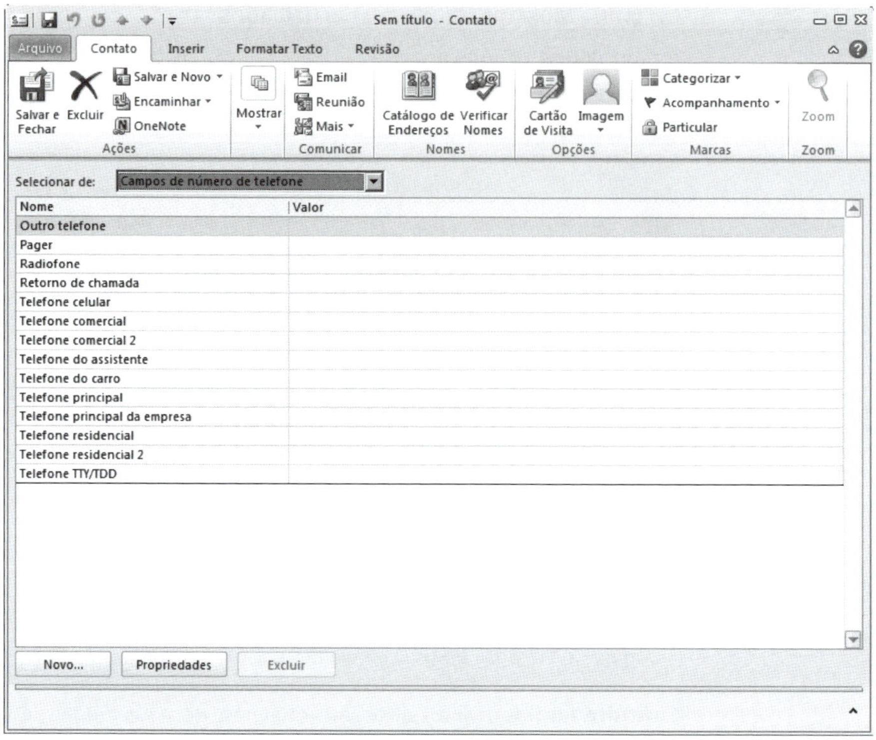

A página Todos os Campos de um novo registro de contato, exibindo todos os campos disponíveis que estão formatados para conter números de telefone.

Você pode inserir informações nos campos diretamente na página Todos os Campos de um registro de contato clicando na célula Valor do campo e digitando a entrada associada.

8. No grupo **Mostrar**, clique em **Geral** para voltar à página principal da janela de registro de contato.

9. No grupo **Comunicar**, clique em **Mais**.

   A lista Mais se expandirá para exibir os tipos de comunicação que você pode iniciar com um contato a partir de seu registro.

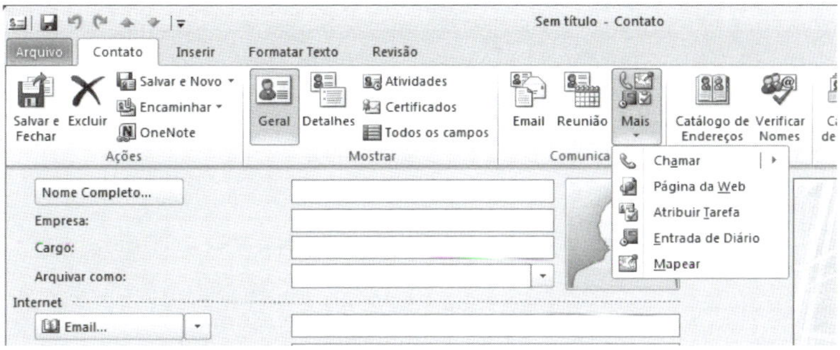

A partir de um registro de contato, você pode iniciar muitos tipos de comunicação eletrônica.

Atalho do teclado Pressione Ctrl+F para criar uma mensagem com o contato selecionado como assunto. Pressione Ctrl+Shift+X para enviar um fax para o contato selecionado.

Dica Muitas dessas opções de comunicação ficam disponíveis a partir do Cartão de Visita que aparece quando apontamos para um contato em uma caixa de destinatário de mensagem, ou no menu de contexto que aparece quando clicamos com o botão direito do mouse em um registro de contato de um catálogo de endereços.

10. Clique para posicionar o cursor na caixa **Anotações** do registro de contato. Em seguida, clique individualmente nas guias **Inserir, Formatar Texto** e **Revisão** para ver os comandos disponíveis.

Dica Muitos comandos das guias Inserir, Formatar Texto e Revisão de uma janela de registro de contato ficam indisponíveis quando o cursor está localizado em qualquer local fora do painel de notas.

Os comandos dessas guias são idênticos aos da janela de mensagem.

11. Exiba o modo Backstage e clique em **Opções**.

A caixa de diálogo Opções do Outlook será aberta, exibindo a página Contatos.

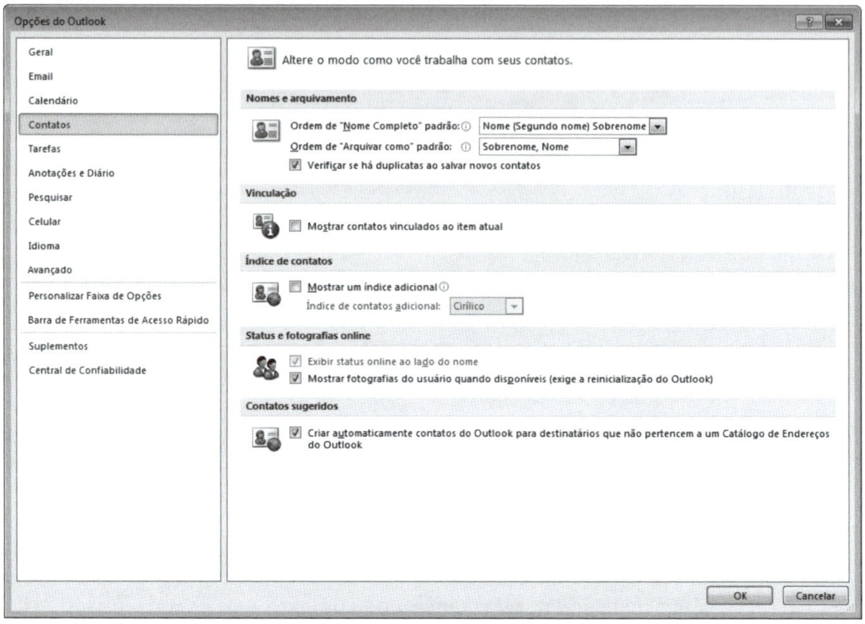

A página Contatos da caixa de diálogo Opções do Outlook.

12. Examine os tipos de alterações que você pode fazer na funcionalidade do módulo Contatos. Em seguida, na caixa de diálogo **Opções do Outlook**, clique em **Cancelar**.

    A caixa de diálogo fechará e o Outlook voltará à janela de registro de contato.

    Consulte também Para obter informações sobre a alteração das configurações padrão do módulo Contatos, consulte "Personalizando suas configurações do Office e do Outlook" no Capítulo 13, "Personalize o Outlook".

13. Exiba o modo Backstage e clique em **Fechar**. Em seguida, na caixa de mensagem **Microsoft Outlook** que lhe perguntará se deseja salvar as alterações, clique em **Não**.

    Se você clicar em Fechar no modo de exibição Backstage ou no menu que será aberto quando clicar no ícone do Outlook à esquerda da barra de título, ou se clicar no botão Fechar na extremidade direita da barra de título, terá a opção de não salvar as alterações feitas no registro de contato. Um clique no botão Salvar e Fechar do grupo Ações da guia Contato salva o registro de contato imediatamente.

LIMPEZA Se ao explorar a janela de registro de contato você criou um registro que não quer manter, clique nele com o botão direito do mouse no painel Contatos e clique em Excluir.

Trabalhando no módulo Tarefas

O módulo Tarefas é exibido quando clicamos em Tarefas no Painel de Navegação.

Conteúdo do módulo Tarefas

O Painel de Navegação do módulo Tarefas exibirá as variações de listas de tarefas que podem ser abertas no Painel de Conteúdo, inclusive as pastas Lista de Tarefas Pendentes e Tarefas criadas pelo Outlook, assim como qualquer pasta personalizada que você criar para conter itens de tarefas.

Chamamos o painel central que exibe o conteúdo do módulo Tarefas de painel Tarefas. O painel Tarefas exibe a Lista de Tarefas Pendentes ou uma Lista de Tarefas.

- A Lista de Tarefas Pendentes é exibida por padrão. Essa lista é organizada em grupos por data de conclusão. Quando a Lista de Tarefas Pendentes é exibida, por padrão o Painel de Leitura também aparece.
- Uma Lista de Tarefas é exibida em várias colunas com cada tarefa sendo precedida por uma caixa de seleção para podermos indicar quando a tarefa foi concluída. Quando uma Lista de Tarefas é exibida, por padrão o Painel de Leitura fica oculto.

Há dois modos de exibição padrão do módulo Tarefas:

- **Normal** Nesse modo de exibição, o Painel de Navegação e a Barra de Tarefas Pendentes são maximizados.
- **Leitura** Nesse modo de exibição, o Painel de Navegação, a Barra de Tarefas Pendentes e a Faixa de Opções são minimizados.

A Faixa de Opções do módulo Tarefas inclui a guia Arquivo e as quatro guias padrão dos módulos:

- **Página Inicial** Essa guia inclui os comandos necessários à criação, gerenciamento e visualização de tarefas e ao início de comunicações com contatos. Você pode atribuir tarefas a colaboradores e trabalhar com tarefas atribuídas a você, enviar informações de tarefas para um bloco de anotações do OneNote e marcar tarefas de maneiras que lhe permitam localizar ou gerenciá-las melhor.

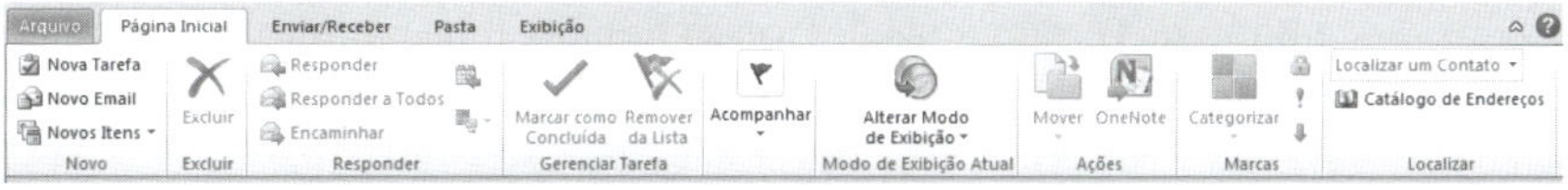

A guia Página Inicial da Faixa de Opções do módulo Tarefas.

- **Enviar/Receber** Essa guia é idêntica a dos módulos Calendário e Contatos.

A guia Enviar/Receber da Faixa de Opções do módulo Tarefas.

- **Pasta** Essa guia fornece a mesma funcionalidade fornecida nos módulos Calendário e Contatos, mas é específica de itens de tarefa.

A guia Pasta da Faixa de Opções do módulo Tarefas.

Dica Os comandos de ações só estarão disponíveis quando você selecionar uma pasta personalizada (uma pasta que você criou em vez das pastas Lista de Tarefas Pendentes ou Tarefas criadas pelo Outlook).

- **Exibição** Essa guia fornece a mesma funcionalidade fornecida nos módulos Email e Contatos. O conteúdo da galeria Organização é específico de tarefas.

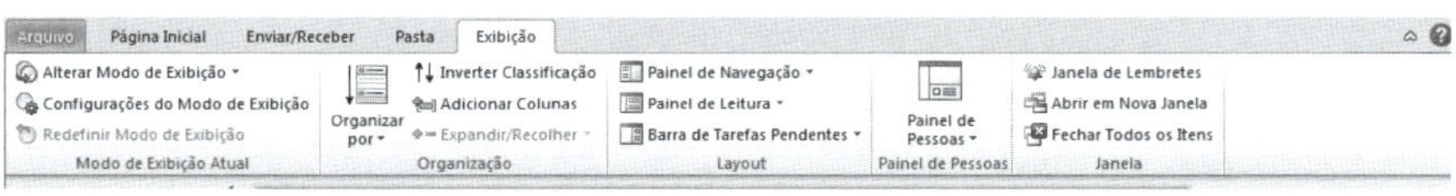

A guia Exibição da Faixa de Opções do módulo Tarefas.

Janelas de tarefas

A janela em que você criará ou gerenciará uma tarefa é a janela de tarefa. Como as janelas de mensagem, registro de contato e item de calendário, a janela de tarefa inclui a Barra de Ferramentas de Acesso Rápido, um conjunto exclusivo de comandos organizados na Faixa de Opções e a área de conteúdo que exibe as informações das tarefas.

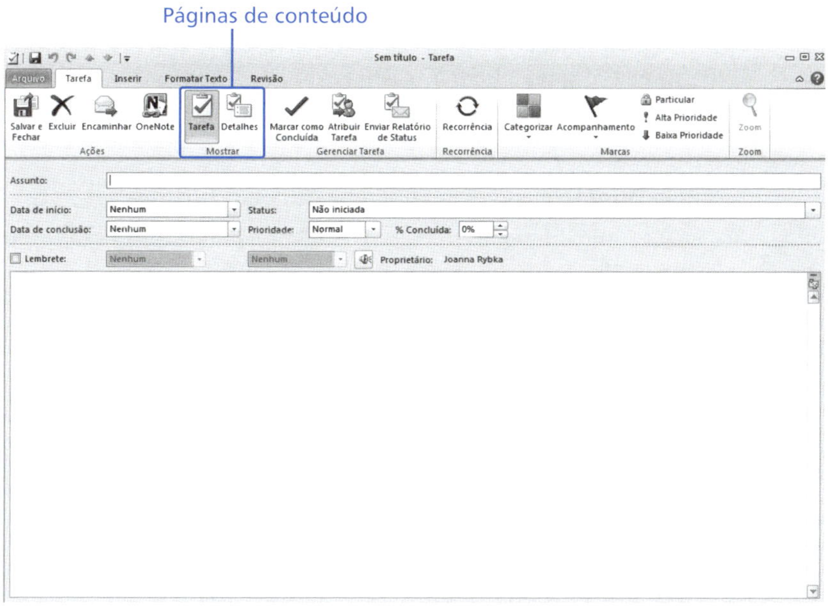

Uma nova janela de tarefa.

Quando aberto a partir de uma janela de tarefa, o modo de exibição Backstage inclui comandos relacionados ao gerenciamento de tarefas, como o salvamento de tarefas e seus anexos, e o fechamento, movimentação e impressão de tarefas.

Dica Os comandos disponíveis no modo Backstage de uma janela de tarefa são idênticos aos do modo Backstage de uma janela de registro de contato. Para obter mais informações, consulte a seção "Trabalhando no módulo Contatos" já vista neste capítulo.

Os comandos da Faixa de Opções de uma janela de tarefa se encontram organizados em quatro guias: Tarefa, Inserir, Formatar Texto e Revisão. As três últimas guias são idênticas as de outras janelas de itens.

Os comandos que são usados na criação e gerenciamento da maioria das tarefas estão disponíveis na guia Tarefas. São os comandos de gerenciamento da tarefa, envio da tarefa para um bloco de anotações do OneNote, alternância entre as páginas de tarefa e gerenciamento de atribuições e frequências das tarefas. Essa guia também inclui comandos para atribuir uma categoria ou sinalizador de acompanhamento a uma tarefa, impedir que outros usuários do Outlook visualizem os detalhes da tarefa quando conectados a sua conta e alterar o nível de ampliação do painel Anotações (e não da janela de tarefa).

Neste exercício, você travará conhecimento com o módulo Tarefas e examinará os recursos da janela de tarefa que diferem dos encontrados nas janelas de mensagem, registro de contato e item de calendário.

PREPARAÇÃO Não é preciso arquivo para fazer este exercício; apenas siga as etapas.

1. No **Painel de Navegação**, clique no botão **Tarefas**.

   O módulo Tarefas será aberto, exibindo a Lista de Tarefas Pendentes de sua lista de tarefas.

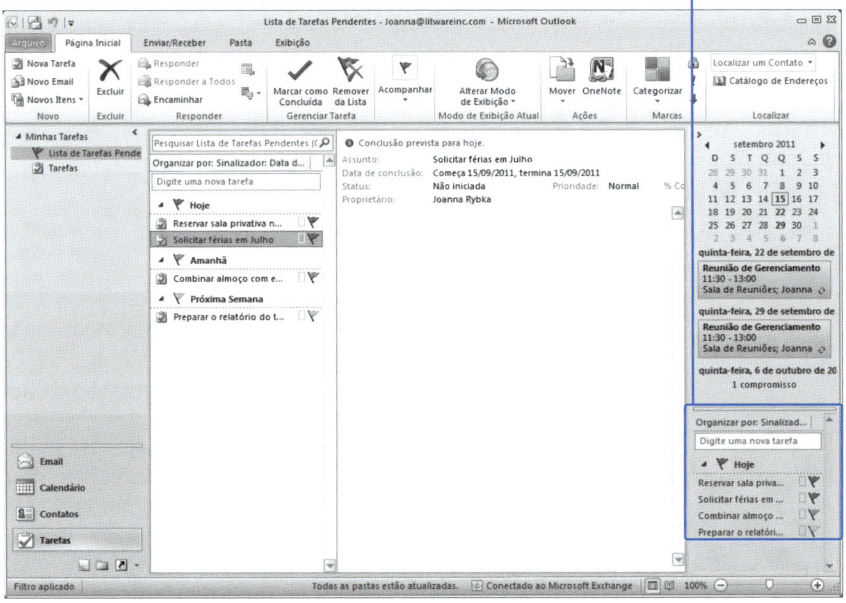

A janela do programa Outlook exibindo o módulo Tarefas no modo Normal.

Se a Barra de Tarefas Pendentes for expandida, você poderá ver o conteúdo de sua lista tanto na Lista de Tarefas da Barra de Tarefas Pendentes quanto no painel Tarefas. Se a Barra de Tarefas Pendentes for minimizada, o número de tarefas ativas com conclusão prevista para hoje aparecerá na barra minimizada.

2. No grupo **Novo** da guia **Página Inicial**, clique no botão **Nova Tarefa**.

   Uma janela de tarefa sem título aparecerá.

   Atalho do teclado Pressione Ctrl+N para criar uma tarefa de dentro do módulo Tarefas. Pressione Ctrl+Shift+K para criar uma tarefa a partir de qualquer módulo do Outlook.

3. Familiarize-se com os campos da janela de tarefa.

   O campo Assunto é o único em que você deve inserir texto para criar uma tarefa. Se inserir uma data final, o Outlook adicionará a tarefa à categoria Data de Conclusão apropriada (Hoje, Amanhã, Esta Semana ou uma categoria personalizada baseada na data). Deixar a data de conclusão configurada com Nenhum adiciona a tarefa à categoria Sem Data.

   Dica Você pode mover facilmente uma tarefa para uma categoria Data de Conclusão diferente clicando nela na Lista de Tarefas Pendentes, na lista de tarefas ou na Barra de Tarefas Pendentes e clicando no prazo que deseja no grupo Acompanhar da guia Página Inicial do módulo Tarefas.

4. No grupo **Mostrar** da guia **Tarefa**, clique no botão **Detalhes**.

   A página Detalhes aparecerá no Painel de Conteúdo da janela de tarefa.

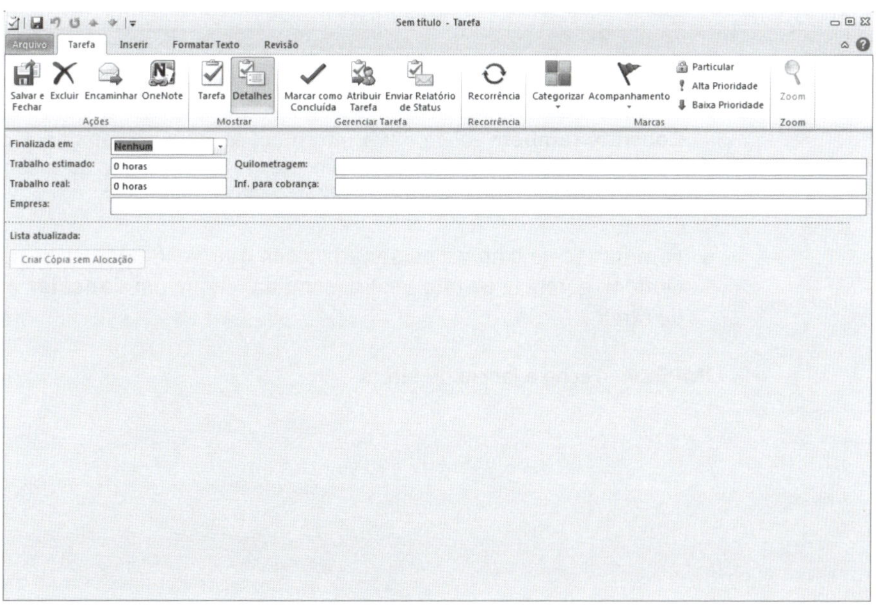

A página Detalhes de uma janela de tarefa.

Observe o tipo de informação que você pode controlar na página Detalhes. Isso pode ser útil no controle de tarefas a serem faturadas de clientes.

5. Exiba o modo Backstage e clique no botão **Opções**.

   A caixa de diálogo Opções do Outlook será aberta, exibindo a página Tarefas.

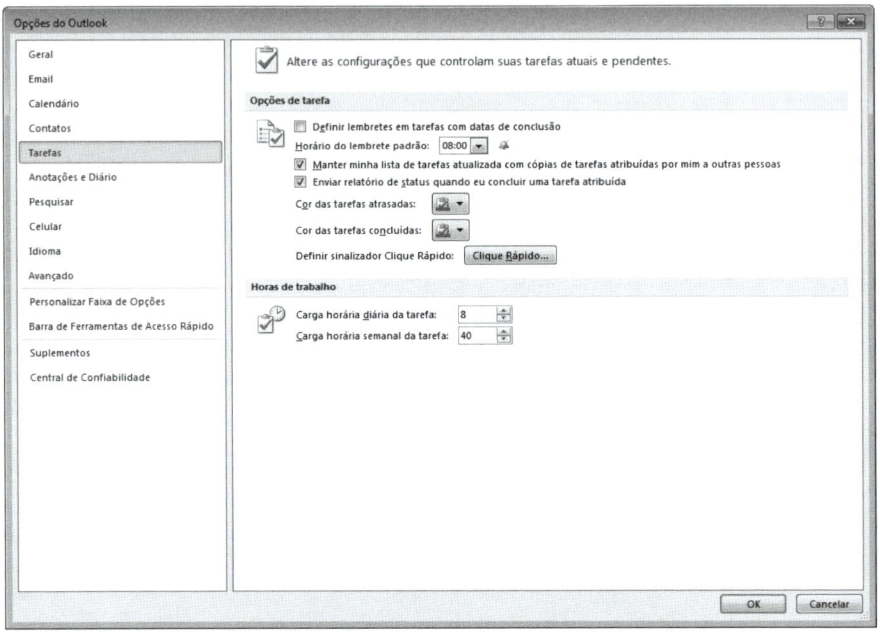

A página Tarefas da caixa de diálogo Opções do Outlook.

Consulte também Para obter informações sobre os comandos disponíveis na caixa de diálogo Opções do Outlook, consulte "Personalizando suas configurações do Office e do Outlook" no Capítulo 13, "Personalize o Outlook".

6. Familiarize-se com as personalizações que você pode criar na maneira como o Outlook gerencia as tarefas. Em seguida, clique em **Cancelar** para voltar à janela de tarefa.

LIMPEZA Feche a janela de tarefa.

Pontos principais

- A janela do programa Outlook inclui várias áreas em que você trabalhará com o Outlook ou com itens do Outlook: a barra de título, a Faixa de Opções, o Painel de Navegação, o Painel de Conteúdo, o Painel de Leitura, a Barra de Tarefas Pendentes e a Barra de Status.
- Você pode executar comandos a partir da Faixa de Opções e da Barra de Ferramentas de Acesso Rápido.
- A janela do programa e cada tipo de janela de itens têm faixas de opções e Barras de Ferramentas de Acesso Rápido configuráveis individualmente para podermos tornar disponíveis os comandos que quisermos onde os quisermos.
- As diferentes janelas de itens compartilham certas guias, mas cada uma tem uma guia principal contendo todos os comandos necessários à criação ou manipulação de um item básico do Outlook desse tipo.

Resumo do capítulo

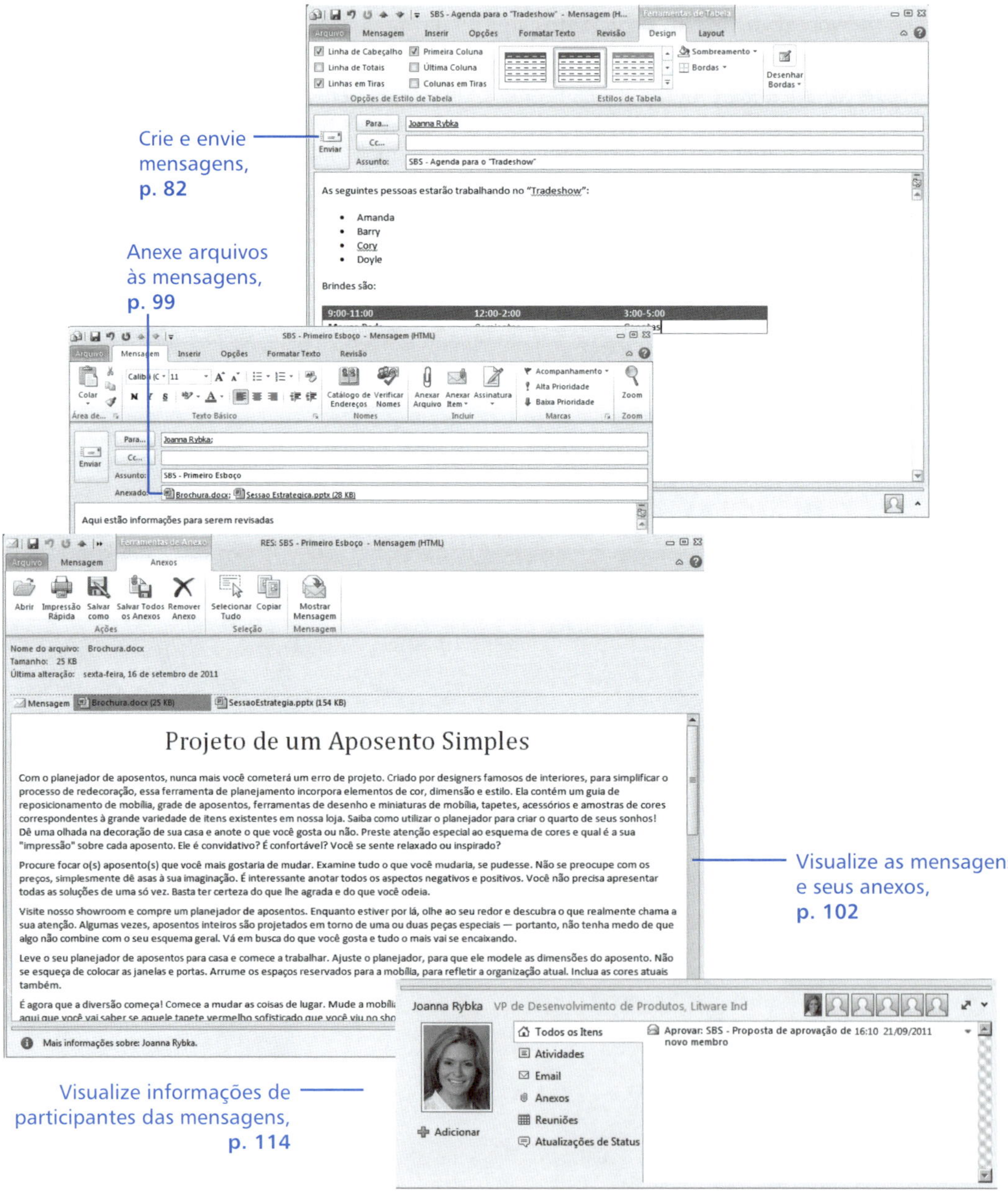

Crie e envie mensagens, p. 82

Anexe arquivos às mensagens, p. 99

Visualize as mensagens e seus anexos, p. 102

Visualize informações de participantes das mensagens, p. 114

Capítulo 3

Envie e receba emails

Neste capítulo, você vai aprender a:

- Criar e enviar mensagens.
- Anexar arquivos às mensagens.
- Visualizar as mensagens e seus anexos.
- Configurar o comportamento do Painel de Leitura.
- Visualizar informações de participantes das mensagens.
- Responder mensagens.

Embora o Microsoft Outlook 2010 ajude a gerenciar calendário, contatos, tarefas e anotações, a principal razão para a maioria das pessoas usá-lo é o envio e recebimento de emails. No decorrer da década passada, o email (abreviação de *electronic mail*, ou correio eletrônico) se tornou uma forma de comunicação comercial aceita e até mesmo obrigatória. E é claro que muitas pessoas usam o email para se manter em contato com amigos e família, seja do trabalho ou de casa. O Outlook facilita a conexão a várias contas de email, em uma rede comercial ou pela Internet, e fornece todas as ferramentas necessárias ao envio, resposta, organização, filtragem, classificação, busca e gerenciamento de emails.

Dica Por conveniência, neste capítulo e no decorrer do livro, às vezes chamamos os emails simplesmente de *mensagens*. Quando nos referimos a outros tipos de mensagens usamos descrições completas como *mensagens instantâneas* ou *mensagens de texto*.

Ao enviar mensagens a partir do Outlook, você pode formatar o texto de acordo com suas preferências e incluir anexos como documentos, pastas de trabalho e imagens. Também pode personalizar sua mensagem das seguintes formas:

- Embutindo imagens, gráficos empresariais e assinaturas automáticas.
- Definindo opções de mensagem como botões de votação, importância, confidencialidade e lembretes.
- Solicitando confirmações eletrônicas quando uma mensagem é entregue ou aberta.

Consulte também Para mais informações sobre a personalização de mensagens e a configuração de opções de mensagem, consulte o Capítulo 10, "Melhore o conteúdo das mensagens".

O Outlook 2010 tem vários recursos novos interessantes que facilitam a exibição e o controle de informações sobre as pessoas com quem nos correspondemos. Esses recursos incluem ícones de presença que indicam se uma pessoa está online atualmente, cartões de visita que aparecem quando apontamos para um nome em um email e o Painel de Pessoas na parte inferior da janela de mensagem.

Neste capítulo, você criará, enviará e visualizará mensagens, com e sem anexos. Também visualizará informações sobre os participantes das mensagens. Em seguida, responderá e encaminhará mensagens.

Arquivos de exercícios Antes de fazer os exercícios deste capítulo, você precisa copiar os arquivos de exercícios do livro em seu computador. Os arquivos que você usará se encontram na pasta de arquivos de exercícios Capitulo03. Uma lista completa dos arquivos de exercícios é fornecida em "Usando os arquivos de exercícios", no início deste livro.

Importante Você usará as mensagens que criar neste capítulo como arquivos de exercícios em capítulos posteriores do livro.

Criando e enviando mensagens

A criação de um email é um processo relativamente simples. A única informação que é absolutamente obrigatória é o endereço de email do destinatário; no entanto, geralmente fornecemos informações nos campos a seguir:

- **Para** Insira o endereço de email do(s) destinatário(s) primário(s) da mensagem nesse campo.

  Essa é a única informação que é absolutamente obrigatória para o envio de uma mensagem.

  OBS: É obrigatório definir pelo menos um destinatário para uma mensagem de email. Podemos fazer isso usando a caixa Para (Padrão), ou as caixas Cc e Cco.

- **Assunto** Insira uma descrição breve do conteúdo ou finalidade da mensagem nesse campo.

  O assunto não é obrigatório, mas é importante fornecer informações nesse campo para que você e o destinatário possam identificar a mensagem e para que a mensagem não seja bloqueada como lixo eletrônico suspeito pelo programa de email de um destinatário. O Outlook o avisará se você tentar enviar uma mensagem sem assunto.

- **Corpo da mensagem** Insira sua mensagem para o destinatário nesse campo, que é uma caixa de texto ampla.

  Você pode inserir muitos tipos de informação, inclusive texto formatado, hiperlinks e elementos gráficos no corpo da mensagem.

Endereçando mensagens

O endereçamento de um email só requer a inserção do endereço do destinatário desejado em uma caixa de endereço no cabeçalho da mensagem de uma janela de composição de mensagem. Você pode inserir destinatários de email em qualquer uma das três caixas de endereço a seguir:

- **Para** Essa caixa de endereço é para os destinatários primários da mensagem. Geralmente, são as pessoas que queremos que respondam à mensagem. Cada mensagem deve ter pelo menos um endereço na caixa Para.
- **Cc** Essa caixa de endereço é para destinatários de "cópia de cortesia". Geralmente são pessoas que queremos manter informadas sobre o assunto do email, mas de quem não exigimos uma resposta.
- **Cco** Essa caixa de endereço é para destinatários de "cópia de cortesia oculta". São as pessoas que desejamos manter informadas, mas queremos manter ocultas de outros destinatários da mensagem. Os destinatários Cco não ficam visíveis para nenhum outro destinatário da mensagem e, portanto, não são incluídos em respostas de mensagens, a menos que sejam adicionados especificamente a uma das caixas de endereço da mensagem de resposta.

  Dica A caixa de endereço Cco não é exibida por padrão. Você pode exibi-la no cabeçalho da mensagem clicando no botão Cco localizado no grupo Mostrar Campos da guia Opções da janela de composição de mensagem.

Você pode inserir um endereço de email em uma caixa de endereço usando um dos métodos a seguir:

- Digite o endereço inteiro.
- Digite parte de um endereço usado anteriormente e selecione o endereço em uma lista.
- Clique no nome da caixa de endereço para exibir um catálogo de endereços e poder selecionar um ou mais endereços.

  Consulte também Para obter informações sobre caixas de endereço, consulte "Salvando e atualizando informações de contato" no Capítulo 4, "Armazene e acesse informações de contato".

Dica A resposta a uma mensagem recebida preenche automaticamente uma ou mais das caixas de endereço da nova janela de mensagem. Para obter informações, consulte "Respondendo mensagens" mais à frente neste capítulo.

Se sua conta de email fizer parte de uma rede do Exchange, você poderá enviar mensagens para outra pessoa na mesma rede apenas digitando o alias de email dela – por exemplo, *joan*; o símbolo arroba (@) e o nome de domínio não são necessários. Se você digitar apenas o nome de uma pessoa cujo endereço de email estiver em seu catálogo de endereços, o Outlook associará o nome ao endereço de email correspondente, um processo chamado *validação*, antes de enviar a mensagem.

Atalho do teclado Pressione Ctrl+K para forçar o Outlook a validar endereços.

Consulte também Para obter mais informações sobre atalhos do teclado, consulte "Atalhos do teclado" no fim deste livro.

Se você digitar apenas um nome e o Outlook não conseguir encontrar o endereço de email dessa pessoa em seu catálogo de endereços, quando a mensagem for enviada, o Outlook lhe pedirá para selecionar uma entrada do catálogo de endereços ou fornecer um endereço de email completo.

Dependendo de como você inserir o nome ou o endereço de email do destinatário de uma mensagem em uma caixa de endereço, o Outlook validará o nome ou endereço imediatamente (se você o escolher em uma lista de nomes conhecidos) ou o validará quando a mensagem for enviada. O processo de validação (também conhecido como *resolução*) de cada nome ou endereço apresenta um entre dois resultados:

- Se o Outlook resolver com sucesso o nome ou endereço, um sublinhado aparecerá abaixo dele. Se o nome ou endereço coincidir com um armazenado no catálogo de endereços, o Outlook substituirá a entrada original pelo conteúdo do campo Exibir Como do registro de contato e o sublinhará.

  Consulte também Para obter informações sobre os campos dos registros de contato, consulte "Salvando e atualizando informações de contato" no Capítulo 4, "Armazene e acesse informações de contato".

- Se o Outlook não conseguir resolver o nome ou endereço, a caixa de diálogo Verificar Nomes será aberta, pedindo que você forneça informações adicionais.

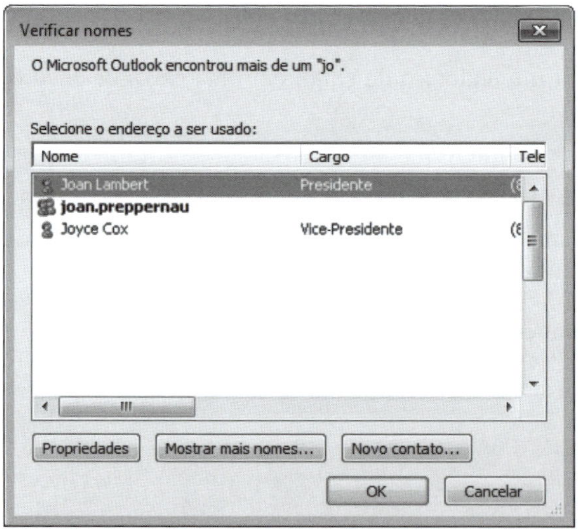

A caixa de diálogo Verificar Nomes pode exibir Sem Sugestões, nomes que coincidam com a entrada ou opções de contato salvas no registro de contato do nome inserido.

Na caixa de diálogo Verificar Nomes, você pode executar uma das ações a seguir:

- Selecionar entre as opções sugeridas.
- Clicar em Propriedades para saber mais sobre a opção selecionada.
- Clicar em Mostrar Mais Nomes para exibir seu catálogo de endereços.
- Clicar em Novo Contato para criar um novo registro de contato em seu catálogo de endereços padrão, diretamente da caixa de diálogo.

Solucionando problemas no endereçamento de mensagens

O Outlook 2010 inclui muitos recursos projetados para simplificar o processo de endereçamento de mensagens aos destinatários. Como ocorre com qualquer ferramenta, às vezes esses recursos podem ser mais difíceis de usar do que gostaríamos. Nesta seção, discutiremos dicas para a solução de alguns problemas comuns.

Solucionando problemas na lista de endereços do recurso AutoCompletar

Quando você estiver digitando um nome ou endereço de email na caixa Para, Cc ou Cco, o Outlook exibirá os endereços correspondentes em uma lista abaixo da caixa. Você pode inserir um nome ou endereço da lista na caixa de endereço clicando nele ou pressionando as teclas de setas para selecioná-lo e depois pressionando Tab ou Enter.

De tempos em tempos, você pode descobrir que a lista contém endereços de email incorretos – por exemplo, se anteriormente você tiver enviado uma mensagem para um endereço de email incorreto ou se uma pessoa mudar seu endereço de email. Se você não remover o endereço incorreto da lista, pode acabar aceitando erroneamente a sugestão do Outlook e enviando sua mensagem para o endereço errado.

Para limpar a lista de endereços do recurso AutoCompletar:

1. Na lista, aponte para o nome ou endereço que deseja remover.
2. Clique no botão Excluir (a letra X) que aparece à direita do nome ou endereço.

Solucionando problemas ao usar vários destinatários

Por padrão, o Outlook exige a separação de múltiplos endereços de email com ponto e vírgula. Se os diversos endereços forem separados com outro caractere como o espaço ou a vírgula ou com o pressionamento de Enter, o Outlook os tratará como um endereço único e exibirá uma mensagem de erro quando você tentar enviar a mensagem.

Você pode instruir o Outlook a aceitar vírgulas como separadores de endereços além do ponto e vírgula. Para fazer isso, siga essas etapas.

1. Na janela do programa Outlook ou em qualquer janela de item, exiba o modo Backstage e clique em Opções.
2. No painel esquerdo da caixa de diálogo Opções do Outlook, clique em Email.
3. Na página Email, role até a seção Enviar Mensagens.
4. Marque a caixa de seleção Podem ser usadas vírgulas para separar vários destinatários de mensagem e clique em OK.

Solucionando problemas no catálogo de endereços

Por padrão, primeiro o Outlook pesquisa a Lista de Endereços Global (o diretório corporativo fornecido com uma conta do Exchange, se você estiver trabalhando com uma), depois pesquisa os registros de contato armazenados no módulo Contatos da conta padrão e então pesquisa a lista Contatos Sugeridos. Se um endereço de email não for encontrado em um desses locais, o Outlook pode procurar em outros catálogos de endereços como os que contêm os registros de contatos armazenados com contas de email secundárias ou os catálogos personalizados que você criar.

Se você tiver vários catálogos de endereços, principalmente vários catálogos associados a várias contas, por padrão, o Outlook não pesquisará todos os catálogos e, portanto, pode não localizar um endereço de email que tiver sido salvo.

Para alterar a ordem em que o Outlook pesquisa os catálogos de endereços ou para adicionar catálogos à lista de pesquisa, siga essas etapas:

1. No grupo Localizar da guia Página Inicial da janela do programa Outlook, clique em Catálogo de Endereços.
2. Na janela Catálogo de Endereços, no menu Ferramentas, clique em Opções.

   A caixa de diálogo Endereçamento será aberta.

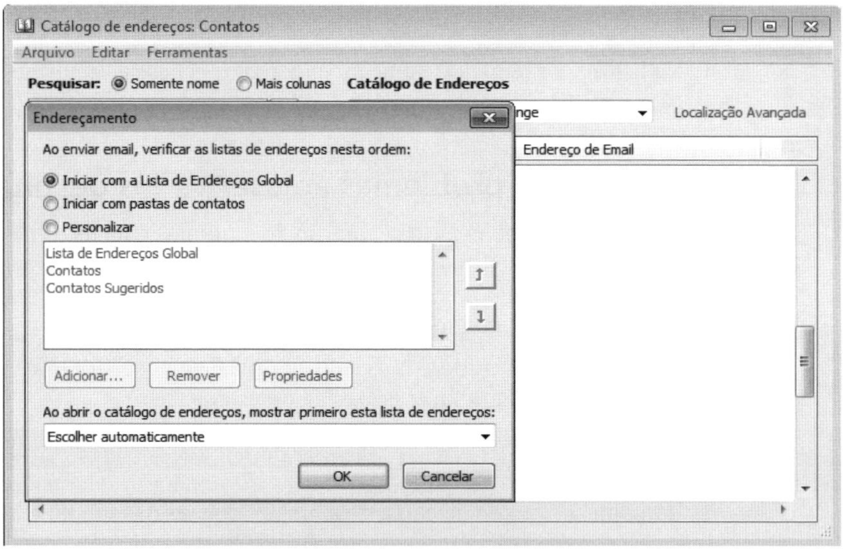

Na caixa de diálogo Endereçamento, você pode designar a ordem em que o Outlook procurará contatos em catálogos de endereços existentes.

3. Na caixa de diálogo Endereçamento, clique em Personalizar. Em seguida, execute uma das ações abaixo:
   - Para pesquisar catálogos de endereços adicionais, clique em Adicionar. Em seguida, na caixa de diálogo Adicionar Lista de Endereços, clique na lista de endereços que deseja adicionar, clique em Adicionar e em Fechar.
   - Para alterar a ordem em que o Outlook pesquisa os catálogos de endereços na lista, clique em um catálogo e no botão Mover Acima ou Mover Abaixo.
   - Se não souber ao certo que catálogo de endereços é representado por uma entrada da lista, clique no catálogo e em Propriedades para exibir o nome da conta e o nome da pasta do catálogo de endereços.
4. Na caixa de diálogo Endereçamento, clique em OK e feche a janela Catálogo de Endereços.

Inserindo conteúdo

Se você tiver uma conexão com a Internet, poderá enviar emails para pessoas de sua empresa e de todo o mundo usando o Outlook, independente do tipo de sua conta de email. O Outlook pode enviar e receber emails em três formatos de mensagem:

- **Hypertext Markup Language (HTML)** Dá suporte a estilos de parágrafo (inclusive listas numeradas e com marcadores), estilos de caracteres (como fontes, tamanhos, cores e espessura) e planos de fundo (como cores e imagens). A maioria dos programas de email (mas não todos) dá suporte ao formato HTML – os que não têm este suporte exibem mensagens HTML como texto sem formatação.
- **Rich Text Format (RTF)** Dá suporte a mais opções de formatação de parágrafos do que em HTML, inclusive bordas e sombreamento, mas só é compatível com o Outlook e o Microsoft Exchange Server. O Outlook converte mensagens RTF em HTML quando as envia para fora de uma rede do Exchange.
- **Texto Sem Formatação** Não dá suporte aos recursos de formatação disponíveis em mensagens HTML e RTF, mas é suportado por todos os programas de email.

O conteúdo dos emails não precisa ficar limitado a texto simples. Em um email podemos criar quase qualquer tipo de conteúdo que criaríamos em um documento do Word. Já que o Outlook e o Word 2010 compartilham comandos semelhantes, talvez você já conheça processos de criação de conteúdo como as listas e tabelas.

Você pode personalizar suas mensagens usando um estilo ou cor de fonte individual e inserindo suas informações de contato na forma de uma assinatura de email ou cartão de visita. (Poderia aplicar outras formatações, como temas e planos de fundo de página, mas nem sempre elas aparecem para os destinatários de email como queremos e podem fazer as comunicações parecerem menos profissionais.)

Podemos formatar o texto da mensagem para torná-lo mais legível incluindo cabeçalhos, listas ou tabelas e representar informações graficamente com a inclusão de diagramas, imagens, clip-art e outros tipos de elementos gráficos. Também é possível anexar arquivos às mensagens e links que conduzam a outras informações, como arquivos ou páginas Web.

Para os fins deste livro, presumiremos que você sabe como inserir, editar e formatar conteúdo usando as técnicas padrão do Microsoft Word, portanto, não discutiremos todas elas. Mas demonstraremos muitas dessas técnicas dentro dos exercícios passo a passo, logo, preste atenção em qualquer recurso novo que ainda não conhecer.

Consulte também Para obter mais informações sobre a inserção e edição de conteúdo e sobre a formatação de conteúdo usando estilos de caracteres e parágrafos, estilos rápidos e temas, consulte *Microsoft Word 2010 Passo a Passo*, de Joyce Cox e Joan Lambert (Microsoft Press).

Dica Você também pode personalizar uma mensagem fazendo o Outlook adicionar uma assinatura de email predefinida. Pode especificar assinaturas diferentes para novas mensagens e para respostas e mensagens encaminhadas. Por exemplo, talvez queira incluir seu nome completo e informações de contato na assinatura de novas mensagens, mas só seu primeiro nome na assinatura de respostas e mensagens encaminhadas. Para obter mais informações sobre assinaturas de email, consulte "Personalizando a aparência do texto da mensagem" no Capítulo 10, "Melhore o conteúdo das mensagens".

Salvando e enviando mensagens

Em intervalos regulares enquanto você estiver compondo a mensagem, o Outlook salvará uma cópia dela na pasta Rascunhos. Isso será feito para impedir que você perca mensagens que estejam em desenvolvimento.

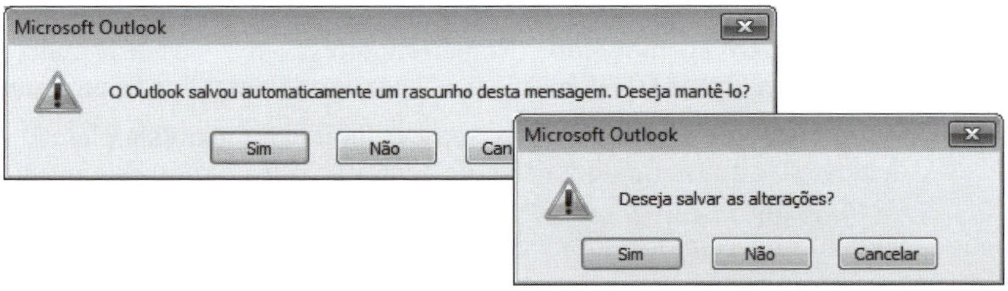

Se você fechar uma janela de composição antes de enviar a mensagem, o Outlook perguntará se deseja salvar um rascunho ou descartar o rascunho existente.

Você pode salvar um rascunho de mensagem a qualquer momento clicando no botão Salvar da Barra de Ferramentas de Acesso Rápido da janela da mensagem.

Para retomar o trabalho em uma mensagem que foi salva como rascunho e fechada, exiba o módulo Email, clique na pasta Rascunhos no Painel de Navegação e clique duas vezes na mensagem em que deseja trabalhar.

Ao terminar de compor uma mensagem, você pode enviá-la clicando no botão Enviar localizado no cabeçalho da mensagem ou pressionando Ctrl+Enter. Na primeira vez que pressionar essa combinação de teclas, o Outlook solicitará que confirme se deseja designá-la como atalho do teclado para o envio de mensagens.

Quando você enviar a mensagem, o Outlook excluirá o rascunho, se houver um, e armazenará uma cópia da mensagem enviada na pasta Itens Enviados.

Dica Cada conta que você acessar no Outlook terá sua própria pasta Rascunhos e sua própria pasta Itens Enviados. O Outlook salvará automaticamente os rascunhos e as mensagens enviadas na pasta associada à conta de email em que você compuser ou enviar a mensagem.

Você pode alterar o local em que o Outlook salva rascunhos e mensagens enviadas na caixa de diálogo Opções de Email Avançadas. Para obter mais informações sobre essa caixa de diálogo, consulte "Personalizando suas configurações do Office e do Outlook" no Capítulo 13, "Personalize o Outlook".

Neste exercício, você comporá um email, salvará um rascunho provisório e enviará a mensagem.

PREPARAÇÃO Não é preciso arquivo para fazer este exercício. Exiba sua caixa de entrada e siga as etapas.

1. No grupo **Novo** da guia **Página Inicial**, clique no botão **Novo Email**.

   Uma nova janela de mensagem será aberta.

   Dica Clicando no botão **Novos Itens**, você pode optar por criar qualquer tipo de item do Outlook, como um compromisso, contato, fax, mensagem, anotação ou tarefa, ou um item organizacional, como um grupo de contatos ou arquivo de dados, sem sair do módulo em que está trabalhando.

2. Na caixa **Para**, digite seu próprio endereço de email.
3. Na caixa **Assunto**, digite **SBS – Agenda para o "Tradeshow"**.

   Importante O assunto dessa mensagem começa com *SBS* (de *Step by Step – Passo a Passo*) para que você possa diferenciá-la facilmente de outras mensagens de suas pastas Caixa de Entrada e Itens Enviados e excluí-la posteriormente.

4. Na extremidade direita da barra de título da janela de mensagem, clique no botão **Fechar**.

   O Outlook perguntará se deseja salvar um rascunho da mensagem.

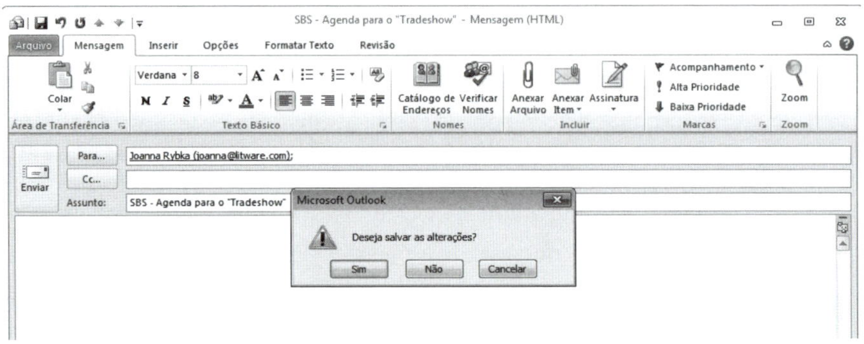

Você pode salvar uma mensagem que esteja em desenvolvimento e voltar a ela depois.

Solução de problemas A aparência dos botões e grupos da Faixa de Opções muda de acordo com a largura da janela do programa ou da janela do item. Para obter informações sobre a mudança da aparência da Faixa de Opções para que corresponda às nossas imagens de tela, consulte "Modificando a exibição da Faixa de Opções" no início deste livro.

5. Na caixa de mensagem **Microsoft Outlook**, clique em **Sim**.

   A janela de mensagem será fechada. No Painel de Navegação, o número do contador de mensagens não lidas à direita da pasta Rascunhos aumentará.

6. No **Painel de Navegação**, clique na pasta **Rascunhos**.

   A mensagem e seu conteúdo atual estarão nessa pasta.

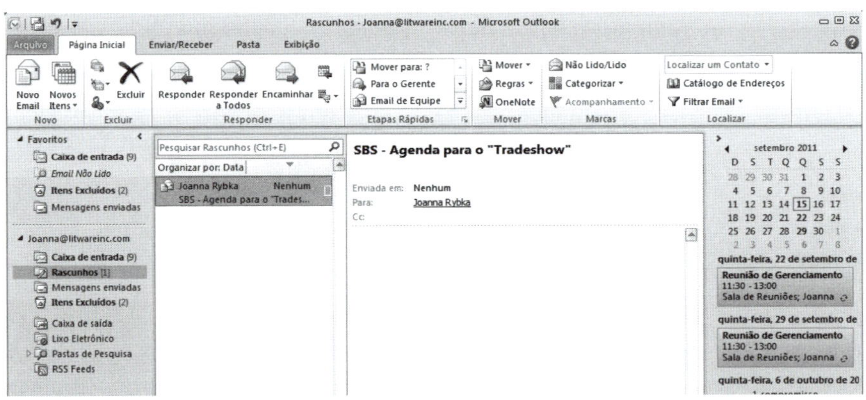

Um nome de pasta em negrito indica que ela contém mensagens não lidas; o número de mensagens não lidas aparece em parênteses à direita do nome da pasta.

7. No painel **Email**, clique duas vezes na mensagem para abri-la para edição.

8. No Painel de Conteúdo, digite **As seguintes pessoas estarão trabalhando no "Tradeshow":** e pressione a tecla Enter duas vezes. Então, digite **Amanda, Barry, Cory e Doyle**, pressionando Enter uma vez após cada um dos três primeiros nomes e duas vezes após o quarto.

   A lista de nomes ainda não está formatada.

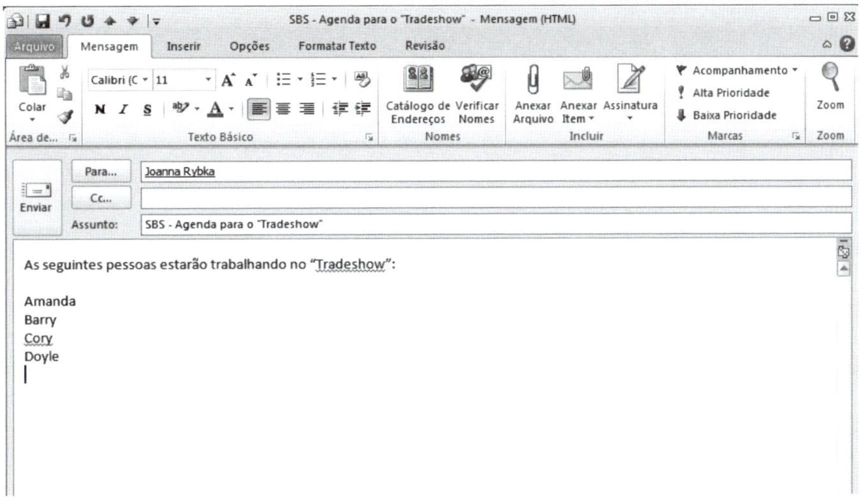

Você pode inserir texto em uma mensagem da mesma forma que o faria em um documento.

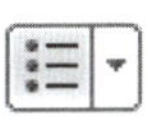

9. Selecione a lista de nomes. Em seguida, no grupo **Texto Básico** da guia **Mensagem**, clique no botão **Marcadores** (e não em sua seta).

   Dica O botão Marcadores e outros comandos de formatação de parágrafo também estão disponíveis no grupo Parágrafo da guia Formatar Texto.

   O Outlook converterá a lista de nomes em uma lista com marcadores simples.

   Dica Neste livro, quando dermos informações de implementação de um comando, diremos em que guia e em que grupo seu botão aparece. Quando lhe instruirmos a usar vários botões de comandos da mesma guia, talvez omitamos o nome da guia para evitar repetição desnecessária.

10. Com a lista de marcadores ainda selecionada, no grupo **Texto Básico**, clique na seta **Marcadores**.

    A galeria Marcadores será aberta.

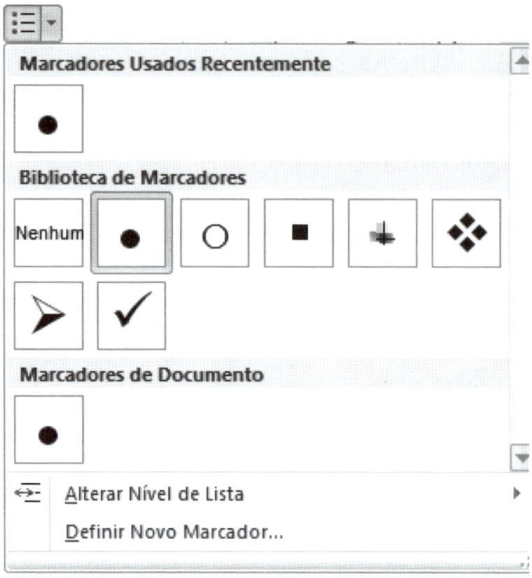

A galeria Marcadores.

Examine os tipos de marcadores disponíveis na seção Biblioteca de Marcadores da galeria. Você pode alterar a lista para usar qualquer um desses marcadores clicando no marcador que deseja.

11. Na galeria **Marcadores**, aponte para **Alterar Nível de Lista**.

    Um menu ilustrando os marcadores usados por uma lista de vários níveis será aberto.

O menu ilustra a aparência de uma lista de marcadores de vários níveis com as configurações atuais.

Você pode rebaixar (ou elevar) um item da lista a qualquer um dos nove níveis, diferenciados pelo caractere marcador e pelo nível de recuo.

12. Pressione Esc duas vezes para fechar a galeria **Marcadores** sem fazer alterações.
13. Pressione Ctrl+End para mover o cursor para o fim da mensagem. Digite **Brindes são:** e pressione Enter duas vezes.

14. No grupo **Tabelas** da guia **Inserir**, clique no botão **Tabela**.

    A galeria Tabela será aberta.

15. Na galeria **Tabela**, aponte para a terceira célula da segunda linha.

    A visualização dinâmica de uma tabela de três colunas por duas linhas aparecerá no local do cursor na janela de mensagem.

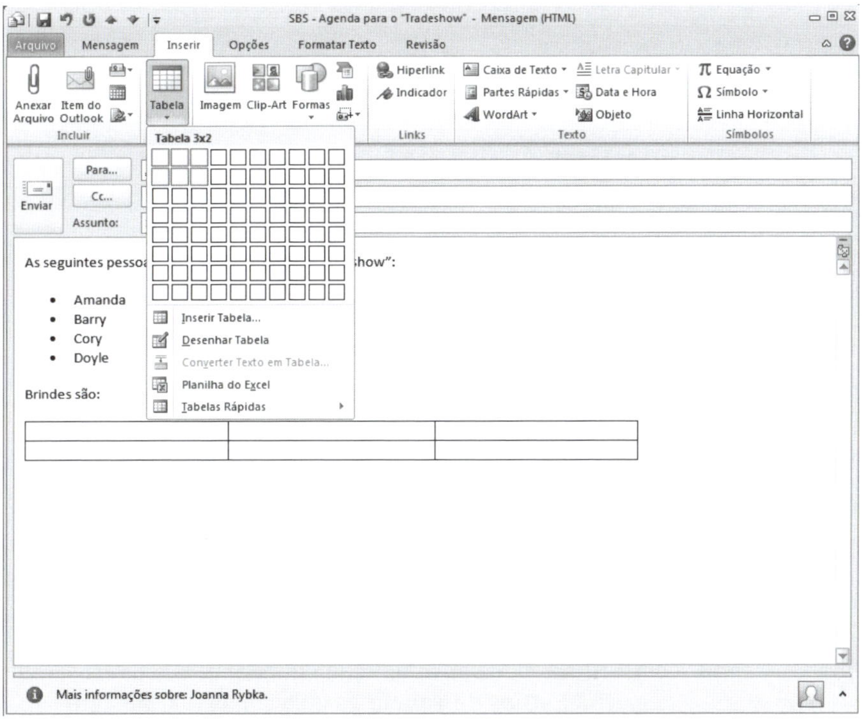

O Outlook exibe uma visualização do efeito de inserção de uma tabela com as configurações atuais.

16. Clique na célula selecionada para inserir uma tabela de três colunas por duas linhas na mensagem.

    As guias contextuais de ferramentas de tabela, Design e Layout, aparecerão na Faixa de Opções.

17. Insira as informações a seguir na tabela, pressionando Tab para mudar de célula:

9:00-11:00 **12:00-2:00** **3:00-5:00**

Mouse Pads **Camisetas** **Canetas**

A tabela e seu conteúdo ainda não estão formatados.

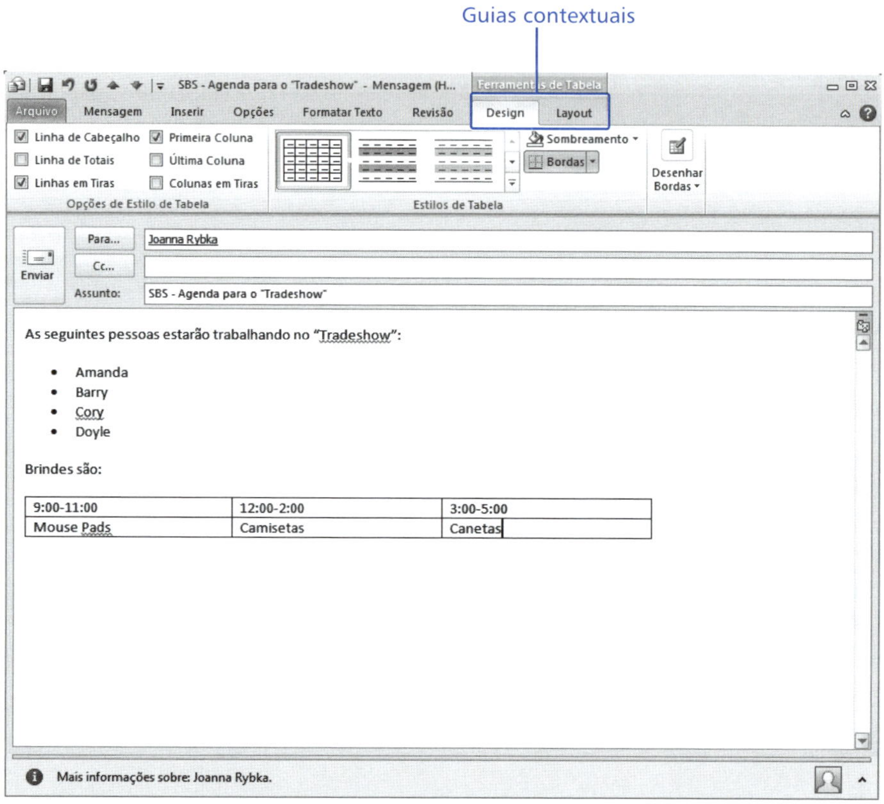

O conteúdo atual da mensagem.

18. Com o cursor ainda ativo na célula inferior direita da tabela, clique no botão **Mais** da galeria **Estilos de Tabela** da guia contextual **Design**.

A galeria **Estilos de Tabela** será aberta. Uma caixa ao redor da miniatura **Tabelas Simples** indica a formatação da tabela ativa.

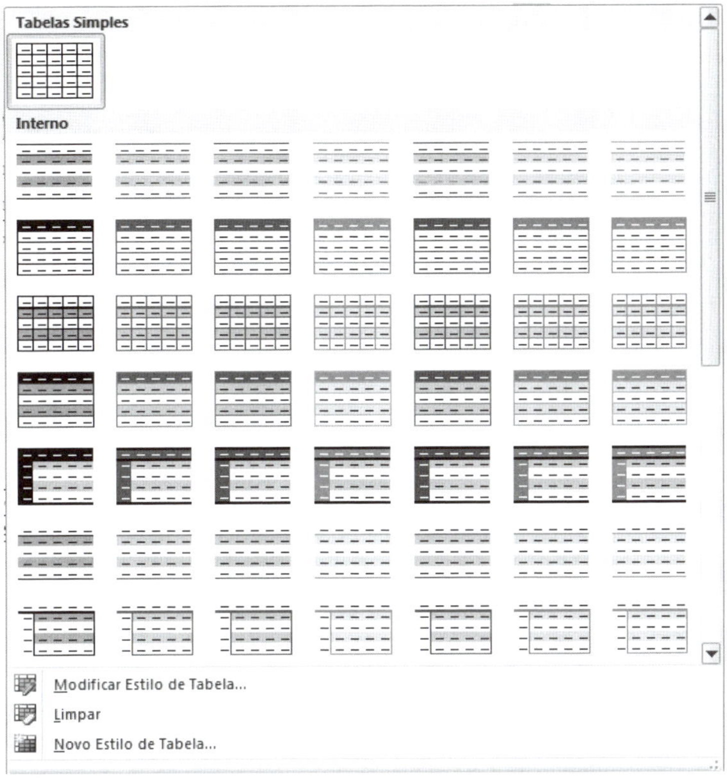

A galeria Estilos de Tabela.

19. Na seção **Interno** da galeria **Estilos de Tabela**, aponte para a terceira miniatura da segunda linha (a tabela com uma linha de cabeçalho vermelha, identificada pela Dica de tela *Lista Clara – Ênfase 2*) e clique nela.

    O Outlook exibirá uma visualização quando você apontar para a miniatura e então aplicará o estilo de tabela selecionado.

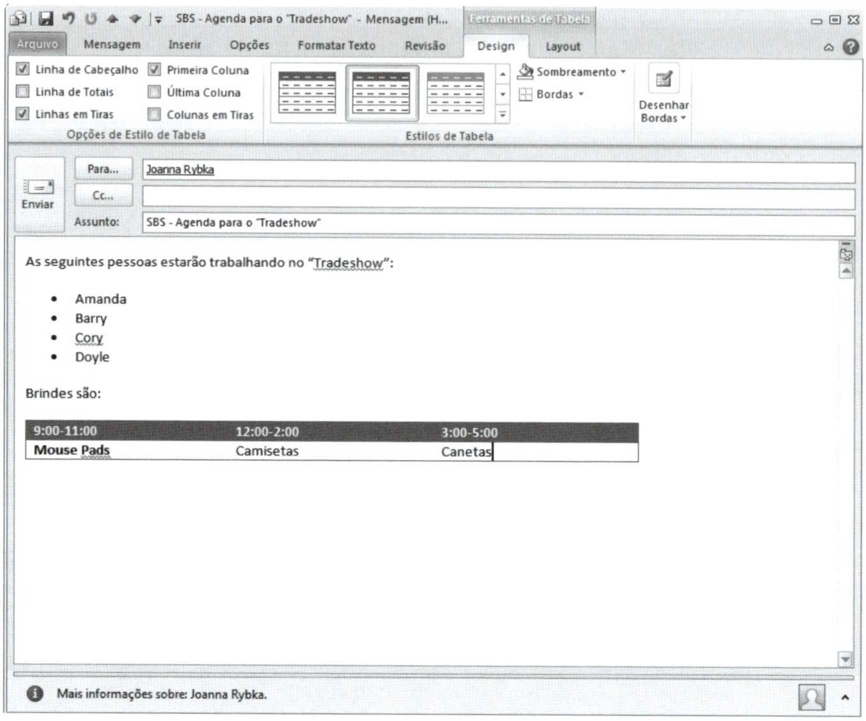

Aplicando um estilo de tabela interno.

Observe que o estilo de tabela padrão formata a primeira coluna com negrito.

20. No grupo **Opções de Estilo de Tabela** da guia **Design**, desmarque a caixa de seleção **Primeira Coluna**.

Agora o conteúdo da primeira linha da tabela está em negrito, mas o da segunda linha não está.

21. No cabeçalho da mensagem, clique no botão **Enviar**.

Atalho do teclado Pressione Ctrl+Enter para enviar uma mensagem.

O Outlook fechará a janela e enviará a mensagem. O rascunho da mensagem desaparecerá da pasta Rascunhos.

22. No **Painel de Navegação**, clique na pasta **Caixa de Entrada**.

    A mensagem recebida estará nessa pasta.

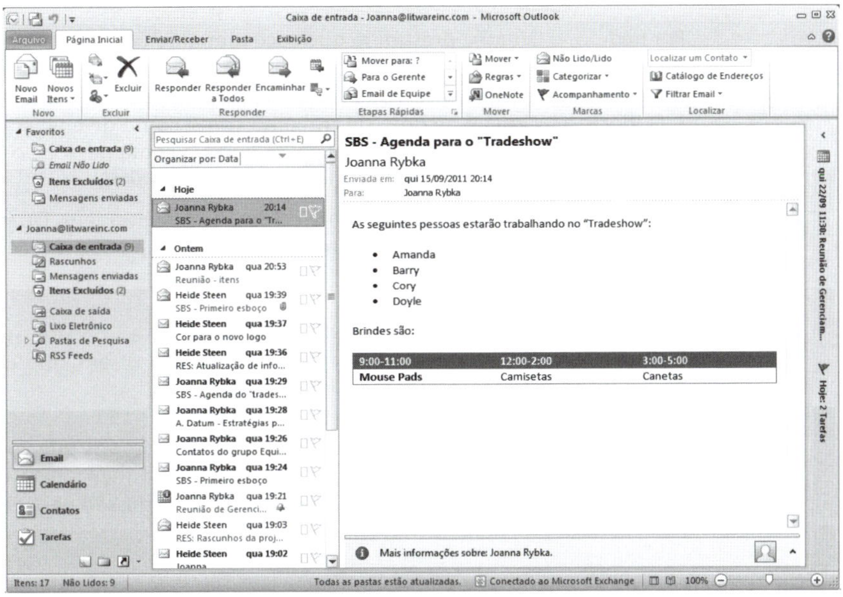

O conteúdo formatado da mensagem é mostrado no Painel de Leitura.

Dica Estamos trabalhando com a Barra de Tarefas Pendentes fechada para que você possa ver uma parte maior do conteúdo da mensagem. Para fechar a Barra de Tarefas Pendentes em sua janela do programa Outlook, clique no botão Minimizar a Barra de Tarefas Pendentes no canto superior esquerdo. Para obter mais informações sobre o trabalho com a Barra de Tarefas Pendentes, consulte "Personalizando a janela do programa Outlook" no Capítulo 13, "Personalize o Outlook".

23. No **Painel de Navegação**, clique na pasta **Itens Enviados**.

    A mensagem enviada estará nessa pasta.

LIMPEZA Exiba sua Caixa de Entrada. Mantenha a mensagem SBS – Agenda para o "Tradeshow" em suas pastas Caixa de Entrada e Itens Enviados para uso em exercícios posteriores.

Gerenciando várias contas

Se você configurou o Outlook para se conectar a várias contas de email, terá que verificar se a mensagem está sendo enviada da conta correta.

Por padrão, o Outlook presumirá que você pretende enviar uma mensagem a partir da conta em que está trabalhando atualmente. Por exemplo, se começar a compor uma mensagem enquanto visualiza a Caixa de Entrada de sua conta do trabalho, o Outlook selecionará a conta do trabalho como conta de envio da mensagem. Se você responder uma mensagem recebida por sua conta pessoal, o Outlook selecionará a conta pessoal como conta de envio da mensagem.

Você pode alterar facilmente a conta de envio da mensagem. Quando o Outlook é configurado para usar várias contas, um botão De aparece no cabeçalho da mensagem.

Dica Se o Outlook for configurado para se conectar a apenas uma conta, você poderá exibir o botão De clicando em De no grupo Mostrar Campos da guia Opções de uma janela de composição de mensagem.

Um clique no botão De exibirá uma lista das contas ativas que você pode selecionar. Se a conta a partir da qual você deseja enviar a mensagem não aparecer na lista, especifique outra conta; mas, você deve ter permissão para enviar mensagens a partir dela.

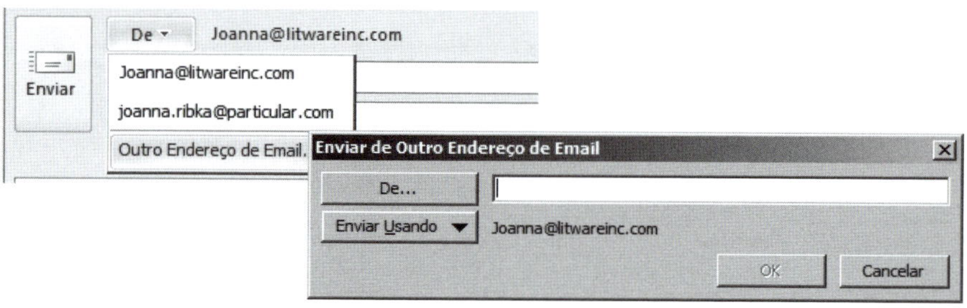

Anexando arquivos a mensagens

Uma maneira conveniente de distribuir um arquivo (como um documento do Microsoft Word, uma pasta de trabalho do Excel, uma apresentação do PowerPoint ou uma imagem) é anexando-o a um email. Os destinatários da mensagem poderão visualizar ou abrir o arquivo no Painel de Leitura, abri-lo na janela da mensagem, encaminhá-lo para outras pessoas ou salvá-lo em seus computadores.

Dica Você também pode enviar arquivos do Microsoft Office de dentro do programa do Office em que estiver trabalhando, usando comandos do modo Backstage.

Por exemplo, para enviar um documento do Word, abra o documento, exiba o modo Backstage, clique na guia Salvar e Enviar e clique em Enviar por Email. O Word oferece a opção de enviar o documento como um documento do Word, um arquivo PDF ou um arquivo XPS anexo (o Word converte o arquivo antes de enviá-lo), enviar um link do documento (se ele for salvo em um local compartilhado) ou enviar o documento para um aparelho de fax.

Neste exercício, você enviará um documento do Word e uma apresentação do PowerPoint como anexos de um email.

PREPARAÇÃO Você precisará do documento Brochura e da apresentação Sessao Estrategica localizados na pasta de arquivos Capitulo03 para fazer este exercício. Exiba sua Caixa de Entrada e siga as etapas.

1. No grupo **Novo** da guia **Página Inicial**, clique no botão **Novo Email**.
2. Na caixa **Para** da nova janela de mensagem, digite seu próprio endereço de email.

   Dica Se você fez o exercício anterior, o Outlook exibirá seu endereço de email em uma lista quando você começar a digitar. Você pode inserir o endereço clicando nele ou pressionando a tecla de seta para baixo para selecioná-lo (se necessário) e pressionando Enter.

3. Na caixa **Assunto**, digite **SBS – Primeiro Esboço**.
4. No Painel de Conteúdo, digite **Aqui estão informações para serem revisadas**. Em seguida, pressione Enter para passar para a próxima linha.

5. No grupo **Incluir** da guia **Mensagem**, clique no botão **Anexar Arquivo**.

   Dica O botão Anexar Arquivo também está disponível no grupo Incluir da guia Inserir.

   A caixa de diálogo Inserir Arquivo será aberta, exibindo o conteúdo de sua biblioteca de documentos.

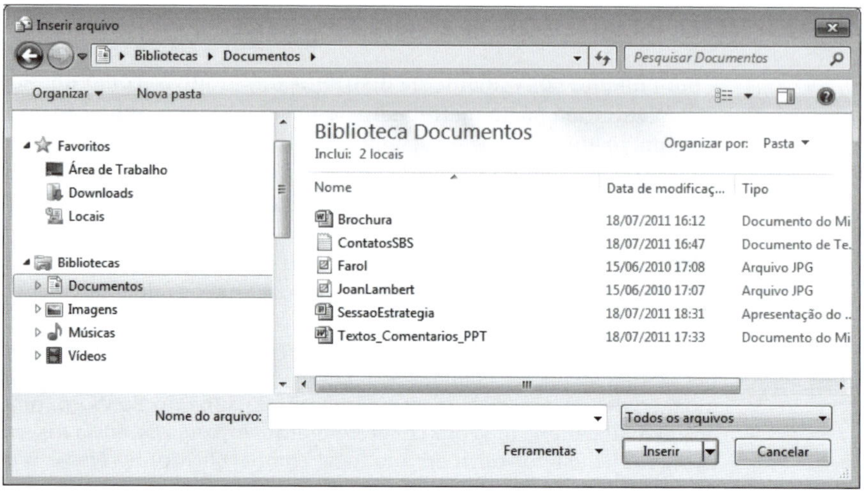

A biblioteca de documentos exibe pastas e arquivos de nível superior armazenados na pasta Documentos e na pasta Documentos Públicos.

Dica Sua caixa de diálogo Inserir Arquivo refletirá o conteúdo de sua biblioteca de documentos.

6. Navegue até a pasta de arquivos de exercícios **Capitulo03**. Na pasta **Capitulo03**, clique no documento Brochura, mantenha a tecla Ctrl pressionada, clique na apresentação Sessao Estrategica e clique em **Inserir**.

   Os arquivos aparecerão na caixa Anexado do cabeçalho da mensagem.

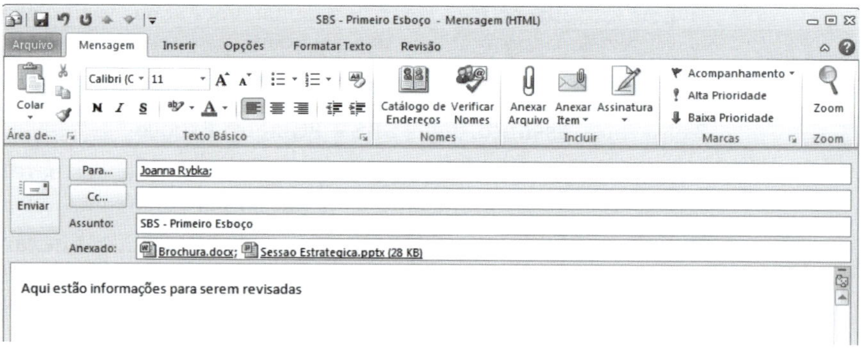

Informações sobre arquivos anexados ficam visíveis para o emitente e o destinatário.

7. No cabeçalho da mensagem, clique no botão **Enviar**.

   O Outlook fechará a janela e enviará a mensagem.

LIMPEZA Quando você receber a mensagem SBS – Primeiro Esboço em sua Caixa de Entrada, mantenha-a para uso em exercícios posteriores.

Dica Se quiser enviar cópias personalizadas do mesmo email para várias pessoas, use o recurso de mala direta do Word 2010. Para obter mais informações, consulte *Microsoft Word 2010 Passo a Passo* de Joyce Cox e Joan Lambert.

Solucionando problemas de tipos e extensões de arquivos

Por padrão, o Windows não exibe extensões de arquivo em janelas do Explorer ou caixas de diálogo como a caixa Inserir Arquivo. Geralmente podemos diferenciar os tipos de arquivos por seus ícones – por exemplo, o ícone azul do Word antecede o nome do documento Brochura e o ícone vermelho do PowerPoint antecede o nome da apresentação Sessao Estrategica.

Você pode exibir o tipo de arquivo como um campo em modos de exibição específicos ou como parte de todos os nomes de arquivo.

- Em uma caixa de diálogo ou janela do Windows Explorer, você pode exibir o tipo de arquivo clicando na seta Alterar o Modo de Exibição na barra de ferramentas e clicando em Detalhes ou Lado a Lado; esses dois modos de exibição incluem o campo Tipo.
- Para exibir as extensões como parte de todos os nomes de arquivo, clique em Organizar na barra de ferramentas de qualquer janela do Windows Explorer e em Opções de pasta e pesquisa. Na guia Modo de Exibição da caixa de diálogo Opções de Pasta, desmarque a caixa de seleção Ocultar as extensões dos tipos de arquivo conhecidos e clique em Aplicar ou OK.

Dica Muitos arquivos de imagem são grandes, requerendo largura de banda para serem enviados e espaço de armazenamento para serem recebidos. Em vez de abrir uma mensagem e anexar um arquivo de imagem com seu tamanho completo, você pode enviar e redimensionar simultaneamente uma imagem clicando com o botão direito do mouse no arquivo da imagem no Windows Explorer e clicando em Enviar Para e em Destinatário do Email. Na caixa de diálogo Anexar Arquivos que aparecerá, selecione entre cinco opções de tamanho de imagem; o tamanho de arquivo correspondente aparecerá quando você selecionar um tamanho de imagem. Em seguida, clique em Anexar para abrir uma janela de mensagem em seu programa de email padrão.

Visualizando mensagens e anexos de mensagens

Sempre que você iniciar o Outlook e se conectar ao seu servidor de email, qualquer nova mensagem recebida desde a última vez que se conectou aparecerá em sua Caixa de Entrada. Dependendo de suas configurações, o Outlook baixará a mensagem inteira em seu computador ou somente o cabeçalho, que fornece informações básicas sobre a mensagem, como:

- O tipo de item (mensagem, solicitação de reunião, atribuição de tarefa e assim por diante)
- Quem enviou
- Quando você recebeu
- O assunto

Os ícones exibidos no cabeçalho da mensagem indicam informações opcionais como:

- A ação de resposta mais recente executada
- Se arquivos foram anexados
- Se ela foi digitalmente assinada ou criptografada
- Se o emitente a marcou como sendo de alta ou baixa importância

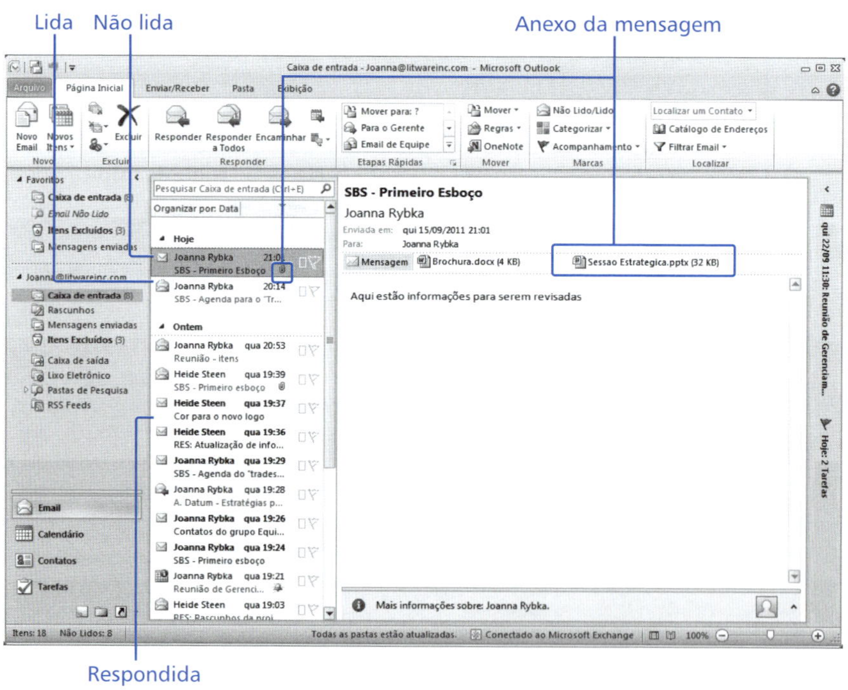

O cabeçalho e os ícones fornecem informações sobre a mensagem.

Há três modos de exibição padrão da lista de mensagens:

- **Compacto** O modo de exibição padrão, que exibe duas linhas de propriedades da mensagem inclusive o status de leitura, o assunto, o emitente, a hora do recebimento, se arquivos foram anexados à mensagem e qualquer categoria de cor ou sinalizador de acompanhamento associado à mensagem.
- **Simples** Esse modo de exibição de uma linha exibe a importância, lembretes, o tipo de item ou status de leitura, se arquivos foram anexados à mensagem, o emitente, o assunto, hora do recebimento, tamanho, categoria e sinalizadores de acompanhamento. O Painel de Leitura fica aberto por padrão nesse modo de exibição.
- **Visualização** Esse modo exibe de uma a quatro linhas de informações sobre cada mensagem. Para cada mensagem não lida, o modo Visualização também exibe uma parte do conteúdo da mensagem – especificamente, os primeiros 255 caracteres (inclusive espaços). Se uma mensagem tiver menos de 255 caracteres, <fim> aparecerá no texto visualizado. Por padrão, o Painel de Leitura fica fechado nesse modo de exibição.

Esses três modos padrão estão disponíveis na galeria Alterar Modo de Exibição da guia Exibição.

As mensagens que você ainda não tiver lido serão indicadas por ícones de envelope fechado e cabeçalho em negrito. Quando você abrir uma mensagem, o Outlook indicará que ela foi lida alterando o ícone de um envelope fechado para um envelope aberto e mudando a fonte do cabeçalho na lista de mensagens de negrito para normal.

Consulte também Para obter mais informações, consulte a observação "Marcando mensagens como lidas ou não lidas" no Capítulo 7, "Organize sua caixa de entrada".

Você pode visualizar o texto de uma mensagem de várias maneiras:

- Pode abrir uma mensagem em sua própria janela clicando duas vezes em seu cabeçalho na lista de mensagens.
- Pode ler uma mensagem sem abri-la clicando em seu cabeçalho uma vez na lista de mensagens para exibi-la no Painel de Leitura.
- Pode exibir as três primeiras linhas de cada mensagem não lida abaixo do cabeçalho da mensagem usando o recurso Visualização. A verificação das três primeiras linhas de uma mensagem costuma fornecer informações suficientes para a tomada de decisões básicas sobre como gerenciá-la. A única desvantagem é que no modo Visualização, cada mensagem não lida ocupa cinco linhas em vez das duas do modo padrão Mensagens, portanto, menos mensagens ficarão disponíveis em sua tela ao mesmo tempo.

Consulte também Para obter informações sobre a ativação de recursos de visualização específicos, consulte "Organizando as mensagens de diferentes maneiras" no Capítulo 7, "Organize sua caixa de entrada".

Você pode visualizar anexos de mensagens de várias maneiras:

- Pode visualizar certos tipos de anexos (inclusive planilhas do Excel, apresentações de slides do PowerPoint, documentos do Word e arquivos PDF) diretamente no Painel de Leitura clicando no anexo no cabeçalho da mensagem.

  Quando você clicar no anexo, o texto da mensagem será substituído por uma visualização do conteúdo do anexo e a guia contextual Anexos aparecerá na Faixa de Opções.

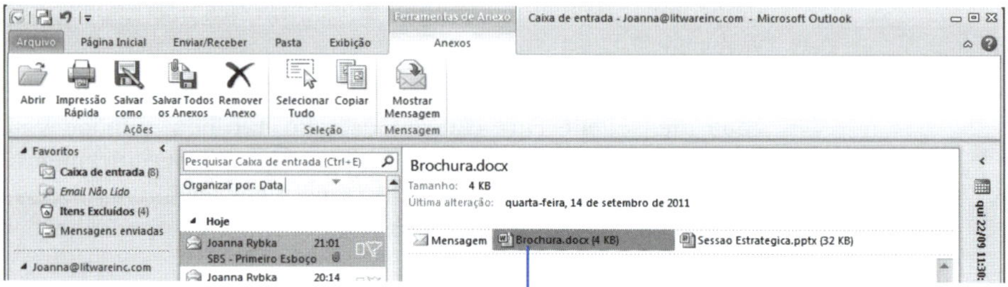

Na guia Anexos, você pode trabalhar com o anexo ou alternar entre o conteúdo da mensagem e a visualização do anexo.

Dica Você pode desativar o recurso de visualização de anexo na página Tratamento de Anexos da janela Central de Confiabilidade, que pode ser aberta a partir da caixa de diálogo Opções do Outlook. Para obter informações sobre as configurações da Central de Confiabilidade, consulte "Personalizando suas configurações do Office e do Outlook" no Capítulo 13, "Personalize o Outlook".

- Pode abrir o anexo no Painel de Leitura ou em uma janela de mensagem aberta clicando nele duas vezes no cabeçalho da mensagem.
- Pode salvar o anexo em seu disco rígido e abri-lo a partir desse local. Essa estratégia é recomendada se houver a suspeita de que um anexo pode conter um vírus porque você poderá procurar o vírus no arquivo antes de abri-lo (se tiver um programa de detecção de vírus instalado).

Consulte também Para obter informações sobre a proteção de seu computador contra vírus, consulte *Windows 7 Passo a Passo* ou *Windows Vista Passo a Passo*, ambos de Joan Lambert e Joyce Cox.

Se você receber um registro de contato ou cartão de visita como anexo de uma mensagem, poderá adicioná-lo a seu catálogo de endereços primário arrastando o anexo do email para o botão Contatos do Painel de Navegação. Para adicionar o registro de contato a um catálogo de endereços secundário, expanda a estrutura de pastas do Painel de Navegação e arraste o anexo para essa pasta.

Se quiser se concentrar na leitura das mensagens sem se distrair com outras informações normalmente apresentadas na janela do programa Outlook, você pode reconfigurar rapidamente a janela para otimizar a leitura de mensagens clicando no botão do modo de exibição de Leitura na Barra de Status, à esquerda dos controles de zoom.

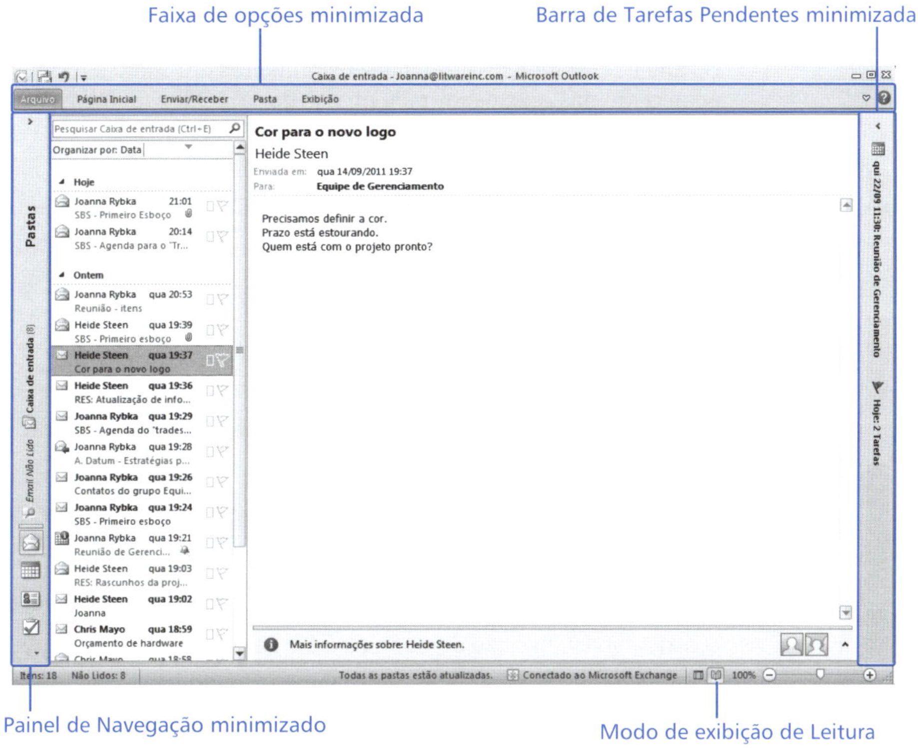

No modo de exibição de Leitura, o Painel de Navegação, a Barra de Tarefas Pendentes e a Faixa de Opções ficam ocultas para aumentar o tamanho do Painel de Leitura.

Neste exercício, você visualizará e abrirá uma mensagem e dois tipos de anexos.

PREPARAÇÃO Para fazer este exercício, você precisará da mensagem SBS – Primeiro Esboço que criou anteriormente neste capítulo. Se não criou a mensagem, pode fazê-lo agora ou substituí-la por uma mensagem com anexo recebida em sua Caixa de Entrada. Exiba a Caixa de Entrada e siga as etapas.

1. No grupo **Modo de Exibição Atual** da guia **Exibição**, clique no botão **Alterar Modo de Exibição** e em **Visualização**.

   Solução de problemas Se o ícone Visualização do menu Alterar Modo de Exibição estiver sombreado, esse recurso já está ativado.

   O Painel de Leitura será fechado e os primeiros 255 caracteres de cada mensagem aparecerão na Caixa de Entrada abaixo do cabeçalho da mensagem.

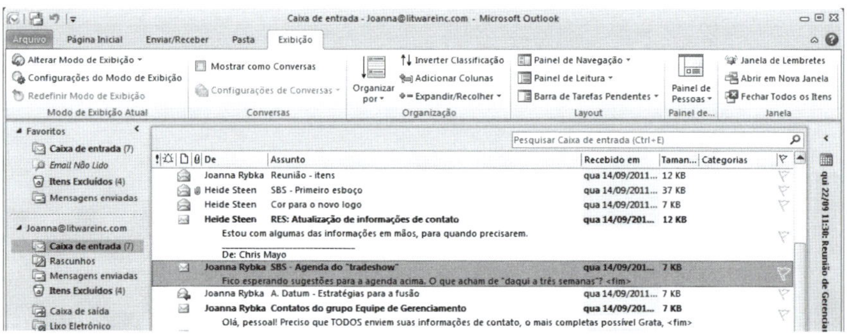

O modo de exibição Visualização exibe os primeiros 255 caracteres de cada mensagem não lida.

2. Na lista **Alterar Modo de Exibição** da guia **Exibição**, clique em **Simples**.

   O texto da visualização desaparecerá e o Painel de Leitura será reaberto.

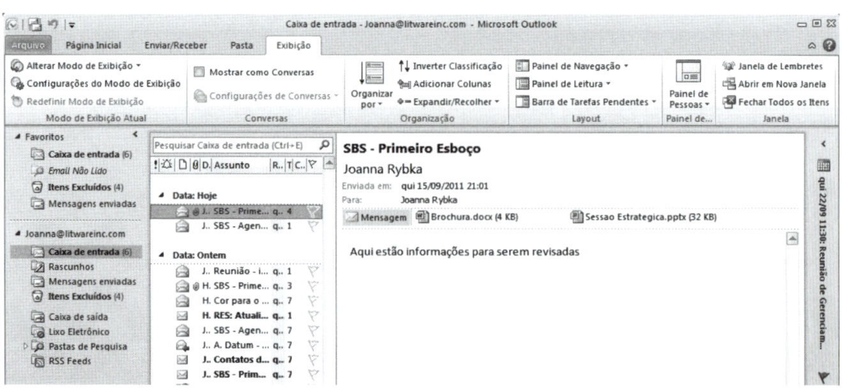

3. Localize a mensagem **SBS – Primeiro Esboço** em sua Caixa de Entrada e clique nela.

   O Outlook exibirá a mensagem no Painel de Leitura. Abaixo da área do cabeçalho da mensagem, o Painel de Leitura exibirá um botão Mensagem (cuja aparência destaca mais a palavra Mensagem do que o formato de um botão) e os nomes dos arquivos que foram anexados (Brochura.docx e Sessao Estrategica.pptx).

4. No Painel de Leitura, aponte (sem clicar) para o botão Mensagem abaixo do cabeçalho da mensagem.

   Solução de problemas Se você estiver fazendo este exercício com uma mensagem sem anexo, o cabeçalho não incluirá um botão Mensagem.

   Uma Dica de tela exibirá o número total de anexos.

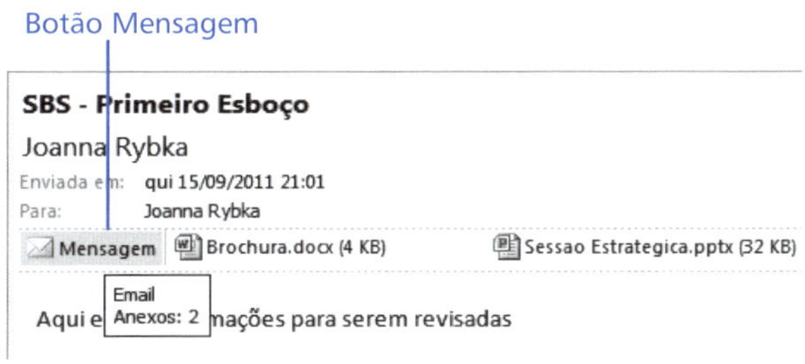

Se você apontar para o botão Mensagem, exibirá informações sobre os arquivos anexados.

Dica Se mais arquivos anexados puderem ser vistos no cabeçalho da mensagem, use a barra de rolagem da extremidade direita da caixa Anexos para ver todos.

5. Aponte para o anexo **Brochura.docx**.

   Uma Dica de tela exibirá o nome, tipo e tamanho do arquivo anexado.

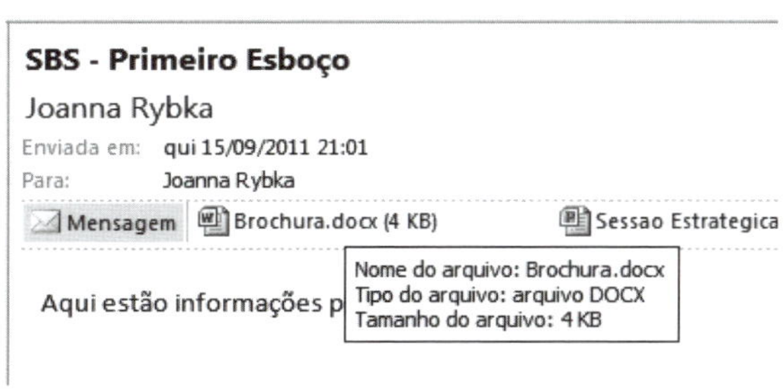

Se você apontar para um arquivo anexado, exibirá informações sobre ele.

6. Clique uma vez no anexo **Brochura.docx**.

   A guia contextual Anexos aparecerá na Faixa de Opções e o documento do Word 2010 totalmente formatado surgirá no Painel de Leitura.

O cabeçalho da mensagem muda para exibir propriedades do arquivo anexo.

Você pode rolar pelo documento inteiro dentro desse painel, sem iniciar o Word.

Dica Um clique em certos tipos de anexos exibe uma mensagem de aviso provisória no Painel de Leitura em vez do conteúdo do arquivo anexo ser exibido imediatamente. Após ler a mensagem, clique em Visualizar Arquivo para exibir a visualização normal do arquivo.

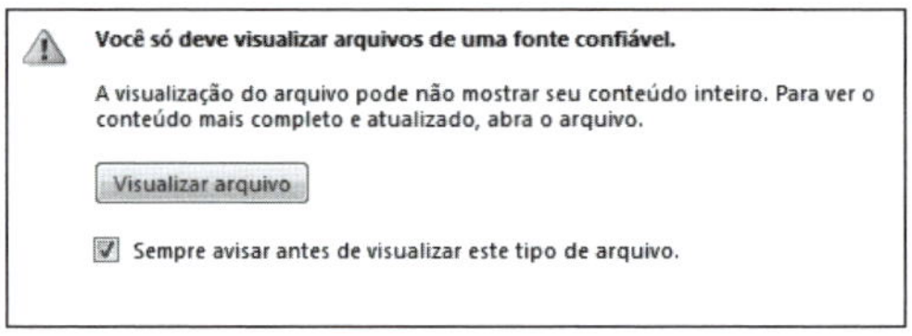

Você pode dar permissão ao Outlook para exibir visualizações de um tipo específico de arquivo desmarcando a caixa de seleção Sempre avisar antes de visualizar este tipo de arquivo antes de clicar em Visualizar Arquivo.

7. Clique no anexo **Sessao Estrategica.pptx**.

   O Word iniciará o pré-visualizador do PowerPoint e exibirá o slide de título da apresentação no Painel de Leitura. Você pode alternar entre os slides da apresentação clicando nos botões Slide Anterior e Próximo Slide no canto inferior direito do painel.

8. No canto inferior direito do Painel de Leitura, clique no botão **Próximo Slide**.

   A apresentação passará para o segundo slide, exatamente como teria feito se você estivesse exibindo a apresentação de slides no PowerPoint. Atualmente o slide exibe apenas um título.

9. Na parte inferior da barra de rolagem vertical, clique uma vez no botão **Próximo**.

   Um elemento gráfico animado aparecerá no slide. A animação funcionará no Painel de Leitura da mesma forma que funcionaria dentro da janela do programa PowerPoint.

Ao visualizar uma apresentação do PowerPoint, você pode navegar nela usando a barra de rolagem e os controles do canto inferior direito do Painel de Leitura ou usando a roda de rolagem (scroll) do mouse.

10. No **Painel de Leitura**, clique no botão **Mensagem** (ou, no grupo **Mensagem** da guia **Anexos**, clique em **Mostrar Mensagem**).

    O texto da mensagem reaparecerá no Painel de Leitura.

11. No **Painel de Leitura,** clique duas vezes no anexo **Sessao Estrategica.pptx** (ou, no grupo **Ações** da guia **Anexos**, clique em **Abrir**).

    O PowerPoint 2010 será iniciado e abrirá a apresentação, que tem o título *O Plano Mestre*.

    Consulte também Para ver uma introdução aos recursos do PowerPoint 2010, consulte *Microsoft PowerPoint 2010 Passo a Passo* de Joyce Cox e Joan Lambert.

12. Feche a apresentação para voltar à sua Caixa de Entrada.
13. Na lista de mensagens, clique duas vezes na mensagem **SBS – Primeiro Esboço**.

    A mensagem será aberta em sua própria janela. O botão Mensagem e os anexos aparecerão abaixo do cabeçalho na janela da mensagem, já que estão no Painel de Leitura.

14. Na área **Anexos** abaixo do cabeçalho da mensagem, clique uma vez no anexo **Brochura.docx**.

    A guia contextual Anexos aparecerá na Faixa de Opções e uma visualização do documento aparecerá no Painel de Conteúdo da mensagem exatamente como no Painel de Leitura.

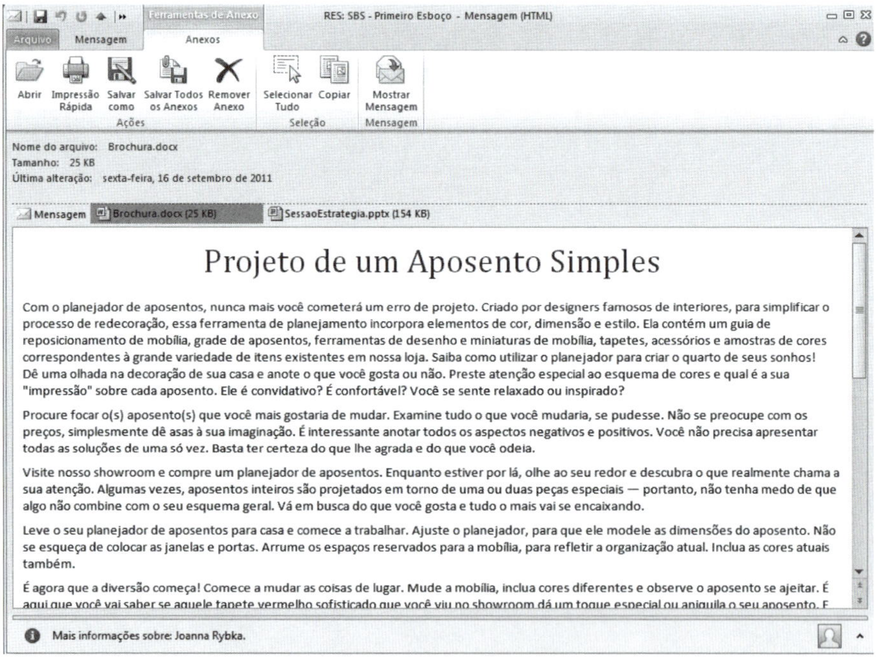

Para visualizar e abrir arquivos na janela da mensagem, você pode usar as mesmas técnicas usadas no Painel de Leitura.

LIMPEZA Feche a janela da mensagem SBS – Primeiro Esboço e mantenha-a em sua Caixa de Entrada para uso em exercícios posteriores. Em seguida, volte à janela do programa ao seu modo de exibição padrão clicando em Compacto na galeria Alterar o Modo de Exibição.

Visualizando conversas

A visualização de conversas foi introduzida no Outlook 2007 como uma maneira de vermos no mesmo local uma série de mensagens recebidas provenientes da mesma mensagem de origem. Esse recurso facilitou a localização de várias respostas a uma mensagem e a identificação de ramificações diferentes de uma conversa (chamadas de *segmentos de mensagem*).

No Outlook 2010, o modo de exibição Conversa original foi expandido para apresentar um método ainda mais claro de controle de segmentos de mensagem e para incluir não só mensagens recebidas, mas também mensagens enviadas. O modo Conversa é considerado uma ferramenta organizacional útil que foi projetada como o modo de exibição padrão da Caixa de Entrada e outras pastas de mensagens.

Exceto quando discutem modos de exibição de mensagens alternativos, as figuras deste livro mostram as mensagens organizadas no modo Conversa. Uma conversa com várias mensagens é indicada por uma seta à esquerda do cabeçalho da mensagem da conversa.

Consulte também Para obter mais informações sobre o modo Conversa, consulte "Trabalhando com o modo de exibição Conversa" no Capítulo 7, "Organize sua Caixa de Entrada".

Configurando o comportamento do Painel de Leitura

Com frequência você lerá e manipulará mensagens e outros itens do Outlook no Painel de Leitura. Você pode exibir o Painel de Leitura à direita ou abaixo do Painel de Conteúdo do módulo.

Visualizando o conteúdo do Painel de Leitura

Você pode achar difícil ler o texto no Painel de Leitura em seu tamanho padrão, principalmente se sua tela estiver configurada com uma resolução alta, como está se tornando cada vez mais comum. Se quiser alterar o tamanho do conteúdo exibido no Painel de Leitura, use os controles de zoom localizados na extremidade direita da Barra de Status da janela do programa para mudar o nível de ampliação do painel.

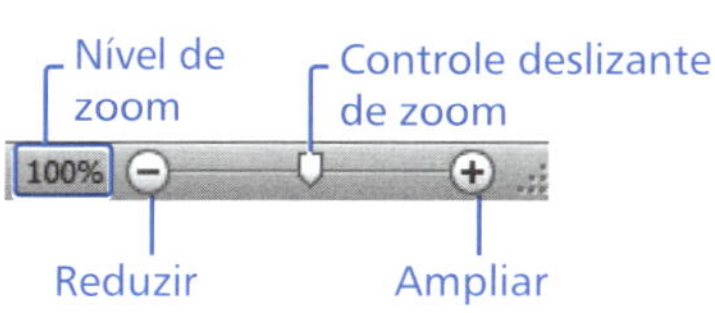

Na janela do programa, os controles de zoom alteram o tamanho do conteúdo no Painel de Leitura.

Você pode alterar a ampliação do conteúdo do Painel de Leitura das seguintes formas:

- Para definir um nível de ampliação específico, clique no botão Nível de Zoom para abrir a caixa de diálogo Zoom.

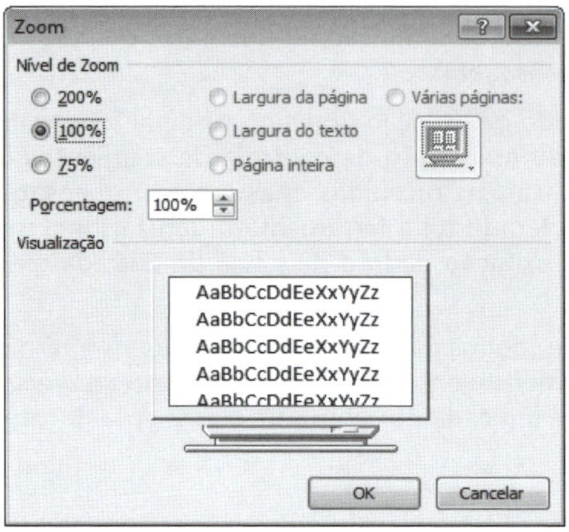

Selecione um dos três níveis de ampliação predefinidos ou selecione ou digite um nível de ampliação específico na caixa Porcentagem.

- Para alterar o nível de zoom em incrementos de 10 por cento, clique nos botões Reduzir e Ampliar.
- Para alterar rapidamente o nível de zoom para qualquer configuração entre 10 e 500 por cento, mova o controle deslizante Zoom para a esquerda ou direita.

Marcando mensagens como lidas

Por padrão, o Outlook não altera o status de leitura de uma mensagem quando a visualizamos no Painel de Leitura. Se normalmente você lê suas mensagens no Painel de Leitura em vez de abri-las nas janelas de mensagem, pode manter um controle melhor das mensagens lidas e não lidas alterando a configuração padrão.

Para instruir o Outlook a marcar uma mensagem como lida após você tê-la visualizado no Painel de Leitura:

1. Exiba o modo Backstage e clique em Opções.
2. Na área Painéis do Outlook da página Email da caixa de diálogo Opções do Outlook, clique em Painel de Leitura.

A caixa de diálogo Painel de Leitura será aberta.

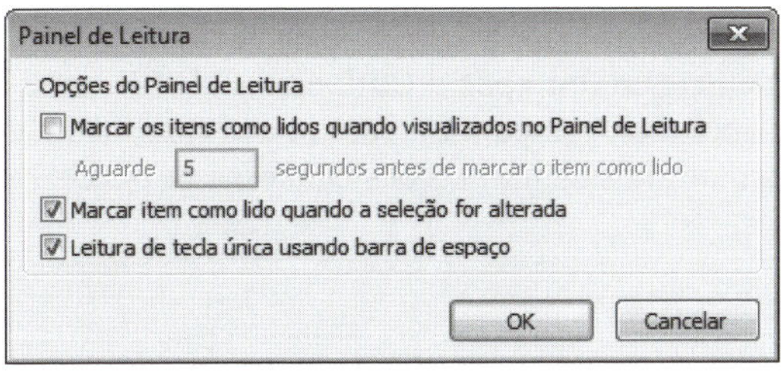

Você pode configurar a maneira como o Outlook manipula as mensagens exibidas no Painel de Leitura.

3. Na caixa de diálogo Painel de Leitura, marque a caixa de seleção correspondente à maneira como deseja que o Outlook manipule as mensagens que você visualizar no painel.
   - **Marcar os itens como lidos quando visualizados no Painel de Leitura** O Outlook marcará o item como lido após ele ter sido exibido no Painel de Leitura por cinco segundos ou um período de tempo alternativo (até 999 segundos) especificado por você.
   - **Marcar item como lido quando a seleção for alterada** O Outlook marcará o item como lido quando você selecionar outro item.
4. Clique em OK na caixa de diálogo Painel de Leitura e na caixa de diálogo Opções do Outlook.

Leitura de Tecla Única

Você pode rolar por uma mensagem longa no Painel de Leitura usando os métodos a seguir:

- Siga o seu próprio ritmo arrastando a barra de rolagem vertical que aparece no lado direito do Painel de Leitura.
- Mova-se uma linha de cada vez para cima ou para baixo clicando nas setas de rolagem.
- Mova-se uma página de cada vez para cima ou para baixo clicando acima ou abaixo da caixa de rolagem.
- Mova-se uma página de cada vez para cima ou para baixo pressionando a barra de espaço. Quando você chegar ao fim de uma mensagem usando esse recurso, chamado de Leitura de Tecla Única, pressionar novamente a barra de espaço exibirá a primeira página da próxima mensagem. Essa opção é muito conveniente quando lemos várias mensagens consecutivas no Painel de Leitura ou quando achamos mais fácil pressionar a barra de espaço do que usar o mouse.

Dica A Leitura de Tecla Única é ativada por padrão. Se achar que ela o distrai, você pode desativá-la desmarcando a caixa de seleção Leitura de Tecla Única Usando Barra de Espaço na caixa de diálogo Painel de Leitura.

Visualizando informações de participantes de mensagens

Após receber uma mensagem (ou após o Outlook validar o nome do destinatário de uma mensagem que você esteja enviando), você pode exibir facilmente informações de contato e um histórico de suas comunicações com essa pessoa.

Ícones de presença

Se informações de presença estiverem disponíveis, um ícone de presença quadrado aparecerá à esquerda do nome do participante de cada mensagem. O ícone de presença (informalmente chamado de *jelly bean*) é codificado com cores para indicar a disponibilidade ou o status online do participante da mensagem, como descrito a seguir:

- Verde indica que o destinatário da mensagem está disponível.
- Vermelho indica que o destinatário da mensagem está ocupado.
- Laranja indica que o destinatário da mensagem está ausente.
- Branco indica que o destinatário da mensagem está offline.

Dica Esse conjunto de ícones de presença é usado no Outlook, Windows Live Messenger e Microsoft Office Communicator para fornecer uma experiência de usuário consistente.

Dependendo do ambiente, o Outlook usa informações de presença do Office Communications Server ou do Windows Live Messenger.

Cartões de visita

Se você apontar para um ícone de presença, o Outlook exibirá um cartão de visita interativo com informações que incluem opções de contato com a pessoa por email, mensagem instantânea ou telefone, agendamento de reunião e trabalho com o registro de contato da pessoa.

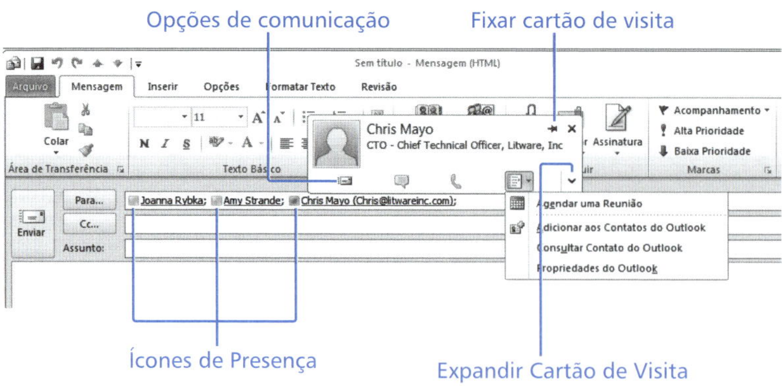

A fixação do cartão de visita o manterá aberto mesmo se você enviar ou fechar o email.

Um clique no botão Expandir Cartão de Visita exibe um conjunto mais extenso de informações e opções de interação.

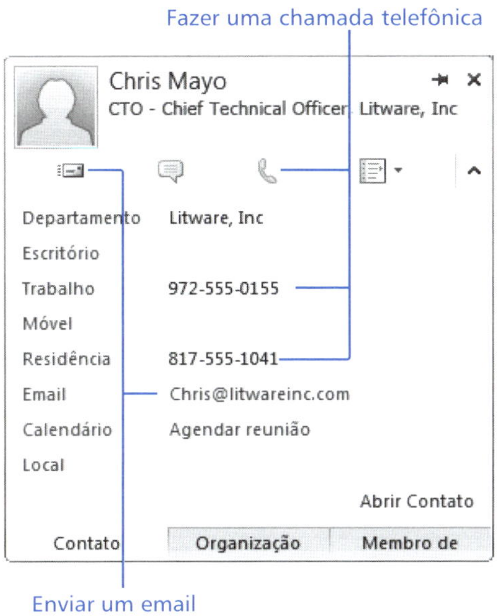

A partir do cartão de visita expandido, você pode visualizar a posição do contato dentro da empresa e de que listas de distribuição ele ou ela é membro.

Dica Uma lista de distribuição é um grupo de associação criado através do Exchange e disponível a partir da Lista de Endereços Global da empresa. Você não pode criar listas de distribuição, mas pode criar grupos de contatos, que são grupos de associação salvos no módulo Contatos do Outlook. Para obter mais informações, consulte "Criando grupos de contatos" no Capítulo 9, "Trabalhe com sua lista de contatos".

Um clique em qualquer um dos links azuis inicia contato com a pessoa pelo número de telefone ou endereço de email armazenado, inicia uma solicitação de reunião ou, se a pessoa estiver em seu catálogo de endereços, abre seu registro de contato.

Quando disponível, a guia Organização exibe informações sobre o gerente e os subordinados diretos do contato. A guia "Membro de" exibe informações sobre listas de distribuição das quais o contato é membro. Essas informações só estão disponíveis para contas do Exchange.

O Painel de Pessoas

O Painel de Pessoas da parte inferior da janela de mensagem exibe várias informações sobre nossas comunicações anteriores com cada participante das mensagens.

Se o registro de contato de uma pessoa incluir uma fotografia, a foto aparecerá no Painel de Pessoas. Se não houver uma fotografia disponível, a silhueta de uma pessoa representará o participante individual de uma mensagem e uma silhueta de três pessoas representará uma lista de distribuição.

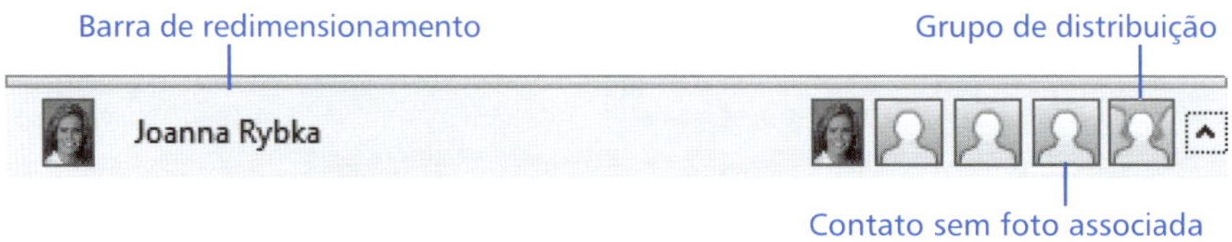

O Painel de Pessoas recolhido.

Você pode expandir o Painel de Pessoas clicando no botão Expandir na extremidade direita do painel ou arrastando a barra horizontal que aparece no topo. O Painel de Pessoas só pode ocupar um determinado percentual da janela da mensagem, portanto, quanto você poderá ajustar a altura do painel manualmente vai depender da altura da janela da mensagem.

Em seu estado expandido, o Painel de Pessoas exibe miniaturas grandes ou uma divisão das comunicações em guias para cada participante da mensagem.

O modo de exibição simples do Painel de Pessoas expandido.

Você pode se alternar entre o modo simples e o modo detalhado clicando no botão de alternância localizado perto da extremidade direita do cabeçalho do Painel de Pessoas expandido.

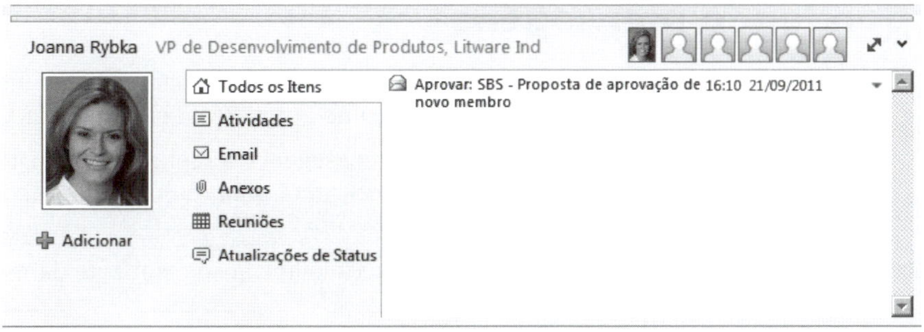

O modo detalhado do Painel de Pessoas expandido para mensagens de uma conta do Exchange. Clique em Adicionar para definir uma conexão do Outlook com uma rede social online.

A guia Todos os Itens do modo detalhado exibe todas as comunicações recentes com a pessoa selecionada. Se estiver procurando um item específico, como uma solicitação de reunião ou um documento anexado a uma mensagem, você pode filtrar a lista de itens clicando em qualquer uma das guias à esquerda da lista.

Dica O Painel de Pessoas detalhado está disponível para todos os tipos de contas de email. As figuras deste livro mostram o Painel de Pessoas de uma conta do Exchange. O Painel de Pessoas de uma conta POP3 é idêntico exceto pelas guias serem rotuladas somente com ícones em vez de ícones e palavras.

Solucionando problemas no Painel de Pessoas

Ao trabalhar com uma conta do Exchange, você só poderá exibir o Painel de Pessoas no modo detalhado se o recurso Modo Cache do Exchange estiver ativado. Se o botão de alternância não estiver visível no Painel de Pessoas expandido quando você estiver visualizando uma mensagem de conta do Exchange, o problema pode ser o Modo Cache do Exchange não estar ativo.

Para ativar o Modo Cache do Exchange, siga essas etapas:

1. No modo Backstage da janela do programa Outlook, clique em Configurações de Conta, e na lista que surgir, clique novamente em Configurações de Conta.
2. Na página Email da caixa de diálogo Configurações de Conta, clique em sua conta do Exchange e em Alterar.
3. Na página Configurações do Servidor do assistente para alteração de conta, marque a caixa de seleção Usar Modo Cache do Exchange, clique em Avançar, e na última página do assistente, clique em Concluir.

Agora o botão de alternância deve estar visível no cabeçalho do Painel de Pessoas expandido.

Respondendo mensagens

Você pode responder a maioria dos emails que receber clicando em um botão de resposta dentro da janela da mensagem ou no grupo Responder da guia Mensagem.

A resposta mais convencional a uma mensagem é a réplica (reply). Quando você responder uma mensagem, o Outlook preencherá uma ou mais das caixas de endereço automaticamente, como descrito abaixo:

- **Responder** Cria um email, endereçado apenas ao emitente da mensagem original, contendo o texto de origem.
- **Responder a Todos** Cria um email, endereçado ao emitente da mensagem e a todos os destinatários listados nas caixas Para e Cc, contendo o texto da mensagem original. A mensagem não é endereçada a destinatários de cópias de cortesia ocultas (destinatários Cco).
- **Responder com Reunião** Cria um convite de reunião endereçado a todos os destinatários da mensagem. O texto da mensagem é incluído no Painel de Conteúdo da janela de reunião. O Outlook sugere a data atual e uma duração de meia hora para a reunião.

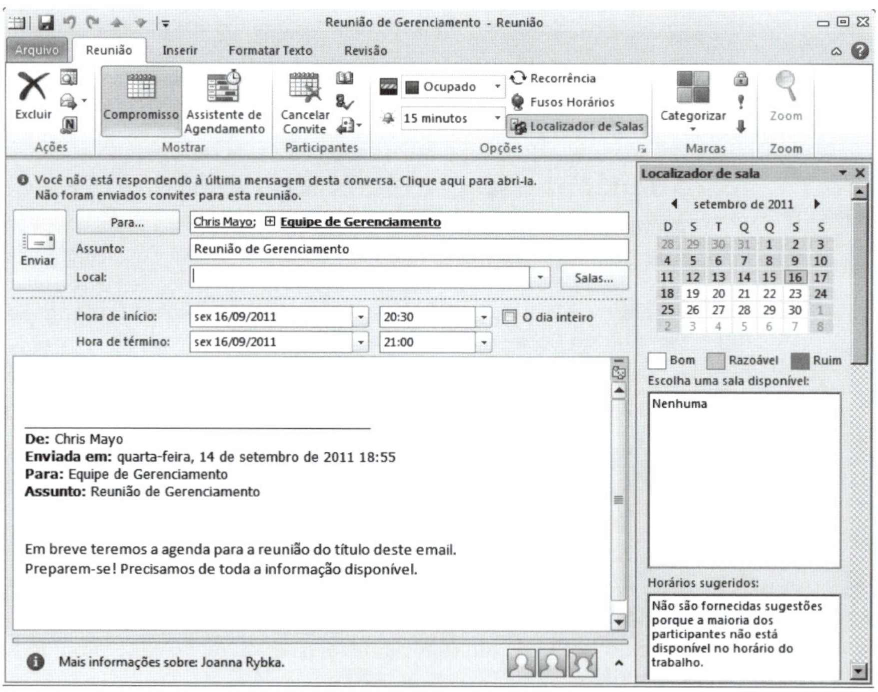

Um convite de reunião criado de uma mensagem.

As respostas das mensagens incluem o cabeçalho e o texto da mensagem original, precedidos por um espaço em que podemos responder. Elas não incluem nenhum anexo da mensagem original.

Você pode adicionar, alterar e excluir os destinatários de qualquer resposta antes de enviá-la.

Também pode encaminhar uma mensagem recebida para qualquer endereço de email (independente do destinatário estar usando o Outlook) contanto que a mensagem não tenha sido enviada com permissões restritas. O Outlook 2010 tem as seguintes opções de encaminhamento de mensagens.

- **Encaminhar** Cria uma nova mensagem contendo o texto da mensagem original e retém os anexos dessa.

- **Encaminhar Como Anexo** Cria uma mensagem em branco sem nenhum texto, mas inclui a mensagem original como anexo. O texto e os anexos da mensagem original ficam disponíveis para o novo destinatário quando ele ou ela abre a mensagem anexada.

- **Encaminhar Como Mensagem de Texto** Cria uma mensagem de texto para ser enviada por uma conta SMS para um dispositivo móvel, como um celular ou um Windows Phone.

Solução de problemas A opção de resposta Encaminhar Como Mensagem de Texto só funcionará se você tiver acesso a uma conta SMS.

As mensagens encaminhadas incluem o cabeçalho e o texto da mensagem original precedidos por um espaço em que podem ser adicionadas informações. Também incluem os anexos da mensagem original.

Quando você encaminhar uma mensagem, o Outlook não preencherá as caixas de destinatários automaticamente (ele presumirá que você deseja encaminhar a mensagem para alguém que não foi incluído na mensagem original).

Consulte também Para obter informações sobre como impedir que os destinatários copiem, imprimam ou encaminhem mensagens, consulte "Protegendo seus emails" no Capítulo 11, "Gerencie as configurações de emails".

Se você responder ou encaminhar uma mensagem recebida de dentro da janela da mensagem, a mensagem original permanecerá aberta após sua resposta ter sido enviada. Você pode instruir o Outlook a fechar as mensagens originais após tê-las respondido – provavelmente já terá terminado de trabalhar com a mensagem nesse momento. Para fazer isso, exiba a página Email da caixa de diálogo Opções do Outlook, marque a caixa de seleção Fechar janela de mensagem original ao responder ou encaminhar da área Respostas e Encaminhamentos e clique em OK.

Dica Ao responder um email, seja cuidadoso e use uma boa etiqueta de envio de mensagens. Por exemplo, se sua resposta não disser respeito a todos os destinatários originais de uma mensagem, não responda à lista inteira de destinatários, principalmente se a mensagem foi endereçada a uma lista de distribuição que possa incluir centenas de membros.

Para impedir que outras pessoas respondam a todos os destinatários de uma mensagem que você enviar, enderece a mensagem para você mesmo e insira os demais destinatários na caixa Cco. Assim a lista de destinatários não poderá ser vista por ninguém.

Se sua empresa estiver executando o Office Communications Server, você também pode encontrar essas opções de resposta adicionais:

- **Chamada** Usa a funcionalidade de chamada telefônica do Office Communicator para fazer chamadas de Voz Sobre IP (VOIP, Voice Over IP) de seu computador para o número de telefone do emitente da mensagem original pela Internet.
- **Ligar para Todos** Usa a funcionalidade de chamada telefônica do Office Communicator para iniciar uma teleconferência VOIP com os números de telefone do emitente da mensagem original e de outros destinatários da mensagem.
- **Responder com IM ou Responder a Todos com uma IM** Abre uma janela de bate-papo do Office Communicator com o assunto da mensagem original como seu título e o emitente ou o emitente e os destinatários da mensagem como participantes do bate-papo.

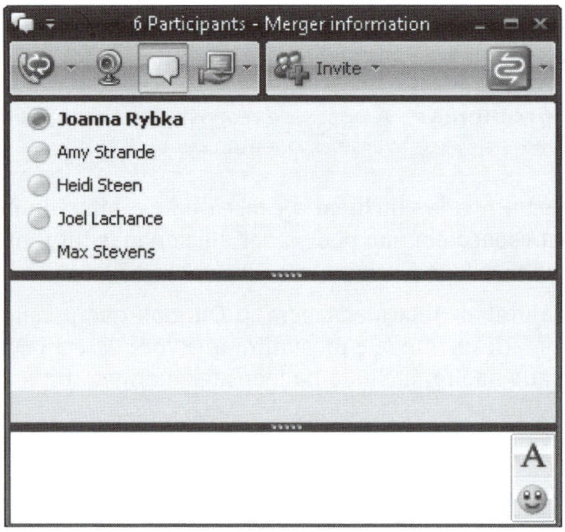

Uma sessão IM do Communicator Office criada a partir de uma mensagem.

Solução de problemas As opções de resposta disponíveis em sua instalação do Outlook podem ser diferentes das descritas aqui. Elas sempre ficam bem à vista na guia principal da Faixa de Opções da janela do item.

Mensagens não padrão têm opções de resposta alternativas, como as seguintes:

- Uma solicitação de reunião inclui opções de resposta à solicitação.

Respondendo a uma solicitação de reunião no Painel de Leitura.

Consulte também Para obter informações sobre solicitações de reunião, consulte "Agendando reuniões" no Capítulo 5, "Gerencie o agendamento".

- Uma atribuição de tarefa inclui opções de aceitação ou recusa da atribuição.

Respondendo a uma atribuição de tarefa no Painel de Leitura.

Consulte também Para obter informações sobre atribuições de tarefa, consulte "Gerenciando atribuições de tarefas" no Capítulo 6, "Controle as tarefas".

- Se uma mensagem tiver botões de votação, você pode responder abrindo a mensagem, clicando no botão Votar do grupo Responder da guia Mensagem e clicando na resposta que deseja enviar. Ou pode clicar na barra Informações (mostrada como *Clique aqui para votar*) do Painel de Leitura e então clicar na resposta desejada.

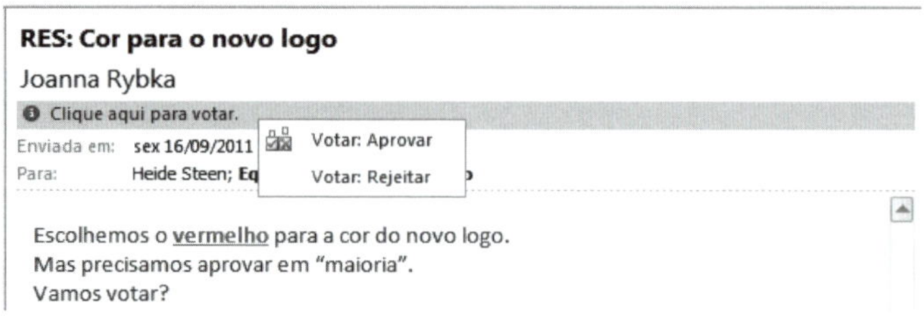

Votando no Painel de Leitura.

Consulte também Para obter informações sobre a consulta a outros usuários do Outlook de sua empresa, consulte "Alterando as configurações e as opções de distribuição das mensagens" no Capítulo 10, "Melhore o conteúdo das mensagens".

Neste exercício, você responderá e encaminhará uma mensagem que tem um anexo.

PREPARAÇÃO Para fazer este exercício, você precisará da mensagem SBS – Primeiro Esboço que criou anteriormente neste capítulo. Se não criou a mensagem, pode fazê-lo agora ou substituí-la por uma mensagem com anexo recebida em sua Caixa de Entrada. Exiba a Caixa de Entrada e siga as etapas.

1. Abra a mensagem **SBS – Primeiro Esboço** em uma janela de mensagem.

   A mensagem tem dois anexos. A Faixa de Opções da janela da mensagem exibirá apenas a guia Mensagem contendo todos os comandos que você usa com uma mensagem recebida.

2. No grupo **Responder** da guia **Mensagem**, clique no botão **Responder**.

   O Outlook criará uma resposta, já endereçada a você (o emitente original). Se a mensagem tivesse sido enviada por alguma outra pessoa, a resposta não a incluiria.

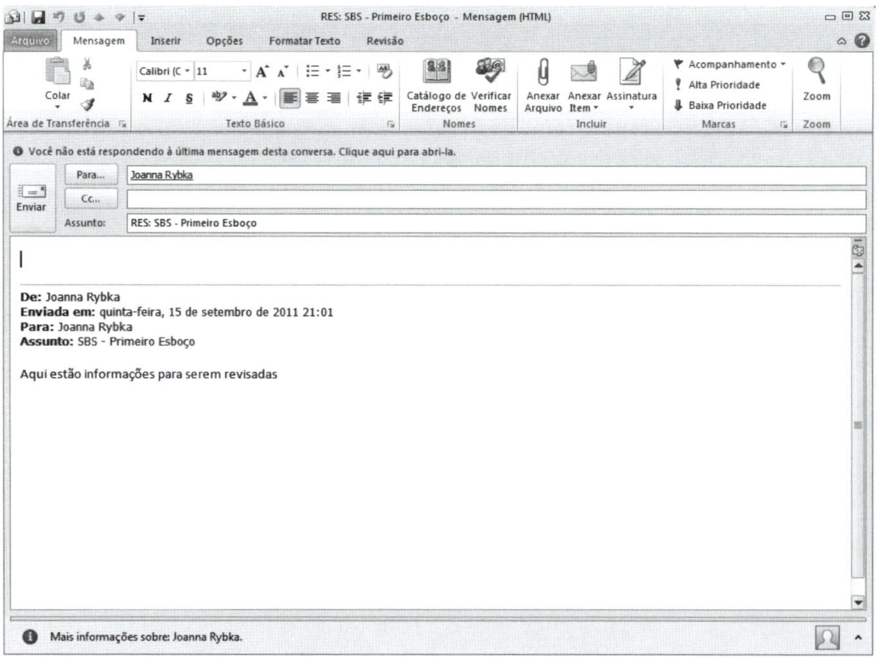

A resposta a uma mensagem gera uma nova mensagem endereçada ao emitente original.

O prefixo *RE:* aparece antes do assunto da mensagem para indicar que essa é uma resposta a uma mensagem anterior. Observe que a resposta não inclui os anexos originais (e na verdade não há indicação de que a mensagem original tivesse algum). A mensagem original, inclusive suas informações de cabeçalho, aparece no Painel de Conteúdo separada do novo conteúdo por uma linha horizontal.

3. Com o cursor no início do Painel de Conteúdo, digite a frase abaixo:

   Teremos que obter aprovação da equipe de Marketing antes de prosseguir.

4. No cabeçalho da resposta, clique no botão **Enviar**.

   O Outlook enviará sua resposta, que aparecerá em sua Caixa de Entrada como a mensagem ativa da conversa SBS – Primeiro Esboço. A mensagem original permanecerá aberta em sua tela.

5. No grupo **Responder** da mensagem original, clique no botão **Encaminhar**.

   Solução de problemas Se a mensagem original for fechada, selecione-a em sua Caixa de Entrada e clique no botão Encaminhar do grupo Responder da guia Página Inicial.

   O Outlook criará uma nova versão da mensagem sem endereçá-la a nenhum destinatário. O prefixo *ENC:* antes do assunto da mensagem indica que essa é uma mensagem encaminhada. Os arquivos que foram anexados à mensagem original aparecem na caixa Anexado. Caso contrário, a mensagem seria idêntica à resposta anterior.

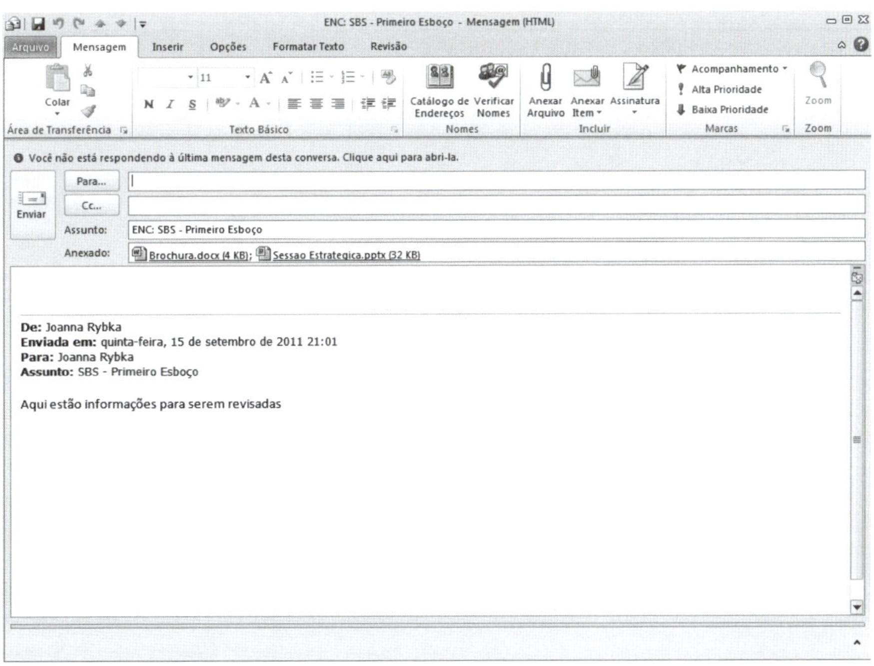

A dica de email na parte superior do cabeçalho da mensagem indica que outra mensagem (sua resposta) foi adicionada à conversa, portanto, a mensagem que você está encaminhando tecnicamente não é a mais atual.

Você pode endereçar e enviar uma mensagem encaminhada como faria com qualquer outra.

6. Na caixa **Para**, insira seu endereço de email.

7. Clique para posicionar o cursor no início do Painel de Conteúdo e digite a frase a seguir:

   Não se esqueça de examinar os anexos!

8. Envie a mensagem e feche a janela da mensagem original.
9. Quando a segunda mensagem aparecer em sua Caixa de Entrada, compare as duas e observe as semelhanças e diferenças.

   Por exemplo, os prefixos do campo Assunto são diferentes e a mensagem encaminhada inclui os anexos da mensagem original.

LIMPEZA Feche qualquer janela de mensagem que estiver aberta. Mantenha a conversa SBS – Primeiro Esboço para uso em exercícios posteriores.

Pontos principais

- Você pode facilmente criar emails que incluam anexos.
- Por padrão, as mensagens que você receber aparecerão em sua Caixa de Entrada.
- Você pode ver as primeiras linhas de cada mensagem no modo Visualização, abrir uma mensagem em sua própria janela ou visualizar mensagens no Painel de Leitura. E também pode visualizar anexos de mensagens no Painel de Leitura.
- Você pode responder apenas ao emitente da mensagem ou ao emitente e a todos os outros destinatários. Também pode encaminhar uma mensagem e seus anexos para outras pessoas.

Reenviando e cancelando mensagens

Se você quiser enviar uma nova versão de uma mensagem que já enviou – por exemplo, um relatório de status em que atualiza detalhes toda semana – pode *reenviar* a mensagem. O reenvio de uma mensagem cria uma nova versão da mensagem sem nenhuma das informações adicionais que podem ser anexadas a uma mensagem encaminhada. Para reenviar uma mensagem, siga essas etapas.

1. Em sua pasta Mensagens enviadas, abra a mensagem que deseja reenviar. (Ou, se também enviou a mensagem para você, pode abri-la em sua Caixa de Entrada.)
2. No grupo Mover da guia Mensagem, clique no botão Ações e, na lista, clique em Re-enviar Esta Mensagem.

O Outlook criará um novo formulário de mensagem idêntico ao original. Se quiser, você pode alterar os destinatários, o assunto, os anexos ou o conteúdo antes de enviar a nova mensagem.

Se, após enviar a mensagem, decidir que não deveria tê-la enviado – por exemplo, se a mensagem tiver um erro ou se foi enviada para a pessoa errada – você pode *cancelá-la* instruindo o Outlook a excluir ou substituir qualquer cópia não lida. Para cancelar uma mensagem, siga essas etapas:

1. Em sua pasta Mensagens enviadas, abra a mensagem que deseja cancelar.
2. No grupo Mover da guia Mensagem, clique no botão Ações e em Cancelar Mensagem Enviada.
3. Na caixa de diálogo Cancelar mensagem enviada, clique na opção de exclusão de cópias não lidas da mensagem ou na opção com a substituição de cópias não lidas por uma nova mensagem e clique em OK.

O cancelamento de mensagens só está disponível para contas do Exchange Server.

Solução de problemas Você pode querer testar a funcionalidade de cancelamento de mensagem dentro de sua empresa antes de precisar dela para um cancelamento importante. Com frequência o recurso de cancelamento de mensagem resulta em uma mensagem recebida sendo marcada como Cancelada, mas permanecendo na Caixa de Entrada do destinatário.

Resumo do capítulo

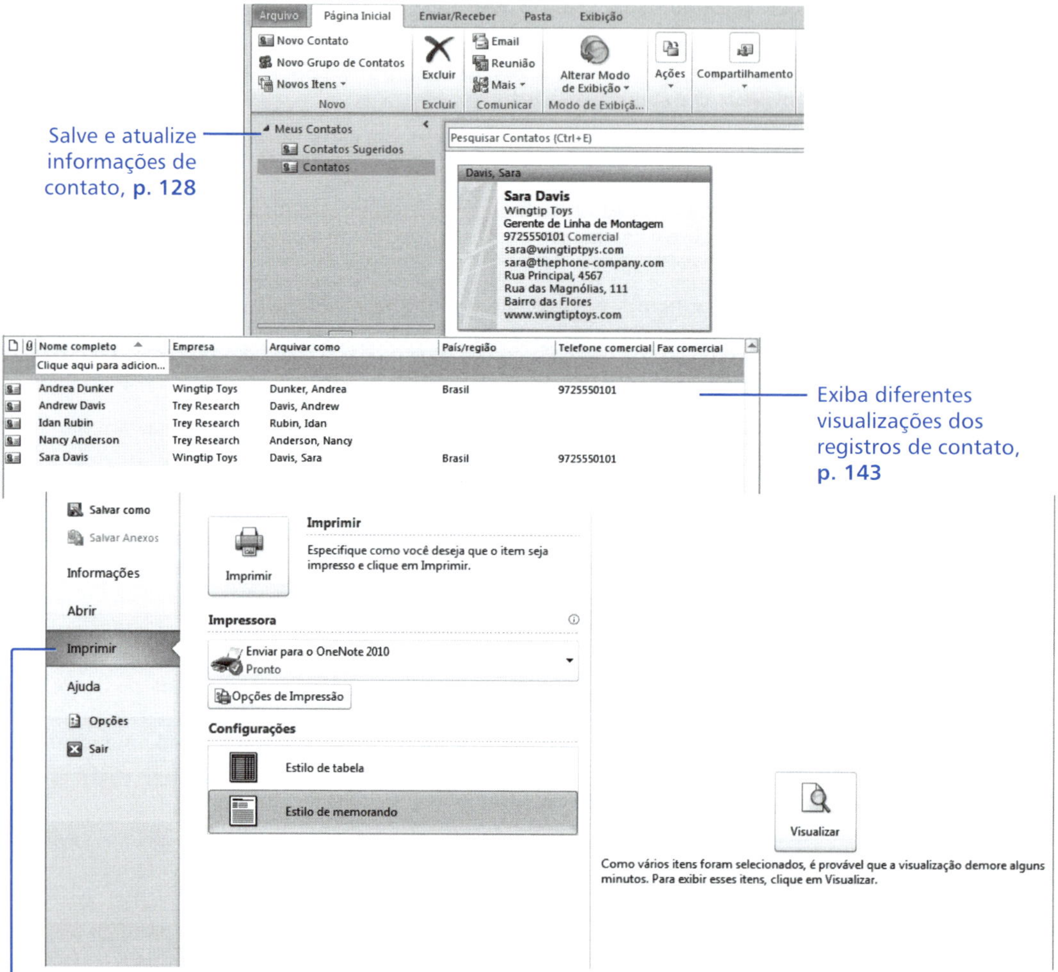

Salve e atualize informações de contato, **p. 128**

Exiba diferentes visualizações dos registros de contato, **p. 143**

Imprima registros de contato, **p. 151**

Capítulo 4

Armazene e acesse informações de contato

Neste capítulo, você vai aprender a:

- Salvar e atualizar informações de contato.
- Comunicar-se com os contatos.
- Exibir diferentes visualizações dos registros de contato.
- Imprimir registros de contato.

Ter acesso imediato a informações de contato atualizadas e exatas das pessoas com quem você precisa interagir – por email, telefone ou de alguma outra forma – é importante para uma comunicação oportuna e eficaz. Você pode construir e editar facilmente uma lista de contatos (ou catálogo de endereços) detalhada no módulo Contatos do Microsoft Outlook 2010. Em seu catálogo de endereços, poderá procurar informações, criar mensagens e compartilhar informações de contato com outras pessoas. Também poderá acompanhar suas interações com uma pessoa cujas informações de contato estejam armazenadas no Outlook.

Se precisar levar informações de contato com você em um formato não eletrônico, poderá imprimir um catálogo de endereços ou uma seleção de registros de contato em muitos formatos diferentes.

Neste capítulo, você vai criar e editar registros de contato e os visualizar de diferentes maneiras. Em seguida, vai imprimir um registro de contato e uma lista de informações de contato.

Arquivos de exercícios Você não precisará de arquivos para fazer os exercícios deste capítulo. Para mais informações sobre os requisitos de uso dos arquivos de exercícios, consulte "Usando os arquivos de exercícios" no começo deste livro.

Salvando e atualizando informações de contato

Podemos salvar informações de contato de pessoas e empresas criando um registro de contato em um catálogo de endereços.

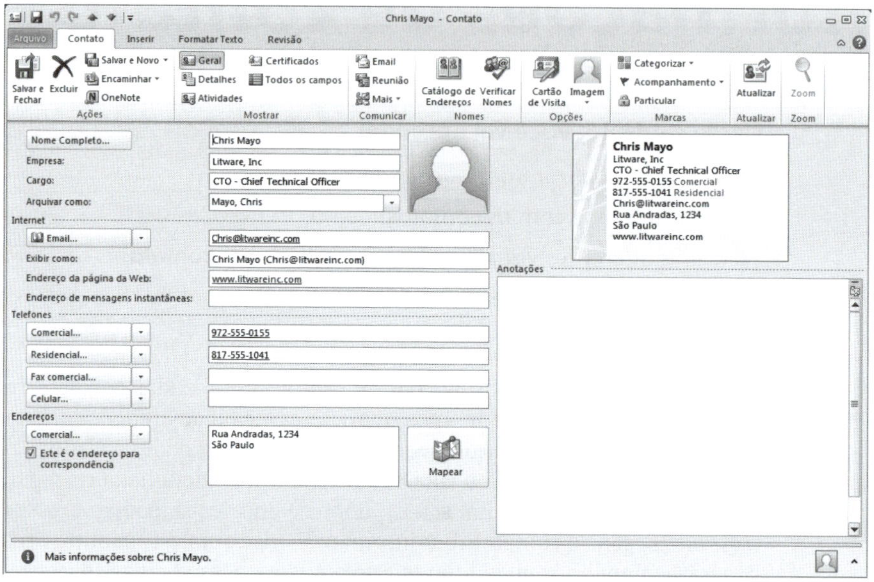

Um registro típico de um contato comercial.

Dica Você pode criar um cartão de visita eletrônico personalizado para você mesmo ou para qualquer um de seus contatos. Para obter informações, consulte "Personalizando cartões de visita eletrônicos" no Capítulo 9, "Trabalhe com sua lista de contatos".

Os tipos de informações de contato a seguir podem ser armazenados em um registro de contato:

- Nome, nome da empresa e cargo
- Endereço da empresa, de casa e endereços alternativos
- Número de telefone da empresa, de casa, número do celular, do pager e outros números de telefone
- Números de fax da empresa, de casa e números de fax alternativos
- Endereço de página Web (URL), endereço de mensagem instantânea (IM) e até três endereços de email

- Foto ou outra imagem identificadora
- Notas gerais, que podem incluir texto e ilustrações como fotos, imagens clip-art, diagramas SmartArt, gráficos e formas

Você também pode armazenar detalhes especificamente pessoais e empresariais de cada contato, como os seguintes:

- Informações profissionais, inclusive departamento, localização da empresa, profissão, nome do gerente e nome do assistente
- Informações pessoais, inclusive apelido, nome do cônjuge ou parceiro, data de nascimento, aniversário, pronome de tratamento (como Senhorita, Senhor ou Senhora) e abreviações (como Jr. ou Sr.) para uso em correspondência

Criando registros de contatos

Normalmente criamos um registro de contato exibindo o módulo Contatos e clicando no botão Novo Contato do grupo Novo da guia Página Inicial. Na janela de registro de contato que é aberta, só precisamos inserir as informações que queremos salvar. Após salvarmos o registro de contato, ele é exibido no painel Contatos.

Você pode criar um registro de contato contendo apenas uma informação (por exemplo, o nome de alguém ou o nome da empresa) ou quantas informações quiser incluir. Pode criar rapidamente registros de contato para várias pessoas que trabalhem para a mesma empresa clonando as informações da empresa de um registro existente para um novo. E é claro, pode aumentar ou alterar as informações armazenadas em um registro de contato a qualquer momento.

A ordem em que o Outlook exibe registros de contato no painel Contatos é controlada pela configuração *Arquivar Como*. Por padrão, o Outlook arquiva contatos pelo sobrenome (na ordem Sobrenome, Nome). Se preferir, você pode alterar a ordem de novos contatos para qualquer uma das descritas a seguir:

- Nome, Sobrenome
- Empresa
- Sobrenome, Nome (Empresa)
- Empresa (Sobrenome, Nome)

Para definir a ordem de arquivamento de todos os seus contatos, exiba o modo Backstage, clique em Opções, e na página Contatos da caixa de diálogo Opções do Outlook, clique na seta Ordem de "Arquivar Como" padrão e selecione uma ordem na lista. Você pode alterar a ordem de arquivamento de um contato individual selecionando a ordem que deseja na lista Arquivar Como do registro do contato.

Dica Além de registros de contato individuais, você pode criar grupos de contatos para gerenciar o envio de mensagens para várias pessoas através do mesmo endereço de email. Para obter informações, consulte "Criando grupos de contatos" no Capítulo 9, "Trabalhe com sua lista de contatos".

Catálogos de endereços

O Outlook armazena informações de contato de diferentes fontes em catálogos de endereços separados. Alguns serão criados pelo Outlook, outros pelo administrador de seu servidor de email e ainda outros por você.

Catálogos de endereços Contatos e Contatos Sugeridos

O Outlook criará automaticamente um catálogo de endereços Contatos e um catálogo de endereços Contatos Sugeridos para cada conta a qual você se conectar. Esses catálogos de endereços estarão disponíveis na lista Meus Contatos do Painel de Navegação do módulo Contatos.

O Painel de Navegação padrão do módulo Contatos.

O catálogo de endereços Contatos de sua conta de email padrão será seu catálogo principal e aquele que aparecerá por padrão no módulo Contatos. O catálogo Contatos ficará vazio até você adicionar registros de contato.

Se você se corresponder com alguém que ainda não esteja em seu catálogo de endereços Contatos, o Outlook adicionará automaticamente essa pessoa ao catálogo de endereços Contatos Sugeridos. Você pode trabalhar com as informações de contato salvas nesse catálogo de endereços ou transferi-las do catálogo Contatos Sugeridos e criar um registro de contato oficial para a pessoa em um catálogo de endereços diferente.

Dica Se você tiver uma conta do Serviço Móvel do Outlook, o Outlook criará automaticamente um Catálogo de Endereços Móvel contendo todos os contatos de seu catálogo de endereços Contatos para os quais haja celulares listados. Para obter mais informações, consulte *Microsoft Outlook 2010 and Office Communications Server Inside Out* de Jim Boyce.

Catálogos de endereços personalizados

Você pode criar catálogos de endereços adicionais; por exemplo, pode manter as informações de contato da família e de amigos em um catálogo de endereços separado das informações de contato de clientes ou ter um catálogo de endereços de membros da equipe que estejam trabalhando em um projeto específico.

Podemos criar um catálogo de endereços criando uma pasta e especificando que ela conterá itens de contato.

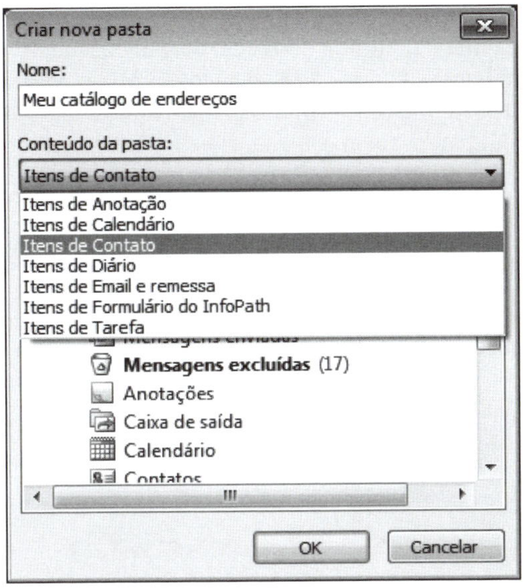

Um catálogo de endereços é uma pasta designada especificamente para conter registros de contato e grupos de contatos.

Quando você exibir a Lista de Pastas no Painel de Navegação, seus catálogos de endereços personalizados aparecerão junto com outras pastas que tiverem sido criadas e você poderá organizá-los da mesma maneira – por exemplo, no mesmo nível de sua Caixa de Entrada, como uma subpasta do catálogo de endereços Contatos ou dentro de uma pasta de projeto. Todos os catálogos de endereços ficam disponíveis na lista Meus Contatos do Painel de Navegação do módulo Contatos.

Consulte também Para obter informações, consulte "Organizando mensagens em pastas" no Capítulo 7, "Organize sua caixa de entrada".

Dica Se sua empresa armazena informações de contato em uma Lista de Contatos do SharePoint, você pode importar o conteúdo da lista do SharePoint para o Outlook como um catálogo de endereços. Para obter mais informações, consulte "Trabalhando com conteúdo do site do SharePoint" no Capítulo 12, "Trabalhe remotamente".

Listas de endereços globais

Se você tiver uma conta do Exchange, também terá acesso a um catálogo de endereços oficial chamado *Lista de Endereços Global* (ou *GAL*, Global Address List). A Gal é mantida pelo administrador do Exchange da empresa e pode incluir informações sobre pessoas da corporação, listas de distribuição e recursos (como salas de conferência e equipamento de mídia) que podem ser reservados no agendamento de reuniões. Também pode incluir informações organizacionais (o gerente e os subordinados diretos de cada pessoa) e informações de ingresso em grupos (as listas de distribuição a que cada pessoa pertence).

A GAL não aparece na lista Meus Contatos do Painel de Navegação do módulo Contatos. Para exibi-la, clique no botão Catálogo de Endereços localizado no grupo Localizar da guia Página Inicial do módulo Contatos ou no grupo Nomes da guia Mensagem de uma janela de composição de mensagem. Os usuários do Outlook podem visualizar a GAL, mas não alterar seu conteúdo.

Regras de discagem

Na primeira vez que você inserir um número de telefone de um contato, a caixa de diálogo Informações sobre o local será aberta, pedindo-lhe que insira o país onde reside, seu código de área e outras informações de discagem necessárias, como o código da operadora.

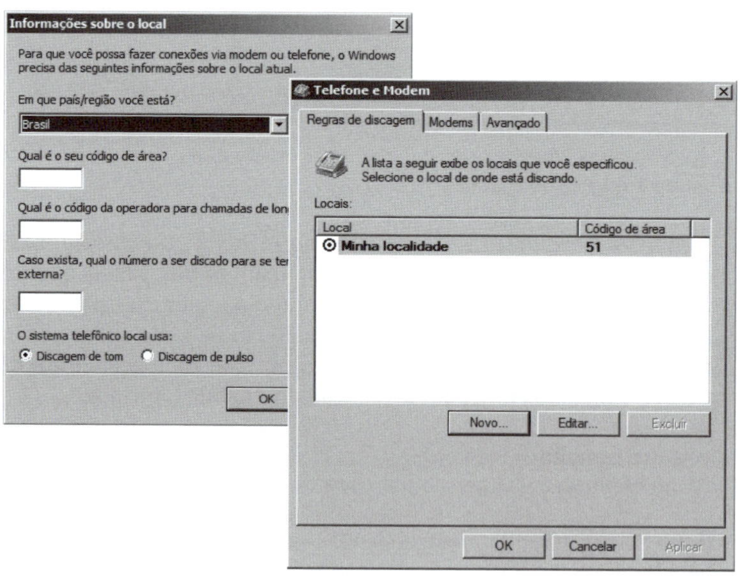

As caixas de diálogo Informações sobre o local e Telefone e Modem coletam informações usadas por programas de discagem telefônica e fax.

O Outlook define regras de discagem com base nas informações inseridas. Você *deve* inserir pelo menos seu país e código de área na caixa de diálogo e então clicar em OK; não é possível fechar a caixa de diálogo sem inserir as informações solicitadas.

Neste exercício, você criará e editará um registro de contato em seu catálogo de endereços principal.

PREPARAÇÃO Não é preciso arquivo para fazer este exercício. Exiba o módulo Contatos e siga as etapas.

1. No grupo **Novo** da guia **Página Inicial**, clique no botão **Novo Contato**.

   Uma nova janela de registro de contato será aberta.

   Consulte também Para obter informações sobre os recursos e funções da janela de registro de contato, consulte "Trabalhando no módulo Contatos" no Capítulo 2, "Explore as janelas do Outlook".

2. Na caixa **Nome completo**, digite **Sara Davis** e pressione a tecla Tab para passar para a caixa **Empresa**.

   O Outlook transferirá o nome para a caixa Arquivar Como e o exibirá na ordem padrão (Sobrenome, Nome). O nome também aparece na barra de título da janela de registro de contato e na representação do cartão de visita.

A inserção do nome de um contato na caixa Nome Completo o distribui para várias áreas do registro de contato.

Solução de problemas A aparência dos botões e grupos da Faixa de Opções muda de acordo com a largura da janela do programa ou da janela do item. Para obter informações sobre alterar a aparência da Faixa de Opções para que fique igual às nossas imagens de tela, consulte "Modificando a exibição da Faixa de Opções" no início deste livro.

3. Na caixa **Empresa**, digite **Wingtip Toys**.
4. Na caixa **Cargo**, digite **Gerente de Linha de Montagem**.
5. Na área **Internet**, digite **sara@wingtiptoys.com** na caixa Email e pressione Tab.

   O Outlook formatará automaticamente o endereço de email como um hiperlink e inserirá o nome do contato, seguido pelo endereço de email em parênteses, na caixa Exibir Como. Essa caixa indica a maneira como o contato aparecerá nos cabeçalhos de emails que você trocar com ele.

6. Na caixa **Exibir Como**, selecione o endereço de email entre parênteses e digite **Trabalho**.
7. Clique na seta **Email** (e não no botão).

   Uma lista exibirá os campos de endereços de email disponíveis no registro de contato.

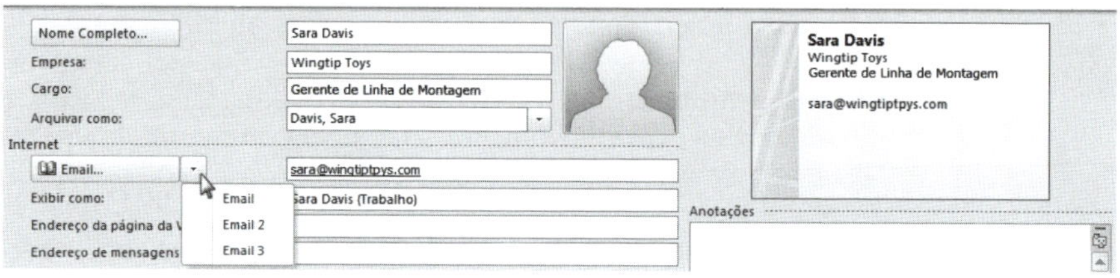

Grupos de campos de informações de contato relacionados são indicados por um botão de seta à direita do nome do campo.

8. Na lista **Email**, clique em **Email 2**.

   O campo Email 2 substituirá o campo Email. O endereço de email que você inseriu no campo Email, e o texto associado que aparece em Exibir Como, desaparecerá.
9. No campo **Email 2**, insira **sara@thephone-company.com** e pressione Tab.

   O Outlook inserirá o nome original e o segundo endereço de email no campo Exibir Como. Embora o nome do campo não mude para indicar isso, as informações são específicas do campo Email 2.
10. Na caixa **Exibir Como**, selecione o endereço de email entre parênteses e digite **Pessoal**.

    A representação do cartão de visita exibirá os dois endereços de email.
11. Na caixa **Endereço da página da Web**, digite **www.wingtiptoys.com**.

    O Outlook formatará automaticamente o texto como um hiperlink.
12. Na área **Telefones**, digite **9725550101** na caixa **Comercial** e pressione Tab. Se a caixa de diálogo **Informações Sobre o Local** for aberta, insira seu país e código de área e clique em **OK**. Em seguida, na caixa de diálogo **Telefone e Modem**, com o local associado ao seu código de área selecionado, clique em **OK**.

    Consulte também Para obter informações sobre a caixa de diálogo Informações Sobre o Local, consulte a observação "Regras de discagem" já abordada neste tópico.

    O Outlook formatará a série de números que você inseriu como um número de telefone, usando as configurações regionais regidas pelo Windows.

13. Na área **Endereços**, clique na caixa de texto à direita de **Comercial**, digite **Rua Principal, 4567**, pressione a tecla Enter e digite **Dallas**.

Dica Em um novo registro de contato, uma caixa de seleção marcada à esquerda do campo de endereço Comercial indica que esse é o endereço de correspondência padrão do contato.

14. Clique na seta **Comercial** para exibir a lista **Endereços** e, na lista, clique em **Residencial**.

    O nome do botão mudará para indicar que você está exibindo informações do endereço residencial de Sara.

15. Na caixa de texto, digite **Rua das Magnólias, 111**, pressione Enter e digite **Bairro das Flores**.

    Agora o registro de contato tem informações de contato comerciais e pessoais.

Dica Se você registrar vários endereços para um contato e quiser especificar um como o endereço de correspondência padrão, exiba esse endereço e marque a caixa de seleção Este é o endereço para correspondência.

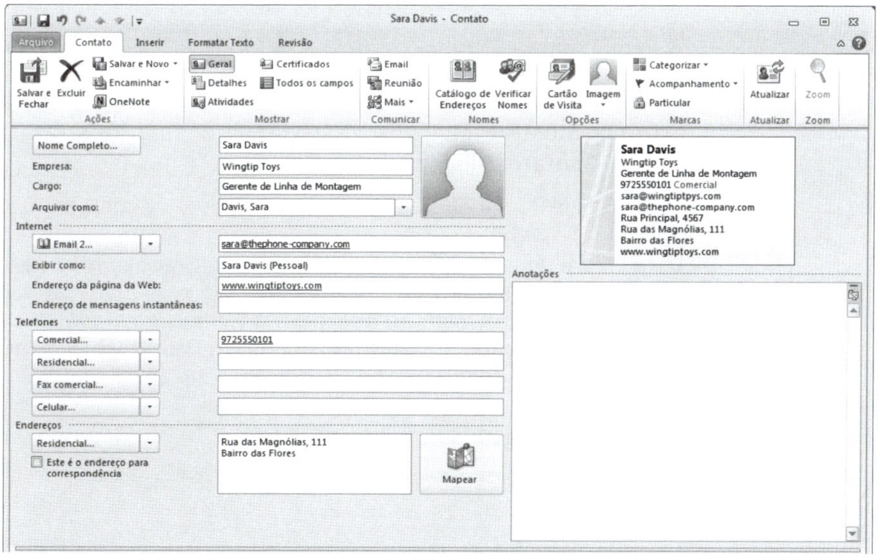

O registro de contato concluído.

16. No grupo **Ações** da guia **Contato**, clique no botão **Salvar e Fechar**.

    A janela de registro de contato será fechada. Agora o painel Contatos incluirá o novo registro de contato de Sara Davis.

Uma visualização do cartão de visita do novo registro de contato está disponível no painel Contatos.

17. No painel **Contatos**, clique duas vezes no registro de contato de **Sara Davis**.

18. No grupo **Mostrar** (ou na lista **Mostrar**, se o grupo **Mostrar** estiver compactado) da guia **Contato**, clique no botão **Detalhes**.

    O Outlook exibirá a página Detalhes do registro de contato.

Dica Você pode atribuir sinalizadores de acompanhamento a entradas de contatos, e entradas de links de contatos a emails, compromissos, tarefas e outros itens do Outlook. Para obter mais informações, consulte "Criando tarefas a partir de itens do Outlook" no Capítulo 6, "Controle as tarefas". E pode visualizar todos os itens vinculados a um contato na página Atividades do registro de contato.

19. Na caixa **Cônjuge**, digite **Andrew**.

20. Clique na seta **Aniversário**, role o calendário até **Julho** e clique em **31**.

A caixa Aniversário exibirá informações de dia e data referentes a 31 de julho do ano corrente.

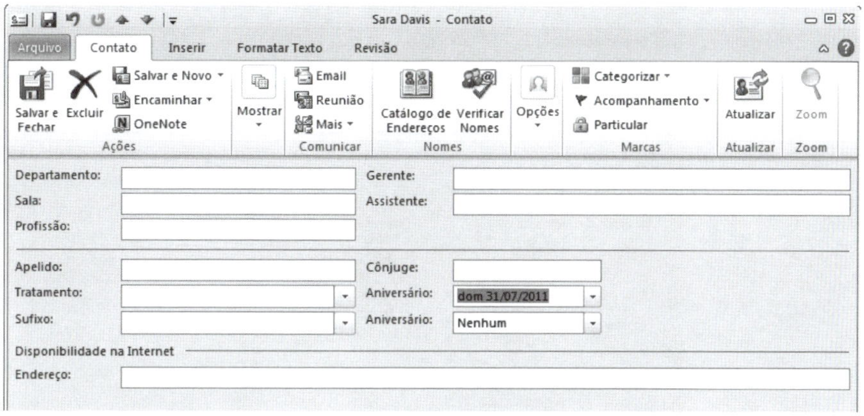

A página Detalhes do registro de contato fornece espaço para o registro de informações comerciais e pessoais.

Dica O dia de nascimento ou data de aniversário que você selecionar no calendário usará como padrão o ano atual. Você pode alterar o ano selecionando-o na caixa de texto e digitando qual deseja.

21. No grupo **Ações**, clique na seta **Salvar e Novo** (e não no botão), e na lista, clique em **Contato da Mesma Empresa**.

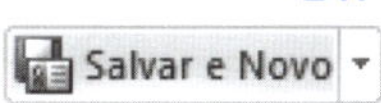

Solução de problemas Um clique no botão Salvar e Novo em vez de na seta Salvar e Novo abre um novo registro de contato em branco. Se isso ocorrer, feche a nova janela de registro de contato, volte ao registro de contato de Sara Davis e repita a etapa 21.

O Outlook criará um novo registro de contato já contendo o nome da empresa, o endereço da página Web e o número de telefone e endereço comerciais do registro de Sara Davis.

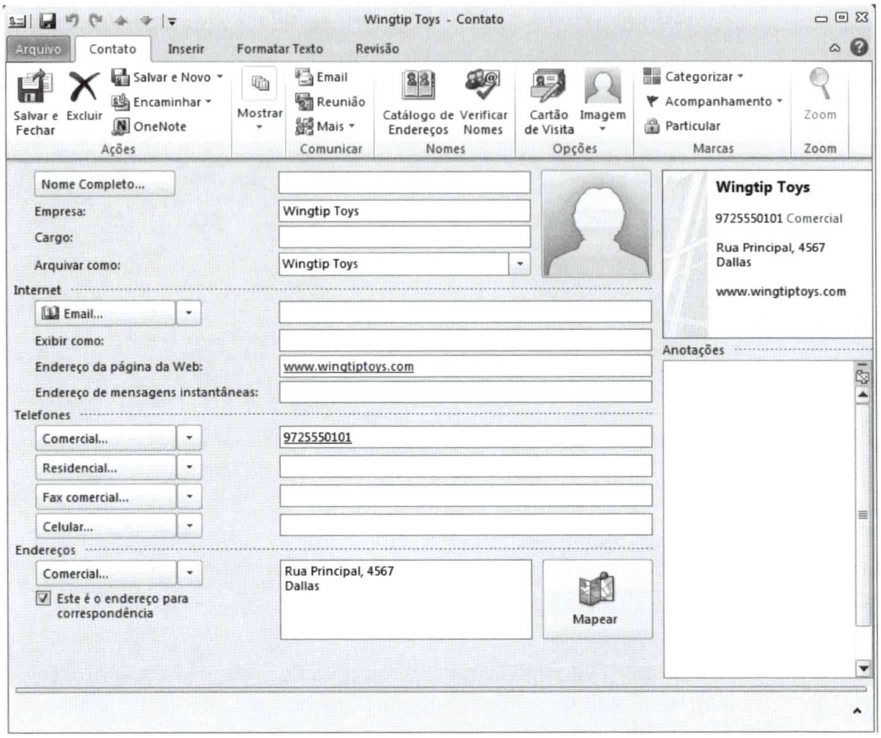

Sem nenhuma alteração, o novo registro de contato poderia ser salvo como um registro de empresa, e não de uma pessoa específica.

Já que não foi fornecido o nome de uma pessoa, o nome que aparece em Arquivar Como está configurado atualmente com o nome da empresa.

22. Na caixa **Nome Completo**, digite **Andrea Dunker**, e na caixa **Cargo**, digite **Associada de Vendas**.
23. Na caixa **Email**, digite **andrea@wingtiptoys.com**. Não mexa no texto padrão de **Exibir Como**.
24. Salve e feche os registros de contato abertos.

25. Use as técnicas descritas neste exercício para criar registros de contato para as pessoas a seguir:

Nome completo	**Empresa**	**Cargo**	**Endereço de email**
Andrew Davis	Trey Research	Gerente de conta	andrew@treyreseach.net
Idan Rubin	Trey Research	Sócio	idan@treyreseach.net
Nancy Anderson	Trey Research	Sócia	nancy@treyreseach.net

Agora o painel Contatos contém os cinco registros que você criou.

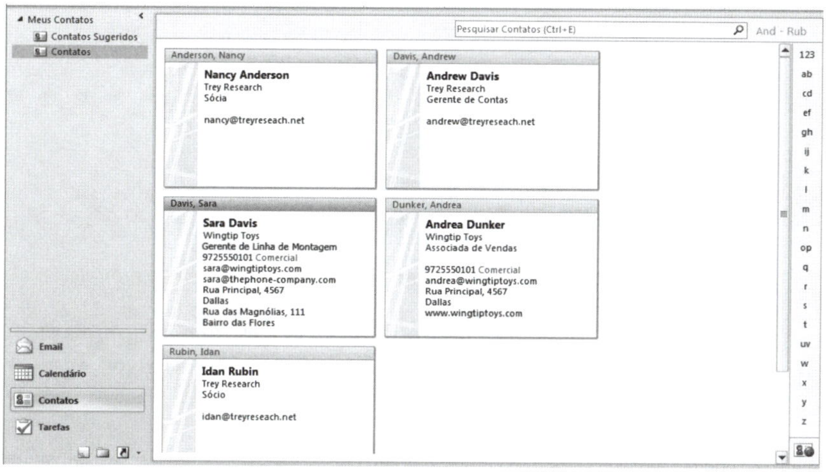

Os registros de contato concluídos.

LIMPEZA Salve e feche os registros de contato abertos para voltar ao painel Contatos. Retenha os registros de contato de Nancy Anderson, Andrew Davis, Sara Davis, Andrea Dunker e Idan Rubin para uso em exercícios posteriores.

Dica Você pode criar um registro de contato para o remetente de uma mensagem recebida clicando com o botão direito do mouse no nome do remetente no cabeçalho da mensagem – no Painel de Leitura ou no item de mensagem aberto – e clicando em Adicionar aos Contatos do Outlook. O Outlook criará um registro de contato com o nome e o endereço de email preenchidos. Adicione qualquer outra informação que queira registrar e salve o registro.

Adaptando-se a padrões de endereços

Quando você terminar de inserir informações na área Endereços, o Outlook verificará se o endereço está de acordo com um modelo padrão. Se detectar irregularidades no endereço inserido, a caixa de diálogo Verificar Endereço será aberta solicitando a inserção do endereço da rua, cidade, estado ou província, código postal e país em campos separados a partir dos quais o endereço será recomposto.

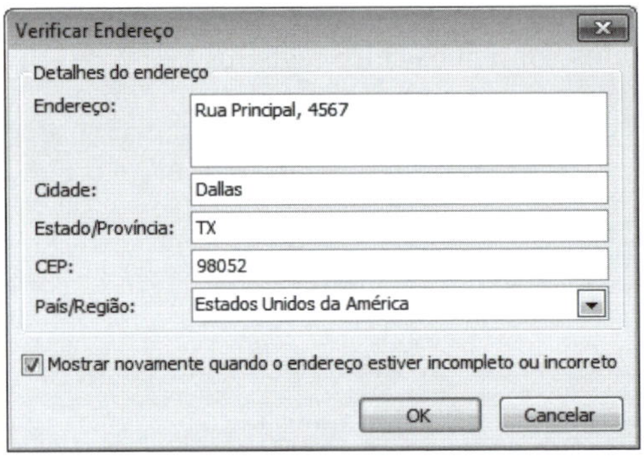

A caixa de diálogo Verificar Endereço valida o endereço em relação a modelos padrão.

O objetivo desse recurso é verificar se você tem as informações necessárias para enviar emails para o contato. Se você determinar que as informações da caixa de diálogo Verificar Endereço estão corretas, clique em Cancelar para fechá-la sem fazer alterações.

Comunicando-se com os contatos

O salvamento de informações de contato das pessoas em um catálogo de endereços físico ou eletrônico é útil porque centraliza as informações em um mesmo local para que você não precise mais decorá-las ou lembrar onde encontrá-las. O benefício adicional do salvamento de informações de contato em um catálogo de endereços do Outlook é que isso torna muito mais eficiente o processo de se começar uma comunicação com um contato.

Iniciando a comunicação a partir dos registros de contatos

Os registros de contato não são úteis apenas para o armazenamento de informações; você também pode iniciar várias ações que sejam específicas de um contato selecionado. Os comandos para o início da comunicação ficam disponíveis no grupo Comunicar da guia Contato de um registro de contato aberto.

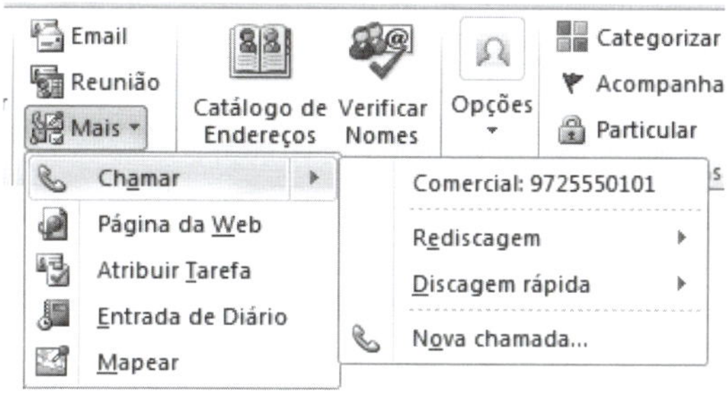

Os comandos disponíveis no grupo Comunicar podem variar dependendo da configuração específica do Outlook.

Você pode executar muitas ações de dentro de um registro de contato usando os comandos do grupo Comunicar da guia Contato, inclusive as seguintes:

- Criar um email endereçado ao contato clicando no botão Email.
- Criar uma solicitação de reunião que inclua o contato clicando no botão Reunião.
- Iniciar uma sessão de bate-papo com o contato clicando no botão Resposta com IM. (Requer o Office Communicator.)
- Ligar para o contato clicando na seta Chamar e, na lista, clicando no número de telefone que quiser que o Outlook disque. (Requer recursos de telefonia via Internet.)
- Exibir o site do contato clicando no botão Página da Web.
- Criar uma tarefa atribuída ao contato clicando no botão Atribuir Tarefa.
- Criar uma entrada de diário atribuída ao contato clicando no botão Entrada de Diário.
- Exibir um mapa do endereço do contato clicando no botão Mapear da área Endereços.

Se o Microsoft OneNote 2010 estiver instalado em seu computador, você poderá criar uma entrada de bloco de anotação do OneNote vinculada ao registro de contato clicando no botão OneNote no grupo Ações da guia Contato.

Selecionando destinatários de mensagens nos catálogos de endereços

Quando você enviar um email para uma pessoa cujas informações de contato estiverem armazenadas em um de seus catálogos de endereços, poderá endereçar rapidamente a mensagem para essa pessoa inserindo seu nome exatamente como aparece no catálogo e deixando que o Outlook valide o endereço. Se não souber a grafia exata do nome, siga essas etapas:

1. Na janela de composição de mensagem, clique no botão Catálogo de Endereços no grupo Nomes da guia Mensagem.

   A caixa de diálogo Selecionar Nomes será aberta.

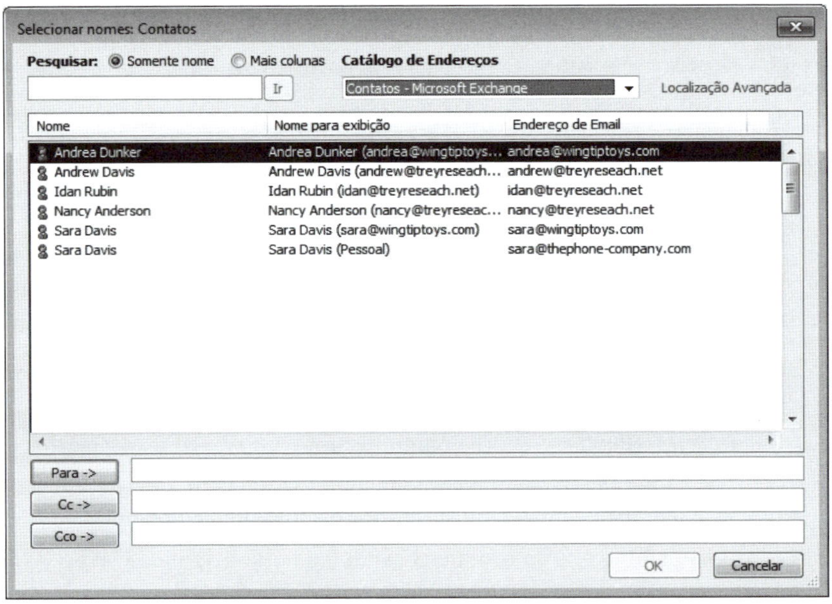

Para inserir nomes a partir de um catálogo de endereços, você deve abrir o catálogo a partir da janela de composição de mensagem.

2. Na lista Catálogo de Endereço, clique na seta e no catálogo de endereços que deseja pesquisar.
3. Percorra a lista Nome e localize o nome da pessoa.

   Dica Você pode inserir as primeiras letras do nome da pessoa para pular para entradas que comecem com elas.

4. Para adicionar a pessoa à caixa Para como um destinatário de mensagem primário, clique duas vezes no nome ou clique e pressione Enter. Para adicionar a pessoa como destinatário secundário ou privado, clique na caixa Cc ou Cco na parte inferior da caixa de diálogo e clique duas vezes no nome ou clique e pressione Enter.

Dica Se você clicar na caixa Para, Cc ou Cco no cabeçalho da mensagem antes de clicar no Catálogo de Endereços, clicar duas vezes no nome adicionará a pessoa a essa caixa. Você também pode clicar na caixa Cc ou Cco e no botão adjacente para abrir a caixa de diálogo Selecionar Nomes com essa caixa ativa.

5. Após selecionar todos os destinatários da mensagem no catálogo de endereços, clique em OK para fechar a caixa de diálogo Selecionar Nomes e voltar à janela de composição de mensagem.

Consulte também Para obter informações sobre a criação de emails, consulte "Criando e enviando mensagens" no Capítulo 3, "Envie e receba emails".

Exibindo diferentes visualizações dos registros de contatos

Você pode visualizar todos os seus catálogos de endereços no módulo Contatos. Também pode exibir uma lista dos contatos de um catálogo de endereços usando um dos métodos a seguir:

- Clique no botão Catálogo de Endereços no grupo Localizar da guia Página Inicial da janela do programa em qualquer módulo para abrir a janela Catálogo de Endereços.
- Clique no botão Catálogo de Endereços no grupo Nomes da guia Contato de um registro de contato para abrir a caixa de diálogo Selecionar Nome.

Nos dois casos, você pode expandir a lista Catálogo de Endereços e clicar no nome do catálogo que deseja exibir.

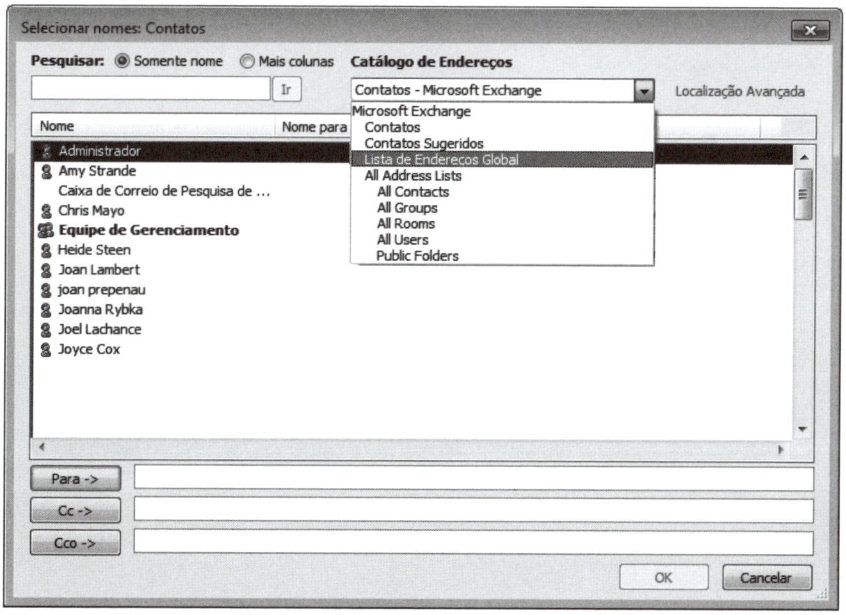

Você pode exibir qualquer um dos catálogos de endereços disponíveis a partir da caixa de diálogo Selecionar Nome.

Podemos visualizar um catálogo de endereços em muitos formatos diferentes. Selecione o modo de exibição padrão desejado na galeria Modo de Exibição Atual da guia Página Inicial do módulo Contatos.

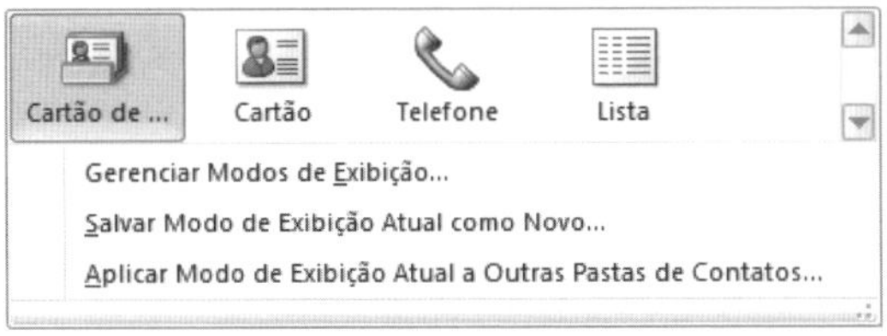

A galeria Modo de Exibição Atual do módulo Contatos.

Os modos de exibição apresentam informações dos registros de contato como cartões ou em uma lista:

- **Cartão de Visita** Esse modo exibe o cartão de visita associado a cada registro de contato – o cartão padrão criado pelo Outlook ou um cartão personalizado se você tiver um. Os cartões de visita são exibidos em ordem alfabética por nome ou sobrenome, dependendo da seleção feita em Arquivar Como.
- **Cartão** Esse modo exibe informações de contato como cartões de visita truncados que incluem informações limitadas, como cargo e nome da empresa.
- **Telefone** Esse modo exibe uma lista em forma de coluna incluindo o nome de cada contato, a empresa e números para ligação.
- **Lista** Esse modo exibe uma lista em forma de coluna com os registros de contato organizados em grupos. Você pode selecionar o grupo que deseja na galeria Organização da guia Exibição.

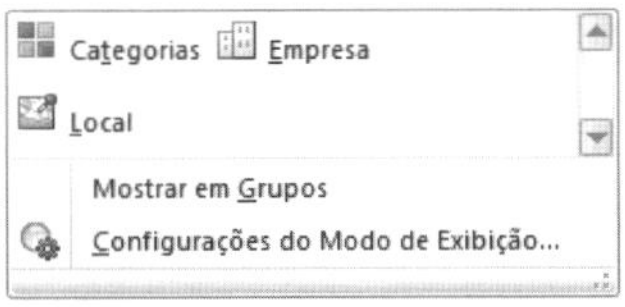

Os botões da galeria Organização do módulo Contatos só ficam disponíveis enquanto registros de contato são exibidos em um modo de exibição de lista.

Em qualquer modo de exibição de lista, você pode expandir e recolher os grupos ou selecionar um grupo inteiro de contatos e executar uma ação. Também pode inserir informações diretamente em qualquer campo de registro de contato exibido na lista.

Podemos pesquisar e filtrar os registros de contato em qualquer modo de exibição usando o recurso Pesquisa Instantânea. E classificar os registros de contato por qualquer coluna exibida em um modo de exibição de lista clicando no cabeçalho da coluna.

Podemos alterar os campos exibidos em cada modo de exibição; a maneira como os registros são agrupados, classificados e filtrados; a fonte usada na exibição; o tamanho dos cartões de visita; e outras configurações para satisfazer nossas necessidades. Também podemos personalizar um modo de exibição na caixa de diálogo Configurações de Exibição Avançadas, que é aberta com um clique em Configurações do Modo de Exibição no grupo Modo de Exibição Atual da guia Exibição.

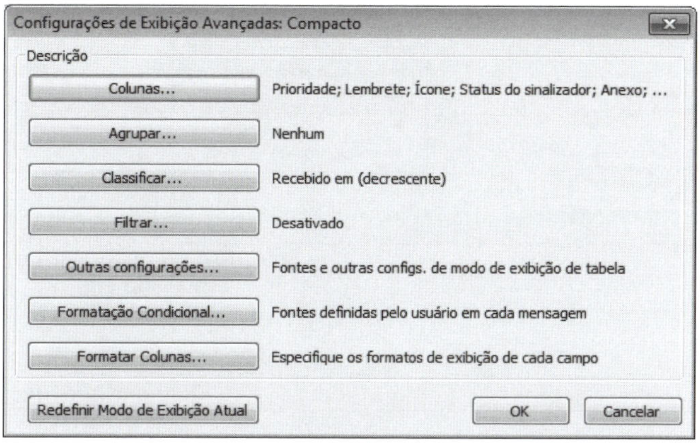

As opções disponíveis na caixa de diálogo Configurações de Exibição Avançadas variam de acordo com o modo que está sendo exibido atualmente.

Neste exercício, você examinará diferentes modos de exibição de registros de contato dentro do Painel Contatos, adicionará e removerá colunas em um modo de exibição de lista e redefinirá um modo personalizado.

PREPARAÇÃO Este exercício usa os registros de contato de Nancy Anderson, Andrew Davis, Sara Davis, Andrea Dunker e Idan Rubin que você criou no exercício "Salvando e atualizando informações de contato", já visto neste capítulo. Se não fez esse exercício, você pode fazê-lo agora ou usar registros de contato próprios. Exiba o módulo Contatos e siga as etapas.

1. Na galeria **Modo de Exibição Atual** da guia **Página Inicial**, clique no botão **Cartão de Visita** se esse modo de exibição ainda não estiver selecionado.

   No Outlook 2010, esse modo padrão do módulo Contatos exibe os cartões de visita convencionais de cada contato, assim como os cartões personalizados que forem salvos. Os cartões são organizados pelo nome contido em Arquivar Como, que por padrão usa a ordem alfabética por sobrenome.

2. Na barra alfabética localizada no lado direito do painel Contatos, clique na letra **r**.

   O painel Contatos rolará até onde necessário para exibir o cartão de visita de Idan Rubin (ou do primeiro registro de contato de seu módulo Contatos que estiver arquivado em R).

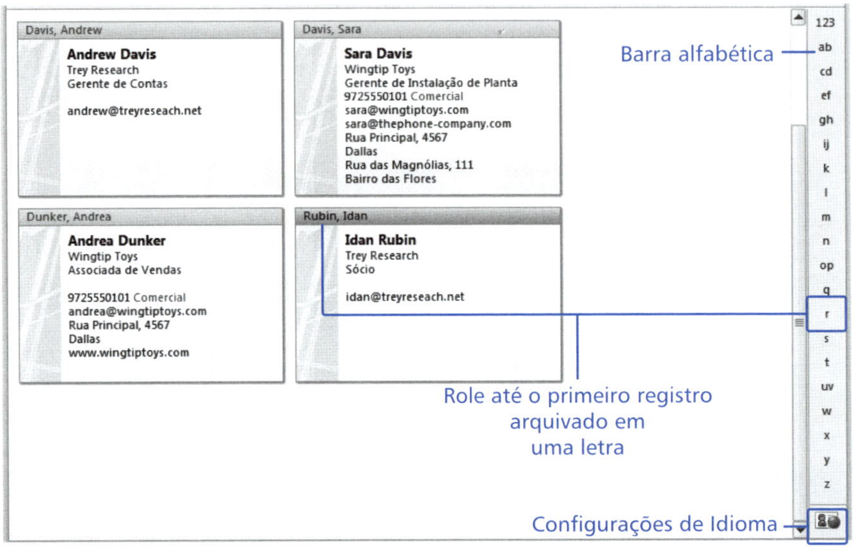

No modo Cartão de Visita ou no modo Cartão, você pode rolar pelos registros de contato usando a barra alfabética.

Dica Você pode exibir um alfabeto adicional na barra alfabética. As opções são árabe, cirílico, grego, tailandês e vietnamita – outros alfabetos podem estar disponíveis dependendo da versão do Outlook e dos pacotes de idioma que você tiver instalado. Para começar, clique no botão Configurações de Idioma na parte inferior da barra alfabética.

3. Na galeria **Modo de Exibição Atual**, clique no botão **Cartão**.
4. Se as colunas de cartões não forem suficientemente largas para exibir as informações salvas com os registros de contato, clique no botão Ampliar no lado direito da Barra de Status até as informações ficarem visíveis.

   O Outlook exibirá seus registros de contato em um formato de cartão incluindo só texto sem nenhum elemento gráfico adicional.

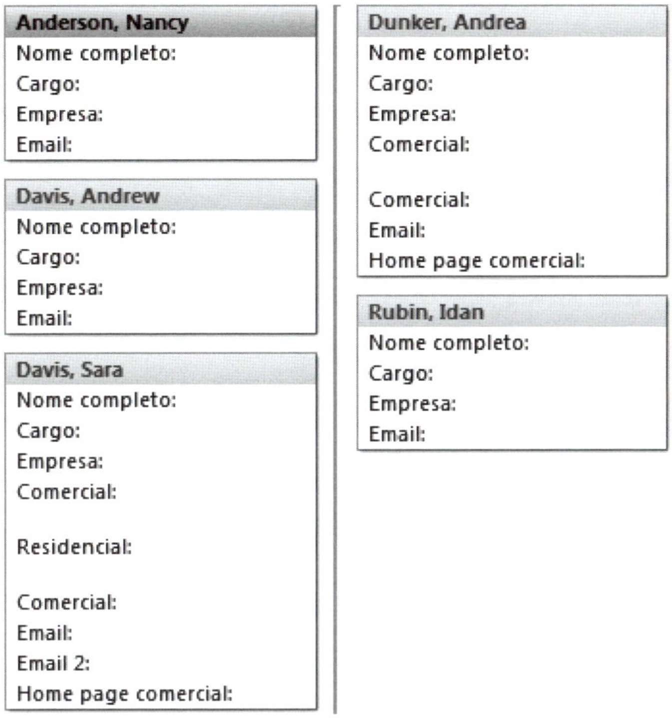

O modo Cartão exibe as informações de contato primárias disponíveis, inclusive nome, números de telefone e fax, endereços postal e de email e notas.

5. Na galeria **Modo de Exibição Atual**, clique no botão **Telefone**.

   O Outlook exibirá seus registros de contato em uma grade de colunas e linhas organizada em ordem crescente com base na coluna Arquivar Como.

6. Clique no cabeçalho de coluna **Nome Completo**.

   O Outlook classificará os registros de contato em ordem crescente com base no campo Nome Completo, como indicado pela seta de classificação apontando para cima que fica à direita do cabeçalho da coluna. Você pode reverter a ordem de classificação clicando no cabeçalho ativo novamente.

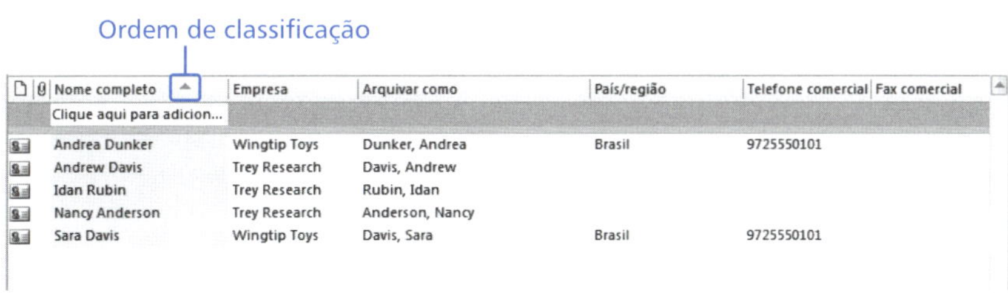

Clique em qualquer cabeçalho de coluna para classificar com base nessa coluna ou reverter a ordem de classificação.

7. Clique no cabeçalho de coluna **Empresa**.

   O Outlook classificará os registros de contato em ordem crescente com base no campo Empresa

   Dica Você pode adicionar um contato ao seu catálogo de endereços em qualquer modo de exibição de lista clicando na caixa abaixo do cabeçalho Nome Completo (chamada Clique para adicionar um(a) novo(a) contato) e inserindo as informações do contato.

8. Clique com o botão direito do mouse no cabeçalho de coluna **Empresa** e clique em **Seletor de Campos**.

   A janela Seletor de Campos será aberta.

9. Role para baixo na lista **Seletor de Campos** até o campo **Cargo** ficar visível. Arraste o campo **Cargo** da caixa de diálogo **Seletor de Campos** para a área de cabeçalhos de coluna, e quando as setas vermelhas indicarem que ele será inserido entre os campos **Empresa** e **Arquivar Como**, solte o botão do mouse.

   Agora a visualização da lista inclui uma coluna exibindo o cargo de cada contato.

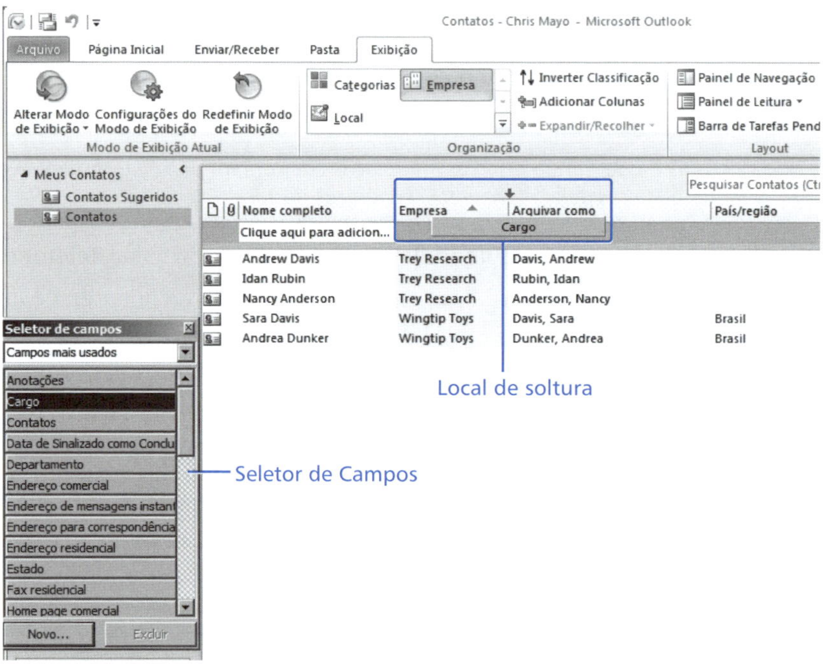

Você pode adicionar qualquer campo a um modo de exibição de lista a partir do Seletor de Campos.

10. Aponte para o separador de colunas entre **Cargo** e **Arquivar Como**. Quando o cursor mudar para uma seta de duas pontas, clique duas vezes.

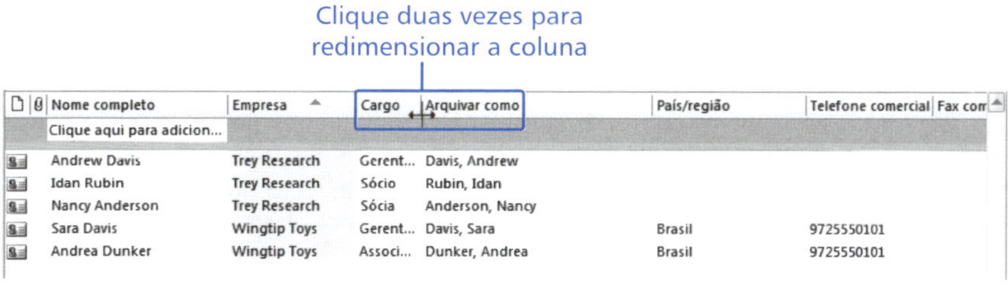

Clicar duas vezes em um separador de colunas redimensiona a coluna à esquerda do separador.

A largura da coluna mudará para acomodar seu conteúdo.

11. Arraste o cabeçalho de coluna País/Região para baixo da linha de cabeçalhos de coluna até um X preto aparecer. Agora solte o botão do mouse.

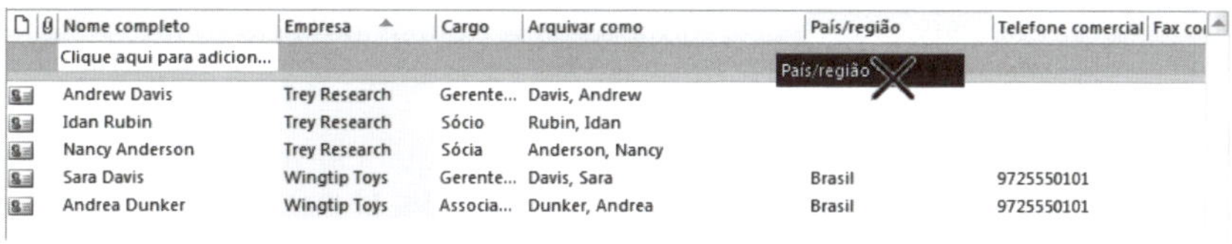

Você pode remover uma coluna de um modo de exibição de lista arrastando seu cabeçalho para fora da linha de cabeçalhos de coluna.

A coluna País/Região foi removida do modo de exibição de lista.

12. No grupo **Modo de Exibição Atual** da guia **Exibição**, clique no botão **Redefinir Modo de Exibição**. Em seguida, na caixa de diálogo **Microsoft Outlook** que perguntará se você deseja redefinir o modo de exibição com suas configurações originais, clique em **Sim**.

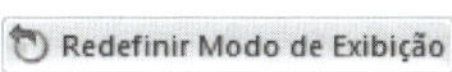

O modo de exibição voltará às suas configurações originais.

LIMPEZA Volte o módulo Contatos ao modo padrão Cartão de Visita. Retenha os registros de contato de Nancy Anderson, Andrew Davis, Sara Davis, Andrea Dunker e Idan Rubin para uso em exercícios posteriores.

Campos definidos pelo usuário

Se quiser salvar informações que não façam parte dos campos padrão dos registros de contato, você pode criar um campo personalizado. Um campo personalizado pode conter informações como texto, números, percentuais, moeda, respostas Sim/Não, datas, horas, durações, palavras-chave e fórmulas.

Você pode criar um campo de informações personalizado a partir de qualquer modo de exibição da página Todos os Campos clicando no botão Novo no canto inferior esquerdo da página e especificando o nome, o tipo e o formato do campo na caixa de diálogo Nova Coluna que será aberta.

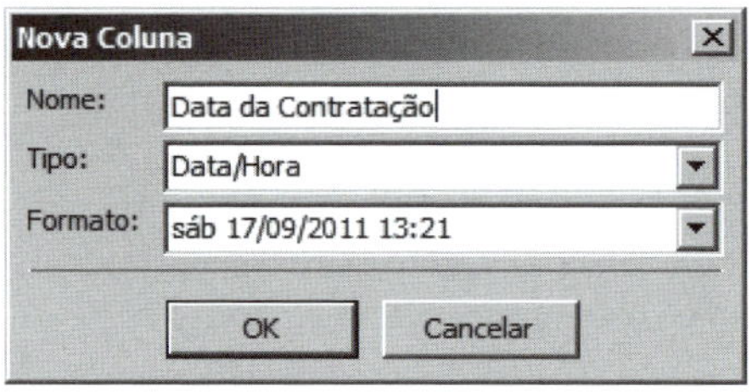

Os campos personalizados podem ser formatados para conter muitos tipos específicos de informação.

Os campos personalizados aparecerão quando você filtrar a página Todos os Campos em Campos do usuário nesta pasta. Quando inserir informações no campo personalizado de um contato específico, elas também aparecerão na lista Campos do usuário neste item desse registro de contato.

Imprimindo registros de contatos

Você pode imprimir um catálogo de endereços ou registros de contato individuais, em papel ou em arquivo eletrônico (como um arquivo PDF ou XPS), a partir de qualquer modo de exibição de catálogos. Dependendo do modo de exibição, o Outlook oferece vários estilos de impressão, como os descritos na tabela a seguir.

Estilo	Descrição	Disponível nesses modos de exibição
Cartão	Informações de contato exibidas alfabeticamente em duas colunas. Imagens de letras aparecem no topo de cada página e no começo de cada grupo de letras	Cartão de Visita, Cartão
Livreto Pequeno	Informações de contato exibidas alfabeticamente em uma coluna. Formatado para imprimir oito páginas numeradas por folha. Imagens de letras aparecem no topo de cada página e no começo de cada grupo de letras, e um índice de contatos no lado de cada página indica a posição das entradas dessa página no alfabeto. Impressão nos dois lados se possível.	Cartão de Visita, Cartão
Livreto Médio	Informações de contato exibidas alfabeticamente em uma coluna. Formatado para imprimir quatro páginas numeradas por folha. Imagens de letras aparecem no topo de cada página e no começo de cada grupo de letras, e um índice de contatos no lado de cada página indica a posição das entradas dessa página no alfabeto. Impressão nos dois lados se possível.	Cartão de Visita, Cartão
Memorando	Informações de contato exibidas sob um cabeçalho semelhante ao de memorandos contendo seu nome. Um registro por folha.	Cartão de Visita, Cartão
Catálogo de Telefones	Nomes e números de telefone de contato exibidos em duas colunas. Imagens de letras aparecem no topo de cada página e no começo de cada grupo de letras.	Cartão de Visita, Cartão
Tabela	Informações de contato exibidas em uma tabela que coincide com o layout da tela.	Telefone, Lista

Você pode personalizar o layout da maioria dos estilos de impressão padrão, assim como salvar estilos de impressão personalizados.

Neste exercício, você configurará o Outlook para imprimir uma lista de telefones e depois para imprimir cartões de visita individuais.

PREPARAÇÃO Este exercício usa os registros de contato de Nancy Anderson, Andrew Davis, Sara Davis, Andrea Dunker e Idan Rubin que você criou no exercício "Salvando e atualizando informações de contato", já visto neste capítulo. Se não fez este exercício, você pode fazê-lo agora ou usar registros de contato próprios. Exiba o módulo Contatos no modo Cartão e siga as etapas.

1. Exiba o modo Backstage e clique em **Imprimir**.

   O modo Backstage exibirá as configurações de impressão atuais.

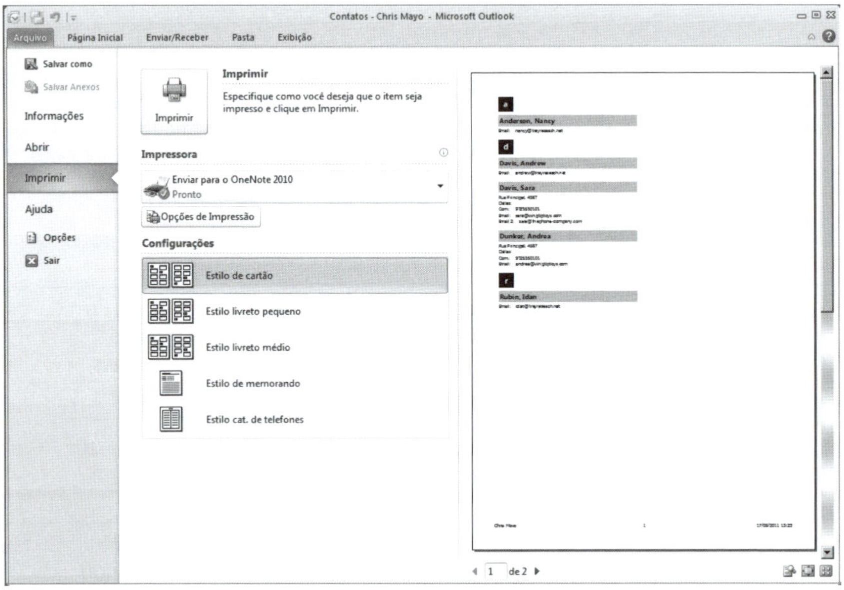

No modo Cartão, muitos estilos de impressão estão disponíveis na lista Configurações.

Dica O modo Backstage de seu computador refletirá suas configurações individuais de impressora e podem exibir mais opções de impressão do que as mostradas aqui.

O painel de visualização exibe a maneira como os cartões aparecerão se impressos no Estilo de Cartão padrão, com as configurações atuais. Os indicadores de página da parte inferior do painel de visualização indicam que os cartões serão impressos em duas páginas.

Importante Para concluir realmente este exercício, você deve ter uma impressora instalada. Se não tiver uma impressora instalada, poderá executar todas as etapas do exercício, exceto a impressão.

Para instalar uma impressora, clique no botão Iniciar, clique em Dispositivos e Impressoras, e na barra de ferramentas, clique em Adicionar Impressora. Siga as instruções do assistente para instalar uma impressora local ou de rede. Se estiver trabalhando em uma rede corporativa, seu administrador poderá fornecer as informações que você precisa para instalar uma impressora.

2. No canto inferior direito do painel de visualização, clique no botão **Várias Páginas**.

   O painel de visualização exibirá as duas páginas. A segunda página terá uma série de linhas e texto ilegível.

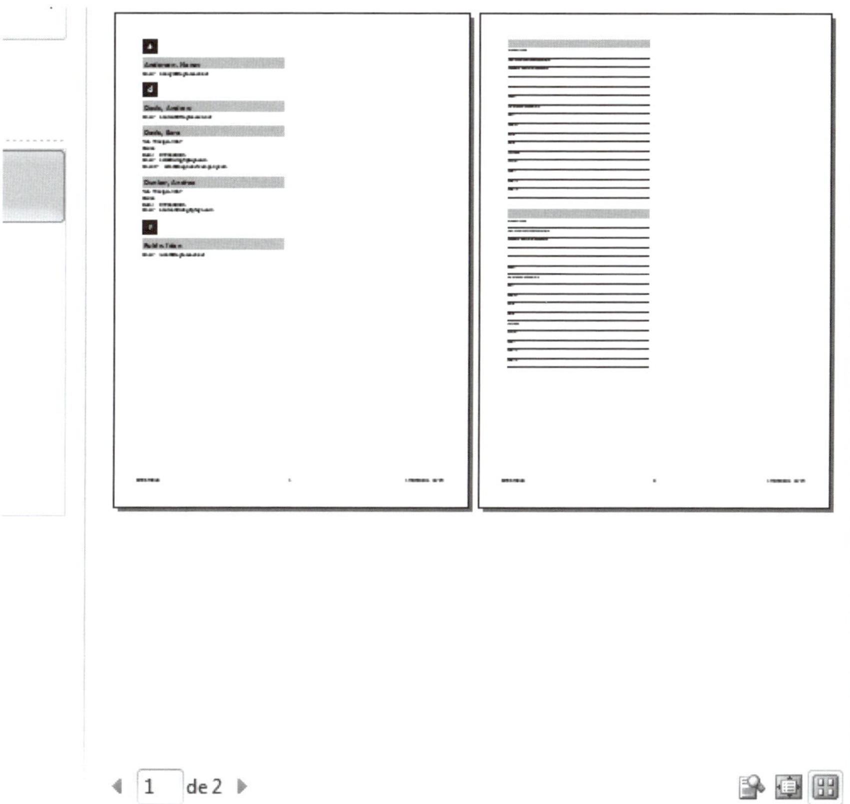

Você pode exibir todas as páginas de um documento na forma como serão impressas para examinar o layout geral do documento.

3. No canto inferior direito do painel de visualização, clique em **Tamanho Real**.

   O painel de visualização exibirá uma versão do documento com tamanho completo. O texto ampliado será suficientemente grande para ser lido.

4. Na parte inferior do painel de visualização, à direita do número de páginas, clique na seta para a direita.

   O painel de visualização exibirá a segunda página, que lhe fornecerá uma área para registro de informações sobre um contato adicional. O Outlook chama essa página do estilo de impressão de *página em branco*.

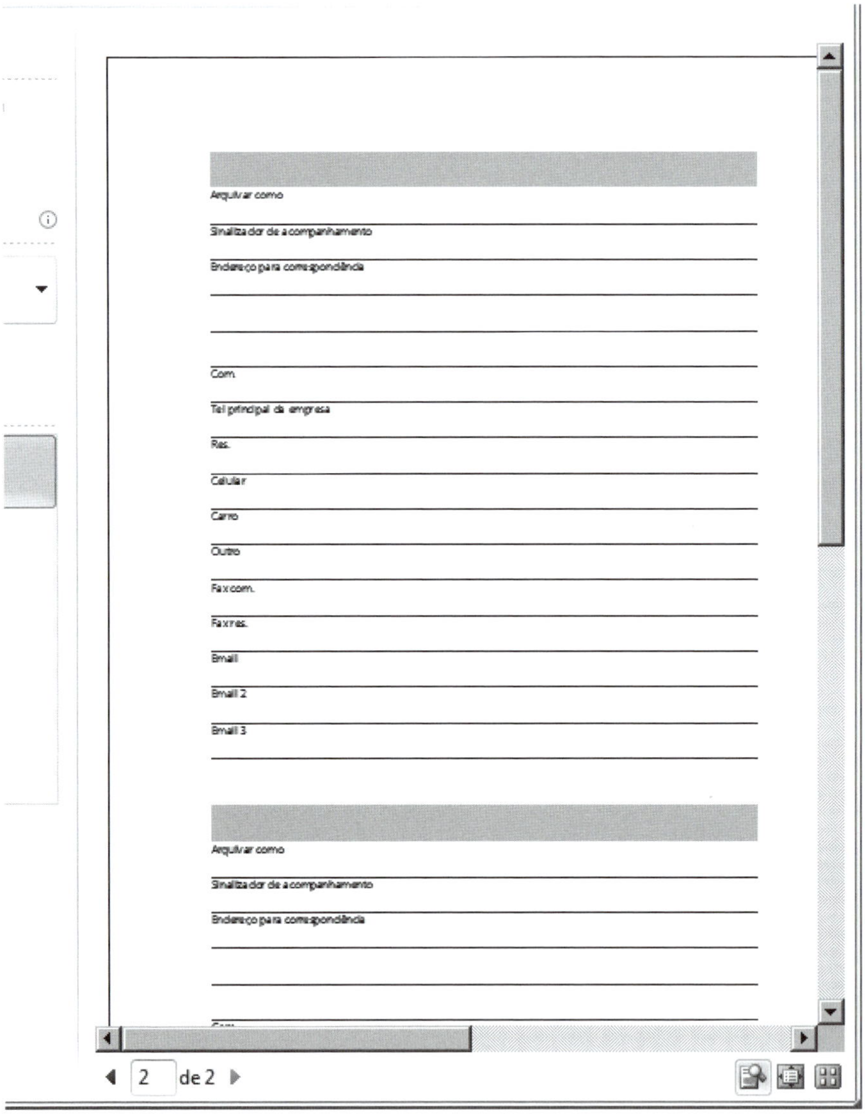

Certos layouts de impressão incluem páginas em branco em que podemos registrar informações sobre novos contatos.

5. No painel do meio, clique em **Opções de Impressão**.

   A caixa de diálogo Imprimir será aberta, exibindo as opções do estilo de impressão Cartão.

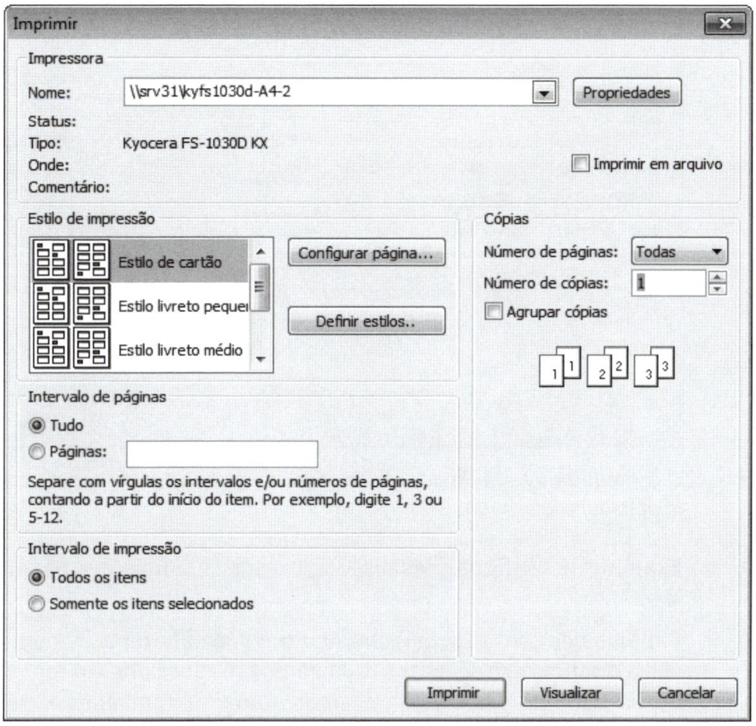

Ao imprimir registros de contato no estilo de impressão Cartão, você poderá selecionar os registros (itens) a serem impressos.

6. Na caixa de diálogo **Imprimir**, clique em **Configurar Página**.

   A caixa de diálogo Configurar Página: Estilo de Cartão será aberta, exibindo a página Formato.

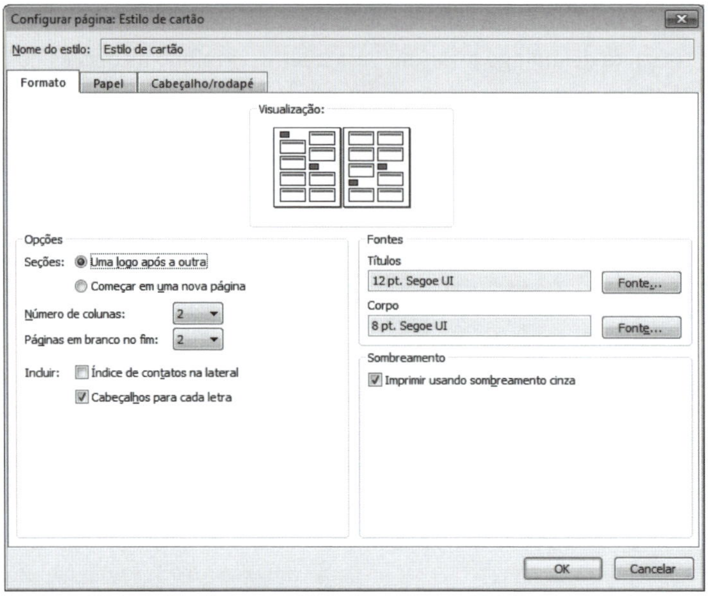

O conteúdo da caixa de diálogo Configurar Página varia de acordo com o estilo de impressão selecionado.

7. Examine as configurações disponíveis em cada uma das páginas da caixa de diálogo.

   Em todos os estilos de impressão, você pode alterar as fontes, o tamanho do papel, a orientação e as margens da página, o cabeçalho e o rodapé e outras configurações básicas. Nesse estilo de impressão você também pode alterar o layout dos cartões na página, o número de páginas em branco a serem impressas e como a divisão alfabética dos cartões será indicada.

8. Na caixa de diálogo **Configurar Página**, na área **Opções** da página **Formato**, clique em **Nenhum** na lista **Páginas em branco no fim**. Marque a caixa de seleção **Índice de contatos na lateral** e desmarque a caixa **Cabeçalhos para cada letra**.

9. Clique em **OK** na caixa de diálogo **Configurar Página** e, em seguida, clique em **Visualizar** na caixa de diálogo **Imprimir**.

   O painel de visualização exibirá o modo Tamanho Real da lista de cartões selecionado anteriormente, que agora só tem uma página.

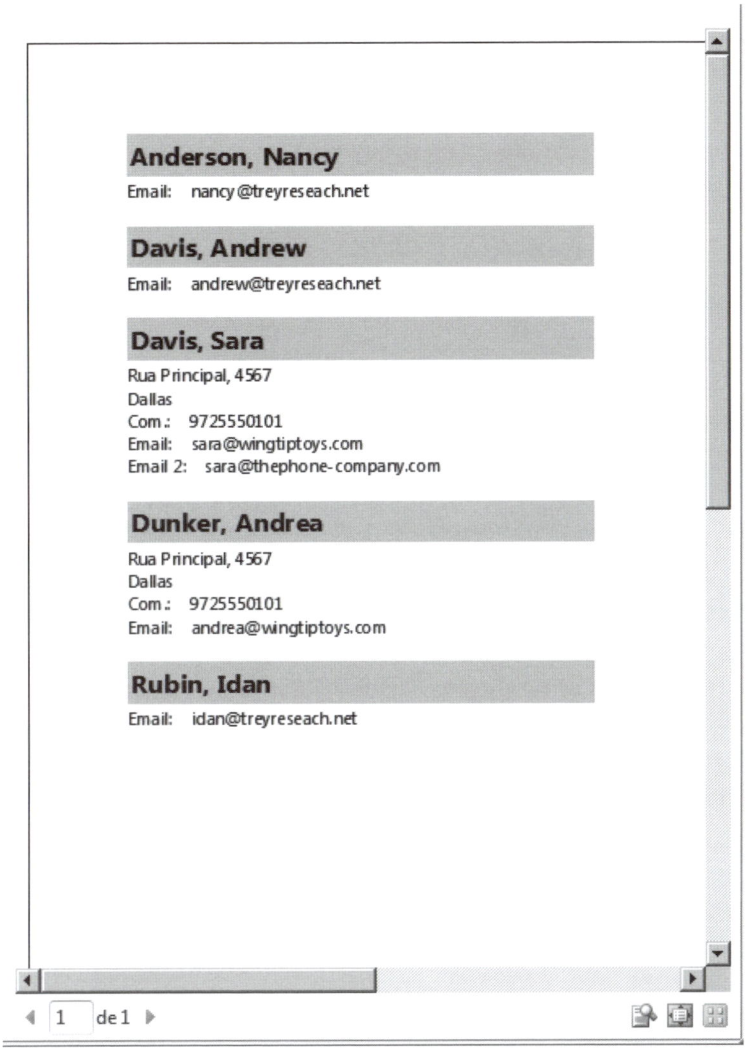

Cabeçalhos alfabéticos não precedem mais os cartões de registro de contato.

10. No canto inferior direito do painel de visualização, clique no botão **Uma Página**.

    O painel de visualização exibirá a lista de cartões inteira da maneira como aparecerá quando impressa.

11. Se quiser imprimir a lista de cartões, clique no botão **Imprimir**.

    Após imprimir a lista de cartões, o Outlook voltará ao módulo Contatos.

12. Na galeria **Modo de Exibição Atual** da guia **Página Inicial**, clique no botão **Lista**.

13. No painel **Contatos**, clique no registro de contato de **Sara Davis** para selecioná-lo, pressione a tecla Ctrl e mantenha-a pressionada, e clique no registro de contato de **Andrea Dunker** para adicioná-lo à seleção.

14. Exiba a página **Imprimir** do modo Backstage.

A lista Configurações só exibe duas opções – Estilo de Tabela e Estilo de Memorando. O Estilo de Memorando vem selecionado por padrão.

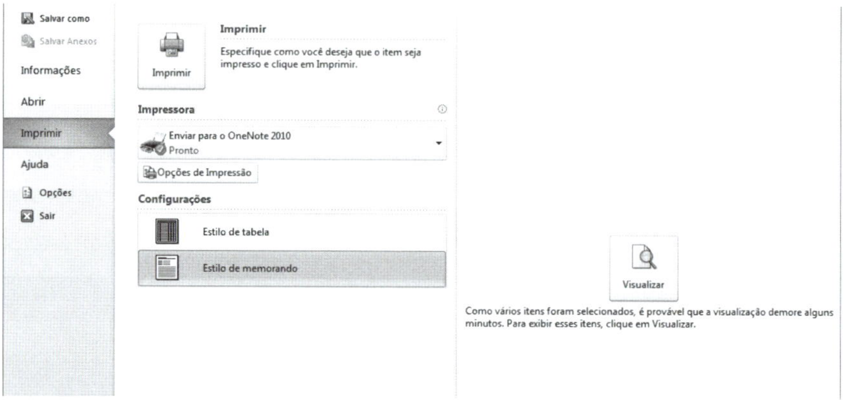

Se o painel de visualização não puder exibir automaticamente os vários registros selecionados, um botão Visualizar aparecerá no painel.

15. Se o botão **Visualizar** aparecer no painel de visualização, clique nele para exibir as visualizações dos dois registros de contato selecionados.
16. Na lista **Configurações**, clique em **Estilo de Tabela**.

    A visualização do Estilo de Tabela indica que todos os registros de contato serão impressos em vez de somente os dois que você selecionou.
17. No painel do meio, clique em **Opções de Impressão**.

    A caixa de diálogo Imprimir será aberta, exibindo as opções do Estilo de Tabela.

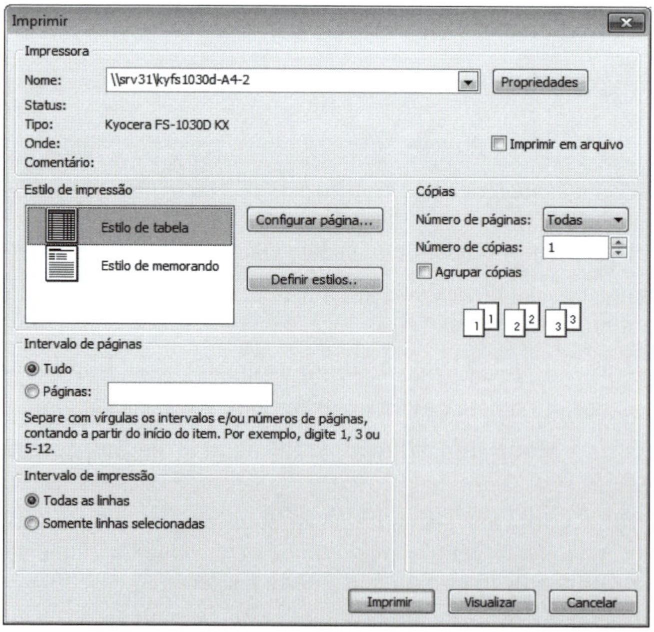

Ao imprimir registros de contato no Estilo de Tabela, você pode selecionar os itens específicos a serem impressos.

18. Na área **Intervalo de impressão**, clique em **Somente linhas selecionadas**. Em seguida, clique em **Visualizar**.

    O painel de visualização mudará para exibir só os dois registros de contato que você selecionou.

19. Se quiser imprimir os dois registros, clique no botão **Imprimir**.

    O Outlook imprimirá uma página exibindo apenas os contatos selecionados.

20. Teste as outras maneiras pelas quais você pode imprimir seus registros de contato e seu catálogo de endereços.

LIMPEZA Volte ao modo padrão Cartão de Visita ou ao seu modo preferido do módulo Contatos antes de passar para o próximo capítulo. Retenha os registros de contato de Nancy Anderson, Andrew Davis, Sara Davis, Andrea Dunker e Idan Rubin para uso em exercícios posteriores.

Pontos principais

- Você pode criar e acessar diferentes tipos de catálogos de endereços inclusive a Lista de Endereços Global fornecida por sua conta do Exchange Server, seu catálogo de endereços principal e qualquer catálogo de endereços personalizado que criar.
- Os registros de contato podem incluir nomes, endereços de email e IM, números de telefone, endereços postais, datas de aniversário e outras informações.
- Você pode visualizar os registros de contato em muitos modos de exibição diferentes. Nos modos de exibição de cartão, pode percorrer os registros clicando na barra alfabética. Nos modos de lista, pode classificar os registros segundo qualquer campo.
- Você pode imprimir seu catálogo de endereços ou registros de contato individuais em vários formatos.

Resumo do capítulo

Agende e altere compromissos, **p. 162**

Agende e altere eventos, **p. 171**

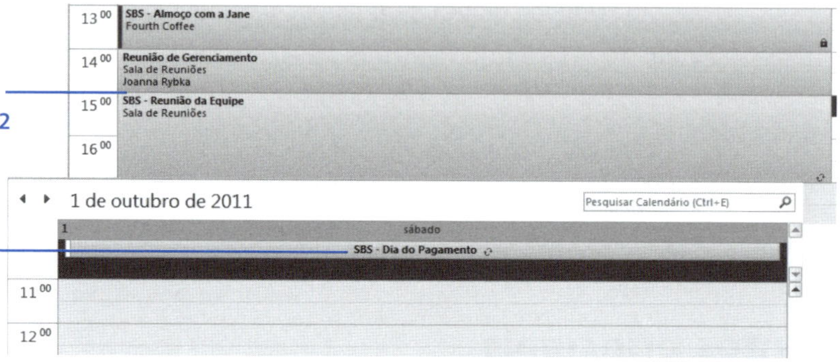

Exiba diferentes visualizações de um calendário, **p. 183**

Capítulo 5

Gerencie o agendamento

Neste capítulo, você vai aprender a:

- Agendar e alterar compromissos.
- Agendar e alterar eventos.
- Agendar reuniões.
- Responder solicitações de reunião.
- Exibir diferentes visualizações de um calendário.

Você pode usar o calendário do Microsoft Outlook 2010 para organizar suas atividades diárias e lembrar de tarefas e eventos importantes. Se for uma pessoa ocupada e usar muito o calendário do Outlook, às vezes pode parecer que ele está conduzindo sua vida – mas isso não é, necessariamente, algo ruim! O uso eficiente do calendário pode ajudá-lo a se organizar, a estar atualizado na execução das tarefas e cumprir prazos. Você pode agendar e rastrear compromissos, reuniões e eventos e dividir o tempo em blocos para lembrar a si próprio de executar tarefas.

Se tiver uma conta do Microsoft Exchange Server, um calendário do Outlook já terá sido criado automaticamente. Mas se tiver configurado o Outlook para se conectar a um tipo diferente de conta, poderá criar manualmente um calendário dentro dessa conta. Você pode criar facilmente compromissos, eventos e reuniões em seu calendário do Outlook.

Neste capítulo, você vai agendar um compromisso e um evento em seu calendário e trabalhar com opções de compromisso que incluem recorrência, lembretes e disponibilidade. Vai agendar uma reunião com outra pessoa e aprender a responder, atualizar e cancelar solicitações de reunião. Em seguida, vai testar diferentes maneiras de examinar seu calendário para encontrar a visualização mais eficaz para seu estilo de trabalho diário.

Arquivos de exercícios Você não precisará de arquivos para fazer os exercícios deste capítulo. Para obter mais informações sobre os requisitos de uso dos arquivos de exercícios, consulte "Usando os arquivos de exercícios" no começo deste livro.

Importante Os exercícios deste capítulo partem do princípio que você está trabalhando com uma conta do Exchange. Algumas funcionalidades podem estar indisponíveis se você estiver trabalhando com um calendário que faça parte de outro tipo de conta.

Agendando e alterando compromissos

Os compromissos são blocos de tempo que agendamos apenas para nós próprios (diferente de reuniões, às quais convidamos outros usuários do Outlook). Um compromisso tem um tempo de início e término específico (diferente de um evento, que ocorre por um ou mais períodos completos de 24 horas).

Para agendar um compromisso, você deve inserir, no mínimo, um assunto e um horário em uma janela de compromisso. A janela de compromisso básica também inclui um campo para o local do compromisso e uma área de anotações de formato livre em que você pode armazenar informações gerais, inclusive texto formatado, links de sites e até mesmo anexos de arquivos para que eles fiquem facilmente disponíveis na hora do compromisso.

Ao criar um compromisso, você configurará seu tempo livre (chamado de disponibilidade) marcando-o como Disponível, Provisório, Ocupado ou Fora do Escritório. A hora do compromisso é codificada com cores no calendário para corresponder à disponibilidade indicada. Sua disponibilidade poderá ser vista por outros usuários do Outlook em sua rede e também será exibida quando você compartilhar seu calendário ou enviar informações de calendário para outras pessoas.

Dica Na visualização de seu calendário no modo de exibição Dia, Semana de Trabalho ou Semana, cada item de sua lista de tarefas do Outlook aparecerá na seção Tarefas abaixo da data de conclusão. Você pode agendar uma hora específica para a conclusão de uma tarefa arrastando-a da área Tarefas para seu calendário.

Consulte também Para obter informações sobre a inclusão de conteúdo de uma mensagem recebida em seu calendário, consulte a observação "Criando um compromisso a partir de uma mensagem" mais adiante neste capítulo. Para obter informações sobre a atribuição de compromissos a categorias, consulte "Organizando itens do Outlook usando categorias de cores" no Capítulo 7, "Organize sua caixa de entrada". E para se informar sobre o compartilhamento de seu calendário com outros usuários do Outlook em sua rede e sobre o envio de informações de sua agenda em um email, consulte "Compartilhando informações de calendário" no Capítulo 8, "Gerencie seu calendário".

Por padrão, o Outlook exibe uma mensagem de lembrete 15 minutos antes da hora de início de um compromisso – você pode alterar o lembrete para ocorrer com até duas semanas de antecedência ou pode desativá-lo totalmente se quiser. Se sincronizar sua instalação do Outlook com um dispositivo móvel, os lembretes também aparecerão no dispositivo. Isso é muito conveniente quando estamos longe do computador.

Se tiver que atender ao mesmo compromisso regularmente – por exemplo, um corte de cabelo bimestral ou uma aula de ginástica semanal – você pode defini-lo em seu calendário do Outlook como *compromisso recorrente*. Um compromisso recorrente pode ocorrer em quase qualquer tipo de intervalo periódico, como toda terça e quinta, uma semana sim e outra não ou no último dia de cada mês. A configuração da recorrência de um compromisso cria várias instâncias dele no calendário no intervalo de tempo especificado. Os compromissos individuais são vinculados. Ao fazer alterações em um compromisso recorrente, você pode escolher atualizar todas as ocorrências ou somente uma ocorrência individual do compromisso.

Você também pode especificar o fuso horário em que um compromisso começa e termina. Talvez queira ter diferentes fusos horários se, por exemplo, seu "compromisso" for um voo que comece e termine em fusos horários distintos e você quiser que o voo apareça de maneira correta onde quer que seja sua localização atual.

Neste exercício, você agendará um compromisso comum e um compromisso recorrente e atualizará os compromissos usando comandos da janela de compromisso.

PREPARAÇÃO Não é preciso arquivo para fazer este exercício. Exiba o módulo Calendário no modo padrão Dia, minimize a Barra de Tarefas Pendentes e siga as etapas.

1. No **Navegador de Data** no topo do **Painel de Navegação**, clique na data de amanhã.

   Consulte também Para obter informações sobre o modo de exibição padrão do módulo Calendário e o Navegador de Data, consulte "Exibindo diferentes visualizações de um calendário" mais à frente neste capítulo.

   O Outlook exibirá a agenda de amanhã.

2. No painel **Calendário**, aponte para o campo de horário **12:00** (ou, se já tiver um compromisso agendado às 12:00, para outro campo de horário em que tenha 30 minutos disponíveis).

   A solicitação *Clique para adicionar o compromisso* aparecerá no campo do horário.

3. Clique uma vez para ativar o campo do horário.

   Nesse modo padrão, você pode inserir os detalhes básicos do compromisso diretamente no painel Calendário.

4. Digite **SBS – Almoço com a Jane** e pressione Enter.

   Importante O assunto de todos os compromissos, reuniões ou eventos criados para os exercícios deste livro começa com *SBS* para facilitar a diferenciação dos itens dos exercícios de outros itens de seu calendário.

   O Outlook criará um compromisso de meia hora começando às 12:00.

5. Arraste o compromisso do campo de horário 12:00 para o campo de horário **13:00** (ou, se já tiver um compromisso agendado à 13:00, para outro campo de horário em que tenha uma hora disponível).

   O Outlook mudará a hora de início do compromisso.

6. Aponte para a borda inferior do compromisso e, quando o ponteiro mudar para uma seta de duas pontas, arraste para baixo em um horário para que o compromisso termine às **14:00.**

   Enquanto o compromisso estiver selecionado no calendário, a guia contextual Compromisso estará disponível.

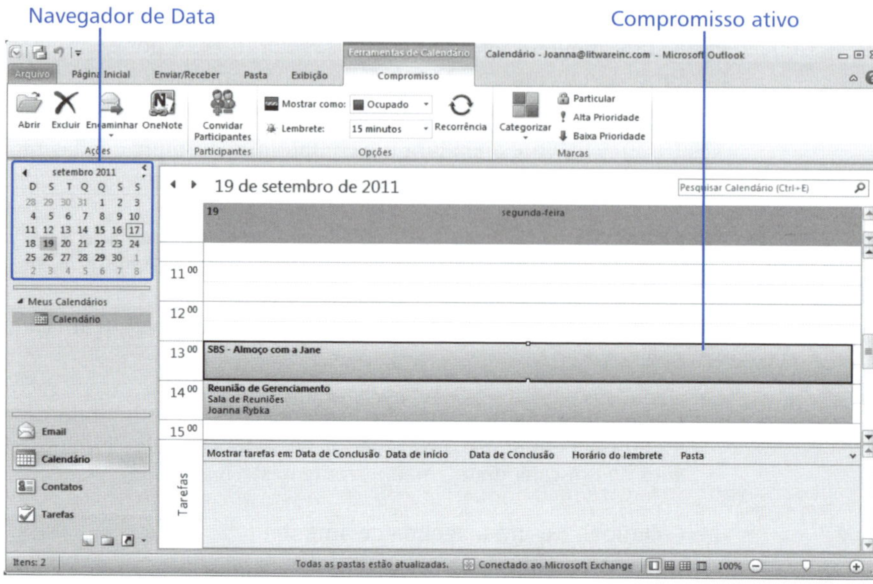

As configurações de compromisso mais comuns ficam disponíveis na guia contextual Compromisso.

Solução de problemas A aparência dos botões e grupos da Faixa de Opções muda de acordo com a largura da janela do programa ou da janela do item. Para obter informações sobre alterar a aparência da Faixa de Opções para que fique igual às nossas imagens de tela, consulte "Modificando a exibição da Faixa de Opções" no início deste livro.

Você pode adicionar mais detalhes ao compromisso e alterar as configurações padrão dentro da janela de compromisso.

7. Clique duas vezes no compromisso **SBS – Almoço com a Jane**.

   A janela de compromisso será aberta. O assunto, a hora de início e a hora de término estarão configurados de acordo com as informações que você inseriu no painel Calendário.

8. Na caixa **Local**, digite **Fourth Coffee**.

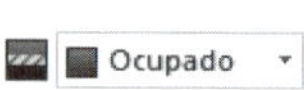

9. Na guia **Compromisso** da janela de compromisso (e não na guia contextual Compromisso do módulo Calendário), no grupo **Opções**, clique na seta **Mostrar Como,** e na lista, clique em **Fora do Escritório**.

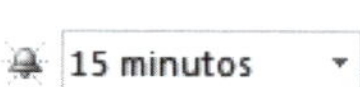

10. No grupo **Opções**, clique na seta **Lembrete** e, na lista, clique em **1 hora**.

11. No grupo **Marcas**, clique no botão **Particular**.

    Marcar um compromisso, evento ou reunião como Particular ocultará os detalhes de qualquer pessoa com quem você compartilhar seu calendário.

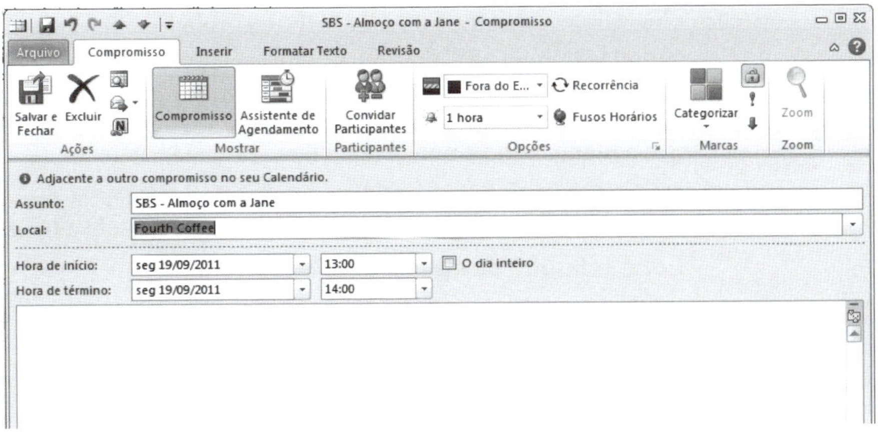

Todas essas configurações exceto o local estão disponíveis na guia contextual Compromisso do módulo Calendário.

12. No grupo **Ações**, clique no botão **Salvar e Fechar**.

    Quando a janela de compromisso for fechada, o Outlook aplicará suas alterações ao compromisso exibido no calendário. Sua disponibilidade será indicada pela barra colorida no lado esquerdo do compromisso.

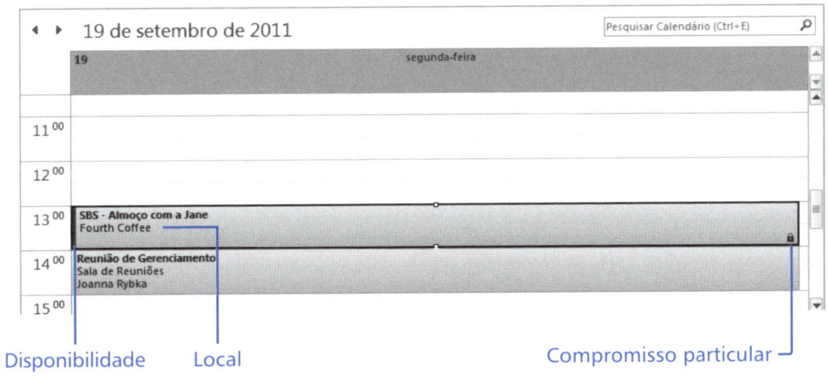

O Outlook pode exibir mensagens sobre o compromisso com base em outras informações do calendário.

As configurações da guia contextual Compromisso também refletirão as alterações que você fizer no compromisso.

13. Clique duas vezes no campo de horário **15:00.**

    O Outlook abrirá uma janela de compromisso com a hora de início definida para as 15:00 e a hora de término para 30 minutos depois. Já que esse compromisso vem logo após outro, a barra de informações no topo da janela de reunião indicará que a reunião é adjacente a outra de seu calendário.

14. Na caixa **Assunto**, digite **SBS – Reunião da Equipe**. Na caixa **Local**, digite **Sala de Reuniões**. Em seguida, na área de anotações, digite a frase abaixo:

    Levar relatório de status.

15. No grupo **Opções** da guia **Compromisso**, clique no botão **Recorrência**.

    A caixa de diálogo **Compromisso Recorrente** será aberta.

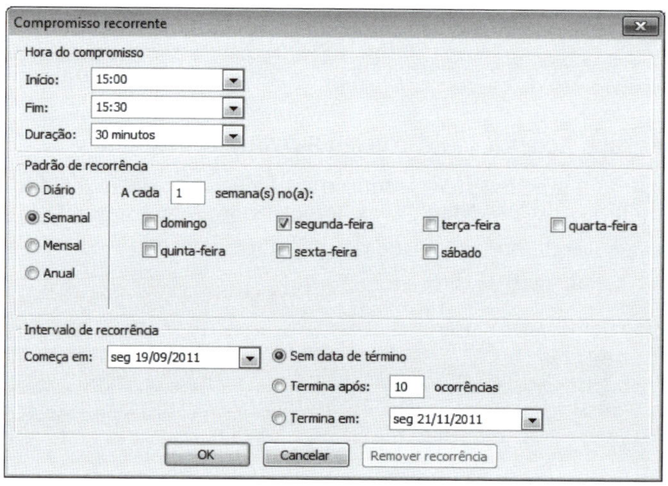

Ao configurar uma recorrência semanal, você pode alterar a hora, o dia, a frequência e a duração na caixa de diálogo Compromisso Recorrente.

O compromisso recorrente padrão é semanal no dia da semana selecionado atualmente. Você pode configurar o compromisso para voltar a ocorrer até que seja avisado o contrário, terminar após um determinado número de ocorrências ou terminar em uma data específica.

16. Na lista **Fim**, clique em 17:00 **(2 horas)**. Na área **Intervalo de recorrência**, clique em **Termina após**, e na lista, substitua **10** por 2.

17. Para indicar que você deseja criar um compromisso de 2 horas começando às 15:00 no dia da semana selecionado, somente nessa semana e na próxima, clique em **OK** na caixa de diálogo **Compromisso Recorrente**.

Na janela de compromisso, os campos Hora de Início e Hora de Término desaparecerão e serão substituídos pelos detalhes da recorrência.

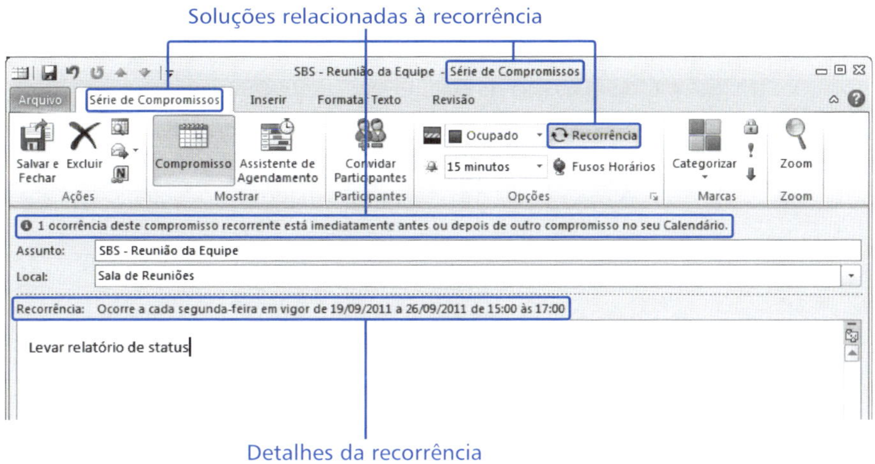

Vários aspectos da janela de compromisso mudam para refletir que agora essa é uma série de compromissos recorrentes.

18. No grupo **Ações** da guia **Série de Compromissos**, clique no botão **Salvar e Fechar**.

    O novo compromisso aparecerá em seu calendário.

19. Se necessário, role o painel **Calendário** para exibir o compromisso inteiro.

    O ícone de seta circular no lado direito do campo de horário indica a recorrência.

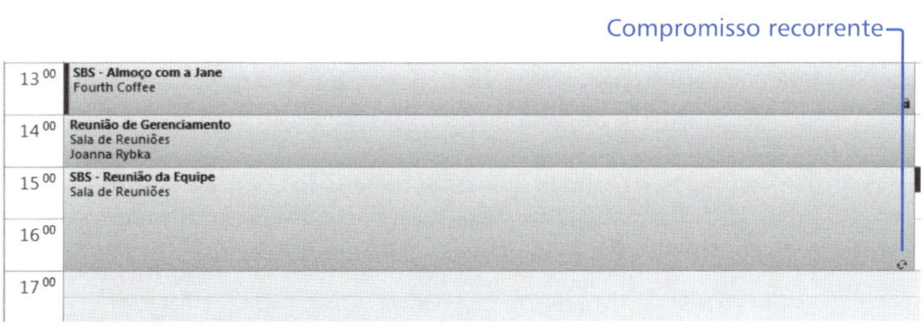

Os compromissos concluídos.

20. No **Navegador de Data**, clique no dia da semana do compromisso nas próximas duas semanas, para verificar se o compromisso aparece em seu calendário na próxima semana, mas não na semana seguinte.

LIMPEZA Mantenha os compromissos SBS – Almoço com a Jane e SBS – Reunião da Equipe em seu calendário para uso como arquivos de exercícios posteriormente neste capítulo.

Adicionando feriados nacionais ao seu calendário

Você pode adicionar facilmente os feriados locais de qualquer um dos mais de 80 países ao seu calendário do Outlook.

Para adicionar feriados nacionais ao seu calendário do Outlook, siga essas etapas:

1. Abra a caixa de diálogo Opções do Outlook.
2. Na página Calendário da caixa de diálogo Opções do Outlook, em Opções de Calendário, clique em Adicionar feriados ao calendário.

   A caixa de diálogo Adicionar feriados ao calendário será aberta.

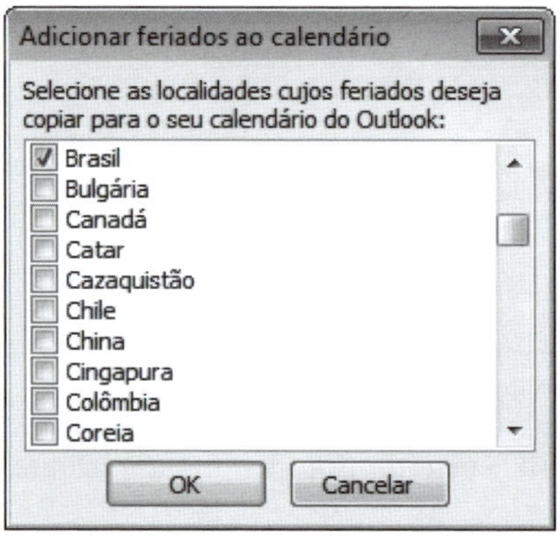

Mais de 80 países estão disponíveis na caixa de diálogo Adicionar Feriados ao Calendário.

3. Marque as caixas de seleção dos países cujos feriados deseja adicionar ao seu calendário e clique em OK.

   Dica Se você já tiver adicionado os feriados de um país selecionado ao seu calendário, o Outlook solicitará que verifique se deseja instalar uma segunda instância de cada feriado. Se não quiser fazer isso, clique em Não.

4. Após o Outlook adicionar os feriados do país selecionado ao seu calendário, clique em OK na caixa de mensagem de confirmação e na caixa de diálogo Opções do Outlook.

O Outlook 2010 atribui uma categoria de cor chamada *Feriado* a todos os feriados locais que adiciona ao calendário. Para visualizar todos os feriados de seu calendário, insira *categoria:feriado* na caixa Pesquisa. É bom ressaltar que o Outlook adiciona cada feriado dos próximos 20 anos ao calendário, portanto, a lista inteira de resultados pode não ser exibida imediatamente (só os 200 primeiros resultados). Se a busca retornar mais de 200 resultados, adicione critérios de pesquisa para estreitar o universo (por exemplo, *Início:2012* para visualizar todos os feriados de 2012) ou clique na barra de informações no topo da lista de resultados da pesquisa para exibir a lista inteira. Você pode restringir sua busca usando qualquer um dos cabeçalhos de coluna exibidos seguido por dois pontos e uma especificação de busca.

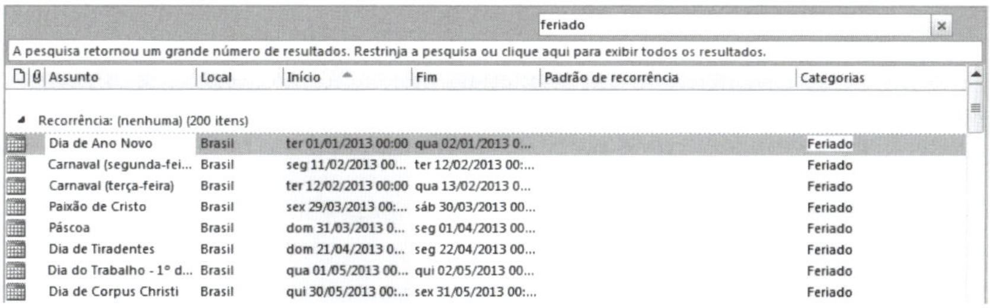

Uma busca básica retorna só os 200 primeiros resultados; clique na barra de informações para exibir todos os resultados.

Consulte também Para obter informações sobre categorias, consulte "Organizando itens do Outlook usando categorias de cores" no Capítulo 7, "Organize sua caixa de entrada". Para se informar sobre a funcionalidade de busca do Outlook, consulte "Localizando rapidamente as mensagens" no mesmo capítulo.

Para remover feriados nacionais de seu calendário, siga essas etapas:

1. Use a Pesquisa para localizar os feriados que deseja remover.
2. Selecione os feriados individuais que deseja remover; ou clique em qualquer feriado para ativar a lista e pressione Ctrl+A para selecionar todos os feriados dos resultados da busca.
3. Pressione a tecla Delete.

Dica Se você adicionar inadvertidamente dois conjuntos de feriados de um país ao calendário, a maneira mais fácil de corrigir a situação será remover todos os feriados desse país e adicioná-los novamente.

Criando um compromisso a partir de uma mensagem

Muitos emails que recebemos nos fazem querer ou ter que agendar um compromisso no calendário com base nas informações da mensagem – por exemplo, um amigo ou colaborador pode lhe enviar uma mensagem contendo os detalhes da inauguração de uma galeria de arte local e você querer adicionar o compromisso ao calendário. O Outlook fornece um método conveniente de criar um item de calendário (um compromisso, evento ou solicitação de reunião) com base em um email; você só precisa arrastar a mensagem para o botão Calendário no Painel de Navegação. Quando soltar o botão do mouse, uma janela de compromisso será aberta, já preenchida com o assunto da mensagem como assunto do compromisso, o texto da mensagem no Painel de Conteúdo e qualquer anexo da mensagem anexado ao compromisso. As horas de início e término são definidas com o próximo incremento de meia hora após a hora atual. Você pode converter o compromisso em um evento ou reunião da mesma forma que criaria um evento ou reunião de dentro do módulo Calendário. E pode reter algumas ou todas as informações da mensagem como parte do item de calendário para (tanto você quanto os outros participantes da reunião) ter as informações à mão quando precisar delas. Após criar o item de calendário, você poderá excluir a mensagem de origem de sua Caixa de Entrada.

Para criar um compromisso a partir de um email:

1. Arraste a mensagem do painel Email para o botão Calendário no Painel de Navegação, mas não solte o botão do mouse.

   Quando você mantiver a mensagem arrastada sobre o botão Calendário, o Painel de Navegação mudará para exibir as informações do módulo Calendário em vez das informações do módulo Email.

2. Depois que o conteúdo do Painel de Navegação mudar, solte o botão do mouse para criar um compromisso baseado na mensagem.

   Você pode converter o compromisso em um evento marcando a caixa de seleção O dia inteiro ou convertê-lo em uma reunião convidando outras pessoas para participarem. Também pode editar as informações no Painel de Conteúdo sem afetar o conteúdo da mensagem original e mover ou excluir a mensagem original sem afetar o compromisso.

3. Na janela de compromisso, clique no botão Salvar e Fechar para salvar o compromisso em seu calendário.

Consulte também Para obter informações sobre a inclusão do conteúdo da mensagem em sua Lista de Tarefas Pendentes, consulte "Criando tarefas" no Capítulo 6, "Controle as tarefas".

Agendando e alterando eventos

Os eventos são blocos de tempo de um dia inteiro que podemos agendar no calendário do Outlook – por exemplo, um aniversário, um dia de pagamento ou qualquer outra coisa que ocorra em um dia específico, mas não em uma hora específica. Em todos os outros aspectos, a criação de um evento é idêntica à criação de um compromisso pelo fato de você poder especificar um local, indicar recorrência, indicar sua disponibilidade e anexar informações adicionais ao item de evento.

Você pode criar um evento diretamente no calendário ao visualizá-lo no modo de exibição Dia, Dia de Trabalho, Semana ou Mês.

Neste exercício, você agendará um evento e o converterá em um evento recorrente usando os comandos do módulo Calendário.

PREPARAÇÃO Não é preciso arquivo para fazer este exercício. Exiba o módulo Calendário no modo Dia e siga as etapas.

1. No **Navegador de Data** no topo do **Painel de Navegação**, clique no primeiro dia do próximo mês.

   O Navegador de Data mudará para exibir o próximo mês.

2. No painel **Calendário**, aponte para o espaço em branco abaixo do cabeçalho do dia e acima dos campos de horário.

   Clique para adicionar o evento aparecerá no espaço.

3. Clique uma vez para ativar o campo do evento. O espaço do evento mudará para exibir uma cor de plano de fundo mais escura e um espaço reservado para eventos ficará ativo.

   Nesse modo, você pode inserir detalhes básicos do evento diretamente no painel Calendário.

4. Digite **SBS – Dia do Pagamento** e pressione Enter.

5. No grupo **Opções** da guia contextual **Compromisso**, clique no botão **Recorrência**.

   A caixa de diálogo Compromisso Recorrente será aberta. A recorrência padrão para eventos é a mesma dos compromissos – semanal no dia da semana selecionado atualmente. Observe que as horas de início e término são configuradas com 0:00 e a duração com 1 dia, indicando que esse é um evento de dia inteiro.

6. Na área **Padrão de recorrência**, clique em **Mensal**.

Dica Se você tiver uma conta do Exchange e um dispositivo móvel que dê suporte a conexões com contas do Exchange (como um Windows 7 Phone, um Blackberry ou um iPhone), será fácil manter seu calendário e lembretes à mão onde estiver se configurar seu dispositivo móvel para se conectar à sua conta do Exchange.

Você pode agendar um evento mensal para se repetir em uma data específica ou em um dia selecionado (primeiro, segundo, terceiro, quarto ou último) do mês. Os eventos mensais podem se repetir todo mês ou com menos frequência (por exemplo, a cada três meses).

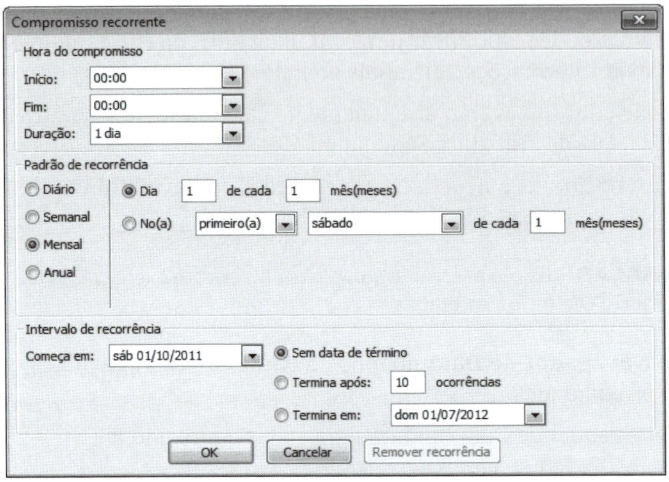

Ao configurar uma recorrência mensal, você pode alterar o dia ou a data do mês, a frequência e a duração na caixa de diálogo Compromisso Recorrente.

7. Para criar um compromisso recorrente no primeiro dia de cada mês, sem data de término específica, clique em **OK**.

   A guia contextual mudará para refletir que agora esse é um evento recorrente e o ícone de recorrência aparecerá à direita do assunto do evento.

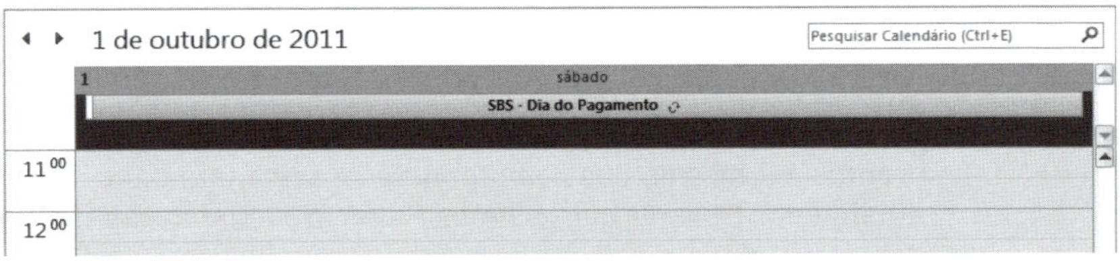

No modo de exibição Dia, os eventos aparecem acima da agenda do dia.

LIMPEZA Mantenha o evento SBS – Dia do Pagamento em seu calendário para uso como arquivo de exercício posteriormente neste capítulo.

Agendando reuniões

Uma das maiores dificuldades no agendamento de uma reunião é encontrar um horário que atenda todas as pessoas que precisem participar dela. O agendamento de reuniões pelo Outlook é significativamente mais simples do que o agendamento de reuniões pela discussão de horários e locais com os participantes, principalmente quando temos que conciliar as agendas de várias pessoas. O Outlook exibe as agendas individuais e coletivas das pessoas da empresa e de pessoas de fora da empresa que publicaram seus calendários na Internet. Você pode examinar as agendas dos participantes para localizar um horário em que todos estejam disponíveis ou fazer o Outlook encontrar uma hora conveniente para você.

Podemos enviar um convite de reunião do Outlook (chamado de solicitação de reunião) para qualquer pessoa que tenha uma conta de email – até mesmo para uma pessoa que não use o Outlook. E podemos enviar uma solicitação de reunião a partir de qualquer tipo de conta de email (como uma conta do Exchange ou uma conta de email da Internet).

A janela de reunião tem duas páginas: a página Compromisso e a página Assistente de Agendamento (ou Agendamento). A página Compromisso fica visível por padrão. Você pode inserir todas as informações necessárias diretamente na página Compromisso ou usar os recursos adicionais disponíveis na página Assistente de Agendamento para encontrar a melhor hora para a reunião.

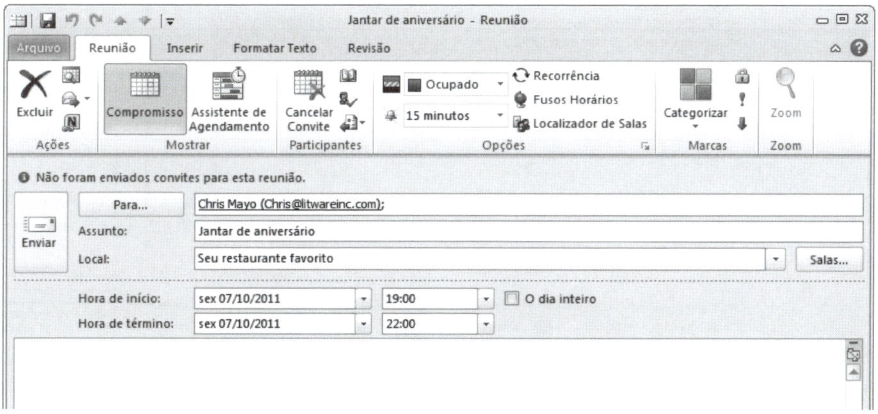

A página Compromisso de uma janela de reunião.

As pessoas convidadas para as reuniões são chamadas de *participantes*. Por padrão, o comparecimento dos participantes é indicado como Necessário. Você pode indicar os participantes não cruciais da reunião marcando seu comparecimento como Opcional. E pode convidar grupos inteiros de pessoas usando um grupo de contatos ou uma lista de distribuição. Também pode solicitar recursos gerenciados, como salas de conferência e equipamento audiovisual, que tenham sido definidos pelo administrador do Exchange em sua empresa.

Uma solicitação de reunião deve ter pelo menos um participante além de você, uma hora de início e uma hora de término. Também deve incluir um assunto e um local, mas o Outlook enviará a solicitação sem essas informações se você permitir isso. O corpo de uma solicitação de reunião pode incluir texto e links da Web, assim como arquivos anexos. Essa é uma maneira conveniente de distribuir informações da reunião para os participantes antecipadamente.

A página secundária da janela de reunião será o Assistente de Agendamento, se sua conta de email fizer parte de uma rede do Exchange Server 2010 ou Exchange Server 2007. Caso contrário, a página secundária será a página Agendamento, que não inclui o recurso Localizador de Sala que discutiremos abaixo. Se estiver organizando uma reunião para várias pessoas e quiser visualizar informações coletivas sobre suas agendas, faça isso na página Agendamento ou Assistente de Agendamento.

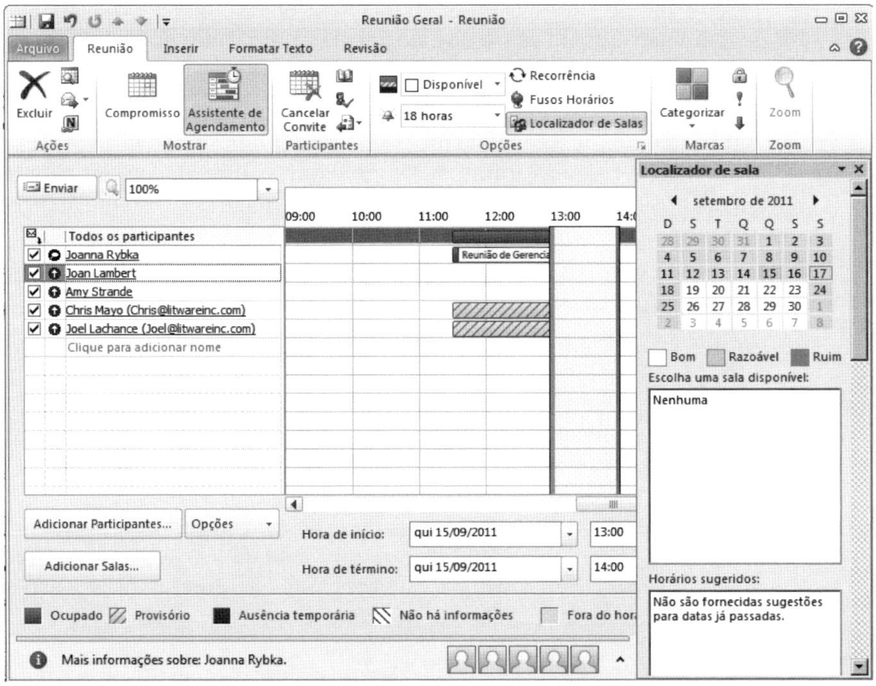

A página Assistente de Agendamento de uma janela de reunião.

As páginas Agendamento e Assistente de Agendamento incluem uma agenda de grupo que exibe o status do tempo de cada participante no decorrer do dia de trabalho. O Outlook indica a hora sugerida para a reunião na agenda de grupo com as barras verticais verde (hora de início) e vermelha (hora de término). Se informações de disponibilidade dos participantes da reunião puderem ser acessadas, seu tempo será mostrado como branco (Disponível), azul (Ocupado) ou roxo (Fora do Escritório). Suas reservas provisórias serão indicadas por listas diagonais na cor azul-clara. Se nenhuma informação estiver disponível (porque o Outlook não consegue se conectar ao calendário de um participante ou porque a reunião proposta deve ocorrer em uma data posterior às informações de agendamento armazenadas no servidor), o Outlook exibirá a hora com listas diagonais cinza. A linha no início da agenda, à direita do cabeçalho Todos os Participantes, indica a agenda coletiva de todos os participantes.

Dica Você pode inserir participantes adicionais na caixa Para da página Compromisso ou na lista Todos os Participantes da página Agendamento ou Assistente de Agendamento.

Podemos alterar a hora e a duração da reunião para conciliá-las com as agendas exibidas selecionando uma hora diferente nas listas Hora de Início e Hora de Término, arrastando as barras verticais verde e vermelha (as barras de hora de início e hora de término) na agenda de grupo ou clicando na hora desejada na lista Horários Sugeridos.

No lado direito da página Assistente de Agendamento, o painel de tarefas Localizador de Sala fica aberto por padrão. O calendário mensal no topo do painel de tarefas Localizador de Sala indica a disponibilidade coletiva do grupo em cada dia, como descrito a seguir:

- Datas passadas e dias de folga são cinza.
- Dias em que todos os participantes estão disponíveis são brancos.
- Dias em que a maioria dos participantes está disponível são azul-claro.
- Dias em que a maioria dos participantes não está disponível são azul-médio.

Dica O painel de tarefas Localizador de Sala só está disponível para contas do Exchange. Você pode exibir ou ocultar o Localizador de Sala na página Compromisso ou na página Assistente de Agendamento clicando no botão Localizador de Sala no grupo Opções da guia Reunião.

As salas de conferência gerenciadas que estiverem disponíveis na hora indicada para a reunião serão exibidas no centro do painel de tarefas Localizador de Sala. Na parte inferior do painel, a lista Horários Sugeridos exibe a disponibilidade dos participantes para compromissos com a duração especificada para a reunião.

A seleção de uma data no calendário exibe as horas de reunião sugeridas apenas para esse dia. (Não são fornecidas sugestões de agendamento para dias passados ou de folga.) Um clique em uma hora de reunião na lista Horários Sugeridos atualiza o calendário e a solicitação de reunião.

Consulte também Para obter informações sobre a criação de uma solicitação de reunião a partir de um email, consulte a observação "Criando um compromisso a partir de uma mensagem" já vista neste capítulo.

O Outlook rastreia as respostas dos participantes e dos responsáveis pelo agendamento dos recursos solicitados, portanto, sempre temos um relatório atualizado de quantas pessoas participarão da reunião. O número de participantes que aceitaram, aceitaram provisoriamente e recusaram a solicitação de reunião aparece na seção de cabeçalho quando abrimos uma reunião em sua própria janela. Neste exercício, você criará e enviará uma solicitação de reunião.

PREPARAÇÃO Não é preciso arquivo para fazer este exercício. Exiba seu calendário padrão e informe a dois colaboradores ou amigos que vai convidá-los como participantes de uma reunião. Peça que não respondam à solicitação de reunião que receberem. Então siga essas etapas.

1. No **Navegador de Data**, clique na data de amanhã. Em seguida, no painel **Calendário**, clique no campo de horário **15:00** (ou se tiver um compromisso conflitante, clique em um horário em que tenha 30 minutos disponíveis).

2. No grupo **Novo** da guia **Página Inicial**, clique no botão **Nova Reunião.**

   Uma janela de reunião sem título será aberta. A data e as horas selecionadas serão exibidas nas caixas Hora de Início e Hora de Término acima do painel de anotações.

3. Na caixa **Para**, digite o endereço de email do primeiro colaborador ou amigo com quem combinou praticar.
4. Na caixa **Assunto**, digite **SBS – Encontro**.
5. Na caixa **Local**, digite **Sala de teste** para indicar que a solicitação de reunião é só para fins de teste.

   Você forneceu todas as informações padrão de uma solicitação de reunião.

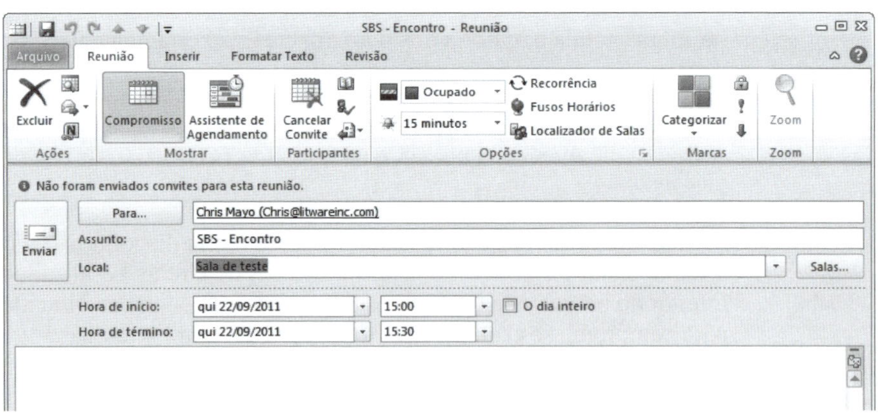

Uma solicitação de reunião básica.

Assistente de Agendamento

6. No grupo **Mostrar** da guia **Reunião**, clique no botão **Assistente de Agendamento.**

   A lista Todos os Participantes da página Assistente de Agendamento incluirá você e o participante que foi inserido na caixa Para (exibindo o endereço de email do participante ou, se ele tiver uma entrada em seu Catálogo de Endereços, o nome associado). O ícone próximo ao seu nome, uma lupa em um círculo preto, indica que você é o organizador da reunião. O ícone próximo ao nome do participante, uma seta apontando para cima em um círculo vermelho, indica que ele ou ela é um participante necessário.

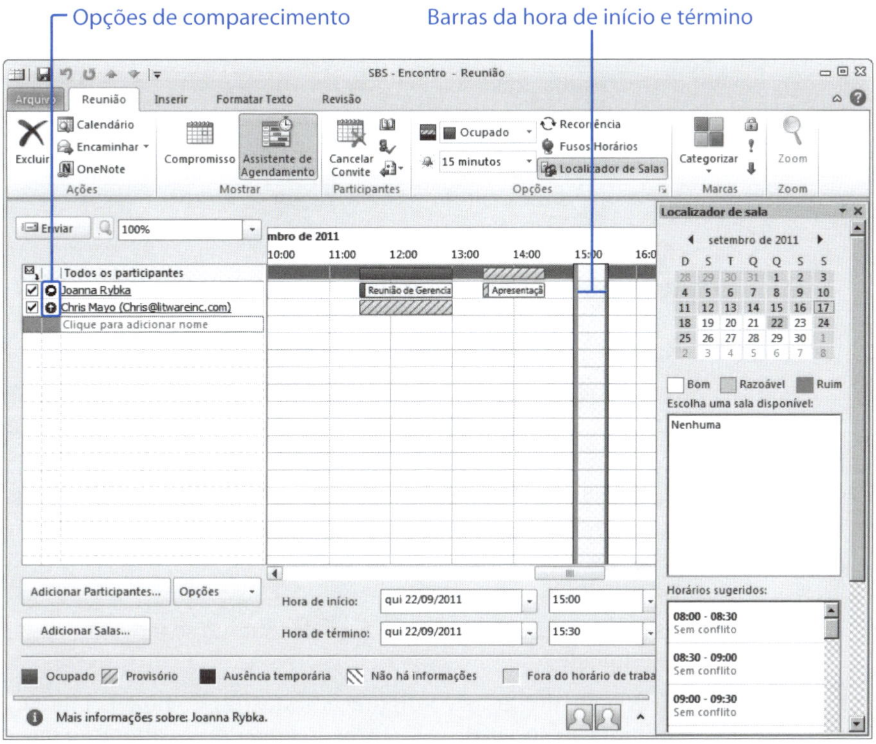

Quando você for o organizador da reunião, o Assistente de Agendamento exibirá o assunto de cada compromisso de sua agenda que não estiver marcado como Particular.

7. Se necessário, role até o fim do painel de tarefas **Localizador de Sala** para exibir a lista **Horários Sugeridos**.

   Os horários exibidos terão como base sua agenda e as informações de agenda do primeiro participante que estiverem disponíveis.

8. Na lista **Todos os Participantes**, clique em **Clique para adicionar nome**, insira o endereço de email da segunda pessoa com quem combinou praticar e pressione Tab.

   A lista Horários Sugeridos do painel de tarefas Localizador de Sala será atualizada para refletir qualquer conflito de agenda do segundo participante.

9. Clique no ícone **Participante Necessário** à esquerda do nome do segundo participante. Uma lista de opções de comparecimento será expandida.

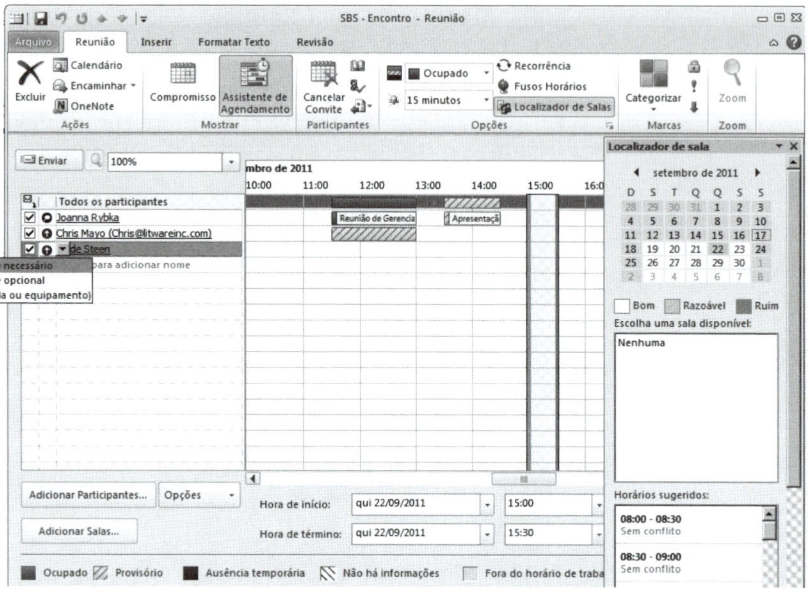

Você pode estender um convite de cortesia a participantes opcionais.

10. Na lista, clique em **Participante Opcional**.

    O ícone do segundo participante mudará para a letra i (de *informação*) em um círculo azul para indicar que você está enviando a solicitação de reunião para sua informação, mas ele não precisa participar.

11. Na agenda de grupo, tente alterar a hora e a duração da reunião arrastando a barra verde de hora de início e a barra vermelha de hora de término. Em seguida, na lista **Horários Sugeridos**, selecione uma hora de reunião boa para todos os três participantes.

    As barras de hora de início e hora de término se moverão para o campo de horário selecionado.

    Você pode alterar as configurações Mostrar Como e Lembrete, criar recorrências, atribuir categorias de cor e fazer qualquer outra alteração que quiser. A disponibilidade especificada na lista Mostrar Como será aplicada a todos os participantes que aceitarem sua solicitação de reunião.

12. Após selecionar a hora de reunião desejada, clique no botão **Compromisso** no grupo **Mostrar**.

    Na página Compromisso, o segundo participante terá sido adicionado à caixa Para e as caixas Hora de Início e Hora de Término exibirão a hora de reunião que você selecionou.

13. Verifique os detalhes da reunião e clique no botão **Enviar**.

    A reunião aparecerá em seu calendário e seus colaboradores ou amigos receberão a solicitação.

LIMPEZA Lembre seus participantes para não responderem à solicitação de reunião. Mantenha a reunião SBS – Encontro em seu calendário para uso em exercícios posteriores.

Atualizando e cancelando reuniões

Você pode achar necessário alterar a data, a hora ou o local de uma reunião após enviar a solicitação. Como organizador da reunião, pode alterar qualquer informação de uma solicitação de reunião a qualquer momento, inclusive adicionando ou excluindo participantes ou cancelando a reunião.

Para editar uma solicitação de reunião, clique duas vezes na reunião em seu calendário. Se a reunião fizer parte de uma série (uma reunião recorrente), o Outlook lhe pedirá para indicar se deseja editar a série de reuniões ou apenas a instância selecionada. Faça as alterações que deseja e salve e feche a janela de reunião.

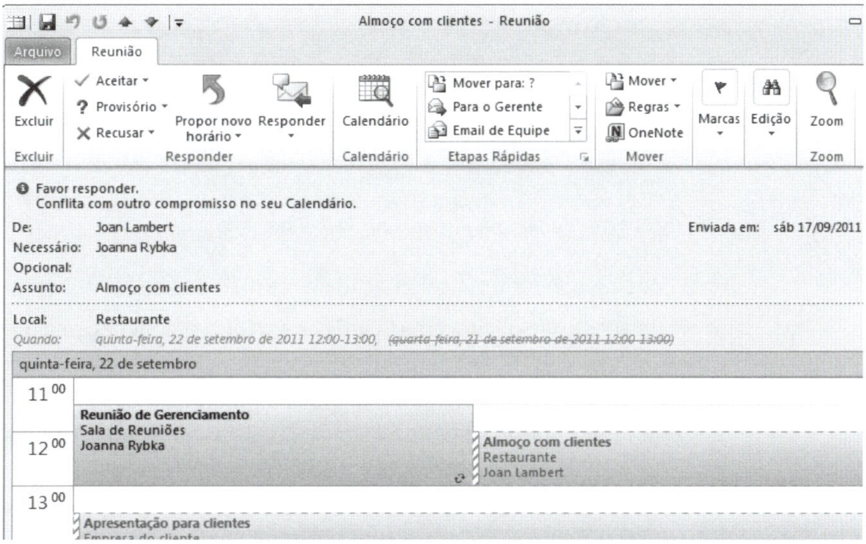

As alterações feitas em detalhes da reunião são rastreadas para que os participantes possam identificá-las rapidamente.

Para cancelar uma reunião, clique nela em seu calendário e no botão Excluir do grupo Ações da guia Reunião ou Série de Reuniões ou abra a janela de reunião e clique no botão Excluir do grupo Excluir da guia Reunião.

Após você editar ou cancelar uma reunião, o Outlook enviará uma solicitação de reunião atualizada para os participantes convidados para mantê-los informados. Se a única alteração feita tiver sido na lista de participantes, o Outlook lhe dará a opção de enviar uma atualização apenas para os participantes afetados.

Respondendo solicitações de reunião

Quando você receber uma solicitação de reunião de outro usuário do Outlook, a reunião aparecerá em seu calendário com a hora agendada como Provisória. Até haver uma resposta à solicitação, o organizador não saberá se você pretende participar.

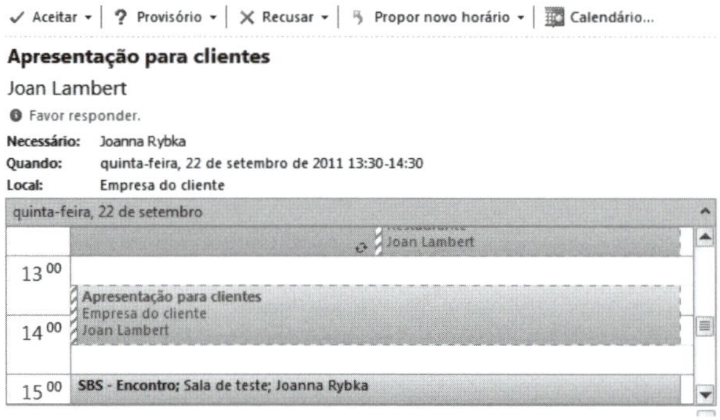

Solicitações de reunião não aceitas no Painel de Leitura.

Você pode responder uma solicitação de reunião das seguintes maneiras:

- Pode aceitar a solicitação. O Outlook excluirá a solicitação e adicionará a reunião ao seu calendário.
- Pode aceitar provisoriamente a solicitação, indicando que talvez possa participar da reunião mas ainda não se decidiu. O Outlook excluirá a solicitação e exibirá a reunião em seu calendário como agendada provisoriamente.
- Pode propor uma nova hora para a reunião. O Outlook enviará sua solicitação para o organizador para confirmação e exibirá a reunião com a hora original em seu calendário como agendada provisoriamente.
- Pode recusar a solicitação. O Outlook excluirá a solicitação e removerá a reunião de seu calendário.

Se você não responder uma solicitação, a reunião permanecerá em seu calendário com a hora sendo exibida como agendada provisoriamente.

A hora agendada provisoriamente é indicada por listas diagonais.

Se não tiver certeza se a hora de uma reunião é adequada, clique no botão Calendário dentro da janela da reunião. Seu calendário do Outlook referente ao dia sugerido para a reunião será aberto em uma janela separada para que você possa visualizar qualquer compromisso conflitante.

Ao aceitar ou recusar uma reunião, você poderá selecionar se deseja enviar uma resposta ao organizador. Se não enviar uma resposta, sua aceitação não será computada e o organizador não saberá se você pretende participar. Se enviar uma resposta, poderá adicionar uma mensagem para o organizador da reunião antes de enviá-la.

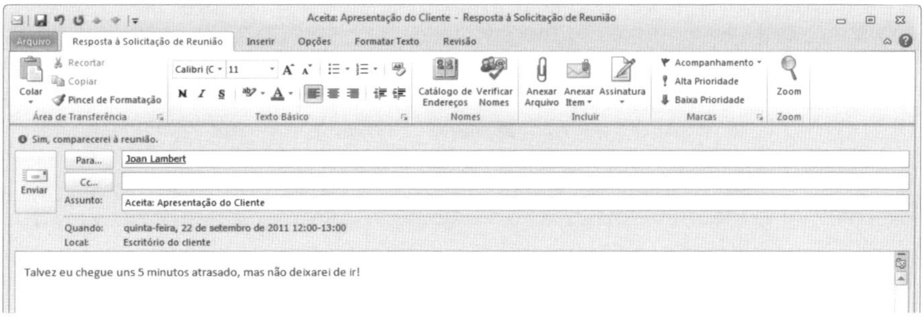

Você pode adicionar uma nota para o organizador ou anexar um documento pertinente ao assunto da reunião.

Para responder uma solicitação de reunião:

1. Na janela de reunião, no Painel de Leitura, ou no menu de atalho que aparece quando clicamos com o botão direito do mouse na solicitação de reunião, clique em Aceitar, Provisório ou Recusar.
2. Selecione se deseja enviar uma resposta padrão, uma reposta personalizada ou não deseja enviar resposta alguma.

Para propor um novo horário para uma reunião:

1. Na janela de reunião, no Painel de Leitura, ou no menu de atalho que aparece quando clicamos com o botão direito do mouse na solicitação de reunião, clique em Propor Novo Horário e então clique em Provisório e Propor Novo Horário ou Recusar e Propor Novo Horário.

   A caixa de diálogo Propor Novo Horário será aberta.

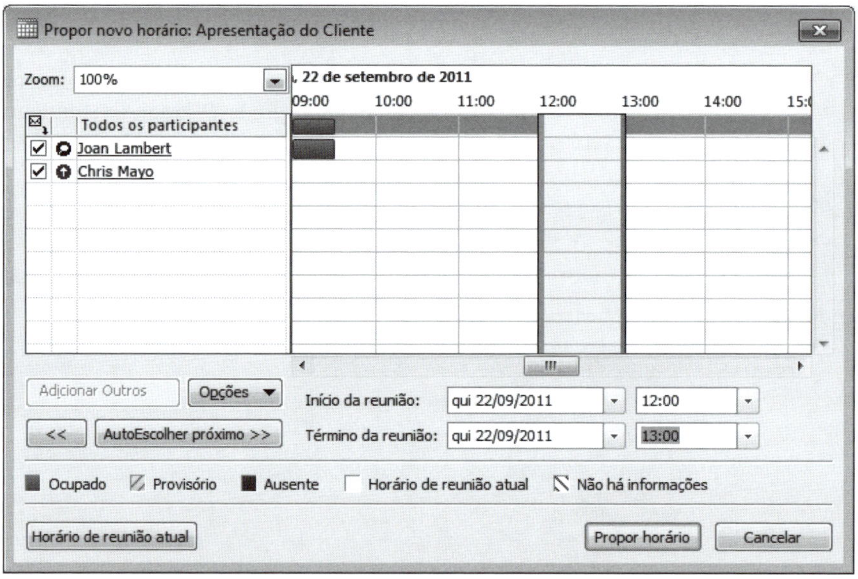

Você pode responder uma solicitação de reunião propondo um horário diferente.

2. Na área de agenda da caixa de diálogo Propor Novo Horário, altere as horas de início e término da reunião para as horas que deseja propor e clique no botão Propor Horário.
3. Na janela de resposta da reunião que será aberta, insira uma mensagem para o organizador se quiser e clique em Enviar.

   O Outlook enviará sua resposta e adicionará a reunião ao seu calendário como agendada provisoriamente na hora original. Se o organizador aprovar a mudança de hora da reunião, você e os outros participantes receberão solicitações de reunião atualizadas exibindo o novo horário.

Exibindo diferentes visualizações de um calendário

Você pode selecionar um modo de exibição e uma disposição para visualizar seu calendário. O modo de exibição padrão é o modo Calendário e a organização padrão é por Dia. A maioria dos exercícios deste capítulo mostrou o calendário com o modo de exibição e a organização padrão, que chamamos simplesmente de *modo de exibição Dia*.

Dica Já que o Outlook 2010 coordena as tarefas agendadas do calendário, você pode examinar seu calendário no modo Dia ou no modo Semana para ver as tarefas que têm que ser concluídas nesse dia ou nessa semana e pode acompanhar o progresso marcando as tarefas como concluídas quando terminá-las.

Modos de exibição

O módulo Calendário oferece quatro modos de exibição de conteúdo distintos, que estão disponíveis na lista Alterar Modo de Exibição do grupo Modo de Exibição Atual da guia Exibição. Esses modos de exibição são:

- **Calendário** Esse é o modo padrão em que você exibirá seu calendário do Outlook. Na disposição Dia, Semana de Trabalho ou Semana, o modo Calendário exibe o assunto, o local e o organizador (se o espaço permitir) de cada compromisso, reunião ou evento, assim como a barra de disponibilidade e qualquer ícone especial, como Particular ou Recorrência.
- **Visualização** Na disposição Dia, Semana de Trabalho ou Semana, o modo Visualização exibe informações adicionais, inclusive da área de anotações da janela de compromisso, quando o espaço permite.
- **Lista** Esse modo de lista exibe todos os compromissos, reuniões e eventos do calendário.
- **Ativo** Esse modo de lista exibe apenas compromissos, reuniões e eventos futuros.

Ao trabalhar com um modo de lista, você pode agrupar itens de calendário selecionando um campo na galeria Organização da guia Exibição.

Importante Neste livro, presumimos que você esteja trabalhando no modo Calendário e chamamos as disposições padrão desse modo de exibição de *modo Dia*, *modo Semana de Trabalho*, *modo Semana* e *modo Agendamento*. Para obter informações sobre a alteração e a redefinição dos modos de exibição, consulte "Exibindo diferentes visualizações dos registros de contatos" no Capítulo 4, "Armazene e acesse informações de contato".

Organização

Por padrão, seu calendário será exibido com a disposição Dia do modo Calendário. No entanto, essa disposição só exibe a agenda do dia atual e não nos mantém informados de compromissos futuros da semana ou do mês. Para ajudá-lo a ficar informado sobre sua agenda, você pode exibir seu calendário em várias disposições diferentes:

- **Dia** Exibe um dia de cada vez em incrementos de meia hora.

- **Semana de trabalho** Exibe apenas os dias da semana de trabalho. A semana de trabalho padrão é de segunda à sexta de 8:00 às 17:00. Os campos de horário que correspondem à semana de trabalho são brancos no calendário; os que ficam fora da semana de trabalho são coloridos.

  Consulte também Para obter informações sobre a modificação dos dias e horas da semana de trabalho exibidos no Outlook, consulte "Definindo seu tempo disponível" no Capítulo 8, "Gerencie seu calendário".

- **Semana** Exibe uma semana do calendário (domingo a sábado) de cada vez.
- **Mês** Exibe um mês do calendário de cada vez, assim como as semanas anteriores e posteriores (para um total de seis semanas, igual ao Navegador de Data). Quando exibir o modo Mês, você poderá selecionar um entre três níveis de detalhe:
  - **Nível baixo de detalhe** Exibe um calendário em branco exceto pelos eventos.
  - **Nível médio de detalhe** Exibe os eventos e barras sombreadas sem nome para indicar compromissos e reuniões.
  - **Nível alto de detalhe** Exibe os eventos e barras rotuladas para indicar compromissos e reuniões.
- **Exibição de agendamento** Exibe uma visualização horizontal do calendário para o período de tempo selecionado. O Agendamento, que é uma novidade do Outlook 2010, é muito útil para a comparação de vários calendários como os dos membros de um grupo de calendários.

Consulte também Para obter informações sobre grupos de calendários, consulte "Compartilhando informações de calendário" no Capítulo 8, "Gerencie seu calendário".

Você pode alternar entre as disposições clicando nos botões do grupo Organização da guia Exibição na Faixa de Opções do módulo Calendário.

Dica Se você fez alterações em algum modo de exibição (como na ordem em que as informações aparecem) e quiser voltar às configurações padrão, clique no botão Redefinir Modo de Exibição do grupo Modo de Exibição Atual da guia Exibição. Se o botão Redefinir Modo de Exibição estiver indisponível, o modo de exibição já estará usando as configurações padrão.

Você pode exibir um dia, semana ou mês específico no painel Calendário usando essas técnicas:

- No modo Mês, pode clicar na guia do lado esquerdo de uma semana para exibir somente essa semana.
- No modo Mês, Semana ou Semana de Trabalho, pode exibir um dia específico do modo Dia clicando duas vezes no cabeçalho desse dia.
- Pode exibir os períodos de tempo anterior e posterior clicando no botão Voltar ou no botão Avançar próximo à data ou ao intervalo de datas.
- Pode exibir o dia atual clicando no botão Hoje do grupo Ir para da guia Página Inicial.

Usando o Navegador de Data

Você pode usar o Navegador de Data para alterar o dia ou o intervalo de dias exibido no calendário.

O Navegador de Data padrão.

Por padrão, o Navegador de Data exibe seis semanas de cada vez. A data atual é indicada por uma borda vermelha. Os dias do mês selecionado são pretos. Os dias do mês anterior e do próximo mês são cinza, mas você também pode selecioná-los no Navegador de Data. Datas em negrito indicam dias com compromissos, reuniões ou eventos agendados.

Você pode exibir um dia, semana ou mês específico no painel Calendário selecionando--o no Navegador de Data. Use essas técnicas para trabalhar com o Navegador de Data:

- Para exibir um dia, clique nesse dia.

  Se você estiver exibindo o calendário no modo Dia, Semana de Trabalho ou Semana, o dia aparecerá e será realçado no modo de exibição atual. Se estiver exibindo o calendário no modo Mês, a exibição mudará para o modo Dia.

- Para exibir uma semana, clique na margem à esquerda dessa semana. Ou, se estiver exibindo números de semana no Navegador de Data e no Calendário, clique no número da semana para exibi-la.

  Em qualquer modo de exibição de calendário, a seleção de uma semana no Navegador de Data muda a exibição para o modo Semana.

Dica Semanas específicas são referenciadas em alguns países por um número para simplificar a comunicação de datas. (Por exemplo, você poderia dizer que estará fora do escritório na "semana 24" em vez de em "7 de junho de 2011".) A semana 1 é a semana do calendário em que cai o dia 1° de janeiro, a semana 2 é a semana seguinte e assim por diante até o fim do ano. Devido à maneira como as semanas são numeradas, um ano pode terminar na semana 52 ou (o que é mais comum) na semana 53.

Para exibir números de semana no Navegador de Data e no modo Mês do calendário, marque a caixa de seleção Mostrar Números das Semanas... na página Calendário da caixa de diálogo Opções do Outlook.

- Para exibir um mês, clique nos botões Voltar ou Avançar para rolar um mês para trás ou para frente, ou clique no nome do mês atual e mantenha o botão do mouse pressionado para exibir um intervalo de meses, aponte para o mês que deseja exibir e solte o botão do mouse. Para rolar para além do intervalo de sete meses exibido por padrão, aponte para o topo ou a base da lista de meses.

  No modo Mês, a rolagem do mês exibe o mês inteiro; no modo Dia exibe a mesma data do mês selecionado e no modo Semana de Trabalho exibe a mesma semana do mês selecionado.

Em todos os módulos do Outlook, o Navegador de Data fica localizado no topo da Barra de Tarefas Pendentes. No módulo Calendário, se você fechar a Barra de Tarefas Pendentes, o Navegador de Data passará para o topo do Painel de Navegação. Nos dois locais, você pode exibir meses adicionais aumentando a largura ou a altura da área alocada para o Navegador de Data. Podemos alocar até 50% da janela do programa para o Painel de Navegação ou a Barra de Tarefas Pendentes.

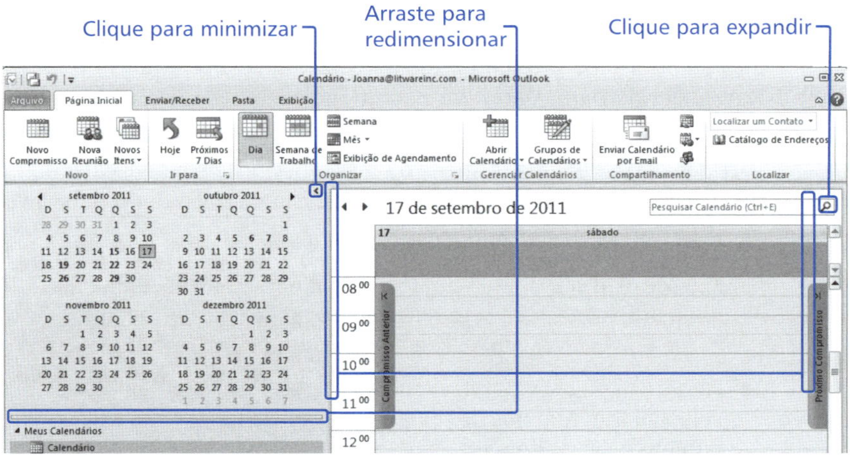

Expandindo o Navegador de Data no Painel de Navegação.

Quando o Navegador de Data exibe mais de um mês, cada mês exibe cinco ou seis semanas de cada vez – o que for necessário para exibir todos os dias do mês selecionado atualmente em um formato de calendário de domingo a sábado e para coincidir com a altura de qualquer outro mês exibido perto dele. Só o primeiro e último meses incluem os dias do mês anterior ou posterior (em cinza).

Consulte também Para obter mais informações sobre a modificação da exibição do Navegador de Data, consulte "Personalizando a janela do programa Outlook" no Capítulo 13, "Personalize o Outlook".

Neste exercício, primeiro você exibirá períodos de tempo diferentes em seu calendário e reverterá um modo de exibição personalizado para suas configurações padrão. Em seguida, alterará a exibição da Lista de Tarefas Diárias da Barra de Tarefas Pendentes. Para concluir, percorrerá seu calendário usando o Navegador de Data e exibirá diferentes níveis de informações sobre compromissos e eventos agendados.

PREPARAÇÃO Você precisará dos compromissos SBS – Almoço com a Jane e SBS – Reunião da Equipe e do evento SBS – Dia do Pagamento que criou nos exercícios anteriores deste capítulo. Se não fez esses exercícios, pode fazê-los agora ou usar qualquer compromisso, reunião ou evento de seu próprio calendário. Exiba o módulo Calendário em qualquer modo de exibição e siga as etapas.

1. No grupo **Organizar** da guia **Página Inicial**, clique no botão **Semana de Trabalho.**

   Atalho do teclado Pressione Ctrl+Alt+2 para exibir seu calendário na disposição Semana de Trabalho.

   Consulte também Para obter mais informações sobre atalhos do teclado, consulte "Atalhos do teclado" no fim deste livro.

   O painel Calendário exibirá a semana de trabalho configurada atualmente e realçará os dias correspondentes no Navegador de Data. A Lista de Tarefas Diárias é aberta na parte inferior do painel. O primeiro campo de horário de seu dia de trabalho aparecerá no topo do painel.

2. Role o painel **Calendário** para que ele exiba uma hora antes do início de seu dia de trabalho.

   Os campos de horário do dia de trabalho são brancos; os campos de horário não pertencentes ao dia de trabalho são sombreados.

3. No grupo **Ir para**, clique no botão **Hoje**.

   Se anteriormente o painel Calendário não estava exibindo a semana atual, agora estará. Os horários exibidos permanecem os mesmos. O dia e o campo de horário atuais serão realçados.

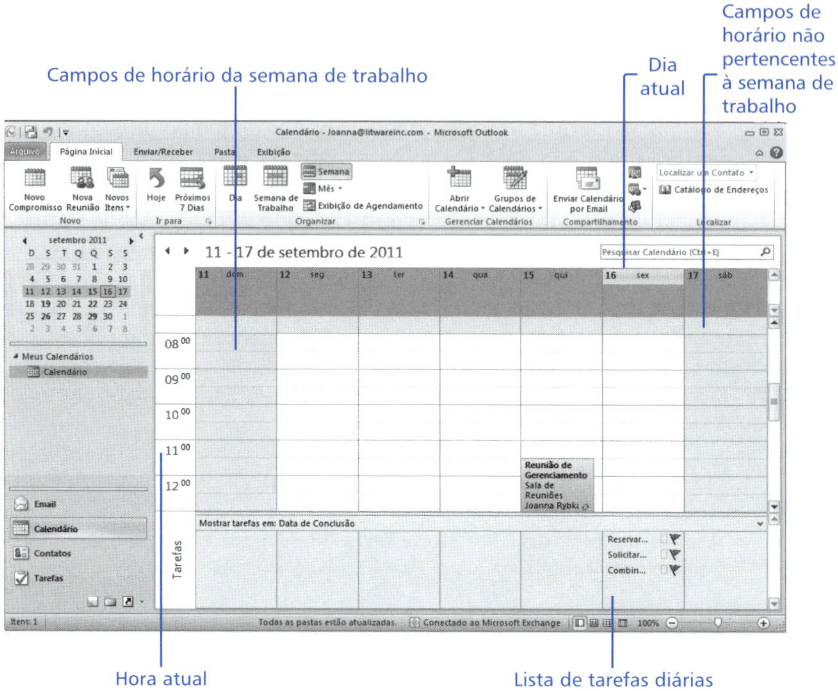

Quando a Barra de Tarefas Pendentes é aberta, o Navegador de Data aparece no topo dela, e não no Painel de Navegação.

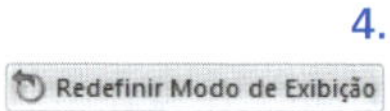

4. No grupo **Modo de Exibição Atual** da guia **Exibição**, clique no botão **Redefinir Modo de Exibição**.

   Uma caixa de mensagem solicitará que você confirme se deseja redefinir o modo de exibição.

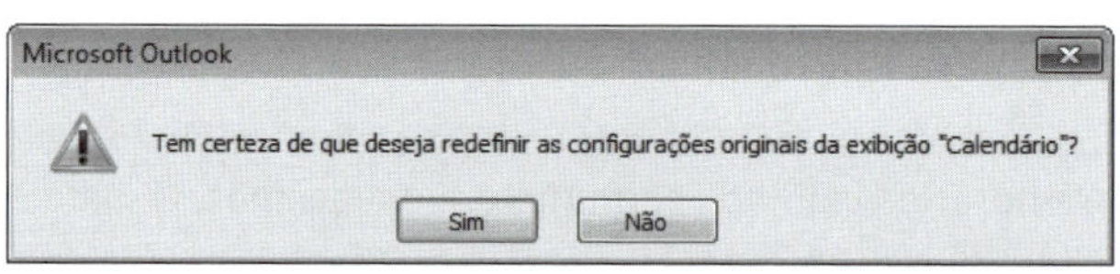

O comando Redefinir Modo de Exibição redefine apenas o modo de exibição atual.

5. Na caixa de mensagem **Microsoft Outlook**, clique em **Sim**.

   O painel Calendário mudará para exibir a agenda de hoje na disposição padrão Dia, com a Lista de Tarefas Diárias aberta na parte inferior do painel.

6. No grupo **Layout** da guia **Exibição**, clique no botão **Lista de Tarefas Diárias**, e na lista, clique em **Minimizado**.

   A Lista de Tarefas Diárias mudará para uma linha única na parte inferior do painel Calendário. A Lista de Tarefas Diárias minimizada exibe uma contagem das tarefas totais, ativas e concluídas do dia.

7. No grupo **Layout**, clique no botão **Barra de Tarefas Pendentes**, e na lista, clique em **Minimizado**.

   A Barra de Tarefas Pendentes mudará para uma coluna única no lado direito da janela do programa. A Barra de Tarefas Pendentes minimizada exibe o próximo compromisso e o número de tarefas que vencem hoje (da Lista de Tarefas referente à Barra de Tarefas Pendentes).

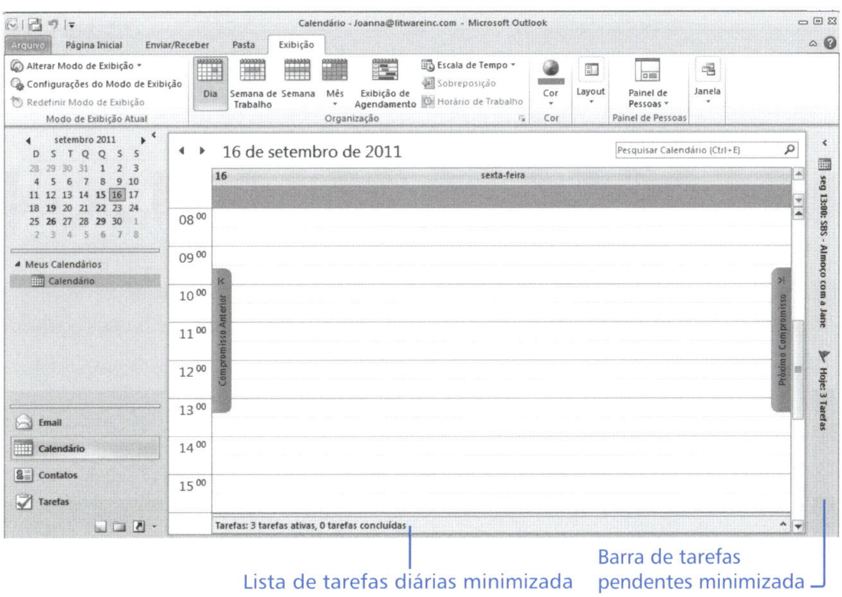

Quando a Barra de Tarefas Pendentes é minimizada, o Navegador de Data passa para o Painel de Navegação.

8. No **Navegador de Data**, que agora está aparecendo no topo do **Painel de Navegação**, clique em uma data em negrito para exibir o calendário de um dia em que você tenha agendado compromissos ou reuniões.
9. No **Navegador de Data**, aponte para a borda esquerda de uma linha do calendário que contenha uma ou mais datas em negrito. Quando o cursor mudar para apontar em direção ao calendário, clique uma vez.

   O painel Calendário exibirá a semana de sete dias selecionada.

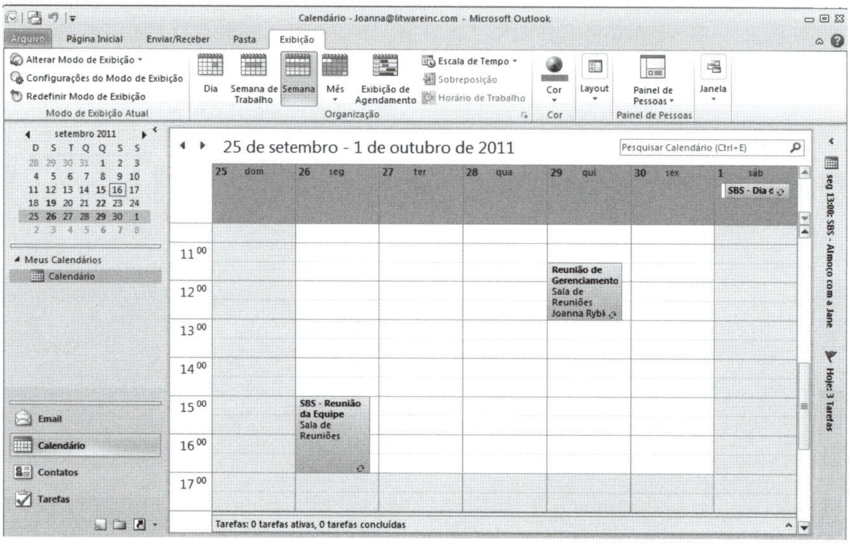

Os dias exibidos no painel Calendário são sombreados no Navegador de Data.

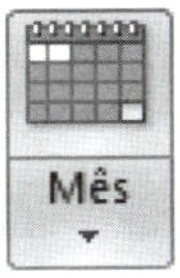

10. No grupo **Organizar** da guia **Página Inicial**, clique no botão **Mês** (e não em sua seta).

Atalho do teclado Pressione Ctrl+Alt+4 para exibir seu calendário na disposição Mês.

O Outlook exibirá o calendário referente ao mês. Os outros meses serão sombreados para fornecer um indicador óbvio da alteração. A Lista de Tarefas Diárias não fica disponível no modo Mês.

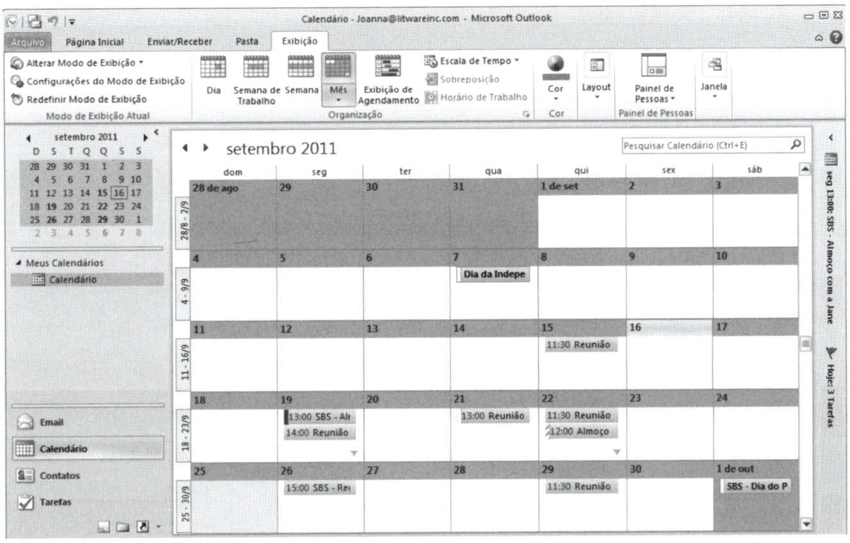

Você pode exibir um mês diferente rolando o painel Calendário, ou clicando no mês que deseja visualizar, no Navegador de Data.

11. No grupo **Organizar**, clique na seta **Mês** e em **Mostrar Nível Médio de Detalhe**

    O calendário mudará para exibir apenas os eventos como itens legíveis; compromissos e reuniões aparecem como linhas horizontais, com a largura da linha indicando o período de tempo agendado para esse item.

No modo Nível Médio de Detalhe, os itens atribuídos a categorias de cores são representados por linhas com a cor da categoria.

12. Na lista **Mês**, clique em **Mostrar Nível Baixo de Detalhe** para ocultar totalmente compromissos e reuniões.

    O calendário mudará para exibir apenas eventos; compromissos e reuniões ficarão totalmente ocultos.

13. Clique em um dos rótulos de semanas que aparecem ao longo da borda esquerda do painel **Calendário**.

    O Outlook exibirá a semana selecionada no modo Semana. (Se você tiver exibido recentemente um modo Semana de Trabalho, a semana será mostrada nesse modo.) Os detalhes dos itens de calendário não ficarão mais ocultos.

14. À esquerda do intervalo de datas no cabeçalho do calendário, clique no botão **Avançar**.

    O calendário avançará uma semana.

15. Use qualquer um dos métodos de navegação disponíveis para exibir a semana que contém um dos compromissos **SBS – Reunião da Equipe**.

16. No grupo **Modo de Exibição Atual** da guia **Exibição**, clique no botão **Alterar o Modo de Exibição** e, na galeria, clique em **Visualização**.

    As anotações salvas com o compromisso recorrente aparecerão no calendário.

17. Clique no rótulo do dia em que o compromisso **SBS – Reunião da Equipe** ocorre.

O Outlook voltará à disposição Dia, mas continuará exibindo o modo Visualização.

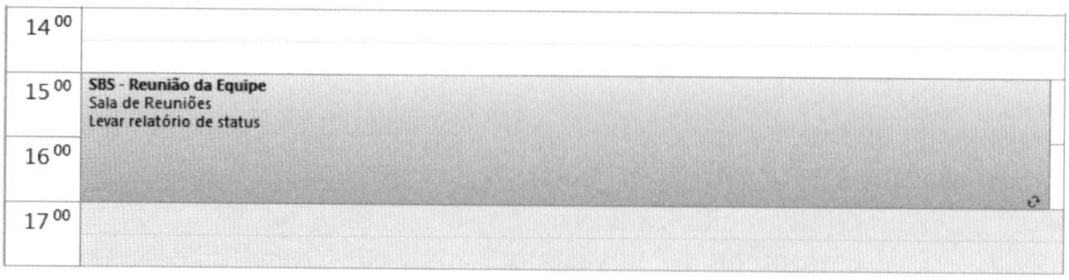

No modo Visualização, o calendário exibe as anotações salvas com o compromisso.

18. Na galeria **Alterar Modo de Exibição**, clique em **Calendário**.

    O painel Calendário voltará às suas configurações padrão.

LIMPEZA Mantenha os compromissos SBS – Almoço com a Jane e SBS – Reunião da Equipe e o evento SBS – Dia do Pagamento em seu calendário para uso em exercícios posteriores.

Pontos principais

- Você pode criar e gerenciar compromissos e eventos de dia inteiro em seu calendário.
- Outras pessoas de sua empresa podem ver se você está disponível, ocupado ou fora do escritório por meio dos compromissos, eventos e reuniões agendados em seu calendário.
- Você pode personalizar a exibição de suas horas de trabalho disponíveis e marcar compromissos como particulares para ocultar os detalhes de outras pessoas.
- Pode usar o Outlook para convocar reuniões, convidar participantes e rastrear suas respostas.
- O Outlook pode identificar uma hora para a reunião com base nas agendas dos participantes.
- Se sua empresa usar o Exchange Server 2010 ou o Exchange Server 2007, você poderá usar os recursos do Assistente de Agendamento para identificar rapidamente horas de reunião de duração específica em que os participantes planejados estejam disponíveis.
- Você pode exibir muitas visualizações diferentes de seu calendário. E pode alterar as datas e intervalos de datas exibidos no painel Calendário usando o Navegador de Data, os botões de navegação do painel Calendário ou os comandos da Faixa de Opções.

Resumo do capítulo

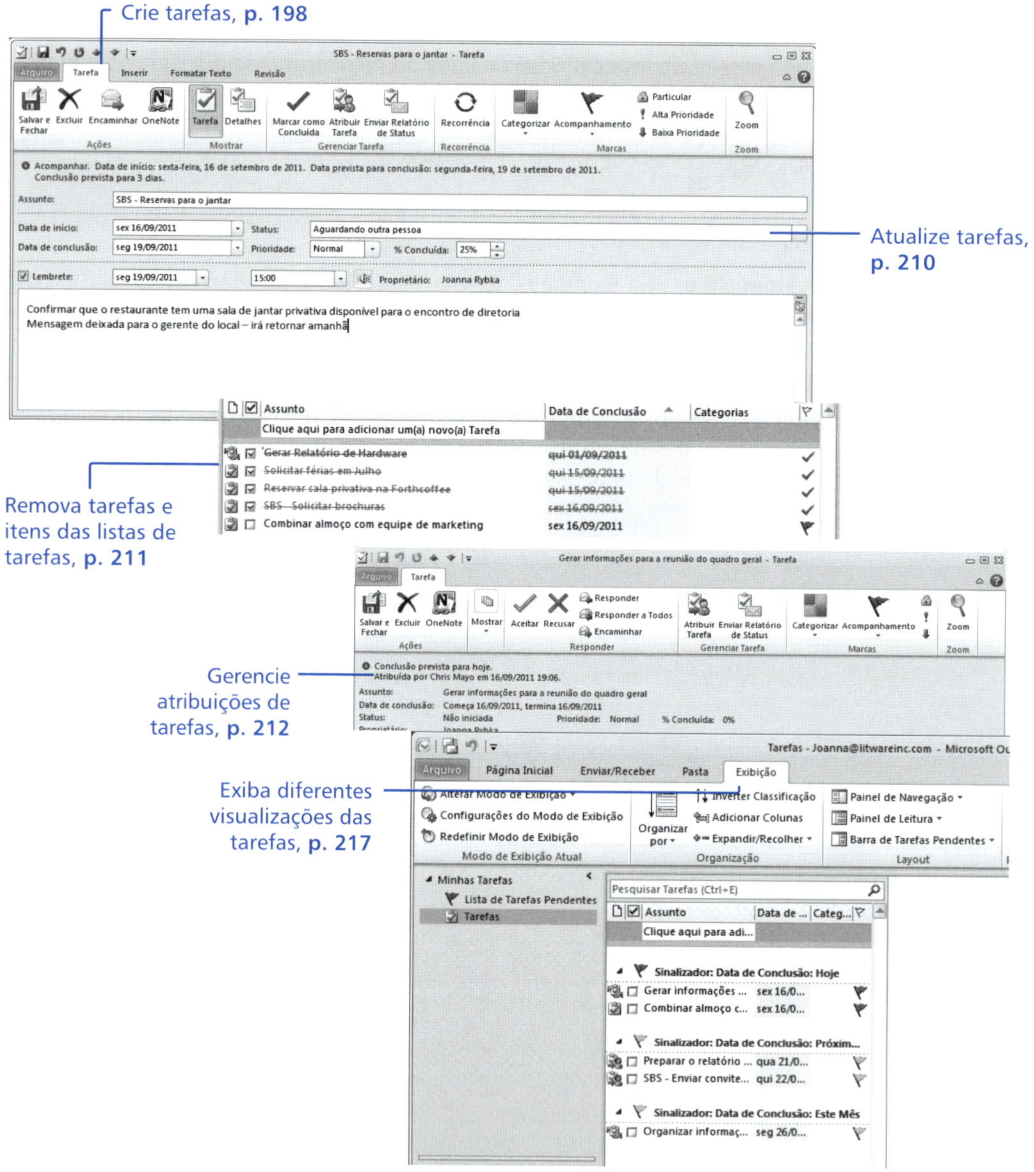

Capítulo 6

Controle as tarefas

Neste capítulo, você vai aprender a:

- Criar tarefas.
- Atualizar tarefas.
- Remover tarefas e itens de listas de tarefas.
- Gerenciar atribuições de tarefas.
- Exibir diferentes visualizações das tarefas.

Muitas pessoas sempre têm uma ou mais listas de tarefas, listando atividades a serem executadas, coisas a serem compradas, pessoas a serem contatadas e assim por diante. Podemos riscar as tarefas ao concluí-las, transferir tarefas inacabadas para outras listas, criar várias listas para fins diversos ou seguir um sistema especializado projetado por um perito em eficiência. Provavelmente você escreverá essas listas em pedaços de papel, mesmo já tendo vivenciado as armadilhas desse sistema antigo. O papel amassa, rasga e com frequência acaba em fiapos na lavadora de roupas (até mesmo quando temos certeza de que verificamos todos os bolsos antes de colocar a calça para lavar).

Se usar o Microsoft Outlook 2010 diariamente, talvez ache bem mais fácil usar a lista de tarefas interna, chamada *Lista de Tarefas Pendentes*. Poderá adicionar tarefas, atribuir datas de conclusão, receber lembretes e marcar tarefas como concluídas ao terminá-las. Poderá até atribuir tarefas a outras pessoas e, se elas estiverem usando o Outlook, poderá visualizar seu progresso nas tarefas atribuídas à medida que avançarem pelas etapas.

Você pode visualizar a lista de tarefas associada à sua conta de email padrão em vários locais do Outlook, inclusive no módulo Tarefas, na Lista de Tarefas da Barra de Tarefas Pendentes, na Lista de Tarefas Diárias que aparece nos modos de exibição de calendário selecionados e na página Outlook Hoje. E pode visualizar outras listas de tarefas do Outlook no módulo Tarefas.

Neste capítulo, você vai criar tarefas a partir do zero e aprender como delegar tarefas a outras pessoas e gerenciar atribuições de tarefas. Também vai examinar diferentes maneiras de dispor, organizar e localizar tarefas e vai remover tarefas de sua lista marcando-as como concluídas ou excluindo-as.

Arquivos de exercícios Os exercícios deste capítulo usam itens do Outlook que você criou em exercícios de capítulos anteriores. Se um exercício pedir um item que você não tem, faça o exercício em que o item é criado antes de começar o exercício atual ou substitua o item por outro semelhante que já exista. Uma lista completa de arquivos de exercícios é fornecida em "Usando os arquivos de exercícios" no começo deste livro.

Consulte também Para obter informações sobre a Lista de Tarefas Diárias, consulte "Exibindo diferentes visualizações de um calendário" no Capítulo 5, "Gerencie o agendamento". Para se informar sobre a Barra de Tarefas Pendentes e sua Lista de Tarefas, consulte "Exibindo diferentes visualizações das tarefas" mais à frente neste capítulo.

Criando tarefas

Se você usar a lista de tarefas do Outlook em todo o seu potencial, adicionará tarefas a ela com frequência. Você pode criar tarefas únicas ou recorrentes a partir do zero de diferentes maneiras ou adicionar um item existente do Outlook (como uma mensagem) à sua lista de tarefas. Independente de como ou onde criar uma tarefa, todas as tarefas estarão disponíveis no módulo Tarefas e na Lista de Tarefas da Barra de Tarefas Pendentes. Só tarefas individuais ficam disponíveis na Lista de Tarefas.

Dica Outra maneira de adicionar uma tarefa à sua lista é aceitando uma tarefa atribuída. Para obter mais informações, consulte "Gerenciando atribuições de tarefas" mais à frente neste capítulo.

Você pode anexar arquivos a itens de tarefa e incluir texto, tabelas, gráficos, ilustrações, hiperlinks e outros conteúdos no Painel de Conteúdo da janela de tarefa usando os mesmos comandos empregados em outras janelas de itens do Outlook e em outros programas do Microsoft 2010, como o Microsoft Word. Também pode configurar opções padrão de itens do Outlook como recorrência, categorias de cores, lembretes e privacidade.

Dica Podemos ter várias listas de tarefas criando pastas para armazenar itens de tarefa. Para obter informações sobre a criação de pastas de tarefas, consulte a observação "Encontrando e organizando tarefas" mais à frente neste capítulo.

Criando tarefas a partir do zero

Você pode criar um item de tarefa a partir do zero usando um entre vários métodos.

No módulo Tarefas:

- Clique no botão Nova Tarefa na guia Página Inicial, insira os detalhes da tarefa na janela de tarefa que será aberta e salve e feche a tarefa.
- Quando você exibir sua Lista de Tarefas Pendentes, insira a descrição da tarefa na caixa Digite uma nova tarefa no topo da lista e pressione Enter para criar uma tarefa com as configurações padrão.

- Quando você exibir sua Lista de Tarefas, insira a descrição da tarefa na caixa Clique aqui para adicionar um(a) novo(a) Tarefa, pressione Tab para passar para os campos subsequentes, insira outras informações e pressione Enter.

Dica Os campos disponíveis na Lista de Tarefas variam de acordo com o modo de exibição de lista que está sendo exibido. Para obter informações sobre os modos de exibição disponíveis, consulte "Exibindo diferentes visualizações das tarefas" mais à frente neste capítulo.

Em qualquer módulo:

- Clique no botão Novos Itens na guia Página Inicial e, na lista, clique em Tarefa.
- Na Barra de Tarefas Pendentes, insira a descrição da tarefa na caixa Digite uma nova tarefa no topo da Lista de Tarefas.

A partir de qualquer modo de exibição da lista de tarefas, você pode atribuir a tarefa a uma categoria, alterar a data de conclusão, adicionar um lembrete, marcar a tarefa como concluída ou excluir totalmente a tarefa. Para acessar esses comandos, clique com o botão direito do mouse no nome, na categoria ou no sinalizador da tarefa e clique na opção desejada.

Dica Por padrão, o Outlook não define automaticamente um lembrete para as tarefas como faz para itens de calendário. Você pode ativar os lembretes na caixa de diálogo Opções do Outlook. Para obter mais informações, consulte "Personalizando suas configurações do Office e do Outlook" no Capítulo 13, "Personalize o Outlook".

Opções das tarefas

Quando você criar um item de tarefa, a única informação que deve incluir é o assunto. Como ocorre com muitos outros tipos de itens do Outlook, você pode definir várias opções para as tarefas para facilitar sua organização e identificação.

- **Data de início e data de conclusão** Você pode exibir as tarefas em várias listas de tarefas do Outlook na data de início ou na data de conclusão. A cor do sinalizador de tarefa indica a data de conclusão.
- **Status** Você pode rastrear o status de uma tarefa para se informar de seu progresso. As opções específicas de status incluem Não Iniciada, Em Andamento, Concluída, Aguardando outra pessoa ou Adiada. Também podemos indicar que percentual da tarefa foi concluído. A configuração do percentual de conclusão com 25%, 50% ou 75% define o status da tarefa como Em andamento. A configuração com 100% define o status como Concluída.
- **Prioridade** A menos que você indique o contrário, a tarefa será criada com nível de prioridade Normal. Você pode definir a prioridade para adicionar um indicador visual da importância de uma tarefa. Uma prioridade Baixa exibe uma seta azul apontando para baixo e uma prioridade Alta exibe um ponto de exclamação vermelho. Podemos classificar e filtrar tarefas com base em sua prioridade.
- **Recorrência** Você pode configurar uma tarefa para se repetir periodicamente; por exemplo, poderia criar uma tarefa Folha de Pagamento que se repetisse todo mês. Só a instância atual de uma tarefa recorrente aparece na lista de tarefas. Quando você marcar a tarefa atual como concluída, o Outlook criará a próxima instância da tarefa.

- **Categoria** As tarefas usam a mesma lista de categorias de outros itens do Outlook. Você pode atribuir uma tarefa a uma categoria para associá-la a itens relacionados como mensagens e compromissos.
- **Lembrete** Podemos definir um lembrete para uma tarefa da mesma forma como isso é feito para um compromisso. O lembrete aparecerá até você descartá-lo ou marcar a tarefa como concluída.
- **Privacidade** Marcar uma tarefa como particular assegurará que outros usuários do Outlook a quem você delegar acesso à conta não vejam os detalhes da tarefa.

Nenhuma das opções é obrigatória, mas podem ser úteis para você para classificar, filtrar e priorizar suas tarefas.

Criando tarefas a partir de itens do Outlook

Com frequência temos que tomar uma medida com base nas informações que recebemos no Outlook – por exemplo, informações de uma mensagem ou de uma solicitação de reunião. Você pode querer adicionar informações de outro item do Outlook à lista de tarefas para garantir a execução de qualquer trabalho de acompanhamento necessário.

Dependendo do método usado, você pode criar uma nova tarefa a partir de um item existente ou simplesmente transferir o item existente para sua lista de tarefas sinalizando-o.

Para criar uma nova tarefa a partir de uma mensagem, contato ou anotação:

- Arraste a mensagem para o botão Tarefas da parte inferior do Painel de Navegação, pare até o Painel de Navegação mudar para exibir o conteúdo do módulo Tarefas e solte o botão do mouse.

Esse método abre uma janela de tarefa já com informações provenientes do item original. Você pode alterar configurações, adicionar informações e anexos, atribuir a tarefa a outras pessoas e assim por diante.

Para transferir um email existente para sua lista de tarefas sem criar uma tarefa individual:

- Clique no ícone de sinalizador à direita de uma mensagem no painel Email. Esse método, chamado de *sinalizar uma mensagem para acompanhamento*, adiciona a mensagem às listas de tarefas com a data de conclusão padrão especificada nas configurações Clique Rápido e adiciona uma barra de informações à mensagem. No entanto, não cria um item de tarefa separado, logo, para reter a tarefa, você deve reter a mensagem – pode alternar a mensagem entre pastas de email, mas sua exclusão também excluirá a tarefa.

- Clique com o botão direito do mouse no ícone de sinalizador à direita de uma mensagem no painel Email e especifique uma data de conclusão: Hoje, Amanhã, Esta Semana, Próxima Semana, Sem Data ou Personalizar (que permite a definição de datas de início e término específicas).

  Dica As mensagens sinalizadas aparecem na lista de tarefas sob o cabeçalho da data de conclusão padrão. Você pode alterar a data de conclusão padrão definindo o sinalizador Clique Rápido na caixa de diálogo Opções do Outlook ou clicando com o botão direito do mouse no sinalizador e clicando em Definir Clique Rápido. Na caixa de diálogo Definir Clique Rápido, clique na data de conclusão que quer que apareça por padrão e clique em OK.

- Arraste a mensagem para a Lista de Tarefas da Barra de Tarefas Pendentes e solte-a abaixo do cabeçalho da data de conclusão a qual deseja atribuí-la. (Se a data de conclusão desejada ainda não tiver um cabeçalho na Lista de Tarefas da Barra de Tarefas Pendentes, você terá que soltar a mensagem sob outro cabeçalho e atribuir a data de conclusão desejada.) Esse método também adiciona a mensagem à lista de tarefas, mas não cria um item de tarefa separado.

Você pode sinalizar um registro de contato para acompanhamento clicando nele no painel Contatos e clicando no botão Acompanhamento no grupo Marcas da guia Página Inicial.

Se você costuma criar com frequência tarefas baseadas em mensagens com configurações especiais, como uma tarefa com a mensagem original anexada a ela, com categorias ou configurações de acompanhamento específicas, e com certas atribuições, pode criar uma Etapa Rápida para executar todas essas etapas com um clique.

Consulte também Para obter informações sobre o uso de Etapas Rápidas padrão, consulte "Gerenciando mensagens usando as Etapas Rápidas" no Capítulo 7, "Organize sua caixa de entrada". Para se informar sobre a criação de Etapas Rápidas personalizadas, consulte "Criando e gerenciando Etapas Rápidas" no Capítulo 13, "Personalize o Outlook".

Neste exercício, você sinalizará uma mensagem para acompanhamento e criará tarefas a partir da Lista de Tarefas da Barra de Tarefas Pendentes e do painel Tarefas.

PREPARAÇÃO Este exercício usa as mensagens SBS – Agenda para o "Tradeshow" e SBS – Primeiro Esboço que você criou no Capítulo 3, "Envie e receba emails". Se não criou essas mensagens, pode fazê-lo agora ou substituí-las por qualquer mensagem de sua própria Caixa de Entrada. Exiba sua Caixa de Entrada e expanda a Barra de Tarefas Pendentes se ela estiver minimizada. Localize a mensagem SBS – Agenda para o "Tradeshow" e siga as etapas.

1. Na lista de mensagens, à direita da mensagem **SBS – Agenda para o "Tradeshow"**, clique no sinalizador transparente **Clique Rápido**.

   O sinalizador Clique Rápido mudará de transparente para vermelho e uma tarefa chamada *SBS – Agenda para o "Tradeshow"* aparecerá na categoria Hoje em sua Lista de Tarefas da Barra de Tarefas Pendentes.

   Dica Para os fins deste exercício, estamos presumindo que você ainda não tenha criado outras tarefas e Hoje seja o único cabeçalho de data de conclusão na Lista de Tarefas da Barra de Tarefas Pendentes nesse momento.

2. Na **Lista de Tarefas da Barra de Tarefas Pendentes**, aponte para a tarefa **SBS – Agenda para o "Tradeshow"**. Uma Dica de tela aparecerá exibindo a data de início, o horário do lembrete, a data de conclusão, a pasta em que a mensagem aparece e qualquer categoria atribuída à mensagem.

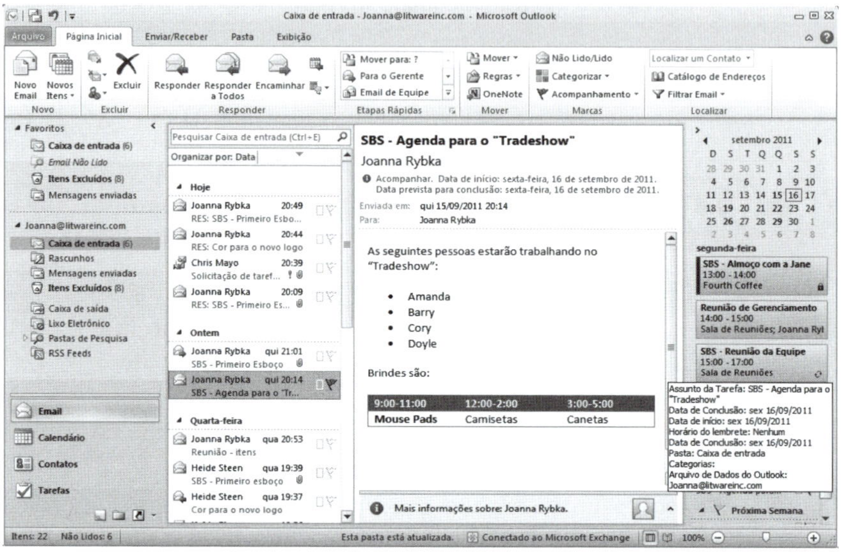

A mensagem sinalizada aparece na Lista de Tarefas da Barra de Tarefas Pendentes. Se você apontar para a mensagem serão exibidas informações adicionais.

Solução de problemas A aparência dos botões e grupos da Faixa de Opções muda de acordo com a largura da janela do programa ou da janela do item. Para obter informações sobre alterar a aparência da Faixa de Opções para que fique igual às nossas imagens de tela, consulte "Modificando a exibição da Faixa de Opções" no início deste livro.

3. Na **Lista de Tarefas da Barra de Tarefas Pendentes**, clique duas vezes na tarefa **SBS – Agenda para o "Tradeshow"**.

   A mensagem sinalizada será aberta em uma janela de mensagem. O cabeçalho da mensagem indicará que você tem que acompanhá-la. As datas de início e conclusão fornecidas serão a data de hoje.

Informações de acompanhamento

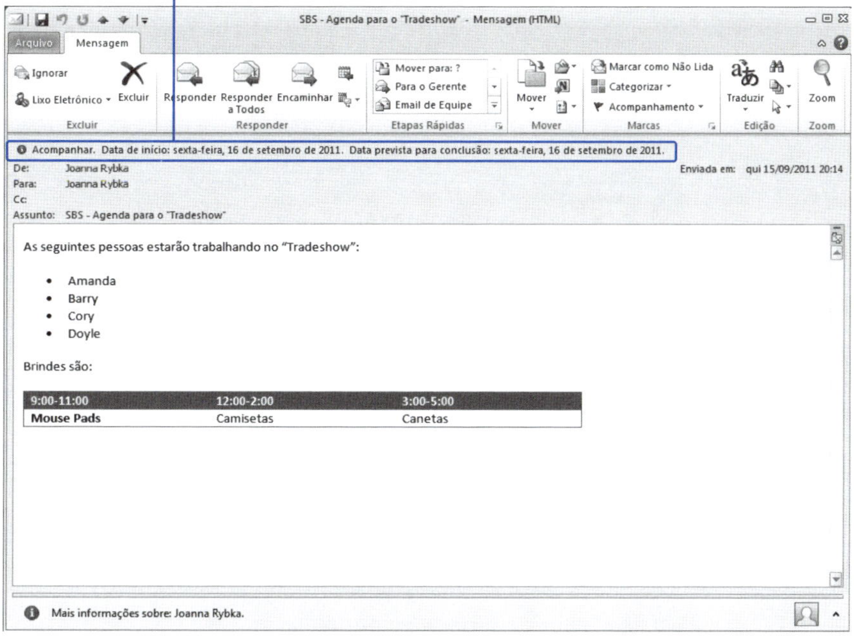

A Faixa de Opções da mensagem sinalizada inclui só comandos de mensagens; ela não tem guias ou comandos adicionais relacionados a tarefas.

4. Feche a janela de mensagem.
5. Na lista de mensagens, localize a mensagem **SBS – Primeiro Esboço**. Arraste a mensagem da lista de mensagens para a **Lista de Tarefas da Barra de Tarefas Pendentes** e solte-a sob o cabeçalho **Hoje**.

   Na lista de mensagens, o sinalizador Clique Rápido da margem direita da mensagem SBS – Primeiro Esboço mudará de transparente para vermelho.

   Dica Se não conseguir ver todas as suas tarefas, você pode aumentar a altura da Lista de Tarefas da Barra de Tarefas Pendentes arrastando para cima a divisória horizontal entre as informações de calendário e as informações de tarefas.

6. Na **Lista de Tarefas da Barra de Tarefas Pendentes**, clique com o botão direito do mouse (e não com o esquerdo) no sinalizador vermelho à direita da mensagem **SBS – Primeiro Esboço**.

   Solução de problemas Um clique em um sinalizador ativo marca o item como concluído na Caixa de Entrada e o remove da Lista de Tarefas da Barra de Tarefas Pendentes. Para obter mais informações, consulte "Removendo tarefas e itens das listas de tarefas" mais à frente neste capítulo.

   Uma lista de opções de datas de conclusão aparecerá e, já que a tarefa foi ativada, a guia contextual Lista de Tarefas aparecerá na Faixa de Opções.

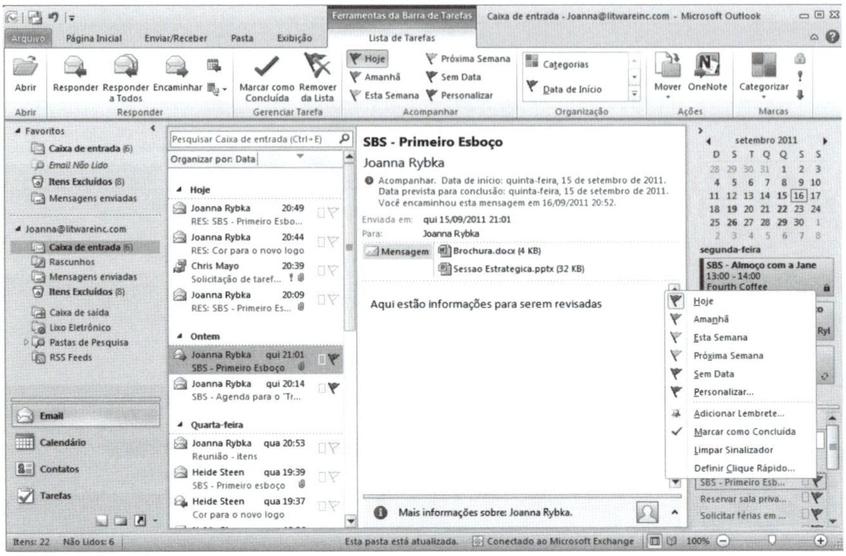

É fácil alterar a data de conclusão de uma tarefa ou a data de acompanhamento de uma mensagem sinalizada na Lista de Tarefas da Barra de Tarefas Pendentes.

7. Na lista, clique em **Esta Semana**.

Dica A sinalização de uma tarefa para ser concluída esta semana ou na próxima semana define a data de início com o primeiro dia de trabalho da semana especificada e a data de conclusão com o último dia de trabalho da semana. A semana de trabalho padrão vai de segunda à sexta, mas as datas de início e conclusão refletirão sua configuração específica da semana de trabalho. Para obter informações sobre a alteração dos dias e horários de sua semana de trabalho, consulte "Definindo seu tempo disponível" no Capítulo 8, "Gerencie seu calendário".

Um novo cabeçalho de data de conclusão Esta Semana aparecerá na Lista de Tarefas da Barra de Tarefas Pendentes com a mensagem abaixo dele. Na lista de mensagens e na Lista de Tarefas da Barra de Tarefas Pendentes, o sinalizador Clique Rápido à direita da mensagem SBS – Primeiro Esboço mudará de vermelho para rosa-claro.

Solução de problemas Se o cabeçalho Esta Semana não aparecer automaticamente, clique no cabeçalho Hoje para atualizar a lista.

8. No topo da **Lista de Tarefas da Barra de Tarefas Pendentes,** clique em **Digite uma nova tarefa**, insira **SBS – Solicitar Brochuras** e pressione Enter.

Dica As tarefas criadas para os exercícios deste livro começam com SBS para que você possa diferenciá-las das tarefas reais que criar.

A nova tarefa aparecerá na seção Hoje da Lista de Tarefas da Barra de Tarefas Pendentes.

9. No **Painel de Navegação**, clique no botão **Tarefas**.

O módulo Tarefas será aberto, exibindo suas tarefas ativas na Lista de Tarefas Pendentes. O ícone que antecede cada item da lista indica se ele é uma tarefa padrão, um email sinalizado e assim por diante. Os ícones de mensagem serão iguais aos exibidos na Caixa de Entrada, indicando se a mensagem foi ou não lida e se você a respondeu ou encaminhou.

10. Na **Lista de Tarefas Pendentes**, clique na mensagem **SBS – Agenda para o "Tradeshow"**.

    O Painel de Leitura exibirá o conteúdo da mensagem sinalizada.

Informações de acompanhamento

A Lista de Tarefas Pendentes e o Painel de Leitura do módulo Tarefas, exibindo uma mensagem sinalizada.

11. Na **Lista de Tarefas Pendentes**, clique em **SBS – Solicitar Brochuras**.

    O Painel de Leitura exibirá o conteúdo do item de tarefa. Você não pode editar as configurações da tarefa diretamente no painel.

Informações do cabeçalho do item de tarefa

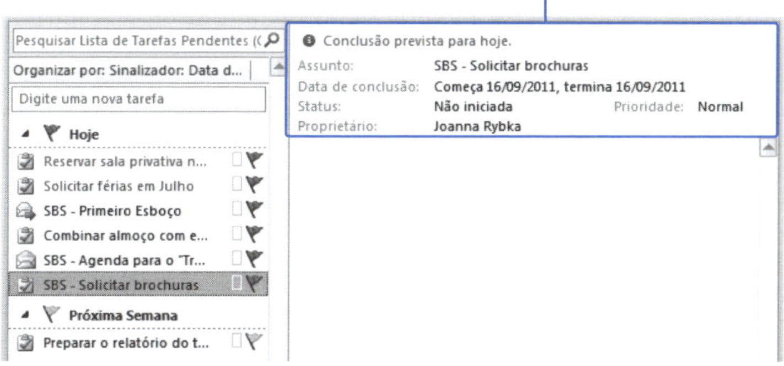

A Lista de Tarefas Pendentes e o Painel de Leitura, exibindo um item de tarefa.

12. No topo da **Lista de Tarefas Pendentes**, clique em **Digite uma nova tarefa**, insira **SBS – Reservas para o jantar** e pressione Enter.

    A tarefa aparecerá na seção Hoje tanto da Lista de Tarefas Pendentes quanto da Lista de Tarefas da Barra de Tarefas Pendentes.

Próxima Semana

13. Na **Lista de Tarefas Pendentes**, clique na tarefa **SBS – Reservas para o jantar**. Em seguida, no grupo **Acompanhamento** da guia **Página Inicial**, clique em **Próxima Semana**.

    Nas duas listas de tarefas, a tarefa aparecerá sob o cabeçalho Próxima Semana. No Painel de Leitura, a data de conclusão mudará para sexta-feira da próxima semana.

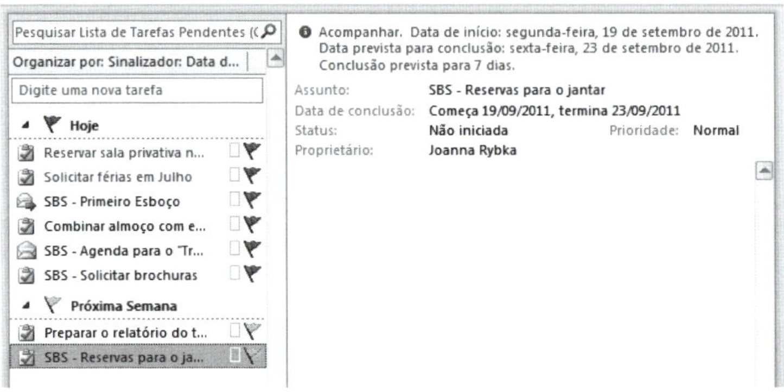

A definição da data de conclusão com Próxima Semana insere a tarefa sob o cabeçalho Próxima Semana, mas atribui como data de conclusão real o último dia de trabalho da semana seguinte.

14. Clique duas vezes na tarefa **SBS – Reservas para o jantar** para abri-la em uma janela de tarefa.
15. No painel de anotações, insira a frase a seguir:

    Confirmar que o restaurante tem uma sala de jantar privativa disponível para o encontro de diretoria.

    Como ocorre com outros itens do Outlook, você pode adicionar muitos tipos de conteúdo ao painel de anotações e formatar o texto no painel.

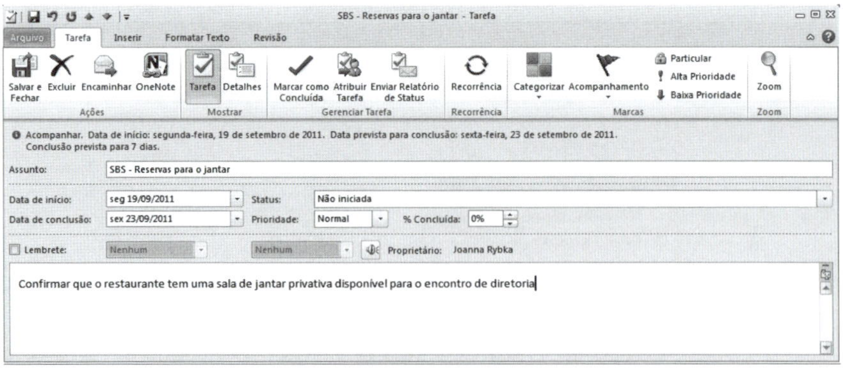

Você pode adicionar anotações, links e anexos no painel de anotações.

16. No grupo **Ações** da guia **Tarefa**, clique no botão **Salvar e Fechar**.

    A janela de tarefa será fechada.

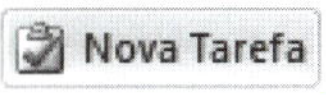

17. No grupo **Novo** da guia **Página Inicial**, clique no botão **Nova Tarefa**.

    Uma janela de tarefa sem título será aberta.

18. Na caixa **Assunto**, insira a frase a seguir:

    SBS – Enviar convites para o jantar.

19. Clique na seta **Data de Conclusão**.

    Um calendário aparecerá.

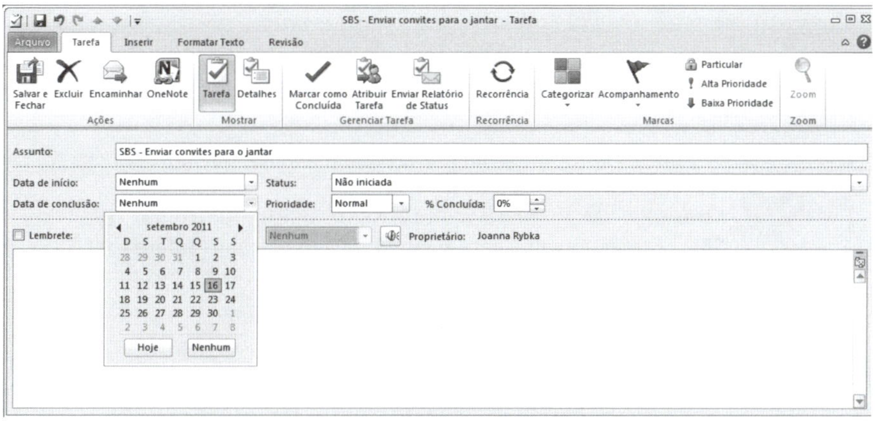

No calendário, um contorno vermelho indica a data atual.

20. Clique na **Terça-Feira** da próxima semana (e não da semana atual) no calendário.

    Dica Você não pode atribuir a uma tarefa uma data de conclusão que já tenha passado.

21. Marque a caixa de seleção **Lembrete**, clique na seta **Lembrete**, e no calendário, clique na **Segunda-Feira** da próxima semana.

22. No painel de anotações, insira a frase a seguir:

    Convidar todos os componentes do quadro e suas esposas.

23. No grupo **Ações**, clique no botão **Salvar e Fechar**.

    O Outlook adicionará a tarefa à sua lista de tarefas e ela aparecerá no grupo Próxima Semana tanto da Lista de Tarefas da Barra de Tarefas Pendentes quanto da Lista de Tarefas Pendentes.

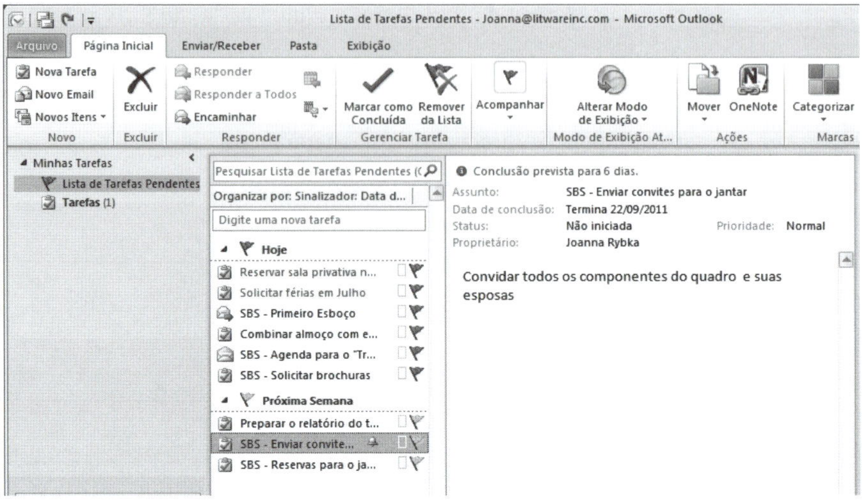

Um sino próximo a um nome de tarefa indica que um lembrete foi definido para a tarefa.

LIMPEZA Mantenha as tarefas SBS – Solicitar Brochuras, SBS – Reservas para o jantar e SBS – Enviar convites para o jantar e as mensagens sinalizadas SBS – Agenda para o "Tradeshow" e SBS – Primeiro Esboço para uso em exercícios posteriores.

Atualizando tarefas

Geralmente as tarefas aparecem nas listas de tarefas do Outlook pela data de início ou pela data de conclusão. Você pode alterar os detalhes ou as datas de uma tarefa ou rastrear o progresso de sua execução.

Para atualizar o status de uma tarefa:

1. Abra a janela da tarefa.
2. Na lista % Concluída, digite ou selecione (clicando nas setas) o percentual da tarefa que estima como concluído.

   O Outlook mudará o status para refletir sua seleção. Tarefas com 0% de conclusão têm status Não iniciada, tarefas com 1 a 99% de conclusão estão Em andamento e tarefas com 100% de conclusão têm status Concluída.

3. Se quiser alterar manualmente o status da tarefa – por exemplo, para Aguardando outra pessoa ou Adiada – clique nessa opção na lista Status.
4. Salve e feche a tarefa.

   O Outlook atualizará a tarefa em sua própria lista de tarefas e na lista de quem a originou.

Não é possível rastrear o status de uma mensagem sinalizada.

Neste exercício, você atualizará o status e a data de conclusão de uma tarefa em sua lista de tarefas.

PREPARAÇÃO Para fazer este exercício, você precisará da tarefa SBS – Reservas para o jantar que criou anteriormente neste capítulo. Se não criou a tarefa, pode fazê-lo agora ou substituí-la por qualquer tarefa de sua lista de tarefas padrão. Exiba sua Lista de Tarefas Pendentes no módulo Tarefas e siga as etapas.

1. No painel **Tarefas**, clique duas vezes na tarefa **SBS – Reservas para o jantar.**

   Para os fins deste exercício, suponhamos que você estivesse esperando o gerente do serviço de restaurante confirmar se uma sala de jantar privativa está disponível. Você quer atualizar a tarefa para exibir seu progresso, alterar a data de conclusão e também se lembrar de ligar novamente se não houver notícias até o fim do dia.
2. Clique na seta **Data de início**, e no calendário, clique em **Hoje**.
3. Clique na seta **Status**, e na lista, clique em **Aguardando outra pessoa**.
4. Na caixa **% Concluída**, digite ou selecione (clicando nas setas) **25%**.
5. No painel de anotações, em uma nova linha, digite a frase a seguir:

   Mensagem deixada para o gerente do local – irá retornar amanhã.
6. Clique na seta **Data de conclusão**, e no calendário, clique no dia seguinte.

   A barra de informações do topo do cabeçalho da tarefa mudará para refletir a nova data de conclusão.
7. Marque a caixa de seleção **Lembrete**. Clique na primeira seta **Lembrete**, e no calendário, clique na data de conclusão.
8. Clique na segunda seta **Lembrete**, e na lista, clique em **15:00**.

   O Outlook foi configurado para exibir um lembrete na tarde da nova data de conclusão.

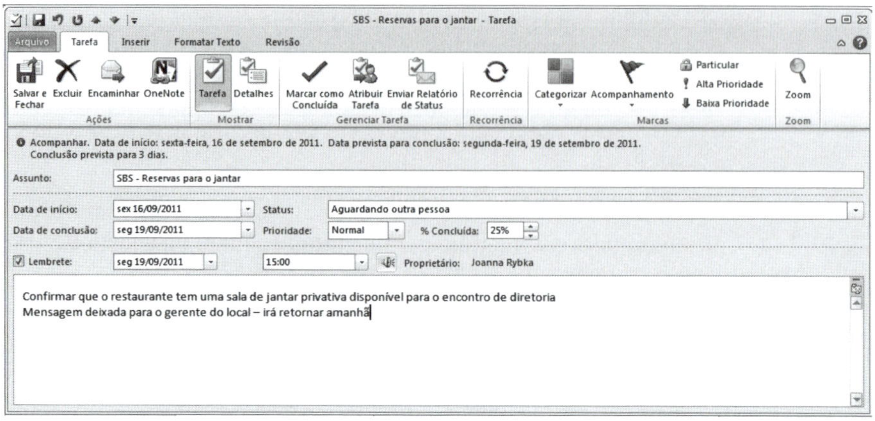

Você pode atualizar facilmente uma tarefa para refletir seu status de conclusão atual.

9. No grupo **Ações** da guia **Tarefa**, clique no botão **Salvar e Fechar**.

   Na **Lista de Tarefas Pendentes**, a tarefa SBS – Reservas para o jantar passará para baixo do cabeçalho Amanhã.

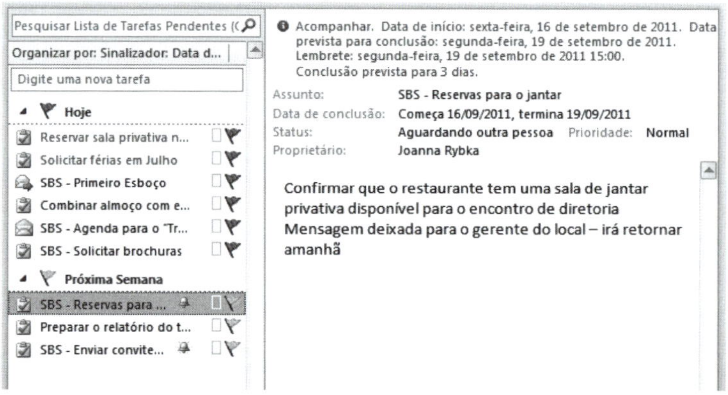

As alterações que você fez na janela da tarefa aparecerão no Painel de Leitura.

LIMPEZA Mantenha a tarefa SBS – Reservas para o jantar para uso em exercícios posteriores.

Removendo tarefas e itens das listas de tarefas

Quando você concluir uma tarefa ou acompanhar um item sinalizado, terá três opções de gerenciamento de sua presença na lista de tarefas: marcar a tarefa ou o item sinalizado como concluído, remover o sinalizador de um item sinalizado ou excluir totalmente a tarefa ou o item sinalizado.

A marcação de uma tarefa ou de um item sinalizado como concluído retém um registro do item na lista de tarefas. Tarefas concluídas só podem ser vistas em certos modos de exibição da lista de tarefas.

Para marcar uma tarefa como concluída:

- No módulo Tarefas, clique na tarefa para ativá-la, e no grupo Gerenciar Tarefa da guia Página Inicial, clique no botão Marcar como Concluída.
- Nos modos de exibição que incluem uma caixa de seleção antecedendo o assunto da tarefa (a maioria dos modos de lista), marque a caixa de seleção para excluir a tarefa.
- Em modos de exibição que incluam um sinalizador colorido, clique uma vez no sinalizador.
- Em qualquer modo de exibição, clique com o botão direito do mouse na tarefa e clique em Marcar como Concluída.
- Na janela da tarefa, altere o status para Concluída ou a configuração do percentual de conclusão para 100%.

Independente do método usado, em sua lista de tarefas a tarefa concluída será riscada, a caixa de seleção Concluída será selecionada e o sinalizador mudará para uma marca de seleção. Na janela da tarefa concluída, o status será configurado com Concluída e o percentual de conclusão com 100%. (Em outras palavras, qualquer ação executada acionará todas as outras).

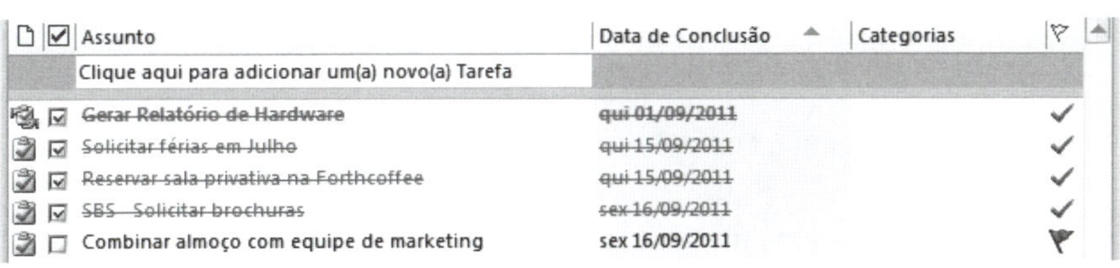

As tarefas concluídas aparecem em certos modos de exibição da Lista de Tarefas, mas não na Lista de Tarefas Pendentes.

Após você marcar a instância de uma tarefa recorrente como concluída, o Outlook gerará uma nova instância de acordo com o intervalo especificado na criação da tarefa.

A remoção do sinalizador de um item, como uma mensagem ou registro de contato, retém o item em seu local original, mas o remove totalmente da lista de tarefas.

Para remover o sinalizador de um item:

- Exiba o módulo Tarefas, clique no item sinalizado para selecioná-lo e clique no botão Remover da Lista no grupo Gerenciar Tarefas da guia Página Inicial.
- Clique no item sinalizado na Lista de Tarefas da Barra de Tarefas Pendentes e clique no botão Remover da Lista no grupo Gerenciar Tarefas da guia contextual Lista de Tarefas.
- Clique com o botão direito do mouse no item sinalizado e clique em Acompanhamento e em Limpar Sinalizador.

A exclusão de uma tarefa ou item sinalizado move a tarefa ou o item original para a pasta Itens Excluídos; ele será excluído permanentemente quando você esvaziar essa pasta. Nenhum registro do item permanecerá na lista de tarefas ou em seu local de origem (como a Caixa de Entrada).

Para excluir uma tarefa ou item sinalizado:

- No módulo Tarefas, clique na tarefa para ativá-la e, em seguida, no grupo Excluir da guia Página Inicial, clique no botão Excluir.
- Em qualquer modo de exibição, clique com o botão direito do mouse na tarefa e clique em Excluir.

Gerenciando atribuições de tarefas

Você pode atribuir tarefas de sua lista do Outlook a outras pessoas de sua empresa e de fora da empresa (e outras pessoas podem atribuir tarefas a você). O Outlook indica as tarefas atribuídas adicionando uma seta azul que aponta para uma pessoa no ícone da tarefa, semelhante à de uma pasta compartilhada no Windows Explorer.

Tarefas atribuídas a outros por você

Você pode atribuir tarefas a pessoas de sua rede do Microsoft Exchange Server, a pessoas de outras redes do Exchange Server e a pessoas executando programas de email que não sejam o Outlook.

- Quando você atribuir uma tarefa a uma pessoa de sua rede do Exchange Server, o Outlook enviará uma solicitação de tarefa, semelhante a uma solicitação de reunião, para a pessoa designada. O destinatário pode aceitar ou recusar a atribuição de tarefa clicando no botão correspondente no Painel de Leitura ou no cabeçalho da janela da tarefa. O Outlook indicará o status da tarefa na lista como Atribuída.
- Quando você atribuir uma tarefa a uma pessoa que esteja em outra rede do Exchange Server ou usando um programa de email diferente do Outlook, o Outlook enviará uma mensagem que o destinatário poderá responder manualmente. Até você alterar o status da tarefa, ele será Aguardando Resposta do Destinatário, em vez de Atribuída.

Ao atribuir uma tarefa, podemos selecionar se iremos manter uma cópia dela em nossa lista ou transferi-la para a lista do destinatário. De uma forma ou de outra, a tarefa permanecerá em sua lista de tarefas até ser aceita, portanto, você continuará controlando-a. (Se o destinatário recusar a tarefa, você poderá retorná-la para sua lista de tarefas ou atribuí-la novamente.)

Dica Você só pode atribuir itens de tarefa; não pode atribuir mensagens sinalizadas que apareçam em sua lista de tarefas.

Após uma tarefa ser atribuída a outra pessoa, a propriedade da tarefa será transferida a ela e você não poderá mais atualizar as informações na janela da tarefa. (O destinatário se torna o proprietário da tarefa e você o criador dela.) Se você mantiver uma cópia da tarefa em sua lista de tarefas, poderá acompanhar o progresso quando o destinatário atualizar o status e os detalhes da tarefa e poderá passar informações sobre a tarefa para ele enviando relatórios de status. A menos que opte pelo contrário, o Outlook lhe enviará automaticamente um relatório de status sobre uma tarefa atribuída quando o destinatário marcá-la como concluída.

Para delegar uma tarefa para outro usuário do Outlook:

1. Na janela da tarefa, no grupo Gerenciar Tarefa da guia Tarefa, clique no botão Atribuir Tarefa.
2. Na caixa Para que aparece no cabeçalho da tarefa, insira o endereço de email da pessoa a quem deseja atribuir a tarefa.
3. No cabeçalho da tarefa, clique no botão Enviar. Se uma caixa de mensagem notificar que o lembrete da tarefa foi desativado, clique em OK.

   O Outlook enviará a solicitação de tarefa e o notificará quando o destinatário aceitar ou recusar a tarefa.

Você pode visualizar o status de tarefas que atribuiu a outras pessoas exibindo sua lista de tarefas no modo Atribuição.

Consulte também Para obter informações sobre os modos de exibição de listas de tarefas, consulte "Exibindo diferentes visualizações das tarefas" mais à frente neste capítulo.

Se você atribuir uma tarefa e o destinatário recusar a atribuição, a tarefa não voltará automaticamente para sua lista de tarefas; você terá que reclamá-la (trazê-la de volta para sua lista de tarefas) ou atribuí-la novamente.

Para reclamar ou reatribuir uma tarefa recusada:

1. Abra a atribuição de tarefa recusada (indicada em sua Caixa de Entrada por um ícone de tarefa com um X vermelho).

   O grupo Gerenciar Tarefa da guia Tarefa da Faixa de Opções exibirá comandos específicos de gerenciamento da tarefa recusada.

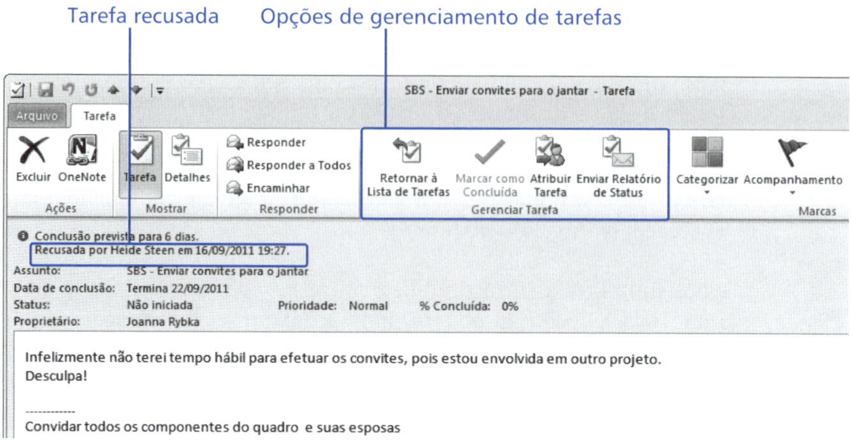

Quando um destinatário recusar uma tarefa, você poderá reclamar ou reatribuí-la.

2. No grupo Gerenciar Tarefa, clique no botão Retornar à Lista de Tarefas para reclamar a tarefa ou no botão Atribuir Tarefa para reatribuí-la.

Tarefas atribuídas a você pelos outros

Quando outra pessoa lhe atribuir uma tarefa, você receberá uma solicitação de atribuição de tarefa.

Para aceitar, recusar, responder ou reatribuir uma solicitação de atribuição de tarefa:

1. Abra a solicitação de atribuição de tarefa (indicada em sua Caixa de Entrada por um ícone de tarefa com uma mão esticada).

   A guia Tarefa da Faixa de Opções exibirá comandos específicos de gerenciamento da solicitação de atribuição de tarefa.

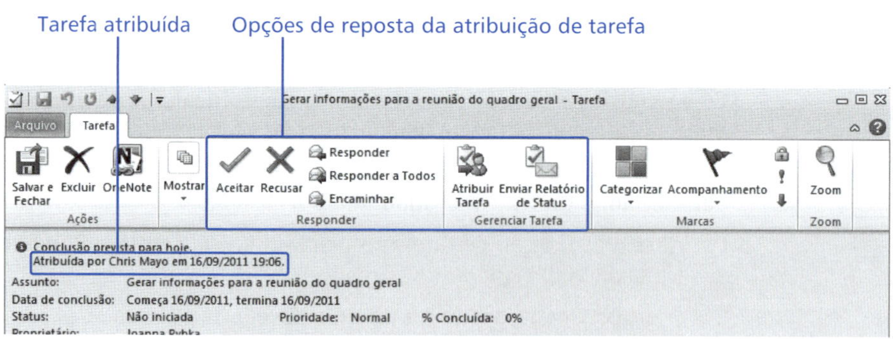

Você pode responder uma atribuição de tarefa de várias maneiras.

2. Execute uma das ações a seguir:

   - No grupo Responder, clique no botão Aceitar para aceitar a tarefa ou no botão Recusar para recusá-la e envie a resposta associada para o proprietário da tarefa.
   - No grupo Responder, clique em Responder para enviar uma mensagem para o proprietário da tarefa sem aceitar ou recusar a tarefa ou no botão Encaminhar para encaminhar o conteúdo da tarefa para outra pessoa sem reatribuir a tarefa.
   - No grupo Gerenciar Tarefa, clique no botão Atribuir Tarefa e siga o processo descrito anteriormente neste tópico para atribuir a tarefa a outra pessoa.

Você pode atualizar os detalhes de uma tarefa que lhe foi atribuída por outra pessoa da mesma forma que faria com qualquer tarefa que criasse.

Para enviar um relatório de status sobre uma tarefa atribuída a você por outra pessoa:

1. Abra a janela da tarefa.
2. No grupo Gerenciar Tarefa da guia Tarefa, clique no botão Enviar Relatório de Status.

   O Outlook gerará um email com as informações da tarefa no campo Assunto e no corpo da mensagem.
3. Enderece a mensagem às pessoas a quem deseja enviar o relatório e envie-a.

Neste exercício, você atribuirá uma tarefa a outra pessoa.

PREPARAÇÃO Para fazer este exercício, você precisará da tarefa SBS – Enviar convites para o jantar que criou anteriormente neste capítulo. Se não criou a tarefa, pode fazer isso agora ou substituí-la por qualquer tarefa de sua lista de tarefas padrão. Selecione um colaborador ou outro contato de email para praticar a atribuição de tarefas e lhe informe que receberá uma atribuição. Em seguida, exiba sua Lista de Tarefas Pendentes no módulo Tarefas e siga as etapas.

1. No painel **Tarefas**, clique duas vezes na tarefa **SBS – Enviar convites para o jantar**.

   A tarefa será aberta em uma janela de tarefa.

Atribuir Tarefa

2. No grupo **Gerenciar Tarefa**, clique no botão **Atribuir Tarefa**.

   Uma caixa Para e um botão Enviar aparecerão no cabeçalho da tarefa e o grupo Gerenciar Tarefa mudará para exibir só o botão Cancelar Atribuição.
3. Na caixa **Para**, insira o endereço de email da pessoa a quem deseja atribuir a tarefa.

Observe que as caixas de seleção Manter uma cópia atualizada desta tarefa na minha lista de tarefas e Enviar-me um relatório quando a tarefa estiver concluída vêm marcadas por padrão.

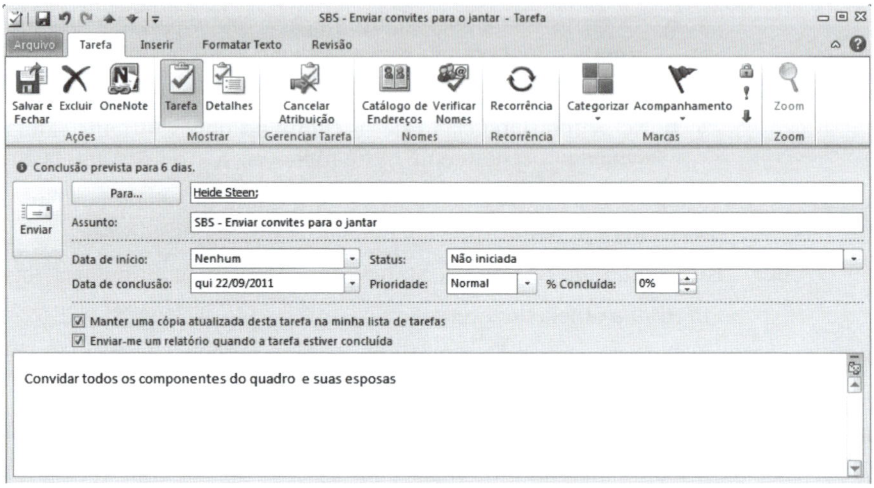

Quando você atribuir uma tarefa, terá a opção de mantê-la em sua lista de tarefas ou removê-la.

4. No cabeçalho da tarefa, clique no botão **Enviar**.

   Uma caixa de mensagem o notificará de que o lembrete definido anteriormente para essa tarefa será desativado quando você atribuí-la a outra pessoa.

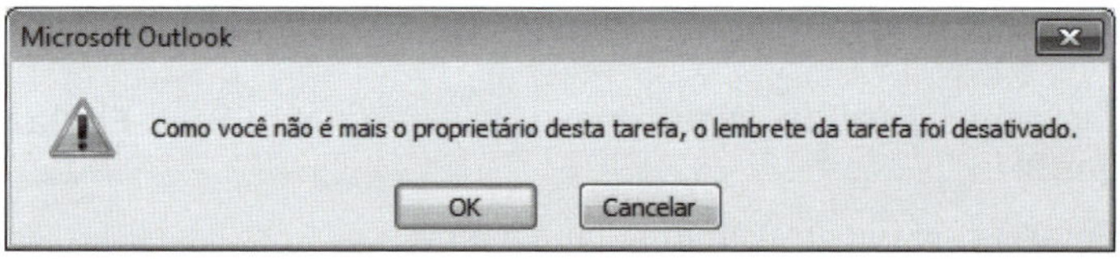

Você não receberá lembretes quando as tarefas que atribuiu a outras pessoas estiverem atrasadas.

5. Na caixa de mensagem **Microsoft Outlook**, clique em **OK**.

   O Outlook enviará a solicitação de tarefa. Seu colaborador ou contato receberá uma solicitação de atribuição de tarefa.

6. Peça ao seu colaborador ou contato para aceitar a tarefa.

   O Outlook o notificará quando o destinatário aceitar ou recusar a tarefa.

LIMPEZA Mantenha a tarefa SBS – Enviar convites para o jantar para uso em exercícios posteriores.

Exibindo diferentes visualizações das tarefas

O Outlook 2010 torna simples manter a lista de tarefas à disposição. Você pode visualizar tarefas em vários locais diferentes, inclusive os seguintes:

- No módulo Tarefas, você pode exibir a Lista de Tarefas Pendentes, que inclui tanto tarefas quanto mensagens sinalizadas, ou a Lista de Tarefas, que inclui só tarefas. Há muitas opções para a visualização e organização de cada lista.
- Em qualquer módulo, a Barra de Tarefas Pendentes expandida exibe a Lista de Tarefas, onde as tarefas são agrupadas e armazenadas sob cabeçalhos de data de conclusão. (Também podemos classificar essa lista por categoria, data de início, pasta, tipo ou importância ou criar uma disposição personalizada.) Você pode rolar pela lista para exibir todas as suas tarefas ou recolher os grupos que não quiser visualizar. Para aumentar o espaço disponível para sua lista de tarefas, feche o Navegador de Data ou exiba menos compromissos ou nenhum.

  A Barra de Tarefas Pendentes minimizada exibirá só o próximo compromisso (se você selecionar exibir compromissos) e o número de tarefas incompletas com data de conclusão para hoje (se você selecionar exibir tarefas). Você pode alternar entre os modos de exibição da Barra de Tarefas Pendentes clicando no botão Minimizar ou Expandir de seu cabeçalho.

  Consulte também Para obter informações sobre a Barra de Tarefas Pendentes, inclusive sobre a alteração do tipo e da quantidade de conteúdo exibido, consulte "Personalizando a janela do programa Outlook" no Capítulo 13, "Personalize o Outlook".

- No módulo Calendário, a Lista de Tarefas Diárias aparece na parte inferior do painel Calendário no modo Dia, Semana de Trabalho ou Semana. Quando expandida, ela exibe a data de conclusão das tarefas, incluindo a categoria e o tipo da tarefa, durante o período de tempo mostrado. No modo Dia, a data de início, a data de conclusão e o horário do lembrete também aparecem.

  Dica Se a Lista de Tarefas Diárias não estiver sendo exibida no modo Dia, Semana de Trabalho ou Semana, clique no botão Lista de Tarefas Diárias no grupo Layout da guia Exibição e clique em Normal.

  Como o Painel de Navegação e a Barra de Tarefas Pendentes, você pode minimizar a Lista de Tarefas Diárias para que ela exiba só o número de tarefas ativas e concluídas e forneça mais espaço de trabalho. Podemos alternar entre os modos de exibição da Lista de Tarefas Diárias clicando no botão Minimizar ou Expandir de seu cabeçalho.

  Você pode agendar um bloco de tempo específico para concluir uma tarefa arrastando-a da Lista de Tarefas Diárias para seu calendário. Quando marcar a tarefa como concluída, o Outlook a removerá de seu calendário.

- Na página Outlook Hoje, as datas de conclusão definidas para hoje são listadas na área Tarefas. (Anteriormente essa página era a "home page" do Outlook. Você pode exibir a página Outlook Hoje clicando em sua conta de nível superior no Painel de Navegação).

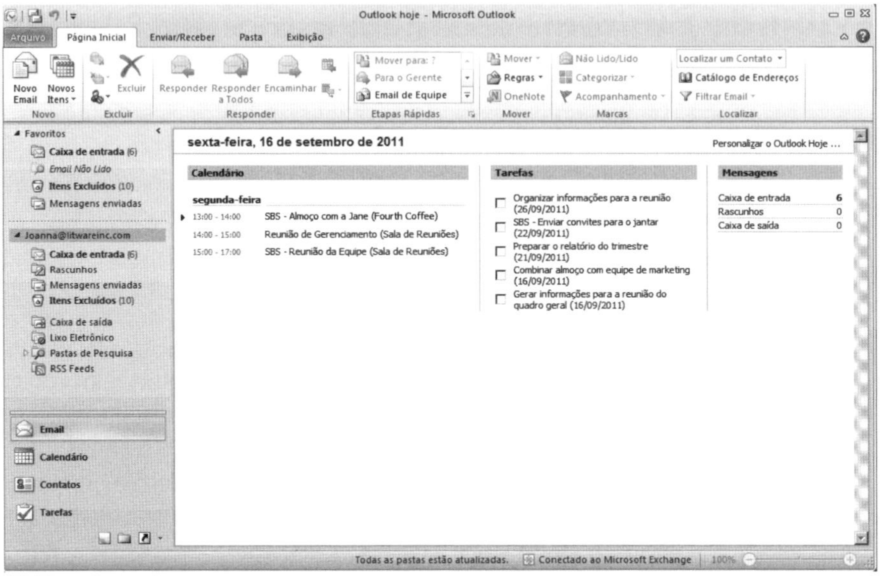

A página Outlook Hoje resume as atividades do dia de hoje.

Até agora, neste capítulo, trabalhamos em sua Lista de Tarefas Pendentes, que é o modo de exibição padrão do módulo Tarefas e exibe tanto tarefas quanto mensagens sinalizadas. Você pode exibir informações mais abrangentes sobre as tarefas de uma lista de tarefas clicando na entrada Tarefas dessa conta no Painel de Navegação do módulo Tarefas. Assim como no calendário, você pode exibir diferentes modos de exibição de sua Lista de Tarefas e dentro de cada modo, diferentes disposições das tarefas.

Podemos alterar o modo de exibição na galeria Alterar Modo de Exibição do grupo Modo de Exibição Atual da guia Página Inicial ou na galeria Alterar Modo de Exibição do grupo Modo de Exibição Atual da guia Exibição. Os modos de exibição da Lista de Tarefas são:

- Ativo
- Atribuído
- Concluído
- Detalhado
- Próximos 7 Dias
- Vencido
- Priorizado
- Tarefas do Servidor
- Lista Simples
- Hoje
- Lista de Tarefas Pendentes

O modo de exibição padrão da Lista de Tarefas é a Lista Simples, com as tarefas organizadas por data de conclusão. É claro que o modo padrão da Lista de Tarefas Pendentes é o modo Lista de Tarefas Pendentes.

Na galeria Organizar por do grupo Organização da guia Exibição, você pode selecionar as disposições padrão a seguir para itens de um modo de exibição Lista de Tarefas Pendentes ou Lista de Tarefas:

- Atribuição
- Categorias
- Data de Conclusão
- Pasta (Disponível apenas na Lista de Tarefas Pendentes, esse modo de exibição separa tarefas e mensagens sinalizadas que estejam armazenadas em pastas diferentes.)

  Consulte também Para obter informações sobre a organização de tarefas em pastas personalizadas, consulte a observação "Encontrando e organizando tarefas" mais à frente neste capítulo.

- Importância
- Data da Modificação
- Data de Início
- Tipo

Você pode reordenar as tarefas de qualquer modo de lista clicando no cabeçalho do campo que deseja usar para classificar. E pode adicionar e remover campos no modo de lista usando o Seletor de Campos, como faria no modo de lista de registros de contato.

Consulte também Para obter informações sobre a inclusão e remoção de campos em um modo de lista, Consulte "Exibindo diferentes visualizações dos registros de contatos" no Capítulo 4, "Armazene e acesse informações de contato".

As tarefas concluídas permanecerão na Lista de Tarefas até você excluí-las, portanto, estarão disponíveis nesse local se quiser visualizá-las.

Dica Os modos Lista de Tarefas não exibem por padrão o Painel de Leitura. Se quiser, você pode exibi-lo na parte inferior do painel Tarefas para não perder espaço horizontal na tela e ocultar detalhes das tarefas. Clique no botão Painel de Leitura no grupo Layout da guia Exibição e clique em Inferior.

Neste exercício, você examinará diferentes modos de exibição de tarefas e mensagens sinalizadas dentro do módulo Tarefas.

PREPARAÇÃO O exercício usa as tarefas SBS – Solicitar Brochuras, SBS – Reservas para o jantar e SBS – Enviar convites para o jantar e as mensagens sinalizadas SBS – Primeiro Esboço e SBS – Agenda para o "Tradeshow" que você criou e atribuiu anteriormente neste capítulo. Se não criou essas tarefas e mensagens, pode fazê-lo agora ou substituí-las por qualquer tarefa e mensagem sinalizada de sua lista de tarefas. Exiba a Lista de Tarefas Pendentes no módulo Tarefas, usando o modo padrão Lista de Tarefas Pendentes, e siga as etapas.

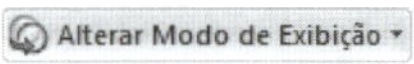

1. Com a **Lista de Tarefas Pendentes** sendo exibida no painel **Tarefas**, clique no botão **Alterar Modo de Exibição** do grupo **Modo de Exibição Atual** da guia **Página Inicial**.

   A galeria Alterar o Modo de Exibição será expandida. O botão Lista de Tarefas Pendentes estará selecionado para indicar o modo de exibição atual.

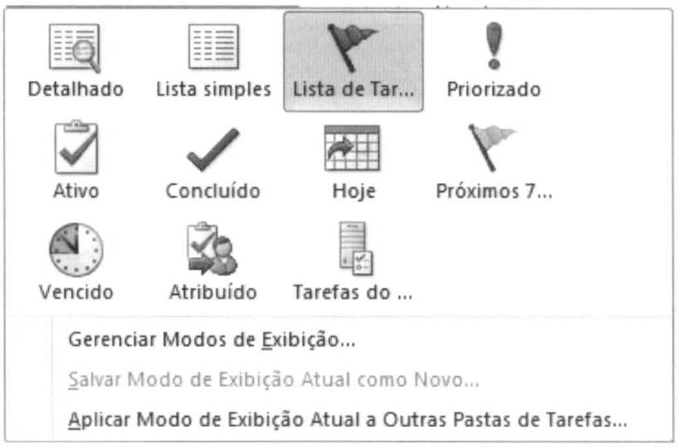

A galeria Alterar o Modo de Exibição.

2. Na galeria **Alterar Modo de Exibição,** clique em Detalhado.

   A Lista de Tarefas Pendentes mudará para um modo de lista exibindo muitos campos de tarefa diferentes. O Painel de Leitura, que por padrão é aberto à direita do painel Tarefas no modo Lista de Tarefas Pendentes, será fechado.

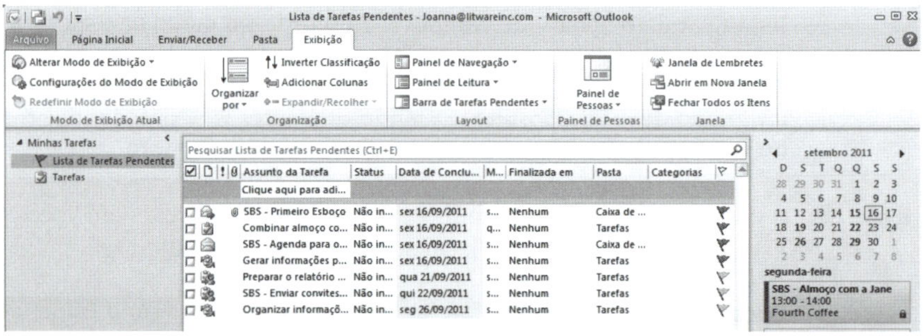

A Lista de Tarefas Pendentes exibida no modo Detalhado.

   Nesse modo de exibição, a Lista de Tarefas Pendentes lembra a Lista de Tarefas.

3. No **Painel de Navegação**, clique em **Tarefas**.

   A Lista de Tarefas aparecerá no painel Tarefas. Só as tarefas aparecerão na lista; as mensagens sinalizadas estarão ausentes.

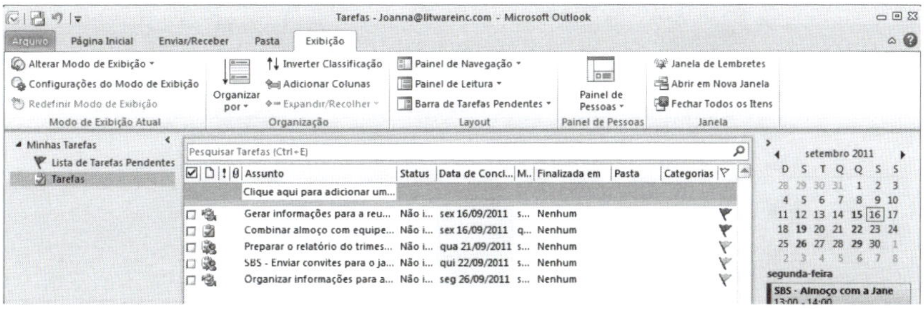

A Lista de Tarefas, exibida no modo Lista Simples e organizada por data de conclusão.

A Lista de Tarefas exibirá seu modo padrão Lista Simples em vez do modo Detalhado que você selecionou para a Lista de Tarefas Pendentes. A seta no cabeçalho Data de Conclusão indica a disposição atual.

4. Na galeria **Organização** da guia **Exibição**, clique no botão **Organizar por**.

   A galeria será expandida para exibir disposições adicionais.

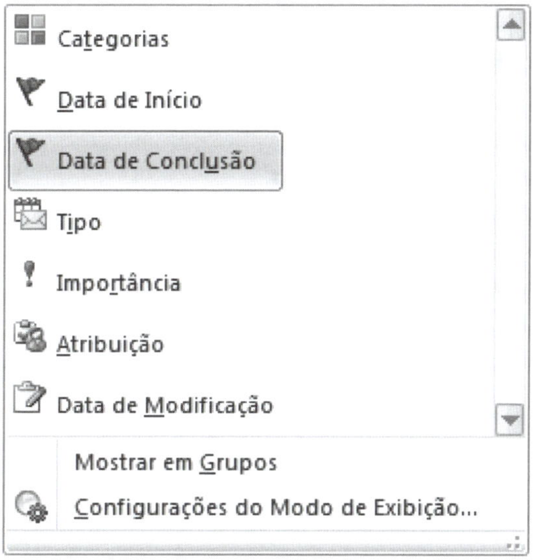

A galeria Organização.

5. Na galeria **Organização**, clique em **Atribuição**.

   A ordem das tarefas mudará um pouco, embora não fique claro como ou por quê.

6. Na galeria **Organização**, clique em **Mostrar em Grupos**.

   A lista mudará para diferenciar claramente as tarefas que você atribuiu a outras pessoas das tarefas de sua propriedade. Se você tiver atribuído tarefas a várias pessoas, cada destinatário terá um grupo.

Você pode agrupar as tarefas pela disposição atual.

7. Na galeria **Alterar Modo de Exibição** do grupo **Modo de Exibição Atual**, clique em **Atribuído**.

   A lista mudará para exibir só a tarefa que você atribuiu em um exercício anterior. Embora só uma tarefa fique visível na Lista de Tarefas, a Lista de Tarefas da Barra de Tarefas Pendentes continuará exibindo todas as tarefas e mensagens sinalizadas, assim você poderá ter certeza de que está visualizando um modo filtrado e não excluiu acidentalmente as outras tarefas.

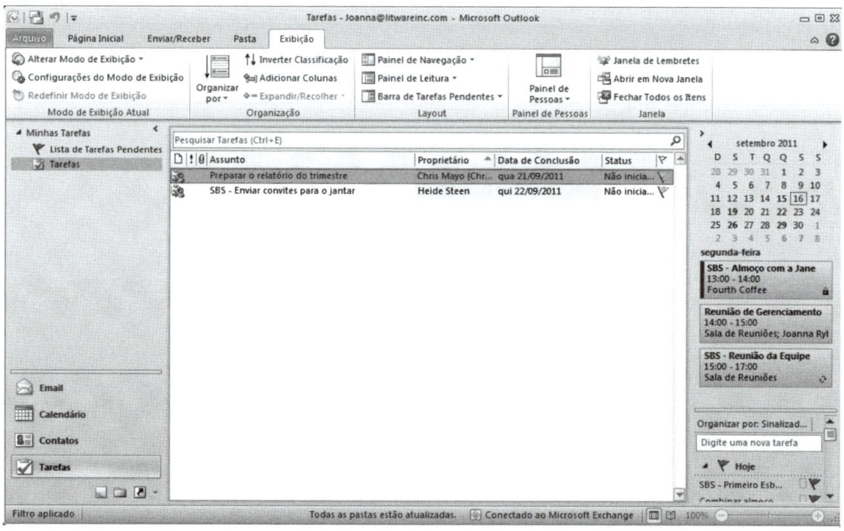

Você pode filtrar uma lista de tarefas para exibir tarefas que atendam a critérios muito específicos.

8. Na galeria **Alterar Modo de Exibição**, clique em **Lista de Tarefas Pendentes**.

   O painel Tarefas exibirá todas as tarefas ativas no mesmo formato da Lista de Tarefas Pendentes padrão. A disposição mudará para Data de Conclusão.

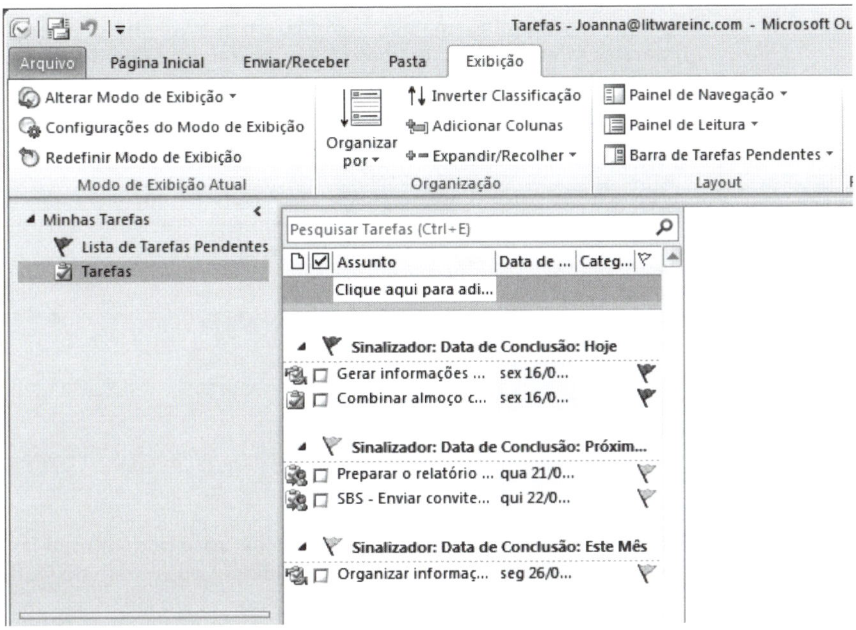

O Painel de Leitura é aberto por padrão no modo Lista de Tarefas Pendentes do painel Tarefas.

   Observe, no entanto, que essa não é a Lista de Tarefas Pendentes real – ela não inclui as mensagens sinalizadas.

9. No **Painel de Navegação**, clique em **Lista de Tarefas Pendentes**. As mensagens sinalizadas reaparecerão no painel Tarefas.

LIMPEZA Volte à Lista de Tarefas e mude o modo de exibição novamente para o modo padrão Lista Simples. Retenha as tarefas SBS – Solicitar Brochuras, SBS – Reservas para o jantar e SBS Enviar Reservas do Jantar e as mensagens sinalizadas SBS – Agenda para o "Tradeshow" e SBS – Primeiro Esboço para uso em exercícios posteriores.

Encontrando e organizando tarefas

Você pode usar o recurso de busca do Outlook 2010 para localizar tarefas rapidamente procurando qualquer texto existente na tarefa ou em um arquivo anexo a ela. Digite a palavra ou outra informação que quiser encontrar na caixa Pesquisar do topo do cabeçalho do painel Tarefas, em qualquer modo de exibição. O Outlook filtrará as tarefas enquanto você estiver digitando, exibindo apenas as que tiverem os critérios de busca informados e realçando-os nas tarefas.

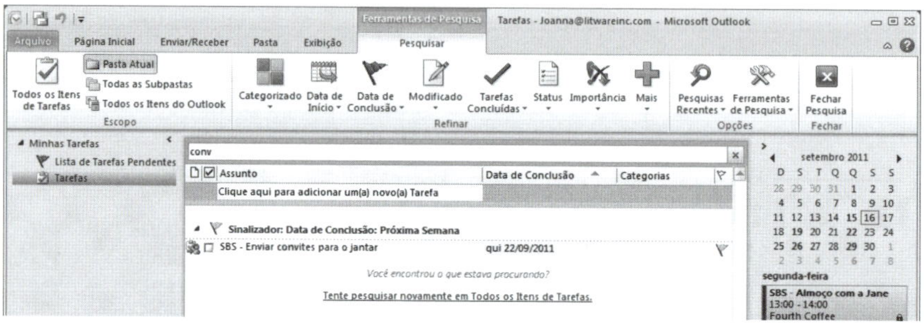

Você pode modificar sua busca usando as ferramentas da guia contextual Ferramentas de Pesquisa.

Para ajudar na organização de suas tarefas, você pode atribuí-las a categorias de cores da mesma forma que faria com qualquer outro item do Outlook.

Consulte também Para obter mais informações sobre a Pesquisa Instantânea, consulte "Localizando rapidamente as mensagens" no Capítulo 7, "Organize sua caixa de entrada". Para se informar melhor sobre as Categorias de Cores, consulte "Organizando itens do Outlook usando categorias de cores" no mesmo capítulo.

Se sua lista de tarefas ficar muito grande, ou se quiser manter listas de tarefas separadas para diferentes fins, você pode organizar as tarefas em pastas separadas. Para criar uma pasta de tarefas:

1. No grupo Novo da guia Pasta, clique no botão Nova Pasta.
2. Na caixa de diálogo Criar Nova Pasta, insira o nome e selecione o local da pasta.
3. Na lista Conteúdo da Pasta, clique em Itens de Tarefa e em OK.

Agora você pode arrastar tarefas existentes para a pasta.

Dica Se você arrastar uma tarefa para uma pasta Itens de Email, Calendário, Contato ou Anotações, uma janela de mensagem, reunião, contato ou anotação será aberta com o assunto da tarefa inserido no campo Assunto e detalhes da tarefa no corpo da mensagem ou no painel de anotações.

Pontos principais

- Você pode criar tarefas para você mesmo e atribuir tarefas a outras pessoas.
- O Outlook exibe tarefas no painel Tarefas, na Lista de Tarefas Diárias do painel Calendário e na Barra de Tarefas Pendentes, que está disponível em qualquer painel do Outlook.
- Você pode organizar tarefas agrupando-as em pastas de tarefas adicionais ou categorizando-as.
- Quando você atribuir tarefas, o Outlook enviará uma solicitação de tarefa para a pessoa designada, que poderá aceitar ou recusar a tarefa. Se você mantiver uma cópia da tarefa atribuída, ela será atualizada automaticamente quando a pessoa que recebeu a atribuição atualizar a tarefa original.
- Você pode atualizar as tarefas que lhe forem atribuídas e enviar relatórios de status para a pessoa que as atribuiu.
- Uma tarefa pode ter como status Não Iniciada, Adiada, Aguardando outra pessoa, Concluída ou Em andamento.
- Você pode criar tarefas únicas ou recorrentes. O Outlook criará uma nova ocorrência de uma tarefa recorrente sempre que você concluir a ocorrência atual.
- Você pode definir um lembrete para exibir uma mensagem em uma hora designada antes de uma tarefa ser concluída.
- Quando você concluir uma tarefa poderá marcá-la como concluída, removê-la de sua lista de tarefas ou excluí-la.

Parte 2

Gerenciamento de conteúdo

Resumo do capítulo

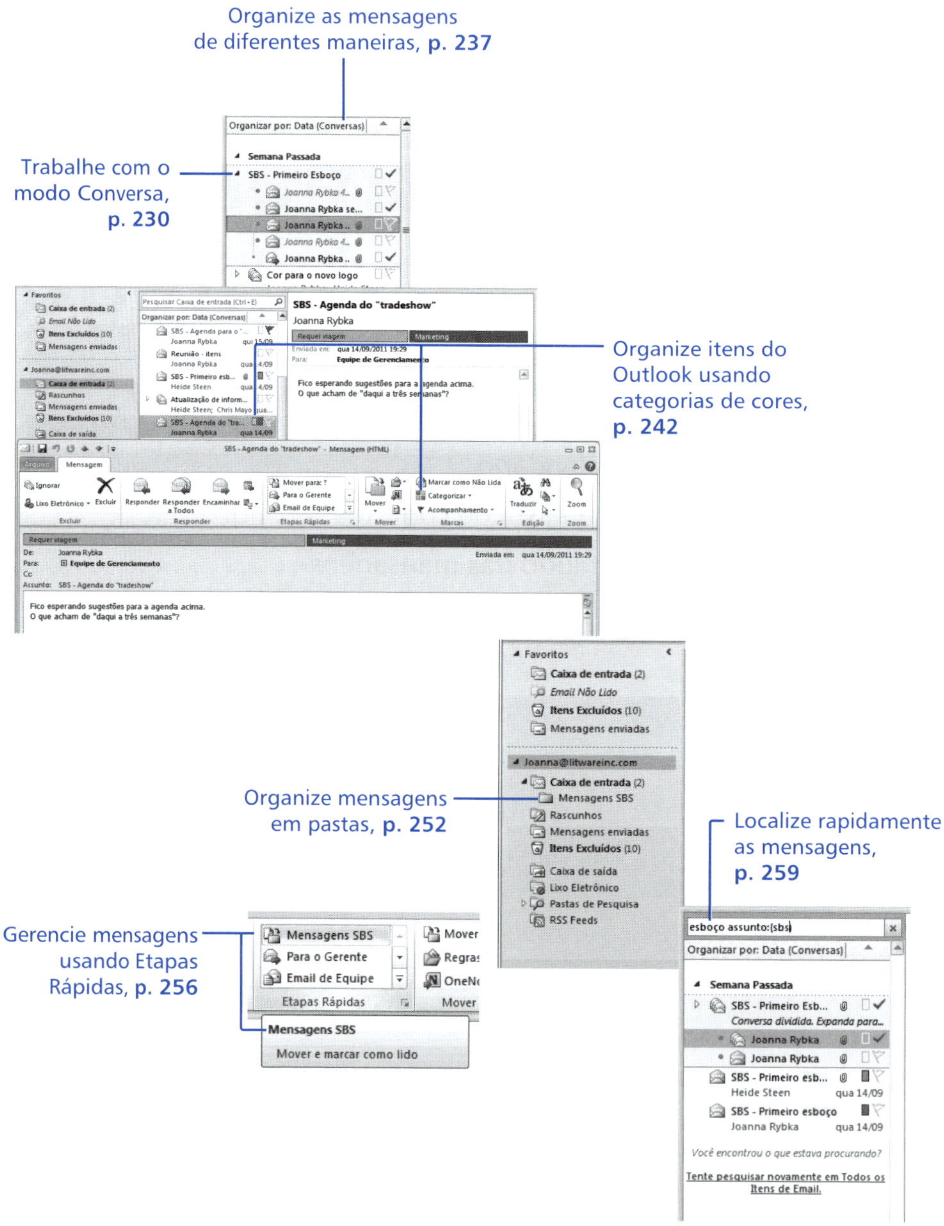

Capítulo 7

Organize sua Caixa de Entrada

Neste capítulo, você vai aprender a:

- Trabalhar com o modo Conversa.
- Organizar as mensagens de diferentes maneiras.
- Organizar itens do Outlook usando categorias de cores.
- Organizar mensagens em pastas.
- Gerenciar mensagens usando Etapas Rápidas.
- Localizar rapidamente as mensagens.
- Imprimir mensagens.
- Excluir mensagens.

Você pode usar o Microsoft Outlook 2010 para gerenciar várias contas de email, inclusive várias contas do Microsoft Exchange Server com seus contatos, calendários e outros itens associados. Mesmo se usar o Outlook só para enviar e receber emails, pode acumular rapidamente mensagens que dificultem a localização de informações. Felizmente, o Outlook foi projetado para agir como um sistema de gerenciamento de informações completo; ele fornece muitos recursos simples porém úteis que permitem a organização de mensagens e outros itens e a localização rápida de informações necessárias.

O Outlook 2010 manipula automaticamente certos tipos de organização. Na Caixa de Entrada, ele facilita o acompanhamento de mensagens relacionadas (segmentos de mensagem) enviadas por várias pessoas exibindo-as no modo Conversa. A busca do Outlook localiza quase instantaneamente itens com um conteúdo específico e permite salvar os resultados da pesquisa como Pastas de Pesquisa, onde podemos visualizar resultados atualizados da busca a qualquer momento.

Você pode organizar itens no Outlook armazenando itens relacionados em pastas e atribuindo categorias de cores a itens relacionados.

Neste capítulo, você vai trabalhar com o modo Conversa para localizar diferentes níveis de mensagens de uma série. Vai exibir as mensagens em sua Caixa de Entrada em várias disposições e organizar mensagens atribuindo categorias de cores e movendo-as para pastas dentro de sua Caixa de Entrada. Além disso, vai filtrar e encontrar mensagens usando o recurso de busca e usar Pastas de Pesquisa. Vai trabalhar com as Etapas Rápidas internas. Para concluir, vai visualizar, imprimir e excluir mensagens.

Arquivos de exercícios Os exercícios deste capítulo usam itens do Outlook que você criou em exercícios de capítulos anteriores. Se um exercício demandar um item que você não tiver, faça o exercício em que o item é criado antes de começar o exercício atual ou substitua o item por outro semelhante que já exista. Uma lista completa de arquivos de exercícios é fornecida em "Usando os arquivos de exercícios" no começo deste livro.

Trabalhando com o modo de exibição Conversa

O modo Conversa é uma organização de mensagens agrupadas por assunto. Todas as mensagens com o mesmo assunto aparecem juntas na Caixa de Entrada (ou outra lista de mensagens) sob um cabeçalho de conversa.

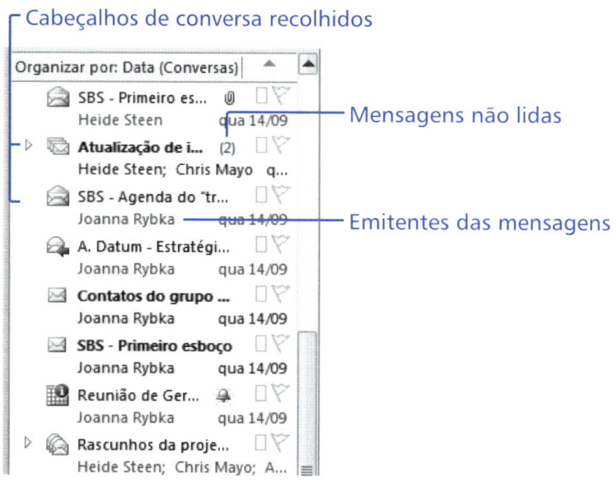

Até você expandir o cabeçalho da conversa, a conversa inteira ocupará apenas o espaço que uma única mensagem ocuparia em sua Caixa de Entrada.

O cabeçalho da conversa fornece informações sobre as mensagens que compõem a conversa, inclusive o número de mensagens não lidas e se uma ou mais mensagens têm um anexo, foram categorizadas ou foram sinalizadas para acompanhamento.

Quando você receber uma mensagem que fizer parte de uma conversa, a conversa inteira passará para o topo de sua Caixa de Entrada e a nova mensagem aparecerá quando você clicar no cabeçalho da conversa. Quando uma conversa inclui mensagens não lidas, o cabeçalho da conversa fica em negrito. Quando há várias mensagens não lidas, o número é indicado em parênteses depois do assunto. Os emitentes das mensagens não lidas são listados abaixo do assunto.

Conversas divididas

Quando uma conversa por email envolve mais de duas pessoas, com frequência várias pessoas respondem à mesma mensagem e outras respondem a cada uma dessas mensagens. Surgem várias conversas a partir da primeira conversa, em um processo que podemos considerar como ramos crescendo em uma árvore – cada ramo pode se dividir em ramos extras que ficam cada vez mais distantes do tronco (a mensagem original). Uma conversa contendo várias ramificações é chamada de *conversa dividida*. Dentro de uma conversa dividida, ramificações individuais são marcadas por pontos laranja e cinza. Pontos laranja maiores indicam a mensagem mais atual de cada ramificação. Pontos laranja menores indicam mensagens mais antigas. Pequenos pontos cinza indicam mensagens que podem ser consideradas redundantes. As mensagens de cada ramificação da conversa são conectadas por linhas laranja e cinza (chamadas de *segmentos visuais*).

Dica O modo Conversa não é uma novidade do Outlook 2010 – foi introduzido no Outlook 2007 –, mas melhorou muito e agora é o modo padrão da Caixa de Entrada e outras pastas de mensagens.

Visualizando conversas

Você pode exibir diferentes níveis de mensagens de uma conversa, como descrito a seguir:

- Clique uma vez no cabeçalho da conversa ou no botão Expandir Conversa à esquerda do cabeçalho para exibir a mensagem mais recente no Painel de Leitura e a mensagem mais recente de cada ramificação de uma conversa dividida na lista de mensagens. Essas mensagens são indicadas por pontos laranja.

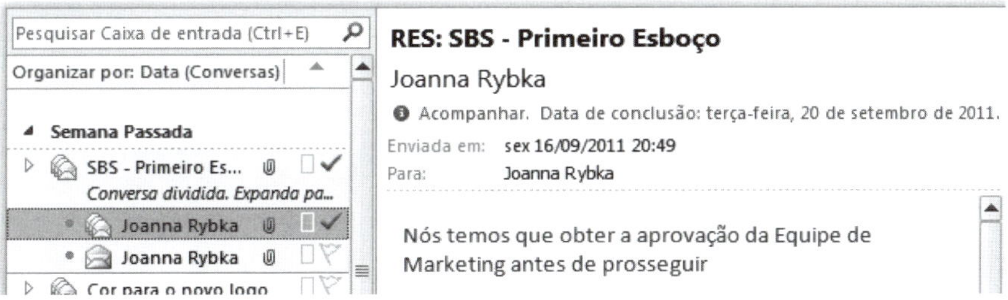

Clique uma vez no cabeçalho da conversa para exibir apenas as mensagens mais recentes.

- Clique no cabeçalho novamente para expandir a conversa e exibir todas as mensagens.

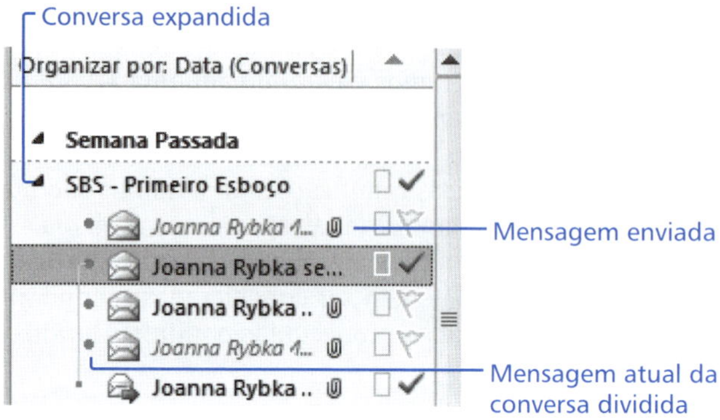

Clique no cabeçalho da mensagem duas vezes para exibir todas as mensagens.

- Clique na mensagem mais recente de uma conversa dividida para exibir o segmento visual dessa ramificação da mensagem.

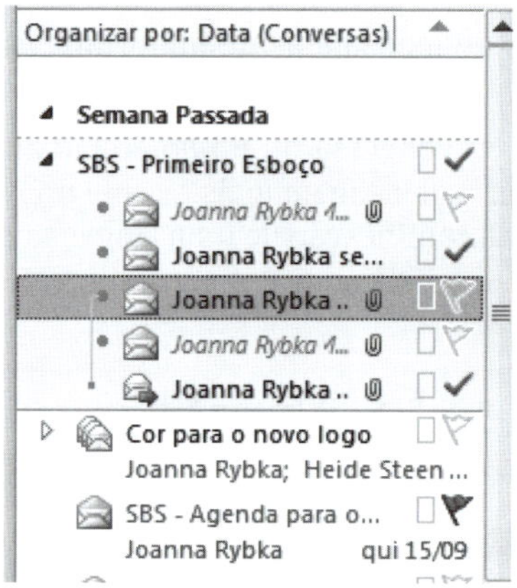

Clique em uma mensagem para exibir seu segmento visual.

Configurações de visualização de conversas

Por padrão, o modo Conversa exibe mensagens armazenadas em qualquer pasta, inclusive mensagens enviadas que são armazenadas na pasta Itens Enviados. (Dentro da conversa expandida, as mensagens enviadas são indicadas por fonte em itálico.) Se preferir exibir só mensagens da pasta atual, você pode remover essa configuração no menu Configurações de Conversas do grupo Conversas da guia Exibição.

Outras configurações que você pode ativar são:

- **Mostrar Remetentes Acima do Assunto** Essa configuração inverte a ordem das informações no cabeçalho da conversa; você verá os nomes dos participantes da conversa acima do assunto. Em alguns casos, como quando o Outlook exibe uma mensagem na segunda linha, o assunto pode nem mesmo ficar visível.

O efeito da configuração Mostrar Rementes Acima do Assunto em uma conversa dividida.

- **Sempre Expandir Conversas** Essa configuração fará o Outlook exibir todas as mensagens quando você clicar no cabeçalho da conversa uma vez, em vez de duas.
- **Usar Modo de Exibição Recuado Clássico** Essa configuração faz o Outlook recuar mensagens mais antigas dentro de segmentos de mensagens individuais para exibir a progressão do segmento. Ela não é tão eficaz quanto o padrão de exibição de conversas divididas porque uma mensagem pode estar na raiz de várias ramificações e aparecer apenas uma vez na lista de mensagens.

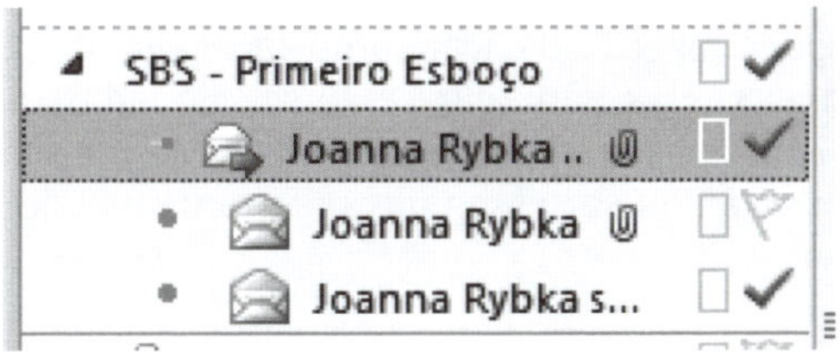

O efeito da configuração Usar Modo de Exibição Recuado Clássico.

Gerenciando conversas

Embora a função mais visível do modo Conversa seja o agrupamento de mensagens relacionadas, sua maior utilidade é como ferramenta de gerenciamento de mensagens. Isso pode ser particularmente útil para usuários do Outlook de grandes empresas que usem listas de distribuição para disseminar informações para um amplo grupo de pessoas. Quando centenas de destinatários de mensagens usam a função Responder a Todos para responder uma mensagem, a Caixa de Entrada pode ficar rapidamente muito cheia.

Solucionando problemas no modo Conversa

Como ocorre com muitos recursos "novos e aperfeiçoados", o modo Conversa tem seus fãs e detratores. Muitos usuários do Outlook apreciam a eficiência das mensagens serem agrupadas automaticamente e de não ser preciso escarafunchar tantas mensagens em suas Caixas de Entrada; outros reclamam do fato de que, aparentemente, esse novo recurso faz as mensagens desaparecerem de suas Caixas de Entrada antes mesmo de as terem visto.

O modo Conversa pode ser um meio muito eficiente de visualização das mensagens de uma conversa com vários segmentos; no entanto, ele também tem suas desvantagens. Já que o modo Conversa exibe só certas mensagens de uma conversa, uma mensagem específica que você estiver procurando pode não estar visível. Se isso ocorrer, você pode desativar o modo Conversa (desmarcando a caixa de seleção Mostrar como Conversas no grupo Conversas da guia Exibição) e usar um destes métodos para localizar a mensagem que deseja encontrar:

- Classifique as mensagens por assunto e digite as primeiras letras desse para rolar as mensagens para o topo do painel Mensagem.
- Insira o assunto na caixa Pesquisar no topo do painel Mensagem e especifique qualquer outro critério (como o emitente ou a data) da mensagem procurada para estreitar os resultados.

Após usar um desses métodos para exibir um conjunto de mensagens, percorra-as visualmente para localizar a que está procurando.

O modo Conversa permite o gerenciamento de todas as mensagens de uma conversa como um grupo. Você pode fazer isso clicando no cabeçalho da conversa para selecionar todas as mensagens (elas não aparecerão selecionadas, mas qualquer ação aplicada ao cabeçalho será aplicada a todas as mensagens individuais da conversa) e aplicando sua ação. Ou pode usar essas novas ferramentas de gerenciamento de conversas:

- **Ignorar Conversa** Esse comando move a conversa selecionada e qualquer mensagem relacionada recebida no futuro diretamente para a pasta Itens Excluídos.

  Atalho do teclado Pressione Ctrl+Del para ignorar a conversa ativa atualmente.

  Consulte também Para obter informações sobre atalhos do teclado, consulte "Atalhos do teclado" no fim deste livro.

  Dica Tome cuidado quando usar o comando Ignorar Conversa. O Outlook identifica "conversas" com base nos assuntos das mensagens. Se você receber mensagens não relacionadas no futuro que tenham o mesmo assunto de uma conversa que optou por ignorar, não receberá essas mensagens.

- **Limpar Conversa** Esse comando exclui mensagens redundantes – mensagens cujo texto está totalmente contido em mensagens posteriores – de uma conversa. Por padrão, o Outlook não remove mensagens categorizadas, sinalizadas ou digitalmente assinadas. Você pode modificar as configurações de limpeza de conversas na página Email da caixa de diálogo Opções do Outlook.

Consulte também Para obter informações sobre a modificação de configurações de email, consulte "Personalizando suas configurações do Office e do Outlook" no Capítulo 13, "Personalize o Outlook".

Organizando as mensagens de diferentes maneiras

À medida que o número de mensagens aumentar na Caixa de Entrada, pode ser difícil controlá-las. Podemos organizar, agrupar e classificar mensagens no Outlook para determinar rapidamente quais são as mais importantes, decidir quais podem ser excluídas e localizar as que precisem de uma resposta imediata.

Consulte também Para obter informações sobre os modos de exibição disponíveis para pastas de mensagens, consulte "Visualizando mensagens e anexos de mensagens" no Capítulo 3, "Envie e receba emails".

Você pode visualizar uma lista de mensagens no modo Compacto, no modo Simples ou no modo Visualização. Independentemente do modo que estiver exibindo, poderá organizar mensagens e conversas dentro da lista de mensagens selecionando uma organização padrão na galeria Organização da guia Exibição.

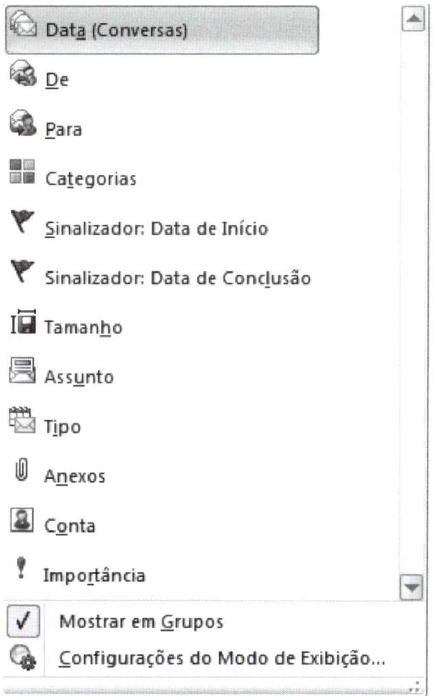

A galeria Organização.

Outra opção é clicar na barra Organizar Por no topo da lista de mensagens e clicar em uma opção da lista Organizar Por.

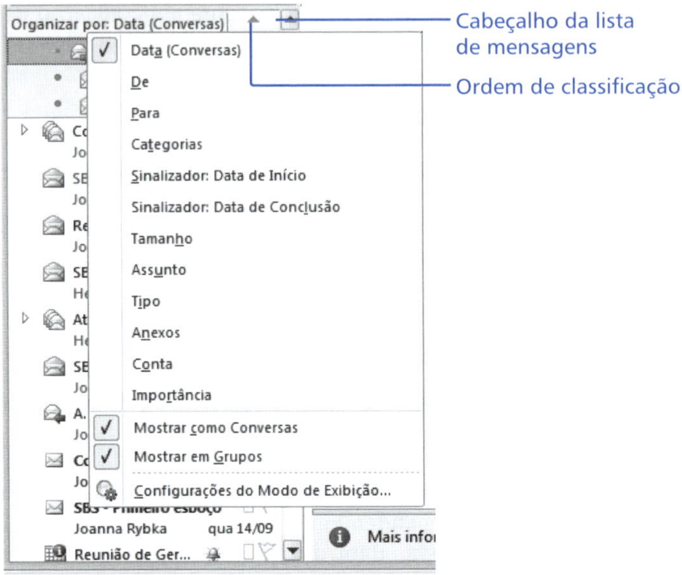

A lista Organizar Por.

Duas opções que afetam a maneira como as mensagens aparecem dentro de uma disposição são as conversas e agrupamentos. Essas duas opções de organização são ativadas por padrão; você pode desativar uma ou ambas.

Consulte também Para obter informações sobre conversas, consulte a seção "Trabalhando com o modo de exibição Conversa" já vista neste capítulo.

O agrupamento reúne mensagens que se encaixem dentro de categorias de organização específicas sob cabeçalhos próprios da disposição para podermos gerenciar mensagens comuns como uma única mensagem. Por exemplo, quando as mensagens são organizadas por data, elas também são agrupadas por data: os grupos são cada dia da semana atual, Última Semana, Duas Semanas Atrás, Três Semanas Atrás, Mês Passado e Mais Antiga.

Cada grupo tem um cabeçalho. Podemos expandir ou recolher um grupo individual clicando na seta à esquerda do nome do grupo no cabeçalho. Podemos recolher o grupo que contém o item selecionado atualmente pressionando a tecla de seta para a esquerda e expandir um grupo selecionado pressionando a tecla de seta para a direita. Também podemos expandir ou recolher todos os grupos selecionando um comando da lista Expandir/Recolher do grupo Organização da guia Exibição.

Por padrão, o Outlook exibe as mensagens organizadas por data da mais nova à mais antiga. Alternativamente, você pode organizar os itens por qualquer um dos atributos a seguir:

- **Conta** As mensagens são agrupadas pela conta de email para a qual foram enviadas. Isso será útil se você receber mensagens para mais de uma conta de email em sua Caixa de Entrada (por exemplo, se receber mensagens enviadas para a conta POP3 dentro de sua caixa de correio de conta do Exchange).
- **Anexos** As mensagens são agrupadas pela existência de anexos e por data de recebimento.
- **Categorias** As mensagens serão organizadas pela categoria que você atribuir a elas. Mensagens sem uma categoria aparecerão antes. Mensagens atribuídas a várias categorias aparecerão em todos os grupos de categorias atribuídos.
- **Sinalizador: Data de Início ou Data de Conclusão** Mensagens não sinalizadas e mensagens sem datas específicas aparecem antes. Mensagens que você tiver adicionado à sua lista de tarefas com datas específicas de início ou conclusão serão agrupadas por data.
- **De** As mensagens aparecem em ordem alfabética pelo nome de exibição do remetente da mensagem. Se você receber mensagens de uma pessoa que usar diferentes contas de email ou que enviar mensagens de dois clientes de email diferentes (por exemplo, do Outlook e do Windows Mail), as mensagens não ficarão necessariamente juntas.
- **Importância** As mensagens são agrupadas por prioridade: Alta (indicada por um ponto de exclamação vermelho), Normal (o padrão) ou Baixa (indicada por uma seta azul apontando para baixo).
- **Para** As mensagens são agrupadas alfabeticamente pelos destinatários primários (os endereços ou nomes da linha Para). O nome do grupo reflete exatamente a ordem em que os endereços aparecem na linha Para. Portanto, uma mensagem endereçada para *Bart Duncan*; *Lucas Keller* não ficará agrupada com uma mensagem endereçada para *Lucas Keller; Bart Duncan*.
- **Tamanho** As mensagens são agrupadas por seu tamanho, incluindo os anexos. Os grupos são Imenso (mais de 5M), Enorme (1 a 5 MB), Muito Grande (500 KB a 1 MB), Grande (100 a 500 KB), Média (25 a 100 KB), Pequena (10 a 25 KB) e Minúscula (menos de 10 KB). Esse recurso será útil se você trabalha para uma empresa que limita o tamanho da Caixa de Entrada porque ele permite localizar facilmente mensagens grandes e excluí-las ou movê-las para uma pasta pessoal.
- **Assunto** As mensagens são organizadas alfabeticamente por seus assuntos e então por data. Isso é semelhante à organização por conversa exceto pelas mensagens não serem segmentadas.
- **Tipo** Os itens da Caixa de Entrada (ou outra pasta) são agrupados por seu tipo – por exemplo, mensagens, mensagens criptografadas, mensagens recebidas, solicitações de reunião e respostas a solicitações de reunião, tarefas, formulários do Microsoft InfoPath e notificações de servidor.

Após organizar os itens de sua lista de mensagens, você pode alterar a ordem de classificação clicando no indicador da ordem que aparece no lado direito do cabeçalho da lista.

Independente do modo de exibição e do tipo de organização que você selecionar, poderá classificar as mensagens por qualquer coluna visível simplesmente clicando em seu cabeçalho (e reverter a ordem de classificação clicando no cabeçalho da coluna uma segunda vez). Você pode alterar as colunas exibidas a partir da caixa de diálogo Mostrar Colunas, que é exibida com um clique no botão Adicionar Colunas do grupo Organização da guia Exibição.

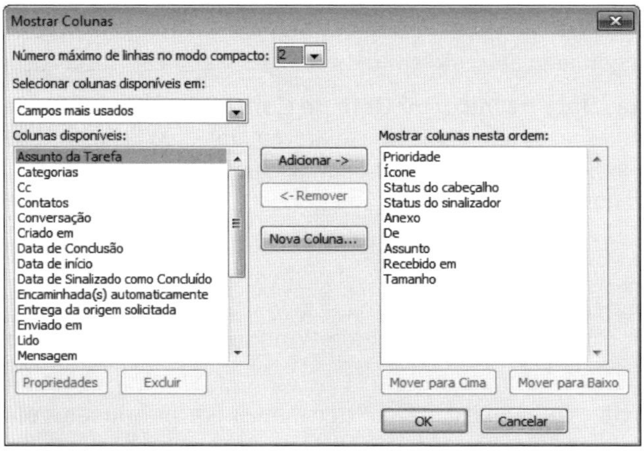

A caixa de diálogo Mostrar Colunas.

O Outlook exibe as colunas selecionadas na ordem mostrada na lista do lado direito da caixa de diálogo Mostrar Colunas. Se a exibição de todas as colunas demandar um espaço maior do que o disponível, só algumas colunas ficarão visíveis. Se necessário, você pode alterar o número de linhas exibidas para acomodar mais colunas. No entanto, provavelmente achará que um dos modos padrão atende suas necessidades.

Em um modo de lista, você pode controlar a organização, a classificação, o agrupamento, as colunas visíveis e outras configurações das mensagens no menu de atalho que aparece quando clicamos com o botão direito do mouse em qualquer cabeçalho de coluna.

Neste exercício, você vai alterar a organização, a ordem de classificação e o agrupamento de mensagens na Caixa de Entrada e filtrar seu conteúdo para exibir apenas mensagens específicas. Em seguida, vai restaurar as configurações padrão.

PREPARAÇÃO Não é preciso arquivo específico para fazer este exercício; use apenas as mensagens de sua Caixa de Entrada. Exiba a Caixa de Entrada no modo Mensagens e siga as etapas.

1. Na galeria **Organização**, clique em **De**.

   O Outlook reorganizará e agrupará as mensagens de sua Caixa de Entrada alfabeticamente por remetente (emitente).

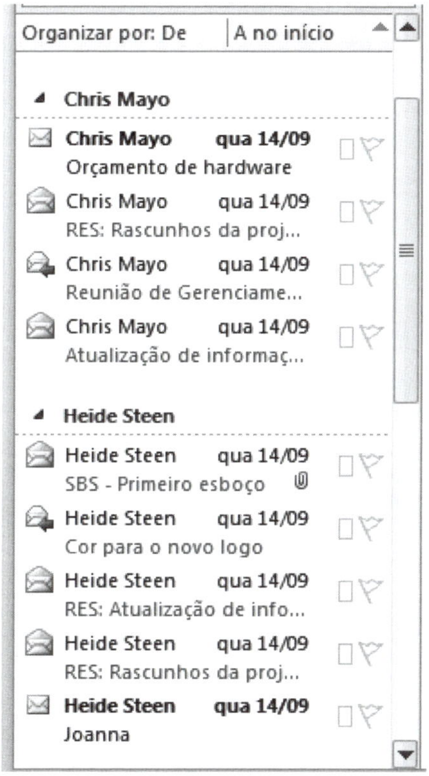

O indicador da ordem de classificação muda para ficar de acordo com o tipo de organização selecionada.

2. No cabeçalho da lista de mensagens, clique em **A no início**.

   O Outlook inverterá a ordem das mensagens e a mudará no cabeçalho para Z No Início.

3. Ainda no cabeçalho da lista de mensagens, clique na barra **Organizar Por** e em **Assunto**.

   O Outlook reorganizará e agrupará as mensagens por assunto, em ordem alfabética.

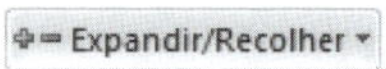

4. No grupo **Organização**, clique no botão **Expandir/Recolher** e, na lista, clique em Recolher Todos os Grupos.

   Só os cabeçalhos dos grupos ficarão visíveis. Haverá um cabeçalho de grupo para cada mensagem ou conjunto de mensagens com o mesmo assunto.

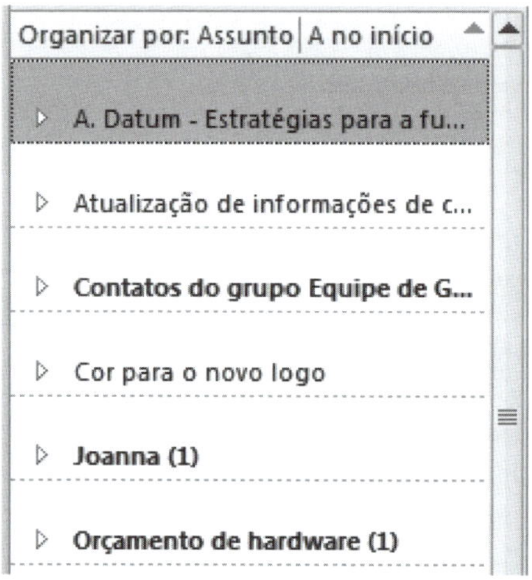

O recolhimento de grupos de mensagens exibe só os cabeçalhos dos grupos.

   Observe que o número de itens não lidos em cada grupo (se houver algum) é indicado em parênteses após o assunto da conversa.

5. No grupo **Localizar** da guia **Página Inicial**, clique no botão **Filtrar Email**.

   A lista Filtrar Email será expandida. Ela contém as mesmas opções que estão presentes na guia contextual Ferramentas de Pesquisa.

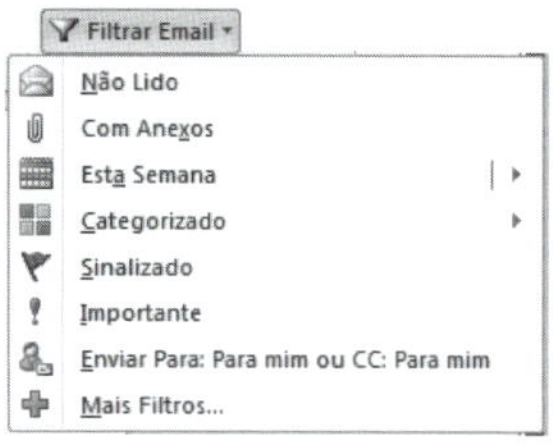

Na lista Filtrar Email, você pode especificar um ou mais critérios para as mensagens que serão exibidas na lista de mensagens.

6. Na lista **Filtrar Email,** clique em **Não lido**.

   O Outlook inserirá o filtro especificado na caixa Pesquisar do topo da lista de mensagens e filtrará sua Caixa de Entrada para exibir somente mensagens não lidas. (Se você não tiver mensagens não lidas em sua Caixa de Entrada, ela aparecerá como vazia.)

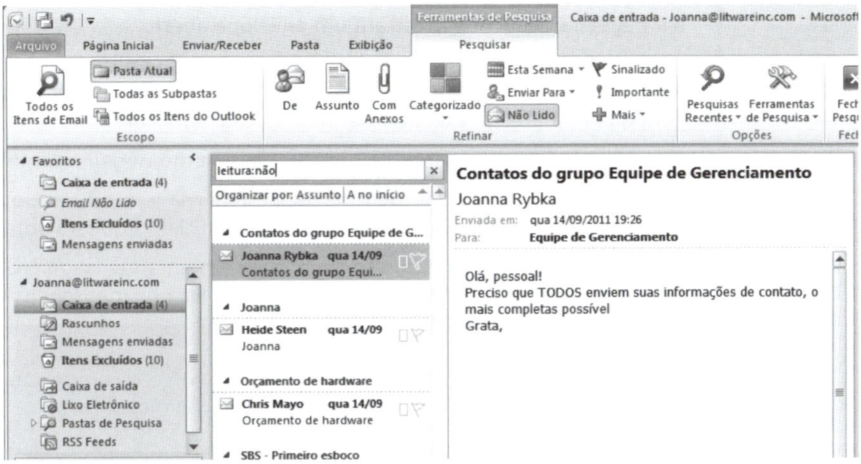

A caixa Pesquisar e a guia contextual Ferramentas de Pesquisa indicam o filtro aplicado.

Solução de problemas A aparência dos botões e grupos da Faixa de Opções muda de acordo com a largura da janela do programa ou da janela do item. Para obter informações sobre alterar a aparência da Faixa de Opções para que fique igual às nossas imagens de tela, consulte "Modificando a exibição da Faixa de Opções" no início deste livro.

7. No grupo **Fechar** da guia **Ferramentas de Pesquisa**, clique no botão **Fechar Pesquisa**.

   O Outlook removerá o filtro e voltará à organização anterior.

8. Faça testes com as opções de organização, classificação e agrupamento disponíveis.

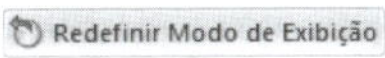

9. No grupo **Modo de Exibição Atual** da guia **Exibição**, clique no botão **Redefinir Modo de Exibição**. Em seguida, na caixa de diálogo do Microsoft Outlook que pergunta se o modo de exibição deve ser redefinido, clique em **Sim**.

   A lista de mensagens voltará à sua organização original: agrupada, por data, em conversas.

LIMPEZA Organize o conteúdo de sua Caixa de Entrada da maneira que for melhor para você. Mantenha as configurações de modo de exibição padrão antes de continuar, se quiser que sejam iguais às mostradas no resto do livro.

Marcando mensagens como lidas ou não lidas

Quando uma nova mensagem chegar em sua Caixa de Entrada, seu cabeçalho estará em negrito e seu ícone mostrará um envelope fechado para indicar que você ainda não a abriu – seu status será *não lida*. Quando você abrir uma mensagem em uma janela de mensagem ou visualizá-la por um certo período de tempo no Painel de Leitura, seu status mudará para *lida*. O cabeçalho da mensagem não estará mais em negrito e seu ícone mostrará um envelope aberto.

Você pode querer alterar o status de uma mensagem de lida para não lida, para lembrar de voltar a ela, ou de não lida para lida, se souber pelo assunto da mensagem que não precisa executar nenhuma ação com ela.

É possível alterar manualmente o status de uma mensagem usando esses métodos:

- Clique em uma mensagem na lista de mensagens ou selecione várias mensagens, e no grupo Marcas da guia Página Inicial, clique no botão Não Lido/Lido.
- Clique com o botão direito do mouse em uma mensagem ou em uma entre um grupo de mensagens selecionadas na lista de mensagens e clique em Marcar como Lida ou Marcar como Não Lida.

  Dica O menu de atalho que aparece quando clicamos com o botão direito do mouse em um item exibe apenas a opção disponível.

- Clique com o botão direito do mouse em uma pasta no Painel de Navegação e clique em Marcar Todas Como Lidas.

Atalhos do teclado Pressione Ctrl+Q para marcar uma mensagem como lida. Pressione Ctrl+U para marcar uma mensagem como não lida.

Organizando itens do Outlook usando categorias de cores

Para ajudá-lo a localizar mais facilmente itens do Outlook associados a um assunto, projeto, pessoa ou outra condição específica, você pode criar uma categoria própria dessa condição e atribuí-la a qualquer item relacionado. Você pode atribuir uma categoria a qualquer tipo de item do Outlook – uma mensagem, um compromisso, um registro de contato, uma anotação e assim por diante. Por exemplo, poderia atribuir registros de contato de clientes a uma categoria Clientes.

O Outlook usa categorias de cores, que combinam categorias nomeadas com barras coloridas para fornecer uma pista visual imediata quando visualizamos mensagens na Caixa de Entrada, compromissos no calendário etc. Dependendo do modo de exibição dos itens do Outlook, a categoria pode ser indicada por um bloco colorido simples ou uma barra colorida grande.

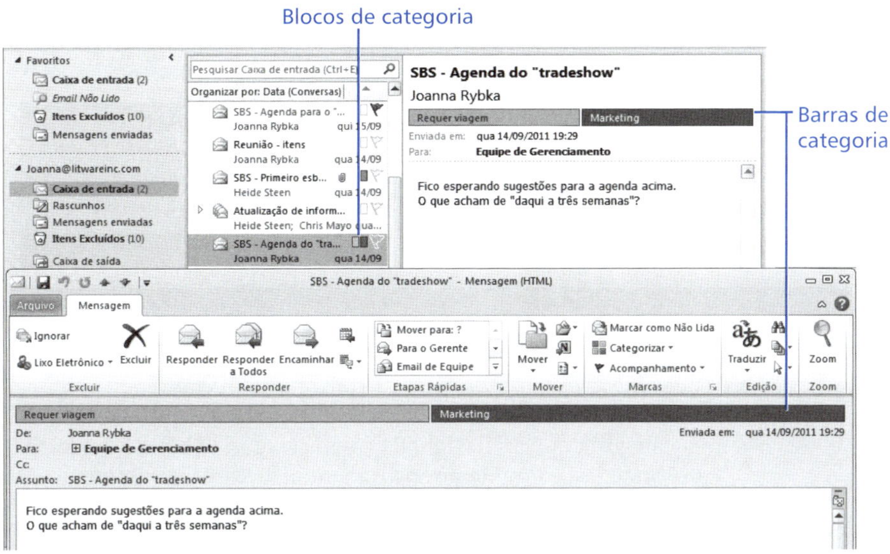

As barras de categoria incluem o nome da categoria.

Dica Você pode localizar, classificar e filtrar itens do Outlook por categoria. Para obter informações, consulte "Localizando rapidamente as mensagens" mais à frente neste capítulo.

O Outlook 2010 vem com seis categorias de cores pré-configuradas que só estão associadas aos nomes das cores. Você pode renomear as seis categorias iniciais e criar novas categorias. Cada categoria pode ter os elementos a seguir:

- **Nome** O nome da categoria pode ser uma palavra simples ou uma frase longa e descritiva. Os primeiros 32 caracteres do nome da categoria ficam visíveis na caixa de diálogo de categorias de cores, mas apontar para um nome truncado exibe uma Dica de tela contendo o nome inteiro.
- **Tecla de atalho** Você pode atribuir qualquer uma das 11 combinações de atalho do teclado disponíveis (CTRL+F2 a CTRL+F12) a uma categoria de cor. (Só esses 11 atalhos do teclado podem ser atribuídos dentro da caixa de diálogo.) Usando um atalho do teclado, você pode atribuir uma categoria usada com frequência em uma única etapa.
- **Cor** Você pode atribuir qualquer uma das 25 cores disponíveis a uma categoria ou optar por não atribuir uma cor. (Não é possível selecionar cores diferentes das 25 mostradas.) Quando você atribuir uma categoria que não tiver uma cor associada a um item do Outlook, a barra ou o bloco colorido será exibido na cor branca. Você pode atribuir uma cor a várias categorias.

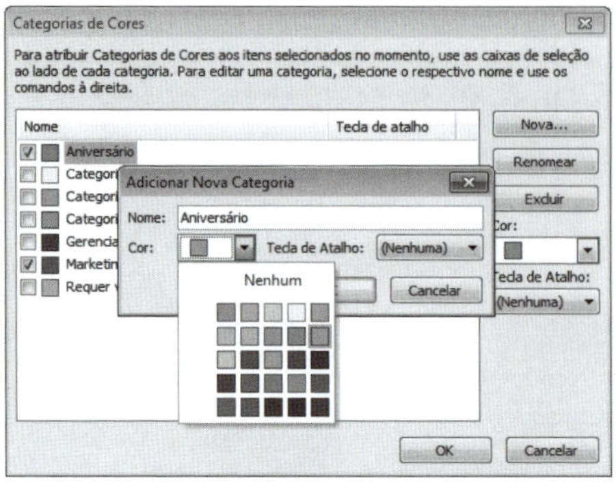

Você pode atribuir qualquer uma das 25 cores a uma categoria.

Há uma categoria que foi designada como categoria Clique Rápido. O Outlook atribuirá a categoria Clique Rápido por padrão quando você simplesmente clicar em uma caixa Categoria ou na coluna associada a um item. Você pode alterar a categoria Clique Rápido clicando em Definir Clique Rápido em qualquer um dos menus Categorizar e fazendo sua seleção na caixa de diálogo Definir Clique Rápido que aparecerá.

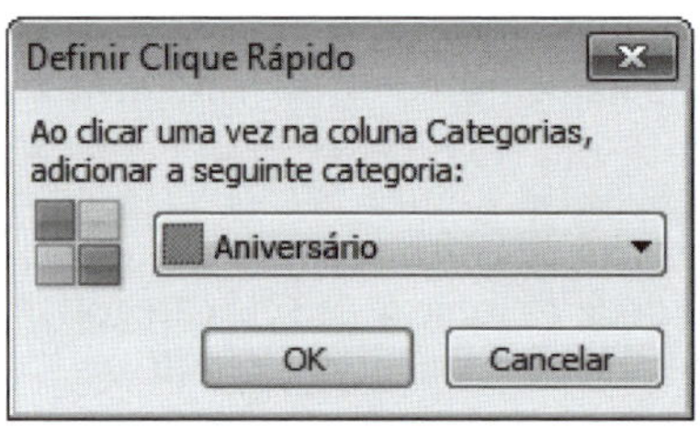

A categoria Clique Rápido será aplicada por padrão quando você clicar em uma barra de categoria.

Dica Você também pode definir a categoria Clique Rápido na página Avançado da caixa de diálogo Opções do Outlook. Para obter mais informações, consulte "Personalizando suas configurações do Office e do Outlook" no Capítulo 13, "Personalize o Outlook".

Você pode aplicar uma categoria de cor a um ou mais itens selecionados usando um desses métodos:

- Em qualquer pasta de emails ou contatos, clique no botão Categorizar do grupo Marcas da guia Página Inicial, e na lista, clique na categoria que deseja.
- Em qualquer lista de mensagens, clique na coluna Categorias para atribuir a categoria Clique Rápido.
- Em qualquer calendário, clique no botão Categorizar do grupo Marcas da guia contextual (Compromisso, Reunião e assim por diante) que aparecer para o item selecionado e clique na categoria que deseja.
- Em qualquer pasta, clique com o botão direito do mouse em um item ou em uma seleção de itens, aponte para Categorizar e clique na categoria que deseja.

Para visualizar rapidamente as mensagens pertencentes a uma categoria, agrupe-as por categoria ou inclua a categoria em uma busca. Em um modo de lista de qualquer módulo, você pode classificar e filtrar por categoria. E na Barra de Tarefas Pendentes, também pode organizar suas tarefas e mensagens sinalizadas por categoria.

Dica Você pode instruir o Outlook a atribuir automaticamente uma categoria a uma mensagem recebida que atenda critérios específicos criando uma regra. Para obter mais informações, consulte "Criando regras para processar mensagens" no Capítulo 11, "Gerencie as configurações de emails".

Neste exercício, você alterará o nome e a cor de uma categoria existente, atribuirá uma tecla de atalho a uma categoria e criará categorias. Em seguida, categorizará uma mensagem e tentará organizar o conteúdo de sua Caixa de Entrada usando categorias.

PREPARAÇÃO Você precisará das mensagens SBS – Agenda do "Tradeshow", SBS – Primeiro Esboço, RE: SBS – Primeiro Esboço e ENC: SBS – Primeiro Esboço que criou no Capítulo 3, "Envie e receba emails". Se ainda não tiver criado essas mensagens, pode fazê-lo agora ou substituí-las por qualquer mensagem de sua Caixa de Entrada. Exiba a Caixa de Entrada e siga as etapas.

1. Na lista de mensagens, clique na mensagem **SBS – Agenda do "Tradeshow"**.
2. No grupo **Marcas** da guia **Página Inicial**, clique no botão **Categorizar**.

   A lista Categorizar exibirá as categorias disponíveis. Observe que você pode remover todas as categorias de uma mensagem ou grupo de mensagens selecionado clicando em Limpar Todas as Categorias.

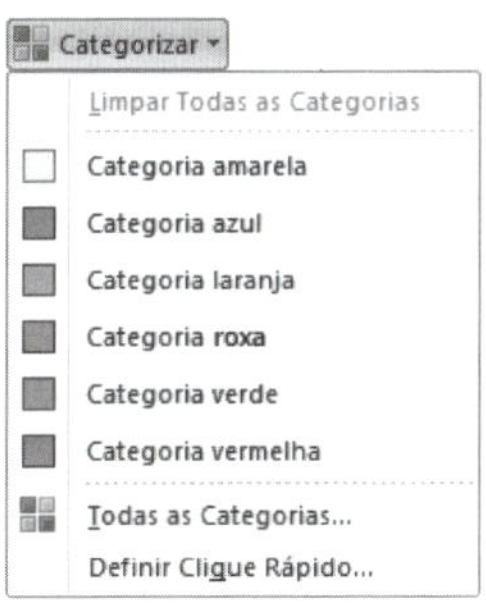

Se você ainda não tiver trabalhado com categorias, a lista Categorizar só incluirá as seis categorias padrão nomeadas de acordo com suas cores.

3. Na lista **Categorizar**, clique em **Todas as Categorias**.

   A caixa de diálogo Categorias de Cores será aberta, exibindo as categorias disponíveis atualmente.

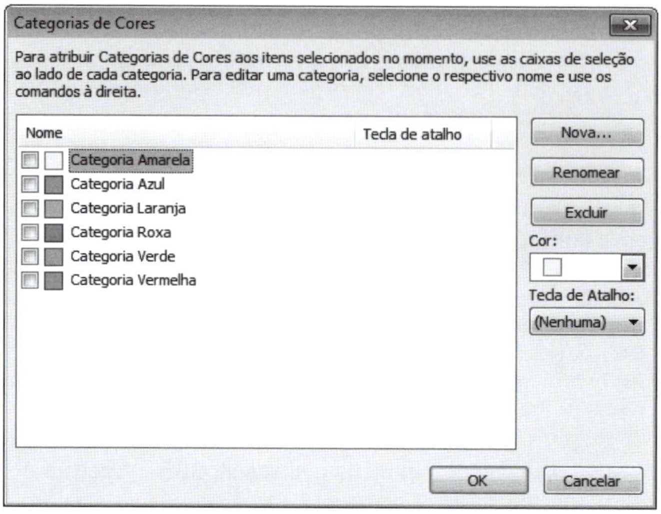

Você pode remover qualquer uma das categorias de cores ou criar novas categorias.

4. Na caixa de diálogo **Categorias de Cores**, clique no nome (e não na caixa de seleção) **Categoria Azul** e em **Renomear**.

   Solução de problemas Se já tiver renomeado as categorias padrão, você poderá criar ou renomear uma categoria diferente.

5. Com o nome da categoria selecionado para edição, digite **Gerenciamento** e pressione Enter.

   Solução de problemas Não clique em OK – isso fecha a caixa de diálogo.

   O nome da categoria mudará. A ordem das categorias não mudará imediatamente, mas na próxima vez que você exibi-las em uma lista ou caixa de diálogo, elas estarão reordenadas alfabeticamente.

   Dica Se você não renomear uma categoria de cor padrão antes de atribuí-la pela primeira vez, o Outlook lhe dará a opção de renomeá-la na primeira vez que usá-la.

6. Com a categoria **Gerenciamento** ainda selecionada, clique na seta **Cor** e, no canto inferior direito da paleta de cores, clique no quadrado **Bordô Escuro**.

   A cor associada à categoria Gerenciamento mudará de Azul para Bordô Escuro.

7. Repita as etapas 4 e 5 para renomear a **Categoria Laranja** como **Requer viagem**

8. Na caixa de diálogo **Categorias de Cores,** clique em **Nova**.

   A caixa de diálogo Adicionar Nova Categoria será aberta.

9. Na caixa **Nome**, digite **Marketing**. Clique na seta **Cor** e, na paleta de cores, clique no quadrado **Verde Escuro**. Em seguida, clique na lista **Tecla de Atalho**.

   A lista será expandida para exibir os atalhos do teclado disponíveis para categorias de cores.

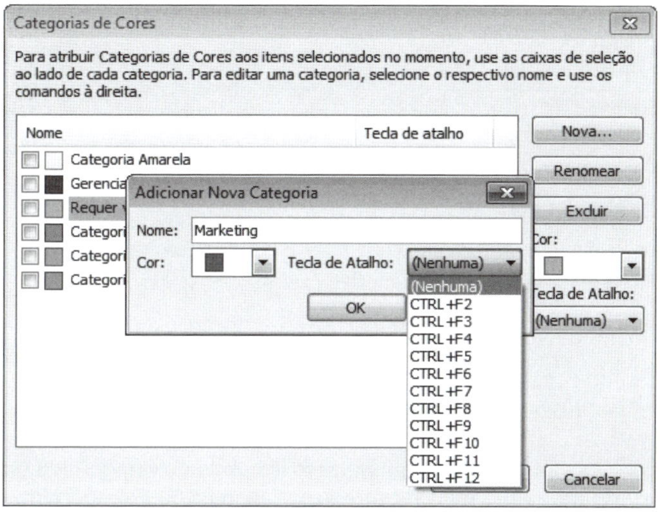

Atribua atalhos do teclado às categorias que usa com frequência para economizar tempo.

10. Na lista **Tecla de Atalho**, clique em **Ctrl+F2**. Agora, na caixa de diálogo **Adicionar Nova Categoria**, clique em OK.

    A nova categoria aparecerá no fim da lista de categorias de cores. A caixa de seleção marcada indica que ela foi atribuída à mensagem selecionada atualmente.

11. Na caixa de diálogo **Categorias de Cores**, clique no nome (e não na caixa de seleção) **Categoria Verde** e em **Excluir**. Na caixa de diálogo **Microsoft Outlook** que solicita a confirmação de exclusão da categoria, clique em **Sim**.

    Atalho do teclado Pressione Alt+D para excluir a categoria selecionada da caixa de diálogo categorias de cores.

    A Categoria Verde desaparecerá da lista.

12. Na caixa de diálogo **Categorias de Cores**, clique em **OK**.

    Na lista de mensagens e na Lista de Tarefas da Barra de Tarefas Pendentes, a caixa Categoria da mensagem selecionada mudará para um quadrado verde-escuro. No Painel de Leitura, uma barra verde-escura com o nome da categoria Marketing aparecerá no topo da mensagem.

13. No cabeçalho da mensagem **SBS – Agenda do "Tradeshow"**, clique com o botão direito do mouse na caixa **Categoria**.

    O menu de atalho exibirá as opções de categorias de cores em ordem alfabética.

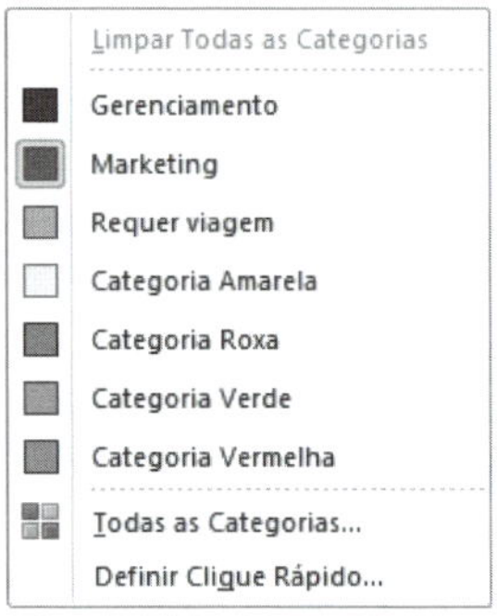

Um clique com o botão direito do mouse em qualquer caixa Categoria exibe o conteúdo da lista Categorizar.

14. No menu de atalho, clique em **Requer viagem**.

    A segunda caixa de categoria aparecerá no cabeçalho da mensagem e na Lista de Tarefas da Barra de Tarefas Pendentes.

Dica Você pode atribuir um número ilimitado de categorias a uma mensagem, mas só as três atribuídas mais recentemente aparecerão no cabeçalho da mensagem.

O Painel de Leitura exibe duas barras de categoria coloridas. Se você atribuir mais de três categorias a uma mensagem, o Outlook exibirá linhas adicionais de barras de categorias.

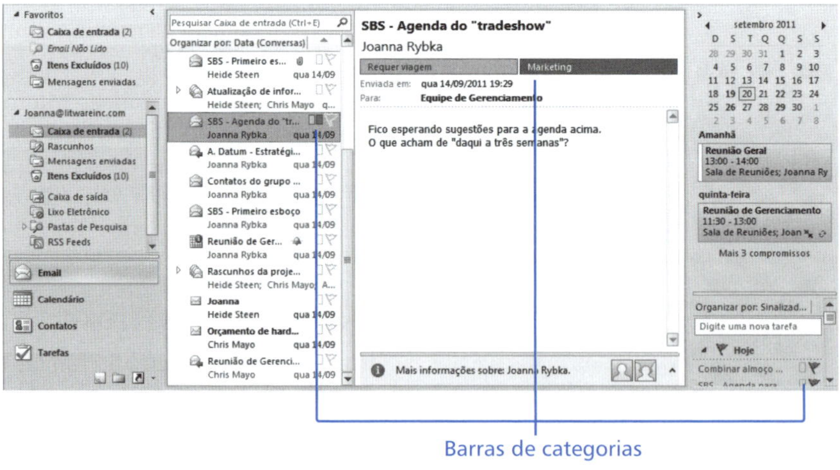

As categorias atribuídas podem ser vistas na lista de mensagens, no Painel de Leitura e na Barra de Tarefas Pendentes.

15. Na lista de mensagens, expanda a conversa **SBS – Primeiro Esboço** duas vezes para exibir suas mensagens. Clique em qualquer mensagem da conversa e pressione Ctrl+F2.

A categoria Marketing será atribuída à mensagem selecionada e também aparecerá no cabeçalho da conversa.

16. Clique em outra mensagem da conversa **SBS – Primeiro Esboço**. No grupo **Marcas** da guia **Página Inicial**, clique no botão **Categorizar** e, na lista, clique em **Gerenciamento**.

    A categoria Gerenciamento será atribuída à mensagem selecionada e também aparecerá como uma segunda categoria no cabeçalho da conversa.

17. No cabeçalho da lista de mensagens, clique na barra **Organizado Por** e, na lista, clique em **Categorias**.

    As mensagens serão organizadas por categoria, começando com as mensagens não categorizadas (Nenhuma), seguidas pelas categorizadas em ordem alfabética por categoria.

18. À direita da barra **Organizado Por**, clique em **A no início**.

    A ordem de classificação será invertida para exibir as mensagens categorizadas (em ordem alfabética inversa) no topo da lista.

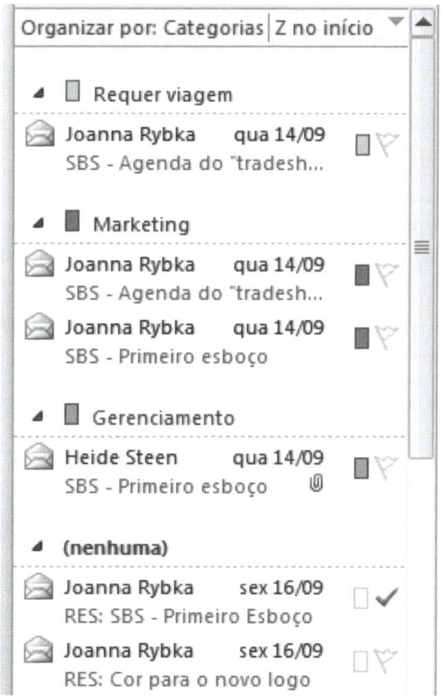

Você pode localizar rapidamente as mensagens categorizadas alterando a organização da lista de mensagens.

LIMPEZA Coloque a lista de mensagens em sua organização padrão, por data, antes de passar para o próximo exercício. Mantenha as mensagens SBS – Agenda do "Tradeshow", SBS – Primeiro Esboço, RE: SBS – Primeiro Esboço e ENC: SBS – Primeiro Esboço para uso em exercícios posteriores.

Registrando informações usando anotações do Outlook

Você pode armazenar informações diversas como lembretes, senhas, números de conta e processos registrando-as como anotações eletrônicas. Já que suas anotações estarão disponíveis de qualquer local que você acessar o Outlook, essa pode ser uma maneira muito conveniente de reter informações que podem ser necessárias posteriormente. E como é menos provável que você exclua acidentalmente uma anotação, será mais seguro do que enviar informações para você mesmo em um email.

Embora as anotações sejam um tipo de item do Outlook, elas não aparecem nas mesmas janelas das mensagens, compromissos, registros de contato e tarefas. Em vez disso, aparecem na forma de "notas autoadesivas" lembrando as populares notas Post-It da marca 3M. Você pode visualizar, classificar e organizar as anotações da mesma forma que faria com qualquer outro item do Outlook. Os modos de exibição padrão são:

- Ícones
- Lista de anotações
- Últimos 7 Dias

Se quiser mudar o modo de exibição, clique no modo que deseja na galeria Modo de Exibição Atual da guia Página Inicial. Se estiver procurando uma informação específica em uma anotação, você pode localizá-la rapidamente digitando uma palavra ou frase na caixa Pesquisar Anotações acima do Painel de Conteúdo.

Por padrão, o Painel de Leitura fica oculto no painel Anotações, mas se preferir, você pode exibi-lo e visualizar o conteúdo das anotações sem abri-las. Para fazer isso, clique no botão Painel de Leitura no grupo Layout da guia Exibição e clique em Direita ou Inferior para exibir o painel nesse local.

Você só pode inserir texto em uma anotação e não pode formatá-lo. Se colar texto formatado em uma anotação, ele mudará para a fonte padrão.

Dica As anotações dão suporte a hiperlinks; se você inserir o endereço de um site e pressionar Enter, o endereço mudará para texto sublinhado e em azul para indicar que é um hiperlink. Se quiser, clique no hiperlink para abrir o site ou página em seu navegador Web padrão.

Os ícones das anotações e as representações na forma de notas autoadesivas têm por padrão uma cor amarela clara, como a cor das notas autoadesivas em papel. Quando você atribuir uma categoria a uma anotação, a cor da anotação mudará para a cor da categoria.

Você pode alterar a cor padrão da anotação (pode escolher branco ou uma sombra pastel azul, verde, rosa ou amarela), o tamanho (pequeno, médio ou grande) ou a fonte (qualquer fonte instalada em seu computador) na página Anotações e Diário da caixa de diálogo Opções do Outlook.

Para armazenar informações em uma anotação:

1. No Painel de Navegação, clique no botão Anotações.

   O Outlook exibirá o painel Anotações.

2. No grupo Novo da guia Página Inicial, clique no botão Nova Anotação.

   O Outlook exibirá uma nova anotação. A data e a hora atuais aparecerão na parte inferior.

3. Insira o assunto ou o título da anotação, pressione Enter e insira as informações que deseja armazenar.

   A primeira linha da anotação passará a ser seu assunto ou título.

4. Para salvar e fechar a anotação, clique no botão Fechar no canto superior direito.

   A anotação aparecerá no painel Anotações. Só o assunto ficará visível. Você pode acessar as informações armazenadas abrindo a anotação (ou exibindo o Painel de Leitura).

Organizando mensagens em pastas

Após ter lido e respondido as mensagens, você pode querer manter algumas para consulta futura. É claro que pode optar por reter todas em sua Caixa de Entrada se quiser, mas à medida que o número de mensagens aumentar para centenas e até mesmo milhares, a situação pode ficar rapidamente insustentável. Para manter o conteúdo de sua Caixa de Entrada baixo e evitar um acúmulo de mensagens não lidas, você pode organizar as mensagens em pastas. Por exemplo, pode manter mensagens que demandem uma ação de sua parte na Caixa de Entrada e passar as mensagens que deseja reter para consulta futura em outras pastas.

Dica Já que a função de busca do Outlook fornece a opção de pesquisar dentro de todas as pastas que contenham itens de um tipo específico, você pode localizar facilmente uma mensagem que tenha sido movida para uma pasta sem precisar lembrar exatamente em que pasta ela está. Para obter mais informações, consulte "Localizando rapidamente as mensagens" mais à frente neste capítulo.

Especialistas conhecidos da área de organização pessoal defendem diferentes estruturas de pastas (tanto para pastas que armazenam papéis quanto para pastas de emails) como uma parte importante de um sistema de organização. Você pode aplicar uma dessas ideias ao criar pastas eletrônicas no Outlook ou usar qualquer outra estrutura que lhe for útil. Por exemplo, poderia criar uma pasta para cada projeto em que estivesse trabalhando e armazenar todas as mensagens referentes a um projeto específico em sua própria pasta. Ou poderia criar uma pasta para armazenar todas as mensagens de uma pessoa específica, como seu gerente, independente do assunto da mensagem.

Quando criar uma pasta, especifique o local em que ela se encontra dentro de sua estrutura de pastas do Outlook e o tipo de itens que deseja que a pasta contenha. Você pode criar pastas para conter os tipos de itens a seguir:

- Itens de Calendário
- Itens de Contato
- Itens de Formulário do InfoPath
- Itens de Diário
- Itens de Email e remessa
- Itens de Anotação
- Itens de Tarefa

A seleção que você fizer determinará o ícone que vai preceder o nome da pasta na lista de pastas, o layout da janela da pasta, as guias e comandos da Faixa de Opções que estarão disponíveis e o conteúdo do Painel de Navegação.

Você pode mover as mensagens para as pastas manualmente, ou se sua empresa estiver executando o Exchange, fazer o Outlook movê-las automaticamente. Também pode mover automaticamente mensagens para outra pasta criando uma regra – por exemplo, instruindo o Outlook a mover automaticamente todas as mensagens recebidas de seu gerente para uma pasta separada. E pode definir regras diferentes que entrem em vigor quando você estiver fora do escritório.

Consulte também Para obter informações sobre mover as mensagens automaticamente, consulte "Criando regras para processar mensagens" no Capítulo 11, "Gerencie as configurações de emails".

Neste exercício, você criará uma pasta e usará diferentes métodos para mover mensagens para ela.

PREPARAÇÃO Você precisará das mensagens SBS – Primeiro Esboço, RE: SBS – Primeiro Esboço e ENC: SBS – Primeiro Esboço com as quais trabalhou no exercício anterior. Se ainda não tiver criado essas mensagens, pode fazê-lo agora ou substituí-las por qualquer mensagem de sua Caixa de Entrada. Exiba a Caixa de Entrada e siga as etapas.

1. No grupo **Novo** da guia **Pasta**, clique no botão **Nova Pasta**.

   Atalho do teclado Pressione Ctrl+Shift+E para criar uma nova pasta.

   A caixa de diálogo Criar Nova Pasta será aberta.

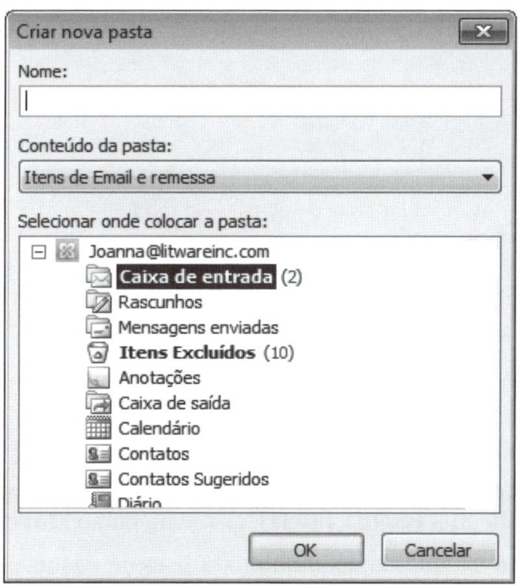

As configurações padrão da caixa de diálogo Criar Nova Pasta serão as do módulo que estiver ativo na hora em que você criar a pasta.

Solução de problemas Se seu arquivo de dados padrão (o arquivo em que suas mensagens são armazenadas) estiver em uma pasta pessoal em seu disco rígido, o primeiro item da caixa Selecionar Onde Colocar a Pasta será Pastas Particulares.

2. Na caixa **Nome**, digite **Mensagens SBS**. Na caixa **Selecionar Onde Colocar a Pasta**, clique em **Caixa de Entrada**. Em seguida, com a opção **Itens de Email e remessa** selecionada na lista **Conteúdo da Pasta**, clique em **OK**.

Dica O nome dessa pasta contém SBS para você poder diferenciá-la facilmente de outras pastas de sua caixa de correio.

Já que você criou essa pasta na Caixa de Entrada, o Outlook criará a nova pasta como uma subpasta da Caixa de Entrada e a formatará para conter itens de email.

A nova pasta exibirá as guias da Faixa de Opções do módulo Email porque você designou que ela conterá itens de email.

3. Na lista de mensagens, localize as mensagens **SBS – Primeiro Esboço, RE: SBS – Primeiro Esboço** e **ENC: SBS – Primeiro Esboço**.
4. Arraste a mensagem **SBS – Primeiro Esboço** da lista de mensagens para a pasta **Mensagens SBS** no **Painel de Navegação**.

   A mensagem passará da Caixa de Entrada para a pasta Mensagens SBS.

5. Clique na mensagem **RE: SBS – Primeiro Esboço** para selecioná-la. Em seguida, no grupo **Mover** da guia **Página Inicial**, clique no botão **Mover**.

   A lista Mover será expandida, exibindo uma lista de pastas e outras opções de movimentação.

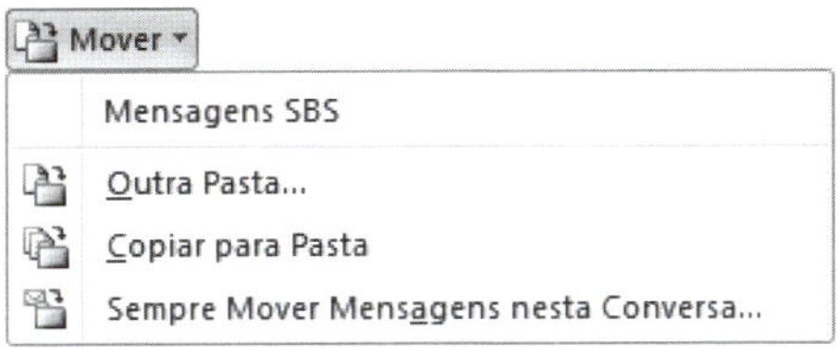

A lista Mover incluirá automaticamente as pastas que você criar.

6. Na lista **Mover**, clique em **Mensagens SBS**.

   A mensagem selecionada passará da Caixa de Entrada para a pasta Mensagens SBS.

7. Clique com o botão direito do mouse na mensagem **ENC: SBS – Primeiro Esboço** e clique em **Mover** e em **Mensagens SBS**.

   A conversa desaparecerá da Caixa de Entrada.

   Dica Quando você transferir a última mensagem de uma conversa da Caixa de Entrada, as mensagens relacionadas armazenadas em outras pastas desaparecerão.

8. No **Painel de Navegação**, sob a pasta **Caixa de Entrada**, clique na pasta **Mensagens SBS**.

   As mensagens poderão ser vistas na nova pasta como parte de uma conversa.

9. Expanda o cabeçalho da conversa uma vez.

   Todas as mensagens da conversa ficarão visíveis na lista.

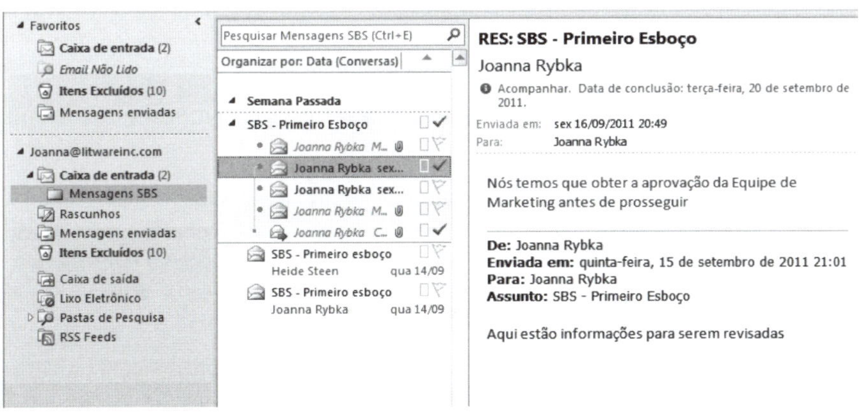

Mensagens que não estão na pasta atual são exibidas em itálico.

LIMPEZA Mantenha a pasta Mensagens SBS e seu conteúdo para uso em exercícios posteriores.

Gerenciando mensagens usando as Etapas Rápidas

Um novo recurso conveniente do Outlook 2010 são as Etapas Rápidas, que permitem a execução de várias tarefas com as mensagens clicando-se em apenas um botão. As Etapas Rápidas estão disponíveis na galeria Etapas Rápidas da guia Página Inicial de qualquer pasta de emails.

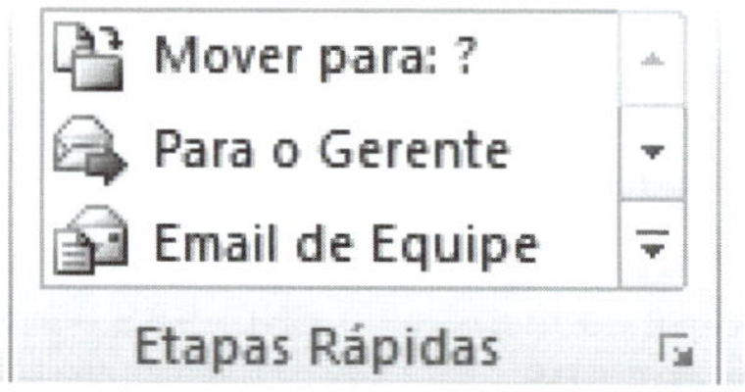

A galeria padrão Etapas Rápidas.

Você pode usar as Etapas Rápidas Internas ou criar as suas próprias para executar até 12 tarefas ao mesmo tempo.

Uma instalação padrão do Outlook inclui essas cinco Etapas Rápidas:

- **Mover Para** Move a mensagem selecionada para a pasta que você especificar na primeira vez que usar a Etapa Rápida e marca a mensagem como lida. Após você especificar a pasta, o nome da Etapa Rápida mudará para incluir o nome da pasta.
- **Email de Equipe** Cria uma mensagem para a pessoa ou pessoas que você especificar na primeira vez que usar a Etapa Rápida. Você pode editar a Etapa Rápida para incluir destinatários Cc e Cco, um assunto de mensagem específico, um sinalizador de acompanhamento, um nível de importância e um texto de mensagem específico, e para enviar automaticamente a mensagem um minuto após o comando Etapa Rápida ser clicado.
- **Responder e Excluir** Cria uma resposta para o emitente da mensagem original e essa é excluída imediatamente.

  Solução de problemas A Etapa Rápida Responder e Excluir exclui a mensagem original antes do envio da resposta. Se você fechar a janela de composição da mensagem de resposta sem enviá-la, a mensagem original não estará mais em sua Caixa de Entrada. Se quiser responder a mensagem original, primeiro terá que recuperá-la em sua pasta Itens Excluídos.

- **Para o Gerente** Encaminha a mensagem selecionada para a pessoa ou pessoas que você especificar na primeira vez que usar a Etapa Rápida. Você pode editar a Etapa Rápida para incluir destinatários Cc e Cco, um assunto de mensagem específico, um sinalizador de acompanhamento, um nível de importância e um texto de mensagem específico, e para enviar automaticamente a mensagem um minuto após o comando Etapa Rápida ser clicado.
- **Concluído** Move a mensagem selecionada para a pasta que você especificar na primeira vez que usar a Etapa Rápida, marca a mensagem como lida, e também como concluída para que uma marca de seleção seja exibida no local do sinalizador de acompanhamento.

Para cada uma das Etapas Rápidas internas, você pode alterar seu nome; editar, adicionar e remover ações; e especificar o texto da dica de ferramenta que aparecerá quando apontar para a etapa na galeria Etapas Rápidas. Também pode atribuir teclas de atalho (Ctrl+Shift+1 a Ctrl+Shift+9) a até nove Etapas Rápidas.

Dica Você pode criar novas Etapas Rápidas para simplificar o desempenho de vários tipos de ações de gerenciamento de mensagens. Para obter mais informações, consulte "Criando e gerenciando Etapas Rápidas" no Capítulo 13, "Personalize o Outlook".

Neste exercício, você configurará e usará uma Etapa Rápida interna.

PREPARAÇÃO Use a mensagem SBS – Agenda do "Tradeshow" com a qual trabalhou anteriormente neste capítulo e a pasta Mensagens SBS que criou no exercício anterior. Se não criou esses arquivos de exercícios, pode fazê-lo agora ou substituí-los por qualquer mensagem e pasta de sua Caixa de Entrada. Exiba a Caixa de Entrada, localize a mensagem SBS – Agenda do "Tradeshow" e siga as etapas.

1. Na galeria **Etapas Rápidas** da guia **Página Inicial**, clique em **Mover para: ?**.

   A caixa de diálogo Configuração Inicial do comando selecionado será aberta.

   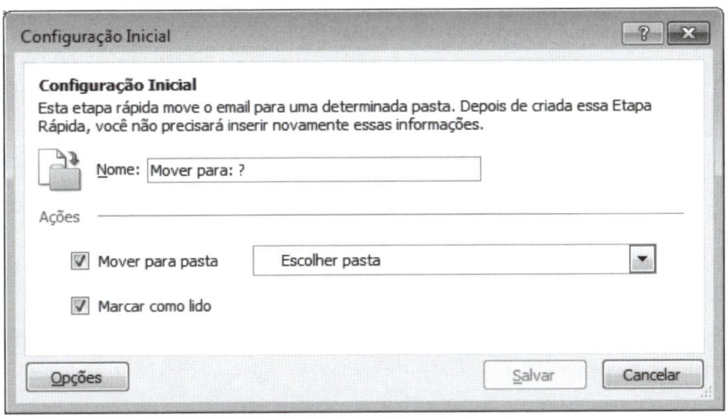

   Algumas Etapas Rápidas genéricas demandam o fornecimento de informações quando são usadas pela primeira vez.

2. Clique na seta **Mover para pasta** e, na lista, clique em **Mensagens SBS**.

   Na caixa Nome, o nome da Etapa Rápida mudará de *Mover para: ?* para *Mensagens SBS*.

3. Na caixa de diálogo **Configuração Inicial**, clique em **Opções**.

   A caixa de diálogo Editar Etapas Rápidas será aberta.

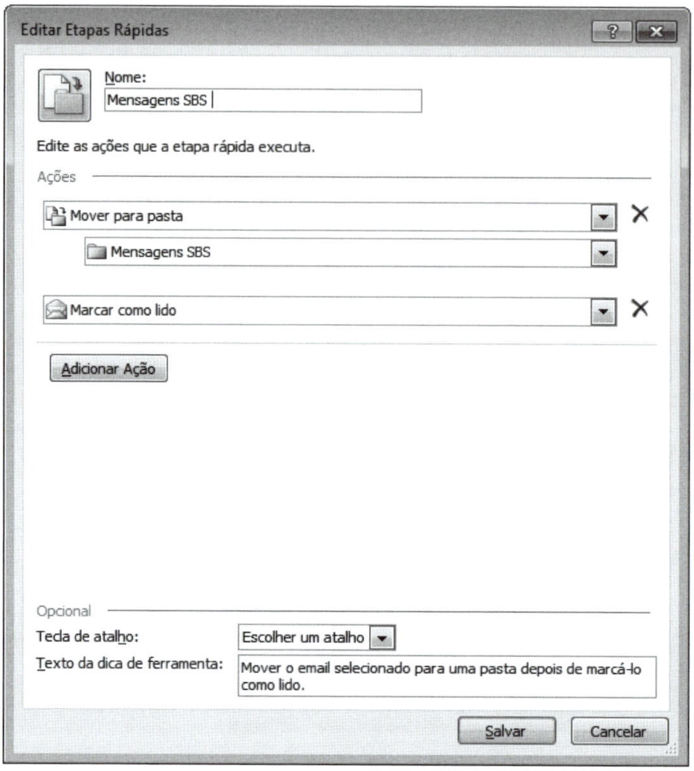

O comando Mover para não inclui muitas opções padrão.

Observe que você pode alterar as ações existentes (Mover para e Marcar como lido) e adicionar ações à Etapa Rápida padrão.

4. Na caixa Texto da dica de ferramenta, selecione o texto existente e digite **Mover e marcar como lido**.
5. Na caixa de diálogo **Editar Etapas Rápidas**, clique em **Salvar**.

   Na galeria Etapas Rápidas, o nome da Etapa Rápida mudará de *Mover para: ?* para *Mensagens SBS*.
6. Na lista de mensagens, clique na mensagem **SBS – Agenda do "Tradeshow"** para selecioná-la.
7. Na galeria **Etapas Rápidas**, aponte para **Mensagens SBS**.

   Sua dica de ferramenta personalizada aparecerá abaixo da Faixa de Opções.

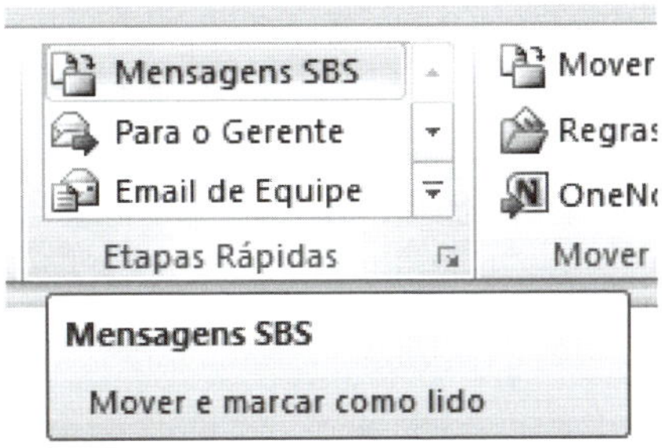

Você pode fornecer um texto de dica de ferramenta personalizada para qualquer Etapa Rápida.

8. Na galeria Etapas Rápidas, clique em **Mensagens SBS**.

   A mensagem selecionada desaparecerá da lista de mensagens.

9. No **Painel de Navegação**, sob a pasta **Caixa de Entrada**, clique na pasta **Mensagens SBS**.

   A mensagem terá sido passada para a pasta designada.

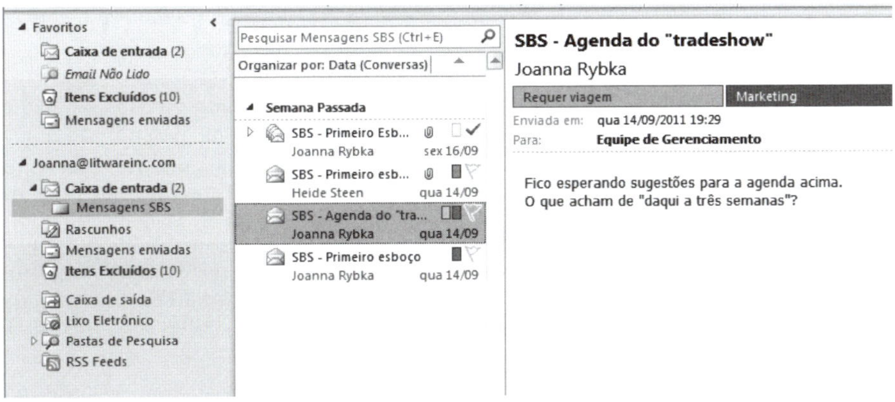

As categorias e o sinalizador de acompanhamento da mensagem transferida continuam intactos.

LIMPEZA Mantenha a pasta Mensagens SBS e seu conteúdo para uso em exercícios posteriores.

Localizando rapidamente as mensagens

O recurso de busca do Outlook é baseado na tecnologia Windows Search que faz parte do Windows 7 e do Windows Vista Service Pack 2. Usando a tecnologia Windows Search, você pode encontrar qualquer arquivo em seu computador que contenha um termo de pesquisa especificado – que pode estar em um nome de arquivo ou pasta, no conteúdo de um documento ou pasta de trabalho, em um email dentro do Outlook, em um anexo de mensagem, em um arquivo de imagem, música ou vídeo e assim por diante. (Na verdade, se preferir, pode conduzir todas as suas buscas do Outlook a partir do menu Iniciar do Windows.)

Você pode usar o recurso de busca para localizar termos específicos em qualquer item do Outlook. Embora possa procurar itens nos módulos Calendário, Contatos, Tarefas e Anotações, deve usar a busca com mais frequência para localizar mensagens em sua Caixa de Entrada e outras pastas de email. O recurso de busca pode localizar termos de pesquisa em uma mensagem ou em um arquivo anexo a uma mensagem. Quando você inserir o termo na caixa Pesquisar localizada no topo do Painel de Conteúdo de qualquer módulo, o Outlook fará uma filtragem para exibir apenas os itens do módulo que contenham o termo da pesquisa e realçará o termo na lista de resultados.

Se o termo que você inserir para a pesquisa produzir mais de 200 resultados, só os 200 primeiros serão exibidos e uma barra de informações aparecerá no painel Resultados da Pesquisa.

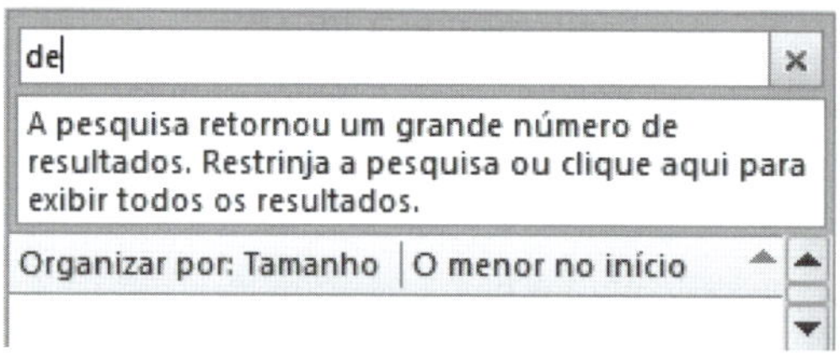

A pesquisa mostra apenas os primeiros 200 resultados disponíveis, a não ser que você solicite mais resultados

Você pode exibir todos os resultados obtidos para o termo atual da pesquisa clicando na barra de mensagem ou estreitar os resultados expandindo o termo da pesquisa ou especificando outros critérios de busca, como o emitente, o destinatário (se a mensagem foi endereçada ou só copiada para você), uma categoria atribuída ao item, se a mensagem contém anexos e assim por diante.

O Outlook 2010 apresenta a guia contextual Ferramentas de Pesquisa. Essa guia da Faixa de Opções aparece quando ativamos a caixa Pesquisar em qualquer módulo do Outlook. Você pode inserir termos de busca na caixa Pesquisar e refinar sua pesquisa usando os comandos da guia contextual Ferramentas de Pesquisa.

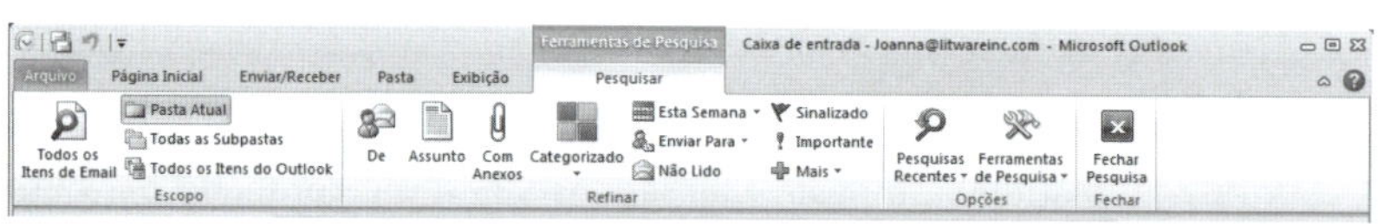

A guia Ferramentas de Pesquisa aparece quando clicamos em uma caixa Pesquisar ou filtramos o conteúdo de uma pasta de mensagens.

Ao pesquisar qualquer pasta, você pode usar os comandos da guia Ferramentas de Pesquisa para configurar o escopo da busca e definir mais rigorosamente as especificações. Você também pode voltar aos resultados de pesquisas anteriores.

Consulte também Para obter informações sobre os recursos de busca do Windows 7, consulte *Windows 7 Passo a Passo* de Joan Lambert Preppernau e Joyce Cox.

Os botões disponíveis nos grupos Escopo e Refinar variam de acordo com o tipo de pasta que está sendo pesquisada. O grupo Escopo sempre oferece as opções pasta atual, todas as subpastas do tipo atual e todos os itens do Outlook. Os comandos do grupo Refinar mudam para refletir propriedades comuns de itens armazenados no tipo de pasta atual. As propriedades mais comuns são exibidas como botões do grupo; propriedades adicionais ficam disponíveis para seleção na lista Mais.

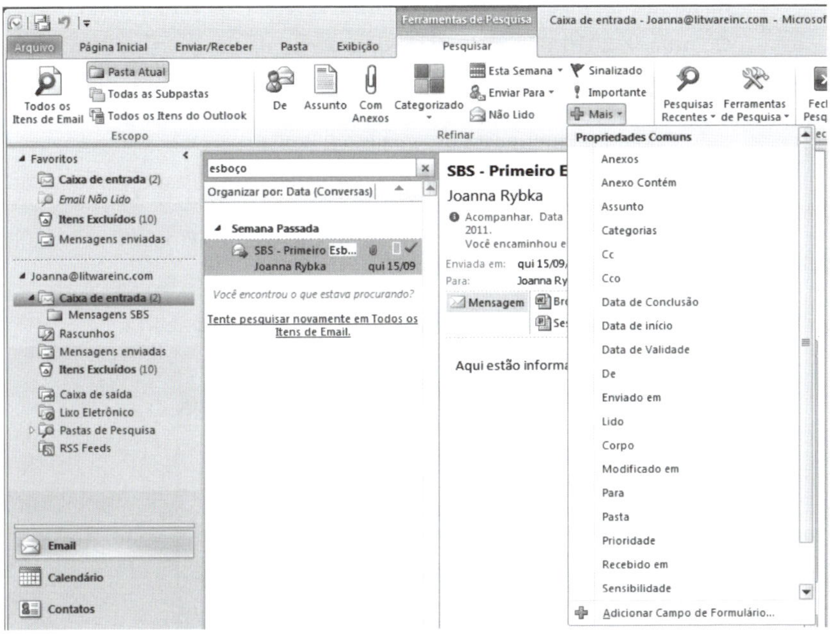

Você pode procurar um item baseando-se em qualquer propriedade.

Quando você clicar em um botão do grupo Refinar ou em uma propriedade da lista Mais, essa propriedade aparecerá na caixa Pesquisar com um espaço reservado para especificação do valor procurado. Quando os critérios da busca estiverem definidos, o Outlook filtrará todas as mensagens não relacionadas, tornando fácil encontrar exatamente o que se procura. E o que é melhor: o Outlook pesquisa não só o conteúdo do cabeçalho do email e da própria mensagem, mas também o conteúdo dos anexos da mensagem. Portanto, se o termo que você está procurando estiver em um documento do Microsoft Word anexo a uma mensagem, a mensagem será incluída nos resultados da pesquisa.

Dica Se sua empresa usa Pastas Públicas (um recurso do Exchange) você pode usar essas mesmas ferramentas para pesquisar uma Pasta Pública, mas o conteúdo não será filtrado instantaneamente; é preciso pressionar Enter ou clicar no botão Pesquisar para obter os mesmos resultados que seriam obtidos em uma pasta de conta padrão.

Usando pastas de pesquisa

Uma Pasta de Pesquisa exibe todas as mensagens da caixa de correio que atendem a um conjunto específico de critérios de pesquisa, não importando em que pastas as mensagens estejam realmente armazenadas. Quando você criar uma Pasta de Pesquisa, ela passará a fazer parte de sua caixa de correio e será mantida atualizada. O módulo Pastas de Pesquisa fica localizado no Painel de Navegação sob a caixa de correio de nível superior, no mesmo nível da Caixa de Entrada.

O Outlook 2010 não inclui nenhuma Pasta de Pesquisa padrão. Se quiser acesso rápido a mensagens que atendam um conjunto específico de critérios, você pode criar uma Pasta de Pesquisa personalizada. Para fazer isso, siga essas etapas:

1. Exiba qualquer pasta de emails.
2. No grupo Novo da guia Pasta, clique em Nova Pasta de Pesquisa.

Atalho do teclado Pressione Ctrl+Shift+P para criar uma Pasta de Pesquisa.

A caixa de diálogo Nova Pasta de Pesquisa será aberta.

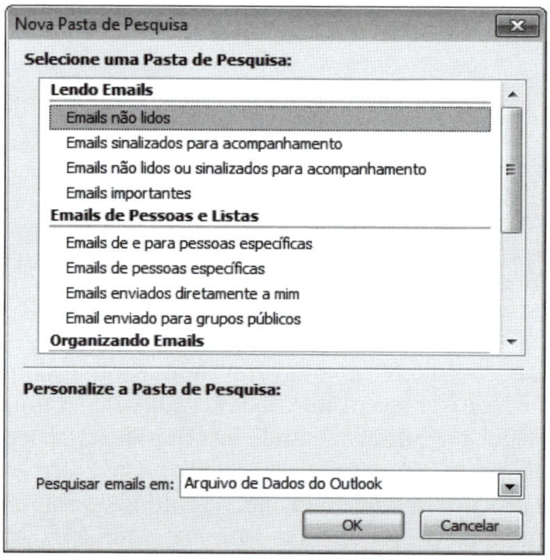

As categorias de Pastas de Pesquisa são Lendo Emails, Emails de Pessoas e Listas, Organizando Emails e Personalizar.

3. Na caixa de diálogo Nova Pasta de Pesquisa, selecione o tipo de Pasta de Pesquisa que deseja criar e clique em OK.

   Você pode selecionar uma das opções padrão apresentadas ou clicar em Criar uma Pasta de Pesquisa personalizada para especificar outras opções de pasta.

Podemos fazer alterações no conteúdo de uma Pasta de Pesquisa existente clicando com o botão direito do mouse na pasta e clicando em Personalizar esta Pasta de Pesquisa.

O Outlook mantém o conteúdo da Pasta de Pesquisa atualizado automaticamente. Os nomes das pastas que contêm itens não lidos aparecem em negrito, seguidos pelo número de itens não lidos entre parênteses. Os nomes das pastas que contêm itens sinalizados para acompanhamento aparecem em negrito, seguidos pelo número de itens sinalizados entre colchetes. Os nomes das pastas cujo conteúdo não está atualizado aparecem em itálico. Para atualizar uma Pasta de Pesquisa, clique no nome da pasta.

Cada mensagem de sua caixa de correio será armazenada em apenas uma pasta (por exemplo, em sua Caixa de Entrada), mas pode aparecer em várias Pastas de Pesquisa. A alteração ou exclusão de uma mensagem em uma Pasta de Pesquisa altera ou exclui a mensagem na pasta em que está armazenada.

Neste exercício, você usará o recurso de busca para localizar uma mensagem específica em sua Caixa de Entrada.

PREPARAÇÃO Use as mensagens SBS – Primeiro Esboço, RE: SBS – Primeiro Esboço, ENC: SBS – Primeiro Esboço e SBS – Agenda do "Tradeshow" e a pasta Mensagens SBS com as quais trabalhou anteriormente neste capítulo. Se não criou esses arquivos de exercícios, pode fazê-lo agora ou substituí-los por mensagens e uma pasta suas. Exiba a Caixa de Entrada e o Painel de Leitura e siga as etapas.

1. Na caixa **Pesquisar** no topo da lista de mensagens, digite **esboço**.

   Atalho do teclado Pressione F3 ou Ctrl+E para mover o cursor para a caixa Pesquisar.

   Quando você digitar, a guia contextual Ferramentas de Pesquisa aparecerá na Faixa de Opções e abaixo da caixa Pesquisar aparecerão opções para o refinamento de sua busca.

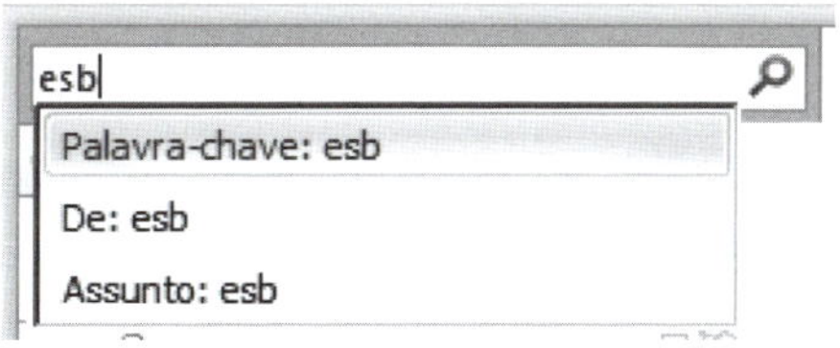

A seleção de uma opção que não seja palavra-chave insere o critério (e o termo) de busca alternativo na caixa Pesquisar.

O Outlook filtrará as mensagens de sua Caixa de Entrada para incluir só as que contêm a palavra *esboço* e realçará todas as ocorrências da palavra na lista de mensagens e na mensagem ativa.

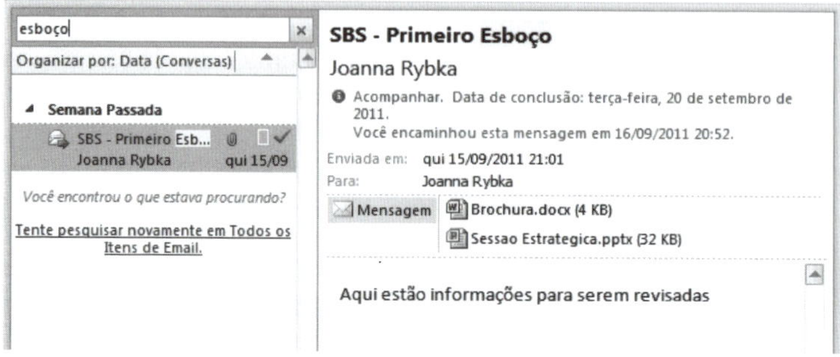

Os resultados iniciais da pesquisa só incluem mensagens contidas na pasta Caixa de Entrada, e não em suas subpastas ou em outras pastas da caixa de correio.

No canto inferior esquerdo da janela do programa, a Barra de Status exibe o número de mensagens incluídas nos resultados da pesquisa.

2. No grupo **Refinar** da guia **Ferramentas de Pesquisa**, clique no botão **Assunto**.

   O Outlook adicionará o critério "assunto" à caixa Pesquisar e solicitará que você insira as palavras-chave que devem aparecer no campo Assunto de todos os resultados da pesquisa.

Você pode substituir o espaço reservado pelas palavras que deseja encontrar no campo assunto.

3. Com o termo **palavras-chave** realçado, digite **SBS**.

   O Outlook atualizará instantaneamente os resultados da pesquisa para exibir apenas as mensagens de sua Caixa de Entrada que contenham a palavra *esboço* e tenham *SBS* em algum local do campo Assunto.

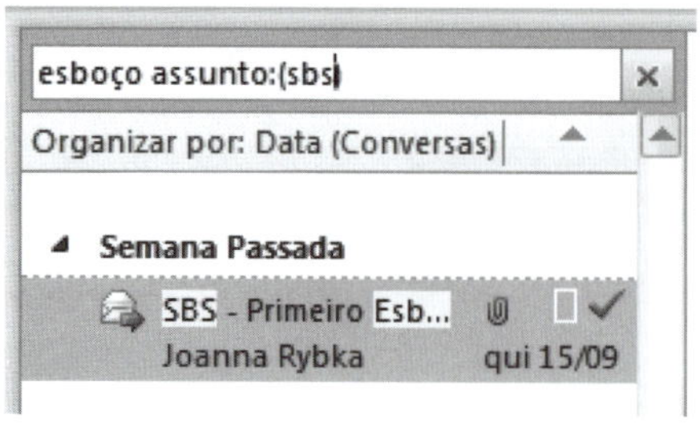

Neste exercício, a busca pode, ou não, retornar resultados.

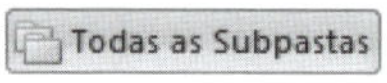

4. No grupo **Escopo** da guia **Ferramentas de Pesquisa**, clique no botão **Todas as Subpastas**.

Atalho do teclado Pressione Ctrl+Alt+Z para expandir a busca para incluir subpastas. Pressione Ctrl+Alt+A para expandir a busca para incluir todos os itens do tipo atual.

A conversa SBS – Primeiro Esboço e a mensagem SBS – Agenda do "Tradeshow" que você moveu para a subpasta Mensagens SBS em exercícios anteriores aparecerão nos resultados da pesquisa.

5. No cabeçalho da lista de mensagens, clique na barra **Organizar Por** e clique em **Pasta**.

   Os resultados da pesquisa mudarão para refletir a nova disposição.

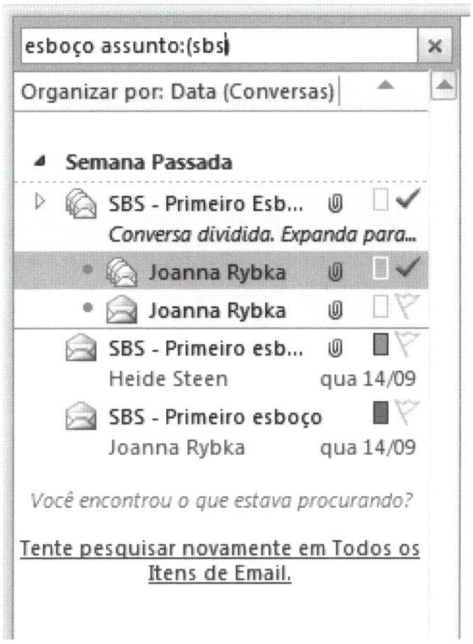

Agrupar por pasta os resultados de uma busca que inclua todas as subpastas pode ajudá-lo a localizar mensagens.

6. No grupo **Opções**, clique no botão **Pesquisas Recentes**.

   Suas pesquisas recentes serão salvas para que você possa usar a mesma pesquisa novamente em um outro momento.

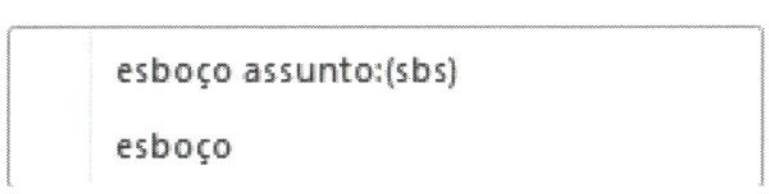

Um clique em um conjunto anterior de critérios de busca reexecuta essa busca nos itens atuais.

7. Tente localizar informações especificando critérios. Quando terminar, clique no botão **Fechar Pesquisa** para remover o filtro e exiba novamente a lista de mensagens da Caixa de Entrada.

   Atalho do teclado Pressione Esc para apagar os resultados da pesquisa.

LIMPEZA Mantenha a pasta Mensagens SBS e seu conteúdo para uso em exercícios posteriores.

Imprimindo mensagens

Embora as comunicações eletrônicas certamente tenham menos impacto ambiental do que as baseadas em papel, de tempos em tempos você pode querer ou precisar imprimir um email – por exemplo, se quiser levar uma cópia impressa dele a uma reunião para consulta ou se tiver um arquivo físico de mensagens importantes ou feedbacks cordiais. Você pode imprimir a mensagem exatamente como ela aparece em sua Caixa de Entrada ou orná-la com cabeçalhos e rodapés. O Outlook imprimirá a mensagem como mostrada na tela, inclusive com os formatos de fonte e parágrafo.

Neste exercício, você visualizará uma mensagem na forma como aparecerá quando impressa, adicionará um cabeçalho de página e imprimirá a mensagem.

Importante Para fazer este exercício em sua totalidade, você precisa ter uma impressora instalada. Se não tiver uma impressora instalada, poderá executar todas as etapas do exercício menos imprimir.

Para instalar uma impressora, clique no botão Iniciar, clique em Dispositivos e Impressoras, e na barra de ferramentas, clique em Adicionar Impressora. Siga as instruções do assistente para instalar uma impressora local ou de rede. Seu administrador de rede pode fornecer as informações necessárias à instalação de uma impressora de rede.

PREPARAÇÃO Você precisará da mensagem SBS – Agenda do "Tradeshow" com a qual trabalhou anteriormente neste capítulo. Se não criou essa mensagem, pode fazê-lo agora ou substituí-la por qualquer mensagem de sua Caixa de Entrada. Abra a mensagem SBS – Agenda do "Tradeshow" e siga as etapas.

1. Na janela da mensagem, exiba o modo Backstage e clique em **Imprimir**.

   A página Imprimir do modo Backstage exibirá as configurações de impressão atuais.

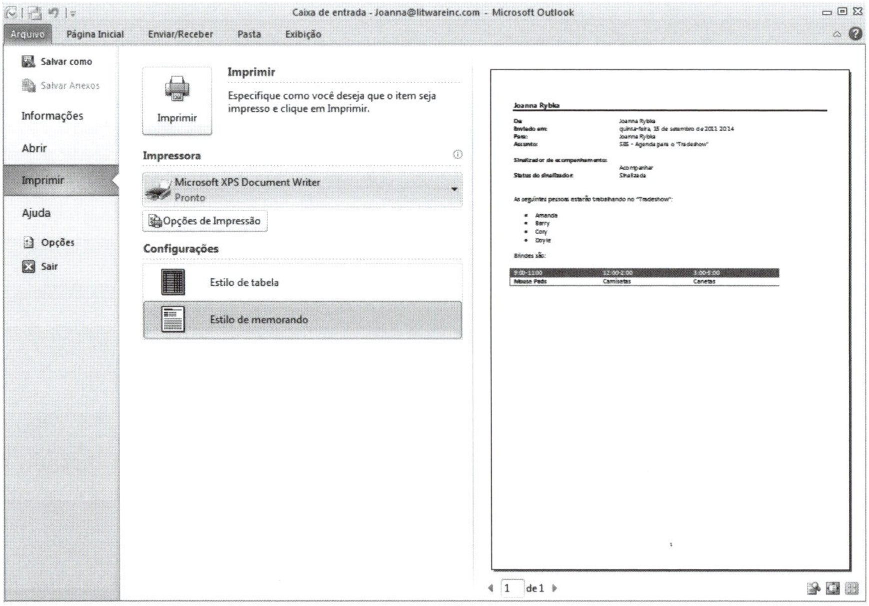

A página Imprimir do modo Backstage.

O painel direito exibirá a mensagem na forma como ela aparecerá quando impressa, se você clicar no botão Imprimir sem alterar as configurações mostradas no painel central. Se necessário, você pode ajustar as configurações a seguir:

- **Impressora** Selecione uma impressora instalada ou adicione uma nova.
- **Opções de Impressão** Abre a caixa de diálogo Imprimir, onde você poderá alterar as opções de impressão padrão antes de imprimir. Você também pode alterar um estilo de impressão existente (a maneira como a mensagem é apresentada na página impressa) ou criar um novo.
- **Estilo de Impressão** Selecione um dos estilos de impressão existentes disponíveis para a mensagem selecionada ou outro item do Outlook. O estilo de impressão padrão é Memorando, que imprimirá seu nome, informações do cabeçalho da mensagem e o conteúdo dela.

2. Clique no botão **Opções de Impressão**.

A caixa de diálogo Imprimir aparecerá, exibindo suas configurações de impressora padrão, que você pode alterar antes de imprimir. Um clique em OK imprime a mensagem com as configurações atuais.

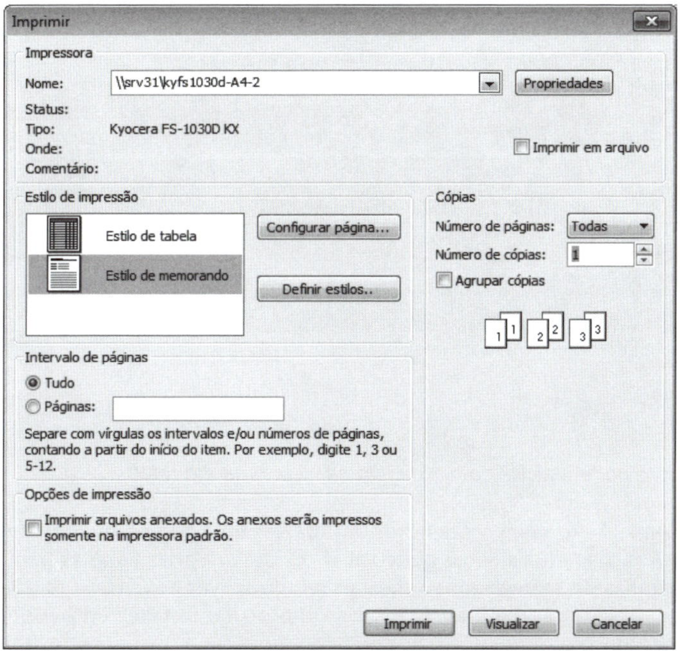

A caixa de diálogo Imprimir exibindo o Estilo de memorando básico para impressão de uma mensagem.

3. Na caixa de diálogo **Imprimir**, clique em **Configurar Página**.

A caixa de diálogo Configurar Página: Estilo de Memorando será aberta. Você pode alterar a fonte, o tamanho do papel, as margens, o cabeçalho e o rodapé da página nessa caixa de diálogo.

4. Na caixa de diálogo **Configurar Página: Estilo de Memorando**, na página **Formato**, clique no botão **Fonte**.

   A caixa de diálogo Fonte será aberta.

5. Na lista **Fonte**, clique em **Arial**. Na lista **Estilo da fonte**, clique em **Negrito Itálico**. Em seguida, clique em **OK**.

6. Na caixa de diálogo **Configurar Página: Estilo de memorando**, clique em **OK**, e clique em **Visualizar** na caixa de diálogo **Imprimir**.

7. No canto inferior direito da página **Imprimir** do modo Backstage, clique no botão **Tamanho real** para exibir a mensagem com 100% de seu tamanho.

   O painel direito da página Imprimir exibirá a mensagem na forma como ela aparecerá quando impressa, com o texto do cabeçalho em Arial Negrito Itálico.

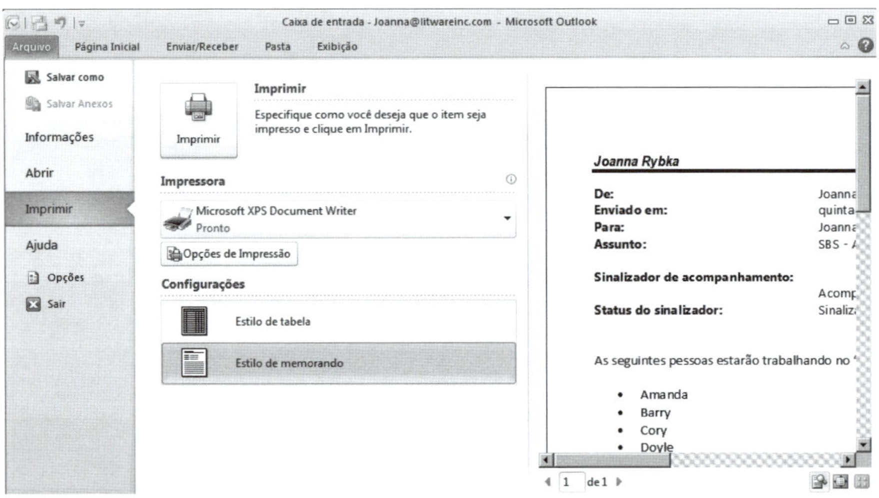

Você pode visualizar a mensagem em seu tamanho total.

Dica Se uma mensagem for ultrapassar uma página quando impressa com as configurações atuais, você pode clicar no botão Várias Páginas para visualizar todas as páginas da mensagem ao mesmo tempo. Talvez ache isso útil quando, por exemplo, quiser verificar quebras de página ou procurar um elemento específico em um documento.

8. Clique em **Opções de Impressão** e em **Configurar Página** e, na caixa de diálogo **Configurar Página: Estilo de memorando**, clique na guia **Papel** para ver as opções disponíveis.

   Além de selecionar o tamanho do papel, você pode definir as margens e a orientação da página.

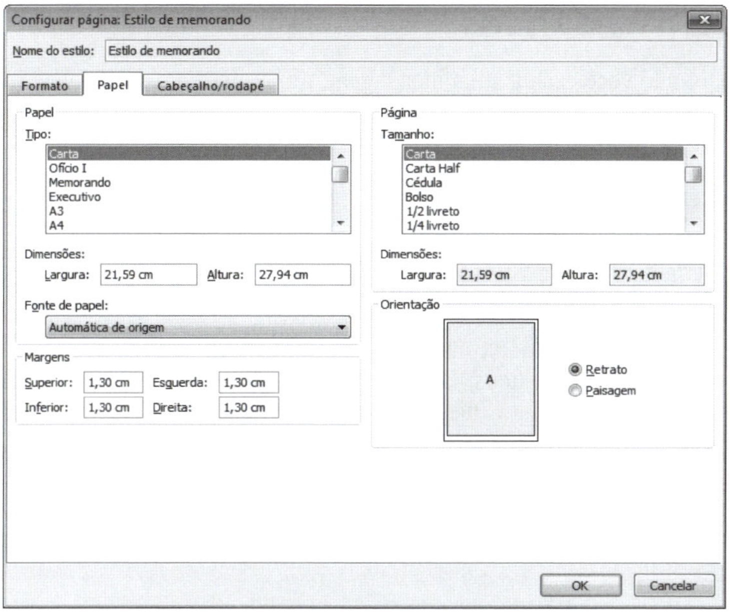

A página Papel da caixa de diálogo Configurar Página.

9. Clique na guia **Cabeçalho/rodapé**.
10. Na área **Cabeçalho**, digite **Para Seu Conhecimento** na caixa central e clique no botão **Fonte** acima da caixa. Na caixa de diálogo **Fonte**, sob **Tamanho**, clique em **16** e clique em **OK**.

    O texto que você inseriu não refletirá a alteração no tamanho da fonte, mas a caixa Cabeçalho à esquerda do botão Fonte indicará a seleção da fonte atual.
11. Na seção **Rodapé**, selecione o texto padrão (o número da página) que aparece na caixa central. Em seguida, na caixa **AutoTexto** que aparece próxima da parte inferior da caixa de diálogo **Configurar Página**, clique no botão **Nome do Usuário**.

    O Outlook imprimirá o texto especificado na parte superior da página e seu nome (ou o nome de usuário, se for diferente) na parte inferior.
12. Na caixa de diálogo **Configurar Página**, clique em **OK**, e na caixa de diálogo **Imprimir**, clique em **Imprimir**.

Solução de problemas Se a caixa de diálogo **Salvar Como** abrir, você não tem uma impressora instalada.

O Outlook imprimirá a mensagem, inclusive o cabeçalho e o rodapé personalizados, na impressora ativa.

LIMPEZA Se não quiser manter o cabeçalho e o rodapé personalizados como parte do modelo padrão de impressão de mensagens, remova-os do Estilo de memorando. Em seguida, feche a mensagem SBS – Agenda do "Tradeshow".

Excluindo mensagens

Quando você excluir uma mensagem, um registro de contato ou qualquer outro item, o Outlook o moverá temporariamente para a pasta Itens Excluídos de sua caixa de correio. Você pode abrir a pasta no Painel de Navegação, visualizar itens que foram excluídos, porém não eliminados, e restaurar itens (cancelar sua exclusão) movendo-os para outras pastas.

Atalho do teclado Pressione Shift+Delete para excluir permanentemente uma mensagem de uma lista de mensagens sem movê-la para a pasta Itens Excluídos.

Por padrão, o Outlook não exclui permanentemente os itens até que eles sejam removidos da pasta Itens Excluídos. Você pode esvaziar a pasta Itens Excluídos inteira manual ou automaticamente ou excluir permanentemente itens individuais.

Para excluir permanentemente um item individual, siga essas etapas:

1. No Painel de Navegação, clique na pasta Itens Excluídos para exibir seu conteúdo.
2. Na lista Itens Excluídos, clique no item (ou selecione vários itens) que deseja excluir.
3. No grupo Excluir da guia Página Inicial, clique no botão Excluir (ou pressione a tecla Delete).
4. Na caixa de mensagem Microsoft Outlook perguntando se você deseja excluir permanentemente o(s) item(ns) selecionado(s), clique em Sim.

Para esvaziar manualmente a pasta Itens Excluídos, siga essas etapas:

- No Painel de Navegação, clique com o botão direito do mouse na pasta Itens Excluídos e clique em Esvaziar Pasta.

Para esvaziar automaticamente a pasta Itens Excluídos sempre que sair do Outlook, siga essas etapas:

1. Exiba o modo Backstage e clique em Opções.
2. Na página Avançado da caixa de diálogo Opções do Outlook sob Inicialização e saída do Outlook, marque a caixa de seleção Esvaziar as pastas Itens Excluídos ao sair do Outlook. Em seguida, clique em OK.

Pontos principais

- Você pode filtrar e localizar mensagens em sua caixa de correio usando o recurso de busca.
- Pode agrupar e classificar mensagens por remetente (emitente), hora, assunto, tamanho, categoria ou qualquer outro campo.
- Pode atribuir categorias codificadas com cores às mensagens e então agrupar e classificar itens por categoria de cor. Também pode usar as categorias padrão do Outlook ou personalizá-las para que atendam às suas necessidades.
- Você pode registrar informações diversas em anotações eletrônicas e pode categorizar, pesquisar, exibir e classificar as anotações e enviar anotações para outras pessoas.
- Pode criar pastas para organizar seus emails e mover itens para as pastas, manual ou automaticamente.
- Pode imprimir uma mensagem quando precisar de uma cópia em papel, e pode selecionar um dos vários estilos de impressão e fazer modificações nos estilos para que atendam suas necessidades.
- Quando você excluir uma mensagem ou outro item do Outlook, ele passará para a pasta Itens Excluídos e não será excluído permanentemente até a pasta ser esvaziada.

Resumo do capítulo

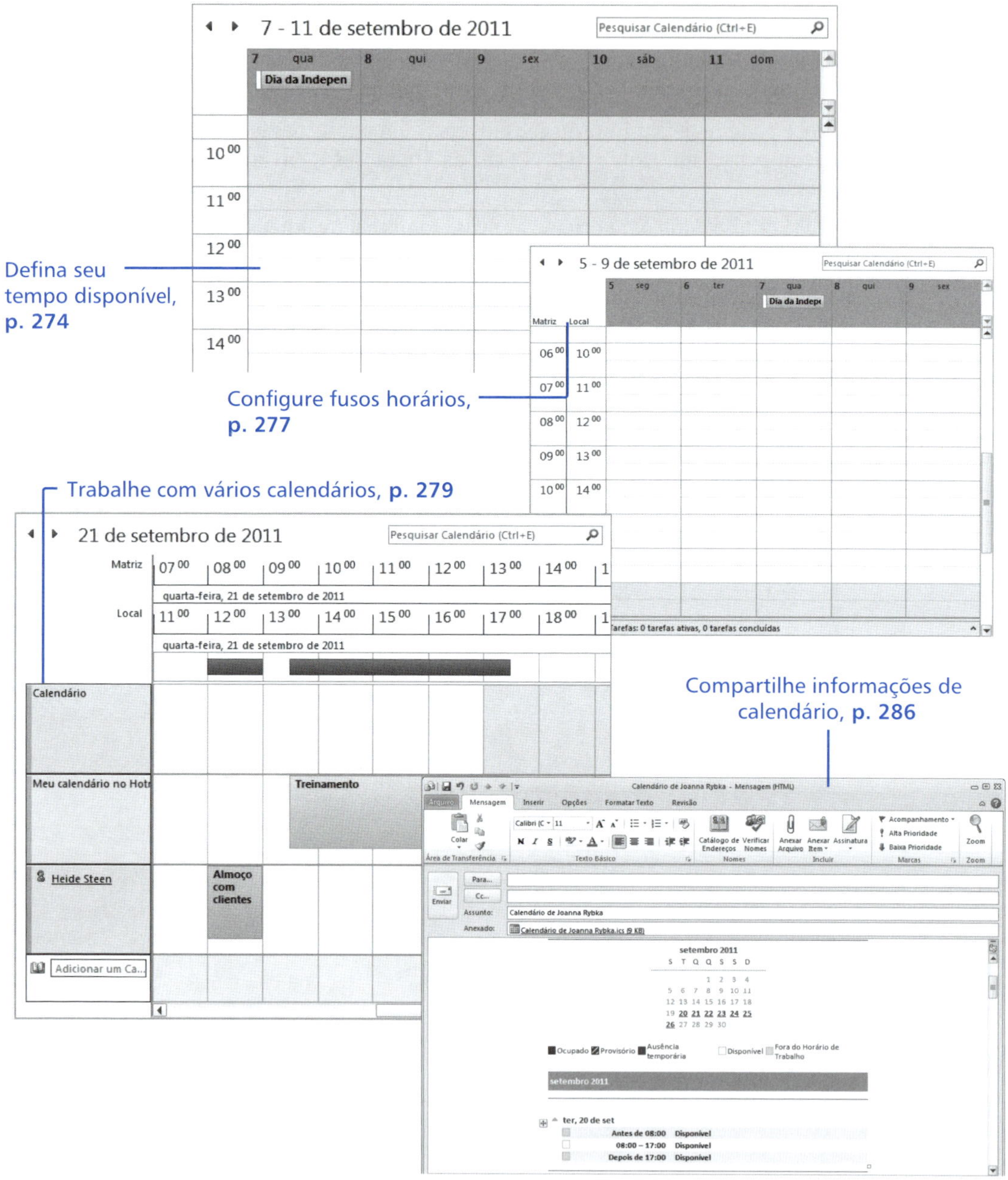

Capítulo 8

Gerencie seu calendário

Neste capítulo, você vai aprender a:

- Definir seu tempo disponível.
- Configurar fusos horários.
- Trabalhar com vários calendários.
- Compartilhar informações de calendário.
- Imprimir um calendário.

O uso do calendário do Microsoft Outlook 2010 é um grande avanço para o gerenciamento eficiente do tempo. O calendário do Outlook faz a distinção entre horas de trabalho e horas de folga – só as horas de trabalho estarão disponíveis para os colaboradores quando eles agendarem reuniões com você pelo Outlook. Se as horas de trabalho padrão definidas pelo Outlook não coincidirem com sua agenda real de trabalho, você poderá alterar as configurações da semana de trabalho. Você também pode configurar o calendário do Outlook para controlar sua agenda em dois fusos horários e alternar tranquilamente entre eles quando viajar.

Além do calendário padrão do Outlook, você pode criar, importar e gerenciar outros calendários dentro do módulo Calendário. No painel Calendário, você pode visualizar exibições separadas ou compiladas de informações armazenadas em vários calendários. Os outros calendários podem ser calendários de contas do Microsoft Exchange Server criados pelo Outlook, calendários secundários criados dentro de sua configuração do Outlook, calendários que outras pessoas compartilharem com você e calendários online que você baixar ou em que se inscrever.

Há várias maneiras de compartilhar suas informações de calendário com outras pessoas. Você pode compartilhar um calendário inteiro ou só informações selecionadas com pessoas dentro ou fora de sua empresa.

Se precisar acessar suas informações de calendário quando estiver longe de seu computador e não tiver acesso a ele a partir de um dispositivo móvel, ou se quiser compartilhar informações de calendário com outras pessoas em cópia impressa, você pode imprimir as informações de acordo com intervalos de datas específicos. O Outlook oferece muitos formatos diferentes para calendários impressos; você pode selecionar o estilo de impressão e o nível de detalhe que atende às suas necessidades.

Neste capítulo, você definirá suas horas de trabalho e aprenderá como configurar o Outlook para ser usado em vários fusos horários. Conhecerá diferentes tipos de calendários secundários e fará testes com as diferentes maneiras pelas quais pode exibir e alternar entre vários calendários. Compartilhará informações de calendário selecionadas embutindo-as em um email. E para concluir, imprimirá calendários diários e mensais.

Arquivos de exercícios Você não precisará de nenhum arquivo para fazer os exercícios deste capítulo. Para obter mais informações sobre os requisitos de uso dos arquivos de exercícios, consulte "Usando os arquivos de exercícios" no começo deste livro.

Definindo seu tempo disponível

Em nosso calendário do Outlook, as horas que indicamos como disponíveis para outras pessoas agendarem reuniões conosco são chamadas de semana de trabalho. Os campos de horário da semana de trabalho no calendário são coloridos diferentemente dos de fora da semana de trabalho e são os únicos disponibilizados para pessoas de nossa rede quando elas estão procurando uma hora para se reunir conosco.

A semana de trabalho padrão é definida como o das 8:00 às 17:00 (no fuso horário local) de segunda à sexta-feira. Você pode alterar isso para que atenda à sua agenda individual de trabalho. No Outlook 2010, você pode especificar uma hora de início e de término para seu dia de trabalho padrão, especificar os dias em que trabalha na semana e determinar o dia da semana que gostaria que aparecesse primeiro quando exibisse só a semana de trabalho em seu calendário.

Você pode definir sua semana de trabalho na área Horário de trabalho da página Calendário da caixa de diálogo Opções do Outlook.

Consulte também Para obter mais informações sobre a localização de horas disponíveis para reuniões, consulte "Agendando reuniões" no Capítulo 5, "Gerencie o agendamento".

Neste exercício, você vai visualizar e alterar sua semana de trabalho.

PREPARAÇÃO Não é preciso arquivo para fazer este exercício. Exiba seu calendário no modo Semana, desative a Lista de tarefas Diárias e siga as etapas.

1. No grupo **Organizar** da guia **Página Inicial**, clique no botão **Semana de Trabalho**.
2. Role para cima e para baixo na página do calendário para exibir o começo e/ou o fim do dia de trabalho.

   Os campos de horas de trabalho são brancos. Os campos de horas de folga são coloridos.

O calendário mantém uma distinção visível entre as horas de trabalho e as de folga, sombreando estas últimas.

Solução de problemas Se sua semana de trabalho não coincidir com os dias e horas padrão descritos aqui, faça este exercício usando suas próprias configurações.

3. Clique no iniciador da caixa de diálogo **Organizar**.

   A caixa de diálogo Opções do Outlook será aberta com a página Calendário sendo exibida.

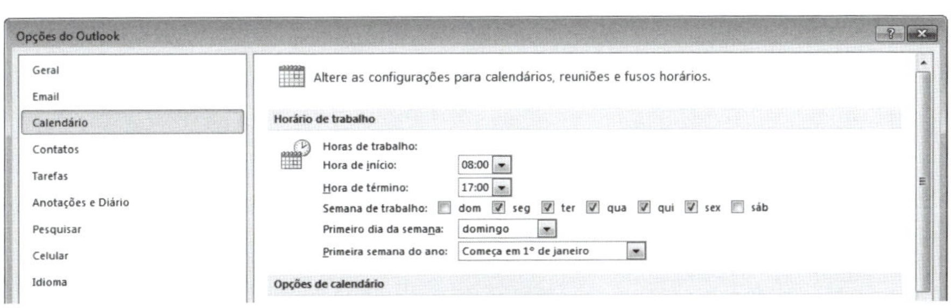

As configurações padrão da semana de trabalho.

Para este exercício, vamos supor que você trabalha como gerente de suprimentos em um restaurante. Você começa a trabalhar às 12:00 e termina às 20:00. Trabalha de quarta a domingo e tem folga na segunda e na terça.

4. Na área **Horário de trabalho**, clique na seta **Hora de início** e, na lista, clique em **12:00**.
5. Clique na seta **Hora de término** e, na lista, clique em **20:00.**
6. Ao lado de **Semana de trabalho**, marque as caixas de seleção **dom** e **sáb** e desmarque **seg** e **ter**.
7. Clique na seta **Primeiro dia da semana** e, na lista, clique em **quarta-feira**.

   Agora os dias e a exibição de sua semana de trabalho estão definidos como de quarta a domingo.

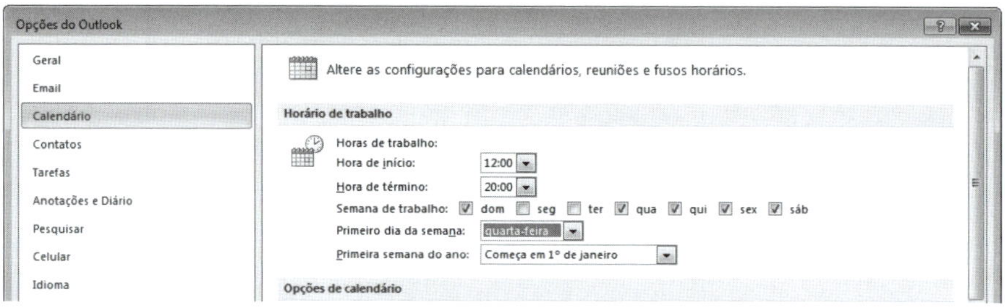

Você pode definir os dias e horas em que está disponível para se reunir com colaboradores.

8. Na caixa de diálogo **Opções do Outlook**, clique em **OK**.

   Agora o modo Semana de Trabalho do calendário exibirá apenas de quarta a domingo.

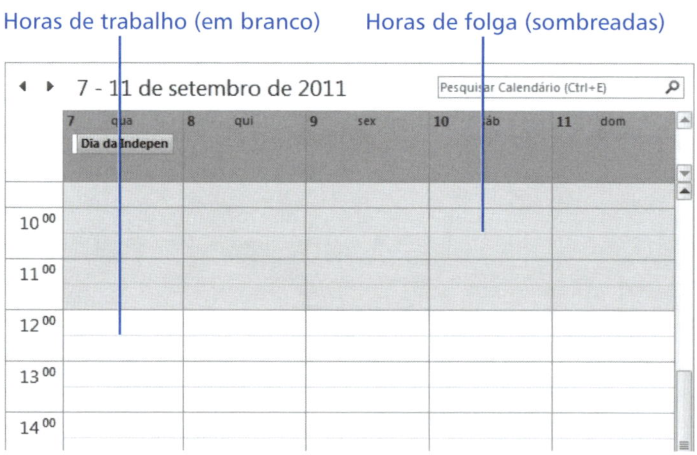

Agora sua semana de trabalho começa ao meio-dia de quarta a domingo.

Solução de problemas O Outlook não permite a definição de um dia de trabalho que ultrapasse a meia-noite ou horas de início e término diferentes para dias distintos.

LIMPEZA Defina sua semana de trabalho como quiser antes de passar para o próximo exercício.

Configurando fusos horários

Quando você viajar com seu computador portátil para locais com outros fusos horários, provavelmente alterará o fuso horário no computador para coincidir com aquele em que se encontra. Você pode fazer isso a partir do Windows ou do Outlook. Quando alterar o fuso horário, informações como a hora de recebimento de emails e horários de compromissos mudarão para coincidir com o novo fuso horário; se você exibir o relógio na área de notificação da Barra de Tarefas do Windows, a hora mostrada aí também mudará.

Para alterar o fuso horário de seu computador a partir do Outlook:

1. Exiba o módulo Calendário.
2. Na guia Página Inicial, clique no iniciador da caixa de diálogo Organizar.

   A caixa de diálogo Opções do Outlook será aberta, exibindo a página Calendário.
3. Na área Fusos Horários, clique na seta Fuso Horário e, na lista, clique no fuso horário que deseja. Em seguida, clique em OK para fechar a caixa de diálogo e voltar ao seu calendário.

Ao se preparar para viajar, ou caso agende reuniões envolvendo participantes de diferentes fusos horários, você pode querer configurar o Outlook para exibir dois fusos horários em seu calendário. O Outlook exibirá então os fusos horários no modo Dia, Semana de Trabalho e Semana em duas colunas à esquerda do painel Calendário.

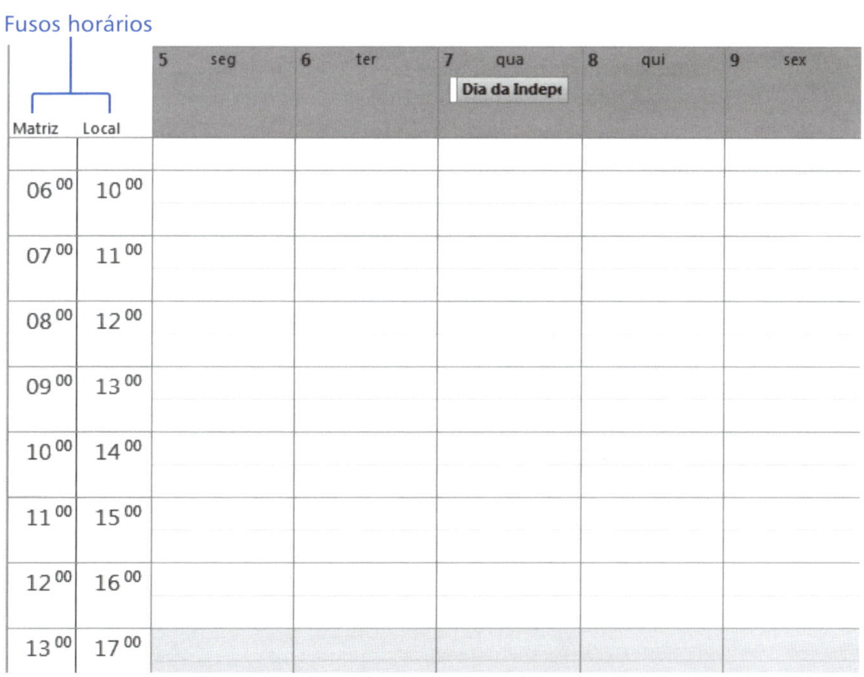

Exibindo dois fusos horários em seu calendário.

Para exibir simultaneamente dois fusos horários em seu calendário:

1. Na guia Página Inicial, clique no iniciador da caixa de diálogo Organizar.
2. Na área Fuso Horário, marque a caixa de seleção Mostrar um segundo fuso horário. Em seguida, na lista do segundo fuso horário, clique no fuso horário que deseja exibir.
3. Digite um rótulo para cada fuso horário (como São Paulo e Copenhagen) na caixa Rótulo correspondente.
4. Clique em OK.

Dica Quando você tiver dois fusos horários sendo exibidos em seu calendário do Outlook, poderá alterar rapidamente o fuso horário de seu computador clicando no botão Trocar Fuso Horário da caixa de diálogo Opções do Outlook.

Especificando fusos horários de compromissos

Ao agendar um compromisso ou reunião, você terá a opção de especificar o fuso horário – tanto para a hora de início quanto para a hora de término do compromisso ou reunião. Se viaja frequentemente, pode valer a pena fazer isso. Aqui está um exemplo de por que você poderia querer fazê-lo:

Suponhamos que você vivesse em Dallas, Texas (no fuso horário "Hora Central"). Você tem uma reunião que ocorre toda quarta-feira ao meio-dia. Viaja para Seattle, Washington (no fuso horário do Pacífico, duas horas mais cedo do que o fuso Hora Central) por uma semana. Quando chega em Seattle, altera o fuso horário de seu computador para a hora do Pacífico. Os compromissos de seu calendário mudam para acomodar a mudança no fuso horário. Agora sua reunião de quarta aparece no calendário às 10:00. Você chega à reunião na hora apropriada.

Durante a reunião, você é informado sobre a apresentação de um cliente que ocorrerá às 14:00 na terça seguinte. Você insere a apresentação como um compromisso em seu calendário às 14:00 de terça-feira, mas não especifica o fuso horário.

Quando volta a Dallas, você altera o fuso horário de seu computador para o fuso Hora Central. Na manhã de quarta-feira, examina seu calendário e vê que tem que participar da apresentação do cliente. A apresentação foi marcada em seu calendário para as 16:00. Quando você chega nas instalações do cliente, a apresentação já terminou. Já que o fuso horário do compromisso não foi especificado, houve uma alteração de duas horas quando você voltou a Dallas.

Trabalhando com vários calendários

O botão Calendário do Painel de Navegação está vinculado ao calendário de sua conta de email padrão. Você também pode exibir no módulo Calendário os outros tipos de calendários descritos a seguir:

- **Calendários de outras contas de email** Ficam disponíveis automaticamente quando configuramos o Outlook para se conectar a uma conta.
- **Calendários personalizados** Você pode criar um calendário da mesma forma que criaria uma pasta contendo emails, registros de contatos ou outros itens.
- **Para criar um calendário, clique no botão Novo Calendário no grupo Novo da guia Pasta do módulo Calendário.**
- **Calendários compartilhados** Outros usuários do Outlook podem compartilhar seus calendários com você.
- **Calendários da Internet** Você pode importar ou se inscrever em calendários da Internet.

Consulte também Para obter informações sobre calendários da Internet, consulte a observação "Conectando-se a calendários da Internet" mais à frente neste capítulo. Para se informar melhor sobre calendários do SharePoint, consulte "Trabalhando com conteúdo do site do SharePoint" no Capítulo 12, "Trabalhe remotamente".

Todos esses tipos de calendários estão disponíveis para você no Painel de Navegação do módulo Calendário ou na Lista de Pastas do módulo Email.

- No módulo Calendário, o Painel de Navegação exibe uma lista de calendários disponíveis. Você pode exibir ou ocultar um calendário marcando ou desmarcando sua caixa de seleção.

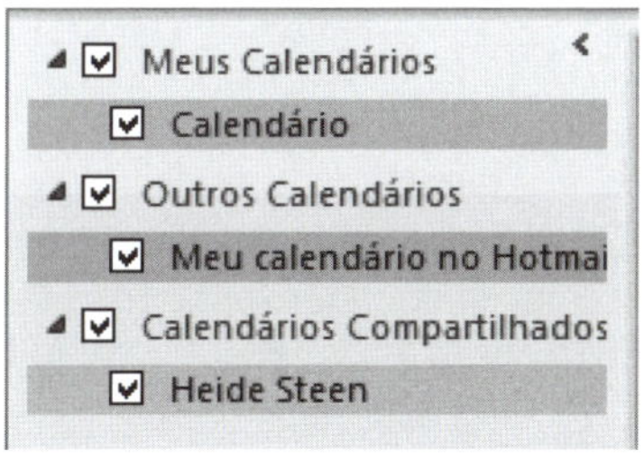

Calendários disponíveis no Painel de Navegação do módulo Calendário.

- No módulo Email, os calendários são exibidos na lista de pastas expandida. Você pode exibir um calendário no módulo Calendário clicando nele na lista de pastas.

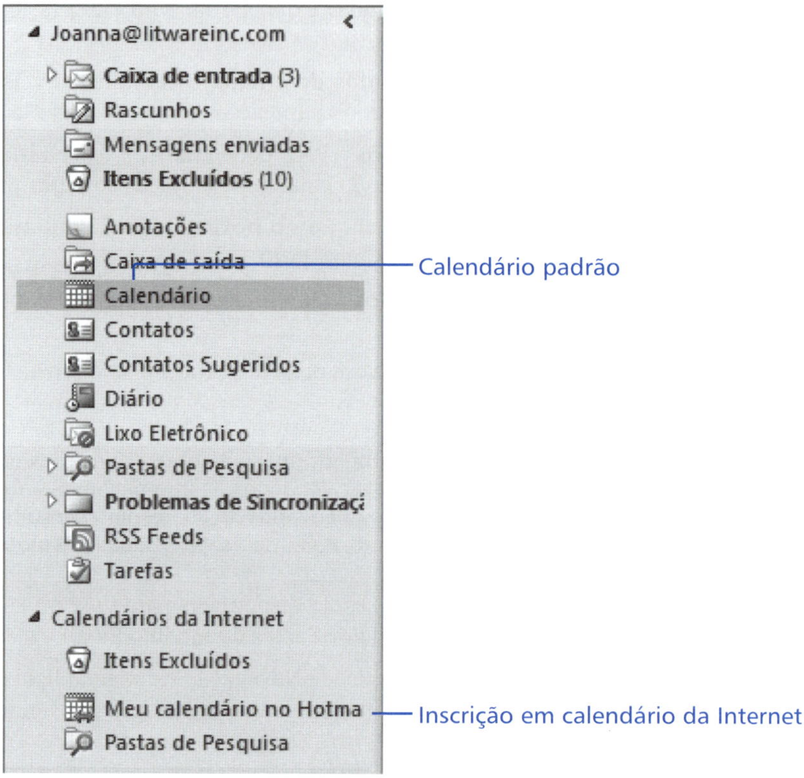

Calendários disponíveis no Painel de Navegação do módulo Email.

Você pode exibir calendários individualmente ou mais de um calendário ao mesmo tempo. Por exemplo, poderia ter um calendário comercial e um pessoal separados e querer visualizá-los juntos. E pode visualizar vários calendários próximos uns dos outros ou sobrepô-los para exibir uma visualização composta dos calendários separados. Quando visualizar e rolar por vários calendários, todos exibirão a mesma data e período de tempo.

Podemos copiar itens de um calendário para outro, arrastando com o botão direito do mouse e clicando em Copiar no menu de atalho.

Conectando-se a calendários da Internet

Vários calendários especializados que acompanham agendas de esporte profissional, feriados, entretenimento, dados científicos etc., estão disponíveis online. (Por exemplo, a administração ou a equipe esportiva da escola local pode oferecer um calendário da Internet em seu site para importação ou inscrição.)

Os calendários da Internet são arquivos que têm a extensão*.ics*. Você pode localizá-los pesquisando em um navegador Web, encontrando links nos sites de organizações específicas ou visitando um site de compartilhamento de calendários como o iCalShare (situado em *www.icalshare.com*).

Podemos acessar um calendário da Internet de uma entre duas maneiras:

- **Inscrevendo-se no calendário** Você receberá atualizações do publicador do calendário quando elas ocorrerem, mas não poderá alterar os dados do calendário.
- **Importando o calendário** Você poderá interagir com uma cópia local do calendário. Poderá alterar os dados do calendário, mas não receberá nenhuma atualização fornecida pelo publicador.

A maioria dos calendários da Internet é acompanhada por um link ou botão no qual podemos clicar para iniciar o processo de inscrição ou importação. Se o calendário da Internet ao qual você quiser se conectar não fornecer um método simples, conecte-se a ele manualmente.

Para importar ou se inscrever manualmente em um calendário da Internet, siga essas etapas:

1. Na Internet, localize o calendário ao qual deseja se conectar e copie o endereço de seu arquivo.ics.
2. Exiba o módulo Calendário.
3. No grupo Gerenciar Calendários da guia Página Inicial, clique no botão Abrir Calendário e, na lista, clique em Da Internet.
4. Na caixa de diálogo Nova Inscrição em Calendário da Internet, insira o endereço do arquivo.ics e clique em OK. Em seguida, na caixa de mensagem Microsoft Outlook que pergunta se deseja adicionar o calendário ao Outlook e se inscrever para receber atualizações, clique em Sim.

O Outlook adicionará o calendário da Internet selecionado à lista Outros Calendários do Painel de Navegação e o exibirá próximo ao seu calendário no painel Calendário.

Podemos exibir calendários da Internet dentro do módulo Calendário como faríamos com qualquer calendário. Também podemos modificar aspectos de um calendário da Internet no Outlook, como seu local, cor ou nome, e compartilhá-lo com outra pessoa ou excluí-lo. Você pode executar essas ações clicando com o botão direito do mouse no nome do calendário no Painel de Navegação ou em sua guia no painel Calendário e clicando no comando aplicável.

Neste exercício, você criará calendários personalizados e visualizará vários calendários nos modos Lado a Lado, Sobreposição e Agendamento.

PREPARAÇÃO Você terá que acessar vários calendários para fazer este exercício. Exiba seu calendário no modo Dia e crie, importe, compartilhe ou se inscreva em um ou mais calendários adicionais. Para obter resultados melhores, exiba um dia em que um ou mais compromissos, reuniões ou eventos apareçam no calendário.

1. No **Painel de Navegação**, sob **Meus Calendários**, certifique-se se a caixa de seleção de seu calendário padrão (chamado simplesmente de **Calendário**) está marcada. Em seguida, sob **Outros Calendários** ou **Calendários Compartilhados**, marque a caixa de seleção de pelo menos um calendário adicional.

   Por padrão, o Outlook exibe os calendários lado a lado e em cores diferentes.

A ordem dos calendários no Painel de Navegação e no painel Calendário é a mesma; seu calendário padrão sempre aparecerá primeiro.

No modo Lado a Lado, a guia de cada calendário tem um botão Fechar (um X) próximo à sua borda direita. A guia de cada calendário que não for seu calendário padrão terá um botão Exibir no Modo de Sobreposição (uma seta apontando para a esquerda) próximo à sua borda esquerda.

2. Clique na guia **Calendário** para tornar seu calendário padrão o calendário ativo. Em seguida, na guia de cada calendário secundário, clique no botão **Exibir no Modo de Sobreposição**.

   Os calendários secundários sobreporão seu calendário padrão. A caixa Pesquisar indica o calendário ativo.

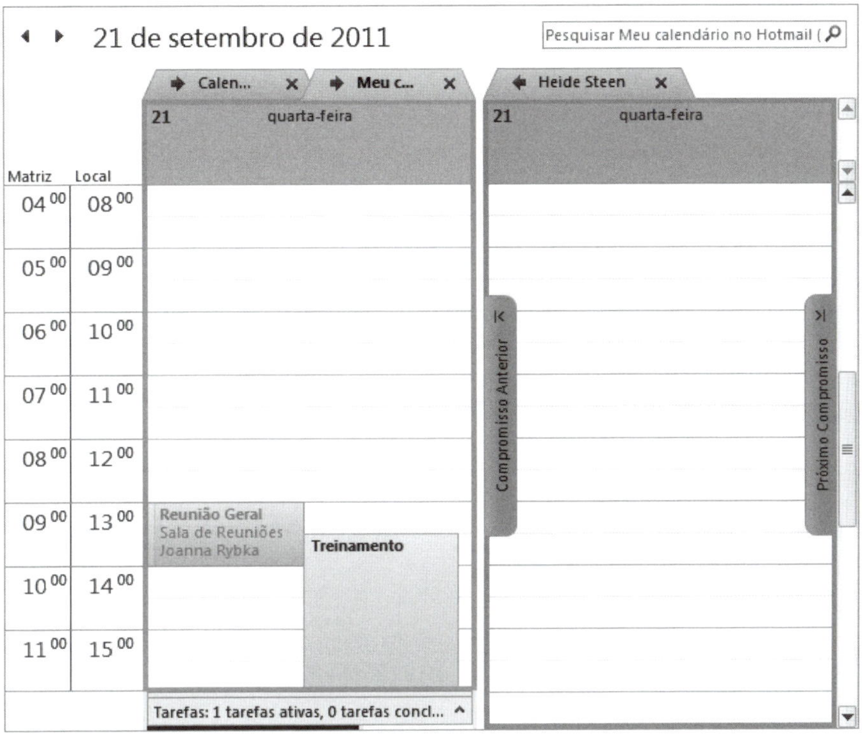

Os compromissos dos calendários sobrepostos aparecem em uma fonte mais clara e na cor atribuída a cada calendário.

   Todas as guias dos calendários sobrepostos passam a ter um botão Exibir no Modo Lado a Lado (uma seta apontando para a direita) próximo à sua borda esquerda.

3. Clique na guia **Calendário**.

   Agora seu calendário padrão está sobrepondo os calendários secundários.

4. Em cada um dos calendários secundários, clique no botão **Exibir no Modo Lado a Lado** para voltar à exibição padrão.

5. No grupo **Organizar** da guia **Página Inicial**, clique no botão **Exibição de Agendamento**.

   Atalho do teclado Pressione Ctrl+Alt+5 para passar para o modo Agendamento.

   Consulte também Para obter mais informações sobre atalhos do teclado, consulte "Atalhos do teclado" no fim deste livro.

   Os calendários mudarão para um formato horizontal que exibe compromissos e reuniões, mas não eventos. Uma linha de tempo no topo do painel Calendário indica a data e hora que estão sendo exibidas.

6. Se necessário, clique no botão **Reduzir** no lado direito da Barra de Status até o painel **Calendário** exibir várias horas de cada calendário.

   Você pode clicar na barra de rolagem ou arrastar a caixa de rolagem na parte inferior do painel Calendário para mudar o período de tempo exibido.

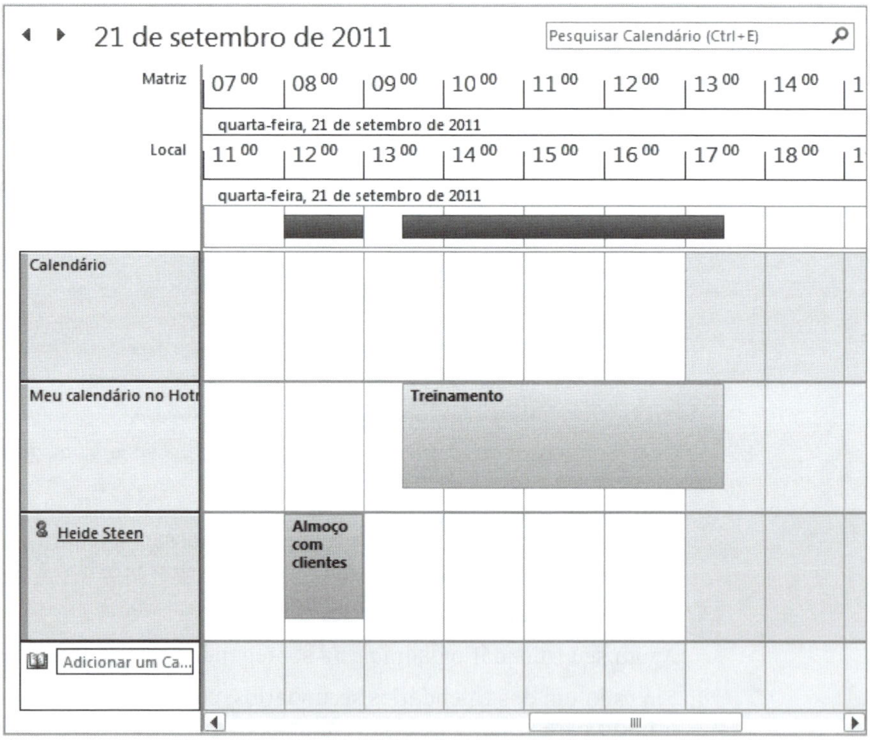

No modo Agendamento, você pode visualizar e comparar compromissos de vários calendários.

Semana de Trabalho

7. No grupo **Organizar**, clique no botão **Semana de Trabalho** para voltar ao modo Lado a Lado.

   Se você alterou o nível de zoom do calendário no modo Agendamento, agora o modo lado a lado exibirá um intervalo maior de campos de horário do que anteriormente.

Você pode aplicar qualquer uma das disposições padrão aos calendários lado a lado.

8. Feche cada calendário secundário clicando no botão **Fechar Calendário** no lado direito de sua guia ou desmarcando sua caixa de seleção no **Painel de Navegação**.

LIMPEZA Redefina o modo de exibição atual para voltar à exibição e ao nível de zoom padrão dos calendários.

Compartilhando informações de calendário

Os colaboradores poderão ver suas horas de trabalho disponíveis quando agendarem reuniões com você e em alguns casos os detalhes de compromissos que você não tiver marcado como privados. Se quiser compartilhar mais informações com eles ou com pessoas de fora de sua empresa, há várias opções para se fazer isso.

- Você pode permitir que colaboradores selecionados vejam seu calendário inteiro compartilhando o calendário com eles.
- Pode permitir que colaboradores selecionados vejam seu calendário inteiro e marquem compromissos e respondam a solicitações de reunião em seu nome delegando o controle do calendário para eles.
- Pode publicar seu calendário no site Office.com ou em um servidor corporativo e compartilhar o calendário publicado com qualquer pessoa que tenha acesso à Internet.
- Pode enviar por email uma representação gráfica profissional de seus compromissos durante um intervalo de datas selecionado para qualquer pessoa que use um programa de email compatível com HTML (e não só que use o Outlook), inclusive colegas, amigos e membros da família.

As opções de envio, compartilhamento e publicação de informações de calendário estão disponíveis no grupo Compartilhamento da guia Página Inicial do módulo Calendário.

Compartilhando calendários com colaboradores

Se seu endereço de email fizer parte de uma rede do Exchange, você pode dar permissão a outras pessoas de sua rede para visualizar, modificar ou criar itens dentro de um calendário ou qualquer outro tipo de pasta do Outlook. O nível de acesso de cada colaborador será gerido pelas permissões que você atribuir a ele.

Usando esse método, poderá compartilhar seu calendário padrão ou um calendário secundário que criar, importar ou ao qual se associar.

Para compartilhar um calendário com um colaborador:

1. No módulo Calendário, exiba o calendário que deseja compartilhar.
2. No grupo Compartilhamento da guia Página Inicial, clique no botão Compartilhar Calendário.

   Um email será aberto.

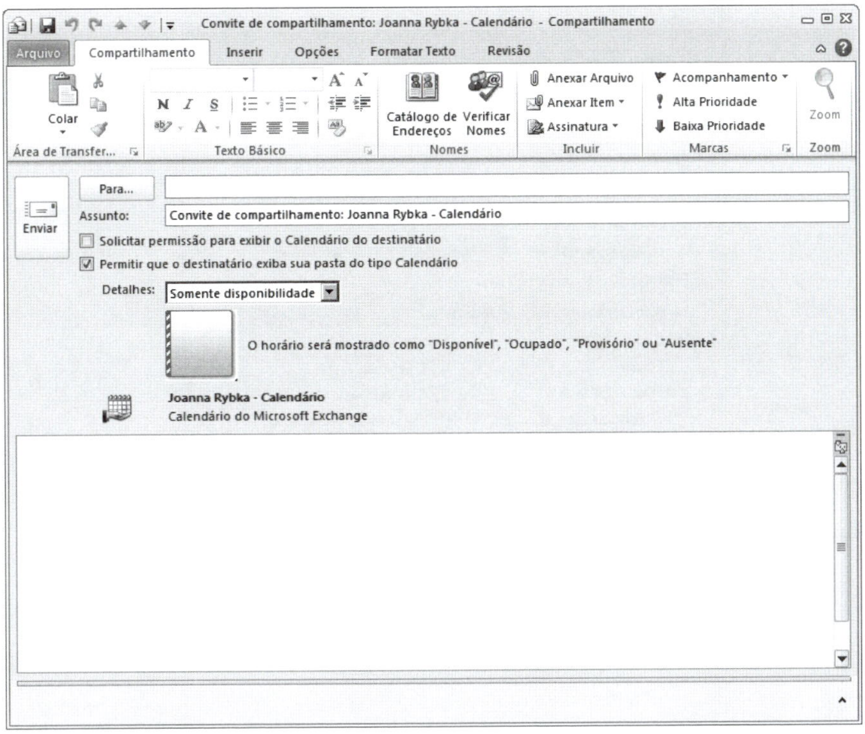

Se você estiver compartilhando um calendário do Exchange, a mensagem será um convite para compartilhar o calendário. Se estiver compartilhando um calendário importado, a mensagem incluirá o calendário como anexo.

Solução de problemas A aparência dos botões e grupos da Faixa de Opções muda de acordo com a largura da janela do programa ou da janela do item. Para obter informações sobre alterar a aparência da Faixa de Opções para que fique igual às nossas imagens de tela, consulte "Modificando a exibição da Faixa de Opções" no início deste livro.

3. Enderece a mensagem ao seu colaborador. Se quiser solicitar que ele retribua o gesto compartilhando o calendário dele com você, marque a caixa de seleção Solicitar permissão para exibir o Calendário do destinatário. Em seguida, envie a mensagem e clique em Sim na caixa de diálogo Microsoft Outlook pedindo que você confirme se deseja compartilhar o calendário com as permissões padrão.

Após compartilhar um calendário, você poderá especificar as ações que cada pessoa com quem o estiver compartilhando poderá executar. Na guia Permissões da caixa de diálogo Propriedades de Calendário, que é exibida com um clique no botão Permissões do Calendário no grupo Compartilhamento da guia Página, você pode selecionar um Nível de Permissão, que inclui as configurações específicas Ler, Gravar, Excluir e outras, ou configurações individuais em cada categoria.

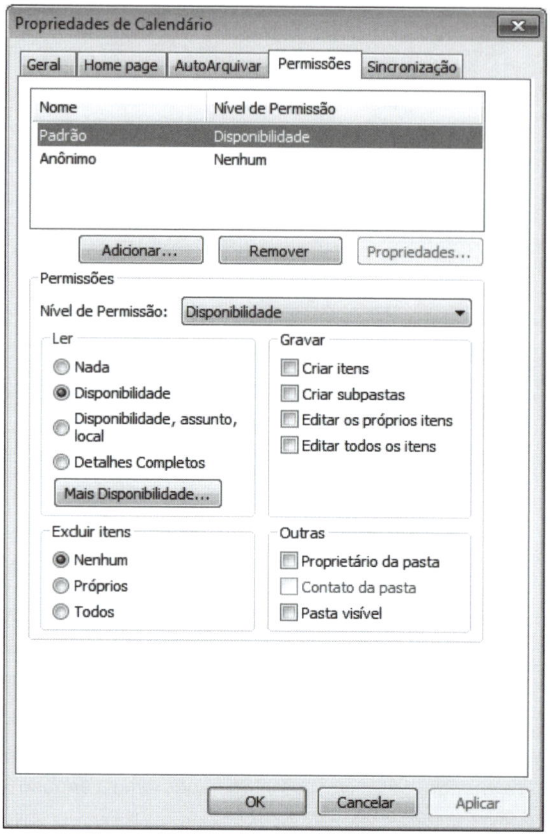

As permissões de gravação incluem Criar itens, Criar subpastas, Editar os próprios itens e Editar todos os itens.

Você pode delegar o controle de seu calendário para que um colaborador ou assistente possa criar e responder solicitações de reunião em seu nome. Assim as solicitações de reunião enviadas para você serão distribuídas para seu representante. Você receberá cópias das solicitações de reunião e cópias das respostas de seu representante, mas não terá que responder. Seu representante também pode criar solicitações de reunião em seu nome (isto é, elas parecerão ter vindo de você).

Dica Você só pode delegar acesso ao seu calendário do Outlook 2010 a um colaborador que também use o Outlook 2010.

Para delegar o controle de seu calendário para outro usuário do Outlook, siga essas etapas:

1. Na página Informações do modo Backstage, clique em Configurações de Conta e, na lista, clique em Acesso de Representante.

   A caixa de diálogo Representantes será aberta.

2. Na caixa de diálogo Representantes, clique em Adicionar.

   A caixa de diálogo Adicionar Usuários será aberta.

3. Na caixa de diálogo Adicionar Usuários, clique na pessoa para a qual deseja delegar o controle, clique em Adicionar e em OK.

   A caixa de diálogo Permissões de representante será aberta.

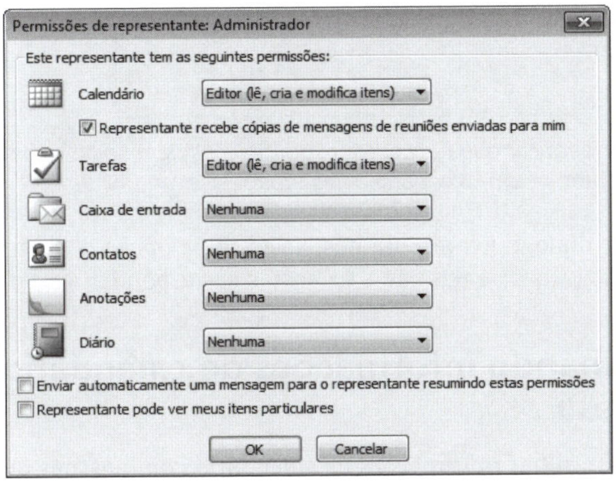

O nível de permissão padrão para a delegação de um calendário é Editor.

4. Na caixa de diálogo Permissões de representante, defina o nível de permissão que deseja que o representante tenha e clique em OK.

   Agora o representante será exibido na caixa de diálogo Representantes.

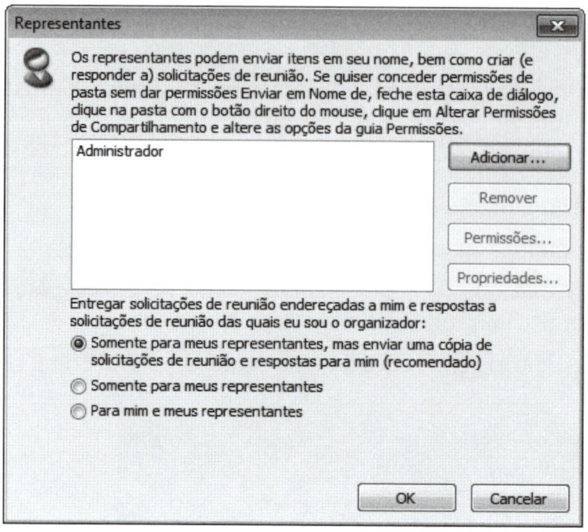

Você pode especificar quem receberá as solicitações de reunião e as respostas correspondentes de um calendário delegado.

5. Na caixa de diálogo Representantes, selecione a opção de distribuição que deseja para as solicitações de reunião e respostas correspondentes e clique em OK.

Compartilhando informações de calendário fora de sua empresa

Você pode compartilhar informações de calendário com pessoas que não estejam em sua rede do Exchange por email ou na Web. Quando compartilhar um calendário usando um desses métodos, poderá selecionar o período em que deseja compartilhar informações (Hoje, Amanhã, Próximos 7 Dias, Próximos 30 Dias ou Calendário Inteiro, ou ainda especifique um intervalo de datas personalizado) e o nível de detalhe que deseja compartilhar, como descrito a seguir:

- **Somente disponibilidade** Exibe apenas se os períodos de tempo estão marcados como Disponível, Ocupado, Provisório ou Ausente durante períodos agendados.
- **Detalhes limitados** Exibe sua disponibilidade e o assunto de cada compromisso, reunião ou evento agendado no calendário.
- **Detalhes completos** Exibe sua disponibilidade e os detalhes completos (como local e anotações) de cada compromisso, reunião ou evento agendado no calendário.

O recurso Enviar Calendário por Email do Outlook 2010 fornece um método simples de compartilhamento de informações de calendário específicas com pessoas de fora da empresa. Por exemplo, se um amigo estiver organizando uma reunião informal e precisar saber em que dias e horários você está livre essa semana, é só enviar para ele as informações de disponibilidade da semana.

Se precisar distribuir informações de calendário para um grande número de pessoas de fora de sua empresa, você pode publicá-las em um site e conceder às pessoas permissões específicas de visualização do calendário. No entanto, esse recurso só funcionará com seu calendário padrão, e não com calendários secundários que você criar, importar ou no qual se inscrever, portanto, não é possível usá-lo, por exemplo, para compartilhar informações de calendário de um clube ou organização para o qual você tiver um calendário secundário.

O processo de publicação de informações de calendário externamente é semelhante para os dois métodos.

Neste exercício, você embutirá informações sobre sua agenda em um email.

PREPARAÇÃO Não é preciso arquivo para fazer este exercício. Exiba seu calendário e siga as etapas.

1. No grupo **Compartilhamento** da guia **Página**, clique no botão **Enviar Calendário por Email**.

   O Outlook abrirá uma nova janela de mensagem e a caixa de diálogo Enviar Calendário por Email.

2. Na área **Avançadas**, clique em **Mostrar** para exibir todas as opções.

   As opções aparecerão e o botão Mostrar mudará para um botão Ocultar.

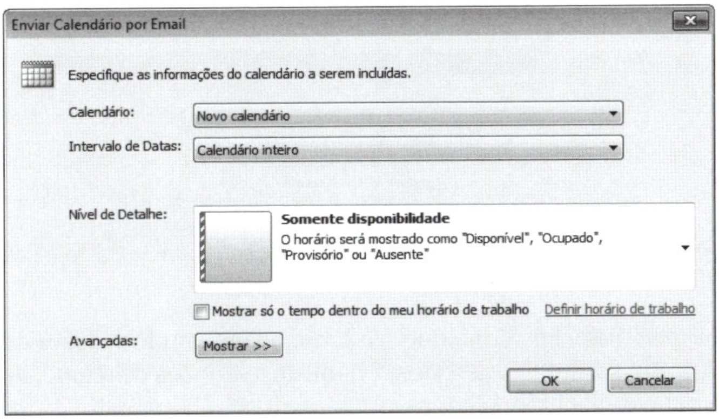

Se você tiver vários calendários no Outlook, poderá selecionar na lista Calendário o calendário a partir do qual deseja enviar informações.

3. Clique na seta **Intervalo de Datas**, e na lista, clique em **Próximos 7 Dias**.
4. Clique na seta **Detalhe** e, na lista, clique em **Detalhes completos**.

Na área Avançadas, você poderá selecionar se deseja incluir detalhes e anexos de compromissos particulares e se deseja apresentar informações de agenda como uma agenda diária ou só uma lista de eventos.

5. Com a opção **Agenda diária** selecionada na lista **Layout do Email**, clique em **OK**.

   O Outlook embutirá na janela do email as informações de calendário selecionadas e anexará as mesmas informações como um arquivo.ics. Você pode enviar o email para qualquer destinatário. Um destinatário usando um programa de email que dê suporte a arquivos.ics poderá adicionar as informações à sua lista de calendários.

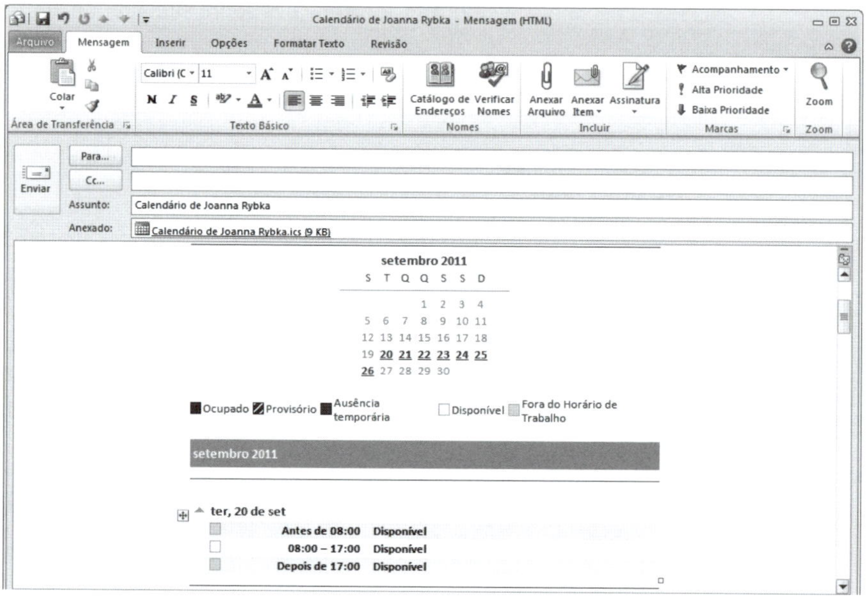

A opção Detalhes Completos fornece uma visão geral de calendário mensal, um resumo diário e uma agenda diária detalhada.

6. Role pelo Painel de Conteúdo para visualizar as informações de calendário embutidas. Em seguida, faça testes com outros períodos de tempo, detalhes e opções de layout por sua própria conta.

LIMPEZA Feche ou envie o email.

Imprimindo um calendário

Periodicamente, você pode achar conveniente imprimir um dia, semana, mês ou outro período de seu calendário – por exemplo, se estiver viajando sem um laptop ou quiser ter sua agenda semanal disponível rapidamente em seu porta-arquivos. Você pode imprimir facilmente qualquer período de tempo de seu calendário. O volume de detalhes que aparecerá vai depender do período que você imprimir e do estilo de impressão que selecionar.

O Outlook oferece vários estilos de impressão internos e você pode criar outros se quiser. Os estilos de impressão disponíveis vão variar de acordo com o modo de exibição em que você estiver quando selecionar o comando Imprimir. Os estilos de impressão padrão são:

- **Estilo diário** Imprime o intervalo de datas selecionado com um dia por página. Os elementos impressos incluem a data, o dia, o Painel de Tarefas, um calendário do mês atual para consulta e uma área para anotações.
- **Estilo de agenda semanal** Imprime o intervalo de datas selecionado com uma semana do calendário por página, incluindo calendários do mês selecionado e do mês seguinte para consulta.
- **Estilo de calendário semanal** Imprime o intervalo de datas selecionado com uma semana do calendário por página. Cada página inclui incrementos no intervalo de datas e nas horas, calendários do mês selecionado e do mês seguinte para consulta e o Painel de Tarefas.
- **Estilo mensal** Imprime uma página para cada mês do intervalo de datas selecionado. Cada página inclui o mês selecionado com alguns dias dos meses anterior e subsequente sendo exibidos, junto com calendários do mês selecionado e do mês seguinte para consulta.
- **Estilo com três dobras** Imprime uma página para cada dia do intervalo de datas selecionado. Cada página inclui a agenda diária, a agenda semanal e o Painel de Tarefas.
- **Detalhes do calendário** Lista os compromissos do intervalo de datas selecionado, assim como os detalhes associados.

Você pode selecionar o intervalo de datas a ser impresso e modificar as opções de configuração de página para que atendam suas necessidades.

Neste exercício, você visualizará os estilos de impressão disponíveis, fará alterações em um estilo de impressão padrão e imprimirá informações de seu calendário.

Importante Para fazer este exercício em sua totalidade, você precisa ter uma impressora instalada. Se não tiver uma impressora instalada, poderá executar todas as etapas do exercício menos imprimir.

Para instalar uma impressora, clique no botão Iniciar, clique em Dispositivos e Impressoras, e na barra de ferramentas, clique em Adicionar Impressora. Siga as instruções do assistente para instalar uma impressora local ou de rede. Se estiver trabalhando em uma rede corporativa, seu administrador de rede pode fornecer as informações necessárias à instalação de uma impressora.

PREPARAÇÃO Não é preciso arquivo para fazer este exercício. Exiba seu calendário no modo Dia antes de começá-lo. Para obter resultados melhores, exiba um dia em que um ou mais compromissos, reuniões ou eventos apareçam no calendário.

1. Exiba o modo Backstage. No painel esquerdo, clique em **Imprimir**.

   A página Imprimir do modo Backstage exibirá as opções de impressão disponíveis e uma visualização do calendário do dia selecionado como seria impresso no formato Estilo diário.

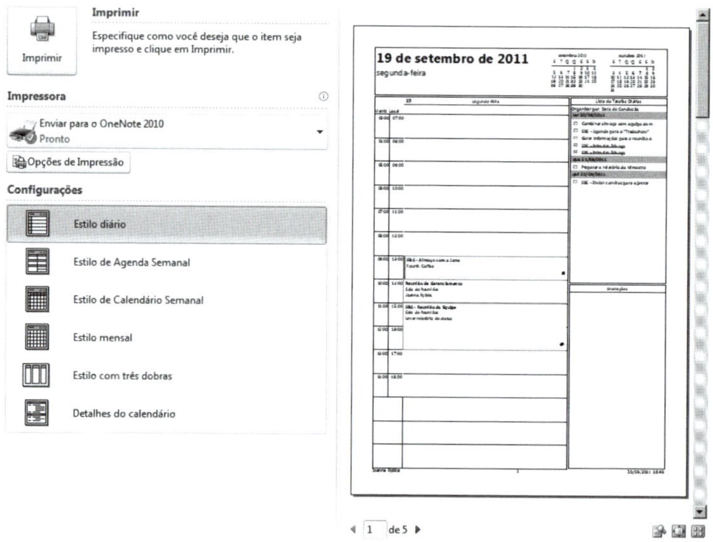

A página Imprimir do modo Backstage exibe opções de impressão e uma visualização de página interativa.

2. No painel direito, clique no botão **Tamanho real**. Se necessário, role a página para cima e para baixo para exibir informações de compromissos.

   As entradas da página do calendário serão ampliadas para um tamanho legível, com o modo Tamanho real selecionado.

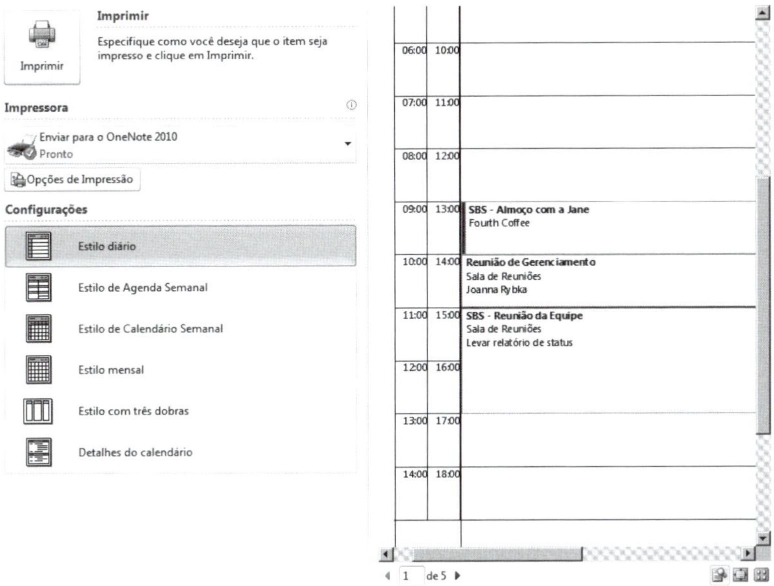

Você pode ampliar a visualização e exibir todas as páginas do calendário que está imprimindo.

Consulte também Para obter informações sobre a aplicação de categorias de cores aos compromissos, consulte "Organizando itens do Outlook usando categorias de cores" no Capítulo 7, "Organize sua caixa de entrada".

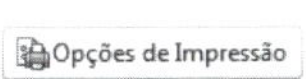

3. No painel esquerdo da página **Imprimir**, clique no botão **Opções de Impressão**.

   A caixa de diálogo Imprimir será aberta. Você pode fazer vários tipos de alterações na aparência do conteúdo impresso.

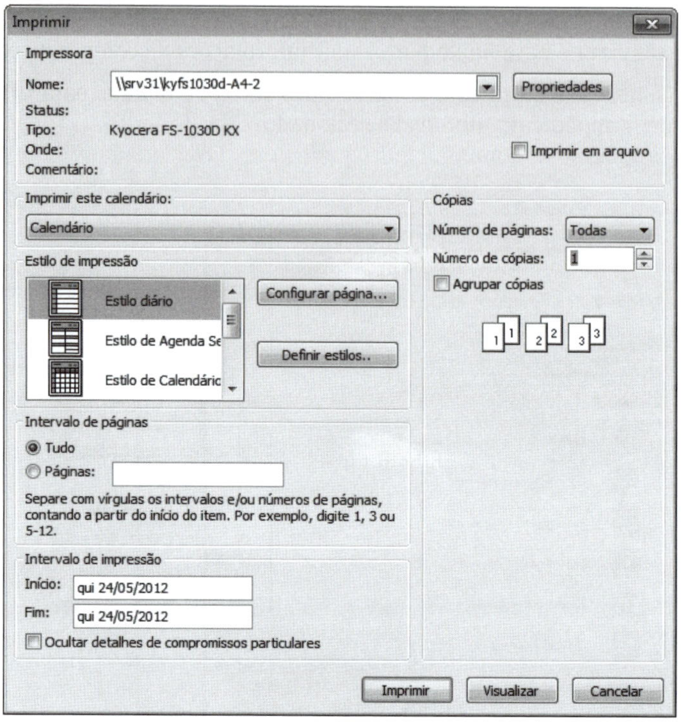

Na caixa de diálogo Imprimir, você pode alterar a impressora, o calendário que está sendo impresso e o estilo de impressão, além das opções comuns da impressora.

4. Na caixa de diálogo **Imprimir**, clique em **Visualizar** ou **Cancelar**.

   A caixa de diálogo Imprimir será fechada e você voltará à página Imprimir do modo Backstage.

Dica Um clique em Imprimir na caixa de diálogo Imprimir envia os dados do calendário para a impressora ativa e fecha o modo Backstage.

5. Na lista **Configurações** da página **Imprimir**, clique em **Estilo de Agenda Semanal**.

   Uma visualização do estilo de impressão aparecerá no painel direito. O período de tempo exibido no calendário impresso foi expandido para incluir a semana inteira (de segunda a domingo) que contém o dia selecionado originalmente.

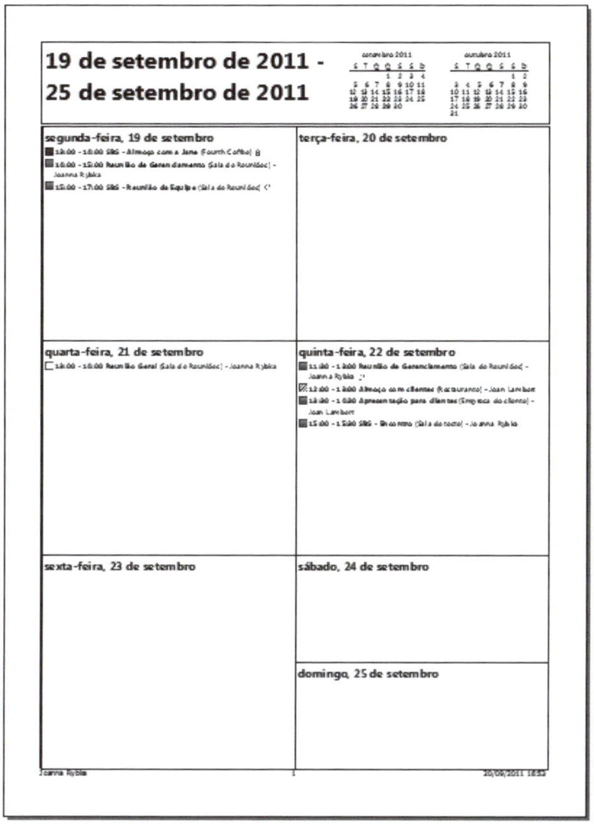

O estilo de agenda semanal exibe uma caixa para cada dia da semana, começando na segunda-feira. Sábado e domingo compartilham um espaço.

6. Na lista **Configurações**, clique em **Estilo de Calendário Semanal**.

   Uma visualização do estilo de impressão aparecerá no painel direito. O período de tempo exibirá a semana de domingo a sábado. Uma linha vertical antecede o dia que foi designado como o primeiro da semana.

   Consulte também Para obter informações sobre a definição do primeiro dia da semana, consulte a seção "Definindo seu tempo disponível" já vista neste capítulo.

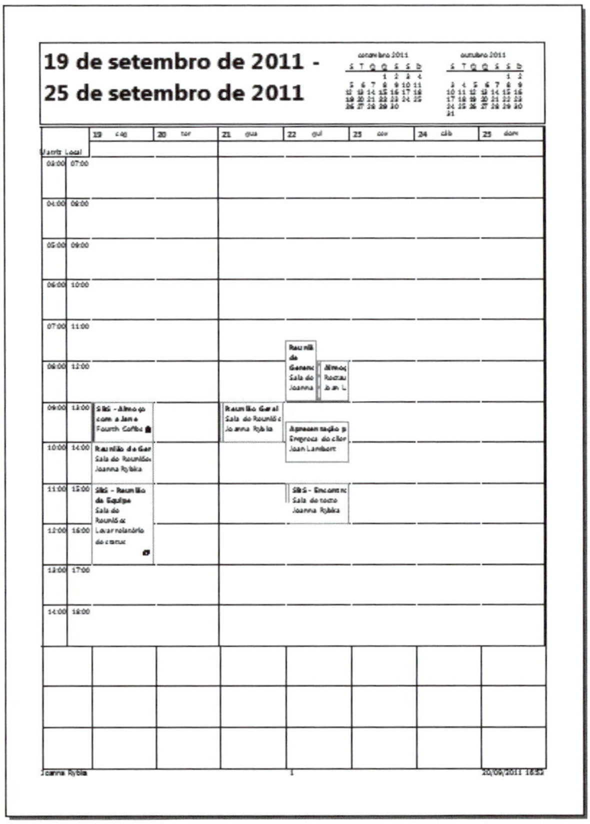

O estilo de calendário semanal exibe uma coluna para cada dia da semana.

7. Clique no botão **Opções de Impressão** e, na caixa de diálogo **Imprimir** que será aberta, clique em **Configurar Página**.

   A caixa de diálogo Configurar Página do estilo de impressão selecionado será aberta.

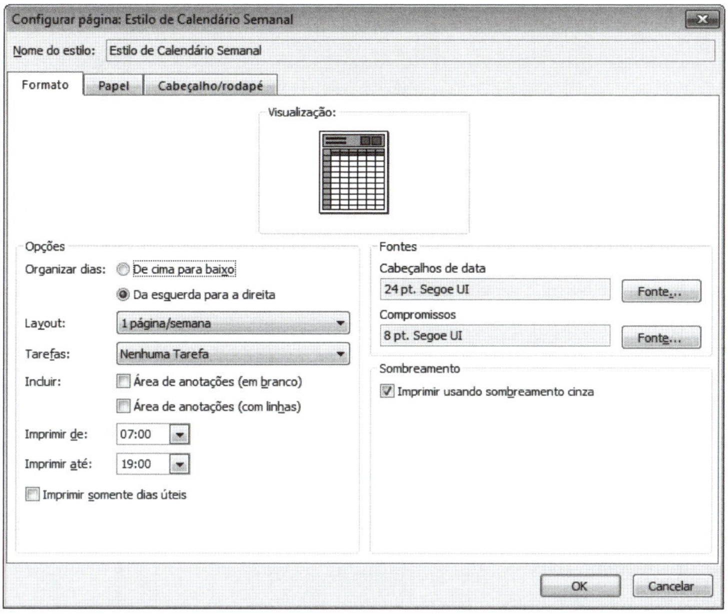

As configurações disponíveis diferem dependendo do estilo de impressão.

Para o estilo de calendário semanal, você pode selecionar um layout vertical ou horizontal, dividir a semana em duas páginas, incluir a Lista de Tarefas Diárias ou a Lista de Tarefas da Barra de Tarefas Pendentes, adicionar uma área para anotações manuscritas, especificar o intervalo de horas a ser impresso e imprimir apenas a semana de trabalho designada em vez de uma semana padrão de sete dias.

8. Na página **Formato** da caixa de diálogo **Configurar Página**, faça o seguinte:
   - Clique em **Barra de Tarefas Pendentes** na lista **Tarefas**.
   - Marque a caixa de seleção **Área de anotações (em branco)**.
   - Na lista **Imprimir de**, clique em **8:00.**
   - Na lista **Imprimir até**, clique em **17:00**.
   - Marque a caixa de seleção **Imprimir somente dias úteis**.
9. Clique nas guias **Papel** e **Cabeçalho/Rodapé** para exibir as opções adicionais e clique em **OK**.

10. Na caixa de diálogo **Imprimir**, clique em **Visualizar**.

    Suas alterações serão refletidas na visualização da página.

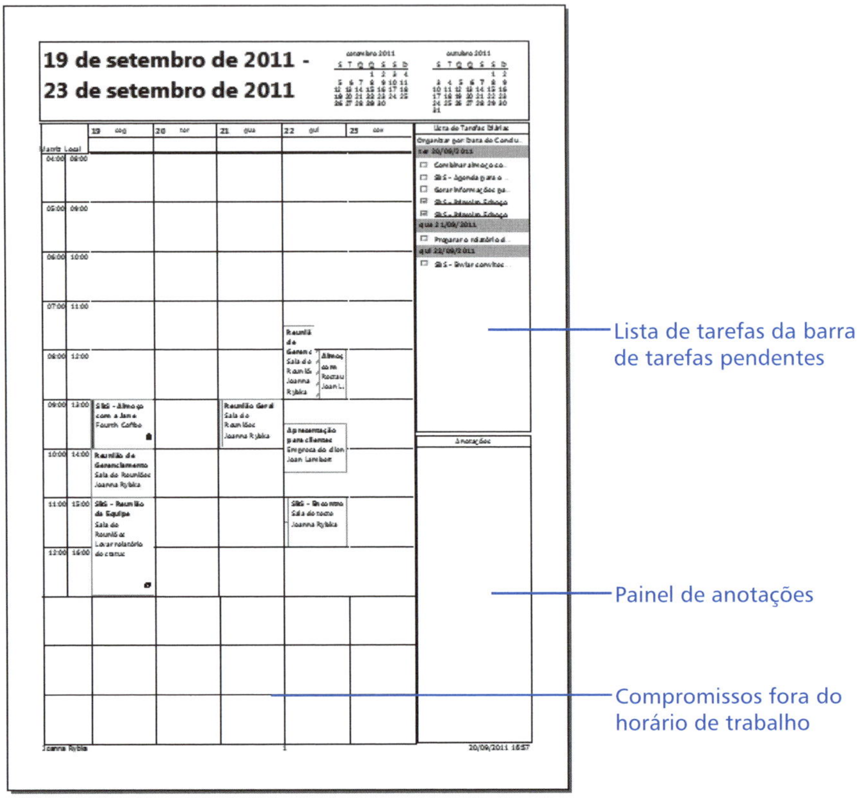

Quando o calendário exibe menos horas, os campos de horário são maiores.

11. Na lista **Configurações**, clique em **Estilo Mensal**.

    Uma visualização do estilo de impressão aparecerá no painel direito. O período de tempo exibirá o mês do calendário que contém o dia selecionado originalmente.

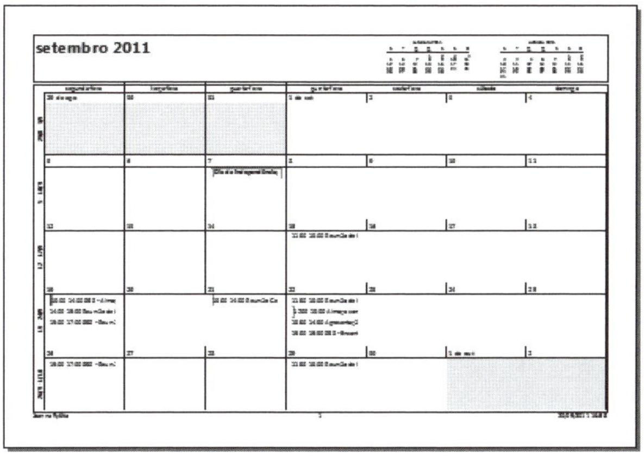

Imprimindo um calendário no estilo mensal.

12. Na lista **Configurações**, clique em **Estilo com três dobras**.

    Uma visualização do estilo de impressão aparecerá no painel direito. A seção da esquerda exibe a agenda detalhada do dia selecionado originalmente, a seção do meio exibe a Lista de Tarefas Diárias e a seção da direita exibe a semana de sete dias.

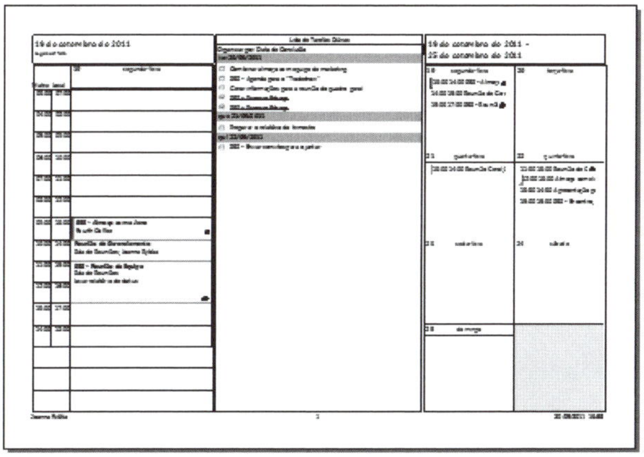

Imprimindo um calendário no estilo com três dobras.

Dica Observe que a seleção da opção Imprimir somente dias úteis para o estilo de calendário semanal não afetou a semana exibida no estilo com três dobras.

13. Clique no botão **Opções de Impressão** e, na caixa de diálogo **Imprimir** que será aberta, clique em **Configurar Página**.

    A caixa de diálogo Configurar Página do estilo de impressão selecionado será aberta.

14. Na área **Opções** da caixa de diálogo **Configurar Página**, clique na seta **Seção da direita**.

    A lista de cada seção inclui os elementos que você pode selecionar para exibir em cada seção do calendário impresso.

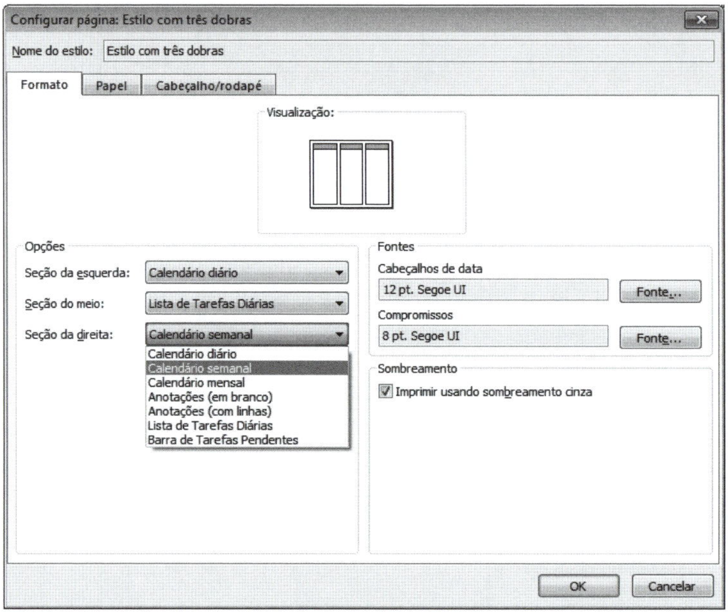

No estilo com três dobras, você pode selecionar que elemento do calendário aparecerá em cada seção.

15. Faça testes com várias disposições de informações no calendário de estilo com três dobras, clicando em **OK** na caixa de diálogo **Configurar Página** e em **Visualizar** na caixa de diálogo **Imprimir** para visualizar os resultados.

16. Na lista **Configurações** da página **Imprimir** do modo Backstage, clique em **Detalhes do calendário**.

    Uma visualização do estilo de impressão aparecerá no painel direito, exibindo apenas informações do dia selecionado originalmente.

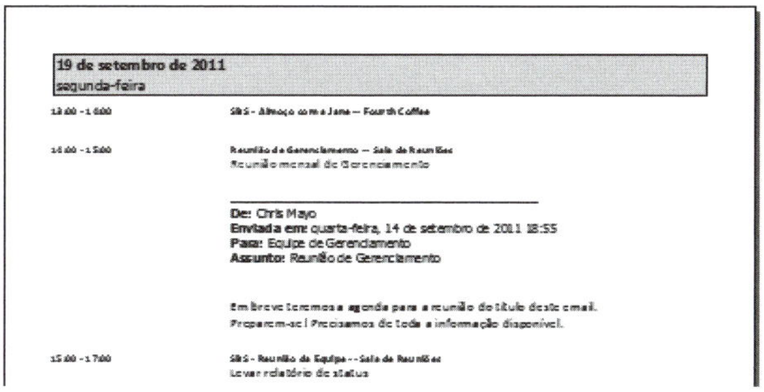

A aparência de um calendário impresso no estilo de Detalhes do calendário.

17. Faça testes com diferentes estilos de impressão e intervalos de datas. Se quiser imprimir uma página do calendário, clique no botão **Imprimir** na página **Imprimir** do modo Backstage.

LIMPEZA Se não for imprimir uma página do calendário, clique na guia Página Inicial para fechar o modo Backstage e voltar ao seu calendário antes de passar para o próximo exercício.

Pontos principais

- Você pode visualizar um modo tradicional de exibição de calendários para sua agenda usando o dia, a semana de trabalho, a semana completa ou o mês. Também pode visualizar itens de calendário em vários modos de exibição de lista.
- Pode exibir vários fusos horários, alterar seu calendário ao viajar entre fusos horários e agendar compromissos ou reuniões que comecem e terminem em diferentes fusos horários.
- Pode importar ou se inscrever em vários tipos de calendários disponíveis na Internet. Os calendários em que você se inscrever serão atualizados automaticamente à medida que novas informações forem disponibilizadas pelo publicador do calendário.
- Pode visualizar dois ou mais calendários próximos uns dos outros ou como uma composição. O Outlook exibe cada calendário em uma cor diferente, portanto, você poderá distingui-los facilmente.
- Pode visualizar vários calendários em um modo de exibição horizontal para comparar mais facilmente as agendas rolando pelos calendários.
- Pode compartilhar calendários inteiros ou informações de calendário selecionadas com pessoas de dentro ou de fora de sua empresa.
- E pode imprimir informações de calendário selecionadas em vários estilos de layout diferentes.

Resumo do capítulo

Localize rapidamente informações de contato, **p. 331**

Crie catálogos de endereços adicionais, **p. 306**

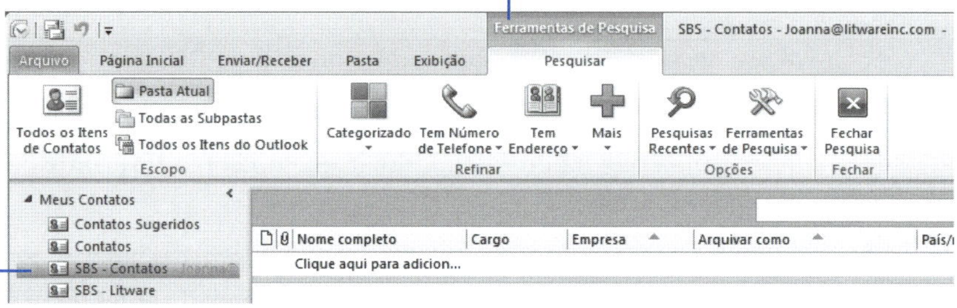

Importe e exporte registros de contatos, **p. 312**

Personalize cartões de visita eletrônicos, **p. 337**

Crie grupos de contatos, **p. 324**

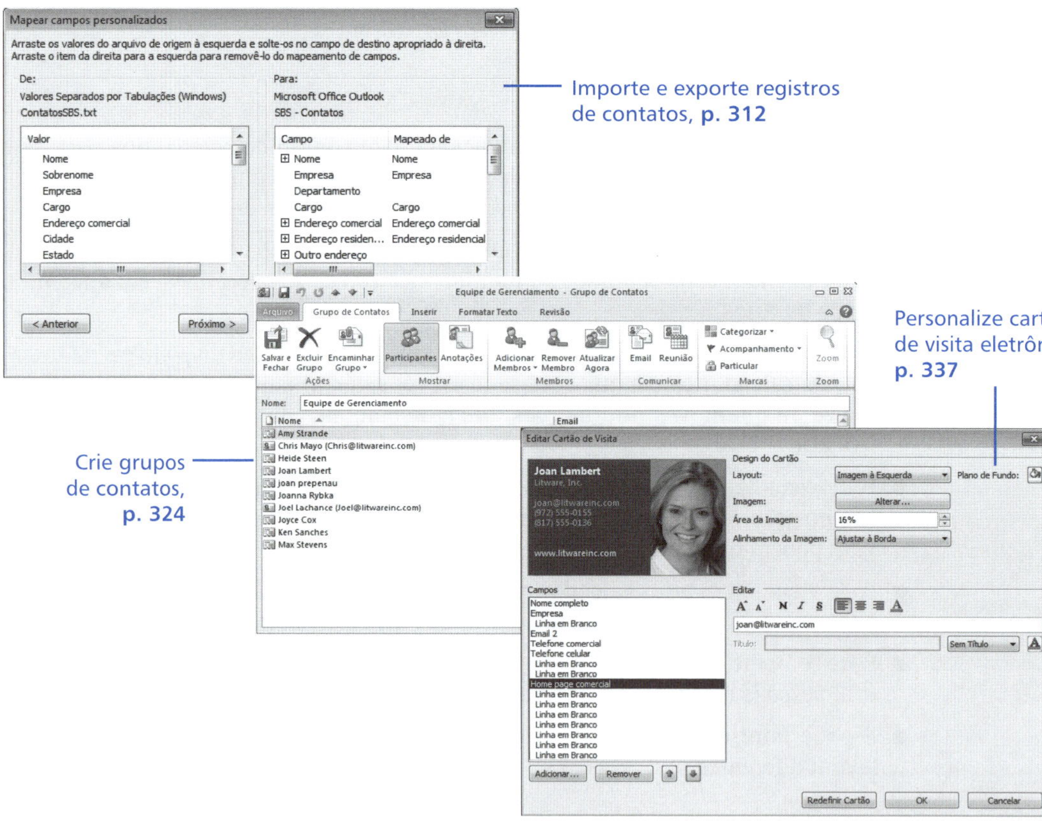

Capítulo 9

Trabalhe com sua lista de contatos

Neste capítulo, você vai aprender a:

- Criar catálogos de endereços adicionais.
- Importar e exportar registros de contatos.
- Criar grupos de contatos.
- Localizar rapidamente informações de contato.
- Personalizar cartões de visita eletrônicos.

Se você salva regularmente informações de contatos comerciais e pessoais no Microsoft Outlook, acumulará rapidamente um grande conjunto de registros de contatos. Poder organizar e localizar rapidamente informações de contato específicas é importante para uma comunicação eficiente.

Quanto maior o número de pessoas com quem lidamos diariamente, mais importante é manter a lista de contatos organizada. Você pode simplificar as comunicações com grupos de contatos específicos criando grupos aos quais possa endereçar mensagens como faria com um contato individual. Também pode criar catálogos de endereços de finalidade própria e organizar os registros dentro deles para facilitar a localização de registros de contatos específicos. Além disso, pode adicionar registros de contatos a um catálogo de endereços movendo os que já estiverem armazenados no Outlook ou importando registros de outro programa ou arquivo.

O recurso de busca do Outlook 2010 facilita encontrar um registro de contato específico com base em algum texto do registro ou em qualquer atributo, como a categoria atribuída a ele. Dentro de cada registro de contato, você pode fazer as informações de contato preferenciais serem facilmente localizáveis exibindo-as na versão de cartão de visita do registro. Também pode exibir imagens, como fotografias ou logotipos empresariais, em cartões de visita para fornecer informações adicionais quando visualizar contatos no modo de cartão de visita padrão.

Neste capítulo, primeiro você organizará os registros de contatos associados a este livro em um catálogo de endereços individual. Também importará um conjunto novo de registros de contatos para um catálogo de endereços personalizado e então exportará um subconjunto dos registros. Em seguida, criará um grupo de contatos e aprenderá a enviar uma mensagem para um subconjunto do grupo. E localizará registros de contatos específicos usando o recurso de busca e os comandos disponíveis na nova guia contextual Ferramentas de Pesquisa. Para concluir, personalizará o conteúdo de um cartão de visita eletrônico.

Arquivos de exercícios Antes de poder fazer os exercícios deste capítulo, você precisa copiar os arquivos de exercícios do livro em seu computador. Os arquivos que você usará se encontram na pasta Capitulo09. Os exercícios deste capítulo também usam itens que você criou em exercícios de capítulos anteriores. Se um exercício pedir um item que você não tem, faça o exercício em que ele é criado antes de começar o exercício atual ou substitua por um item seu que seja semelhante. Uma lista completa dos arquivos de exercícios é fornecida em "Usando os arquivos de exercícios" no início deste livro.

Criando catálogos de endereços adicionais

Você pode controlar todos os seus contatos – comerciais e pessoais – dentro do catálogo de endereços de sua conta de email padrão. No entanto, talvez ache útil criar um catálogo de endereços separado contendo registros de contatos apenas de um grupo de pessoas específico. Por exemplo, poderia querer ter um catálogo de endereços contendo só clientes, parentes, membros de um clube, contatos de vizinhos, pais e professores da escola em que estudou na infância ou companheiros de uma equipe esportiva.

Você pode gerar um catálogo de endereços adicional criando uma pasta com finalidade designada ou contendo itens de contato (uma *pasta de contatos*). E pode mover e copiar registros de contatos entre os catálogos de endereços de sua configuração do Outlook. Como ocorre com outras pastas, você pode compartilhar a pasta de contatos com outros usuários do Outlook em sua rede ou exportá-la para distribuição para outras pessoas. Diferente do módulo Calendário, que permite a exibição de vários calendários, o módulo Contatos só pode exibir um catálogo de endereços de cada vez. Quando você tiver vários catálogos de endereços, poderá alternar entre eles selecionando o catálogo que deseja visualizar na lista do Painel de Navegação do módulo Contatos ou na lista de pastas exibida no Painel de Navegação do Módulo Email.

Dica Ao procurar um registro de contato específico, você pode pesquisar apenas um catálogo de endereços ou todos os catálogos de endereços de sua configuração do Outlook, inclusive a Lista de Endereços Global, se tiver uma. Para obter mais informações, consulte "Localizando rapidamente informações de contato" mais à frente neste capítulo.

Neste exercício, você criará um catálogo de endereços e transferirá para ele os registros de contatos existentes.

PREPARAÇÃO Para fazer este exercício, você precisará dos registros de contatos de Nancy Anderson, Andrew Davis, Sara Davis, Andrea Dunker e Idan Rubin que criou no Capítulo 4, "Armazene e acesse informações de contato". Se não criou esses registros de contatos, pode fazer isso agora ou substituí-los por qualquer um de seus registros de contatos. Exiba o módulo Contatos e siga as etapas.

1. No grupo **Novo** da guia **Pasta**, clique no botão **Nova Pasta**.

   A caixa de diálogo Criar Nova Pasta será aberta. Já que você abriu a caixa de diálogo a partir do módulo Contatos, as configurações padrão serão criar a nova pasta em sua pasta de contatos padrão e a pasta ser composta por itens de contato.

   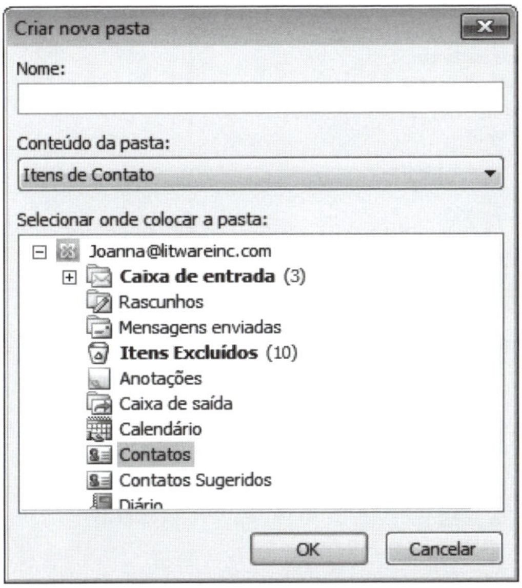

   Criando um catálogo de endereços como uma subpasta de sua pasta de contatos padrão.

2. Na caixa **Nome**, digite **SBS – Contatos**.

   Dica O nome dessa pasta começa com SBS para você poder diferenciá-la facilmente de outras pastas de sua caixa de correio.

3. Clique na seta Conteúdo da Pasta e observe os tipos de pastas que pode criar.

   Já que você está criando essa pasta a partir do módulo Contatos, a opção *Itens de Contato* estará selecionada por padrão. No entanto, você pode criar o tipo de pasta que quiser de dentro de qualquer módulo.

4. Na lista **Conteúdo da Pasta**, clique em **Itens de Contato** para fechar a lista sem alterar o tipo de item selecionado.

5. Na lista **Selecionar onde colocar a pasta**, clique no nome de sua conta (ou em **Caixa de correio**, dependendo da configuração da conta).

   A nova pasta estará no mesmo nível de sua Caixa de Entrada na estrutura de lista de pastas.

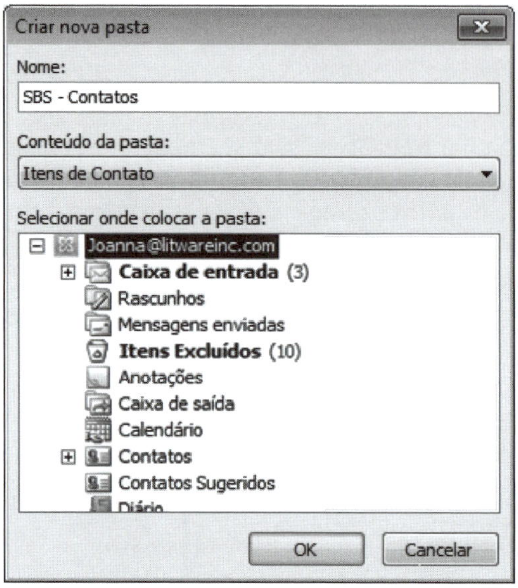

Você pode criar uma pasta de contatos em qualquer local dentro da estrutura de lista de pastas existente.

6. Na caixa de diálogo **Criar Nova Pasta**, clique em **OK**.

   O catálogo de endereços SBS – Contatos aparecerá na lista Meus Contatos no topo do Painel de Navegação do módulo Contatos.

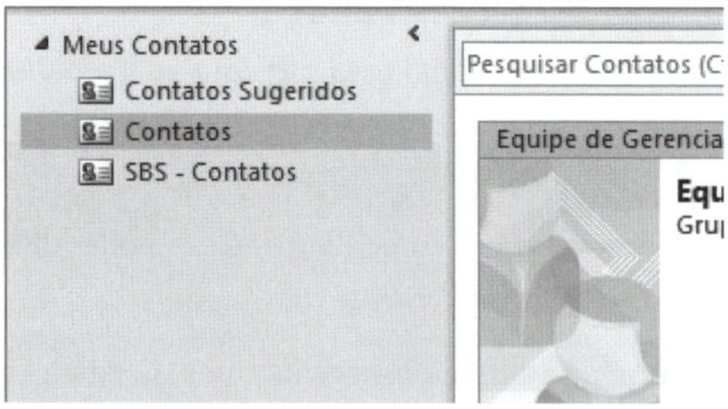

O Painel de Navegação do módulo Contatos lista todas as pastas de contatos disponíveis na configuração do Outlook.

7. No **Painel de Navegação**, clique no botão **Email** para exibir sua Caixa de Entrada.

   A pasta SBS – Contatos não poderá ser vista no Painel de Navegação, que atualmente está exibindo a lista Todos os Itens de Email.

8. Na parte inferior do **Painel de Navegação**, clique no botão **Lista de Pastas**.

   O conteúdo do Painel de Navegação será expandido para exibir todas as pastas da configuração do Outlook em vez de apenas as que contêm itens de email. A pasta SBS – Contatos aparecerá nesta lista.

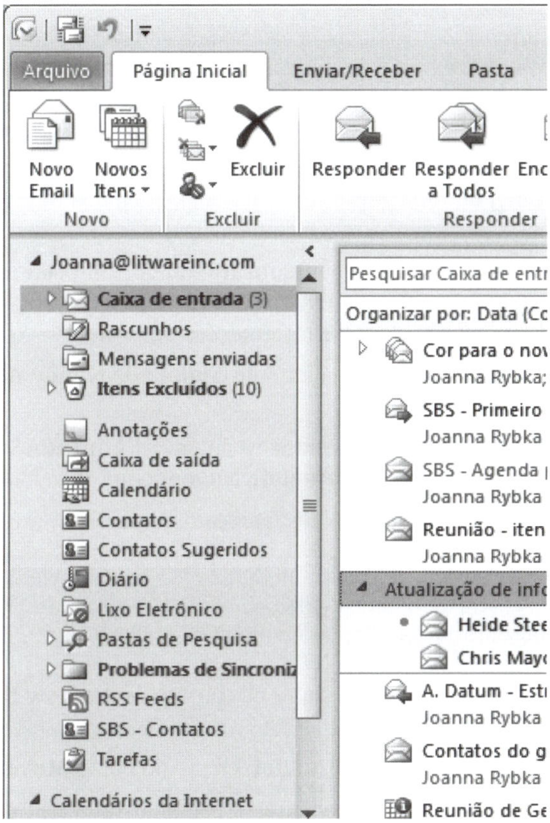

Um ícone de cartão de visita próximo ao nome da pasta indica que ela é uma pasta de contatos, projetada para conter itens de contato.

9. No **Painel de Navegação**, clique na pasta **SBS – Contatos**.

   Os componentes do Painel de Navegação não mudarão, mas o catálogo de endereços atualmente vazio SBS – Contatos aparecerá no Painel de Conteúdo e a Faixa de Opções mudará para exibir as guias específicas do módulo Contatos.

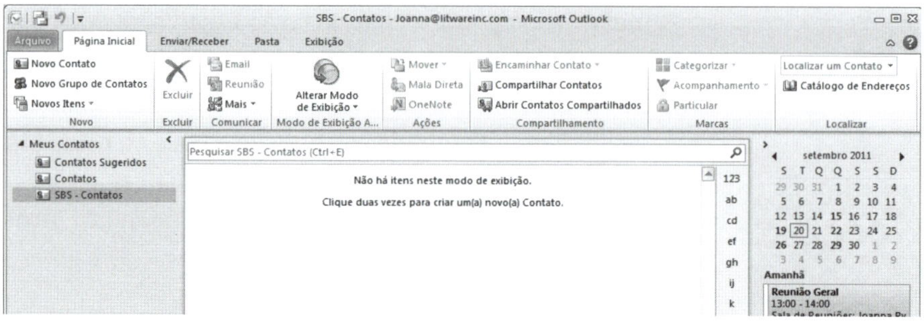

Os mesmos recursos disponíveis em seu catálogo de endereços principal, como a barra alfabética, estarão disponíveis em seu catálogo de endereços personalizado.

10. Na parte inferior do **Painel de Navegação**, clique no botão **Contatos**.

    O módulo Contatos será aberto, ainda exibindo o catálogo de endereços SBS – Contatos. O Painel de Navegação fornece acesso fácil aos outros catálogos de endereços.

11. Na lista **Meus Contatos**, clique em **Contatos** para exibir seu catálogo de endereços padrão, que atualmente contém os cinco registros de contatos que você criou no Capítulo 4, "Armazene e acesse informações de contato".

12. No painel **Contatos**, clique no registro de contato de **Nancy Anderson** uma vez para selecioná-lo.

13. Arraste o registro de contato selecionado do painel **Contatos** para o catálogo de endereços **SBS – Contatos** no **Painel de Navegação**.

    O registro de contato selecionado desaparecerá do painel Contatos.

Dica Para copiar em vez de mover um registro de contato, clique nele com o botão direito do mouse, arraste-o para o catálogo de endereços de destino e, quando soltar o botão do mouse, clique em Copiar no menu de atalho.

14. No painel **Contatos**, clique no registro de contato de **Andrew Davis** para selecioná-lo.

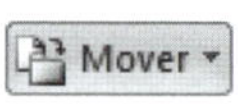

15. No grupo **Ações** da guia **Página Inicial**, clique no botão **Mover**.

    A lista Mover exibirá suas pastas padrão e personalizada do Outlook.

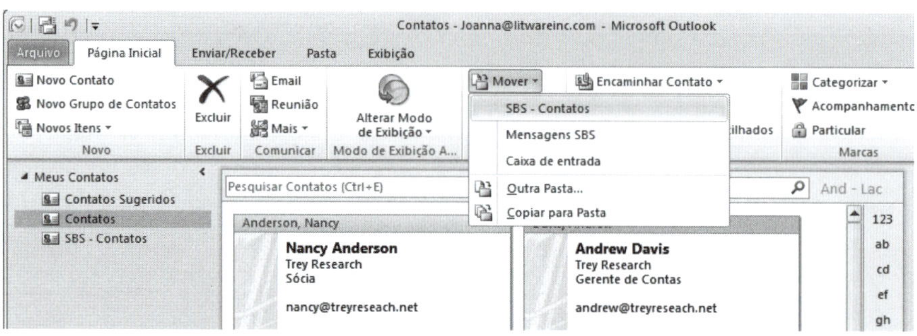

Você pode selecionar e manipular vários registros de contatos ao mesmo tempo.

16. Na lista **Mover**, clique em **SBS – Contatos**.

    O registro de contato selecionado desaparecerá do painel Contatos.

17. No painel **Contatos**, clique no registro de contato de **Sara Davis** para selecioná-lo. Pressione e mantenha pressionada a tecla Ctrl e clique nos registros de contatos de **Andrea Dunker** e **Idan Rubin**.

    Agora todos os registros de contatos que você criou para os exercícios deste livro e permanecem em seu catálogo de endereços principal estão selecionados.

18. Clique com o botão direito do mouse em qualquer um dos registros de contatos selecionados e clique em **Mover** e em **SBS – Contatos**.

    Os registros de contatos selecionados desaparecerão do painel Contatos.

19. Na lista **Meus Contatos**, clique em **SBS – Contatos**.

    O Painel de Conteúdo exibirá o catálogo de endereços personalizado, que agora contém os cinco registros que você transferiu para ele.

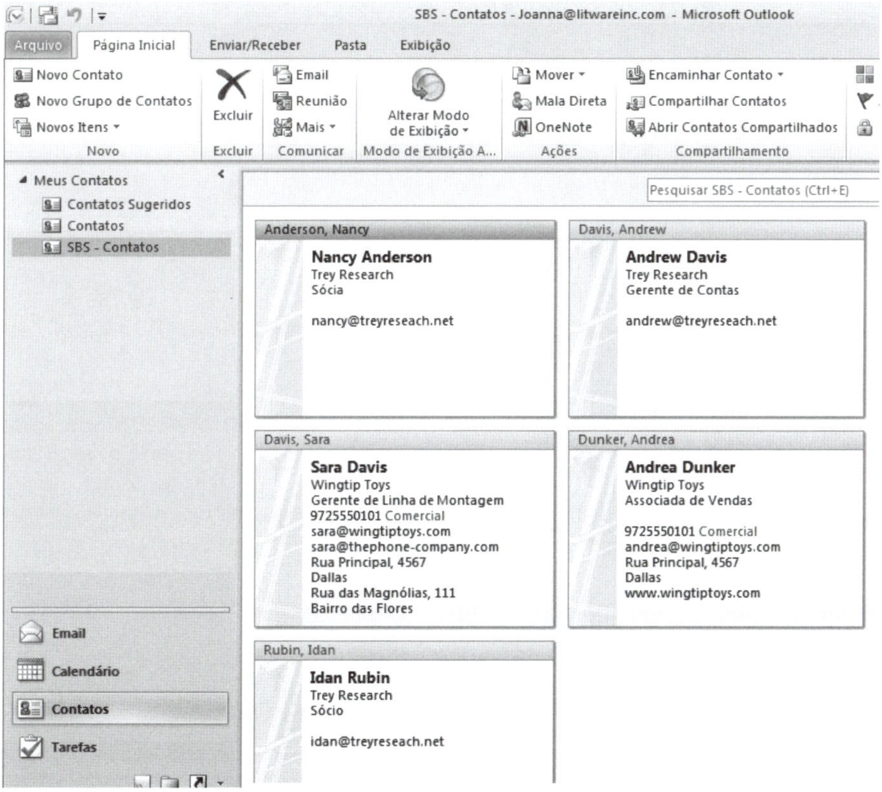

Os registros de contatos que você criou para os exercícios deste livro agora estão reunidos no catálogo de endereços personalizado.

LIMPEZA Mantenha a pasta SBS – Contatos e seu conteúdo para uso em exercícios posteriores.

Importando e exportando registros de contatos

Além de copiar e mover registros de contatos entre catálogos de endereços de sua configuração do Outlook, você pode importar registros de contatos de arquivos e programas externos para um catálogo de endereços existente. O Outlook aceita dados importados de arquivos não pertencentes a aplicativos específicos, arquivos criados em outros programas da Microsoft e arquivos criados em programas de terceiros.

Você pode importar para o Outlook dados dos tipos de arquivos a seguir:

- Arquivos de dados específicos de contas criados no Outlook (arquivos .pst), no Outlook Express versão 4.x, 5.x ou 6.x ou no Windows Mail

  Dica Com frequência os fabricantes de software lançam pacotes provisórios, com atualizações dos programas, entre os lançamentos principais. Um número de versão terminando em .x indica qualquer lançamento dessa versão principal do software. Por exemplo, a versão 1.x abrange todas as versões de um software da 1.0 à 1.9.

- Bancos de dados criados no Microsoft Access 97, 2000, 2002 ou 2003 (arquivos .mdb)
- Pastas de trabalho criadas no Microsoft Excel 97, 2000, 2002 ou 2003 (arquivos .xls)
- Arquivos de texto sem formatação contendo valores de campos separados por vírgulas (arquivos. csv) ou por tabulação (arquivos .txt)
- Arquivos de dados criados no ACT! Contact Manager versão 3.x, 4.x ou 2000 (arquivos .dbf)
- Arquivos de dados criados no Lotus Organizer versão 4.x ou 5.x (arquivos .org)
- Catálogos de endereços pessoais criados em outros programas de gerenciamento de contatos

Dica Para importar um arquivo contendo registros de contatos para seu próprio catálogo de endereços, primeiro crie o catálogo e então importe os registros.

Da mesma forma, você pode exportar registros de contatos do Outlook como um catálogo de endereços que outras pessoas possam importar para o Outlook ou outro programa.

Neste exercício, você importará registros de contatos de um arquivo de texto separado por tabulação (também chamado de arquivo delimitado por tabulação) para um catálogo de endereços existente. Em seguida, exportará uma seleção de registros do catálogo de endereços atualizado para um arquivo que outros usuários do Outlook possam importar e verificará se exportou com sucesso apenas os registros que queria.

PREPARAÇÃO Para fazer este exercício, você precisará do catálogo de endereços SBS – Contatos que criou no exercício anterior e do arquivo de texto ContatosSBS localizado na pasta de arquivo de exercício Capitulo09. Se não criou o catálogo de endereços, pode fazer isso agora ou substituí-lo por qualquer catálogo de endereços existente. Exiba o catálogo de endereços SBS – Contatos e siga as etapas.

1. Exiba o modo Backstage e clique em **Abrir**.

   A página Abrir do modo Backstage exibirá as opções de abertura ou importação de conteúdo externo.

A abertura de um arquivo cria uma conexão com o arquivo externo a partir do Outlook; a importação adiciona dados às pastas existentes do Outlook.

2. Na página Abrir do modo Backstage, clique em **Importar**.

   O assistente de importação e exportação será iniciado.

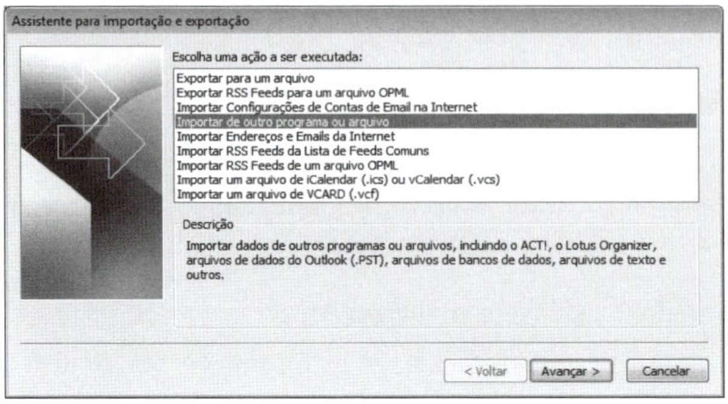

Você pode exportar dados para e importar dados de muitos tipos de arquivos diferentes.

3. Com a opção **Importar de outro programa ou arquivo** selecionada na lista **Escolha uma ação a ser executada**, clique em **Avançar**.

   A seção Importar um arquivo do assistente exibirá uma lista de tipos de arquivos dos quais você pode importar conteúdo.

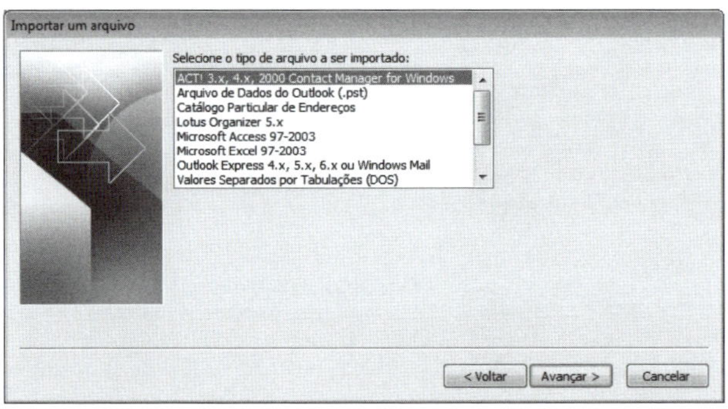

O Outlook aceita dados de formatos de arquivos de terceiros assim como arquivos do Microsoft Office.

4. Role para baixo na lista **Selecione o tipo de arquivo a ser importado** e clique em **Valores Separados por Tabulações (Windows)**. Em seguida, clique em **Avançar**.

   O assistente solicitará que especifique o arquivo que deseja importar.

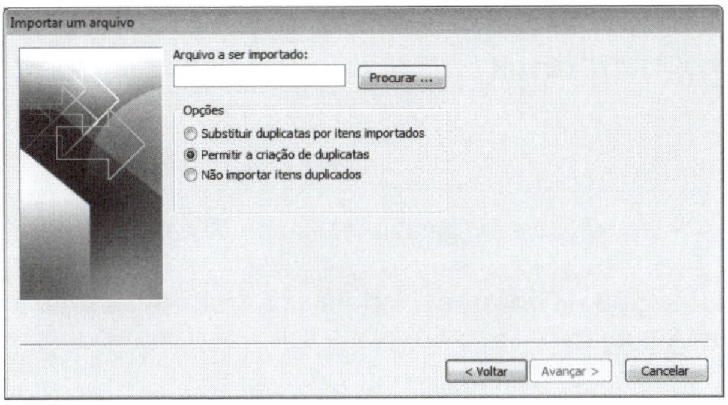

Você pode selecionar se deseja permitir, recusar ou substituir arquivos duplicados.

5. Clique no botão **Procurar** à direita da caixa **Arquivo a ser importado**.

   A caixa de diálogo Procurar será aberta.

6. Na caixa de diálogo **Procurar**, navegue até a pasta de arquivo de exercício **Capitulo09**, clique no arquivo de texto **ContatosSBS** e clique em **OK**.

   O caminho e o arquivo da pasta especificada aparecerão na caixa Arquivo a ser importado.

7. Na área **Opções**, clique em **Substituir duplicatas por itens importados**. Em seguida, clique em **Avançar**.

   O assistente solicitará que selecione a pasta para a qual deseja importar o conteúdo do arquivo. Já que você iniciou o assistente a partir do catálogo de endereços SBS – Contatos, essa pasta já estará selecionada.

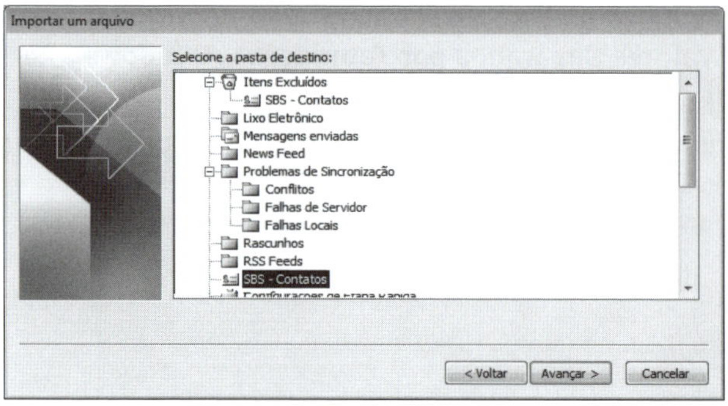

Você pode importar conteúdo para qualquer tipo de pasta.

8. Com a opção **SBS – Contatos** selecionada na lista **Selecione a pasta de destino**, clique em **Avançar**.

   O assistente exibirá a operação de importação a ser executada e os botões nos quais você pode clicar para exibir opções adicionais.

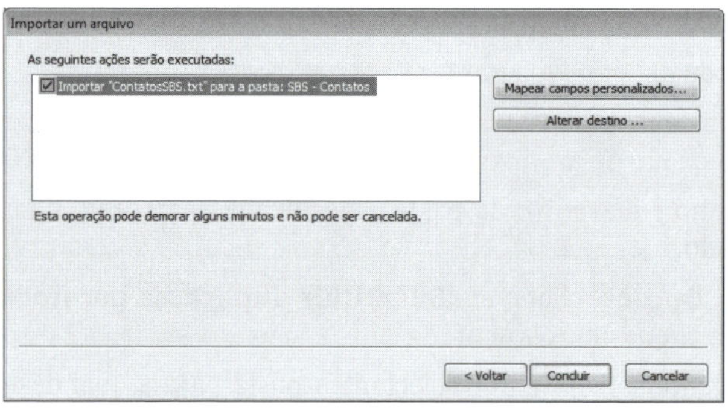

Você pode selecionar o mapeamento de campos personalizados ou a alteração do destino do conteúdo importado.

9. Na última página do assistente, clique em **Mapear campos personalizados**.

   A caixa de diálogo Mapear campos personalizados será aberta. Nessa caixa de diálogo, você pode comparar campos nomeados do arquivo de origem que será importado com campos nomeados do Outlook. Talvez precise dessa funcionalidade quando importar conteúdo de um arquivo que não tenha sido criado originalmente no Outlook.

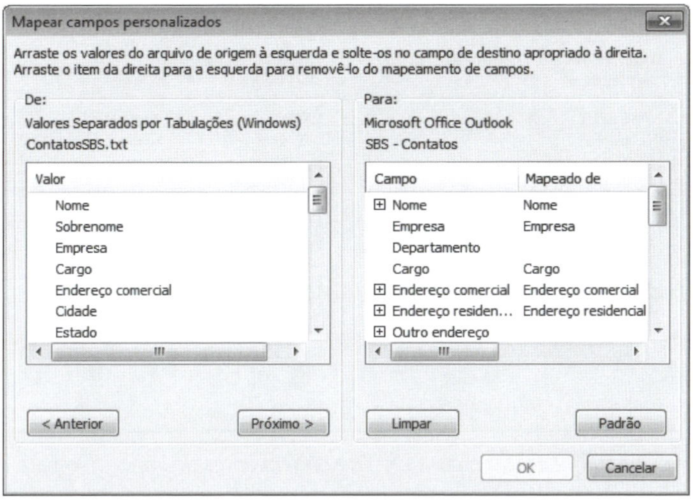

Se a estrutura dos registros importados for diferente da estrutura de registros de contatos do Outlook, você pode comparar os campos de dados recebidos com os campos de dados do Outlook antes de importar o conteúdo.

10. Role para baixo na lista **De** e observe os campos que estão presentes no arquivo de origem. Em seguida, na área abaixo da lista **De**, clique em **Próximo**.

    A caixa de diálogo Mapear campos personalizados exibirá o primeiro registro do arquivo de origem.

11. Na lista **Para**, clique no botão **Expandir** à esquerda de **Nome** para exibir todos os campos do nome.

    A coluna Mapeado de exibirá o valor do registro de origem atual que será mapeado para cada um dos campos do Outlook.

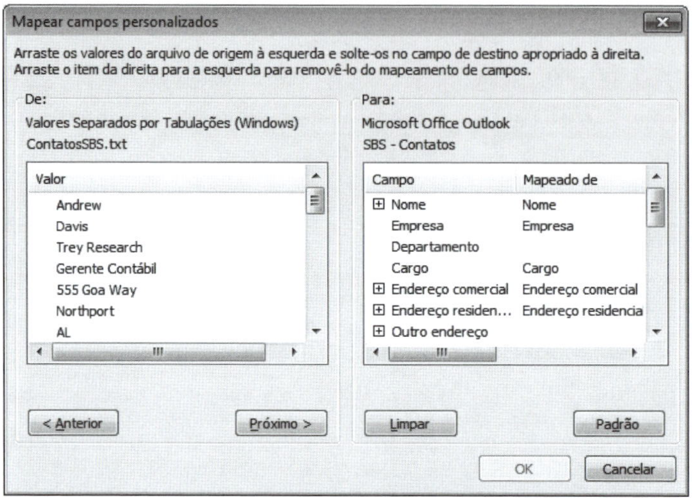

Você pode visualizar o conteúdo de origem antes de importá-lo para o Outlook.

12. Clique em **Próximo** algumas vezes para visualizar registros adicionais e role a lista **Para** a fim de visualizar a maneira como os registros estão sendo mapeados para os campos do Outlook. Em seguida, clique em **OK**.
13. Na última página do assistente, clique em **Concluir**.

    O Outlook importará os registros de contatos para o catálogo de endereços SBS – Contatos, que agora contém 11 itens.
14. Na galeria **Modo de Exibição Atual** da guia **Página Inicial**, clique em **Cartão**.

    No modo Cartão, você verá que os cinco registros de contatos que criou anteriormente neste livro agora contêm informações adicionais. Na verdade, novas versões desses registros de contatos foram importadas do arquivo ContatosSBS. Já que na etapa 7 foi selecionada a opção de substituir registros duplicados, os novos registros, que contêm informações de contatos comerciais adicionais dos dois funcionários da Trey Research, substituíram os registros que você criou.

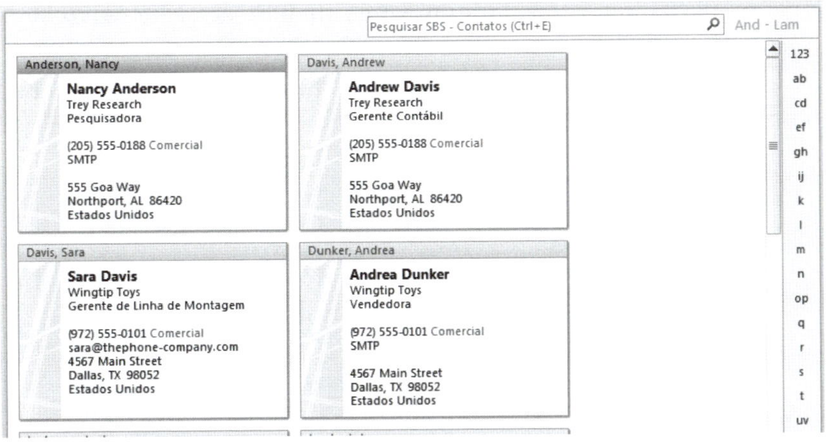

Registros de contatos importados e substituídos.

Agora você exportará registros selecionados no catálogo de endereços atualizado para distribuição para outros usuários do Outlook.

15. Exiba a página **Abrir** do modo Backstage e clique em **Importar**.

    O assistente para importação e exportação será iniciado.

16. Na lista **Escolha uma ação a ser executada**, clique em **Exportar para um arquivo**. Em seguida, clique em **Avançar**.

    A seção Exportar para um arquivo do assistente solicitará que selecione o tipo de arquivo que deseja criar.

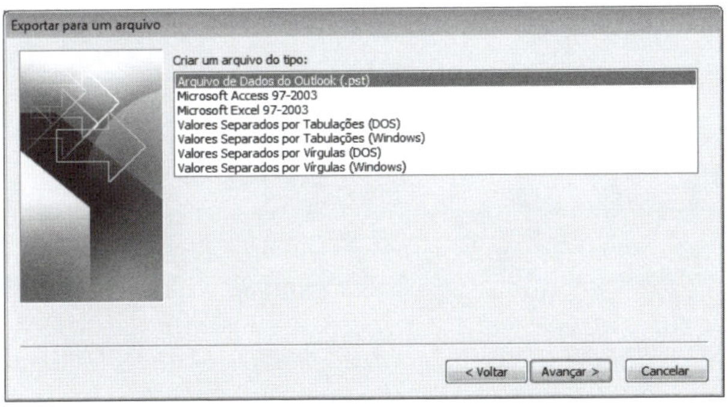

As opções do tipo de arquivo da exportação se limitam a arquivos do Office e arquivos de texto com os valores separados.

17. Na lista **Criar um arquivo do tipo**, clique em **Arquivo de Dados do Outlook (.pst)**. Em seguida, clique em **Avançar**.

    O assistente solicitará que selecione a pasta e os registros que deseja exportar.

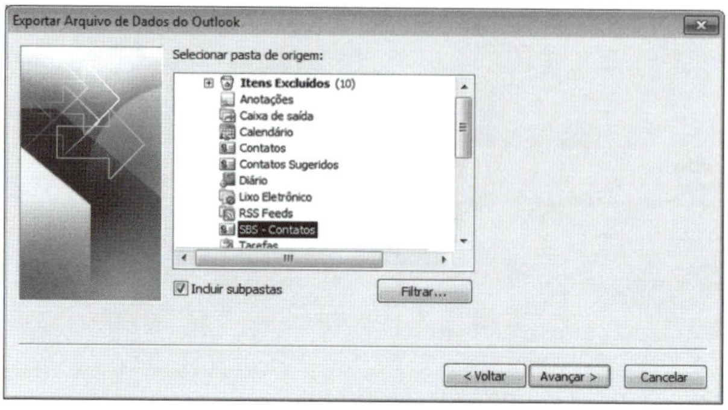

A pasta SBS – Contatos selecionada para exportação.

18. Com a opção **SBS – Contatos** selecionada na lista **Selecionar pasta de origem**, clique em **Filtrar**.

    A caixa de diálogo Filtrar será aberta. Nessa caixa de diálogo, você pode filtrar o conteúdo da pasta selecionada para que só itens (no caso, registros de contatos) que atendam critérios específicos sejam exportados.

19. Na página **Contatos** da caixa de diálogo **Filtrar**, insira Litware na caixa **Procurar a(s) palavra(s)**. Em seguida, clique na seta **Onde**.

    A lista Onde exibirá os campos em que você poderá filtrar os registros de contatos.

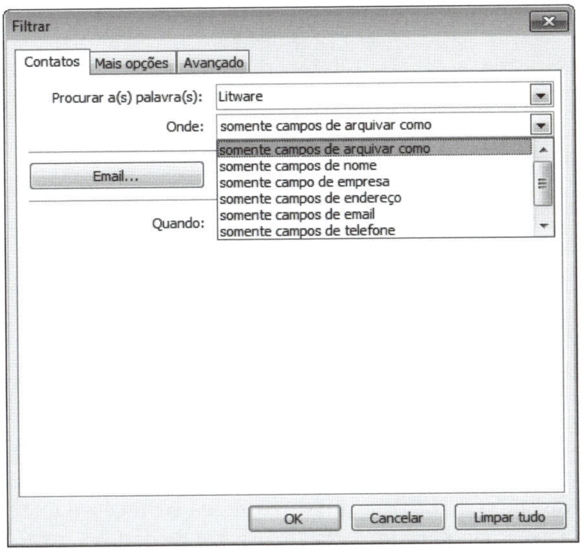

Opções de filtragem de registros de contatos.

20. Na lista **Onde** clique em **somente campo de empresa**. Em seguida, na caixa de diálogo **Filtrar**, clique em **OK**.

21. No assistente **Exportar Arquivo de Dados do Outlook**, clique em **Avançar**.

    O Outlook sugerirá que você salve o arquivo exportado como *backup.pst* na pasta Arquivos do Outlook criada pelo sistema.

22. À direita da caixa **Salvar arquivo exportado como**, clique no botão **Procurar**. Na caixa de diálogo **Abrir Arquivos de Dados do Outlook**, navegue até a pasta de arquivo de exercício **Capitulo09**. Na caixa **Nome do arquivo**, insira **LitwareInc**. Em seguida, clique em **OK**.

    O caminho da pasta e o nome do arquivo aparecerão na caixa Salvar Arquivo Exportado Como.

23. Na última página do assistente, clique em **Concluir**.

    O assistente exportará os registros selecionados e a caixa de diálogo Criar Arquivo de Dados do Outlook será aberta.

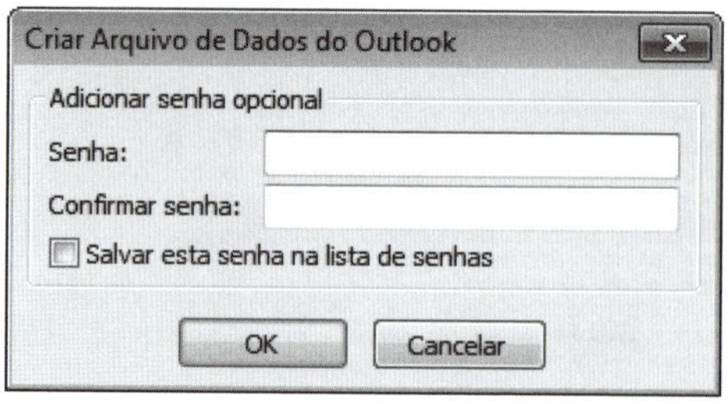

Você pode proteger os itens que exportar para um arquivo de dados do Outlook atribuindo uma senha ao arquivo.

24. Na caixa de diálogo **Criar Arquivo de Dados do Outlook**, clique em **OK** para criar o arquivo sem atribuir uma senha.
25. Para verificar se exportou com sucesso o arquivo, use as técnicas que aprendeu neste capítulo para criar uma pasta de contatos chamada **SBS – Litware**. Exiba o catálogo de endereços **SBS – Litware** e siga o processo que aprendeu anteriormente neste exercício para importar o arquivo de dados LitwareInc para ele.

    Durante o processo de importação, o assistente Importar arquivo de dados do Outlook solicitará que você selecione a pasta que deseja importar e o local da importação.

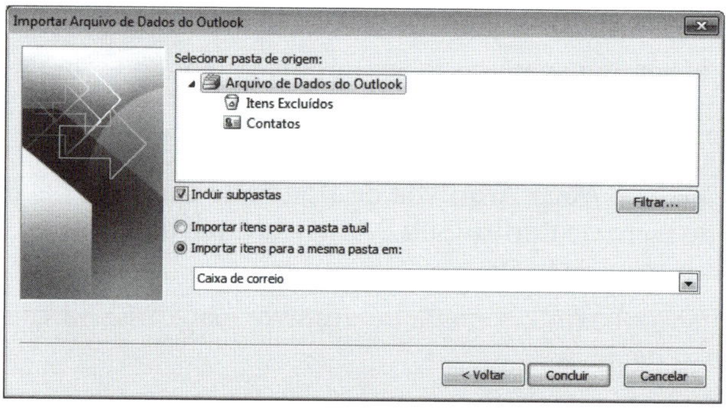

Opções de importação de registros de contatos.

26. Na lista **Selecionar pasta de origem**, clique em **SBS – Contatos** (a pasta da qual você exportou o arquivo de dados). Clique em **Importar itens para a pasta atual**. Em seguida, clique em **Concluir**.

    O assistente importará os registros do arquivo de dados LitwareInc para o catálogo de endereços SBS – Litware.

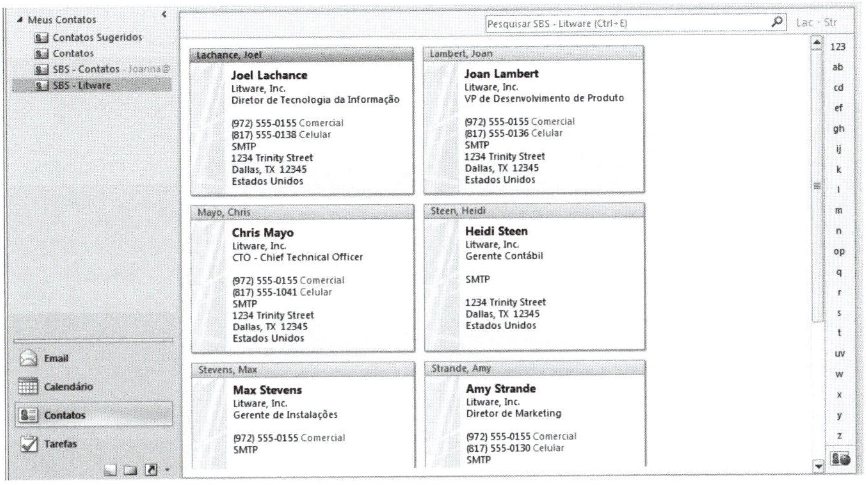

O catálogo de endereços resultante contém apenas os seis registros de contatos dos funcionários da Litware, Inc.

LIMPEZA Mantenha o catálogo de endereços SBS – Litware para uso em exercícios posteriores.

Dica No exercício anterior, importamos e exportamos registros de contatos, mas você pode usar o mesmo processo para importar e exportar outros itens do Outlook.

Criando grupos de contatos

Se você envia com frequência mensagens para grupos específicos de pessoas, como os membros de uma equipe de projeto, de um clube ou da família, pode criar um grupo de contatos contendo todos os endereços de email. Assim poderá enviar uma mensagem para todos os membros do grupo endereçando-a apenas ao grupo de contatos.

Os grupos de contatos são como versões pessoais das listas de distribuição. Uma lista de distribuição fica disponível para todas as pessoas da rede do Microsoft Exchange Server; um grupo de contatos só fica disponível no catálogo de endereços local em que estiver armazenado. No entanto, você pode distribuir o grupo de contatos para outras pessoas usarem.

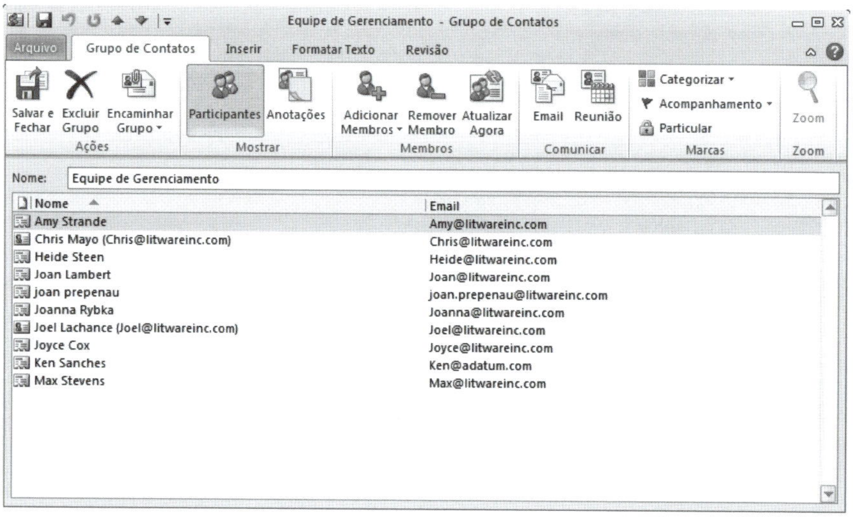

Um grupo de contatos.

Você pode adicionar um membro a um grupo de contatos selecionando um registro de contato existente em um catálogo de endereços ou inserindo informações de contato na caixa de diálogo Adicionar novo participante. Ao adicionar um membro usando o último método, você terá a opção de criar simultaneamente um registro de contato para ele ou ela.

Quando você enviar uma mensagem para um grupo de contatos, cada membro do grupo receberá uma cópia. Se quiser enviar uma mensagem para a maioria dos membros de um grupo de contatos em vez de para todos, você pode expandir o grupo de contatos para uma lista completa de seus membros no campo de endereço e remover pessoas individualmente do recebimento da mensagem específica no momento em que enviá-la.

Neste exercício, você criará um grupo de contatos e adicionará novos contatos a seu catálogo de endereços. Em seguida, enviará uma mensagem para todos os membros do grupo de contatos exceto um.

PREPARAÇÃO Você precisará dos registros de contatos que importou para o catálogo de endereços SBS – Contatos no exercício anterior. Se não importou os registros, pode fazê-lo agora ou substituí-los por registros de contatos seus. Exiba o catálogo de endereços SBS – Contatos no modo Lista e siga as etapas.

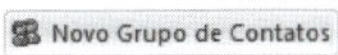

1. No grupo **Novo** da guia **Página Inicial**, clique no botão **Novo Grupo de Contatos**.

   A janela Grupo de Contatos será aberta.

2. Na caixa **Nome**, digite **Clientes**. Em seguida, no grupo **Membros** da guia **Grupo de Contatos**, clique no botão **Adicionar Membros**.

   A lista Adicionar Membros exibirá os locais a partir dos quais você pode adicionar contatos ao grupo.

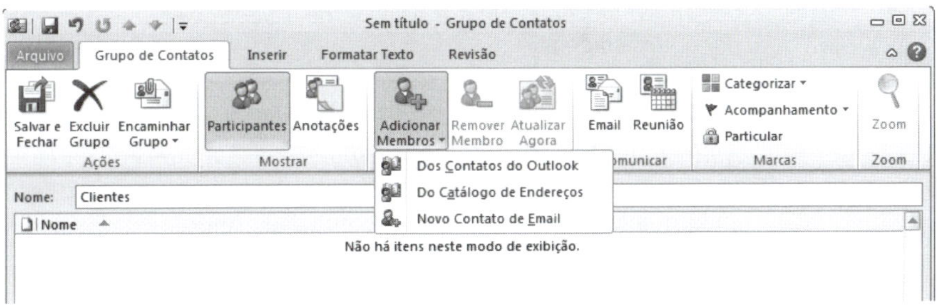

Você pode adicionar membros a um grupo a partir de registros existentes ou inserindo endereços de email.

Solução de problemas A aparência dos botões e grupos da Faixa de Opções muda de acordo com a largura da janela do programa ou da janela do item. Para obter informações sobre alterar a aparência da Faixa de Opções para que fique igual às nossas imagens de tela, consulte "Modificando a exibição da Faixa de Opções" no início deste livro.

3. Na lista **Adicionar Membros**, clique em **Dos Contatos do Outlook**.

   A caixa de diálogo Selecionar participantes: Contatos será aberta, exibindo a Lista de Endereços Global de sua empresa, seu catálogo de endereços de Contatos padrão ou o catálogo de endereços que você tiver acessado mais recentemente usando esse método.

4. Na lista **Catálogo de Endereços**, clique em **SBS – Contatos**.

   A caixa de diálogo Selecionar participantes exibirá os registros de contatos que você importou para o catálogo de endereços SBS – Contatos no exercício anterior.

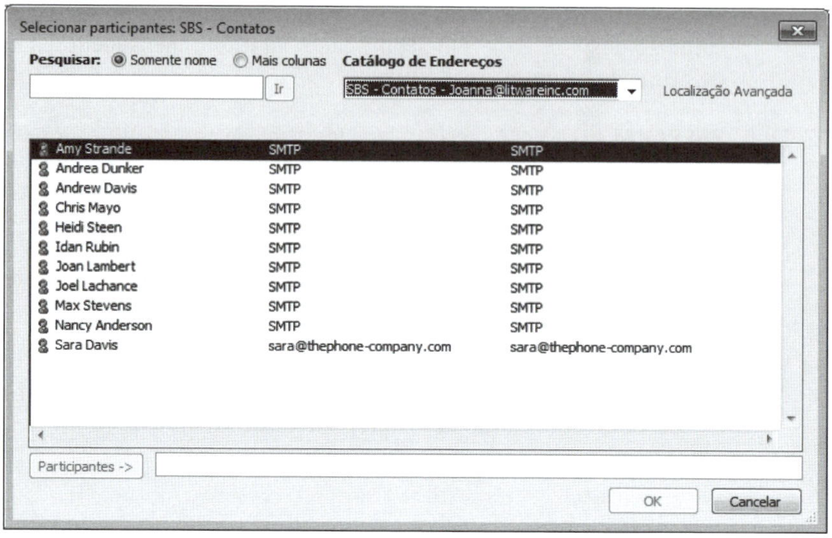

Você pode procurar contatos na caixa de diálogo Selecionar participantes por nome ou por outros critérios.

5. Na lista **Nome**, clique em **Andrea Dunker** e clique no botão **Participantes**.

   Andrea Dunker (andrea@wingtiptoys.com) aparecerá na caixa Participantes na parte inferior da caixa de diálogo Selecionar participantes. Esse é o nome de exibição armazenado no registro de contato de Andrea.

6. Na lista **Nome**, clique duas vezes na primeira entrada de **Sara Davis**.

   Sara Davis aparecerá na caixa Participantes.

   Dica Você pode adicionar rapidamente vários nomes à caixa Participantes clicando duas vezes em cada nome ou mantendo a tecla Ctrl pressionada ao selecionar vários nomes.

7. Na caixa de diálogo **Selecionar participantes: SBS – Contatos**, clique em **OK**.

   Agora o grupo de contatos Clientes contém os dois funcionários da Wingtip Toys.

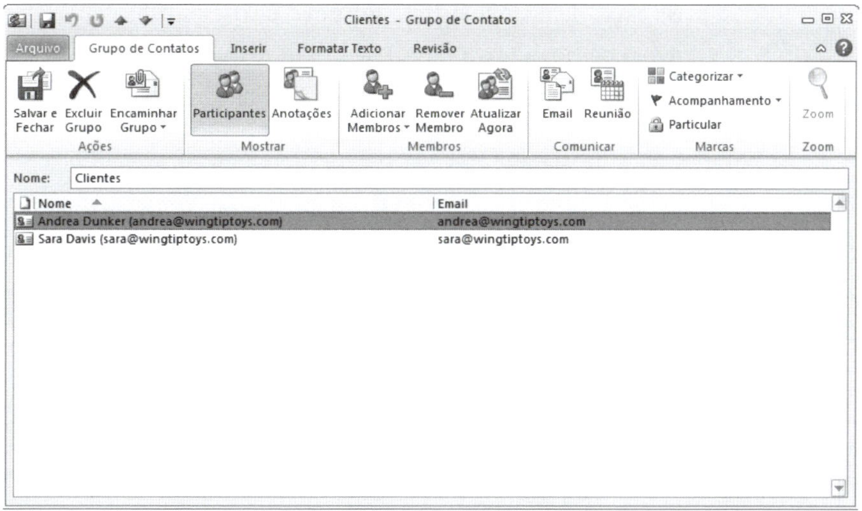

Os membros do grupo de contatos adicionados a partir de um catálogo de endereços são listados pelos nomes de exibição salvos em seus registros.

8. Na lista **Adicionar Membros**, clique em **Novo Contato de Email**.

   A caixa de diálogo Adicionar novo participante será aberta.

9. Na caixa de diálogo **Adicionar novo participante**, digite Tjeerd Veninga na caixa **Nome para exibição** e tjeerd@wideworldimporters.com na caixa **Endereço de email**.

   A caixa de seleção Adicionar a Contatos estará selecionada por padrão, portanto, Tjeerd será adicionado ao catálogo de endereços padrão assim como ao grupo de contatos.

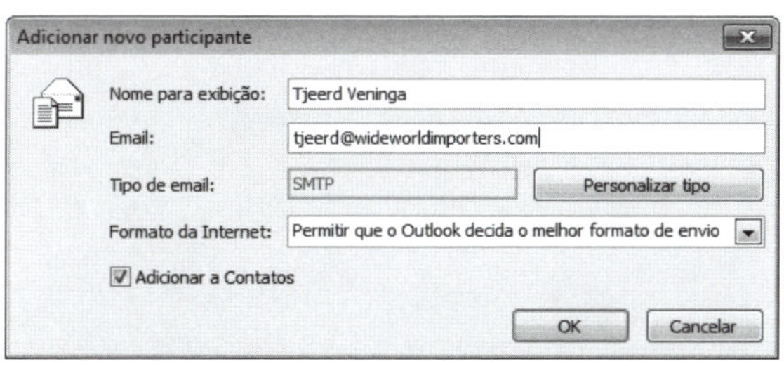

Na caixa de diálogo Adicionar novo participante, você pode selecionar o formato das mensagens enviadas a membros individuais do grupo.

10. Na caixa de diálogo **Adicionar novo participante**, clique em **OK**.

    Agora o grupo de contatos Clientes inclui Andrea, Sara e Tjeerd.

11. Repita as etapas 8 a 10 para adicionar as pessoas a seguir ao grupo de contatos Clientes e a seu catálogo de endereços padrão:

Nome de exibição	Endereço de email
Eli Bowen	eli@wideworldimporters.com
Liberty Munson	liberty@wideworldimporters.com

Cada novo membro do grupo de contatos aparecerá no grupo em ordem alfabética.

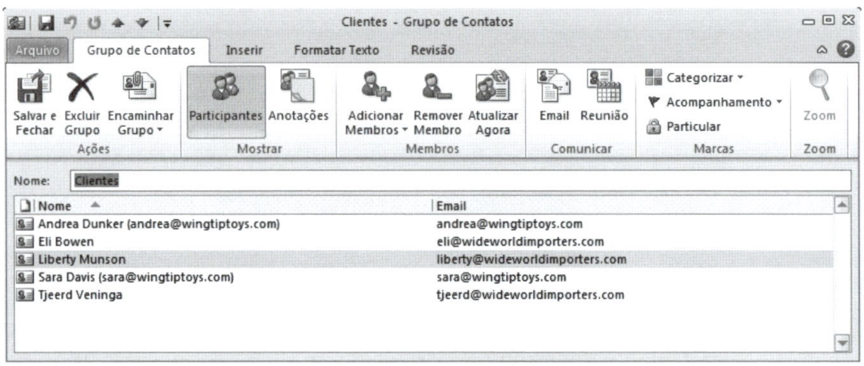

A pasta em que o grupo de contatos está sendo criado é exibida no canto inferior esquerdo da caixa de diálogo.

Salvar e Fechar

12. No grupo **Ações** da guia **Grupo de Contatos**, clique no botão **Salvar e Fechar**.

    O grupo Clientes aparecerá no catálogo de endereços SBS – Contatos.

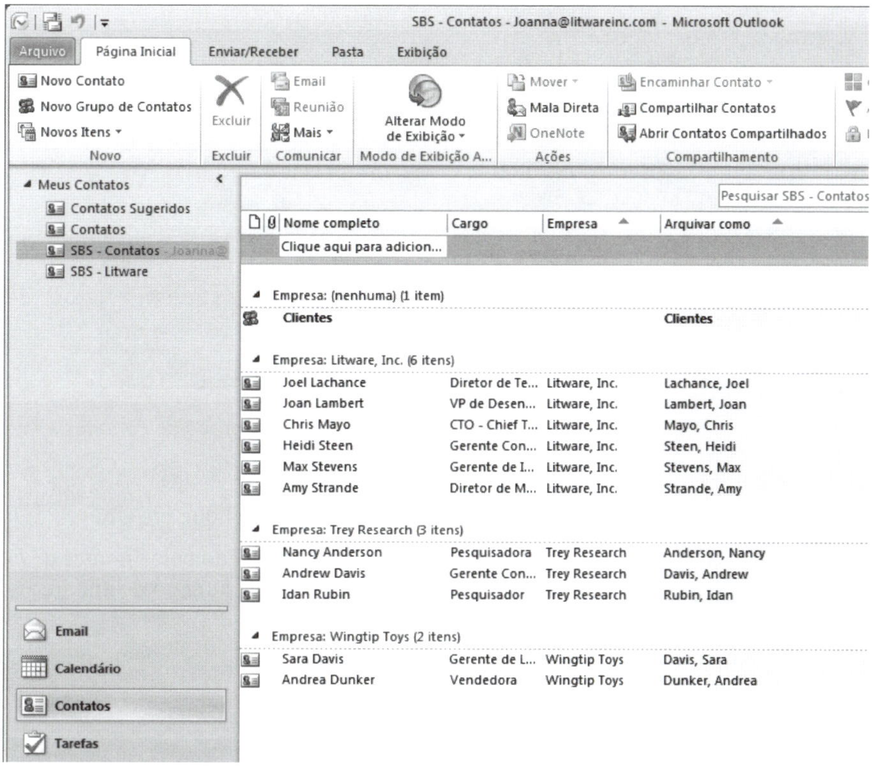

Os nomes dos grupos de contatos são exibidos em fonte em negrito para podermos diferenciá-los facilmente dos contatos individuais.

Dica Os três membros do grupo de contatos que você adicionou manualmente não aparecem nesse catálogo de endereços; o Outlook criará seus registros de contatos no catálogo de endereços padrão Contatos.

13. No painel **Contatos**, clique no grupo de contatos **Clientes**. Em seguida, no grupo **Comunicar** da guia **Página Inicial**, clique no botão **Email**.

    Uma janela de composição de mensagem será aberta. A mensagem estará endereçada ao grupo de contatos Clientes.

14. Na caixa **Para**, clique no botão **Expandir** à esquerda de **Clientes**.

    O Outlook avisará que você não pode recolher uma lista após expandi-la.

Grupo de contatos

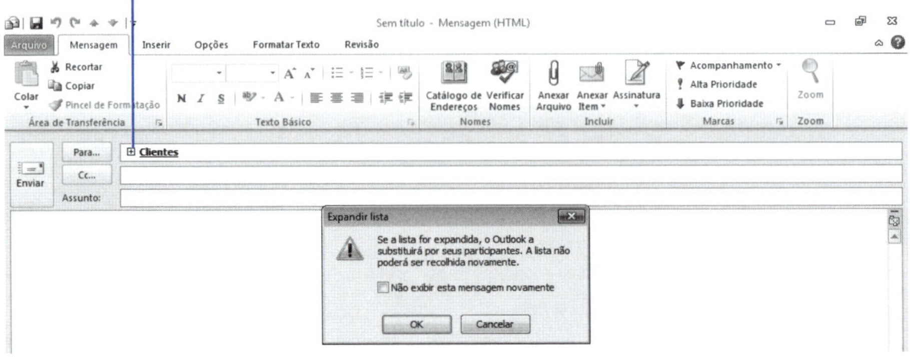

Em um cabeçalho de mensagem, o nome do grupo de contatos aparece em negrito e é precedido por um botão Expandir.

15. Na caixa de mensagem **Expandir Lista**, clique em **OK**.

    O grupo de contatos Clientes será substituído pelos nomes de exibição individuais de seus membros. Você pode remover do catálogo de endereços qualquer membro do grupo antes de enviar a mensagem.

Membros do grupo de contatos

Quando você expandir o grupo de contatos, o nome do grupo será substituído por seus membros e não estará mais disponível.

Você não pode enviar esta mensagem porque os endereços dos destinatários são fictícios.

LIMPEZA Feche a janela de mensagem sem salvá-la ou enviá-la. Mantenha o grupo de contatos Clientes e os registros de contatos de Eli Bowen, Liberty Munson e Tjeerd Veninga para uso em exercícios posteriores.

Localizando rapidamente informações de contato

Você pode usar o recurso de busca em qualquer módulo do Outlook para encontrar imediatamente um item específico do Outlook dentro da pasta atual, um item do mesmo tipo em qualquer pasta ou um item de qualquer tipo em qualquer pasta. Para encontrar, por exemplo, um item que contenha uma palavra específica, você só precisa digitar a palavra na caixa Pesquisar no topo do Painel de Conteúdo. Quando posicionar o cursor na caixa Pesquisar, a guia contextual Ferramentas de Pesquisa aparecerá na Faixa de Opções. Você pode refinar seus critérios de busca ou expandir sua busca para incluir locais adicionais usando os comandos disponíveis na guia Ferramentas de Pesquisa.

Neste exercício, você localizará registros de contatos específicos e trabalhará com os registros de contatos dos resultados da pesquisa.

PREPARAÇÃO Você precisará dos registros de contatos que importou para o catálogo de endereços SBS – Contatos anteriormente neste capítulo e dos registros de Eli Bowen, Liberty Munson e Tjeerd Veninga que criou no exercício anterior. Se não criou esses registros de contatos, pode fazer isso agora ou substituí-los por registros de contatos seus. Exiba o catálogo de endereços SBS – Contatos no modo Cartão e siga as etapas.

1. No topo do painel **Contatos**, clique para posicionar o cursor na caixa **Pesquisar**.

   Atalho do teclado Pressione Ctrl+E para posicionar o cursor na caixa Pesquisar do módulo atual.

   A guia contextual Ferramentas de Pesquisa aparecerá e estará ativa na Faixa de Opções.

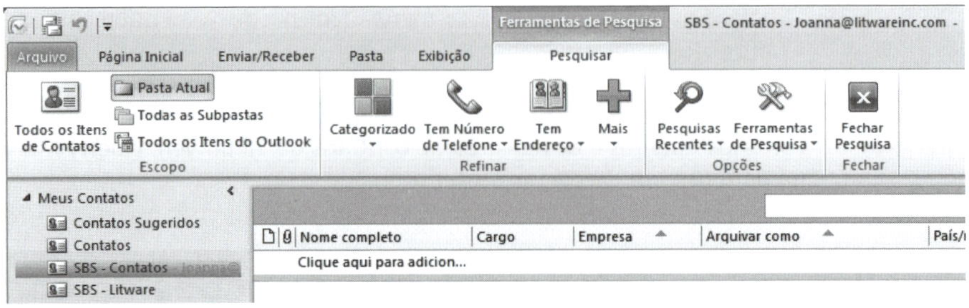

Os comandos disponíveis na guia Ferramentas de Pesquisa do módulo Contatos.

2. Na caixa **Pesquisar**, digite **and**.

   Quando você digitar, o Outlook filtrará a lista para exibir só os registros de contatos que contêm as letras inseridas e realçará as ocorrências nos registros. Esse realce aparecerá em qualquer modo de exibição que não seja o modo Cartão de Visita.

Solução de problemas Se o Outlook não filtrar automaticamente os registros de contatos quando você digitar, pressione Enter ou clique no botão Pesquisar após inserir o termo da pesquisa.

O Outlook realçará as letras que você está procurando em qualquer local onde elas aparecerem nas informações de contato visíveis.

Tem Endereço

3. No grupo **Refinar** da guia **Ferramentas de Pesquisa**, clique no botão **Tem Endereço** e, na lista, clique em **Tem Endereço Comercial**.

   Na caixa Pesquisar, *NÃO endereçocomercial:*=☐ aparecerá após a entrada original, especificando que você deseja localizar apenas registros de contatos cujo campo de endereço comercial não esteja em branco.

   Todos os resultados atuais da pesquisa incluem um endereço comercial, portanto, os resultados não mudarão.

Mais

4. No grupo **Refinar**, clique no botão **Mais** e, na lista, clique em **Empresa**.

   Uma caixa Empresa aparecerá abaixo do painel Pesquisar.

5. Na caixa **Empresa**, insira toys.

   Na caixa Pesquisar, *nomedaempresa:toys* aparecerá após os dois primeiros critérios. O Outlook filtrará a lista para exibir só o registro de contato de Andrea Dunker, que trabalha na Wingtip Toys.

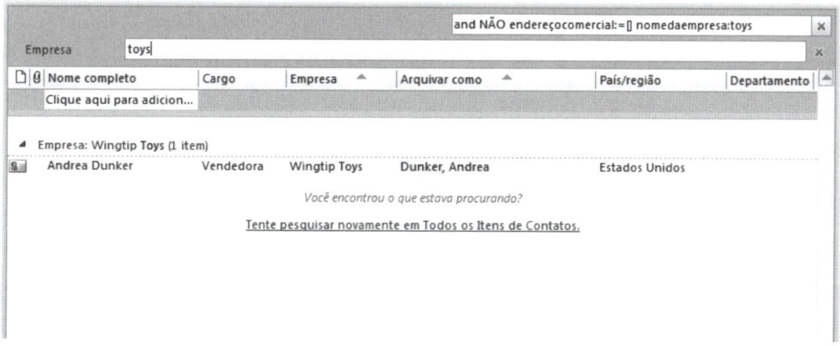

Uma pesquisa refinada.

Fechar Pesquisa

6. No grupo **Fechar** da guia **Ferramentas de Pesquisa**, clique no botão **Fechar Pesquisa**.

   O painel laranja Pesquisar será fechado, a guia contextual Ferramentas de Pesquisa desaparecerá e o painel Contatos exibirá todos os 12 registros do catálogo de endereços SBS – Contatos.

Dica Você também pode cancelar a pesquisa atual clicando no botão Fechar Pesquisa (o X) que substitui o botão Pesquisar à direita da caixa Pesquisar enquanto o recurso de busca está ativo.

7. Clique na caixa **Pesquisar**.

   O painel laranja Pesquisar será aberto novamente, com a caixa Empresa ainda visível. Você pode adicionar os campos de pesquisa que usa com frequência ao painel Pesquisar para que eles estejam imediatamente disponíveis quando quiser usá-los.

8. Na caixa **Empresa**, insira **Wide World Importers**.

   Quando você digitar, a sintaxe oficial do critério da pesquisa aparecerá na caixa Pesquisar.

Quando um único critério de pesquisa inclui várias palavras, o Outlook as coloca entre parênteses.

   A pesquisa não retornará resultados; não existe nenhum registro de contato com Wide World Importers no campo Empresa nessa pasta. Você adicionou os contatos da Wide World Importers ao catálogo de endereços quando criou o grupo de contatos Clientes, portanto, seus registros só contêm um nome, sobrenome e endereço de email.

9. Clique no botão **Remover** à direita da caixa **Empresa**.

   A caixa Empresa será fechada, o critério correspondente desaparecerá da caixa Pesquisar e o painel Contatos exibirá os 12 registros originais.

10. No grupo **Refinar**, clique no botão **Mais** e, na lista, clique em **Email**.

    Uma caixa Email será aberta no painel Pesquisar.

11. Na caixa **Email**, insira **wideworldimporters**.

    O conteúdo da caixa Pesquisar será atualizado, mas o painel Contatos não exibirá registros de contatos correspondentes.

Todos os Itens de Contatos

12. No grupo **Escopo** da guia **Ferramentas de Pesquisa**, clique no botão **Todos os Itens de Contatos**.

    Os três registros de contatos que você criou no exercício anterior aparecerão no painel Contatos.

13. No grupo **Escopo**, clique no botão **Todos os Itens do Outlook**.

Todos os Itens do Outlook

    O painel Contatos mudará para exibir os resultados da pesquisa listados por pasta e o Painel de Leitura onde você poderá ver as informações disponíveis do contato selecionado. O texto correspondente ao critério da pesquisa será realçado no Painel de Leitura.

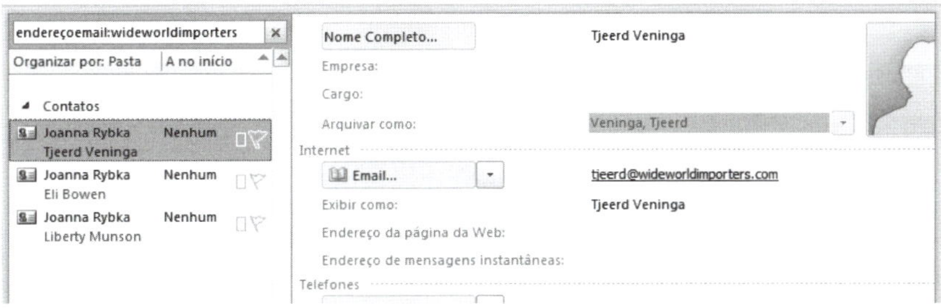

O endereço de email é um dos critérios segundo os quais você pode conduzir uma pesquisa.

No painel Contatos, o cabeçalho do grupo Contatos acima dos três registros indica que eles estão armazenados atualmente no catálogo de endereços Contatos.

14. No painel **Contatos**, clique no registro de contato de **Liberty Munson** e pressione Crtl+A para selecionar todos os três registros de contatos.

15. Arraste os registros de contatos selecionados do painel **Contatos** para a pasta **SBS – Contatos** no **Painel de Navegação**.

    O cabeçalho do grupo no painel Contatos mudará para indicar a nova localização dos registros de contatos.

16. No **Painel de Navegação**, clique no catálogo de endereços **Contatos**.

    Os três registros não estarão nesse catálogo de endereços.

17. No **Painel de Navegação**, clique no catálogo de endereços **SBS – Contatos**. Em seguida, na galeria **Modo de Exibição Atual** da guia **Página Inicial**, clique em **Lista**.

    Agora os registros de contatos de Eli Bowen, Liberty Munson e Tjeerd Veninga estão armazenados nesse catálogo de endereços com os outros registros e o grupo de contatos que você criou ao avançar na leitura do livro.

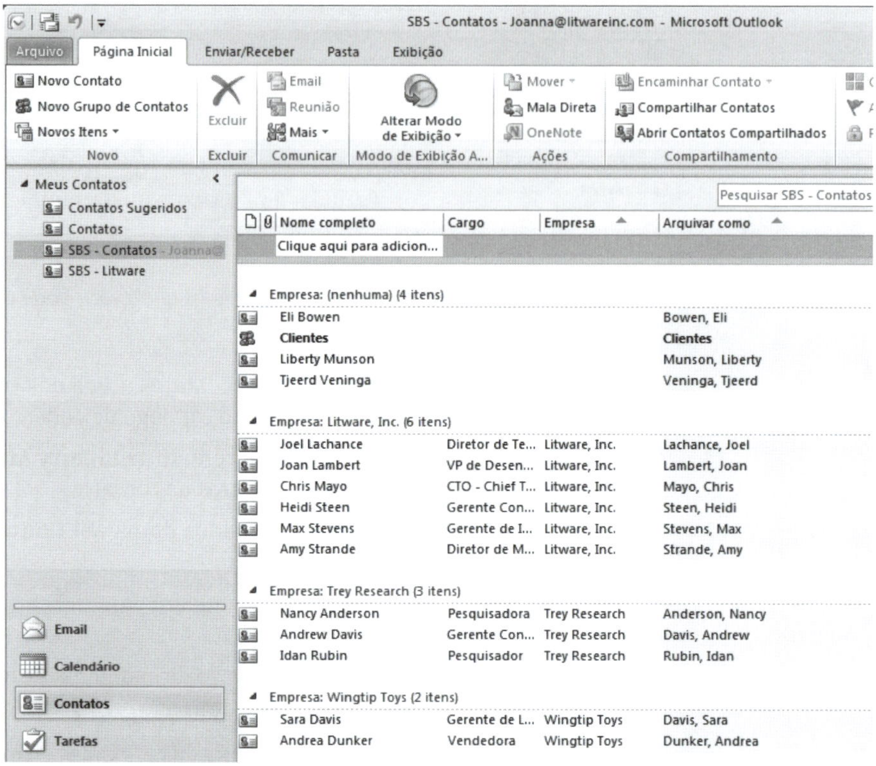

O conteúdo final do catálogo de endereços SBS – Contatos.

LIMPEZA Clique na caixa Pesquisar para ativar o painel Pesquisar e no botão Remover à direita da caixa Email para remover esse campo do painel.

Dica Você pode repetir rapidamente pesquisas anteriores clicando na caixa Pesquisar para exibir a guia contextual Ferramentas de Pesquisa, clicando no botão Pesquisas Recentes no grupo Opções da guia Ferramentas de Pesquisa e clicando nos critérios da pesquisa anterior que deseja repetir.

Personalizando cartões de visita eletrônicos

Dentro da janela de cada registro de contato aparecem informações não só dos campos do registro mas também na forma de uma figura que lembra um cartão de visita. Quando você inserir informações de contato de uma pessoa em um registro de contato, informações básicas aparecerão no cartão de visita exibido no canto superior direito da janela do contato. Esses dados incluem o nome, a empresa e o cargo da pessoa; números de telefone do trabalho, móvel e de casa; e endereços de email, postal, de página Web e mensagem instantânea. (Só as 10 primeiras linhas de informações cabem no cartão.) Se o registro de contato incluir uma imagem, ela aparecerá no lado esquerdo. Você pode alterar os tipos de informações exibidas, reorganizar os campos de informações, formatar o texto e o plano de fundo e adicionar, alterar ou remover imagens, como um logotipo ou fotografia.

A criação de um cartão de visita para você mesmo lhe proporcionará uma maneira atraente de apresentar suas informações de contato para pessoas com quem se corresponder por email. Você pode anexar seu cartão de visita a um email enviado ou incluí-lo como parte de sua assinatura de email (ou como toda ela). O destinatário de seu cartão de visita poderá criar facilmente um registro de contato para você salvando o cartão em seu catálogo de endereços do Outlook.

Consulte também Para obter informações sobre assinaturas de email, consulte "Personalizando a aparência do texto da mensagem" no Capítulo 10, "Melhore o conteúdo das mensagens".

Neste exercício, você modificará o cartão de visita associado a um registro de contato.

PREPARAÇÃO Para fazer o exercício, você precisará da imagem JoanLambert, que se encontra na pasta Capitulo09, e do catálogo de endereços SBS – Litware que criou anteriormente neste capítulo. Exiba o catálogo de endereços SBS – Litware no modo Cartão de Visita e siga as etapas.

1. No painel **Contatos**, clique duas vezes no registro de contato de **Joan Lambert**.

   A janela do registro de contato será aberta. O cartão de visita no canto superior direito estará preenchido com informações armazenadas nos campos do registro. A imagem à esquerda do cartão é um espaço reservado.

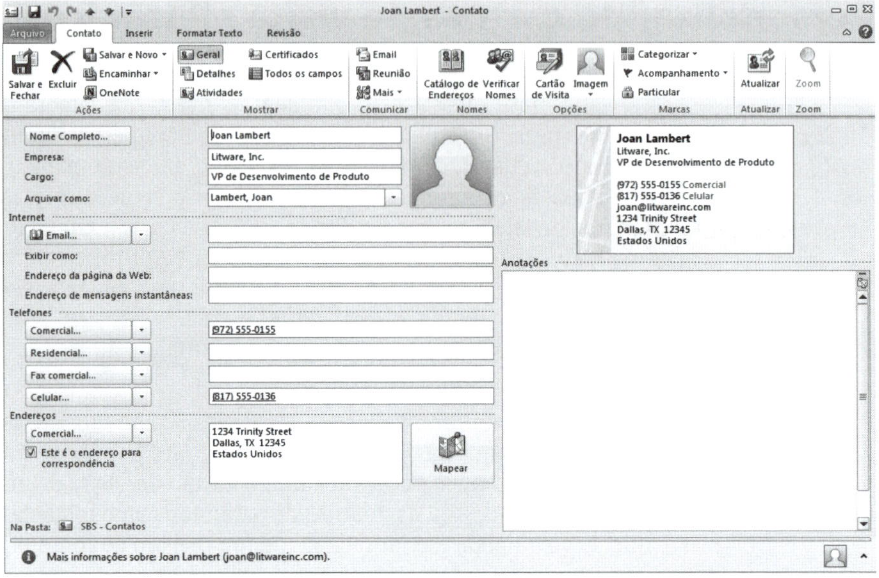

O cartão de visita exibe as informações armazenadas no registro de contato.

2. No grupo **Opções** da guia **Contato**, clique no botão **Imagem**. Em seguida, clique em **Adicionar Imagem**.

   A caixa de diálogo Adicionar Imagem de Contato será aberta, exibindo o conteúdo de sua biblioteca de imagens. Você pode adicionar um logotipo comercial, sua fotografia ou qualquer outra imagem identificadora a um cartão de visita.

3. Na caixa de diálogo Adicionar Imagem de Contato, navegue até a pasta de arquivo de exercício **Capitulo09** e clique na imagem **JoanLambert** e em **OK**.

   Na janela de registro de contato, a foto de Joan substituirá o espaço reservado para a imagem e também aparecerá no cartão de visita.

Cartão de Visita

4. No grupo **Opções**, clique em **Cartão de Visita**.

   A caixa de diálogo Editar Cartão de Visita será aberta.

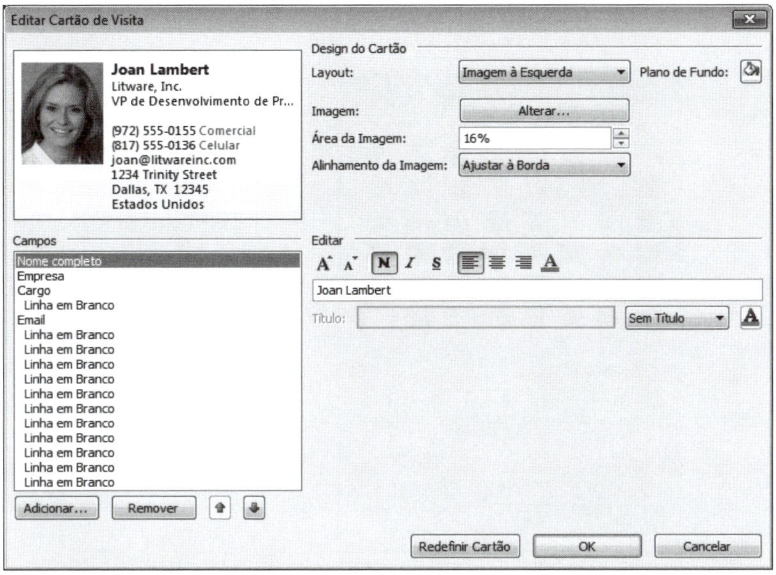

O posicionamento padrão de uma imagem em um cartão de visita eletrônico.

5. Na área **Design do Cartão**, clique na configuração **Layout** e, na lista, clique em **Imagem à Direita**.

   A foto se moverá do lado esquerdo do cartão para o lado direito.

6. Na caixa **Área da Imagem**, digite ou selecione (clicando nas setas) **38%**.

7. Clique na configuração **Alinhamento da Imagem** e, na lista, clique em **Ajustar à Borda**.

   A foto será expandida até a altura total do cartão de visita.

8. Na área **Design do Cartão**, clique no botão **Cor do Plano de Fundo**. Em seguida, na caixa de diálogo **Cor**, clique no quadrado marrom, que é o segundo a partir de baixo e da esquerda da galeria de cores.

   A cor selecionada será aplicada ao plano de fundo do cartão.

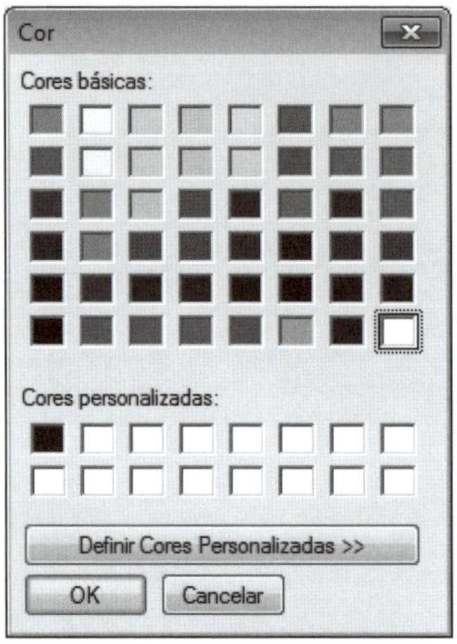

Você pode selecionar entre 48 cores padrão ou definir a sua própria.

9. Na caixa de diálogo **Cor**, clique em **OK**.

   A visualização do cartão refletirá a nova cor de plano de fundo. Será difícil ler o texto do cartão contra o plano de fundo escuro.

10. Com a opção **Nome Completo** selecionada na lista **Campos**, clique no botão **Cor da fonte** no topo da área **Editar** (e não no botão associado ao campo **Título**). Em seguida, na caixa de diálogo **Cor**, clique no quadrado branco (no canto inferior direito da galeria de cores) e clique em **OK**.

    Agora será fácil ler o nome do contato.

11. Na lista **Campos**, clique em **Empresa** e altere a cor do nome da empresa exibido no cartão de visita de preto para cinza-claro (o terceiro quadrado a partir da direita na última linha da galeria de cores).

12. Na lista **Campos**, clique em **Cargo**. Em seguida, abaixo da lista **Campos**, clique em **Remover**.

    O cargo não aparecerá mais no cartão de visita. Ele foi removido do registro de contato.

13. Na lista **Campos**, clique na primeira instância de **Linha em Branco**. Em seguida, clique nos botões **Mover Campo para Cima** e **Mover Campao para Baixo** para ver como ficam os campos com linhas em branco entre si.

    A cada vez que você clicar no botão, a posição da linha em branco será refletida no cartão de visita.

14. Na lista **Campos**, clique em **Email**. Em seguida, mude a cor para cinza-claro.

15. Use as técnicas que aprendeu neste exercício para fazer o seguinte:
    - Remover o campo **Endereço comercial** do cartão de visita.
    - Inserir uma linha em branco entre os campos **Telefone celular** e **Home page comercial**.
    - Alterar a cor das informações, **Telefone comercial** e **Telefone celular** para cinza-claro e da informação **Home page comercial** para branco.

    Após essas alterações serem feitas, o cartão de visita ficará com uma aparência muita diferente da original.

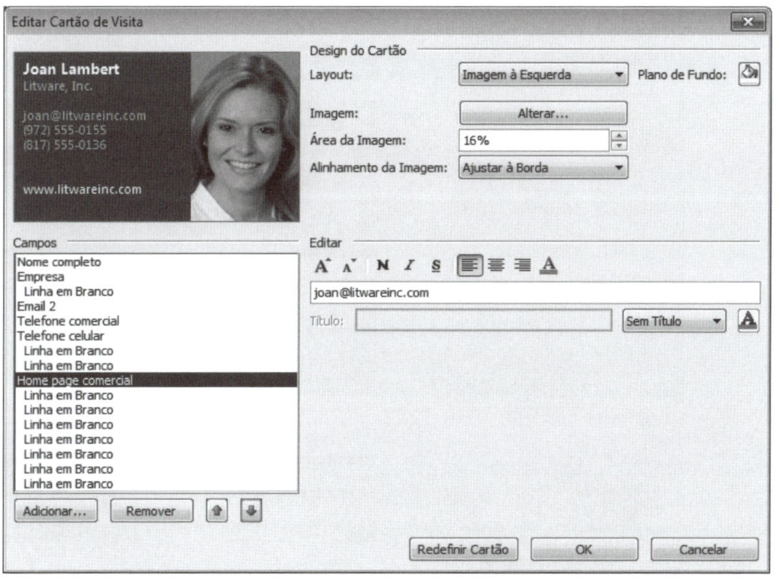

Você pode modificar facilmente o layout e a formatação de um cartão de visita eletrônico.

16. Na caixa de diálogo **Editar Cartão de Visita**, clique em **OK**.

Dica Você pode desfazer todas as alterações que fez em um cartão de visita clicando em Redefinir Cartão na caixa de diálogo Editar Cartão de Visita.

A janela do contato exibirá o cartão de visita personalizado.

Salvar e Fechar

17. No grupo **Ações** da guia **Contato**, clique no botão **Salvar e Fechar**.

O painel Contatos exibirá o cartão de visita personalizado junto com os cartões de visita padrão dos outros funcionários da Litware, Inc.

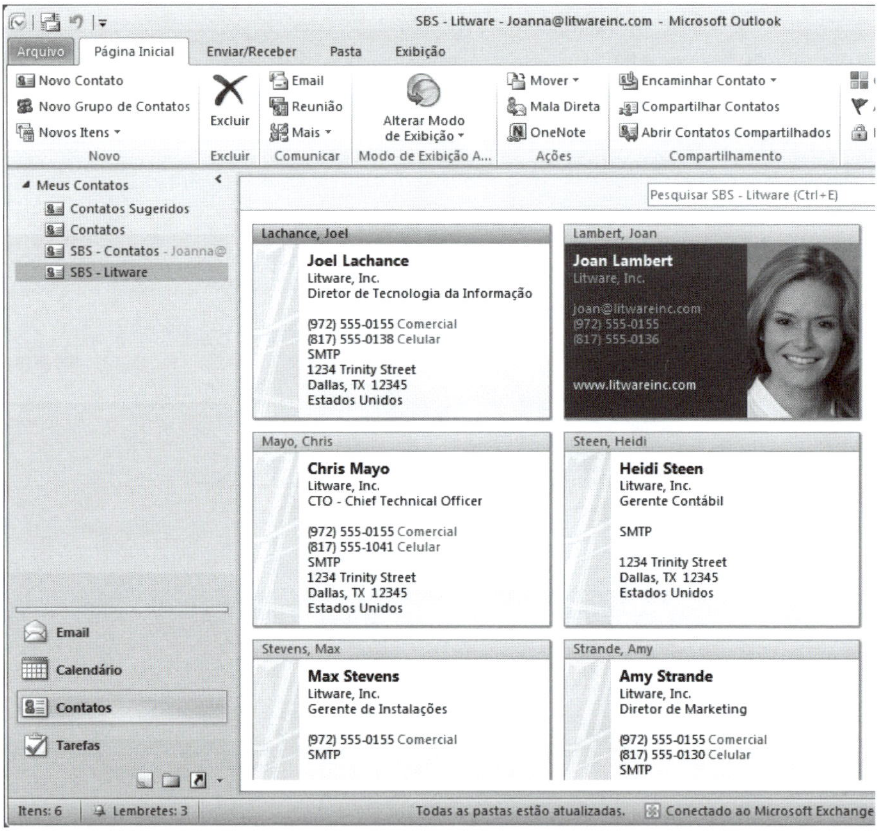

Um cartão de visita personalizado se destaca de outros registros de contatos.

LIMPEZA Mantenha o catálogo de endereços SBS – Litware e seu conteúdo para uso em exercícios posteriores.

Enviando cartões de visita

Você pode enviar registros de contatos inteiros para outros usuários do Outlook adicionarem a seus catálogos de endereços ou, se preferir compartilhar só as informações exibidas no cartão de visita associado, envie o cartão.

Para enviar um cartão de visita do Outlook:

1. No painel Contatos, clique no cartão de visita que deseja enviar.
2. No grupo Compartilhamento da guia Página Inicial, clique no botão Encaminhar Contato e, na lista, clique em Como Cartão de Visita.

   Uma nova janela de mensagem será aberta, com o cartão de visita sendo exibido na área de conteúdo e como um anexo da mensagem. O nome do contato é exibido na caixa Assunto no cabeçalho da mensagem.
3. Enderece e envie a mensagem.

Pontos principais

- Para organizar mais especificamente os registros de contatos, você pode criar catálogos de endereços separados.
- Você pode importar informações de muitas fontes externas para um catálogo de endereços do Outlook e exportar informações para compartilhar com outras pessoas que estejam usando outros programas.
- A criação e o uso de grupos de contatos economizarão tempo se você envia mensagens com frequência para um grupo específico de pessoas.
- O recurso de busca executa rapidamente o trabalho de localizar uma informação ou um contato específico em um registro de contato.
- Você pode personalizar as informações exibidas no cartão de visita eletrônico de todos os registros de contatos, inclusive o seu.

Resumo do capítulo

Personalize a aparência do texto da mensagem, **p. 346**

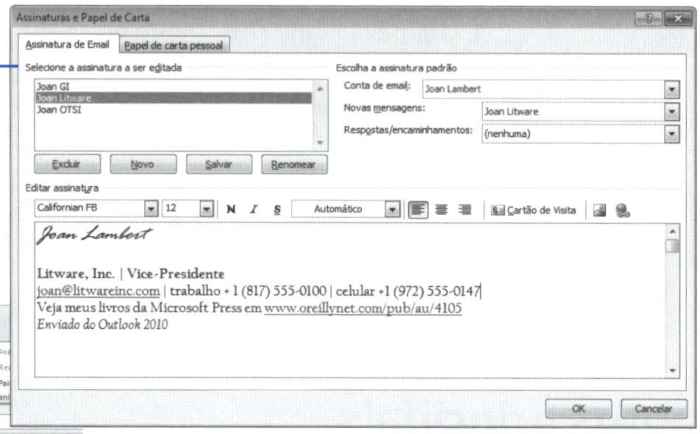

Embuta e modifique imagens, **p. 360**

Crie e formate diagramas empresariais, **p. 379**

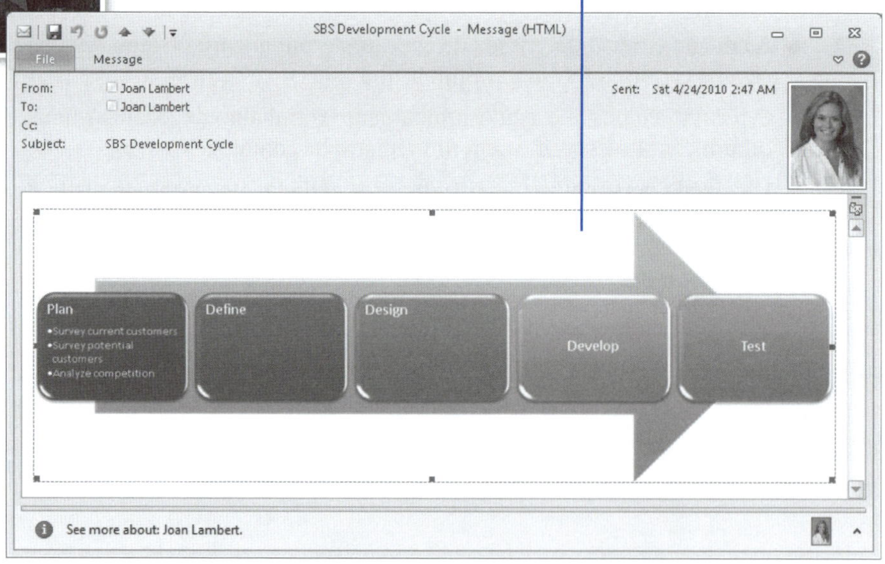

Capítulo 10

Melhore o conteúdo das mensagens

Neste capítulo, você vai aprender a:

- Personalizar a aparência do texto da mensagem.
- Embutir e modificar imagens.
- Criar e formatar diagramas empresariais.
- Alterar configurações e opções de distribuição das mensagens.

As mensagens compostas e enviadas a partir do Microsoft Outlook 2010 não precisam ter apenas texto sem formatação. Podem conter diagramas e imagens e ser melhoradas visualmente com um uso criterioso de cores, fontes e planos de fundo. Para mensagens mais formais, você pode anexar uma assinatura que inclua tanto suas informações de contato quanto imagens como uma fotografia ou logotipo.

Neste capítulo, primeiro você examinará técnicas de formatação, definirá fontes padrão para novas mensagens e respostas de mensagens e criará uma assinatura de email para ser incluída automaticamente em todas as mensagens novas. Em seguida, vai inserir e modificar imagens, clip-art e formas e usar as novas ferramentas Instantâneo e Recorte de Tela para capturar imagens do conteúdo exibido em sua tela. Também vai criar e formatar representações gráficas de informações e dados comerciais. Para concluir, vai conhecer as configurações e opções de distribuição que podem ser definidas para mensagens enviadas.

Arquivos de exercícios Antes de poder fazer os exercícios deste capítulo, você precisa copiar os arquivos de exercícios do livro em seu computador. Os arquivos que você usará se encontram na pasta Capitulo10. Uma lista completa dos arquivos de exercícios é fornecida em "Usando os arquivos de exercícios" no início deste livro.

Personalizando a aparência do texto da mensagem

Por padrão, o conteúdo do texto de uma mensagem do Outlook é exibido na cor preta, com a fonte Calibri de 11 pontos (uma fonte escolhida por sua legibilidade) e organizado em parágrafos alinhados à esquerda em um plano de fundo branco. Você pode alterar a aparência do texto de uma mensagem aplicando formatação local (atributos e estilos de caractere ou parágrafo que podem ser aplicados diretamente ao texto) ou global (um tema ou conjunto de estilos que pode ser aplicado ao documento inteiro) da mesma maneira que faria trabalhando em um documento do Microsoft Word ou uma apresentação do Microsoft PowerPoint. No entanto, se tiver uma fonte ou tema preferido para as mensagens que compuser, pode salvar suas preferências para que o Outlook aplique-as automaticamente a novas mensagens e respostas de mensagens.

Formatando o texto da mensagem

Você pode definir suas preferências de fonte e tema padrão na caixa de diálogo Assinaturas e Papel de Carta, que é aberta com um clique em Papéis de Carta e Fontes na página Email da caixa de diálogo Opções do Outlook. Você terá a opção de especificar uma fonte padrão para novas mensagens e outra para respostas de mensagens. Pode fazer isso se precisar diferenciar visualmente mensagens originais e respostas. Por exemplo, poderia compor mensagens originais em uma fonte azul escura e respostas a mensagens em uma fonte azul médio.

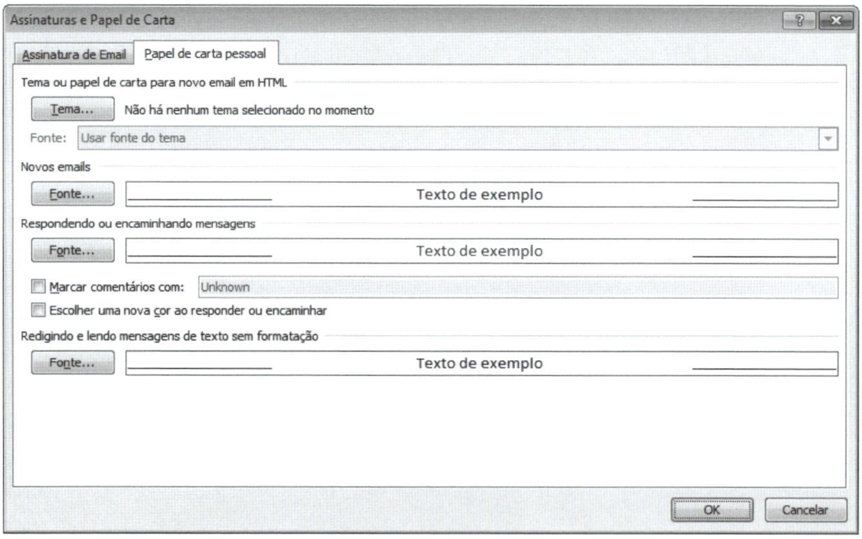

A caixa de diálogo Assinaturas e Papel de Carta.

Você também pode especificar um tema – um conjunto pré-selecionado de fontes, cores e elementos gráficos – para fazer o Outlook criar novas mensagens usando esse tema. Por exemplo, se sua empresa usa um tema específico para comunicações corporativas, você pode especificar esse tema como o padrão para mensagens enviadas assim como para documentos do Word.

Dica Se você cria diferentes tipos de documentos do Office (como documentos do Word, apresentações do PowerPoint e emails corporativos) para sua empresa, poderá assegurar uma aparência uniforme para todos aplicando o mesmo tema. Por exemplo, poderia selecionar um tema que incorporasse as fontes formais e as cores do logotipo da empresa.

Você pode formatar texto manualmente no Painel de Conteúdo para diferenciá-lo de sua fonte padrão. As opções de formatação local disponíveis no Outlook 2010 são as mesmas disponíveis no Word e outros programas do Microsoft Office 2010 e talvez você já as conheça de trabalhar com esses programas. Aqui está um resumo rápido dos tipos de alterações na formatação que você pode fazer.

- **Fonte, tamanho e cor** Mais de 220 fontes em vários tamanhos e em uma seleção de cores praticamente ilimitada.
- **Estilo da fonte** Normal, negrito, itálico ou negrito itálico.
- **Estilo e cor do sublinhado** Simples, múltiplo, pontilhado, tracejado, ondulado e muitas combinações desses estilos, em todas as cores.
- **Efeitos** Tachado, sobrescrito, subscrito, sombra, contorno, alto-relevo, baixo-relevo, versalete, todas em maiúsculas, ou oculto.
- **Espaçamento de caracteres** Escala, espaçamento, posição e kerning.
- **Atributos de parágrafos** Alinhamento, recuo e espaçamento.
- **Estilos de caracteres e parágrafos** Títulos, cabeçalhos e formatação de fonte específica de uma finalidade (por exemplo, para citações e títulos de livros).

Em uma janela de composição de mensagem, os comandos de formatação local estão disponíveis tanto na guia Mensagem quanto na guia Formatar Texto. Eles só ficam disponíveis quando o cursor está no Painel de Conteúdo. Quando o cursor está em uma caixa do cabeçalho da mensagem (como Para ou Assunto), os comandos ficam indisponíveis.

Você pode aplicar estilos de caracteres e parágrafos a partir da galeria Estilos Rápidos do grupo Estilo da guia Formatar Texto ou a partir do painel Estilos que é aberto quando clicamos no iniciador da caixa de diálogo Estilo na guia Formatar Texto.

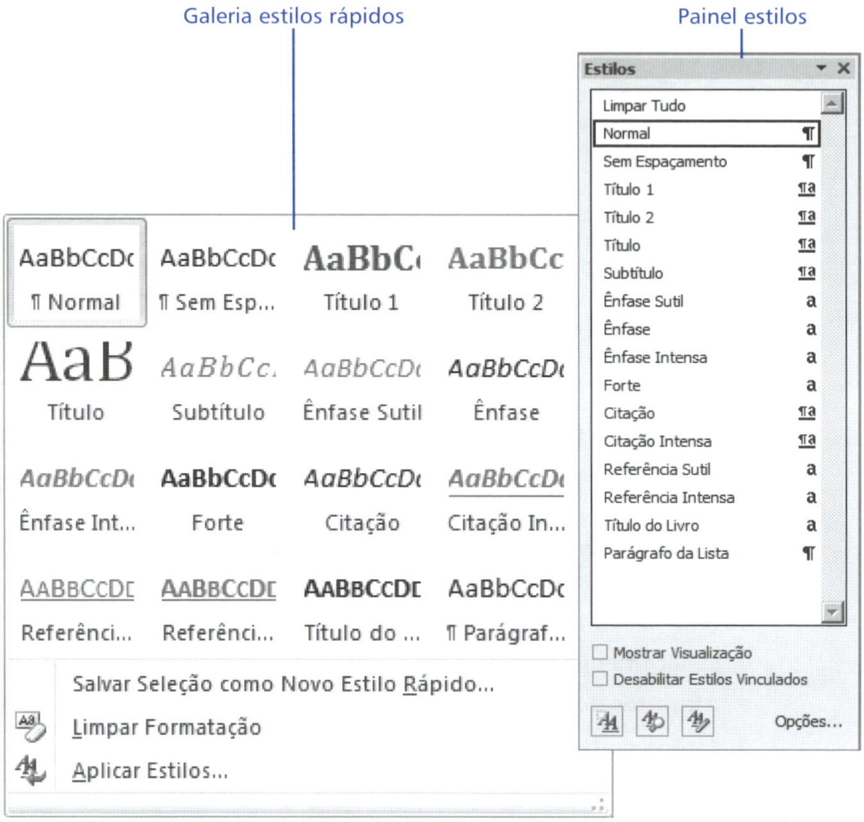

Você pode especificar os estilos que quer que apareçam na galeria Estilos Rápidos e no painel Estilos.

Dica Podemos visualizar o efeito de um estilo sobre o texto selecionado atualmente apontando para o estilo na galeria Estilos Rápidos.

As opções de formatação global – temas e conjuntos de estilos – são conjuntos de formatação local que podem ser aplicados com alguns cliques.

Um tema aplica uma combinação pré-selecionada de cores, fontes e efeitos a todo o conteúdo da mensagem. Você pode aplicar todos os elementos de um tema ao conteúdo da mensagem selecionando qualquer um dos 40 temas disponíveis na galeria Temas, que é aberta a partir do grupo Temas da guia Opções.

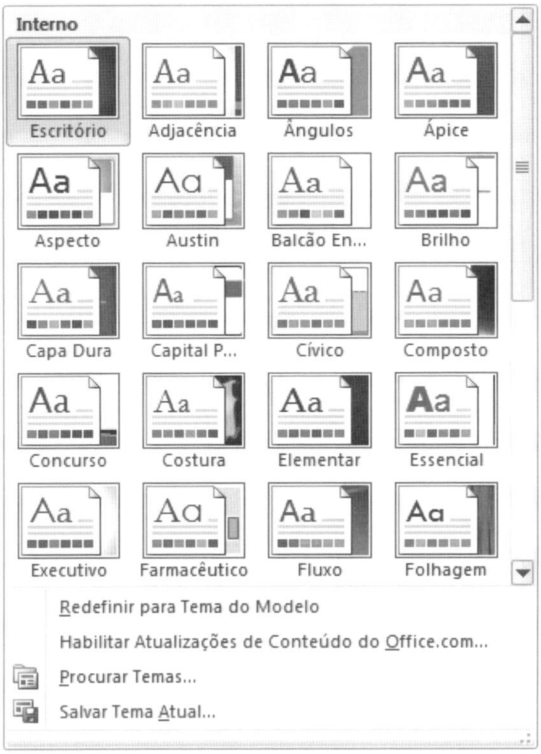

A galeria Temas.

O tema padrão de todos os emails, documentos do Word, apresentações do PowerPoint, pastas de trabalho do Microsoft Excel e outros documentos do Office 2010 é o tema do Office. Se você não aplicar outro tema à mensagem, suas cores, fontes e efeitos serão controlados pelo tema do Office.

Você pode modificar o tema aplicado atualmente selecionando um conjunto de cores na galeria Cores, um conjunto de fontes na galeria Fontes e um efeito na galeria Efeitos.

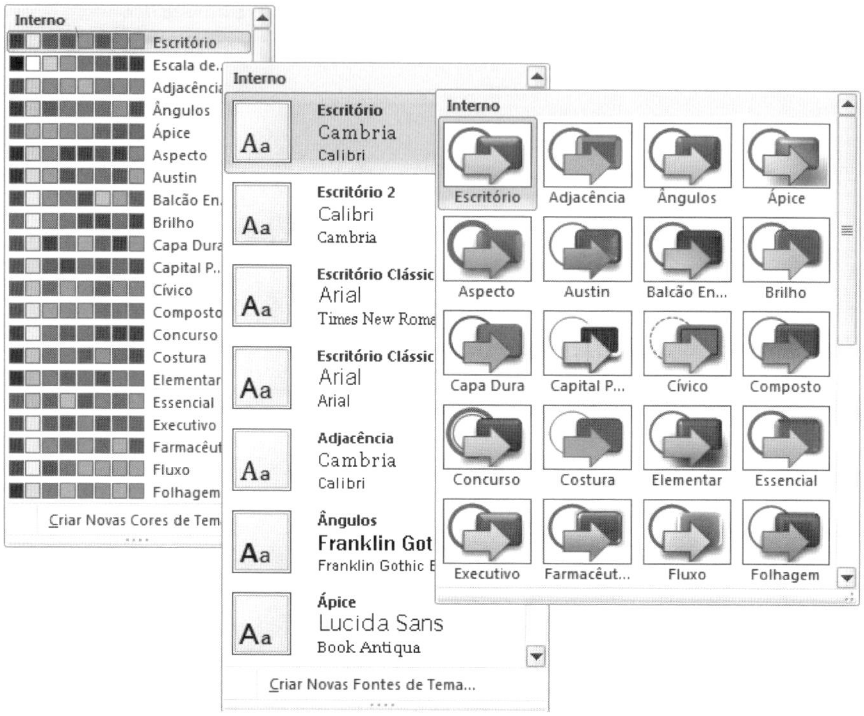

Os conjuntos de cores, de fontes e de efeitos padrões de cada tema têm o mesmo nome do tema.

Um conjunto de estilos muda as cores, as fontes e a formatação de parágrafo de estilos individuais. Você pode alterar a aparência de todos os estilos de uma mensagem selecionando qualquer um dos 14 conjuntos de estilos disponíveis (ou criando o seu). A seleção de um conjunto de estilos muda a aparência de todo o texto do documento atual e a aparência dos ícones da galeria Estilos Rápidos. Você pode visualizar ou selecionar um conjunto de estilos clicando no botão Alterar Estilos do grupo Estilo da guia Formatar Texto, clicando em Conjunto de Estilos e apontando para ou clicando em um conjunto de estilos específico.

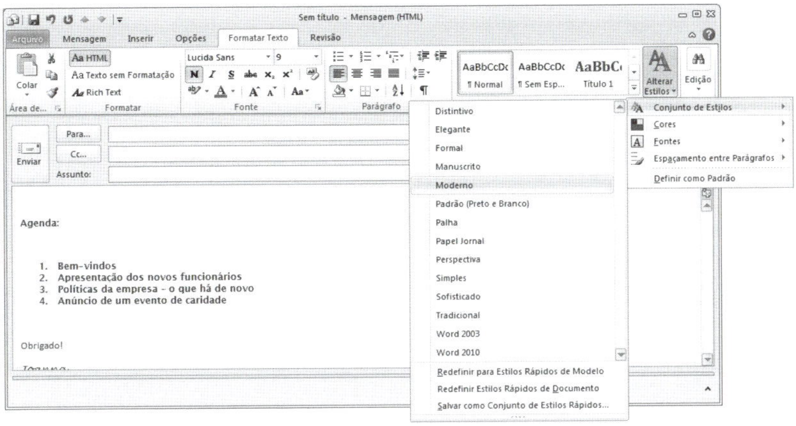

Selecionando um conjunto de estilos.

Solução de problemas A aparência dos botões e grupos da Faixa de Opções muda de acordo com a largura da janela do programa ou da janela do item. Para obter informações sobre alterar a aparência da Faixa de Opções para que fique igual às nossas imagens de tela, consulte "Modificando a exibição da Faixa de Opções" no início deste livro.

Consulte também Para obter mais informações sobre Estilos Rápidos, conjuntos de estilos, esquemas de cores e conjuntos de fontes, consulte *Microsoft Word 2010 Passo a Passo* de Joyce Cox e Joan Lambert.

Adicionando assinaturas às mensagens automaticamente

Quando você envia um email para alguém, provavelmente "assina" a mensagem digitando seu nome no fim do texto. Você pode inserir automaticamente seu texto de assinatura em mensagens enviadas criando uma assinatura de email e atribuindo-a à sua conta de email. Sua assinatura de email pode incluir informações adicionais que você queira fornecer sempre aos destinatários das mensagens.

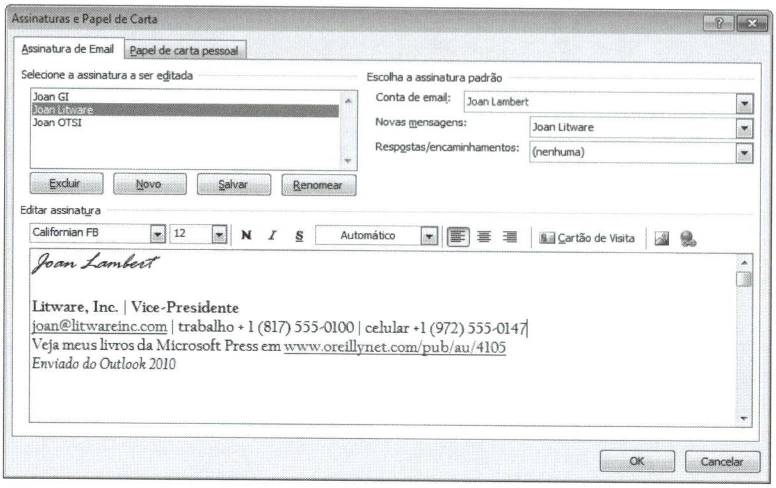

Editando sua assinatura.

A assinatura de email pode incluir o texto ou as imagens que quisermos; normalmente incluímos o nome e informações de contato, mas dependendo da situação, também podemos incluir informações como o nome da empresa, o cargo, um aviso de isenção legal, um slogan corporativo ou pessoal, uma foto e assim por diante. Você pode até mesmo incluir seu cartão de visita eletrônico como sua assinatura de email ou como parte dela.

Consulte também Para obter mais informações sobre cartões de visita eletrônicos, consulte "Personalizando cartões de visita eletrônicos" no Capítulo 9, "Trabalhe com sua lista de contatos".

Você pode criar diferentes assinaturas para uso em diferentes tipos de mensagens ou para uso quando estiver enviando mensagens a partir de diferentes contas de email. Por exemplo, poderia criar uma assinatura comercial formal para a correspondência com clientes, uma assinatura comercial casual para a correspondência interna e uma assinatura pessoal para mensagens enviadas a partir de uma conta secundária. Ou poderia criar uma assinatura contendo mais informações para enviar com emails iniciais e outra contendo menos informações para enviar com respostas de mensagens. Você pode formatar o texto de sua assinatura de email das mesmas maneiras que pode formatar o texto da mensagem. Se quiser aplicar uma formatação que não esteja disponível nas seleções de botões ao longo do topo do Painel de Conteúdo da assinatura, pode criar e formatar sua assinatura em uma janela de composição de email ou em um documento do Word, copiar a assinatura de seu local original e colá-la no Painel de Conteúdo da assinatura. Usando essa técnica, pode incluir conteúdo artístico como WordArt e clip-art em sua assinatura de email.

Dica Todos os programas do Office compartilham a Área de Transferência do Microsoft Office para podermos copiar e mover facilmente conteúdo entre programas. Não precisamos trabalhar na Área de Transferência para colar em outro local o texto recortado ou copiado mais recentemente; ele estará armazenado na Área de Transferência compartilhada para que todos os programas do Office tenham acesso.

Você pode atribuir assinaturas de email específicas a determinadas contas para que elas apareçam automaticamente em novas mensagens. E pode inserir manualmente qualquer assinatura de email em qualquer mensagem. Para inserir manualmente uma assinatura de email existente em uma mensagem:

1. Posicione o cursor onde deseja inserir a assinatura de email.
2. No grupo Incluir da guia Inserir, clique no botão Assinatura.
3. Na lista Assinatura, clique no nome da assinatura de email que deseja inserir.

Dica Se você ainda não tiver definido uma assinatura, um clique na opção Assinaturas abrirá a caixa de diálogo Assinaturas e Papel de Carta em que poderá criar uma.

Para remover a assinatura de email de uma mensagem, selecione e exclua o conteúdo da assinatura como faria com qualquer outro texto.

Neste exercício, primeiro você definirá as fontes padrão de novas mensagens e de respostas. Em seguida, criará uma assinatura de email e instruirá o Outlook a inseri-la em todas as mensagens novas que criar.

PREPARAÇÃO Não é preciso arquivo para fazer este exercício. Exiba sua Caixa de Entrada e siga as etapas.

1. Exiba o modo Backstage e, no painel esquerdo, Clique em **Opções**.

   A caixa de diálogo Opções do Outlook será aberta, exibindo a página Geral.

2. No painel esquerdo da caixa de diálogo **Opções do Outlook**, clique em **Email**.

   Na página Email da caixa de diálogo Opções do Outlook, você poderá acessar outras caixas de diálogo que controlam as configurações de recursos específicos.

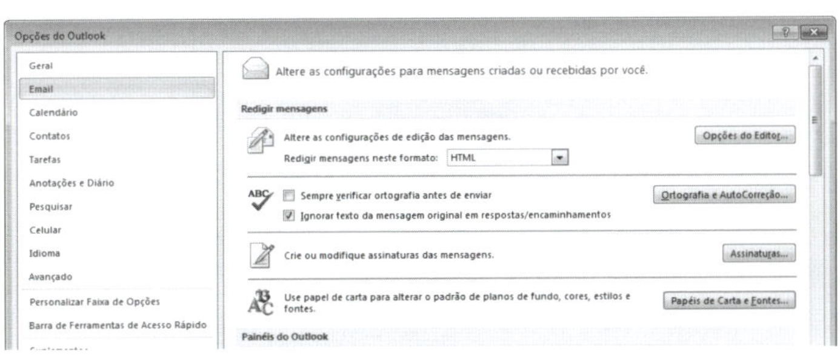

A página Email da caixa de diálogo Opções do Outlook.

3. Na seção **Redigir mensagens**, clique no botão **Papéis de Carta e Fontes**.

   A caixa de diálogo Assinaturas e Papel de Carta será aberta, exibindo a página Papel de carta pessoal.

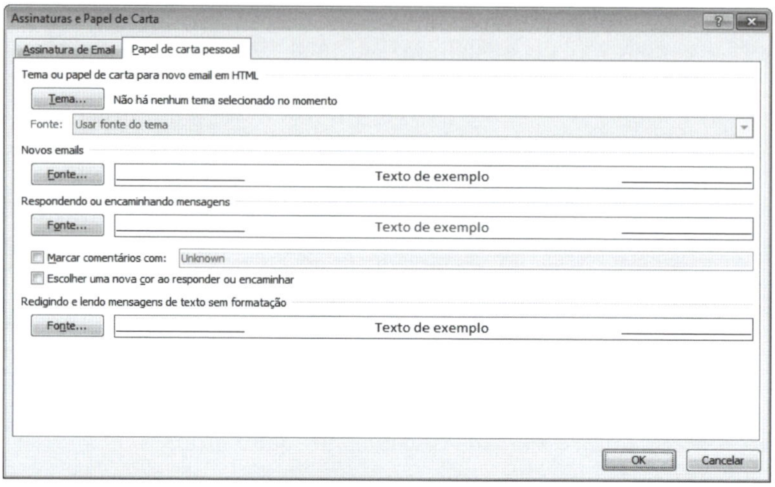

A página Papel de carta pessoal.

Por padrão, novas mensagens usam a versão de 11 pontos da fonte do corpo e da cor da fonte especificadas pelo tema (no tema padrão do Office, é usada Calibri preta de 11 pontos) e as respostas usam a mesma fonte, mas em azul.

4. Sob **Novos emails**, clique no botão **Fonte**.

   A caixa de diálogo Fonte será aberta.

5. Role para baixo na lista **Fonte**, observando as diversas fontes que podem ser selecionadas, e clique em **Garamond**.

   O texto de exemplo do painel Visualização mudará para refletir sua seleção.

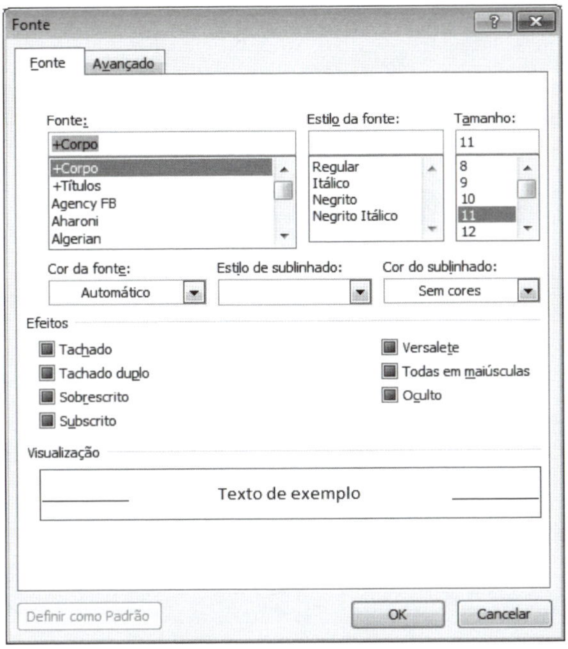

Selecionando uma fonte.

Dica A caixa de diálogo Fonte não tem visualização de fonte; é preciso selecionar a fonte para ver sua aparência na caixa Visualização. Você pode visualizar fontes nas listas de fontes disponíveis em uma janela de composição de mensagem, a partir do grupo Texto Básico da guia Mensagem ou do grupo Fonte da guia Formatar Texto.

6. Role a lista **Fonte** para baixo e clique em **Lucida Sans**.

   O texto de exemplo mudará, assim como as opções disponíveis na lista Estilo da Fonte. Os estilos disponíveis são específicos das fontes instaladas no computador.

Dica As fontes estão instaladas em seu computador na pasta C:\Windows\Fonts. Você pode visualizar todas as fontes instaladas nessa pasta.

7. Na caixa **Estilo da fonte**, clique em **Seminegrito** e, na caixa **Tamanho**, clique em **9**.

8. Clique na seta **Cor da fonte** e na paleta, clique no segundo quadrado mais escuro da coluna da cor roxa. (Quando você apontar para o quadrado, a Dica de tela o identificará como **Roxo, Ênfase 4, Mais Escuro 25%**.)

   A caixa Visualização refletirá suas alterações.

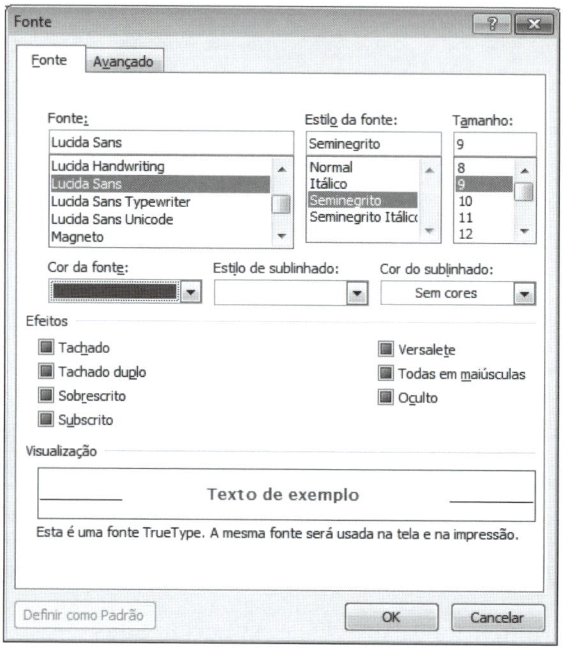

Selecionando uma cor de fonte.

9. Na caixa de diálogo **Fonte**, clique em **OK**.

   A visualização da fonte de novos emails mudará para refletir suas seleções.

10. Na área **Respondendo ou encaminhando mensagens**, clique no botão **Fonte**. Repita as etapas 6 a 9 para definir a fonte padrão das respostas das mensagens com **Roxo, 9 pontos, Seminegrito, Lucida Sans**.

Neste exemplo, você não terá uma distinção de cor de fonte entre novas mensagens e respostas; você criará a diferença incluindo uma assinatura de email apenas em novas mensagens.

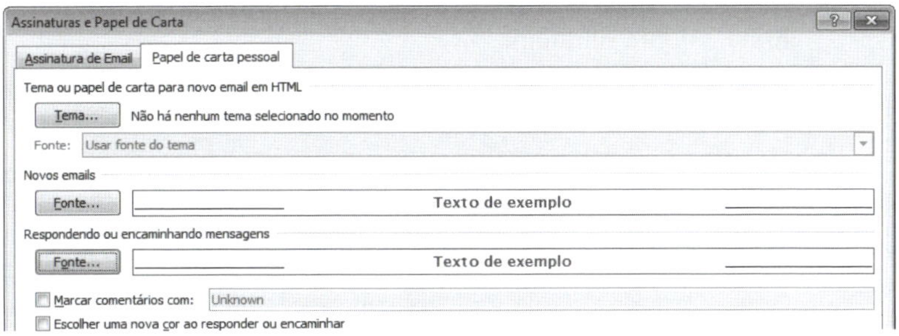

Definindo fontes idênticas para novas mensagens e respostas.

11. Na caixa de diálogo **Assinaturas e Papel de Carta**, clique na guia **Assinatura de Email**.
12. Abaixo da caixa **Selecione a assinatura a ser editada**, clique em **Novo**.

    O Outlook solicitará que primeiro você forneça um nome para a nova assinatura.

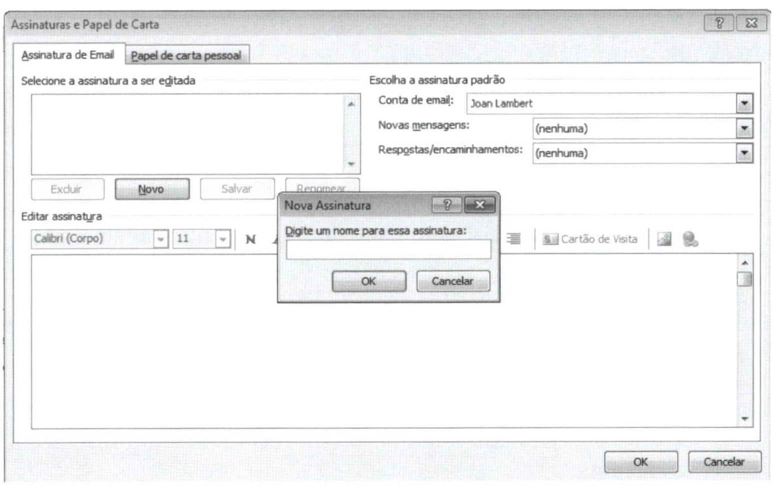

Atribua um nome que lhe permita diferenciar facilmente quando inserir assinaturas.

13. Na caixa **Digite um nome para essa assinatura**, insira **Casual**. Em seguida, clique em **OK**.

    O Outlook criará a assinatura Casual, que atualmente está em branco.

14. Na caixa **Editar assinatura**, digite **Obrigado!** (ou **Obrigada!**), pressione a tecla Enter e digite seu nome.

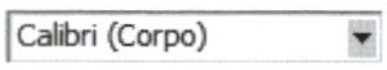

15. Selecione seu nome. Clique na seta **Fonte** e, na lista, clique em **Lucida Handwriting** (ou na fonte que quiser).

16. Clique na seta **Tamanho da Fonte** e, na lista **Tamanho da Fonte**, clique em **14**.

17. Clique na seta **Cor da Fonte** e, sob **Cores Padrão**, clique na caixa **Roxo**. Em seguida, clique fora de seu nome para ver os resultados das alterações.

    Com a formatação que você aplicou, agora o nome lembra uma assinatura.

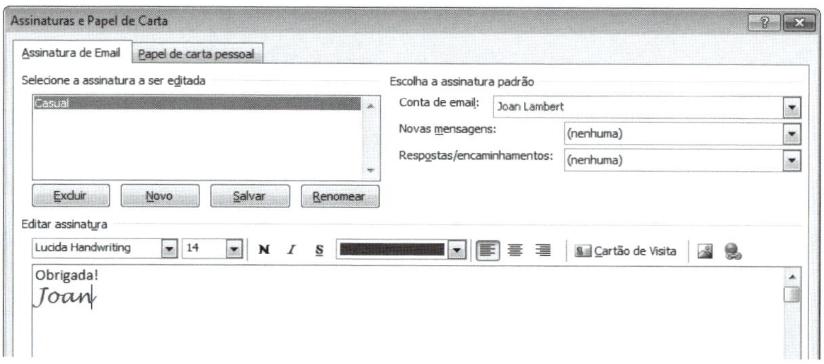

Sua assinatura aparecerá nos emails exatamente como aparece aqui.

18. Aplique qualquer outro tipo de formatação que quiser; por exemplo, você pode formatar **Obrigado!** para usar sua fonte de mensagem padrão.

    Dica Se quiser incluir seu cartão de visita eletrônico como parte da assinatura, clique no botão Cartão de Visita. Em seguida, na caixa de diálogo Inserir Cartão de Visita, localize seu nome, clique nele e clique em OK.

    Você pode inserir manualmente qualquer assinatura que criar em um email, mas é uma prática mais comum instruir o Outlook para inserir a assinatura automaticamente.

19. Na área **Escolha a assinatura padrão**, certifique-se se sua conta de email padrão está sendo exibida na caixa **Conta de email**. Em seguida, clique na seta **Novas mensagens** e, na lista, clique em **Casual**.

Agora o Outlook inserirá sua assinatura em todos os novos emails que você enviar a partir dessa conta, mas não em respostas ou mensagens encaminhadas.

Dica Se você tiver mais de uma conta de email configurada no Outlook, poderá instruí-lo a inserir uma assinatura diferente em mensagens enviadas a partir de cada conta. Para fazer isso, clique na conta na lista Conta de Email, clique na assinatura que deseja usar com essa conta nas listas Novas Mensagens e Respostas/encaminhamentos e clique em OK.

20. Faça as alterações que quiser e clique em **OK** nas caixas de diálogo **Assinaturas e Papel de Carta** e **Opções do Outlook**.

Novo Email

21. No grupo **Novo** da guia **Página Inicial**, clique no botão **Novo Email**.

    Uma janela de composição de mensagem será aberta. Sua assinatura de email já estará presente no Painel de Conteúdo.

22. Clique para posicionar o cursor na linha em branco no topo do Painel de Conteúdo. Em seguida, digite **Eu amei este livro!**

    O texto da mensagem será formatado automaticamente com a fonte padrão que você definiu anteriormente neste exercício.

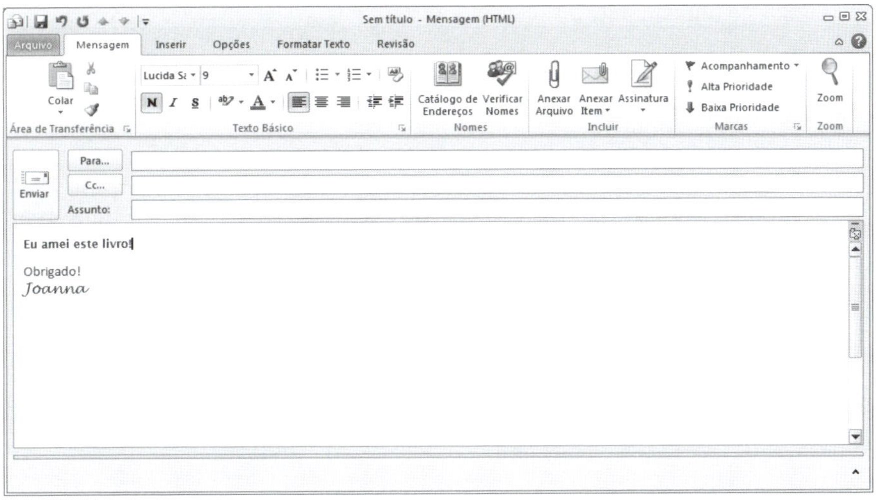

A assinatura Casual inserida.

LIMPEZA Feche a janela de mensagem sem salvar suas alterações. Redefina a assinatura de novas mensagens com (nenhuma) se não quiser usar a assinatura Casual que criou no exercício.

Embutindo e modificando imagens

O email é uma forma de comunicar informações para outras pessoas e, como diz o velho ditado, uma imagem vale por mil palavras. Usando o Outlook 2010, você pode transmitir informações visuais das seguintes maneiras:

- Compartilhar fotografias com outras pessoas anexando ou embutindo-as em mensagens.
- Compartilhar informações de sites, documentos e outras apresentações visuais capturando imagens de elementos de sua tela com uma ferramenta útil que é nova no Office 2010 e inserindo esses recortes de tela em sua mensagem.
- Explicar processos complicados e outras informações empresariais criando elementos gráficos SmartArt dentro das mensagens ou embutindo elementos gráficos SmartArt criados em outros programas do Office 2010.
- Comunicar informações estatísticas criando um gráfico dentro de uma mensagem.
- Decorar o conteúdo da mensagem inserindo imagens de clip-art.

A partir do grupo Ilustrações da guia Inserir, você pode inserir todos esses tipos de imagens no Painel de Conteúdo de um email, item de calendário ou tarefa; ou no painel Anotações de um registro de contato. (Não é possível inserir uma imagem em uma anotação.)

Consulte também Para obter informações sobre imagens SmartArt e gráficos, consulte "Criando e formatando diagramas empresariais" mais à frente neste capítulo.

Inserindo imagens

O processo de embutir uma imagem em uma mensagem ou outro item do Outlook é simples. Apenas siga essas etapas.

1. Posicione o cursor no Painel de Conteúdo ou no painel de anotações em que deseja que a imagem apareça.
2. No grupo Ilustrações da guia Inserir, clique no botão Imagem.

   A caixa de diálogo Inserir Imagem será aberta, exibindo o conteúdo de sua biblioteca de imagens.

3. Na caixa de diálogo Inserir Imagem, navegue até a pasta que contém a imagem que deseja inserir.
4. Clique na imagem para selecioná-la e clique em Inserir.

   Dica Para inserir várias imagens ao mesmo tempo, selecione a primeira imagem que deseja inserir. Em seguida, pressione Shift e clique na última imagem de uma série consecutiva, ou pressione Ctrl e clique em cada imagem individualmente.

Após inserir uma imagem, você pode modificá-la e controlar o fluxo de texto ao redor dela usando os comandos da guia contextual Ferramentas de Imagem (Formatar) que aparece quando a imagem é selecionada.

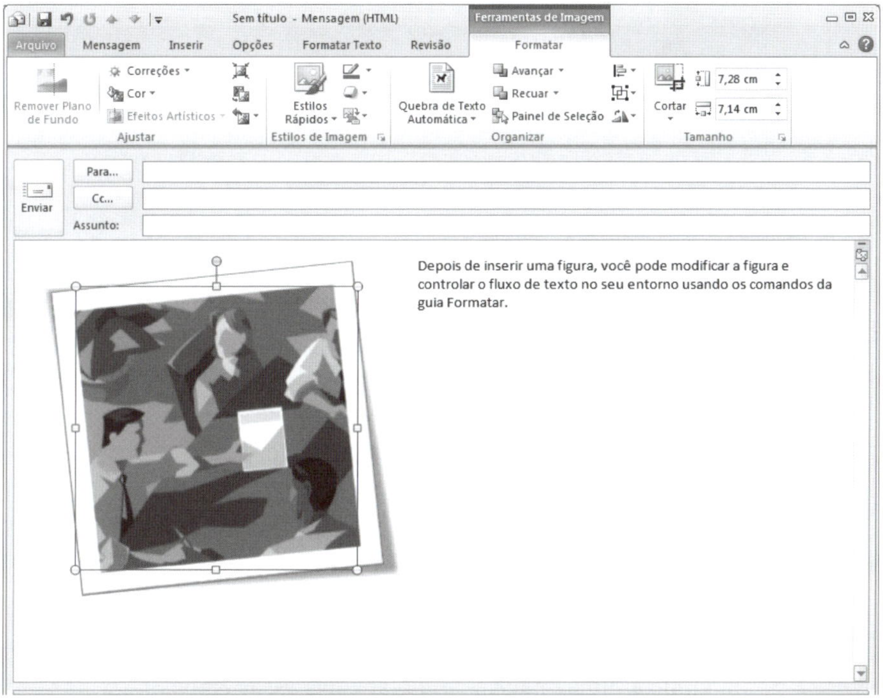

Opções de formatação de imagem dentro de um email do Outlook.

Consulte também Para obter informações sobre a aplicação de efeitos a imagens, consulte "Modificando imagens" mais à frente neste capítulo.

Inserindo clip-art e formas

O clip-art é uma mídia livre – ilustrações, fotografias, vídeos e arquivos de áudio – que você pode inserir em qualquer documento do Outlook. Um conjunto de clip-arts estará instalado em seu computador e disponível independente de você estar trabalhando online ou offline. Há clip-arts adicionais disponíveis no site do Microsoft Office em office.microsoft.com.

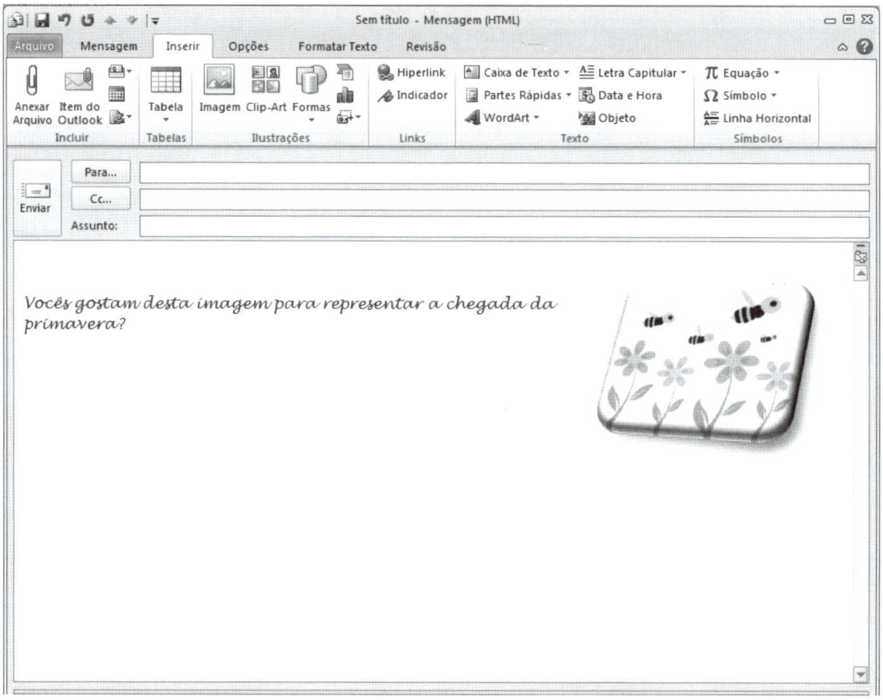

Após inserir uma imagem de clip-art, você pode modificá-la e controlar o fluxo de texto ao redor dela.

Para localizar uma imagem de clip-art, siga essas etapas:

1. Posicione o cursor no Painel de Conteúdo ou no painel Anotações em que deseja que a imagem apareça.
2. No grupo Ilustrações da guia Inserir, clique no botão Clip-Art.

   O painel de tarefas Clip-Art será aberto no lado direito da janela do item do Outlook.
3. Na caixa Procurar por, insira uma ou mais palavras-chave descrevendo a imagem que deseja localizar.

4. Na lista Os resultados devem ser, desmarque as caixas de seleção dos tipos de arquivo de mídia que não deseja procurar.

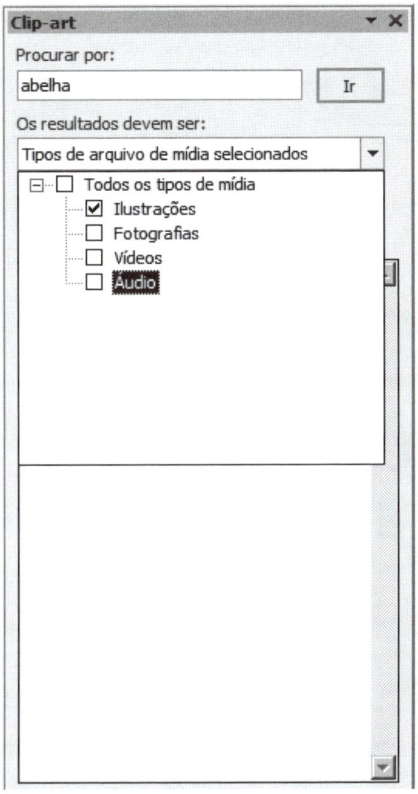

A remoção dos tipos de mídia indesejados da pesquisa facilita examinar os resultados.

5. Clique em Ir.
6. Role pelos resultados da pesquisa até localizar a imagem que deseja inserir.

Dica Se não encontrar uma imagem que atenda suas necessidades, clique no link Encontre mais no Office.com para exibir a página Imagens e muito mais do site do Microsoft Office. Nessa página, você pode navegar em categorias e imagens e fazer o download das imagens que gostar para seu conjunto de clip-arts local.

7. Aponte para qualquer imagem para exibir uma Dica de tela com informações sobre o arquivo; clique na barra vertical que aparece no lado direito da imagem para exibir um menu de comandos.

   No menu, haverá várias opções para você trabalhar com a imagem selecionada.

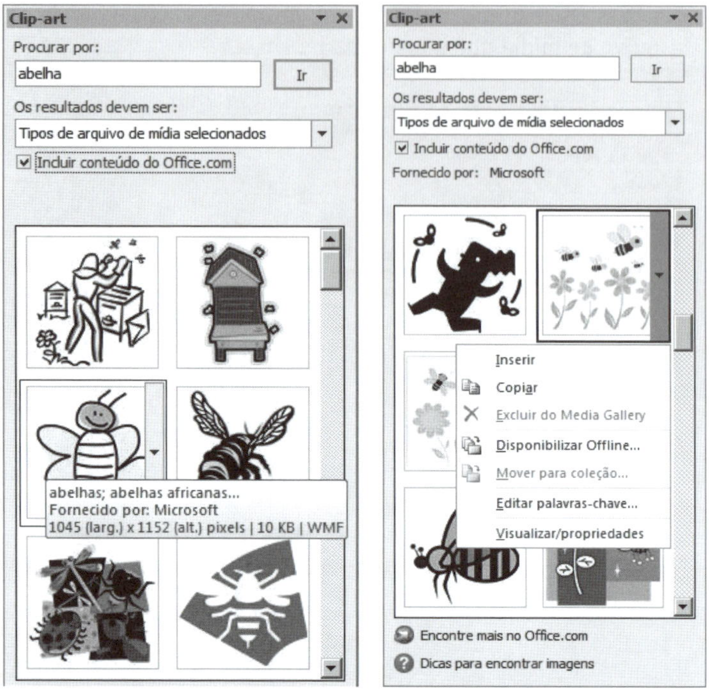

Você pode exibir mais informações sobre cada imagem clicando em Visualizar/ propriedades no menu.

8. No menu, clique em Inserir.

Além de clip-arts, você pode inserir muitos tipos de formas no Painel de Conteúdo de um item do Outlook. Para inserir uma forma, siga essas etapas:

1. No grupo Ilustrações da guia Inserir, clique no botão Formas.
2. Na galeria Formas, clique na forma que deseja inserir.
3. No Painel de Conteúdo, arraste para desenhar a forma no tamanho que deseja.

As formas disponíveis são linhas e setas simples, formas geométricas, símbolos comuns, setas largas, operadores matemáticos, símbolos de fluxograma, estrelas e faixas e muitas outras.

Após inserir uma forma, você pode alterar seu contorno e cores de preenchimento e modificar sua aparência de várias maneiras usando os comandos disponíveis na guia contextual Ferramentas de Desenho – Formatar.

Capturando imagens da tela

As ferramentas Captura de Tela (Instantâneo) e Recorte de Tela são recursos novos do Outlook 2010 que você pode usar para capturar facilmente imagens de uma janela inteira que estiver aberta em sua tela ou de uma área específica selecionada na tela.

Para capturar e inserir uma imagem da tela, siga essas etapas:

1. Verifique se a janela que deseja capturar não está minimizada ou, se quiser capturar só parte da janela, se ela está visível na tela.
2. Na janela do item do Outlook, posicione o cursor no Painel de Conteúdo ou no painel Anotações em que deseja que a imagem apareça.
3. No grupo Ilustrações da guia Inserir, clique no botão Instantâneo.

   A galeria Janelas Disponíveis exibirá as janelas abertas (não minimizadas) atualmente.

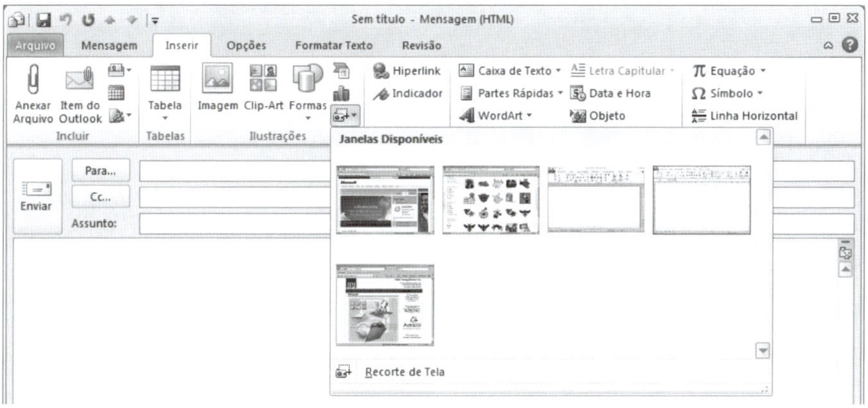

Você pode capturar uma imagem de qualquer janela aberta clicando na galeria Janelas Disponíveis.

4. Para inserir a imagem de uma janela aberta inteira no item do Outlook, clique em seu ícone na galeria Janelas Disponíveis.

5. Para capturar uma imagem de parte do conteúdo que está visível em sua tela, clique em Recorte de Tela.

   Se você clicar em Recorte de Tela, o item ativo do Outlook será minimizado para a Barra de Tarefas do Windows para que o conteúdo por trás dele fique visível. Um sombreamento branco cobrirá a área de trabalho e a ferramenta Recorte de Tela (que nesse momento parece um grande sinal de adição) aparecerá.

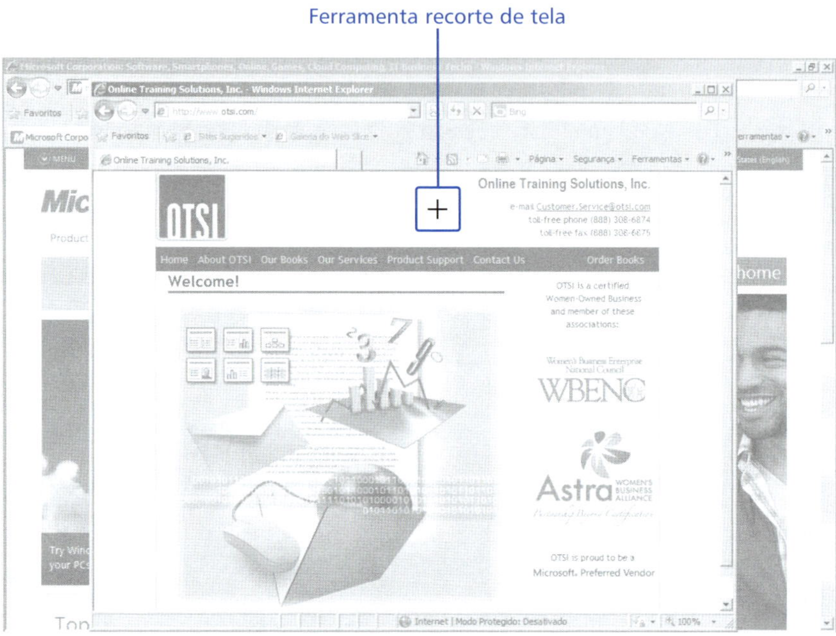

O sombreamento branco indica a parte da área de trabalho que não está sendo capturada pela Ferramenta Recorte de Tela.

6. Posicione a ferramenta Recorte de Tela no canto superior esquerdo da área que deseja capturar. Pressione o botão do mouse, mantenha-o pressionado e arraste para englobar a área da captura.

   A ferramenta Recorte de Tela criará uma janela na área sombreada para indicar a área de captura desejada. Você poderá alterar a área da captura até soltar o botão do mouse.

Dica Não é preciso ser exato quanto ao tamanho do contorno porque você poderá modificar o recorte de tela após inseri-lo no item do Outlook.

Área de captura de tela

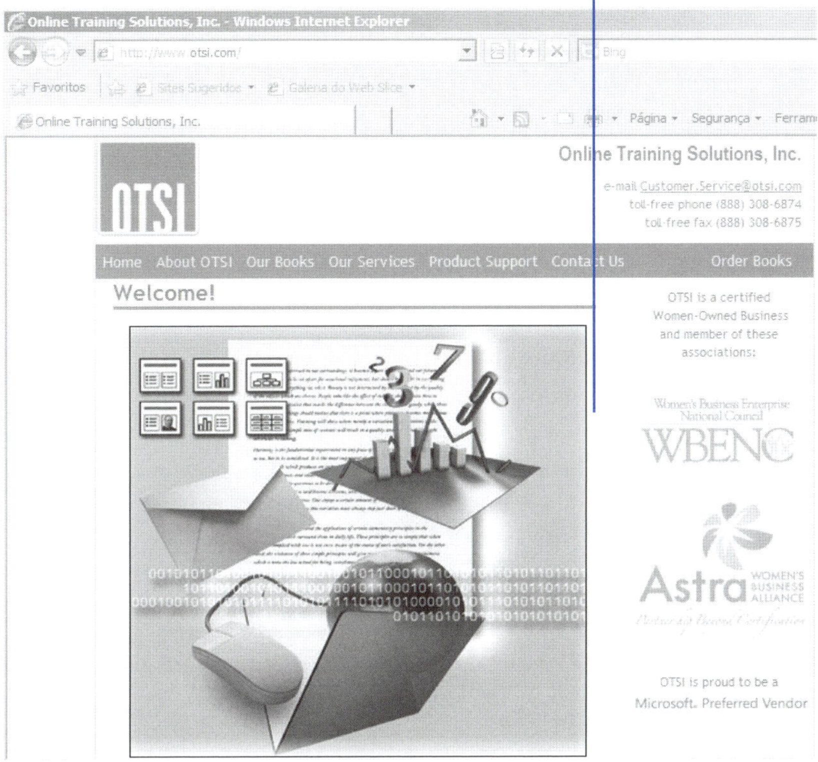

A área que será capturada não tem sombra e fica em uma caixa.

7. Quando a área inteira que você deseja capturar estiver inserida na caixa do recorte de tela, solte o botão do mouse.

   O item do Outlook será restaurado da barra de tarefas e a imagem capturada aparecerá no Painel de Conteúdo.

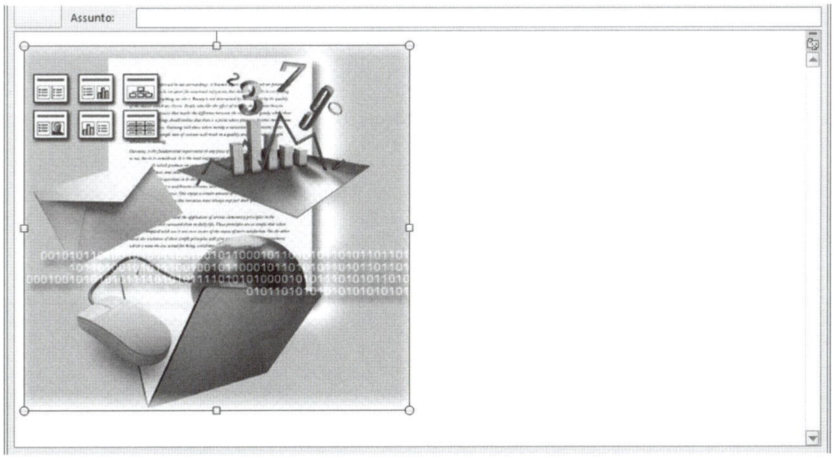

Você pode formatar e modificar os recortes de tela da mesma forma que faria com imagens.

Modificando imagens

Usando uma funcionalidade que é nova no Office 2010, você pode modificar e melhorar as imagens diretamente na janela do item. Nas novas guias contextuais Ferramentas de Imagem que aparecem quando selecionamos uma imagem, podemos fazer coisas como:

- Cortar ou remover elementos de plano de fundo de uma imagem.
- Reforçar ou suavizar o conteúdo da imagem.
- Colorir a imagem e controlar a saturação e o tom da cor.
- Aplicar efeitos artísticos para fazer com que uma imagem tenha um padrão aplicado a ela ou pareça ter sido criada a lápis, giz, marcador ou tinta.
- Adicionar sombras, reflexos e bordas brilhantes ou suaves.
- Aplicar efeitos tridimensionais.

Certos efeitos só podem ser aplicados a tipos de arquivos específicos. Por exemplo, você pode aplicar efeitos artísticos a uma fotografia que salva em formato.jpg (um formato comum para fotos digitais), mas não a uma ilustração salva em formato.wmf (comum em ilustrações de clip-art).

Neste exercício, você inserirá uma fotografia em um email e usará alguns dos novos comandos de ferramentas de imagem para modificar a foto antes de enviá-la.

PREPARAÇÃO Para fazer o exercício, você precisará da fotografia Farol localizada na pasta de arquivos de exercício Capitulo10. Abra uma nova janela de composição de mensagem e siga as etapas.

1. Maximize a janela da mensagem.

   Dica As imagens deste exercício mostram a janela da mensagem em tamanho normal com uma largura de 1024 pixels.

2. Na Faixa de Opções, clique na guia **Inserir**.

   Enquanto o cursor estiver no campo Para, só os comandos do grupo Incluir estarão disponíveis.

3. Clique para posicionar o cursor no Painel de Conteúdo.

   Os comandos dos grupos Tabelas, Ilustrações, Links, Texto e Símbolos ficarão disponíveis.

Os comandos da guia Inserir só ficam disponíveis quando o cursor está localizado em uma caixa de texto, como o Painel de Conteúdo ou o painel de anotações, em que conteúdo possa ser inserido.

Consulte também Para obter informações sobre a inserção e formatação de tabelas, consulte "Criando e enviando mensagens" no Capítulo 3, "Envie e receba emails".

4. No grupo **Ilustrações** da guia **Inserir**, clique no botão **Imagem**.

   A caixa de diálogo Inserir Imagem será aberta, exibindo a biblioteca de imagens ou o local anterior para o qual você navegou na sessão de computação atual.

5. Navegue até a pasta de arquivos de exercícios **Capitulo10** e clique na foto **Farol** e em **Inserir**.

   A foto aparecerá no Painel de Conteúdo do email e a guia contextual Ferramentas de Imagem – Formatar será ativada. Já que a imagem é muito grande, só o canto superior esquerdo poderá ser visto no Painel de Conteúdo.

Imagens externas são inseridas em seu tamanho original; as dimensões da imagem selecionada são exibidas no grupo Tamanho da guia Inserir.

Solução de problemas Se sua resolução de tela estiver configurada com um valor superior a 1024 x 768, você verá uma parte maior da foto na janela da mensagem. Altere o tamanho de sua janela de mensagem para que fique igual à nossa ou simplesmente prossiga na execução das etapas como estão redigidas sabendo que a janela terá uma aparência diferente das mostradas aqui.

6. No grupo **Tamanho** da guia **Formatar**, clique na seta para baixo da caixa **Altura da Forma** e mantenha-a pressionada até a altura da forma ser **10 cm**.

   A largura da forma diminuirá de acordo com a altura para que a foto mantenha sua taxa de proporção.

Você pode alterar o tamanho de uma imagem definindo dimensões específicas ou arrastando suas alças de redimensionamento.

7. No grupo **Ajustar**, clique no botão **Remover Plano de Fundo**.

   Um sombreamento roxo obscurecerá todas as áreas da foto exceto as selecionadas. Alças de redimensionamento aparecerão ao redor de um seletor de área no centro da foto. A guia contextual Ferramentas de Imagem – Remoção de Plano de Fundo surgirá na Faixa de Opções.

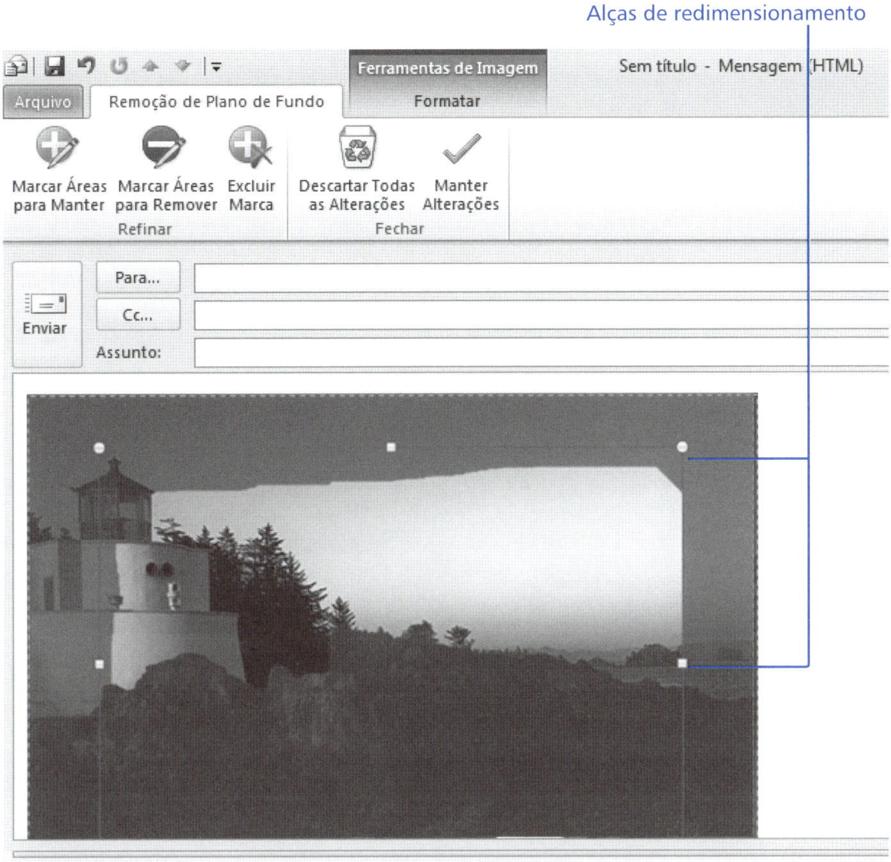

A ferramenta Remoção de Plano de Fundo tenta, da melhor forma possível, identificar as áreas de plano de fundo da foto; você pode refinar a seleção para que ela atenda às suas necessidades.

8. Arraste a alça de redimensionamento do canto superior esquerdo para a borda esquerda da foto, mantendo-a logo acima do topo do farol. Em seguida, arraste a alça de redimensionamento do canto inferior direito para o canto inferior direito da foto.

   Agora o sombreamento roxo só está cobrindo parte do céu.

O redimensionamento do seletor de área é uma maneira de controlar a área marcada para remoção.

9. No grupo **Refinar** da guia **Remoção de Plano de Fundo**, clique no botão **Marcar Áreas para Remover**. Em seguida, mova o cursor de volta para a foto.

   A forma do cursor mudará de uma seta para um lápis.

10. Clique na área do céu que continua visível logo abaixo da tela roxa.

    Após alguns momentos, um marcador aparecerá no local em que você clicou e a tela roxa se estenderá para cobrir a área definida por seus cliques.

11. Clique mais duas vezes (ou quantas for necessário) para sombrear o céu inteiro. Se um clique resultar em um efeito indesejado, clique no botão **Desfazer** na Barra de Ferramentas de Acesso Rápido para remover o efeito e tente novamente.

Atalhos do teclado Pressione Ctrl+Z para desfazer a ação mais recente. Pressione Ctrl+Y para repetir a ação mais recente.

Consulte também Para obter mais informações sobre atalhos do teclado, consulte "Atalhos do Teclado" no fim deste livro.

Cada clique afetará a área correspondente ao local do marcador.

Os marcadores de remoção são rotulados com sinais de subtração.

Dica Você pode indicar as áreas de uma imagem a serem mantidas clicando no botão Marcar Áreas para Manter do grupo Refinar da guia Remoção de Plano de Fundo e clicando na imagem. Os marcadores de permanência são rotulados com sinais de adição.

Manter Alterações

12. No grupo **Fechar** da guia **Remoção de Plano de Fundo**, clique no botão **Manter Alterações**.

    A área sombreada em roxo será removida da foto, deixando apenas um plano de fundo branco. A guia contextual Remoção de Plano de Fundo desaparecerá da Faixa de Opções e a guia contextual Ferramentas de Imagem – Formatar ficará ativa novamente.

13. Clique no Painel de Conteúdo, fora da foto, para ver o efeito completo da remoção do plano de fundo.

    Os detalhes do farol e da paisagem estarão claramente contornados como se a foto tivesse sido cuidadosamente aparada com uma tesoura.

Um efeito tridimensional pode ser obtido com a remoção do plano de fundo de uma imagem.

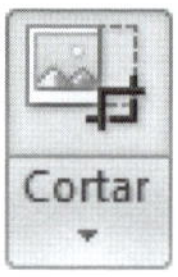

14. Clique na foto para selecioná-la e ativar a guia contextual Ferramentas de Imagem – **Formatar**. No grupo **Tamanho** da guia **Formatar**, clique na seta (e não no botão) **Cortar** e clique em **Taxa de Proporção.**

    Um menu de proporções entre a largura e a altura será aberto.

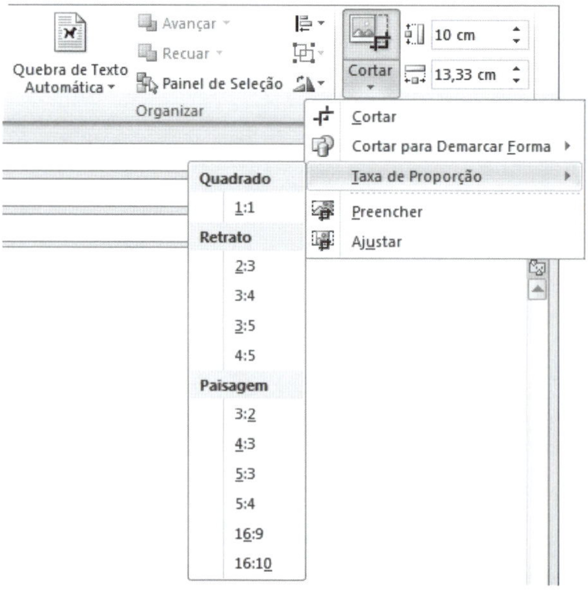

Você pode cortar uma imagem para uma taxa de proporção precisa.

15. No menu **Taxa de Proporção**, clique em **1:1**.

    Uma área de seleção aparecerá na foto.

16. Arraste a foto para a direita dentro da área de seleção quadrada para que a borda esquerda da foto fique alinhada à borda esquerda do quadrado.
17. Pressione a tecla Shift, mantenha-a pressionada e arraste a alça de corte do canto inferior direito para cima e para a esquerda até a área de seleção quadrada englobar o farol, as árvores e só uma parte das rochas. Solte o botão do mouse primeiro e depois a tecla Shift.

    Dica Quando mantemos a tecla Shift pressionada, a taxa de proporção permanece a mesma enquanto cortamos ou redimensionamos uma imagem.

    A seleção resultante é um quadrado de aproximadamente 7,5 cm. A área da foto externa à seleção é mostrada em tons de cinza, e não em cores.

Você pode cortar uma imagem para exibir apenas a parte que deseja.

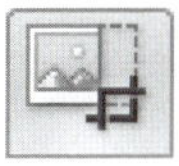

18. No grupo **Tamanho**, clique no botão **Cortar**.

    A foto será cortada com a forma do quadrado.

19. Na galeria **Estilos de Imagem**, clique no botão **Mais**.

    A galeria Estilos de Imagem será expandida.

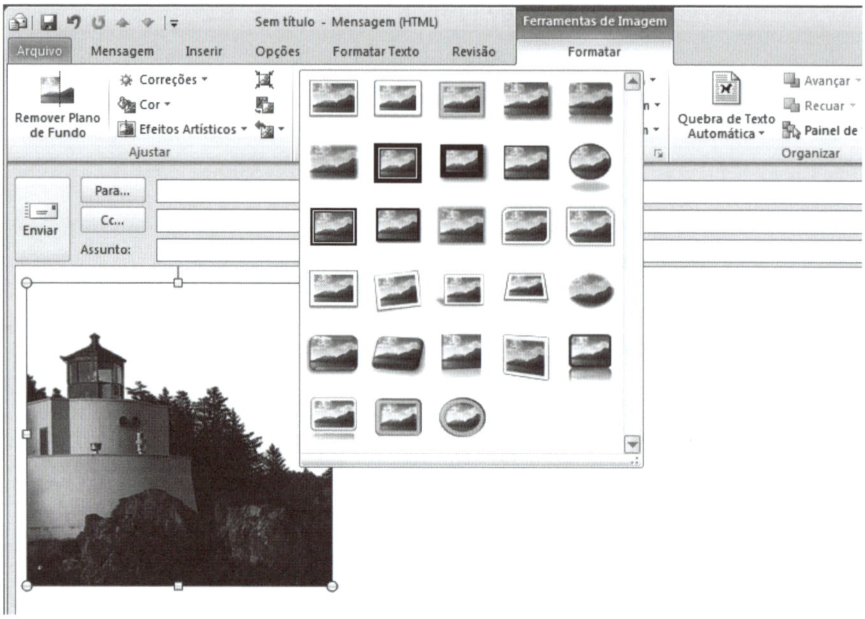

Você pode aplicar conjuntos de formatação predefinidos às imagens para obter um efeito profissional.

20. Na galeria **Estilos de Imagem**, aponte para vários dos ícones para ver seus nomes e o efeito da aplicação desse estilo à foto selecionada. Em seguida, clique no estilo **Canto Diagonal Arredondado, Branco** (na quarta coluna da terceira linha).

    Uma combinação de formas e sombras será aplicada à foto.

21. Com a foto ainda selecionada, clique no botão **Efeitos Artísticos** no grupo **Ajustar**.

    A galeria Efeitos Artísticos será expandida.

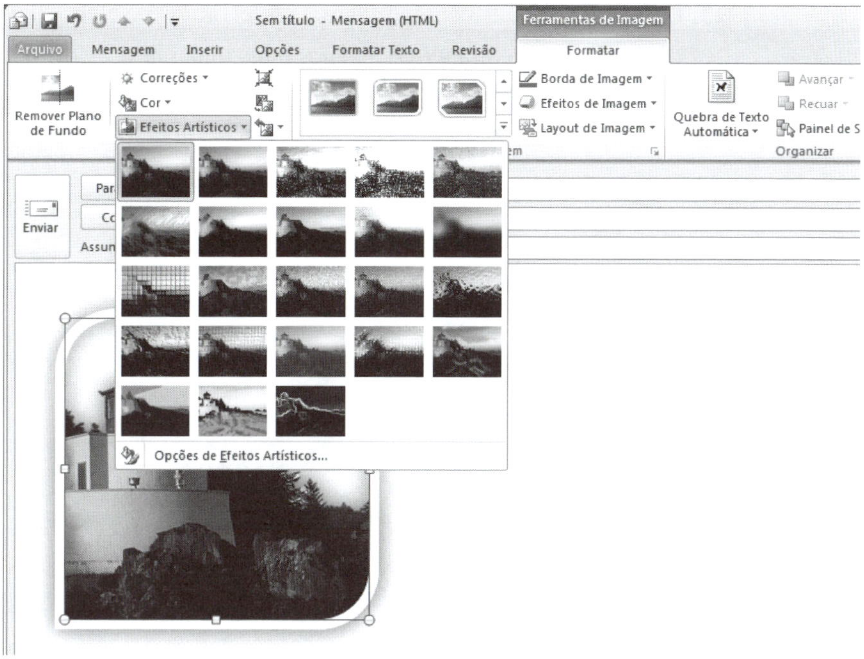

Você pode selecionar um entre um amplo conjunto de efeitos.

22. Na galeria **Efeitos Artísticos**, aponte para vários dos ícones para ver seus nomes e o efeito da aplicação desse estilo à foto selecionada. Em seguida, clique no efeito **Bolhas de Mosaico** (na quarta coluna da terceira linha).

23. Clique no Painel de Conteúdo fora da foto para ver o efeito final.

    O efeito artístico fará a foto lembrar mais uma pintura do que uma fotografia.

Um efeito artístico.

24. No cabeçalho da mensagem, insira seu endereço de email na caixa **Para** e **SBS – Ferramentas de Imagens** na caixa **Assunto**. Em seguida, envie a mensagem.
25. Quando a mensagem chegar em sua Caixa de Entrada, observe que é possível selecionar e copiar a imagem embutida no Painel de Leitura ou na janela de mensagem aberta para uso em outros documentos.

LIMPEZA Feche qualquer janela de mensagem aberta. Mova a mensagem SBS – Ferramentas de Imagens para a pasta Mensagens SBS e mantenha-a para uso em exercícios posteriores.

Dica Quando você responder uma mensagem contendo uma imagem embutida, um clique na imagem ativará a guia Ferramentas de Imagem – Formatar que contém um conjunto restrito de opções de formatação. (Haverá menos opções de formatação disponíveis quando você trabalhar com a imagem modificada do que havia na janela de mensagem original.)

Criando e formatando diagramas empresariais

As imagens podem ser especialmente úteis nas comunicações empresariais, quando você precisar explicar de maneira clara fatos ou conceitos, principalmente para um público global. No Outlook 2010 (e outros programas do Office 2010), você pode representar relacionamentos, processos, ciclos, hierarquias e outros conceitos criando elementos gráficos SmartArt e expor representações gráficas dos dados criando diagramas.

Você pode criar um elemento gráfico SmartArt diretamente em um email ou converter uma lista existente em um elemento gráfico SmartArt. No envio de uma mensagem, o Outlook converte qualquer elemento gráfico SmartArt contido nela em um elemento gráfico estático.

É possível criar um gráfico diretamente em um email. Os gráficos criados em uma mensagem do Outlook se parecem exatamente com os criados em uma pasta de trabalho do Excel – porque são baseados em uma fonte de dados do Excel que é criada de dentro do Outlook.

Para criar um gráfico em uma mensagem ou outro item do Outlook, siga essas etapas:

1. Posicione o cursor no painel em que deseja que a imagem apareça.
2. No grupo Ilustrações da guia Inserir, clique no botão Inserir Gráfico.

   A caixa de diálogo Inserir Gráfico será aberta.

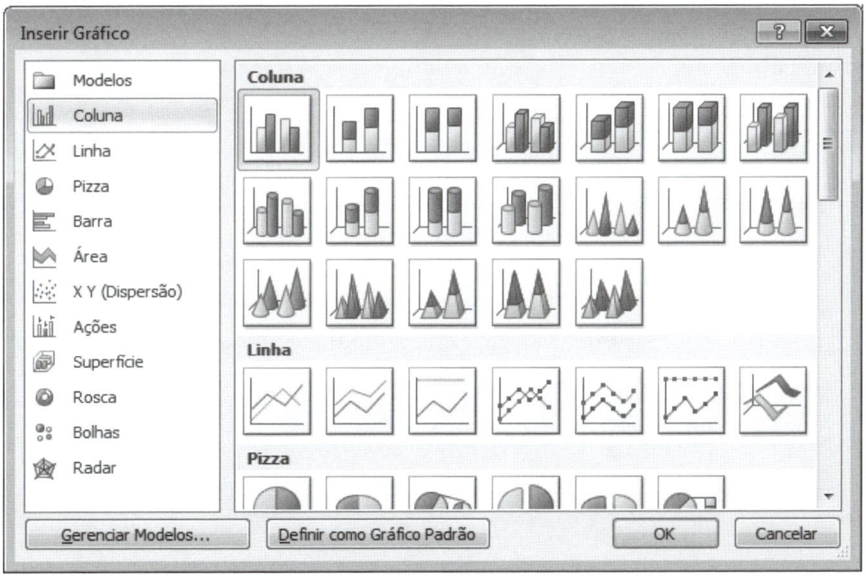

Você pode filtrar os tipos de gráficos disponíveis selecionando uma categoria no painel esquerdo.

3. Na caixa de diálogo Inserir Gráfico, localize o tipo de gráfico que deseja criar. Clique no ícone do gráfico e em OK.

   Um gráfico básico aparecerá no item do Outlook e várias guias contextuais Ferramentas de Gráfico ficarão ativas na Faixa de Opções. Uma janela do programa Excel será aberta, contendo os dados fictícios dos quais o gráfico básico foi construído.

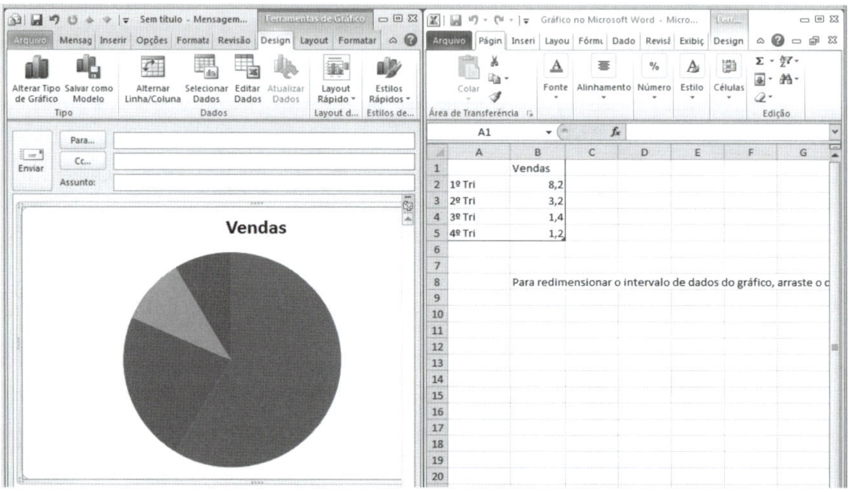

As alterações que você fizer nos dados serão imediatamente refletidas no gráfico.

4. Substitua os dados fictícios pelos seus dados. Quando terminar, feche a janela do Excel.

   Não é necessário salvar ou nomear a planilha que contém os dados representados pelo gráfico.

   Para enviar um gráfico representando dados importantes, é mais seguro armazenar os dados em uma planilha do Excel, criar um gráfico a partir dos dados na pasta de trabalho e então embutir esse gráfico em um email.

   Neste exercício, você criará um fluxograma SmartArt em um email.

PREPARAÇÃO Não é preciso arquivo para fazer este exercício. Abra uma nova janela de composição de mensagem e siga as etapas.

1. Maximize a janela da mensagem e clique no Painel de Conteúdo.

SmartArt

2. No grupo **Ilustrações** da guia **Inserir**, clique no botão **SmartArt**.

   A caixa de diálogo **Escolher Elemento Gráfico SmartArt** será aberta.

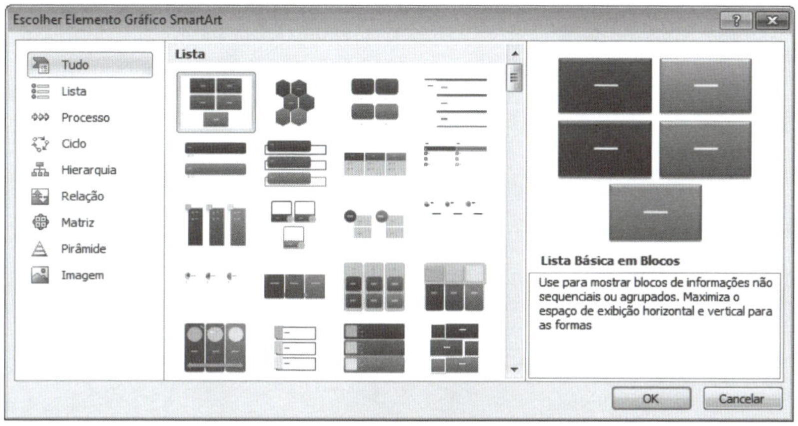

Você pode filtrar o conteúdo da caixa de diálogo clicando nas categorias do painel esquerdo.

3. Role pelo painel central da caixa de diálogo para ter uma visão geral dos elementos gráficos SmartArt disponíveis.

Dica Você pode exibir o nome de um elemento gráfico SmartArt apontando para ele.

4. No painel esquerdo, clique em **Processo**. Role até o topo do painel central e clique no segundo ícone da segunda linha (**Fluxo Alternativo**).

   Esse é um diagrama de processo que mostra os detalhes de um processo de três etapas.

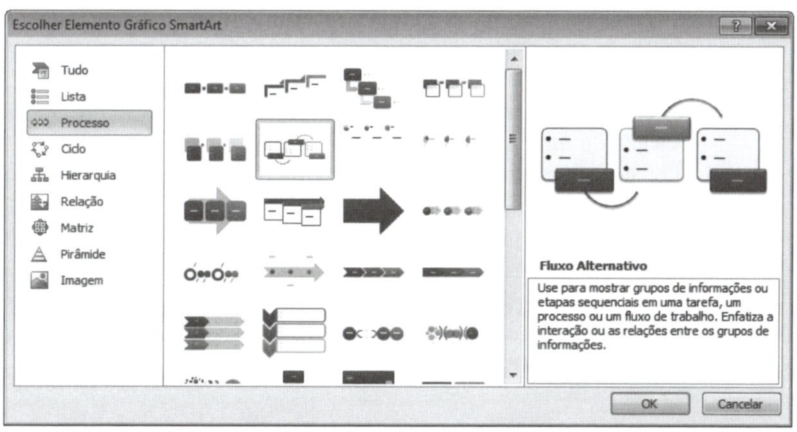

Uma visualização e uma descrição do elemento gráfico SmartArt selecionado aparecem no painel direito.

5. Na caixa de diálogo **Escolher Elemento Gráfico SmartArt**, clique em **OK**.

   O Outlook inserirá uma versão básica do diagrama de processo selecionado no Painel de Conteúdo. Ele terá uma aparência semelhante ao gráfico da visualização, mas sem as cores e aspectos tridimensionais. (Você poderá selecionar as opções de formatação posteriormente.) O Painel de Texto será aberto e as duas guias contextuais Ferramentas de SmartArt, Design e Formatar, aparecerão na Faixa de Opções.

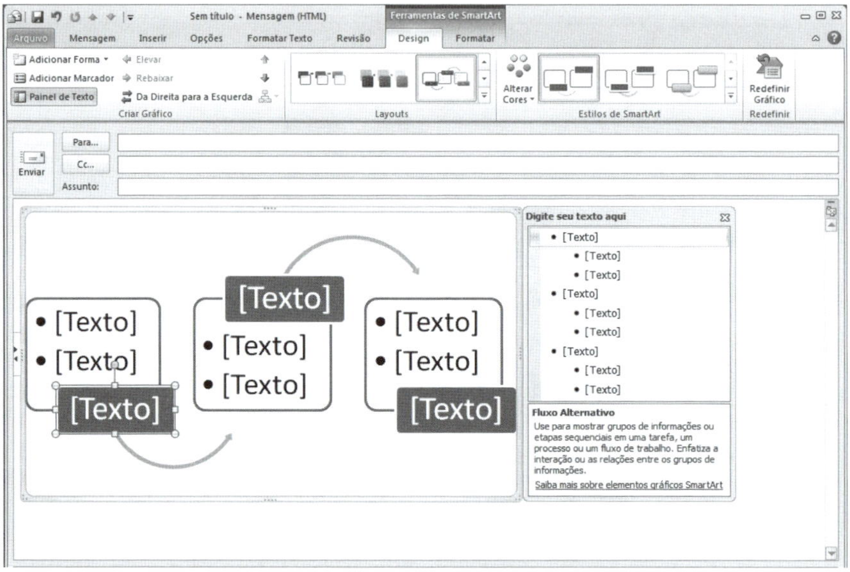

No Painel de Texto à direita do elemento gráfico, você pode construir uma lista hierárquica para transferir conteúdo para o elemento.

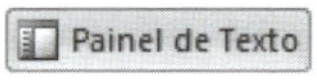

Dica Podemos exibir ou ocultar o Painel de Texto de qualquer elemento gráfico SmartArt clicando no diagrama e depois no botão Painel de Texto do grupo Criar Gráfico da guia contextual Design.

Você pode inserir texto no Painel de Texto ou diretamente no elemento gráfico – a seleção de um elemento gráfico ou o posicionamento do ponto de inserção dentro da lista com marcadores também seleciona o elemento correspondente no gráfico ou no Painel de Texto. O nome do gráfico é exibido na parte inferior do Painel de Texto; se você apontar para ele, será exibida uma Dica de tela descrevendo a finalidade do tipo de gráfico atual.

6. No **Painel de Texto**, clique no espaço reservado **[Texto]** à direita do primeiro marcador e digite **Planejamento**.

   À medida que você digitar no painel, o texto aparecerá no diagrama.

7. Clique no espaço reservado **[Texto]** à direita do primeiro marcador de segundo nível (recuado) e digite **Pesquisa com clientes atuais**. Pressione a tecla de seta para baixo para passar para o próximo marcador de segundo nível e digite **Pesquisa com clientes em potencial**.

   O tamanho da fonte no gráfico será ajustado para o texto caber no espaço disponível.

8. Pressione Enter para criar outro marcador de segundo nível no **Painel de Texto** e no gráfico, e digite **Analisar competição**.

9. No diagrama, clique na segunda caixa sólida azul para selecionar o espaço reservado e digite **Definir**.

   À medida que você digitar, o texto também aparecerá no segundo marcador de primeiro nível no Painel de Texto.

10. Na terceira caixa sólida azul, digite **Projetar**.

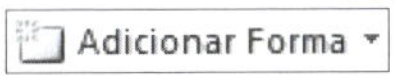

11. No grupo **Criar Gráfico** da guia contextual **Design**, clique na seta (e não no botão) **Adicionar Forma** e, na lista, clique em **Adicionar Forma Depois**.

    Um item adicional aparecerá à direita do diagrama e no Painel de Texto.

    Você pode adicionar formas acima, abaixo, antes ou depois da forma selecionada, dependendo do layout do diagrama.

12. Na nova caixa sólida azul, digite **Desenvolver**.

13. No **Painel de Texto**, clique no fim da palavra **Desenvolver** e pressione Enter.

    Um marcador de primeiro nível e uma forma adicional aparecerão.

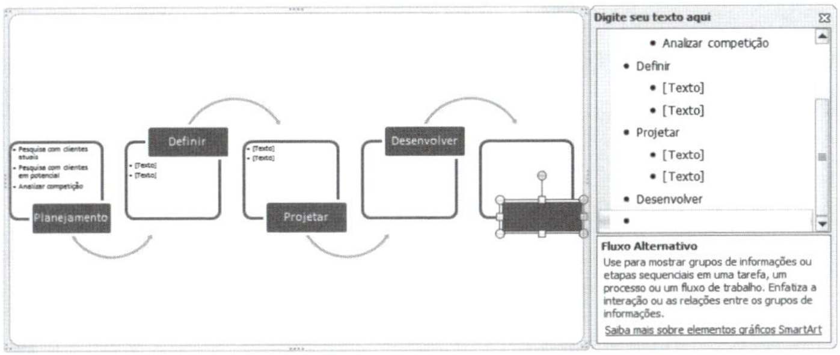

Você pode aumentar facilmente a estrutura de um elemento gráfico SmartArt.

14. Digite **Testar** e, no **Painel de Texto**, clique no botão **Fechar**.

    Em seu tamanho atual, o texto do diagrama ficará muito difícil de ler.

15. Aponte para a alça de movimentação (a linha vertical de quatro pontos) no lado direito do diagrama. Quando o ponteiro se transformar em uma seta de duas pontas, arraste a alça para a direita para o diagrama preencher a largura da janela da mensagem.

16. Na galeria **Layouts**, clique no botão **Mais**.

A galeria Layouts se expandirá.

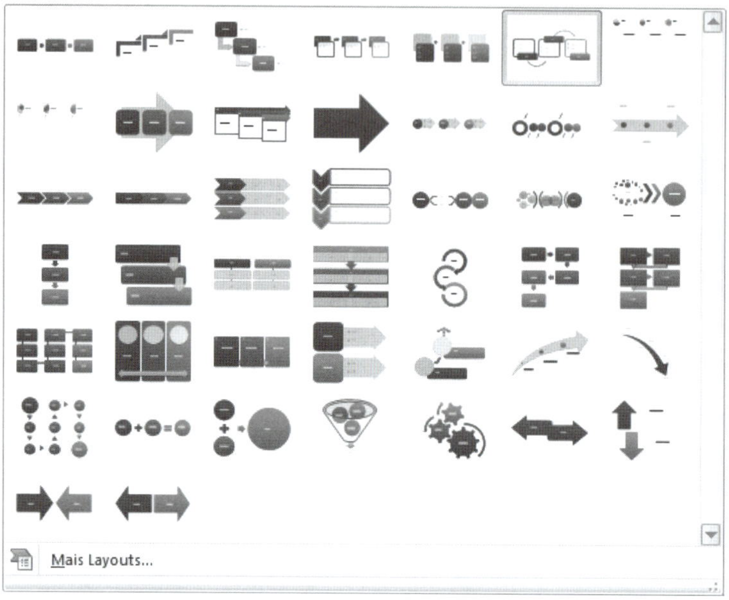

A galeria Layouts.

17. Na galeria **Layouts**, aponte para alguns dos ícones para visualizar o efeito do layout do elemento SmartArt sobre o conteúdo. Em seguida, clique no segundo layout da segunda linha (**Processo Contínuo em Blocos**).

    O layout do diagrama de processo mudará, assim como os estilos disponíveis na guia Design.

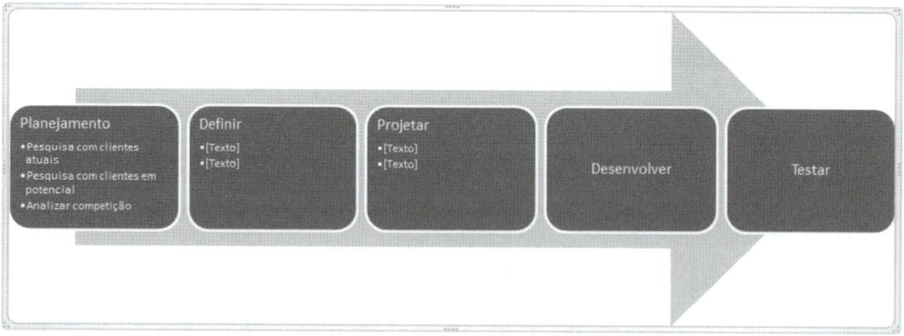

O conteúdo é reconfigurado para caber no novo layout.

18. Na galeria **Estilos de SmartArt**, clique no botão **Mais**.

    A galeria Estilos de SmartArt será expandida.

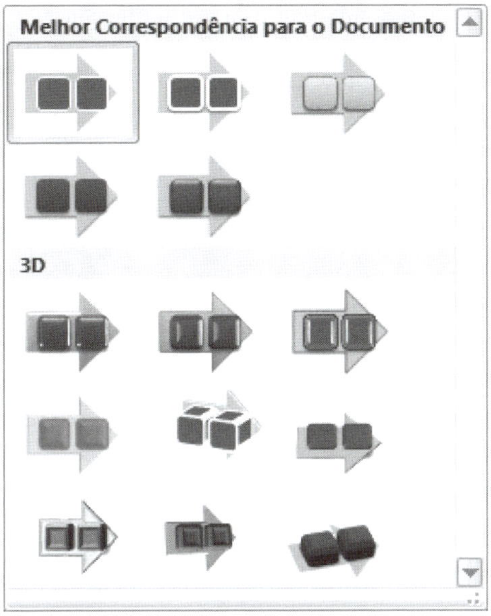

A galeria Estilos de SmartArt.

19. Na galeria **Estilos de SmartArt**, aponte para alguns dos ícones para visualizar o efeito do estilo sobre seu gráfico. Em seguida, na seção **3D**, clique no primeiro ícone (**Elegante**).

20. No grupo **Estilos de SmartArt**, clique no botão **Alterar Cores**.

    A galeria Alterar Cores será expandida.

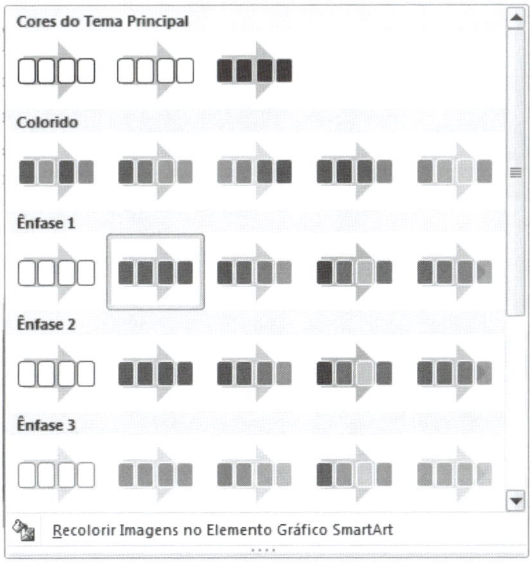

As cores exibidas na galeria mudarão para coincidir com as cores especificadas pelo tema ativo.

Os esquemas de cores exibidos na galeria Alterar Cores são variações das cores do tema atual e estão organizados em grupos refletindo as seis cores de ênfase temática. A alteração do tema também muda os esquemas de cores da galeria.

21. Na galeria **Alterar Cores**, aponte para alguns dos ícones para visualizar o efeito do esquema de cores sobre seu gráfico. Em seguida, sob **Colorido,** clique no segundo ícone (**Faixa Colorida – Cores de Ênfase 2 a 3**).

    O esquema de cores do elemento gráfico mudará para acatar sua seleção.

22. No cabeçalho da mensagem, insira seu endereço de email na caixa **Para** e insira **SBS – Ciclo de Desenvolvimento** na caixa **Assunto.** Em seguida, envie a mensagem.

    Quando você receber a mensagem, o elemento gráfico SmartArt poderá ser visto no Painel de Leitura. Independente do tamanho com que você criou o elemento, o gráfico inteiro será visto no painel.

23. Abra a mensagem e clique no elemento gráfico SmartArt.

    O elemento SmartArt foi convertido para uma imagem estática. Se você abrir a mensagem a partir de sua pasta Itens Enviados, verá que o mesmo ocorreu com o gráfico dessa mensagem.

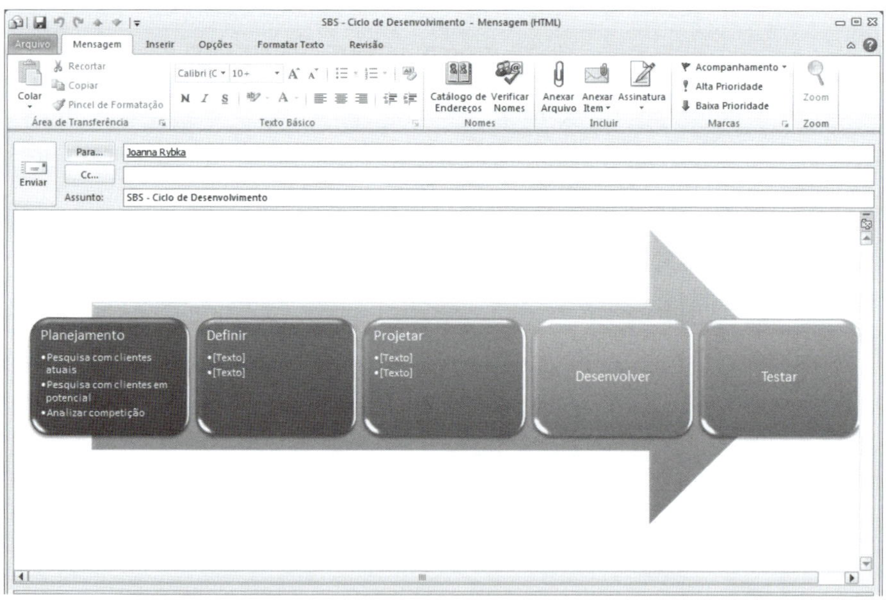

O gráfico é redimensionado com a janela da mensagem.

LIMPEZA Feche a janela da mensagem. Mova a mensagem SBS – Ciclo de Desenvolvimento para a pasta Mensagens e mantenha-a para uso em exercícios posteriores.

Alterando as configurações e as opções de distribuição das mensagens

Quando você enviar uma mensagem, poderá incluir indicadores visuais da importância, da confidencialidade ou da categoria de assunto de uma mensagem ou outro item do Outlook, sinalizar uma mensagem para acompanhamento, evitar que outras pessoas alterem ou encaminhem o conteúdo da mensagem, fornecer um mecanismo de feedback simples na forma de botões de votação e especificar opções de distribuição da mensagem que atendam suas necessidades.

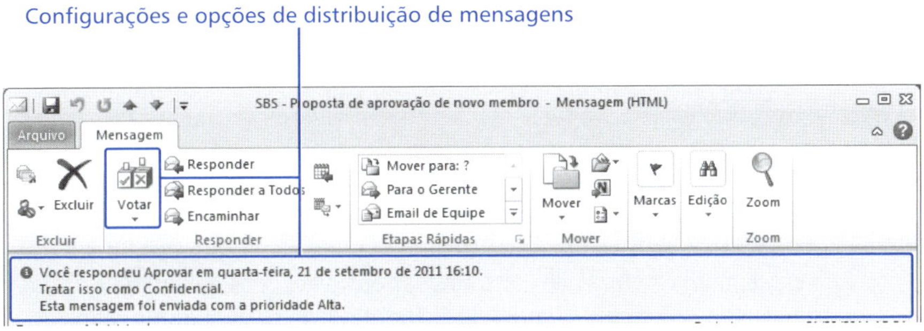

Na mensagem recebida, marcas são exibidas como texto no cabeçalho.

As configurações e opções de distribuição comuns das mensagens são:

- **Sinalizadores e lembretes** Você pode inserir uma mensagem de saída em sua lista de tarefas, adicionar um lembrete informativo a ela ou definir um lembrete para aparecer em uma determinada hora e data, para você mesmo e para os destinatários da mensagem.
- **Importância** Você pode indicar a urgência de uma mensagem definindo sua importância como Alta ou Baixa. Uma faixa correspondente aparecerá no cabeçalho da mensagem e, se o campo Importância for incluído na exibição, um ícone de importância aparecerá na Caixa de Entrada ou em outra pasta de mensagens.
- **Sensibilidade** Você pode indicar que uma mensagem deve ser mantida privada definindo sua sensibilidade como Confidencial, Pessoal ou Particular. Nenhum indicador aparece na pasta de mensagens, mas uma faixa aparece no cabeçalho da mensagem para indicar um nível de confidencialidade diferente de Normal. Você pode optar por incluir a confidencialidade como um dos atributos da mensagem exibidos no painel Caixa de Entrada, mas se o fizer, ele substituirá o assunto da mensagem, o que não é muito útil.
- **Segurança** Se você tiver uma identificação digital, poderá assinar digitalmente a mensagem; ou pode criptografar o conteúdo.

- **Opções de votação** Se você e os destinatários tiverem contas do Microsoft Exchange Server, é possível adicionar botões de votação a suas mensagens para permitir que os destinatários selecionem rapidamente uma das opções de resposta de múltipla escolha.
- **Opções de rastreamento** Você pode rastrear as mensagens solicitando confirmações de entrega e leitura. Essas confirmações são mensagens geradas automaticamente pelo servidor de email do destinatário quando ele distribui a mensagem para o destinatário e quando o destinatário abre a mensagem.
- **Opções de entrega** Você pode solicitar que as respostas para mensagem sejam entregues a um endereço de email diferente do seu, especificar a data e hora da mensagem ser distribuída e expirar.
- **Categorias** Você pode atribuir uma mensagem a uma categoria de cor que será vista pelo destinatário se ele ou ela visualizar a mensagem no Outlook.

Dica Podemos classificar e agrupar facilmente as mensagens por suas configurações selecionando a configuração na lista Organizar Por.

As opções mais usadas estão disponíveis no grupo Marcas da guia Mensagem da janela da mensagem. Você pode acessar outras opções na caixa de diálogo Propriedades, que é aberta com um clique no iniciador da caixa de diálogo Marcas.

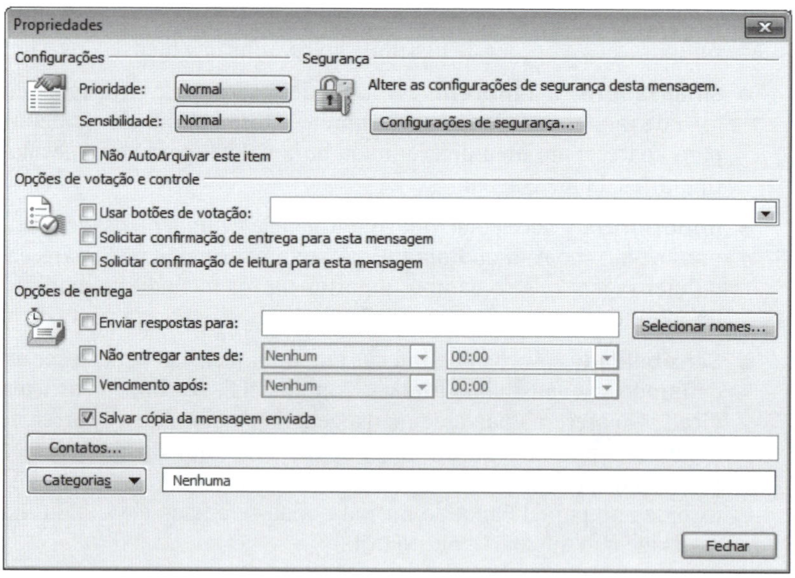

A caixa de diálogo Propriedades.

Você pode limitar as ações executadas por outras pessoas com as mensagens que receberem de você restringindo as permissões das mensagens. Por exemplo, pode impedir que os destinatários encaminhem ou imprimam a mensagem, copiem seu conteúdo, ou o alterem ao encaminhar ou responder a mensagem. (As restrições também se aplicam aos anexos das mensagens.) Dentro de uma janela de mensagem, as opções de permissões ficam disponíveis tanto na guia Arquivo quanto no grupo Permissão da guia Opções.

Consulte também Para obter informações sobre assinaturas digitais e se informar melhor sobre evitar que os destinatários encaminhem, copiem ou imprimam as mensagens que você enviar, consulte "Protegendo seus emails" no Capítulo 11, "Gerencie as configurações de emails".

Pontos principais

- Você pode formatar o texto e o plano de fundo de suas mensagens, selecionando opções e estilos de formatação individual ou aplicando um tema.
- Pode inserir automaticamente informações de contato em emails usando uma assinatura eletrônica. E pode criar diferentes assinaturas para fins distintos e instruir o Outlook a inserir uma assinatura específica para cada conta de email e tipo de mensagem.
- Pode inserir muitos tipos de imagens inclusive fotos, recortes de tela e clip-arts em um item do Outlook e modificar a aparência da imagem inserida usando os comandos disponíveis na guia contextual Ferramentas de Imagem.
- Pode criar representações gráficas de processos, hierarquias e outras estruturas organizacionais usando o recurso SmartArt.
- Pode criar um gráfico diretamente em um item do Outlook como uma representação gráfica de dados armazenados em uma planilha do Excel associada.
- E pode tornar as mensagens enviadas mais úteis definindo suas propriedades para comunicar informações para o destinatário da mensagem e definindo opções de distribuição para ser informado quando a mensagem for recebida e lida.

Parte 3

Gerenciamento do programa

Resumo do capítulo

Crie regras para processar mensagens, p. 398

Trabalhe com notificações de nova correspondência, p. 394

Bloqueie mensagens indesejadas, p. 406

Proteja seus emails, p. 414

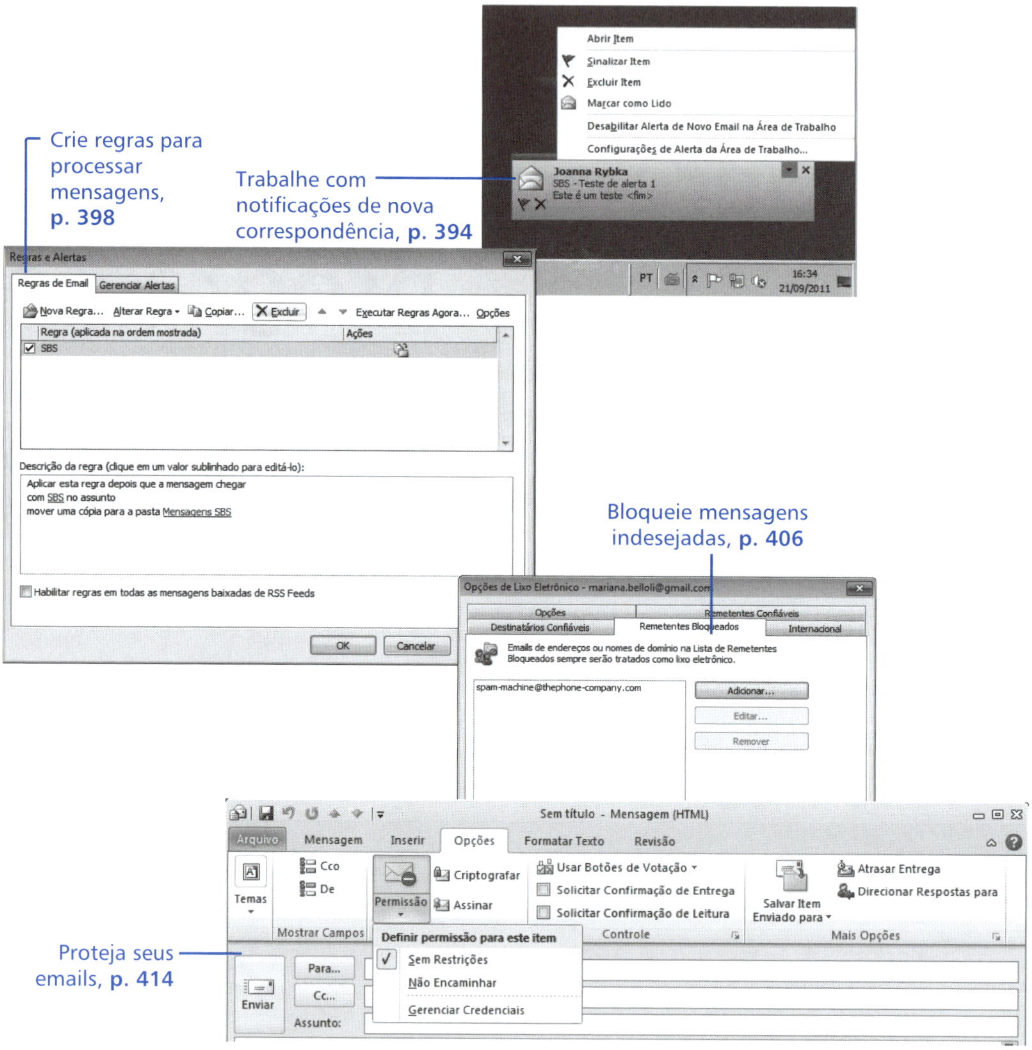

Capítulo 11

Gerencie as configurações de email

Neste capítulo, você vai aprender a:

- Trabalhar com notificações de novos emails.
- Criar regras para processar mensagens.
- Bloquear mensagens indesejadas.
- Proteger seus emails.

Para gerenciar com mais facilidade as informações que receber por email, você pode especificar como o Microsoft Outlook 2010 alertará e processará mensagens recebidas. Você também pode se beneficiar dos vários recursos de segurança que fazem parte do Outlook 2010 para manter seguras as comunicações que enviar e proteger seu sistema de spam, vírus, Web beacons e outras ameaças eletrônicas.

Neste capítulo, você vai aprender como manter suas informações no Outlook seguras e organizadas. Primeiro, vai trabalhar com notificações de novos emails; em seguida, vai processar as mensagens recebidas usando regras e configurar o Filtro de Lixo Eletrônico para gerenciar mensagens indesejadas. Para concluir, vai conhecer maneiras de garantir a proteção de suas comunicações por email.

Arquivos de exercícios Os exercícios deste capítulo usam itens do Outlook que você criou em exercícios de capítulos anteriores. Se um exercício pedir um item que você não tem, faça o exercício em que o item é criado antes de começar o exercício atual ou substitua-o por um item seu que seja semelhante. Uma lista completa dos arquivos de exercícios é fornecida em "Usando os arquivos de exercícios" no início deste livro.

Trabalhando com notificações de nova correspondência

Quando novas mensagens, solicitações de reunião ou atribuições de tarefa chegarem em sua Caixa de Entrada, o Outlook o alertará de várias maneiras para que você possa estar ciente da atividade de emails se estiver usando outro aplicativo ou se não estava usando seu computador.

- Um ícone de novo email aparecerá na área de notificação no lado direito da Barra de Tarefas do Windows.
- Um alerta semitransparente de área de trabalho aparecerá em sua tela por alguns segundos, exibindo o nome do emitente, o assunto e as primeiras palavras da mensagem (aproximadamente 125 caracteres).

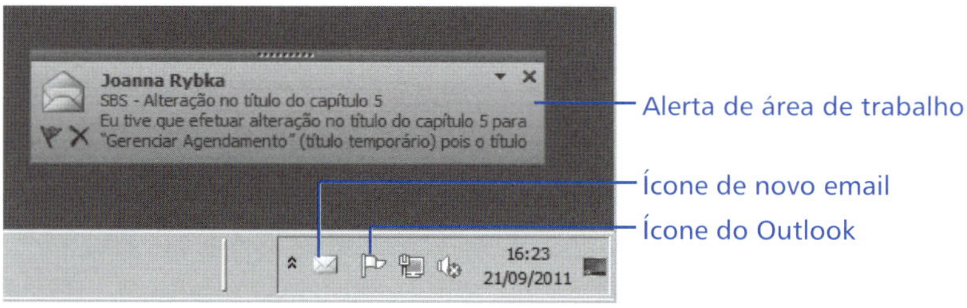

A partir do alerta de área de trabalho, você pode abrir uma mensagem, marcá-la como lida, sinalizá-la para ação, respondê-la ou excluí-la.

Podemos alterar o local, a transparência e a duração dos alertas de área de trabalho ou optar por não exibi-los.

- Você pode posicionar o alerta dentro ou fora da janela do programa Outlook. Por exemplo, se geralmente trabalha com a barra de tarefas oculta, pode querer posicionar o alerta fora dela para evitar exibi-la acidentalmente sempre que apontar para um alerta.
- O alerta pode ter uma cor sólida ou até 80% de transparência. O padrão é 20% de transparência. Podemos achar que alertas transparentes têm menos probabilidade de interferir na visualização do trabalho que estamos fazendo.
- O alerta pode permanecer na tela de 3 a 30 segundos. O padrão é 7 segundos.

- Se o Outlook for minimizado ou a janela de outro aplicativo estiver ativa, um alerta soará. Você pode alterar o som ou desativá-lo.
- O ponteiro do mouse mudará rapidamente de forma, de uma seta para um email, e voltará à forma original. Você pode desativar esse recurso.

Essas notificações podem ser personalizadas e desativadas.

Neste exercício, você personalizará suas configurações de alerta de área de trabalho e processará mensagens usando os alertas ao recebê-las.

PREPARAÇÃO Não é preciso arquivo para fazer este exercício. Exiba sua Caixa de Entrada do Outlook e siga as etapas.

1. Exiba o modo Backstage e, no painel esquerdo, clique em **Opções**.

   A caixa de diálogo Opções do Outlook será aberta.

2. No painel esquerdo da caixa de diálogo **Opções do Outlook**, clique em **Email**.
3. Role para baixo na página **Email** da caixa de diálogo **Opções do Outlook** para exibir a seção **Chegada de Mensagem**.

   Nessa seção, você pode personalizar as maneiras como o Outlook o alertará da chegada de uma nova mensagem.

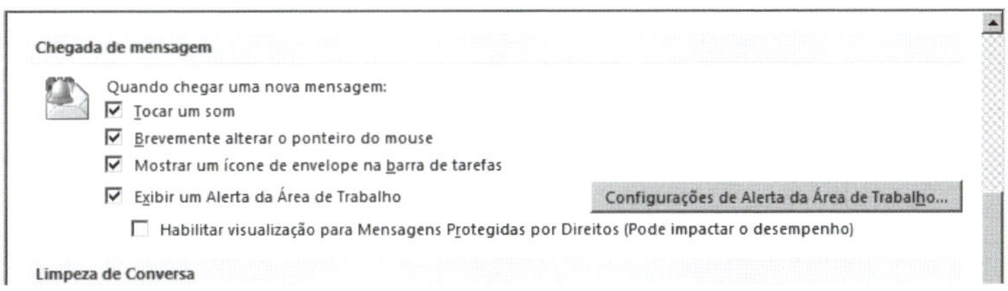

Você pode interromper o aparecimento de alertas de área de trabalho desmarcando a caixa de seleção Exibir Um Alerta da Área de Trabalho.

4. Na seção **Chegada de Mensagem**, clique em **Configurações de Alerta da Área de Trabalho**.

   A caixa de diálogo Configurações de Alerta da Área de Trabalho será aberta.

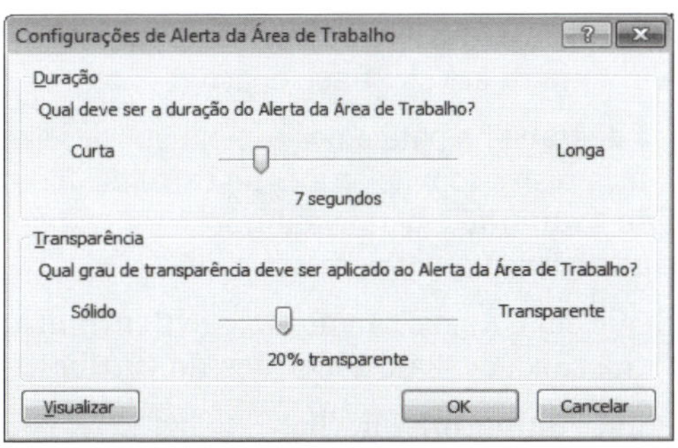

Você pode definir a duração e a transparência dos alertas de área de trabalho.

Dica Para acessar rapidamente a caixa de diálogo Configurações de Alerta da Área de Trabalho, quando um alerta de área de trabalho aparecer, clique no botão Opções do alerta e clique em Configurações de Alerta da Área de Trabalho. Você pode desativar os alertas de área de trabalho clicando no botão Opções e clicando em Desabilitar Alerta de Novo Email na Área de Trabalho.

5. Arraste o controle deslizante **Duração** para a extremidade esquerda de sua barra para configurá-lo com **3 segundos** e clique em **Visualização**.

   Um exemplo semitransparente de alerta de área de trabalho aparecerá no canto inferior direito de sua área de trabalho e desaparecerá após três segundos.

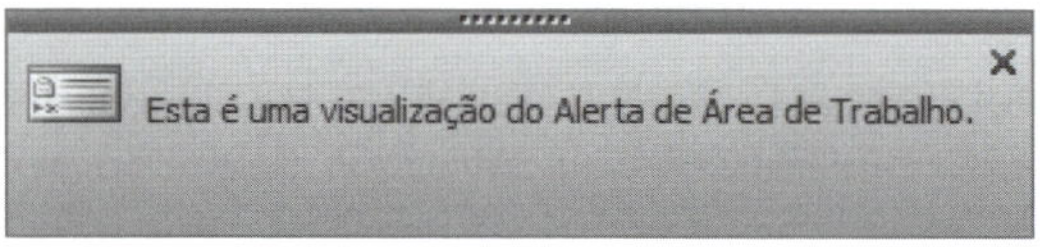

Você pode visualizar os efeitos da mudança de configurações do alerta de área de trabalho.

6. Clique em **Visualizar** novamente, e quando o alerta aparecer, aponte para ele.

   O alerta semitransparente ficará sólido. Enquanto o ponteiro do mouse estiver posicionado sobre o alerta, ele permanecerá visível.

7. Arraste o exemplo de alerta de área de trabalho para o canto superior direito de sua tela.

   Os alertas de área de trabalho futuros aparecerão no local para onde você mover o exemplo de alerta.

8. Na caixa de diálogo **Configurações de Alerta da Área de Trabalho**, arraste o controle deslizante **Transparência** para a extremidade esquerda de sua barra para configurá-lo com **0%** de transparência e clique em **Visualizar**.

   O exemplo de alerta de área de trabalho aparecerá no canto superior direito da tela e sua transparência diminuirá até que fique opaco.

9. Mova o alerta de área de trabalho para a posição em que deseja que ele apareça no futuro. Em seguida, faça testes com as opções da caixa de diálogo **Configurações de Alerta da Área de Trabalho** e defina a duração e a transparência que quiser, visualizando suas alterações quando necessário.

10. Quando terminar, clique em **OK** na caixa de diálogo **Configurações de Alerta da Área de Trabalho** e na caixa de diálogo **Opções do Outlook**.

11. No grupo **Novo** da guia **Página Inicial**, clique no botão **Novo Email**.

    Uma nova janela de mensagem será aberta.

12. Insira seu endereço de email na caixa **Para**, e na caixa **Assunto**, digite **SBS – Teste de alerta 1**.

Importante O assunto das mensagens que estamos instruindo você a enviar para si próprio ao fazer os exercícios deste livro começam com *SBS* para que você possa diferenciar facilmente os arquivos de exercícios de outras mensagens de suas pastas Caixa de Entrada e Itens Enviados.

13. No corpo da mensagem, digite **Este é um teste**. Em seguida, envie a mensagem.

    Quando a mensagem chegar em sua Caixa de Entrada, o ícone de novo email aparecerá na área de notificação na extremidade direita da barra de tarefas e um alerta de área de trabalho aparecerá em sua tela.

14. Quando o alerta de área de trabalho aparecer, aponte para o texto da mensagem (sem clicar nele).

    O emitente, o assunto e o texto da mensagem serão sublinhados.

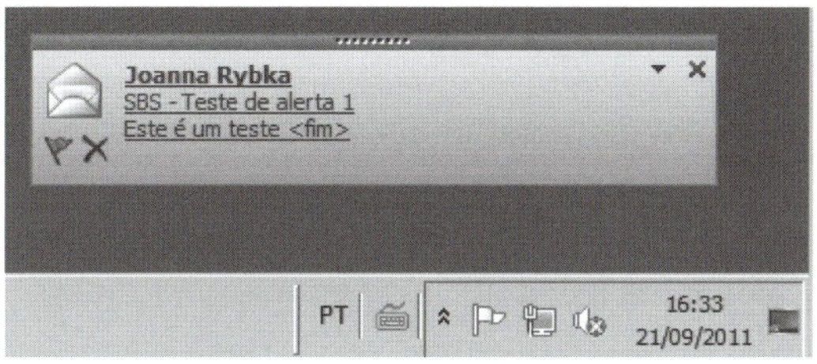

Você pode clicar no texto sublinhado do alerta de área de trabalho para abrir a mensagem em uma janela de mensagem.

15. No alerta de área de trabalho, clique no botão **Opções**.

    Um menu de opções aparecerá.

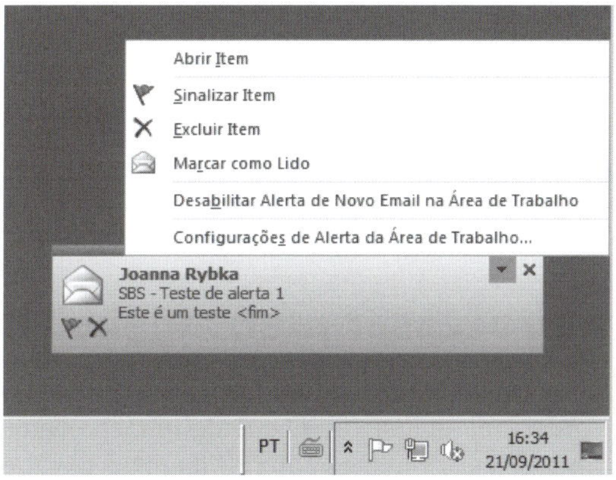

Você pode processar uma mensagem recebida a partir de um alerta de área de trabalho sem passar para o Outlook.

16. No menu **Opções**, clique em **Marcar como Lido**.

    O alerta de área de trabalho será fechado e, em sua Caixa de Entrada, a mensagem correspondente a ele será marcada como lida (estando ou não visível a Caixa de Entrada).

17. No grupo **Novo** da guia **Página Inicial**, clique no botão **Novos Itens**, e na lista, clique em **Reunião**.

    Uma nova janela de reunião será aberta.

18. Insira seu endereço de email na caixa **Para**, **SBS – Teste de alerta 2** na caixa **Assunto** e **Minha Caixa de Entrada** na caixa **Local**. Em seguida, envie a solicitação de reunião. Se uma janela de lembrete de reunião for aberta, clique em **Descartar**.

    Consulte também Para obter mais informações sobre solicitações de reunião, consulte "Respondendo solicitações de reunião" no Capítulo 5, "Gerencie o agendamento".

19. Quando o alerta de área de trabalho aparecer, aponte para ele e clique no botão **Excluir Item**.

    A mensagem correspondente ao alerta de área de trabalho passará de sua Caixa de Entrada para a pasta Itens Excluídos e o alerta será fechado.

    Dica Se uma janela de lembrete de reunião for aberta, clique em Descartar.

LIMPEZA Mantenha a mensagem SBS – Teste de alerta 1 em sua Caixa de Entrada para uso em exercícios posteriores.

Dica Quando o ícone do Outlook estiver ativo na área de notificação da Barra de Status, você poderá clicar nele para acessar comandos de controle da exibição de vários tipos de alertas: mensagens do Microsoft Exchange Server, avisos da rede, alterações na conectividade da rede e alertas da área de trabalho para novos emails.

O ícone do Outlook não é exibido por padrão. Para exibi-lo, clique no botão Mostrar ícones ocultos no lado esquerdo da área de notificação, clique em Personalizar, e na janela Ícones da Área de Notificação do Painel de Controle, na lista Microsoft Outlook, clique em Mostrar ícone e notificações.

Criando regras para processar mensagens

Você pode fazer o Outlook avaliar seus emails de entrada ou saída e executar várias ações com eles de acordo com as instruções que definir, chamadas *regras*. As regras podem ser criadas com base em diferentes critérios da mensagem, como o emitente, os destinatários, o conteúdo, anexos e a importância. Usando regras, você pode fazer o Outlook mover, copiar, excluir, encaminhar, redirecionar, responder ou processar mensagens automaticamente com base nos critérios que especificar. Você pode selecionar uma entre um conjunto de regras padrão ou criar a sua própria a partir do zero.

Se tiver uma conta do Exchange, você poderá definir regras para serem aplicadas às mensagens ao serem recebidas ou processadas por seu servidor do Exchange e regras para entrar em vigor somente quando você indicar que está indisponível, definindo uma Resposta Automática. Tendo ou não uma conta do Exchange, podemos definir regras para serem aplicadas às mensagens armazenadas no computador.

Dica Você não pode usar regras do Outlook para filtrar mensagens enviadas para uma conta de email da Internet.

Consulte também Para obter informações sobre como configurar o Outlook para responder e processar mensagens automaticamente quando você estiver indisponível, consulte "Respondendo mensagens automaticamente" no Capítulo 12, "Trabalhe remotamente".

Neste exercício, você criará uma regra para processar mensagens recebidas que atendam critérios específicos.

PREPARAÇÃO Você precisará da mensagem SBS – Teste de alerta 1 que criou no exercício anterior e do conteúdo da pasta Mensagens SBS que criou no Capítulo 7, "Organize sua caixa de entrada". Se ainda não criou a mensagem ou criou e preencheu a pasta, pode fazê-lo agora ou substituir por qualquer mensagem de sua Caixa de Entrada e ajustar os critérios da regra de acordo. Exiba sua Caixa de Entrada do Outlook e siga as etapas.

1. Na página **Informações** do modo Backstage, clique no botão **Gerenciar Regras e Alertas**.

   A caixa de diálogo Regras e Alertas será aberta, exibindo a página **Email Rules**.

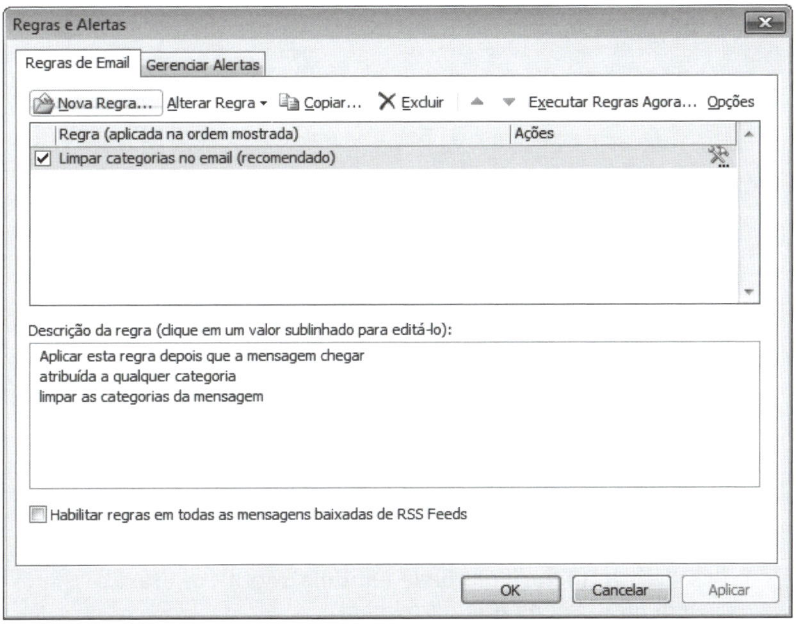

Sua empresa pode ter regras baseadas em servidor que não serão exibidas nessa caixa de diálogo.

2. Na página **Regras de Email**, clique em **Nova Regra**.

   O Assistente de Regras será iniciado.

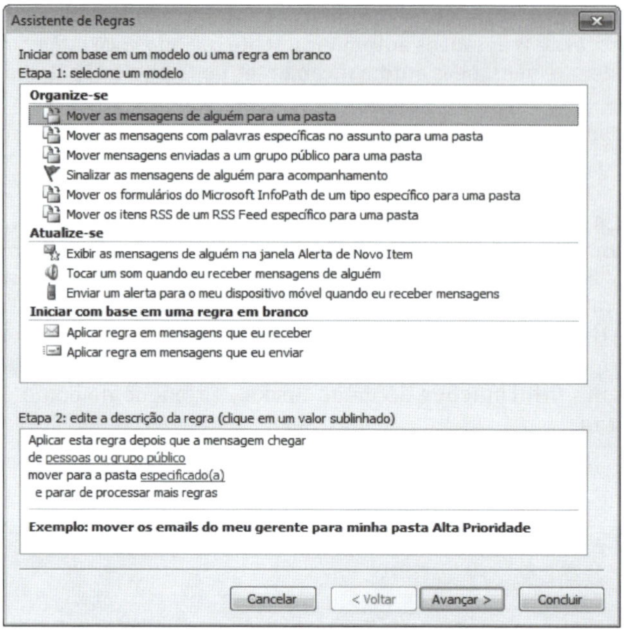

O assistente o conduzirá pelas etapas de criação de uma regra.

Você pode basear a regra em um dos nove modelos de regras fornecidos pelo Outlook, ou iniciar a partir de uma regra em branco para mensagens recebidas ou enviadas.

3. Na caixa **Selecione um modelo**, clique em cada um dos modelos de regras das listas **Organize-se** e **Atualize-se**.

   Os critérios e ações associados à regra selecionada aparecerão na caixa Edite a descrição da regra.

Dica O nome da caixa grande começa com *Etapa 1*. Esse texto permanecerá no início do nome enquanto o assistente percorre uma série de etapas, portanto, nos referimos à caixa pelo nome descritivo que vem a seguir.

4. Na lista **Iniciar com base em uma regra em branco**, clique em **Aplicar regra em mensagens que eu receber**.

   Essa informação básica aparece na caixa Etapa 2.

5. No **Assistente de Regras**, clique em **Avançar**.

   A caixa Etapa 1 mudará para exibir a lista de condições que você pode aplicar a mensagens recebidas.

6. Na caixa **Selecione as condições**, role para baixo na lista para ver as condições que você pode aplicar. Em seguida, marque a caixa de seleção **com palavras específicas no assunto**.

   O Outlook adicionará a condição selecionada à caixa Edite a descrição da regra. Você pode especificar quantas condições quiser.

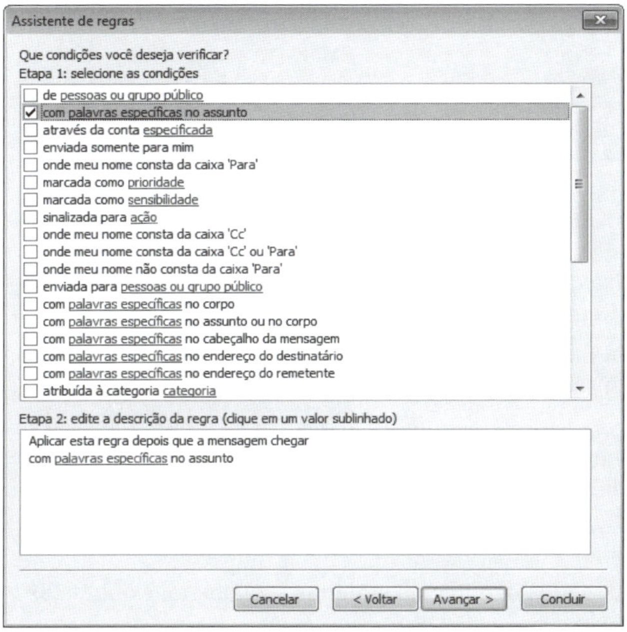

O Outlook aplicará a regra concluída às mensagens de entrada que atenderem as condições selecionadas.

7. Na caixa **Edite a descrição da regra**, clique no termo sublinhado **palavras específicas**.

   A caixa de diálogo Texto de pesquisa será aberta.

8. Na caixa **Especifique palavras ou frases a serem procuradas no assunto**, insira **SBS**. Em seguida, clique em **Adicionar**.

   O termo especificado será colocado entre aspas e passará para a caixa Pesquisar lista.

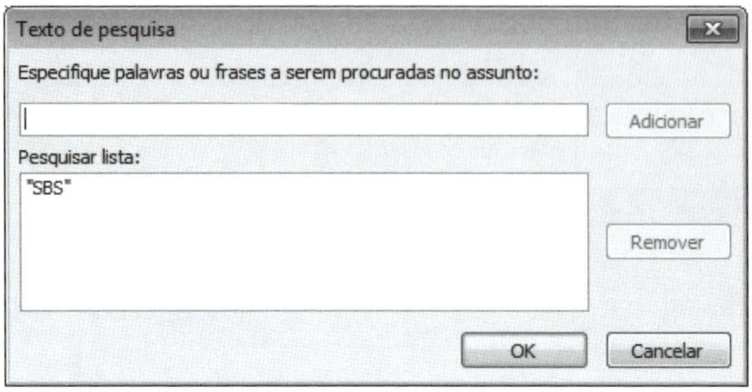

A regra será aplicada a mensagens com assuntos que incluam qualquer um dos termos de pesquisa especificados.

9. Na caixa de diálogo **Texto de pesquisa**, clique em **OK**. Em seguida, no **Assistente de Regras**, clique em **Avançar**.

   A caixa Etapa 1 mudará para exibir uma lista de ações que podem ser executadas em mensagens recebidas.

10. Role pela lista **Selecione as ações** para examinar as ações que o Outlook pode executar nos itens recebidos que atenderem os critérios que você especificar. Em seguida, marque a caixa de seleção **Mover uma cópia para a pasta especificada** e, na caixa **Edite a descrição da regra**, clique na palavra sublinhada **especificada**.

    A caixa de diálogo Regras e Alertas será aberta, exibindo as pastas de sua caixa de correio.

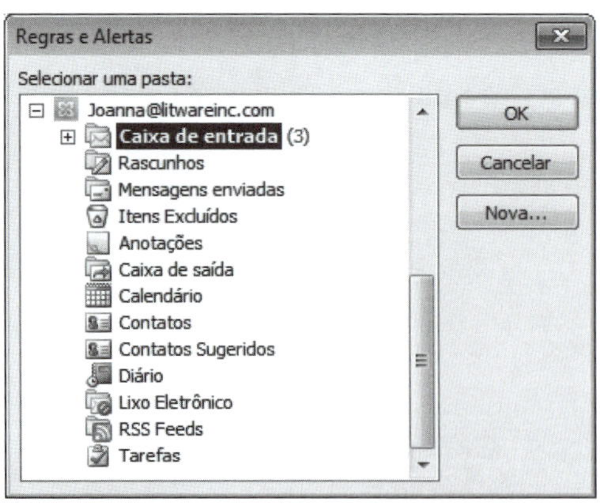

Você pode selecionar uma pasta existente ou criar uma nova pasta diretamente na caixa de diálogo.

11. Na caixa de diálogo **Regras e Alertas**, clique no botão **Expandir** à esquerda da **Caixa de Entrada** e clique na pasta **Mensagens SBS** e em **OK**.

Solução de problemas Se não criou a pasta SBS Mensagens em um exercício anterior, clique na Caixa de Entrada na lista Selecionar uma Pasta, clique em Nova, insira Mensagens SBS como o nome da pasta na caixa de diálogo Criar nova pasta e clique em OK.

12. No **Assistente de Regras**, clique em **Avançar**.

A caixa Etapa 1 mudará para exibir uma lista de exceções que você pode especificar que farão o Outlook não aplicar a regra a mensagens que atenderem as condições selecionadas.

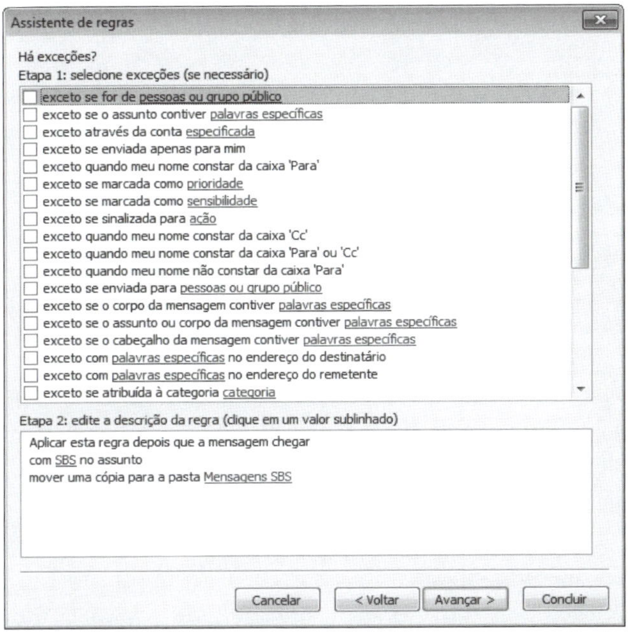

As exceções que você especificar nesta página sobreporão as condições especificadas anteriormente.

13. No **Assistente de Regras**, sem selecionar uma exceção, clique em **Avançar**.

    A última página do Assistente de Regras resume os parâmetros da regra SBS.

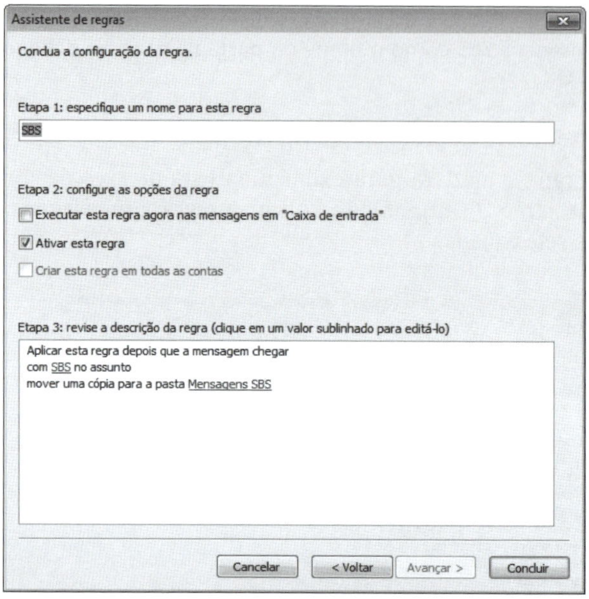

Você pode examinar os critérios e ações especificados.

14. Marque a caixa de seleção **Executar esta regra agora...** e clique em **Concluir**.

    O Outlook executará a regra no conteúdo de sua Caixa de Entrada e a salvará na caixa de diálogo Regras e Alertas.

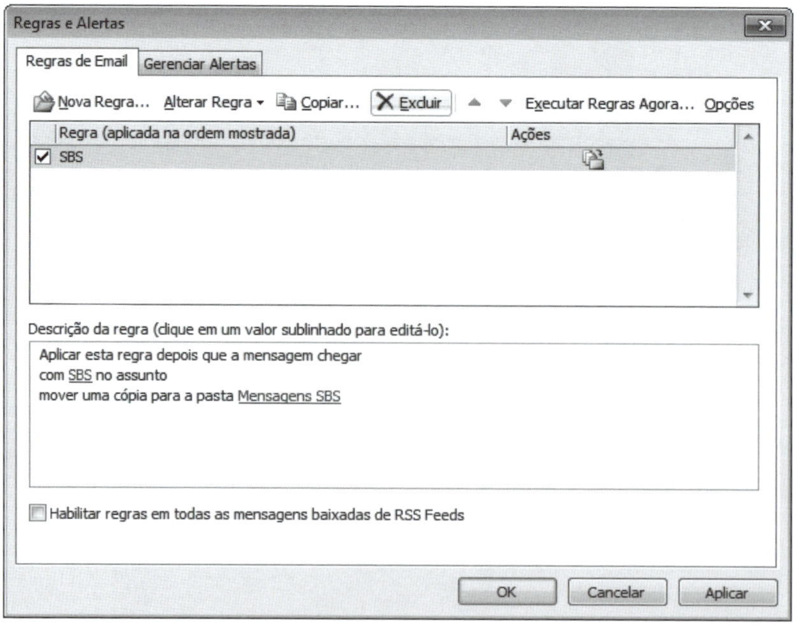

Todas as regras que você criou aparecerão nessa lista, estando ou não ativadas.

A caixa de seleção marcada à esquerda do nome da regra indica que essa regra está ativa e que o Outlook a aplicará a todas as mensagens recebidas.

15. Na caixa de diálogo **Regras e Alertas**, clique em **OK**.
16. Clique na guia **Página Inicial**. No **Painel de Navegação**, expanda a **Caixa de Entrada** se necessário e clique na pasta **Mensagens SBS**.

    A pasta contém as mensagens que você criou em capítulos anteriores deste livro e a mensagem SBS – Teste de alerta 1 criada no exercício anterior.

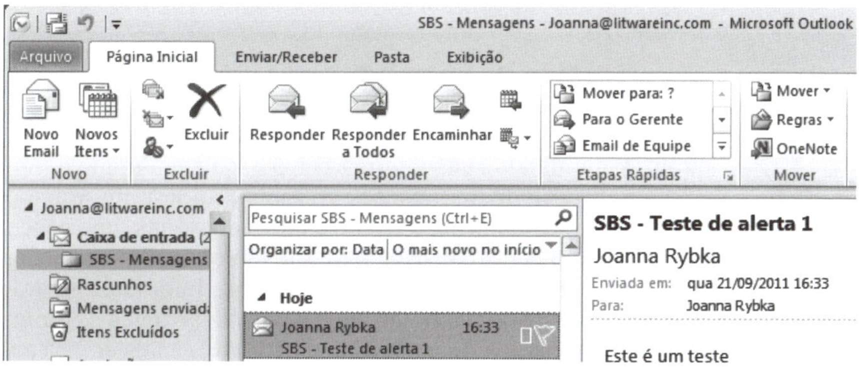

A mensagem SBS – Teste de alerta 1 foi movida de sua Caixa de Entrada para a pasta especificada.

Solução de problemas A aparência dos botões e grupos da Faixa de Opções muda de acordo com a largura da janela do programa ou da janela do item. Para obter informações sobre alterar a aparência da Faixa de Opções para que fique igual às nossas imagens de tela, consulte "Modificando a exibição da Faixa de Opções" no início deste livro.

LIMPEZA Mantenha a pasta Mensagens SBS e seu conteúdo para uso em exercícios posteriores.

Bloqueando mensagens indesejadas

O Outlook oferece vários níveis de proteção para o gerenciamento de lixo eletrônico (também chamado de spam) – as propagandas não solicitadas, às vezes contendo anexos perigosos, que podem inundar sua Caixa de Entrada se seu endereço de email chegar às mãos de fornecedores inescrupulosos de listas de endereçamento. Quando ativado, o Filtro de Lixo Eletrônico move mensagens que parecem ser lixo eletrônico para uma pasta especial ou as exclui. Você pode especificar uma lista de domínios ou endereços de email cujas mensagens devem ser sempre tratadas como lixo eletrônico; e também pode especificar uma lista de domínios ou endereços de email cujas mensagens nunca devam ser tratadas como lixo eletrônico.

O Outlook também oferece proteção contra phishing – um scam popular de roubo de identidade. Mensagens de phishing são emails que contêm links para sites que fingem representar entidades confiáveis conhecidas, como bancos ou sites de comércio eletrônico que teriam suas informações pessoais em arquivo. As mensagens solicitam a atualização de informações pessoais pelo link fornecido. Se você fizer isso, fornecerá inadvertidamente as informações solicitadas (que podem incluir o número do CPF, da conta bancária, senhas e outras informações confidenciais) para especialistas em scam, que poderão vender ou usar as informações para ganho financeiro. No passado, só ficávamos em perigo quando enviávamos as informações pelo site de phishing, mas esses sites estão ficando cada vez mais sofisticados e agora muitos hospedam softwares maliciosos de registro de pressionamento de teclas. Você pode infectar seu computador apenas visitando os sites, o que torna vital se proteger contra essas ameaças.

Consulte também O Windows Internet Explorer 8 fornece proteção interna contra sites de phishing. Para obter mais informações, consulte *Windows 7 Passo a Passo*, de Joan Lambert Preppernau e Joyce Cox.

Trabalhando com lixo eletrônico

Por padrão, quando o Outlook recebe uma mensagem que considera ser lixo eletrônico ou uma mensagem de phishing, ele distribui essa mensagem para a pasta Lixo Eletrônico associada à conta em vez de para a Caixa de Entrada. (Cada conta configurada no Outlook tem sua própria pasta Lixo Eletrônico.) Você pode não saber que uma ou mais mensagens foram redirecionadas para sua pasta Lixo Eletrônico; se alguém disser que lhe enviou uma mensagem mas você não a tiver recebido, é uma boa ideia verificar se ela está nessa pasta.

Você pode exibir o conteúdo da pasta Lixo Eletrônico clicando em Lixo Eletrônico na lista de pastas de sua conta, no Painel de Navegação. Quando a pasta Lixo Eletrônico contém uma ou mais mensagens, seu nome fica em negrito e o número de mensagens é mostrado entre parênteses após o nome da pasta. Isso é semelhante a como o nome da pasta Caixa de Entrada aparece quando ela contém mensagens não lidas, mas nesse caso, a formatação em negrito não está vinculada ao status de leitura da mensagem.

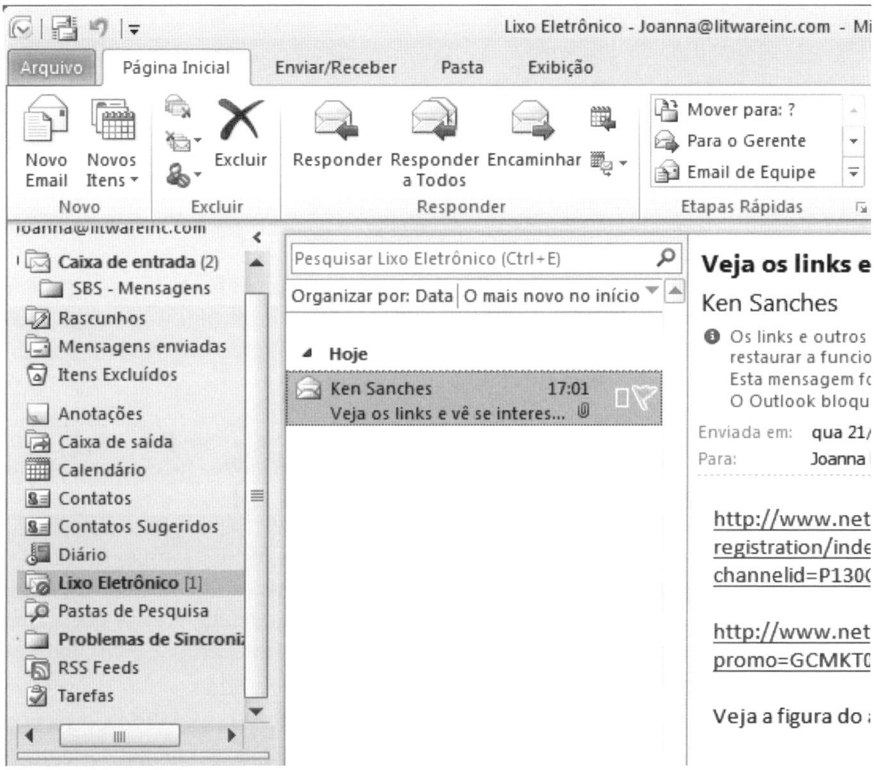

A formatação em negrito indica que a pasta Lixo Eletrônico contém uma ou mais mensagens.

Quando você abrir uma mensagem da pasta Lixo Eletrônico, o Outlook converterá seu conteúdo para texto sem formatação e desativará qualquer link ou conteúdo ativo da mensagem. A barra de informações do cabeçalho da mensagem fornece informações específicas sobre o status da mensagem. Mensagens suspeitas de ser lixo eletrônico têm barras de informação laranja; mensagens suspeitas de ser phishing têm barras de informação rosa.

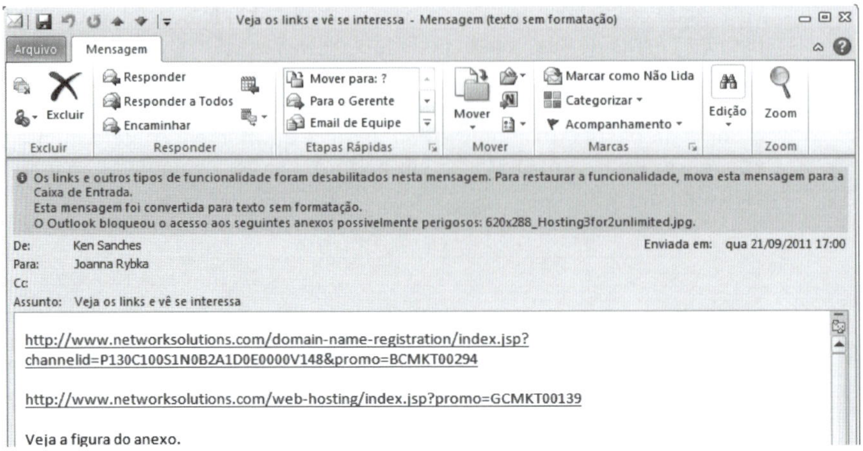

O Outlook desativa a funcionalidade em uma mensagem que suspeita ser spam.

Qualquer elemento gráfico remoto (elementos gráficos que são exibidos de locais da Internet em vez de estarem embutidos na mensagem – às vezes chamados de Web beacons) que estiver presente na mensagem será convertido em URL para que você possa ver facilmente sua origem.

Consulte também Para obter mais informações sobre Web beacons, consulte "Bloqueando conteúdo externo para proteger sua privacidade" mais à frente neste capítulo.

Embora as opções de resposta da Faixa de Opções permaneçam ativas, você não pode responder uma mensagem da pasta Lixo Eletrônico – primeiro deve movê-la para a Caixa de Entrada ou outra pasta. Mas é possível encaminhar uma mensagem dessa pasta; talvez você queira encaminhar uma mensagem para outra pessoa que possa verificar se ela é válida. A mensagem encaminhada estará em texto sem formatação em vez de no formato original.

Você pode excluir mensagens da pasta Lixo Eletrônico ou indicar para o Outlook como gostaria que o filtro de lixo eletrônico manipulasse mensagens semelhantes no futuro.

Para processar uma mensagem a partir do painel Email da pasta Lixo Eletrônico:

1. No painel Email, selecione a mensagem que deseja processar.
2. No grupo Excluir da guia Página Inicial, clique no botão Lixo Eletrônico.

   A lista Lixo Eletrônico exibirá as opções de processamento da mensagem.

Você pode configurar o Outlook para bloquear ou permitir emitentes (remetentes) específicos.

3. Clique em uma das quatro opções para bloquear o emitente ou para adicionar o emitente, seu domínio ou o grupo de destinatários à sua lista Remetentes Confiáveis ou Destinatários Confiáveis.

   Um clique em uma opção não remove a mensagem da pasta Lixo Eletrônico.

4. Para mover a mensagem para sua Caixa de Entrada, clique em Não é Lixo Eletrônico.

   A caixa de mensagem Marcar como Não é Lixo Eletrônico será aberta.

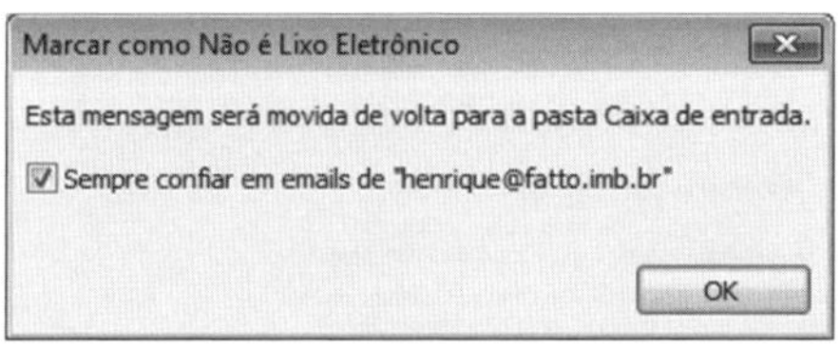

A caixa de diálogo pode ter uma aparência diferente, dependendo de sua configuração de conta de email do Outlook.

5. Se não quiser mover a mensagem para a Caixa de Entrada, clique no botão Fechar. Caso contrário, marque uma ou as duas caixas de seleção Sempre Confiar e clique em OK.

   - Marcar a caixa de seleção Sempre confiar em emails de adiciona o emitente da mensagem à lista Remetentes Confiáveis.
   - Marcar a caixa de seleção Sempre confiar em emails enviados para os seguintes endereços adiciona o destinatário da mensagem à lista Destinatários Confiáveis.

Para processar uma mensagem aberta, clique no botão Lixo Eletrônico do grupo Excluir da guia Mensagem exibida na janela de leitura de mensagem e clique na opção que deseja.

Configurando opções de lixo eletrônico

Podemos gerenciar configurações de lixo eletrônico a partir da caixa de diálogo Opções de Lixo Eletrônico, que é aberta com um clique em Opções de Lixo Eletrônico na lista Lixo Eletrônico. Você pode definir opções específicas de processamento de lixo eletrônico para cada conta à qual o Outlook estiver configurado para se conectar. A conta para a qual você estiver configurando opções será exibida na barra de título da caixa de diálogo Opções de Lixo Eletrônico.

A caixa de diálogo Opções de Lixo Eletrônico tem cinco páginas.

- Na página Opções, você pode selecionar um nível de proteção. Se não tiver filtros adicionais já instalados, como os que costumam ser fornecidos pela empresa, talvez prefira clicar em Alta. Caso contrário, clique em Baixa.

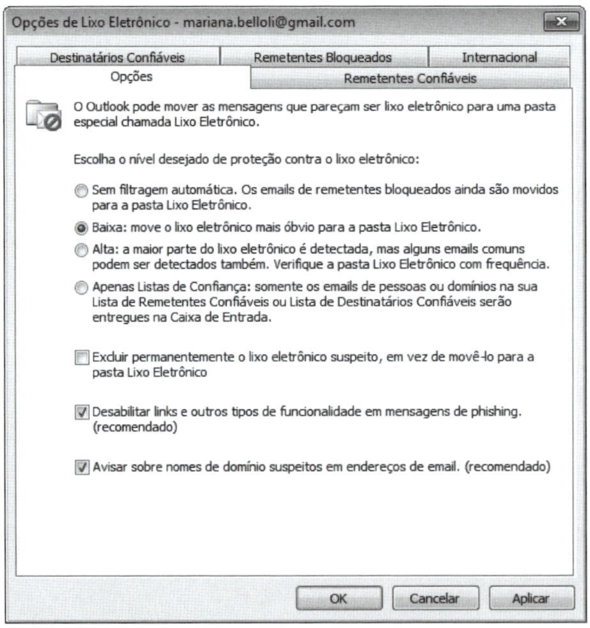

A página Opções da caixa de diálogo Opções de Lixo Eletrônico.

Se quiser que o Outlook exclua automaticamente lixo eletrônico suspeito, marque a caixa de seleção Excluir permanentemente o lixo eletrônico suspeito, em vez de movê-lo para a pasta Lixo Eletrônico. Não marque essa caixa de seleção se definir o nível de proteção como Alta ou Apenas Listas de Confiança. Com essas configurações, o Filtro de Lixo Eletrônico pode capturar algumas mensagens válidas que você não gostaria que fossem excluídas.

Observe que a caixa de seleção Desabilitar links e outros tipos de funcionalidade em mensagens de phishing vem marcada por padrão. Se não tiver certeza se há outro sistema de proteção instalado, deixe essa opção selecionada.

- Na página Remetentes Confiáveis, você pode adicionar o endereço de email de uma pessoa específica à lista Remetentes Confiáveis (por exemplo, *tom@contoso.com*) ou especificar que um email recebido de qualquer emitente de um domínio específico é seguro adicionando só o domínio (por exemplo, *@contoso.com*).

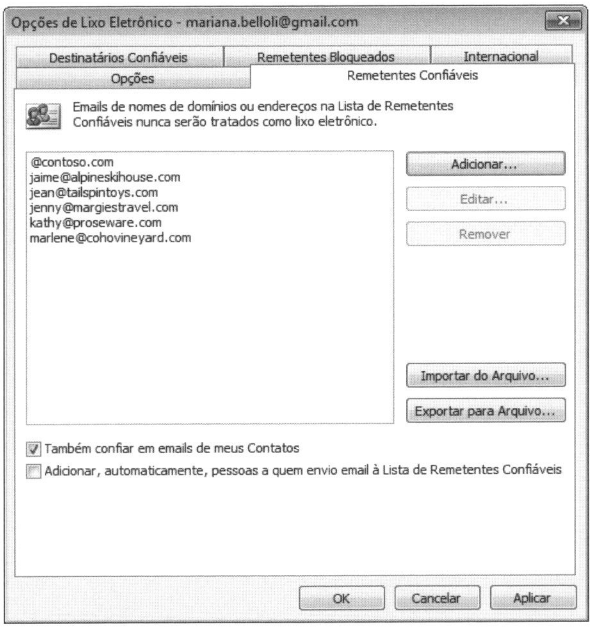

A página Remetentes Confiáveis da caixa de diálogo Opções de Lixo Eletrônico.

Para assegurar que mensagens de seus contatos legítimos não sejam movidas para a pasta Lixo Eletrônico pelo Filtro de Lixo Eletrônico, marque as caixas de seleção Também confiar em emails de meus Contatos e Adicionar, automaticamente, pessoas a quem envio email à Lista de Remetentes Confiáveis.

- Na página Destinatários Confiáveis, você pode adicionar as listas de distribuição ou listas de endereçamento das quais for membro à sua Lista de Destinatários Confiáveis para assegurar que as mensagens enviadas por elas nunca sejam tratadas como lixo eletrônico.

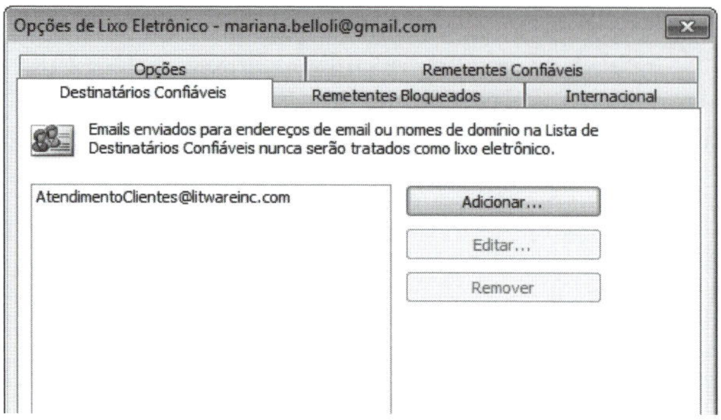

A página Destinatários Confiáveis da caixa de diálogo Opções de Lixo Eletrônico.

- Na página Remetentes Bloqueados, você pode adicionar manualmente endereços de email e nomes de domínio à lista Remetentes Bloqueados ou o Outlook os adicionará automaticamente sempre que você identificar uma mensagem recebida como lixo eletrônico.

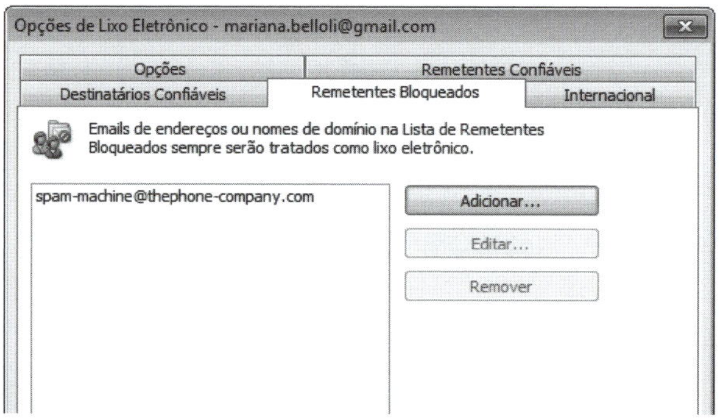

A página Remetentes Bloqueados da caixa de diálogo Opções de Lixo Eletrônico.

Dica Para adicionar o remetente ou o destinatário de uma mensagem a uma de suas listas de lixo eletrônico, clique com o botão direito do mouse na mensagem em sua Caixa de Entrada ou em outra pasta de emails, clique em Lixo Eletrônico e em Bloquear Remetente, Nunca Bloquear Remetente, Nunca Bloquear Domínio do Remetente ou Não é Lixo Eletrônico.

- Na página Internacional, você terá a opção de bloquear todas as mensagens de um país específico, de um domínio de nível superior ou contendo codificação de texto específica de idioma diferente do português ou inglês.

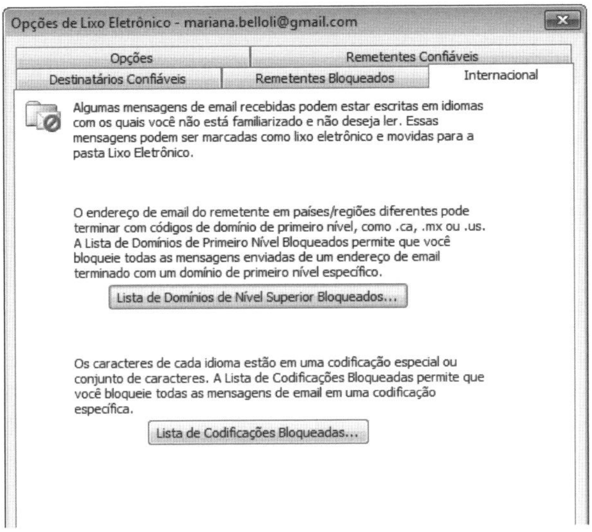

A página Internacional da caixa de diálogo Opções de Lixo Eletrônico.

Clique em Lista de Domínios de Nível Superior Bloqueados para acessar a lista de domínios de nível superior que você pode bloquear. Clique em Lista de Codificações Bloqueadas para acessar a lista de idiomas que podem ser bloqueados.

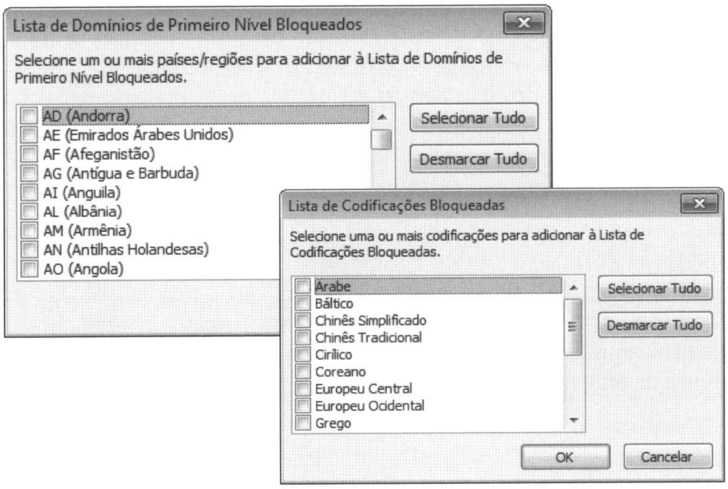

Você pode bloquear grupos de mensagens de países e idiomas específicos.

Protegendo seus emails

Quando seus emails estiverem passando de servidor a servidor em direção a você ou outros destinatários, ficarão vulneráveis à intercepção de hackers e outras pessoas que tiverem a intenção de vê-los. Com o Outlook 2010, você pode proteger suas mensagens de várias maneiras, inclusive implementando assinaturas digitais, criptografia, mensagens de texto sem formatação e o Gerenciamento de Direitos de Informação (IRM, Information Rights Management). Em certos ambientes corporativos, principalmente os que manipulam dados sigilosos, como as firmas jurídicas e contábeis, procedimentos específicos para a segurança dos emails podem ser obrigatórios e impostos. Na ausência de uma orientação assim, só você pode decidir se algumas dessas medidas adicionais de segurança são apropriadas à sua situação.

Assinaturas digitais

Ao enviar mensagens, você pode garantir aos destinatários que eles estão recebendo mensagens válidas usando uma assinatura digital – um fragmento de código que valida a identidade do remetente de uma mensagem (não a pessoa real, mas a conta de email e o computador no qual a mensagem teve origem).

Obtendo uma identificação digital

Para enviar mensagens assinadas ou criptografadas digitalmente pela Internet, você deve obter uma identificação digital com uma autoridade de certificação independente. Na primeira vez que você tentar assinar ou criptografar digitalmente uma mensagem sem ter uma identificação digital válida instalada em seu computador, o Outlook solicitará que obtenha uma. Se preferir, você pode obtê-la antes de precisar dela.

A obtenção de alguns tipos de identificações digitais, como os usados para certificar a origem de programas de software, envolve um processo de aplicação rigoroso que pode levar semanas para terminar. No entanto, a aplicação de uma identificação digital à certificação de documentos e emails é um processo relativamente simples. Você pode ter mais de uma identificação digital em seu computador e selecionar qual usará para cada documento ou mensagem. Por exemplo, poderia ter uma identificação digital para uso comercial e outra para uso pessoal.

Se você tiver uma conta do Exchange, talvez o administrador do Exchange possa lhe fornecer uma identificação digital. Caso contrário, você terá que obter uma independentemente. Muitas empresas de certificação dos Estados Unidos e internacionais oferecem identificações digitais para a certificação de emails. Provavelmente você se sentirá mais confortável comprando um certificado na moeda de seu país. Independente de onde a obtiver, sua identificação digital valerá no mundo todo.

Para obter uma identificação digital para assinar ou criptografar documentos e mensagens:

1. Na página Central de Confiabilidade da caixa de diálogo Opções do Outlook, clique em Configurações da Central de Confiabilidade.

   A caixa de diálogo Central de Confiabilidade será aberta.

2. No painel esquerdo, clique em Segurança de Email.

   Nessa página você pode definir várias das configurações discutidas neste tópico.

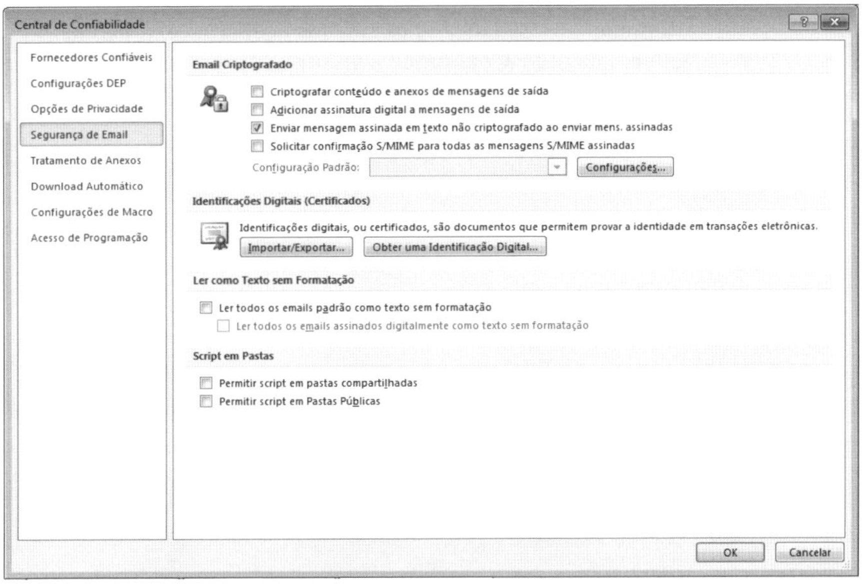

O botão Publicar na GAL (Lista Global de Endereços) só fica disponível em um ambiente do Exchange administrado centralizadamente.

3. Na área Identificações Digitais (Certificados) da página Segurança de Email, clique em Obter uma Identificação Digital.

   O site Microsoft Office Online será aberto em seu navegador Web padrão, listando os fornecedores de quem você pode obter uma identificação digital para certificar documentos e emails.

Dica Se quiser usar uma autoridade de certificação diferente das recomendadas pela Microsoft, procure na Web *identificação digital ou autoridade de certificação* e encontrará várias opções. Você pode solicitar uma identificação digital a qualquer autoridade de certificação em seu site. As identificações digitais de fornecedores não recomendados podem apresentar problemas de compatibilidade com o Windows Internet Explorer, portanto, se usar o Internet Explorer e quiser ter certeza de que não terá problemas, use um dos fornecedores recomendados.

4. Clique no link no fim da descrição de um fornecedor para exibir o seu site.
5. Siga as instruções do site para registrar uma identificação digital.

   Algumas autoridades de certificação cobram uma pequena taxa, mas a maioria oferece identificações digitais gratuitas ou um período de teste gratuito. Como parte do processo, provavelmente você será solicitado a responder um email a partir de seu computador.

Sua identificação digital será instalada no computador em que você concluir o processo de solicitação, mas estará associada ao seu endereço de email; se precisar usá-la em outro computador, você poderá reinstalá-la a partir do site do fornecedor ou exportar os arquivos da certificação digital do computador original e importá-los para o outro computador.

Para exportar ou importar uma identificação digital:

1. Exiba a página Segurança de Email da caixa de diálogo Central de Confiabilidade.
2. Na área Identificações Digitais (Certificados) da página Segurança de Email, clique em Importar/Exportar.

   A caixa de diálogo Importar/Exportar identificação digital será aberta.

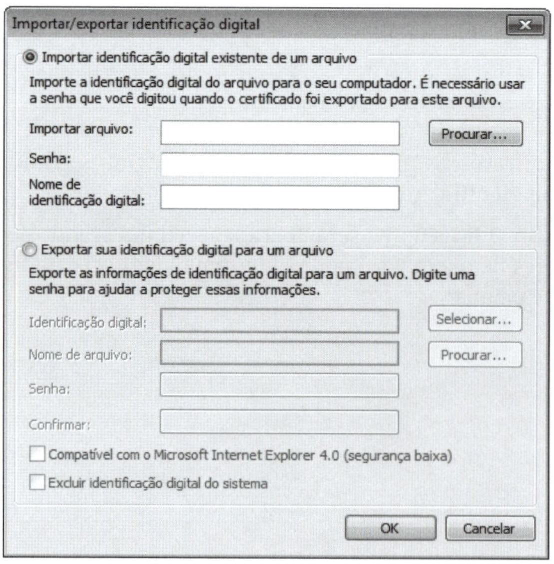

Você pode importar e usar qualquer identificação digital que estiver associada ao seu endereço de email.

3. Na caixa de diálogo Importar/Exportar identificação digital, selecione se deseja importar ou exportar sua identificação digital, forneça as informações apropriadas e clique em OK.

Dica Você pode importar uma identificação digital a partir da página Certificados de uma janela de registro de contato. Para obter informações, consulte "Trabalhando no módulo Contatos" no Capítulo 2, "Explore as janelas do Outlook".

Assinando mensagens digitalmente

Você pode assinar mensagens individuais digitalmente quando as compuser ou instruir o Outlook a assinar digitalmente todas as mensagens enviadas.

Na primeira vez que você assinar digitalmente uma mensagem, terá que definir configurações de segurança para usar seu certificado digital. Faça isso na caixa de diálogo Central de Confiabilidade.

Solução de problemas Podemos seguir um processo semelhante para definir configurações de segurança a partir da janela da mensagem, mas parece que há um bug no sistema que faz o processo não funcionar corretamente – logo, siga o processo da Central de Confiabilidade.

Para definir configurações de certificado digital, siga essas etapas:

1. Exiba a página Segurança de Email da caixa de diálogo Central de Confiabilidade.
2. À direita da caixa Configuração Padrão, clique em Configurações.

   A caixa de diálogo Alterar configurações de segurança será aberta.

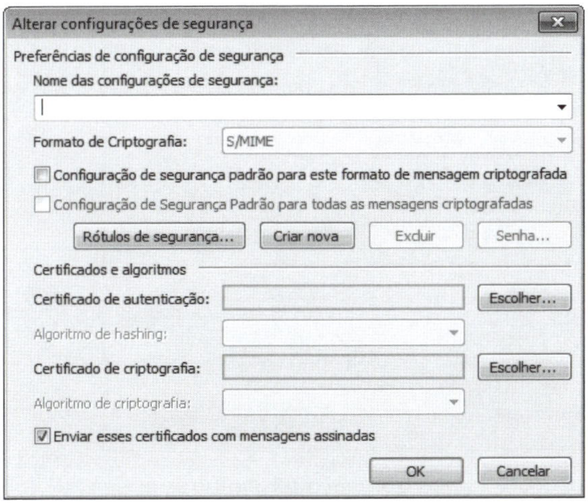

Você tem que especificar certificados digitais de assinatura e criptografia.

3. Na caixa de diálogo Alterar configurações de segurança, à direita da caixa Certificado de Autenticação, clique em Escolher.

   A caixa de diálogo Segurança do Windows será aberta.

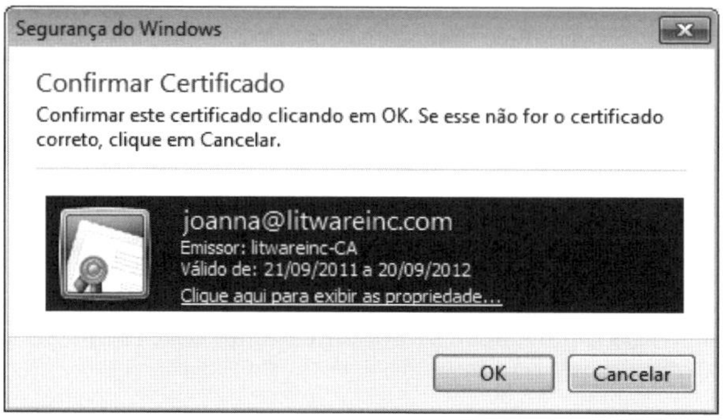

A caixa de diálogo exibirá os certificados de assinatura digital disponíveis em seu computador.

4. Na caixa de diálogo Segurança do Windows, clique no certificado digital que deseja usar para assinar digitalmente mensagens enviadas e clique em OK.

   As informações do certificado selecionado aparecerão na caixa de diálogo Alterar Configurações de Segurança.

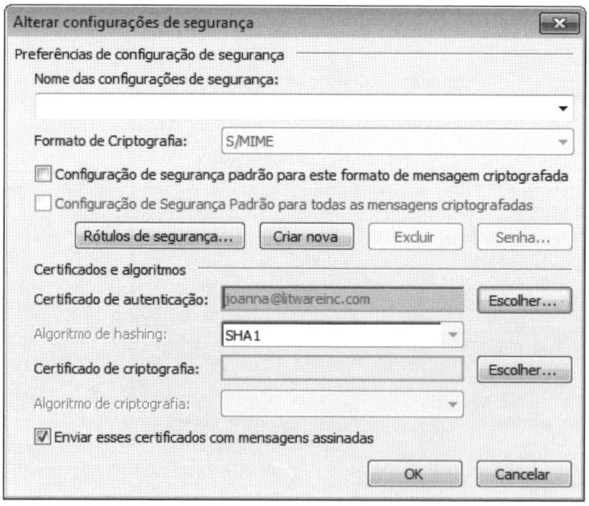

Por padrão, o Outlook também atribui o certificado selecionado à criptografia de mensagens

5. Na caixa Nome das configurações de segurança, insira o nome pelo qual você identificará o certificado de assinatura. Em seguida, clique em OK na caixa de diálogo Alterar configurações de segurança, na caixa de diálogo Central de Confiabilidade e na caixa de diálogo Opções do Outlook.

Após você concluir o processo, os botões de assinatura e criptografia digitais aparecerão no grupo Permissão da guia Opções da janela de composição de mensagem.

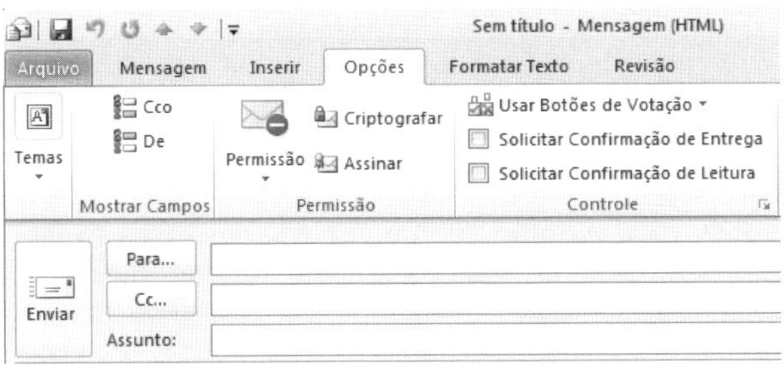

Por padrão, o Outlook também atribui o certificado selecionado à criptografia de mensagens.

Para assinar digitalmente um email individual:

- No grupo Permissão da guia Opções, clique no botão Assinar Mensagem Digitalmente.

Uma mensagem com uma assinatura digital válida tem uma faixa vermelha em seu ícone e um ícone de assinatura digital (também uma faixa vermelha) em seu cabeçalho. Quando você receber uma mensagem assinada digitalmente, poderá clicar no ícone de assinatura digital para visualizar informações sobre a assinatura.

Para assinar digitalmente todas as mensagens enviadas:

1. Exiba a página Segurança de Email da caixa de diálogo Central de Confiabilidade.
2. Na área Email Criptografado da página Segurança de Email, marque a caixa de seleção Adicionar assinatura digital a mensagens de saída.
3. Se nenhum dos destinatários de sua mensagem tiver a segurança S/MIME (por exemplo, se você estiver enviando mensagens para pessoas que sabe que não estão usando o Outlook), certifique-se de que a caixa de seleção Enviar mensagem assinada em texto não criptografado ao enviar mens. assinadas esteja marcada (essa é a configuração padrão).

Criptografia

Você pode proteger o conteúdo de mensagens enviadas usando criptografia. A criptografia assegura que só os destinatários desejados possam ler as mensagens enviadas. O programa de email do destinatário da mensagem deve ter recursos de descriptografia correspondentes para ler a mensagem.

Podemos criptografar mensagens individuais ao compô-las ou instruir o Outlook a criptografar todas as mensagens enviadas.

Para criptografar uma mensagem individual:

- No grupo Permissão da guia Opções, clique no botão Criptografar.

Solução de problemas Se você não tiver usado anteriormente o recurso de criptografia do Outlook 2010, o botão Criptografar o conteúdo e os anexos da mensagem pode não estar visível. Se isso ocorrer, clique no iniciador da caixa de diálogo Mais Opções na guia Opções, e na caixa de diálogo Propriedades, clique em Configurações de segurança. Na caixa de diálogo Propriedades de segurança, marque a caixa de seleção Criptografar o conteúdo e os anexos da mensagem e clique em OK. Em seguida, feche a caixa de diálogo Propriedades.

Para criptografar todas as mensagens enviadas:

1. Exiba a página Segurança de Email da caixa de diálogo Central de Confiabilidade.
2. Na área Email Criptografado da página Segurança de Email, marque a caixa de seleção Criptografar conteúdo e anexos de mensagens de saída.
3. Para receber a confirmação de que o destinatário recebeu uma mensagem criptografada em seu formato criptografado, marque a caixa de seleção Solicitar confirmação S/MIME para todas as mensagens S/MIME assinadas.

Uma mensagem criptografada tem um cadeado azul em seu ícone e um ícone de criptografia (também um cadeado azul) em seu cabeçalho. Quando você receber uma mensagem criptografada, poderá clicar no ícone de criptografia para visualizar as configurações de segurança.

Dica Se você tentar enviar uma mensagem criptografada do Outlook para um destinatário cuja configuração de email não dê suporte à criptografia, o Outlook vai notificá-lo e lhe dará a opção de reenviar a mensagem em um formato não criptografado.

Mensagens de texto sem formatação

Nos dias de hoje, vírus e outros programas perigosos podem facilmente ser disseminados de um computador para outro pela incorporação ou vinculação de conteúdo ativo proveniente de emails. Para assegurar que os emails recebidos não prejudiquem seu computador, você pode querer exibi-los em texto sem formatação, em vez de em Rich Text Format ou HTML. Links, scripts e outros conteúdos ativos são desativados em mensagens sem formatação.

Para receber todas as mensagens sem formatação:

1. Exiba a página Segurança de Email da caixa de diálogo Central de Confiabilidade.
2. Na área Ler como Texto sem Formatação da página Segurança de Email, marque a caixa de seleção Ler todos os emails padrão como texto sem formatação e clique em OK.

Gerenciamento de Direitos de Informação

Se não quiser que um destinatário encaminhe, copie ou imprima sua mensagem, você pode enviá-la com permissões restritas. Para definir essas permissões, que controlam quem pode ler as mensagens e o que pode ser feito com elas, use o Gerenciamento de Direitos de Informação (IRM – Information Rights Management). Se a mensagem restrita incluir um anexo, como um documento do Microsoft Word, uma pasta de trabalho do Excel ou uma apresentação do PowerPoint, o destinatário não poderá editar, copiar ou imprimi-lo (exceto se você definir permissões individuais para deixar que essas ações ocorram dentro do documento).

Para usar o IRM, você precisa de acesso a um servidor IRM. Se sua empresa tiver seu próprio servidor IRM, o administrador poderá aconselhá-lo como definir permissões restritas. Se você não tiver acesso a um servidor IRM, o Outlook solicitará que se inscreva para um teste gratuito em um servidor IRM fornecido pela Microsoft na primeira vez que tentar definir permissões para uma mensagem.

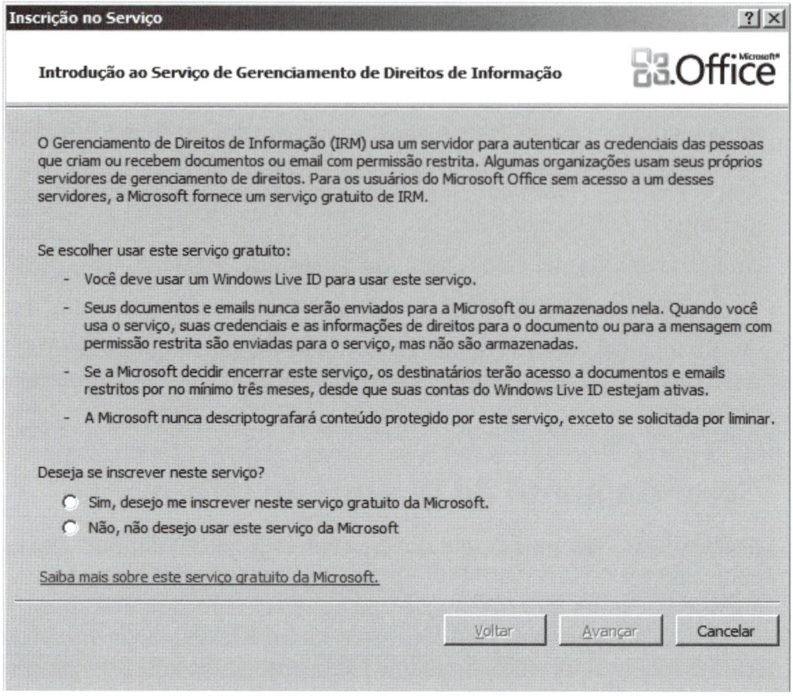

Você pode usar o serviço de IRM da Microsoft se sua empresa não tiver um servidor IRM interno.

Para se beneficiar dessa versão de teste gratuita, clique em Sim na caixa de diálogo Inscrição no Serviço e inscreva-se para obter um certificado de conta de Gerenciamento de Direitos (RM – Rights Management) para seu endereço de envio de emails (que deve ser registrado como uma identificação do Windows Live). O certificado é válido por seis meses. Após concluir o processo de inscrição, você poderá restringir permissões de mensagens enviadas do computador em que o certificado estiver instalado.

Dica O registro de seu endereço de email como uma identificação do Windows Live lhe dará as credenciais necessárias para acessar vários sites e serviços fornecidos pela Microsoft e outras empresas. Para registrar seu endereço de email como uma identificação do Windows Live, visite home.live.com.

Para impedir que os destinatários das mensagens encaminhem, imprimam ou copiem uma mensagem:

- No grupo Permissão da guia Opções, clique na seta Permissão e, na lista, clique em Não Encaminhar.

A barra de informações do cabeçalho de mensagens enviadas e recebidas indica o que os destinatários podem ou não fazer com a mensagem.

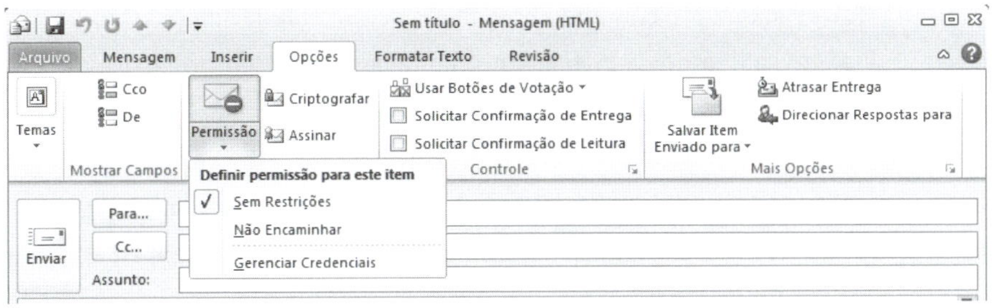

Você pode restringir as maneiras como os destinatários compartilharão o conteúdo da mensagem com outras pessoas.

Para ler uma mensagem enviada com permissões restritas, os destinatários devem ter o Outlook 2010, o Outlook 2007 ou o Outlook 2003.

Bloqueando conteúdo externo para proteger sua privacidade

O email está cada vez mais sendo usado para distribuir informações de marketing para clientes atuais e futuros. Muitas empresas incluem imagens em suas mensagens de marketing para ajudar a explicar seu produto ou para tornar a mensagem mais interessante e chamativa, mas essas imagens podem aumentar os emails. Para evitar esse problema, algumas empresas incluem links para as imagens que ficam hospedadas em seu servidor. Quando visualizamos ou abrimos a mensagem, podemos ver as imagens, que na verdade não fazem parte dela.

Alguns emitentes de lixo eletrônico estão usando essa tecnologia para incluir Web beacons em suas mensagens. Os Web beacons são programas pequenos que notificam o emitente quando lemos ou visualizamos o email. A notificação confirma que nosso endereço de email é válido, e como resultado, podemos receber mais lixo eletrônico.

Para ajudar a proteger sua privacidade, o Outlook inclui recursos que bloqueiam conteúdo externo como imagens, sons e Web beacons. Além de ajudar a assegurar sua privacidade, essa técnica de bloqueio pode economizar recursos de largura de banda, porque escolhemos se queremos baixar imagens e sons, em vez de baixá-los automaticamente quando abrimos uma mensagem.

Por padrão, o Outlook 2010 bloqueia conteúdo externo de e para todas as fontes exceto as definidas nas listas Remetentes Confiáveis e Destinatários Confiáveis. Quando você abrir ou visualizar uma mensagem com conteúdo bloqueado, uma barra de informações no cabeçalho da mensagem fornecerá opções para a manipulação do conteúdo bloqueado.

Para visualizar o conteúdo bloqueado de um email individual:

- No cabeçalho da mensagem, clique na barra de informações e em Baixar Imagens.

Para alterar a maneira como o Outlook manipula conteúdo externo:

1. Exiba a página Download Automático da caixa de diálogo Central de Confiabilidade.
2. Marque as caixas de seleção das opções que deseja, entre elas:
   - Não baixar imagens automaticamente em emails em HTML ou itens RSS.
   - Permitir downloads em emails de remetentes e destinatários definidos nas listas de remetentes e destinatários confiáveis usadas pelo filtro Lixo Eletrônico.
   - Permitir downloads de sites desta área de segurança: Área Confiável.
   - Permitir downloads em itens RSS.
   - Permitir downloads em Quadros de Discussão do SharePoint.
   - Avisar antes de baixar conteúdo ao editar, encaminhar ou responder a emails.
3. Clique em OK para salvar suas configurações.

Na maioria dos casos, a segurança fornecida pelas configurações padrão compensa a pequena inconveniência de ser preciso fazer o download manual do conteúdo que queremos ver ou ouvir. Acabamos descobrindo que muitas das mensagens com imagens bloqueadas não são mesmo de interesse, porque geralmente são mensagens de marketing.

Pontos principais

- O Outlook nos alerta sobre novas mensagens de várias maneiras, todas personalizáveis.
- Você pode definir regras para que o Outlook avalie e processe mensagens dependendo dos critérios definidos.
- Você pode assinar digitalmente suas mensagens, criptografá-las e definir permissões para elas. Também pode exibir as mensagens em texto sem formatação para desativar qualquer conteúdo ativo.
- Filtros internos bloqueiam mensagens indesejadas ou perigosas que lembrem padrões típicos de spam ou contenham conteúdo ativo.

Resumo do capítulo

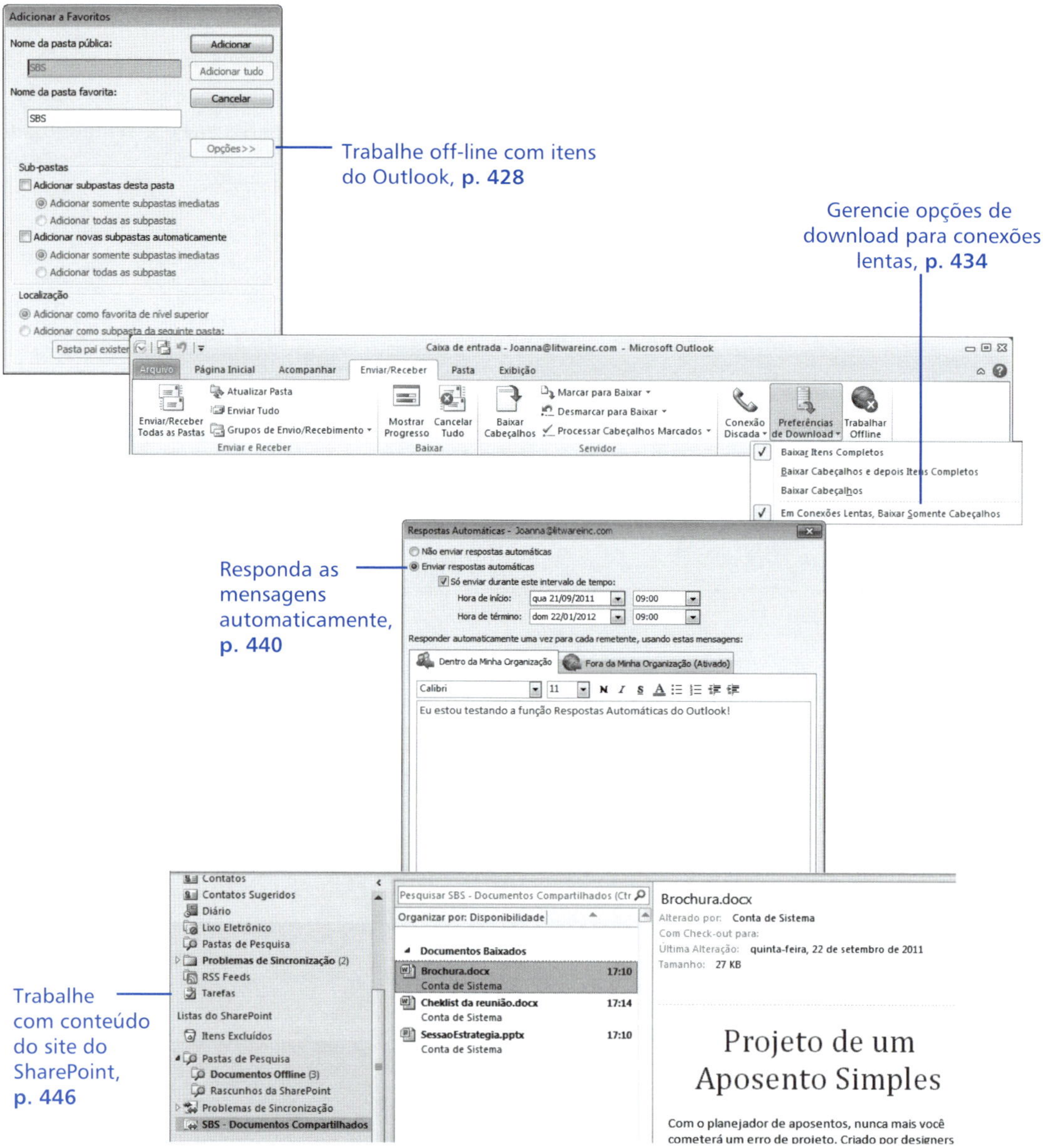

Capítulo 12

Trabalhe remotamente

Neste capítulo, você vai aprender a:

- Trabalhar offline com itens do Outlook.
- Gerenciar opções de download para conexões lentas.
- Responder mensagens automaticamente.
- Trabalhar com conteúdo do site do SharePoint.

Você não precisa de uma conexão de Internet ativa para acessar as informações que tem armazenadas no Microsoft Outlook 2010. Você pode trabalhar com mensagens, compromissos e outros itens do Outlook enquanto seu computador estiver offline, usando o recurso Modo Cache do Exchange. Esse recurso permite compor e ler mensagens no computador portátil, por exemplo, quando estamos em um voo. Quando você estiver trabalhando online, mas tiver uma conexão de Internet lenta, poderá definir configurações do Modo Cache do Exchange para restringir a quantidade de informações baixadas com cada mensagem e dedicar a largura de banda disponível às tarefas que precisa executar com mais urgência.

E quando viajar ou estiver indisponível para responder emails recebidos durante um determinado período, poderá usar o recurso Respostas Automáticas para informar os emitentes da mensagem sobre seu status e definir expectativas de tempo de resposta para as mensagens.

É cada vez mais comum pessoas em locais diferentes trabalharem juntas, com um site de colaboração fornecendo um ponto central para o armazenamento e distribuição de informações e o gerenciamento de processos da equipe. Os produtos e tecnologias do Microsoft SharePoint fornecem uma maneira simples e eficaz de os membros de equipes compartilharem informações e colaborarem em projetos. Se sua empresa usar um site do SharePoint para facilitar a colaboração entre membros de equipe, você poderá conectar o Outlook a bibliotecas de documentos, listas e calendários do SharePoint. Assim, poderá trabalhar com as informações armazenadas no site do SharePoint de dentro do Outlook, estando online ou offline.

Neste capítulo, primeiro você vai configurar o Modo Cache do Exchange para trabalhar offline no Outlook com vários itens. Também vai aprender maneiras de trabalhar de modo eficiente com itens do Outlook quando tiver uma conexão de Internet lenta. Em seguida, vai definir respostas automáticas. Para concluir, vai conectar bibliotecas de documentos, listas e calendários do SharePoint ao Outlook.

Arquivos de exercícios Você não precisará de arquivo para fazer os exercícios deste capítulo. Para obter mais informações sobre os requisitos de uso dos arquivos de exercícios, consulte "Usando os arquivos de exercícios" no começo deste livro.

Trabalhando offline com itens do Outlook

Atualmente conexões de Internet sem fio estão disponíveis em muitos aeroportos, cafeterias, restaurantes e até mesmo aviões, gratuitamente ou por uma pequena taxa. Mas mesmo nunca tendo sido tão fácil se conectar à Internet, ainda haverá momentos em que você usará seu computador offline. Você pode ler e criar mensagens e outros itens do Outlook com seu computador offline como se estivesse online usando o recurso Modo Cache do Exchange. O Modo Cache do Exchange foi introduzido como uma opção no Outlook 2003 e vem ativado por padrão no Outlook 2010. Geralmente funciona em segundo plano sem nenhuma interação nossa.

O Modo Cache do Exchange cria uma cópia local (uma cópia residindo em seu computador) do conteúdo da caixa de correio da conta do Microsoft Exchange Server. Quando você estiver trabalhando online (conectado ao Exchange), mensagens, compromissos, reuniões, tarefas e outros itens do Outlook serão sincronizados entre o servidor e o cache local. Como resultado, quando estiver offline (desconectado do Exchange, voluntariamente ou não), continuará podendo abrir e trabalhar com todos os seus itens do Outlook – inclusive anexos – como sempre. Não poderá receber mensagens enquanto estiver offline, mas poderá enviá-las – pelo menos até sua Caixa de Saída, onde elas serão mantidas até a próxima vez em que o Outlook se conectar ao Exchange. O Modo Cache do Exchange dinamizou muito o processo de trabalho offline, tornando simples, por exemplo, ficarmos atualizados com relação aos emails em nosso laptop quando estamos em um avião – do tipo antigo, *sem* Internet a bordo.

Usando o Modo Cache do Exchange no Outlook 2010, você pode ter acesso offline não só ao conteúdo de sua caixa de correio do Exchange, mas também ao conteúdo de pastas compartilhadas e pastas públicas (se sua empresa fizer uso delas).

Pastas públicas

As pastas públicas são pastas de armazenamento compartilhado em um ambiente do Exchange. O Exchange não cria automaticamente pastas públicas; o administrador do Exchange deve ativar esse recurso de maneira específica.

Se sua empresa usa pastas públicas, elas estarão disponíveis na lista de pastas expandida do Painel de Navegação do módulo Email.

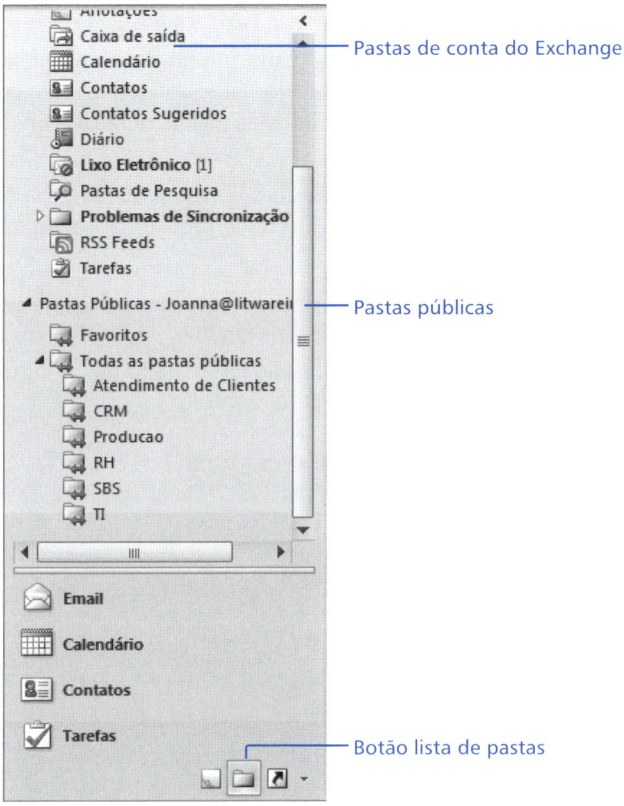

Para expandir a lista de pastas e exibir pastas públicas, clique no botão Lista de Pastas.

Você pode armazenar itens do Outlook em uma pasta pública copiando ou movendo manualmente os itens ou criando uma regra para mover ou copiar automaticamente itens que atendam critérios específicos.

Se tiver as permissões necessárias, você poderá criar pastas públicas e disponibilizá-las para toda a empresa ou para pessoas ou grupos selecionados.

Para criar e configurar uma pasta pública:

1. No grupo Novo da guia Pasta de qualquer módulo do Outlook, clique no botão Nova Pasta; ou no Painel de Navegação, clique com o botão direito do mouse na pasta Todas as pastas públicas e clique em Nova Pasta.
2. Na caixa de diálogo Criar Nova Pasta, insira um nome para a pasta pública e selecione o tipo de itens que ela conterá. Na lista Selecionar onde colocar a pasta, expanda Pastas Públicas e clique em Todas as pastas públicas. Em seguida, clique em OK.
3. No Painel de Navegação, exiba as pastas públicas e expanda a pasta Todas as pastas públicas. Clique com o botão direito do mouse na nova pasta e clique em Propriedades.
4. Na página Permissões da caixa de diálogo Propriedades, especifique as pessoas e permissões que deseja atribuir à pasta. Em seguida, clique em OK.

   Você pode selecionar um nível de permissão predefinido ou configurar individualmente leitura, gravação, exclusão e outras opções.

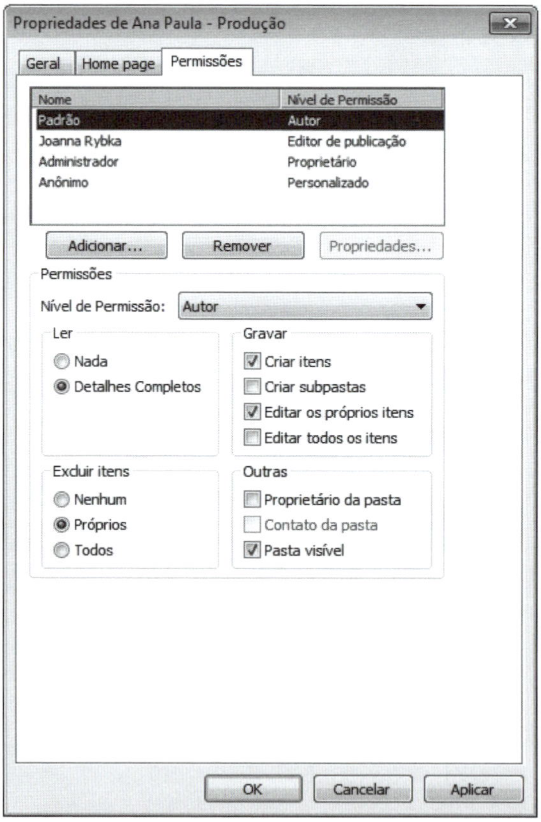

Você pode definir as permissões de pastas públicas para as quais tiver acesso administrativo.

Usando o Modo Cache do Exchange, podemos tornar o conteúdo das pastas públicas disponíveis ao trabalhar offline.

Para adicionar uma pasta pública à lista de Favoritos:

1. No Painel de Navegação, exiba as pastas públicas e expanda a pasta Todas as pastas públicas.
2. Clique com o botão direito do mouse na pasta que deseja disponibilizar offline e clique em Adicionar a Favoritos.

   A caixa de diálogo Adicionar a Favoritos será aberta.
3. Clique no botão Opções para exibir as opções de subpasta e local.

   Você pode incluir ou excluir subpastas da pasta pública selecionada.

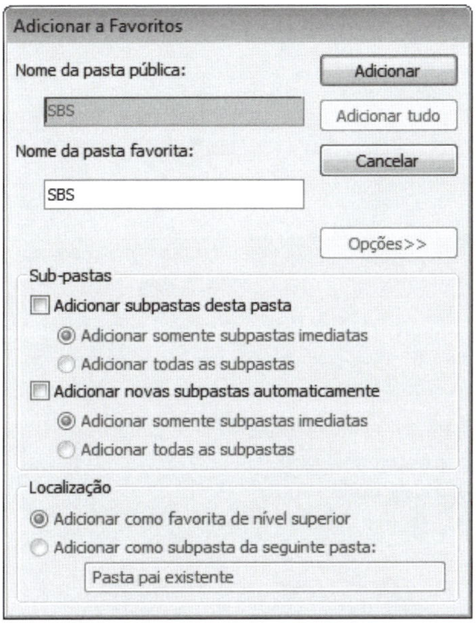

Podemos rotular uma pasta com um nome diferente na lista Favoritos.

4. Na caixa de diálogo Adicionar a Favoritos, especifique o nome da pasta pública como deseja que apareça na pasta Favoritos, selecione as opções de subpasta e local que deseja e clique em Adicionar.

Configurando opções do Modo Cache do Exchange

Quando configurar o Outlook para se conectar a uma conta, ou em qualquer momento depois disso, você poderá configurar o Modo Cache do Exchange para manter pastas compartilhadas e pastas públicas, assim como pastas padrão da conta do Exchange, em seu cache local.

Para gerenciar as configurações do modo cache para sua conta do Exchange:

1. Exiba o modo Backstage. Com sua conta do Exchange ativa no topo da página Informações, clique no botão Configurações de Conta e, em seguida, clique em Configurações de Conta.

   A caixa de diálogo Configurações de Conta será aberta.

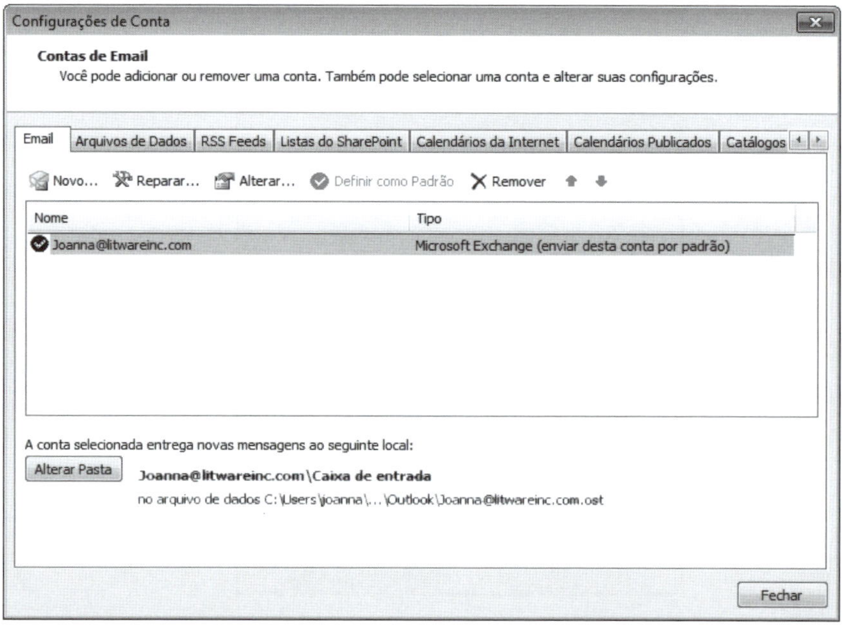

Todas as contas às quais o Outlook é configurado para se conectar são listadas na guia Email.

2. Com sua conta do Exchange selecionada na lista, clique no botão Alterar.

   A caixa de diálogo Alterar Conta será aberta.

3. Na caixa de diálogo Alterar Conta, clique no botão Mais Configurações.

   A caixa de diálogo Microsoft Exchange será aberta.

4. Na caixa de diálogo Microsoft Exchange, clique na guia Avançado.

   As caixas de seleção disponíveis sob Configurações do Modo Cache do Exchange vão depender das configurações do Exchange em sua empresa.

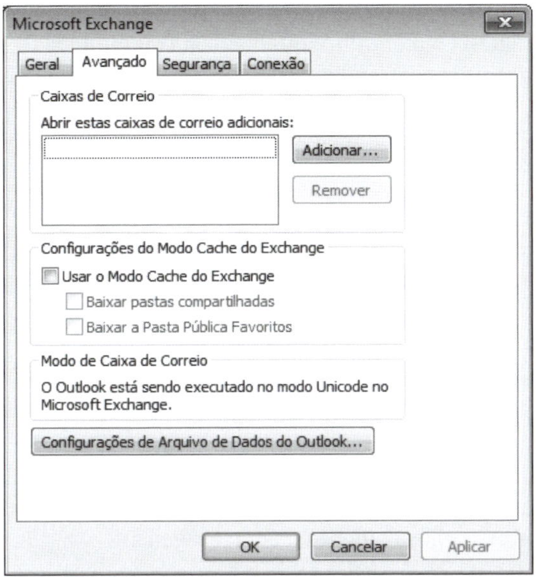

Se não houver pastas públicas disponíveis em seu ambiente do Exchange, a caixa de seleção Baixar a Pasta Pública Favoritos não aparecerá na caixa de diálogo.

5. Para desativar o Modo Cache do Exchange, desmarque a caixa de seleção Usar o Modo Cache do Exchange.
6. Para ativar o Modo Cache do Exchange, marque a caixa de seleção Usar o Modo Cache do Exchange. Em seguida, selecione as pastas opcionais que deseja armazenar em cache:
   - Marque a caixa de seleção Baixar pastas compartilhadas para armazenar em cache o conteúdo das bibliotecas de documentos e calendários do SharePoint e dos calendários, pastas de contatos, pastas de tarefas e pastas de anotações compartilhados do Outlook.
   - Marque a caixa de seleção Baixar a Pasta Pública Favoritos para armazenar em cache o conteúdo de pastas públicas que estejam em sua pasta Favoritos.
7. Após ativar ou desativar o Modo Cache do Exchange, saia e reinicie o Outlook para efetivar a alteração.

Gerenciando opções de download para conexões lentas

Se você tiver uma conexão de Internet de alta velocidade, provavelmente não vai dar muita importância ao tamanho das mensagens, e particularmente dos anexos, que outras pessoas enviarem. No entanto, quando seu computador tiver uma conexão de Internet lenta, baixar anexos grandes pode manter o Outlook ocupado por um longo tempo e fazê-lo ter um desempenho lento. Para evitar esses atrasos, você pode selecionar a opção de download do Modo Cache do Exchange que for mais apropriada para sua conexão de Internet atual.

O Outlook oferece essas opções de download do Modo Cache do Exchange:

- **Baixar itens completos** Essa opção faz o download de todas as mensagens e seus anexos um de cada vez. Quando seu computador estiver online e você tiver uma conexão de Internet de alta velocidade, essa será a melhor opção porque ela usa menos largura de banda para baixar todas as mensagens. Se você tiver uma conexão lenta ou receber mensagens com anexos grandes, as mensagens podem demorar para aparecer em sua Caixa de Entrada quando você se reconectar ao seu servidor.
- **Baixar cabeçalhos e depois itens completos** Essa opção faz o download de todos os cabeçalhos de mensagens rapidamente para que você possa avaliá-los enquanto baixa os corpos e anexos das mensagens.
- **Baixar cabeçalhos** Essa opção baixa somente os cabeçalhos, mas não o corpo ou os anexos antes das mensagens serem visualizadas ou abertas. É a melhor opção se sua conexão for muito lenta ou se você estiver pagando pela quantidade de largura de banda que usar. Você pode avaliar uma mensagem com base nas informações de seu cabeçalho (emitente, assunto, tamanho e assim por diante) e decidir se deve baixar a mensagem e seus anexos.
- **Em conexões lentas, baixar somente cabeçalhos** Você pode selecionar essa opção além da opção Baixar Itens Completos ou da opção Baixar Cabeçalhos e Depois Itens Completos para o Outlook baixar somente o cabeçalho da mensagem quando detectar que sua conexão com o Exchange é lenta e usar a opção original quando a conexão não for lenta. Ela não fica disponível quando a opção Baixar Cabeçalhos é selecionada.

Quando você estiver se conectando à Internet por uma rede local (LAN), banda larga ou outra conexão rápida, provavelmente não notará muita diferença entre as duas primeiras opções. Notará diferenças óbvias na terceira opção e pode precisar de prática para determinar se deve baixar uma mensagem com base somente em algumas palavras de seu cabeçalho.

Você pode gerenciar opções de download na guia Enviar/Receber da Faixa de Opções de qualquer módulo do Outlook.

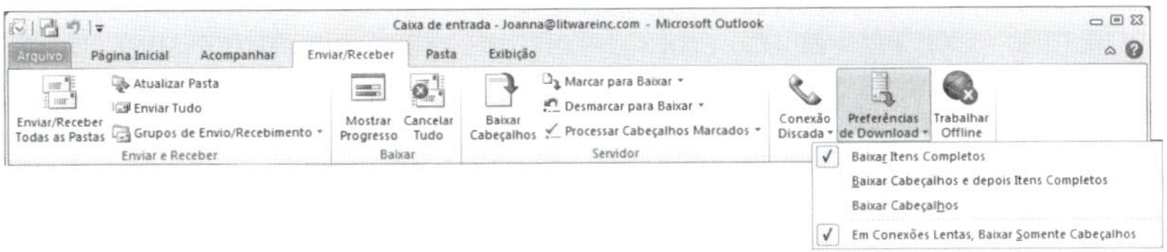

Opções gerais de download podem ser encontradas na lista Preferências de Download; as opções de download para itens individuais ficam no grupo Servidor.

Solução de problemas A aparência dos botões e grupos da Faixa de Opções muda de acordo com a largura da janela do programa ou da janela do item. Para obter informações sobre alterar a aparência da Faixa de Opções para que fique igual às nossas imagens de tela, consulte "Modificando a exibição da Faixa de Opções" no início deste livro.

Para visualizar ou alterar opções gerais de download, clique no botão Preferências de Download no grupo Preferências da guia Enviar/Receber e, em seguida, clique para selecionar Baixar Itens Completos, Baixar Cabeçalhos e Depois Itens Completos ou Baixar Cabeçalhos. (Uma marca de seleção indica a opção selecionada.) Se geralmente você tem uma conexão rápida com a Internet mas pode usar seu computador em locais com conexões lentas, selecione também Em Conexões Lentas, Baixar Somente Cabeçalhos.

Se você selecionar a opção Baixar Cabeçalhos ou a opção Em Conexões Lentas, Baixar Somente Cabeçalhos, poderá controlar o download de itens completos usando os comandos do grupo Servidor. Após seu computador baixar os cabeçalhos das mensagens em sua Caixa de Entrada, você pode marcar cabeçalhos de itens específicos para indicar que deseja baixar o item inteiro; se mudar de ideia, pode desmarcar um ou todos os itens marcados. Depois de marcar os itens que deseja baixar, clique no botão Processar Cabeçalhos Marcados para baixar os itens completos.

Optando pelo trabalho offline

Mesmo quando tiver uma conexão disponível com a Internet, você pode querer que o Outlook trabalhe offline; pode ser útil, por exemplo, quando não quiser ser interrompido por emails recebidos mas quiser ter acesso a informações armazenadas no Outlook.

Para alternar entre o trabalho online e o trabalho offline no Outlook:

- No grupo Preferências da guia Enviar/Receber, clique no botão Trabalhar Offline.

Quando você estiver trabalhando offline, o status offline será indicado pelo botão Trabalhar Offline ativo (laranja) na guia Enviar/Receber da Faixa de Opções de qualquer módulo e pela mensagem de status da conexão na Barra de Status da janela do programa.

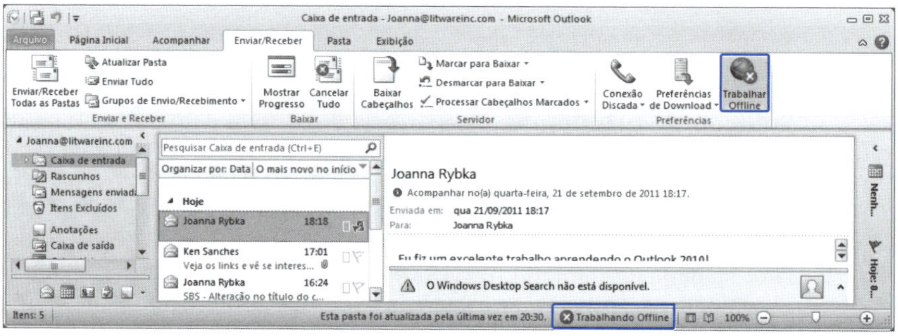

Indicadores de status offline.

A seleção da opção Trabalhar Offline não afeta o status online da conexão com a Internet; você ainda poderá acessar a Internet por intermédio de seu navegador Web.

Gerenciando um catálogo de endereços offline

Quando o Modo Cache do Exchange está ativado, como já vem por padrão, o Outlook baixa uma cópia da Lista de Endereços Global (GAL) junto com a caixa de correio. Essa cópia local da GAL dá acesso às informações de contato dos colaboradores independente deles estarem online. Se sua conexão de rede for lenta e o catálogo de endereços for grande, esse download pode demorar muito. Se preferir, você pode desativar o download automático do catálogo de endereços ou reduzir a quantidade de informações transferidas e atualizar manualmente seu catálogo offline conforme apropriado.

Para reduzir a transferência de informações do catálogo de endereços durante operações de envio/recebimento:

1. No grupo Enviar e Receber da guia Enviar/Receber, clique no botão Grupos de Envio/Recebimento e, na lista, clique em Definir Grupos de Envio/Recebimento.

   A caixa de diálogo Grupos de envio/recebimento será aberta.

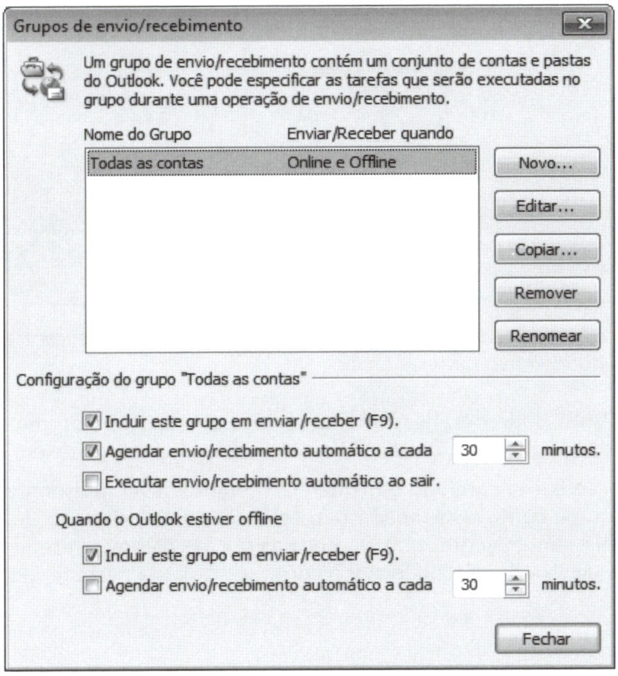

O grupo de envio/recebimento Todas as Contas é criado automaticamente; você pode definir outros grupos com diferentes configurações de envio/recebimento.

2. Na lista Nome do Grupo da caixa de diálogo Grupos de envio/recebimento, clique no grupo que deseja alterar. Em seguida, clique em Editar.

   A caixa de diálogo Configurações de envio/recebimento do grupo de envio/recebimento selecionado será aberta.

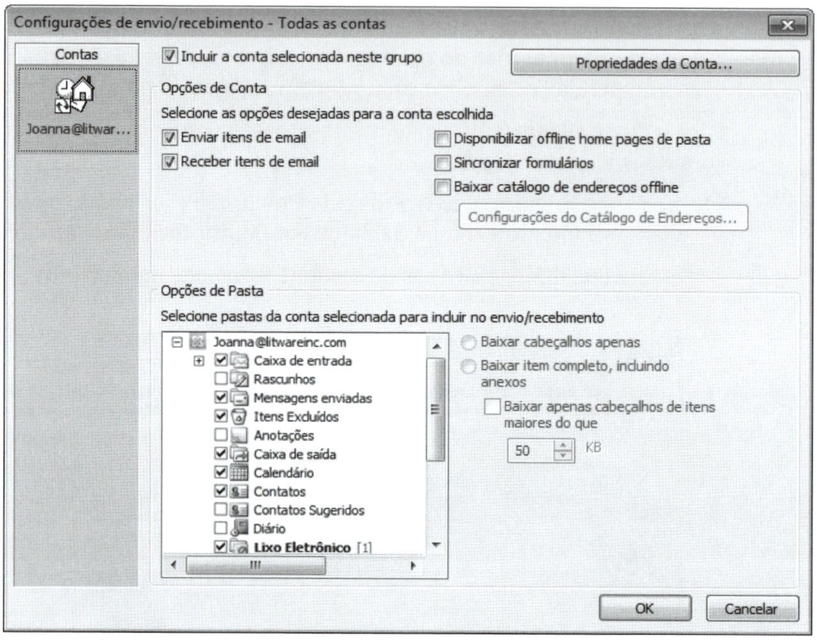

O download de um catálogo de endereços offline torna fácil encontrar informações de contato quando não estamos online.

Dica Você pode desativar inteiramente a atualização automática do catálogo de endereços desmarcando a caixa de seleção Baixar catálogo de endereços offline.

Se a opção Baixar catálogo de endereços offline estiver indisponível (esmaecida), isso indica que a conta selecionada não foi incluída na operação de envio/recebimento agendada para esse grupo. Para ativar as opções de envio/recebimento para a conta, marque a caixa de seleção Incluir a conta selecionada neste grupo.

3. Na caixa de diálogo Enviar/Receber, com a caixa de seleção Baixar catálogo de endereços offline marcada, clique em Configurações do Catálogo de Endereços.

   A caixa de diálogo Catálogo de Endereços Offline exibirá as opções de download relevantes.

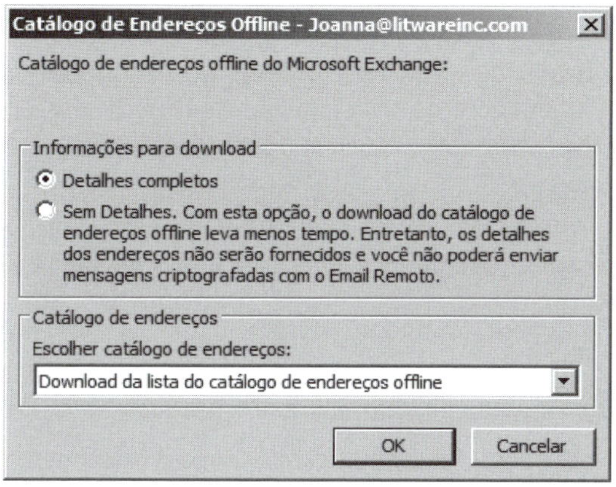

Se sua empresa for grande, você pode selecionar baixar só uma versão básica do catálogo de endereços para economizar tempo de download.

4. Na caixa de diálogo Catálogo de Endereços Offline, clique em Sem Detalhes e em OK. Em seguida, clique em OK na caixa de diálogo Configurações de envio/recebimento e clique em Fechar na caixa de diálogo Grupos de envio/recebimento.

Para atualizar manualmente seu catálogo de endereços offline:

1. No grupo Enviar e Receber da guia Enviar/Receber, clique no botão Grupos de Envio/Recebimento e, na lista, clique em Baixar o Catálogo de Endereços.

   A caixa de diálogo Catálogo de Endereços Offline exibirá as opções de download relevantes.

2. Na caixa de diálogo Catálogo de Endereços Offline, com a caixa de seleção Baixar Alterações Desde a Última Operação de Envio/Recebimento marcada, marque a caixa de seleção Detalhes Completos e clique em OK.

Dica Você pode baixar uma cópia totalmente nova do catálogo de endereços desmarcando a caixa de seleção Baixar Alterações Desde a Última Operação de Envio/Recebimento antes de clicar em OK.

Respondendo mensagens automaticamente

Se sua empresa estiver executando o Exchange, você poderá usar o recurso Respostas Automáticas (anteriormente chamado de Assistente de Ausência Temporária) para dar informações sobre sua disponibilidade às pessoas que lhe enviarem emails. A ativação do recurso Respostas Automáticas faz o Outlook responder automaticamente mensagens recebidas de outras pessoas (mas só a primeira mensagem de cada pessoa). Quando você ativar esse recurso, poderá fornecer as informações textuais que quiser dentro do corpo da mensagem de resposta automática (normalmente chamada de *mensagem de ausência temporária*, ou *mensagem OOF*, de out-of-office).

Na verdade, a funcionalidade de ausência temporária do Outlook é fornecida pelo Exchange Server, portanto, os recursos específicos de resposta automática diferem de acordo com a versão do Exchange Server que a empresa está executando. Se sua empresa estiver executando o Exchange Server 2010 ou o Exchange Server 2007, você terá mais controle sobre o conteúdo e a distribuição de respostas automáticas do que se ela estiver executando o Exchange Server 2003. Independente do ambiente do Exchange Server em que estiver trabalhando, esse é um recurso muito útil.

O objetivo do recurso Respostas Automáticas é fornecer informações padrão a emitentes de mensagens. Quando você não estiver no computador, uma resposta automática definirá expectativas de quando o emitente da mensagem pode esperar uma resposta pessoal sua. Você não precisa estar fisicamente fora do escritório para usar esse recurso; algumas pessoas usam-no para os emitentes saberem quando as respostas estão demorando por outras razões, como quando elas estão trabalhando em um projeto que as impede de responder as mensagens prontamente, ou para informar suas horas de trabalho padrão a clientes que estejam em fusos horários diferentes.

Além de fazer o Outlook enviar respostas automáticas, você pode fazê-lo processar mensagens recebidas enquanto está fora do escritório com o uso de regras que só entrem em vigor quando o recurso Respostas Automáticas estiver ativado.

Consulte também Para obter informações sobre o uso de regras para encaminhar, responder, excluir, processar ou ser informado de mensagens recebidas, consulte "Criando regras para processar mensagens" no Capítulo 11, "Gerencie as configurações de emails".

O recurso Respostas Automáticas ficará desativado até você ativá-lo explicitamente; ele não é ajustado de acordo com as informações de disponibilidade do módulo Calendário.

Quando você estiver usando uma conta do Exchange 2010 ou do Exchange 2007, as respostas automáticas incluirão os seguintes recursos:

- Você pode criar duas respostas automáticas – uma que o Outlook envie só para as pessoas da empresa (do mesmo domínio) e outra enviada para todas as pessoas ou só para as pessoas do catálogo de endereços primário.

Ter uma divisão para as mensagens internas e externas lhe permitirá diferenciar as informações disponibilizadas para colaboradores, para amigos e contatos comerciais e para o público em geral (inclusive emitentes de spam). Por exemplo, você poderia incluir seu itinerário e número de celular apenas em uma resposta automática interna, incluir sua data de retorno em uma resposta aos seus contatos e não enviar nenhuma resposta para outras pessoas.

- Você pode especificar a fonte, o tamanho e a cor do texto da resposta automática e aplicar formatação em negrito, itálico ou sublinhado.
- Pode formatar parágrafos como listas com marcadores ou numeradas e controlar o nível de recuo.
- E pode especificar datas e horas de início e fim para sua resposta automática para não precisar lembrar de desativar o recurso.

Neste exercício, você configurará o Outlook para responder automaticamente mensagens recebidas e para enviar uma resposta automática para os colaboradores e outra para o público em geral.

PREPARAÇÃO Não é preciso arquivo para fazer este exercício. Exiba sua Caixa de Entrada e siga as etapas.

1. Exiba o modo Backstage. Na página **Informações** do modo Backstage, clique no botão **Respostas Automáticas.**

   A caixa de diálogo Respostas Automáticas de sua conta do Exchange será aberta. Essa caixa de diálogo inclui duas páginas: Dentro da Minha Organização e Fora da Minha Organização. A página Fora da Minha Organização incluirá *(Desativado)* ou *(Ativado)* para indicar a configuração padrão da empresa ou, se você tiver usado anteriormente esse recurso, a configuração mais recente. No momento, o Painel de Conteúdo estará indisponível (esmaecido).

2. Clique em **Enviar respostas automáticas**.

   As configurações de intervalo de tempo, o Painel de Conteúdo e os comandos de formatação ficarão disponíveis.

3. Marque a caixa de seleção **Só enviar durante este intervalo de tempo**. Em seguida, configure a **Hora de início** com a hora e data atuais e a **Hora de término** com uma hora contada a partir de agora.

   Dica Para configurar respostas automáticas para quando estiver fora do escritório por uma semana, defina a hora de início com o fim do último dia útil anterior à semana em que estará ausente e a hora de término com o fim do último dia útil antes de retornar. (Por exemplo, de sexta às 17:00 até às 17:00 da próxima sexta.) Se usar esse horário, qualquer pessoa que enviar um email que você não possa responder dentro de um tempo de resposta comercial normal receberá uma resposta automática.

4. Na página **Dentro da Minha Organização**, no Painel de Conteúdo, digite a frase a seguir:

   Eu estou testando a função Respostas Automáticas do Outlook!

   Uma resposta automática mais tradicional poderia ser *Estou de férias! Ligue para meu celular que é (92) 2555-0123 se precisar entrar em contato comigo*. Para os fins deste exercício, no entanto, tomaremos o caminho mais seguro e não incluiremos uma mensagem que possa ser confusa para seus colaboradores.

5. Selecione a frase que acabou de inserir. Na barra de ferramentas do topo da página **Dentro da Minha Organização**, clique no botão **Cor da Fonte** e, na galeria, clique no quadrado **Roxo**.

   Você pode formatar o conteúdo de sua resposta automática usando os comandos básicos de formatação de caracteres e parágrafos disponíveis na barra de ferramentas.

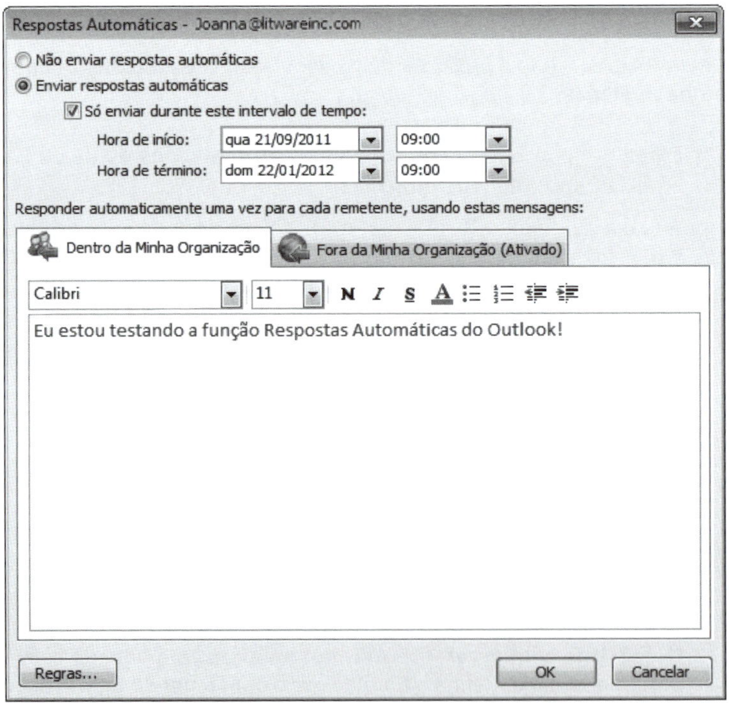

Você pode fazer o recurso Respostas Automáticas se ativar e desativar sozinho para não ter que lembrar de fazer isso.

6. Clique na guia **Fora da Minha Organização.**

   A página Fora da Minha Organização inclui opções para o envio de respostas automáticas para todas as pessoas de fora da empresa, só para pessoas com endereços de email presentes no catálogo primário de endereços do Outlook ou para ninguém.

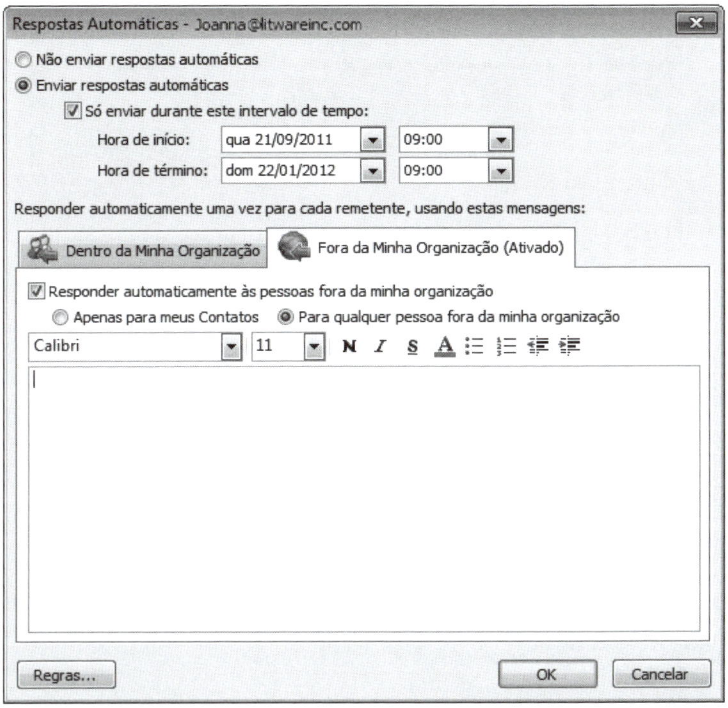

Você pode especificar os tipos de emitentes de mensagens externas que receberão sua resposta automática.

Uma resposta automática externa poderia ser algo como:

Estou fora do escritório nesta semana e responderei sua mensagem assim que possível. Para obter mais informações sobre os produtos e serviços da Litware, Inc., visite nosso site em www.litwareinc.com.

Para este exercício, você não definirá uma resposta automática externa.

Dica Se você fizer alterações na mensagem de resposta externa ou interna, mas não em ambas, quando fechar a caixa de diálogo Respostas Automáticas, o Outlook exibirá uma caixa de mensagem perguntando se deseja alterar a outra resposta. Esse lembrete útil ajuda a assegurar que as duas versões fiquem atualizadas.

7. Desmarque a caixa de seleção **Responder automaticamente às pessoas fora da minha organização**, se ela estiver marcada.
8. No canto inferior esquerdo da caixa de diálogo **Respostas Automáticas**, clique em **Regras**.

   A caixa de diálogo Regras de Resposta Automática será aberta.

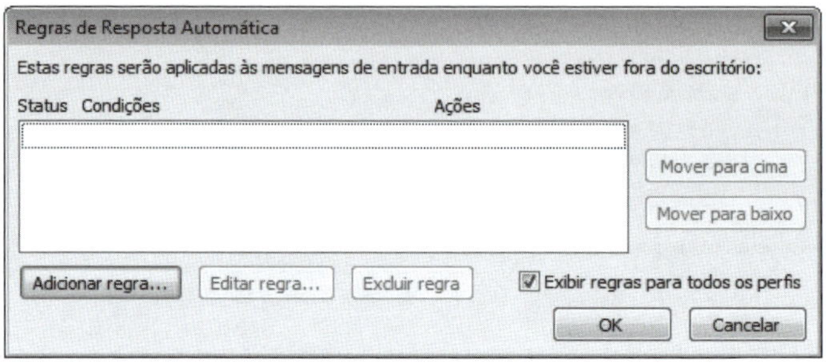

Você pode definir regras para o Outlook aplicar especificamente às mensagens que chegarem quando você estiver ausente.

9. Na caixa de diálogo **Regras de Resposta Automática**, clique em **Adicionar Regra**.

   A caixa de diálogo Editar Regra será aberta.

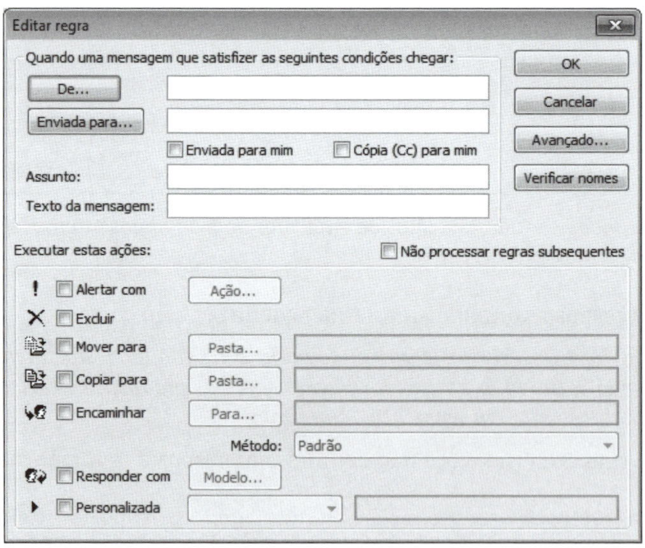

Você pode criar regras simples para o Outlook aplicar somente quando as respostas automáticas estiverem ativadas.

O processo de criar regras para mensagens que chegarem quando as respostas automáticas estiverem ativadas é muito mais simples do que o de criar regras para serem aplicadas a todas as mensagens.

Consulte também Para obter informações sobre as regras do Outlook, consulte "Criando regras para processar mensagens" no Capítulo 11, "Gerencie as configurações de emails".

10. Clique em **Cancelar** na caixa de diálogo **Editar Regra** e na caixa de diálogo **Regras de Resposta Automática**.

    As caixas de diálogo serão fechadas sem criar uma regra.

11. Na caixa de diálogo **Respostas Automáticas**, clique em **OK**. Em seguida, na janela do programa Outlook, clique na guia **Arquivo** para fechar o modo Backstage.

    A barra de informações Respostas Automáticas aparecerá abaixo da Faixa de Opções e o menu Respostas Automáticas aparecerá na Barra de Status, porque você especificou que o Outlook deve começar a enviar respostas automáticas imediatamente.

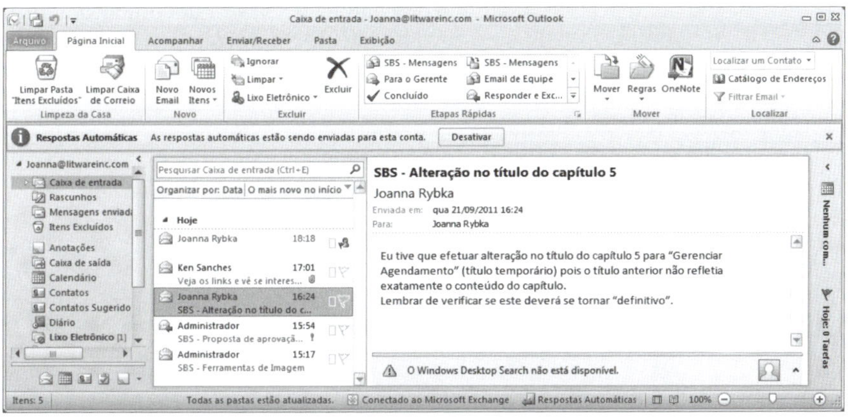

A barra de informações Respostas Automáticas e um menu de mesmo nome na Barra de Status aparecerão na hora de início que você selecionou ao configurar as respostas automáticas.

12. Na Barra de Status, clique em **Respostas Automáticas**.

    A caixa de diálogo Respostas Automáticas será aberta.

13. Na caixa de diálogo **Respostas Automáticas**, clique em **Não enviar respostas automáticas** e em **OK**.

    A barra de informações Respostas Automáticas e o menu de mesmo nome da Barra de Status desaparecerão.

LIMPEZA Se você tiver que se ausentar do escritório no futuro próximo, pode configurar as respostas automáticas agora, enquanto o processo ainda está fresco em sua mente, antes de passar para o próximo exercício.

Trabalhando com conteúdo do site do SharePoint

Os produtos e tecnologias do SharePoint facilitam o compartilhamento seguro de informações dentro de uma empresa. Se sua empresa armazena informações em sites do SharePoint, você pode vir a trabalhar com dados registrados em listas do SharePoint, cronogramas controlados em calendários do SharePoint ou documentos do Office armazenados em bibliotecas de documentos. Podemos nos conectar com listas, calendários e bibliotecas de documentos do SharePoint a partir do Outlook e trabalhar com dados e documentos armazenados em um site do SharePoint diretamente dentro do Outlook.

Trabalhando offline com conteúdo de biblioteca de documentos

Você pode criar uma cópia de uma biblioteca de documentos do SharePoint como uma pasta no Outlook 2010. Assim, pode visualizar no Outlook qualquer pasta de trabalho, apresentação ou documento que estiver armazenado nessa biblioteca ou trabalhar com uma cópia local da pasta de trabalho, apresentação ou documento em seu computador. As alterações que fizer em um documento dentro do Outlook serão sincronizadas com o arquivo no site do SharePoint.

Para conectar uma pasta ou biblioteca de documentos do SharePoint ao Outlook, siga essas etapas:

1. No site do SharePoint de sua empresa, conecte-se à biblioteca de documentos ou à subpasta com a qual deseja trabalhar.

   A barra de menus fica no topo do Painel de Conteúdo.

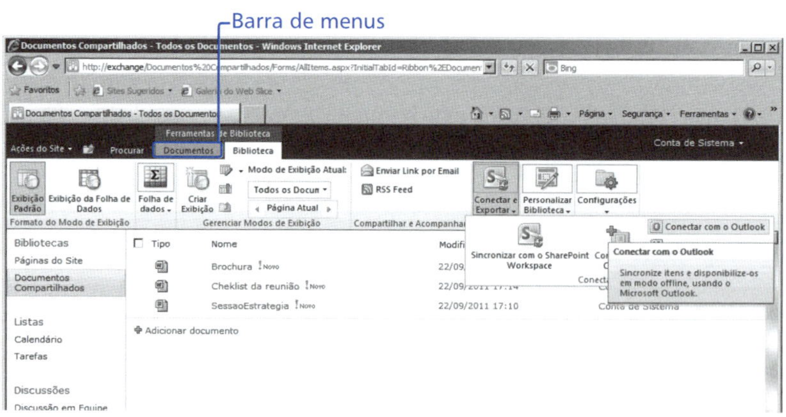

Uma biblioteca de documentos do SharePoint.

2. Clique na guia Biblioteca e no botão Conectar e Exportar, clique para mostrar as opções. Clique no botão "Conectar com o Outlook" para sincronizar esta lista e disponibilizar seus itens para trabalho offline.

Dependendo da configuração do SharePoint e da configuração de vídeo do Windows, o botão "Conectar e Exportar" aparece como um grupo. Se esta for a sua situação, clique diretamente no botão "Conectar com o Outlook". Uma caixa de diálogo do Windows Internet Explorer será aberta, pedindo permissão explícita para o SharePoint acessar o Outlook.

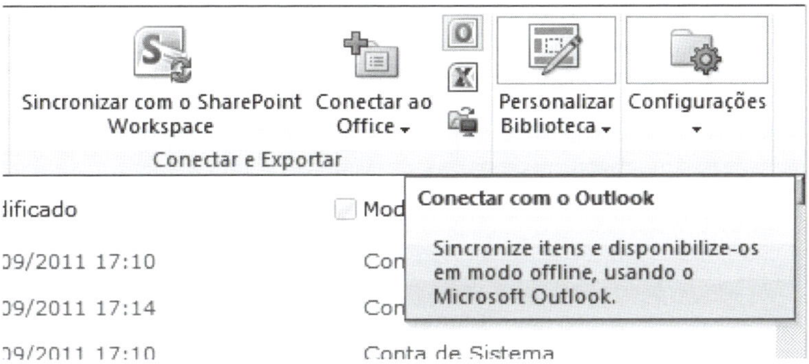

3. Na caixa de diálogo Internet Explorer, clique em Permitir e, na caixa de diálogo Segurança do Internet Explorer que será aberta, clique em Permitir novamente.

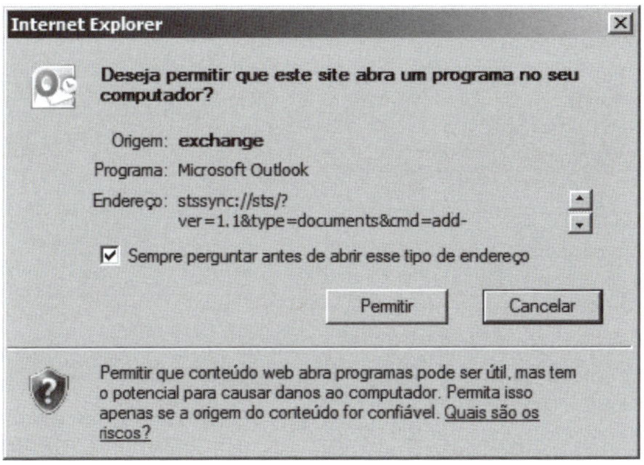

Você deve dar permissão explícita para o SharePoint acessar o Outlook pela Internet.

O Outlook será iniciado, se já não estiver em execução. Uma caixa Microsoft Outlook será aberta, solicitando que você confirme se deseja conectar a biblioteca de documentos do SharePoint ao Outlook.

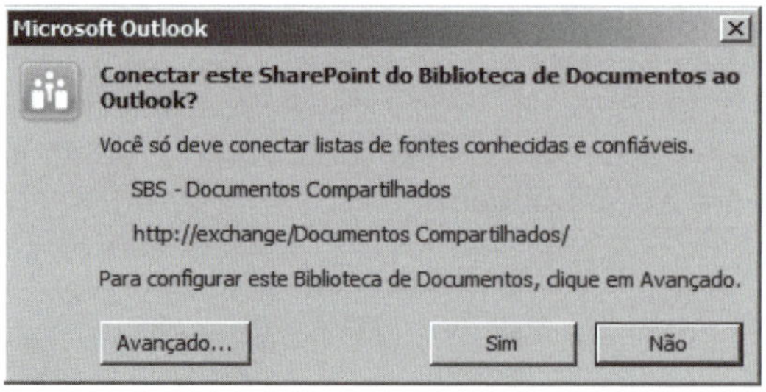

Você terá mais controle se definir configurações de conexão avançadas.

4. Na caixa de diálogo Microsoft Outlook, clique em Avançado.

   A caixa de diálogo Opções de Lista do SharePoint será aberta.

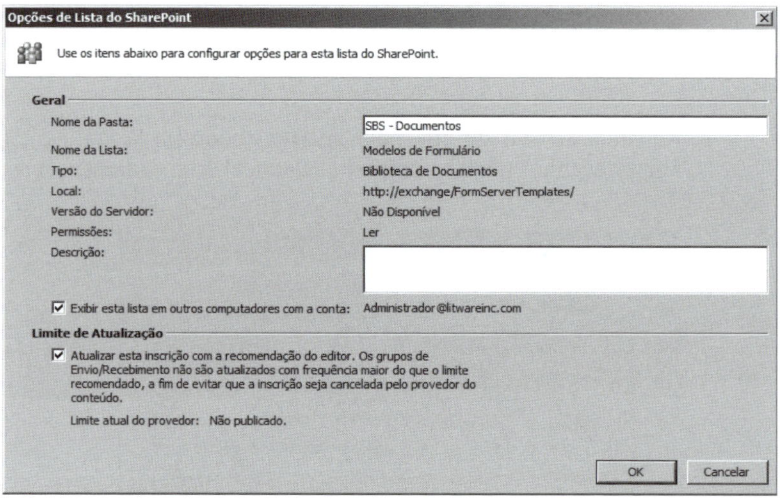

Se estiver usando o Outlook em vários computadores, considere com cuidado se deseja conectar a biblioteca de documentos a todos eles.

5. Marque ou desmarque a caixa de seleção Exibir esta lista em outros computadores com a conta, como descrito a seguir:
   - Para baixar uma cópia local da biblioteca de documentos em cada computador em que o Outlook estiver configurado para se conectar com a conta especificada, marque a caixa de seleção.
   - Para baixar a biblioteca de documentos só no computador que você estiver usando atualmente, desmarque a caixa de seleção.
6. Marque ou desmarque a caixa de seleção Atualizar esta inscrição com a recomendação do editor, como descrito a seguir:
   - Para que o publicador do site controle as atualizações, marque a caixa de seleção.
   - Para controlar manualmente as atualizações, desmarque a caixa de seleção.
7. Na caixa de diálogo Opções de Lista do SharePoint, clique em OK. Em seguida, na caixa de diálogo Microsoft Outlook, clique em Sim. Se uma caixa de diálogo Segurança do Windows ou Conectar aparecer, solicitando suas credenciais do site do SharePoint, insira seu nome de usuário e senha e clique em OK.

O Outlook criará e exibirá uma pasta, nomeada conforme o site e a biblioteca de documentos, como uma subpasta da pasta Listas do SharePoint em sua caixa de correio e baixará uma cópia de cada um dos itens armazenados na biblioteca como um item do Outlook dentro da pasta. O ícone à esquerda do nome do item indica o tipo de arquivo (por exemplo, documento, pasta de trabalho, apresentação ou banco de dados).

Dica O Outlook criará a pasta Listas do SharePoint na primeira vez que você conectar uma biblioteca de documentos ou outra lista do SharePoint a ele.

Se a subpasta ou biblioteca de documentos com a qual você se conectar tiver subpastas, seu conteúdo também será baixado. A presença de subpastas é indicada por um triângulo transparente à esquerda do nome da biblioteca de documentos; clique no triângulo para expandir a pasta e exibir as subpastas. (Um triângulo preto indica uma pasta expandida.)

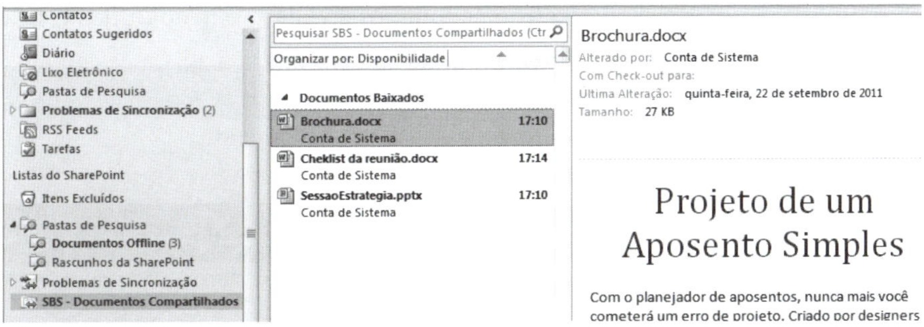

A cópia local da biblioteca de documentos do SharePoint, com suas subpastas visíveis na lista de pastas do Outlook.

Agora você tem uma cópia local do conteúdo da subpasta ou biblioteca de documentos em seu computador e pode trabalhar com os arquivos de dentro do Outlook.

Você pode visualizar qualquer item no Painel de Leitura clicando nele ou pode abrir uma versão somente de leitura clicando no item duas vezes. Quando abrir um item, uma faixa no topo informará que você está trabalhando em um documento de servidor offline; se quiser fazer alterações para mesclar com o documento armazenado na biblioteca de documentos, clique em Editar Offline.

Dica A abertura de um arquivo offline não extrai o arquivo da biblioteca.

Enquanto você estiver trabalhando com a cópia offline de um arquivo, uma versão local ficará armazenada em sua pasta Rascunhos do SharePoint (uma subpasta da pasta Documentos do Windows Explorer). Para transferir alterações do arquivo offline para a biblioteca de documentos, salve-as e feche o arquivo. Na caixa de mensagem Editar Offline que aparecerá, clique em Atualizar.

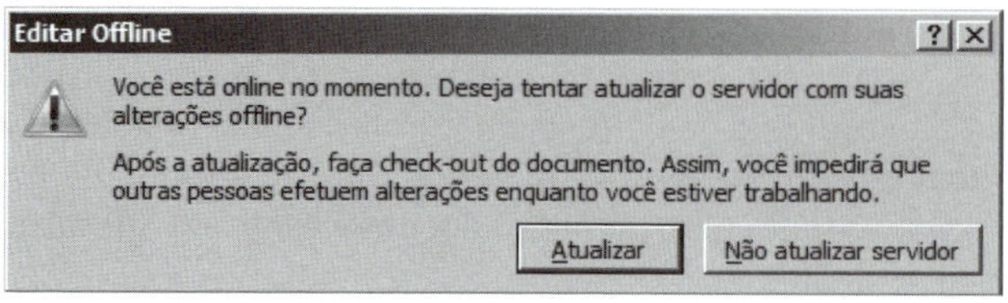

Você pode editar um documento localmente e atualizar a versão do servidor quando estiver pronto para fazê-lo.

Importando listas de contatos do SharePoint

O site do SharePoint de sua empresa pode incluir informações de contato de funcionários, membros de equipes de projeto ou outros grupos de pessoas. Você pode importar as informações armazenadas em uma lista de contatos do SharePoint para o Outlook como uma pasta de contatos do Outlook.

Para conectar uma lista de contatos do SharePoint ao Outlook, siga essas etapas:

1. No site do SharePoint de sua empresa, exiba a lista de contatos com a qual deseja trabalhar.

   As guias ficam no topo do Painel de Conteúdo.

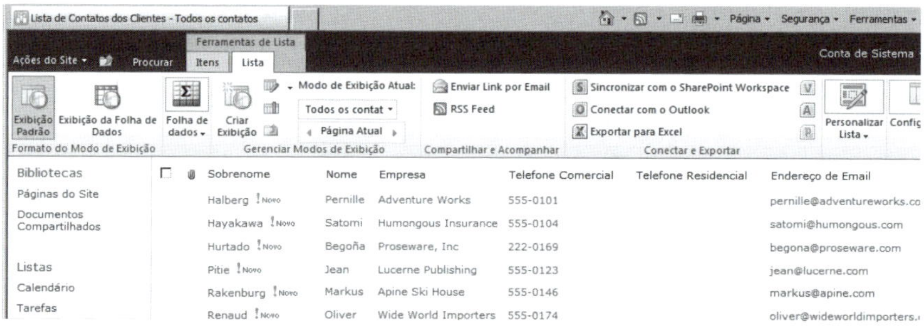

Em sua visualização padrão, uma lista de contatos do SharePoint exibe apenas os campos de informação selecionados.

2. Na Faixa de Opções, clique no botão Conectar com o Outlook e siga o mesmo procedimento descrito para a sincronização da biblioteca de documentos do SharePoint ao Outlook.

   O Outlook criará uma pasta de contatos, nomeada conforme o site e a lista de contatos do SharePoint, contendo registros de contatos criados a partir das informações armazenadas na lista do SharePoint. A nova pasta de contatos estará disponível no módulo Contatos.

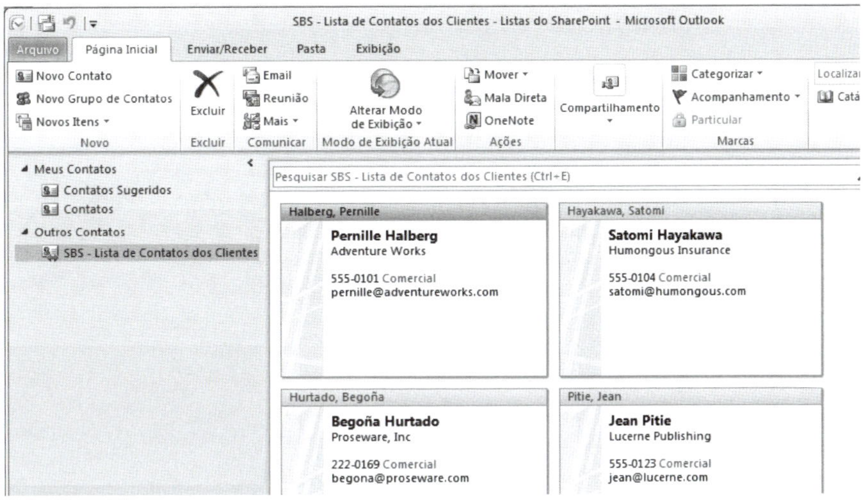

A lista de contatos importada do SharePoint no módulo Contatos do Outlook.

Conectando-se com um calendário do SharePoint

Se sua empresa mantém calendários de equipe em um site de colaboração, talvez você ache mais conveniente visualizar o calendário no Outlook do que no site. Ao conectar um calendário do SharePoint ao Outlook, você poderá exibi-lo no módulo Calendário do Outlook isoladamente, próximo a outros calendários ou sobrepondo outros calendários. E poderá trabalhar com o calendário do SharePoint como trabalharia com qualquer outro calendário no Outlook. Qualquer alteração que fizer no calendário do SharePoint no Outlook será refletida imediatamente no calendário no site de colaboração e vice-versa.

Para conectar um Calendário do SharePoint ao Outlook, siga essas etapas:

1. No site do SharePoint de sua empresa, exiba o calendário com o qual deseja trabalhar.

As guias ficam no topo do Painel de Conteúdo.

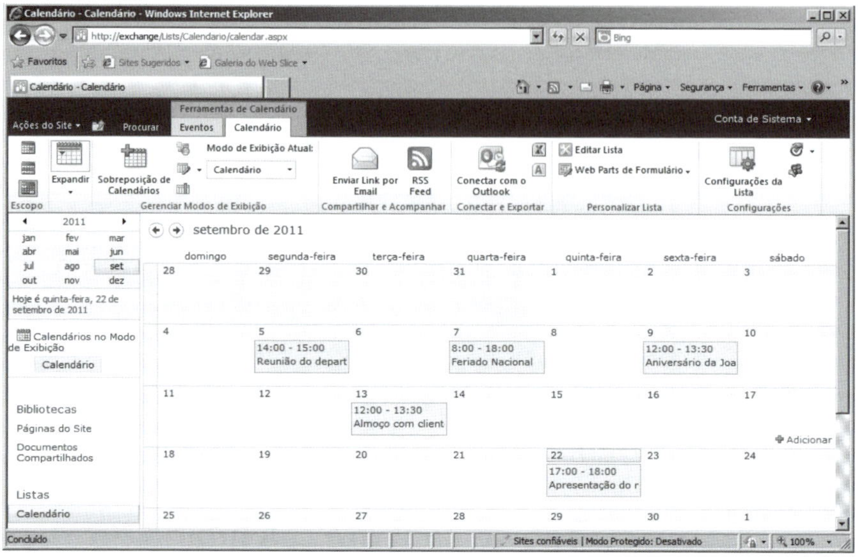

Um calendário do SharePoint.

2. Na Faixa de Opções, clique no botão Conectar com o Outlook e siga o mesmo procedimento descrito anteriormente para a sincronização de bibliotecas do SharePoint ao Outlook.

   O Outlook criará um calendário, nomeado conforme o site e o calendário do SharePoint, preenchido com itens de calendário iguais aos registrados no calendário do SharePoint. O novo calendário estará disponível no módulo Calendário.

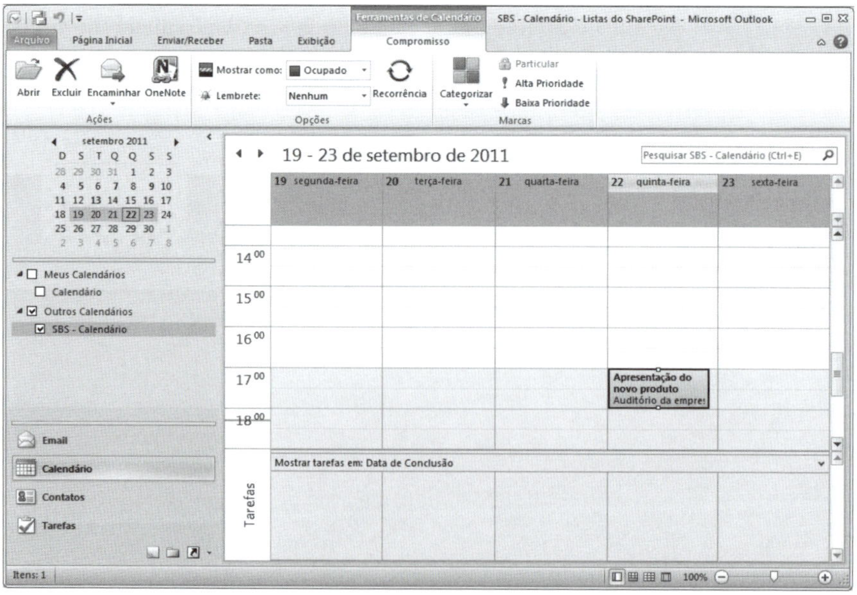

O calendário do SharePoint exibido no módulo Calendário do Outlook.

Pontos principais

- Trabalhar fora de sua rede ou sem uma conexão com a Internet não significa que você não possa usar o Outlook. Se sua empresa usa o Exchange, há muitas opções de acesso a emails e outras informações gerenciadas dentro do Outlook.
- O Modo Cache do Exchange mantém uma cópia da caixa de correio no computador para que você possa continuar trabalhando até mesmo quando estiver fora da rede.
- O Modo Cache do Exchange manipula a conexão à caixa de correio local e sua sincronização automaticamente. Você pode configurá-lo para armazenar em cache todas as mensagens ou apenas cabeçalhos, para economizar largura de banda.
- Se você não for usar o computador durante um determinado período, o Outlook poderá enviar uma resposta automática uma vez para cada pessoa de quem uma mensagem for recebida. Essa é uma maneira conveniente das pessoas saberem quando esperar uma resposta pessoal sua.
- Você pode manter uma cópia local de conteúdos de bibliotecas de documentos do SharePoint no Outlook, trabalhar com os arquivos, e carregar suas alterações no site do SharePoint.
- Se sua equipe tiver um calendário no SharePoint, você poderá trabalhar com ele de dentro do Outlook.

Resumo do capítulo

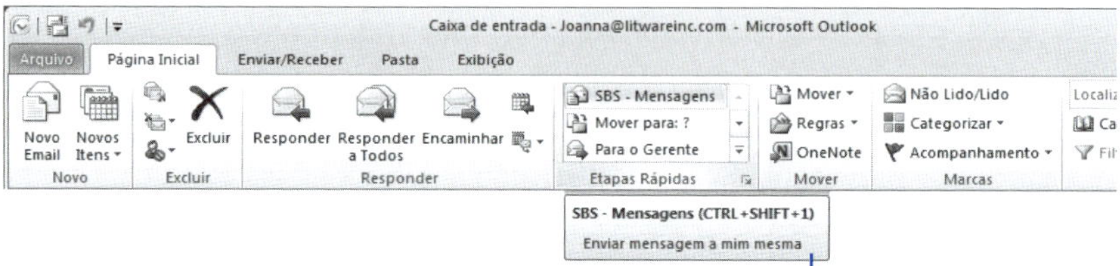

Crie e gerencie Etapas Rápidas, **p. 459**

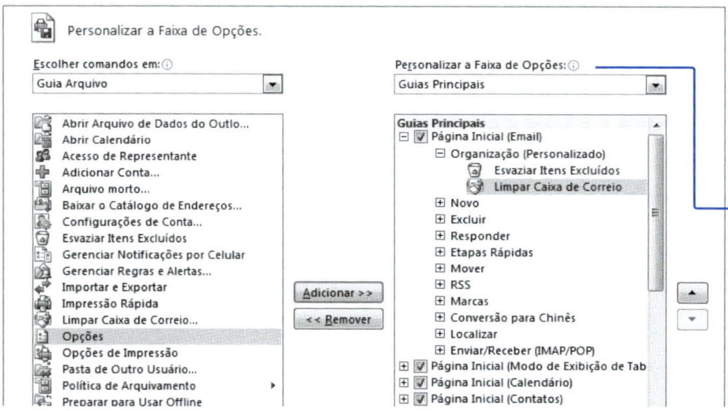

Personalize a Faixa de Opções, **p. 465**

Personalize a Barra de Ferramentas de Acesso Rápido, **p. 472**

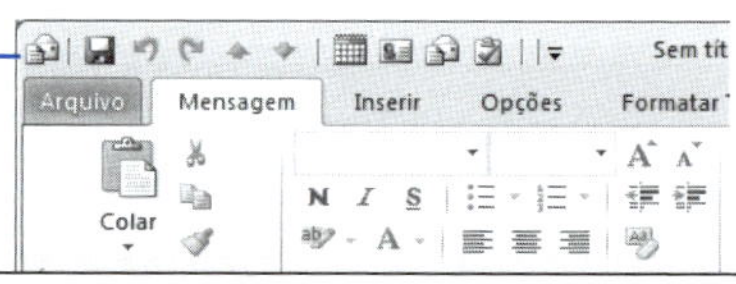

Personalize suas configurações do Office e do Outlook, **p. 480**

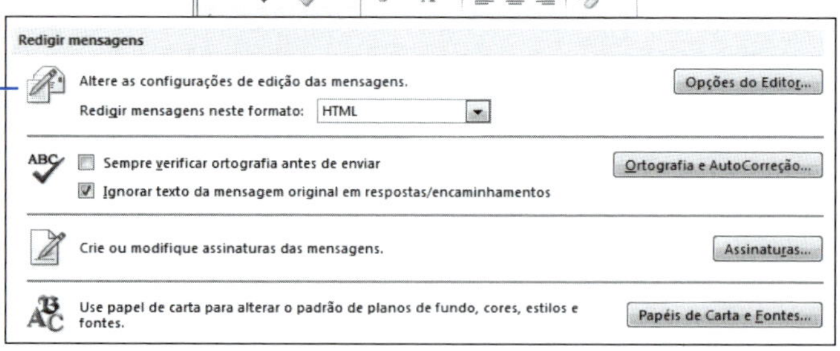

Capítulo 13

Personalize o Outlook

Neste capítulo, você vai aprender a:

- Personalizar a janela do programa Outlook.
- Criar e gerenciar Etapas Rápidas.
- Personalizar a Faixa de Opções.
- Personalizar a Barra de Ferramentas de Acesso Rápido.
- Personalizar suas configurações do Office e do Outlook.

Várias opções de configuração e personalização estão disponíveis para ajudá-lo a se beneficiar de tudo que o Microsoft Outlook 2010 tem a oferecer.

Você pode alterar a aparência e a organização dos elementos na janela do programa. Para trabalhar de maneira mais eficiente com o Outlook, pode criar Etapas Rápidas personalizadas para executar várias ações com um só clique. Você pode especificar as guias que aparecerão na Faixa de Opções e os grupos que aparecerão nas guias e ter os comandos mais usados prontamente disponíveis adicionando-os à Barra de Ferramentas de Acesso Rápido. E pode personalizar vários aspectos do programa para que se ajustem à maneira como trabalha.

Neste capítulo, primeiro você vai personalizar os principais painéis da janela do programa. Em seguida, vai criar uma Etapa Rápida personalizada e alterar os comandos que aparecem na Faixa de Opções e na Barra de Ferramentas de Acesso Rápido. Para concluir, vai personalizar as configurações do Office e do Outlook para que atendam às suas necessidades.

Arquivos de exercícios Você não precisará de arquivos para fazer os exercícios deste capítulo. Consulte "Usando os arquivos de exercícios" no começo deste livro para obter mais informações.

Personalizando a janela do programa Outlook

A janela do programa Outlook inclui quatro áreas principais em que podemos trabalhar com itens do Outlook (emails, registros de contatos, entradas de calendários, tarefas e anotações).

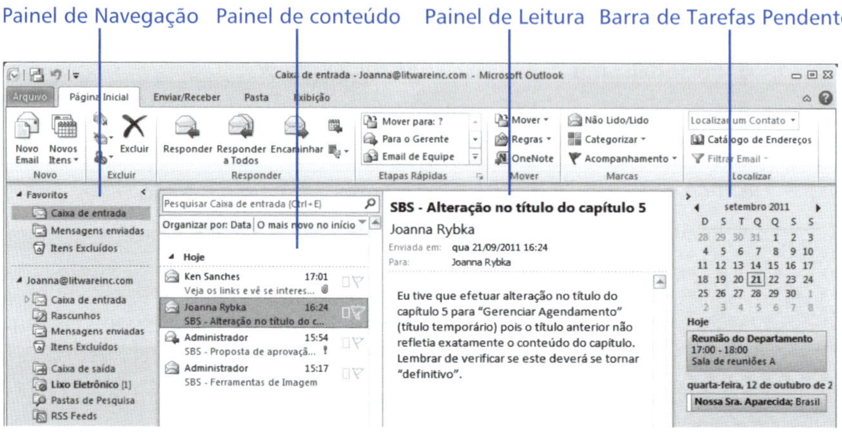

A janela do programa Outlook.

Solução de problemas A aparência dos botões e grupos da Faixa de Opções muda de acordo com a largura da janela do programa ou da janela do item. Para obter informações sobre alterar a aparência da Faixa de Opções para que fique igual às nossas imagens de tela, consulte "Modificando a exibição da Faixa de Opções" no início deste livro.

Você pode achar que a organização padrão dessas áreas é ideal para a maneira como trabalha. Mas se estiver visualizando a janela do programa em uma tela de baixa resolução, não precisar de todas as ferramentas disponíveis ou quiser mais espaço para a área de trabalho principal, também pode alterar facilmente a aparência e o layout do espaço de trabalho de cada um dos elementos da janela do programa.

- **Painel de Navegação** Você pode personalizar o Painel de Navegação para que satisfaça suas preferências das seguintes formas:
  - Pode minimizar ou expandir o Painel de Navegação clicando no botão Minimizar o Painel de Navegação ou Expandir o Painel de Navegação (a divisa para a esquerda ou para a direita, respectivamente) no topo do painel.
  - Pode alterar a largura do Painel de Navegação arrastando a divisória vertical de quadros para a direita ou esquerda.
  - Pode alterar a quantidade e o tamanho dos botões dos módulos.

Para exibir mais botões na parte inferior do Painel de Navegação, arraste para cima a alça que fica acima dos botões do módulo para aumentar a altura da área dos botões ou clique no botão Configurar Botões no canto inferior direito do Painel de Navegação e clique em Mostrar Mais Botões. Para exibir os botões em um formato menor ou alocar mais espaço para as pastas e opções do Painel de Navegação, arraste a alça para baixo para diminuir a altura da área dos botões ou clique no botão Configurar Botões e em Mostrar Menos Botões.

- **Painel de Conteúdo dos módulos** Você pode exibir e organizar o conteúdo desse painel de muitas maneiras. Essas opções são discutidas nos capítulos que abordam os módulos individuais, como o módulo Email e o módulo Tarefas.
- **Painel de Leitura** Você pode exibir o painel à direita ou abaixo do Painel de Conteúdo ou fechá-lo totalmente.
- **Barra de Tarefas Pendentes** Você pode ocultar ou exibir a Barra de Tarefas Pendentes, alterar o número de meses e compromissos mostrados e organizar a Lista de Tarefas de diferentes maneiras. Também pode alterar o tamanho do Painel de Conteúdo do módulo minimizando ou maximizando a Barra de Tarefas Pendentes – a Barra de Tarefas Pendentes minimizada só exibe o próximo compromisso e o número de tarefas ativas e concluídas com data de vencimento hoje.

É possível exibir ou ocultar qualquer um dos elementos do espaço de trabalho a partir da guia Exibição. Suas preferências serão preservadas de uma sessão para outra. Quando o Outlook for iniciado, o Painel de Navegação, a Barra de Tarefas Pendentes e o Calendário aparecerão da mesma forma que da última vez que você saiu do programa.

Neste exercício, você alterará o espaço alocado para o Painel de Conteúdo do módulo, alterará o conteúdo exibido na Barra de Tarefas Pendentes e aprenderá a mover a barra de menus e mover ou ocultar as barras de ferramentas.

PREPARAÇÃO Não é preciso arquivo para fazer este exercício. Exiba sua Caixa de Entrada e siga as etapas.

1. No topo do **Painel de Navegação**, clique no botão **Minimizar o Painel de Navegação**.

   O Painel de Navegação será contraído para exibir apenas uma barra vertical no lado esquerdo da janela do programa. No módulo Email, os botões do Painel de Navegação minimizado lhe darão acesso de um clique às pastas incluídas em sua lista Pastas Favoritas.

2. Clique no botão **Pastas** no topo do **Painel de Navegação** minimizado.

   O Outlook exibirá suas Pastas Favoritas e Pastas de Email em um painel temporário.

3. Clique fora do painel temporário para recolhê-lo.

4. No topo da **Barra de Tarefas Pendentes**, se a barra estiver minimizada, clique no botão **Expandir a Barra de Tarefas Pendentes**.

   A Barra de Tarefas Pendentes será expandida para exibir os calendários dos meses atual e seguinte, seus três próximos compromissos e sua lista de tarefas.

   Dica Para remover a Barra de Tarefas Pendentes da janela do programa clique no botão Barra de Tarefas Pendentes do grupo Layout da guia Exibição e, na lista, clique em Desativado. Para exibir novamente a Barra de Tarefas Pendentes após fechá-la, clique em Normal na lista.

5. No grupo **Layout** da guia **Exibição**, clique no botão **Barra de Tarefas Pendentes** e em **Opções**.

   A caixa de diálogo Opções da Barra de Tarefas Pendentes será aberta.

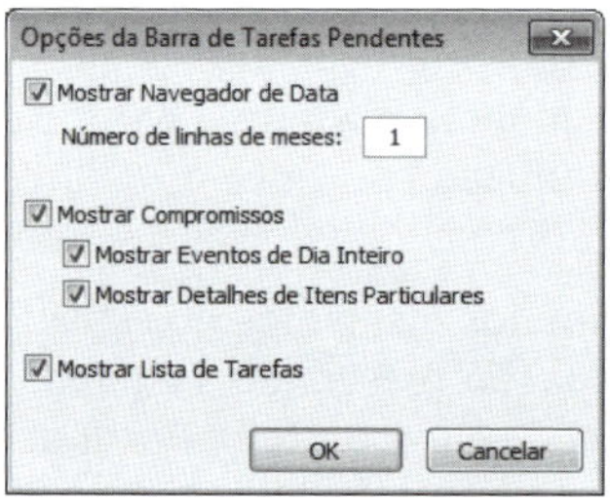

Você pode especificar o que será exibido na Barra de Tarefas Pendentes.

6. Altere a configuração do **Navegador de Data** para exibir **2** meses e clique em **OK**.

   Dica O número de compromissos e tarefas exibidos na Barra de Tarefas Pendentes depende do espaço vertical alocado para cada uma dessas áreas. Você pode alterar o número de compromissos e tarefas exibidos arrastando a barra que divide as duas áreas.

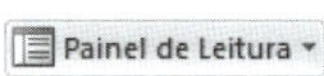

7. No grupo **Layout**, clique no botão **Painel de Leitura** e em **Inferior**.

   O Painel de Leitura se moverá do lado do Painel de Conteúdo para a parte inferior.

8. No grupo **Layout**, clique no botão **Painel de Leitura** e em **Desativada** para fechar totalmente o Painel de Leitura.

LIMPEZA Usando as técnicas discutidas neste tópico, reorganize os elementos da janela do Outlook como quiser.

Solução de problemas As alterações que você implementar podem fazer sua janela do Outlook ter uma aparência diferente das mostradas neste livro. Estamos mostrando a janela do Outlook com o Painel de Navegação e a Barra de Tarefas Pendentes maximizados, e o Painel de Leitura está sendo exibido no lado direito da janela.

Criando e gerenciando Etapas Rápidas

O Outlook 2010 inclui muitos recursos projetados para aumentar a eficiência da execução de tarefas. Com o novo recurso Etapas Rápidas disponível no módulo Email, você pode executar vários processos em um ou mais emails com apenas um clique. Por exemplo, pode responder um email e excluir a mensagem original ou sinalizar uma mensagem para acompanhamento e movê-la para uma pasta específica. As Etapas Rápidas podem incluir qualquer combinação de até 12 ações selecionadas.

As Etapas Rápidas estão disponíveis no grupo Etapas Rápidas da guia Página Inicial do módulo Email e no menu de atalho que aparece quando clicamos com o botão direito do mouse em uma mensagem ou grupo de mensagens.

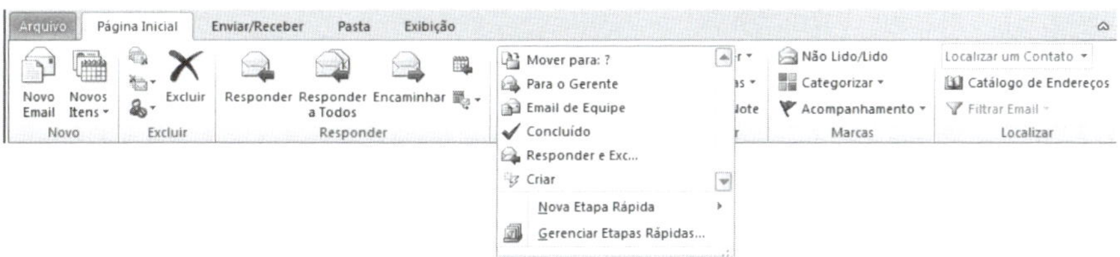

O Outlook fornece Etapas Rápidas padrão que executam funções comuns e você pode criar Etapas Rápidas personalizadas com base nas tarefas mais executadas.

Dica Se você se conecta a várias contas, as Etapas Rápidas de cada módulo Email serão específicas dessa conta.

Em uma nova instalação do Outlook, a galeria Etapas Rápidas inclui cinco Etapas Rápidas padrão: Mover Para, Email de Equipe, Responder e Excluir, Para o Gerente e Concluído. Você pode modificar as ações executadas pelas Etapas Rápidas existentes, adicionar outras tarefas comuns ao menu Etapas Rápidas selecionando-as na lista Nova Etapa Rápida ou criar uma Etapa Rápida personalizada a partir do zero.

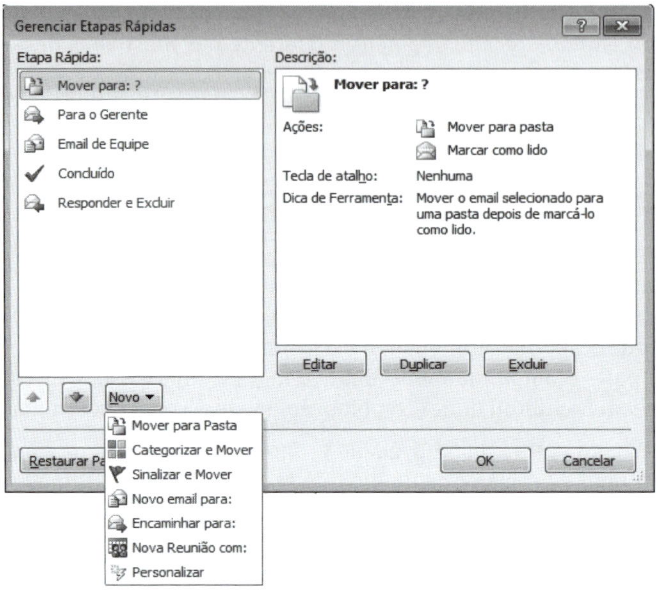

A seleção de uma ação no menu Novo fornece um ponto de partida para uma nova Etapa Rápida.

Consulte também Para obter informações sobre uso e modificação das Etapas Rápidas padrão, consulte "Gerenciando mensagens usando as Etapas Rápidas" no Capítulo 7, "Organize sua caixa de entrada".

Neste exercício, você criará uma Etapa Rápida que envia um email.

PREPARAÇÃO Não é preciso arquivo para fazer este exercício. Exiba sua Caixa de Entrada e siga as etapas.

1. Na galeria **Etapas Rápidas** da guia **Página Inicial**, clique em **Criar**.

   A caixa de diálogo Editar Etapas Rápidas será aberta.

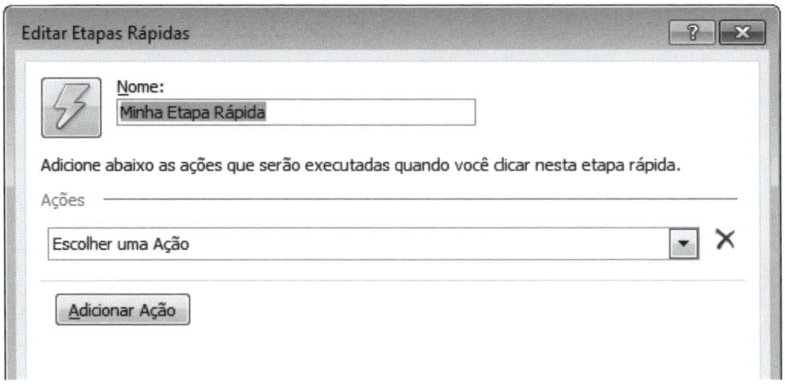

O nome temporário da Etapa Rápida vem selecionado na caixa Nome.

2. Na caixa **Nome**, substitua o nome temporário selecionado por **SBS – Mensagens**. Em seguida, clique na seta **Ações** para expandir a lista.

   A lista Ações inclui 25 ações em seis seções: Arquivamento; Alterar Status; Categorias, Tarefas e Sinalizadores; Responder; Compromisso; e Conversas.

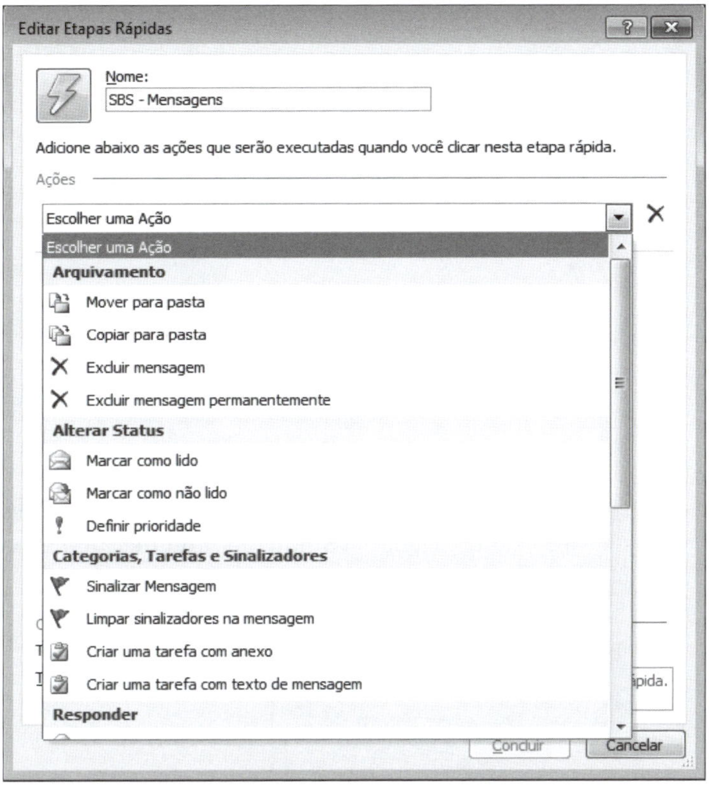

Você pode executar qualquer uma das ações dessa lista usando uma Etapa Rápida.

3. Role a lista **Ações** para baixo para ver as ações disponíveis. Em seguida, sob **Responder**, clique em **Nova Mensagem**.

   A ação selecionada aparecerá na lista Ações e as informações necessárias à execução da ação aparecerão abaixo dela.

4. Na caixa **Para**, insira seu endereço de email. Em seguida, na lista **Ações**, sob **Nova Mensagem**, clique em **Mostrar Opções**.

   A lista será expandida para exibir configurações opcionais da nova mensagem.

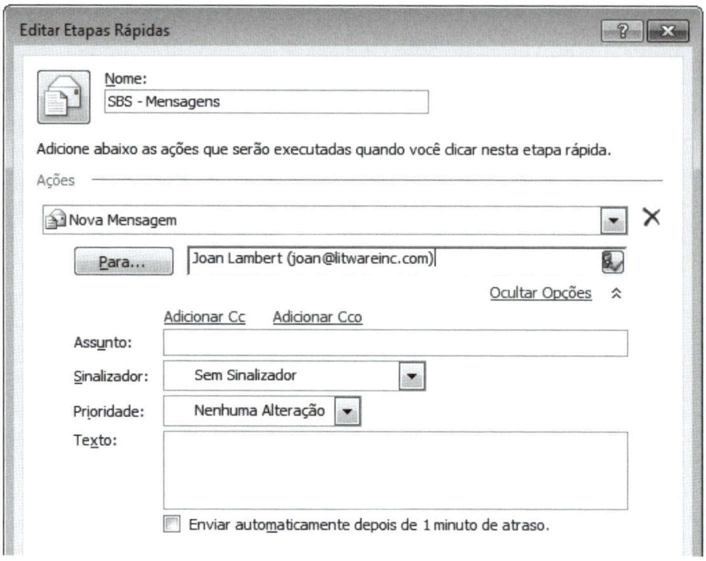

As informações necessárias são exibidas automaticamente; as opcionais ficam ocultas até as exibirmos.

5. Na caixa **Assunto**, insira **SBS – Mensagem de Etapa Rápida**.
6. Na lista **Sinalizador**, clique em **Sinalizador de Destinatários**.

   A caixa de diálogo Sinalizador de Mensagem será aberta.

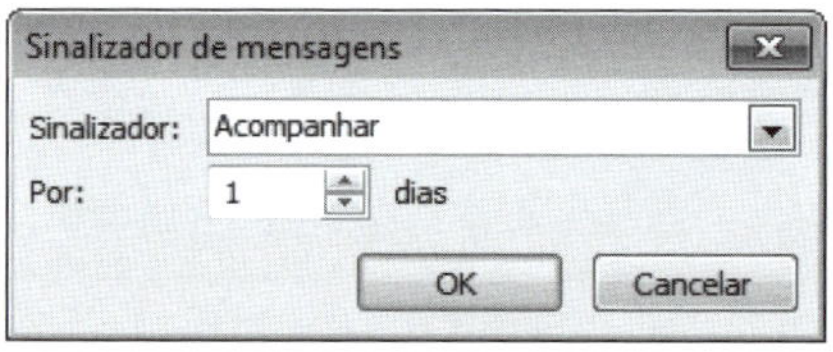

Você pode sinalizar uma mensagem enviada para o destinatário acompanhar.

7. Na lista **Sinalizador**, clique em **Não é preciso responder**. Na caixa **Por**, clique na seta para baixo uma vez para definir a duração do sinalizador com **0** dias. Em seguida, clique em **OK**.

   A caixa de diálogo Sinalizador de Mensagem será fechada e você voltará à caixa de diálogo Editar Etapa Rápida.

8. Na caixa **Texto**, insira a frase a seguir:

   Eu fiz um excelente trabalho aprendendo o Outlook 2010!

9. Marque a caixa de seleção **Enviar automaticamente depois de 1 minuto de atraso**.
10. Abaixo da ação **Nova Mensagem**, clique em **Adicionar Ação**.

Uma segunda lista Ações aparecerá. Você pode adicionar mais ações à Etapa Rápida clicando em uma ação na lista. No entanto, a Etapa Rápida que criou não executa ações em uma mensagem existente, logo, as outras ações não são apropriadas.

11. À direita da lista **Ações**, que atualmente está exibindo Escolher uma Ação, clique no botão **Remover**.

    A segunda lista Ações desaparecerá da caixa de diálogo.

12. Na lista **Tecla de Atalho**, clique em **Ctrl+Shift+1**.
13. Na caixa **Texto da dica de ferramenta**, insira **Enviar mensagem a mim mesmo(a)**.

    Sua Etapa Rápida está concluída.

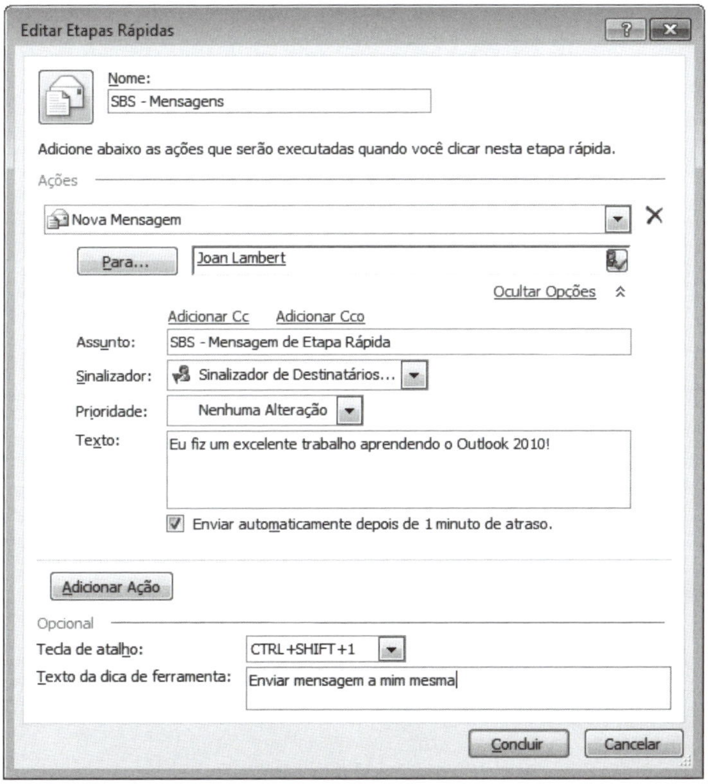

A caixa de diálogo Editar Etapa Rápida exibe as ações que a nova Etapa Rápida executará.

14. Na caixa de diálogo **Editar Etapa Rápida**, clique em **Concluir**.

    A nova Etapa Rápida aparecerá na galeria Etapas Rápidas.

15. No **Painel de Navegação**, clique em sua **Caixa de Saída.**
16. Na galeria **Etapas Rápidas** da guia **Página Inicial**, aponte para **SBS – Mensagens**.

    Uma Dica de tela exibirá *Enviar mensagem a mim mesmo(a)*.

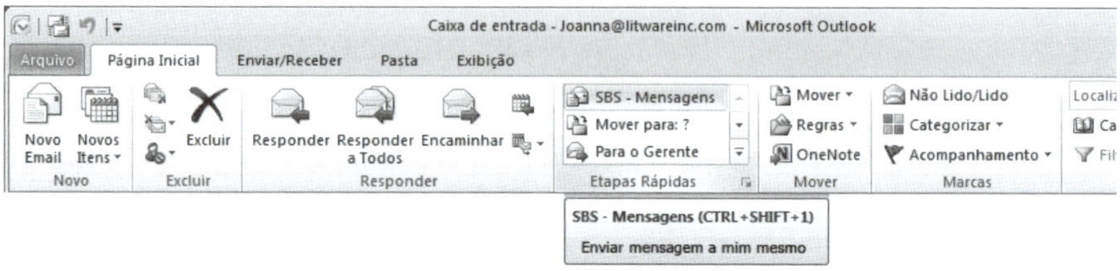

A inclusão de uma Dica de tela em uma Etapa Rápida ajuda a lembrar que ações ela executa.

17. Clique na Etapa Rápida **SBS – Mensagens**.

    Já que você marcou a caixa de seleção Enviar automaticamente depois de 1 minuto de atraso, a mensagem aparecerá automaticamente em sua Caixa de Saída e depois será enviada.
18. Exiba sua **Caixa de Entrada**.

    Você verá SBS – Mensagem de Etapa Rápida na Caixa de Entrada.
19. Abra a mensagem.

    O sinalizador de acompanhamento pode ser visto no topo do cabeçalho da mensagem.

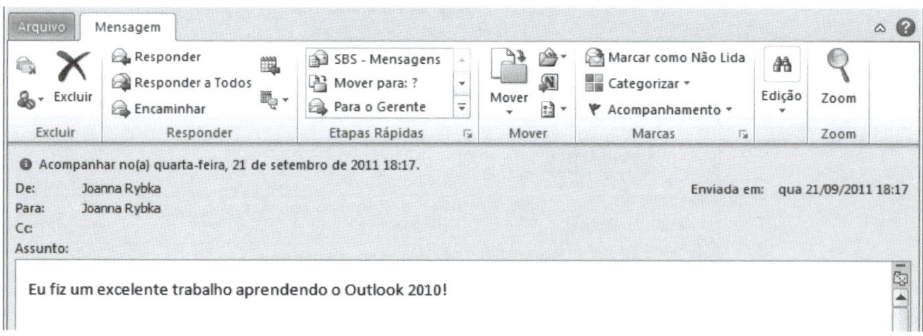

A mensagem criada e enviada automaticamente com o uso de uma Etapa Rápida.

LIMPEZA Feche a janela da mensagem antes de passar para o próximo exercício.

Personalizando a Faixa de Opções

Mesmo se o Outlook 2010 for a primeira versão do programa com a qual trabalhou, a essa altura você já deve estar acostumado a trabalhar com comandos representados como botões na Faixa de Opções. A Faixa de Opções foi projetada para deixar visíveis os comandos mais usados para que as pessoas possam conhecer mais facilmente todo o potencial do programa. Mas muitas pessoas usam o Outlook para executar o mesmo conjunto de tarefas o tempo todo e, para elas, ver botões (ou até mesmo grupos inteiros de botões) que nunca usam apenas causa confusão.

Consulte também Para obter informações sobre a minimização e a expansão da Faixa de Opções, consulte "Personalizando a Barra de Ferramentas de Acesso Rápido" mais à frente neste capítulo.

Você preferiria ver menos comandos? Ou ver mais grupos de comandos especializados? Bem, você pode personalizar a Faixa de Opções das duas maneiras. Um clique em Personalizar Faixa de Opções no painel esquerdo da caixa de diálogo Opções do Outlook exibe a página Personalizar a Faixa de Opções.

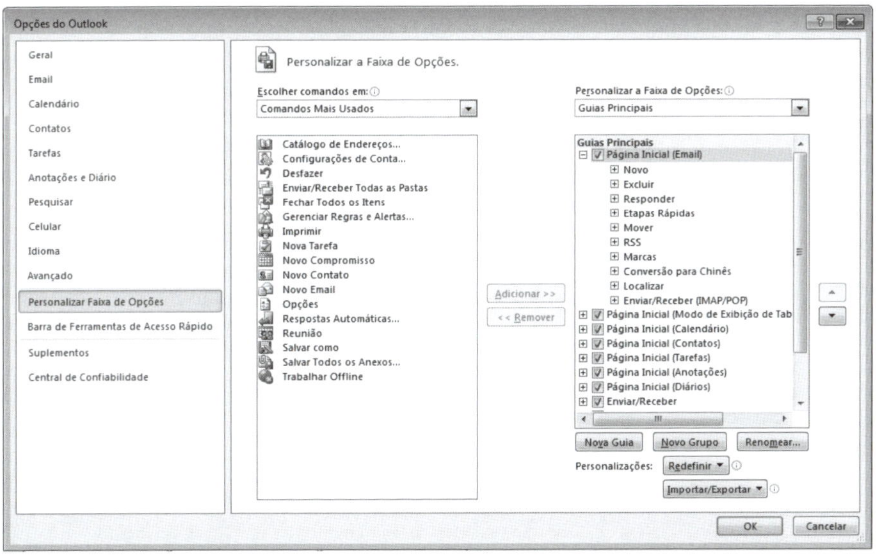

O recurso de personalização da Faixa de Opções é uma novidade do Outlook 2010.

Dica As guias que aparecem na Faixa de Opções de sua configuração do Outlook podem diferir das mostradas aqui dependendo das contas de email às quais você tiver configurado o Outlook para se conectar.

Nessa página, você pode personalizar a Faixa de Opções das seguintes maneiras:

- Se raramente usa uma guia, pode desativá-la.
- Se só usa os comandos de alguns grupos de cada guia, pode remover os grupos que não usa. (O grupo não é removido do programa, só da guia.)
- Pode mover um grupo de uma guia para outra.
- Pode duplicar um grupo adicionando-o à outra guia.
- Pode criar um grupo personalizado em qualquer guia e adicionar comandos a ele. (Não é possível adicionar comandos a um grupo predefinido.)
- Pode até mesmo criar uma guia personalizada. Por exemplo, você pode querer fazer isso se só usa alguns comandos de cada guia e acha ineficiente alternar entre várias guias.

Não tenha medo de fazer testes com a Faixa de Opções para encontrar a configuração que melhor atende sua maneira de trabalhar. Se em algum momento achar que sua nova Faixa de Opções ficou mais difícil de manipular em vez de mais fácil, sempre haverá a opção de reverter tudo para a configuração padrão.

Dica Se você está se atualizando a partir de uma versão anterior do Outlook, quando usar o Outlook 2010 talvez identifique alguns comandos que parecem não estar mais disponíveis. Alguns recursos antigos foram abandonados, mas outros que as pessoas usavam raramente foram apenas colocados à parte.

Se sentir muita falta de um desses recursos colocados de lado, você pode torná-lo parte de seu ambiente de trabalho do Outlook adicionando-o à Faixa de Opções. Se quiser encontrar uma lista de todos os comandos que não aparecem na Faixa de Opções, mas ainda estão disponíveis no Outlook, exiba a página Personalizar a Faixa de Opções da caixa de diálogo Opções do Outlook e clique em Comandos Fora da Faixa de Opções na lista Escolher Comandos Em.

Neste exercício, você desativará guias, removerá grupos, criará um grupo personalizado e adicionará um comando ao novo grupo. Em seguida, criará uma guia e moverá grupos de botões predefinidos para ela. Para concluir, reverterá a Faixa de Opções ao seu estado padrão.

PREPARAÇÃO Não é preciso arquivo para fazer este exercício. Exiba sua Caixa de Entrada do Outlook e siga as etapas.

1. Abra a caixa de diálogo **Opções do Outlook** e, no painel esquerdo, clique em **Personalizar Faixa de Opções**.
2. No painel direito da página **Personalizar a Faixa de Opções**, desmarque as caixas de seleção da guia **Pasta**, da guia **Suplementos** e da guia **Conferência** (se essa guia aparecer no painel direito). Em seguida, clique em OK.

   Agora a Faixa de Opções exibirá apenas as guias Arquivo, Página Inicial, Enviar/Receber e Exibição.

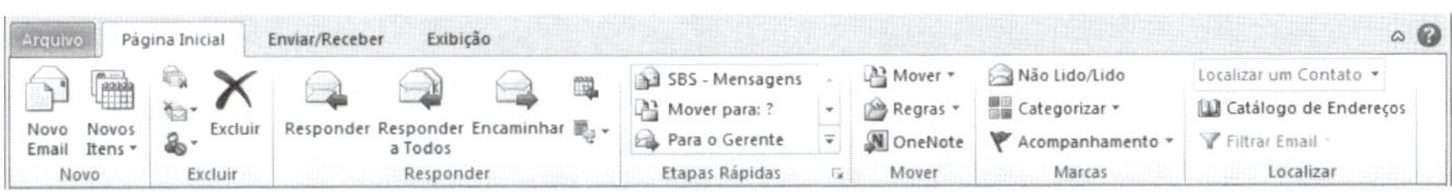

Você não pode desativar a guia Arquivo, que é o vínculo com o modo Backstage.

3. Exiba novamente a página **Personalizar Faixa de Opções** da caixa de diálogo **Opções do Outlook** e, no painel direito, marque a caixa de seleção **Pasta**. Em seguida, clique no sinal de adição ao lado da **Pasta** para exibir os grupos que aparecem atualmente nessa guia.
4. Na lista **Escolher Comandos Em**, clique em **Guias Principais**. Em seguida, na lista de comandos disponíveis, clique no sinal de adição ao lado da **Pasta** para exibir os grupos que estão predefinidos para essa guia.
5. No painel direito, clique no grupo **IMAP**. Em seguida, entre os painéis esquerdo e direito, clique em **Remover**.

   O grupo IMAP será removido da lista de grupos que estão presentes na guia (o painel da direita), mas continuará presente na lista de comandos disponíveis. Você pode adicioná-lo novamente à guia Pasta ou a uma guia diferente a qualquer momento.

6. Se o grupo **Página Inicial (Email)** não estiver expandido no painel direito, clique no sinal de adição ao lado de **Página Inicial (Email)** para exibir os grupos que aparecem atualmente nessa guia do módulo Email. Em seguida, clique no nome da guia, **Página Inicial (Email)**.
7. Abaixo do painel direito, clique em **Novo Grupo**.

   Um grupo chamado *Novo Grupo (Personalizado)* será adicionado ao final da lista de grupos de Página Inicial (Email).
8. Com o novo grupo selecionado, clique em **Renomear**.

   A caixa de diálogo Renomear será aberta.

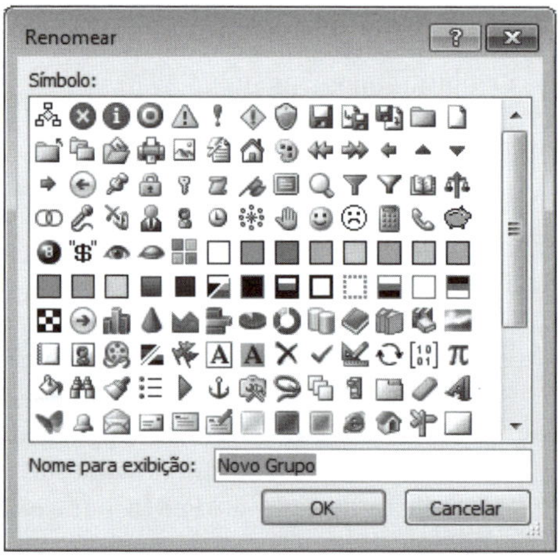

Na caixa de diálogo Renomear, você pode selecionar um símbolo para representar o grupo e alterar o nome do grupo.

9. Na caixa de diálogo **Renomear**, insira **Organização** na caixa **Nome para exibição** e clique em **OK**. Em seguida, no lado direito da página **Personalizar a Faixa de Opções**, clique no botão **Mover Para Cima** até o grupo **Organização (Personalizado)** chegar ao início da lista de grupos.

Já que é o primeiro da lista, o grupo personalizado aparecerá na extremidade esquerda da guia Página Inicial.

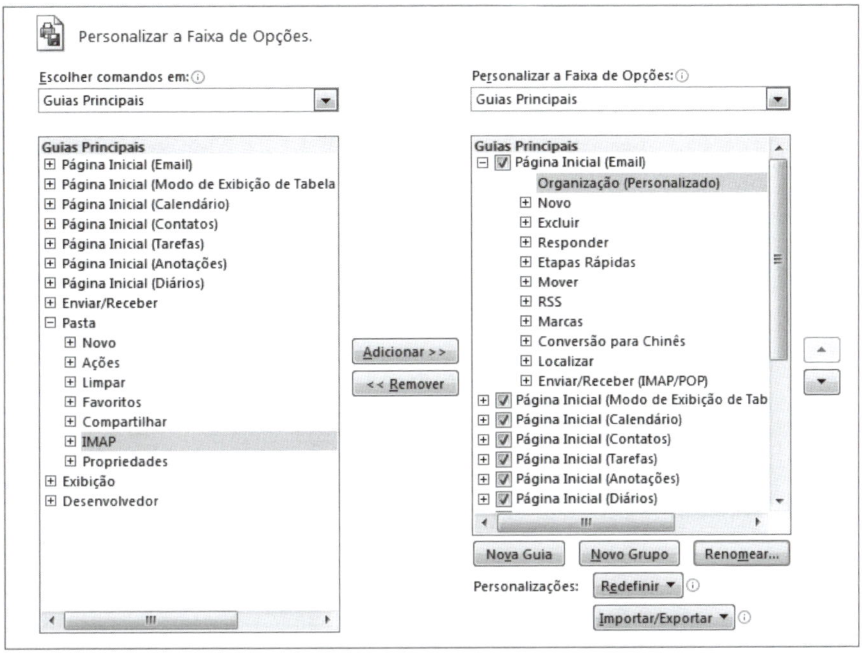

Você removeu um grupo padrão da guia Pasta e criou um grupo personalizado na guia Página Inicial do módulo Email.

10. Na lista **Escolher Comandos Em**, clique em **Guia Arquivo**.

    A lista de comandos disponíveis mudará para incluir só os comandos que estão disponíveis no modo Backstage, que você pode exibir clicando na guia Arquivo.

11. Na lista de comandos disponíveis, clique em **Esvaziar Itens Excluídos**. Em seguida, entre os painéis esquerdo e direito, clique em **Adicionar**. Repita essa etapa com o comando **Limpar Caixa de Correio**.

    Os dois comandos serão adicionados ao grupo personalizado.

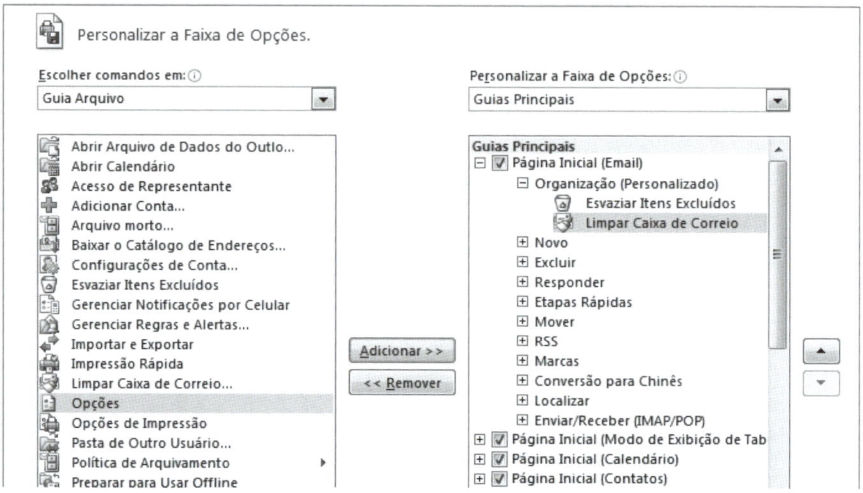

Você pode adicionar comandos a um grupo personalizado, mas não a um grupo predefinido.

12. No painel direito, remova os grupos **Responder e Marcas** da guia **Página Inicial (Email)**.
13. Clique no nome da guia, **Página Inicial (Email)**, e em **Nova Guia**.

    Uma guia personalizada chamada *Nova Guia (Personalizada)* será adicionada após a guia Página Inicial (Email). A guia personalizada terá um grupo personalizado chamado *Novo Grupo (Personalizado)*.
14. Remova o grupo personalizado da guia personalizada.
15. Clique no nome da guia, **Nova Guia (Personalizada)**, e em **Renomear**.

    A caixa de diálogo Renomear será aberta.

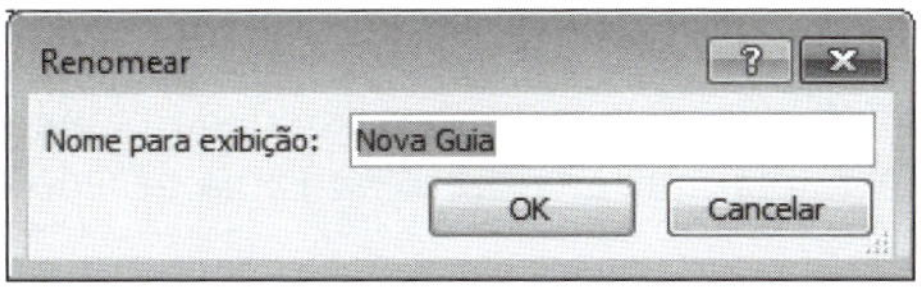

Não é possível atribuir um símbolo para representar uma guia.

16. Na caixa de diálogo **Renomear**, insira Acompanhar na caixa **Nome para exibição** e clique em **OK**.
17. Na lista **Escolher Comandos Em**, clique em **Guias Principais** e, na lista de comandos disponíveis, expanda a guia **Página Inicial (Email)**.
18. Com a guia **Acompanhar (Personalizada)** selecionada no painel direito, adicione os grupos **Responder** e **Marcas** dos grupos disponíveis de **Página Inicial (Email)**.

    O painel direito exibirá a nova configuração das guias Página Inicial e Acompanhar.

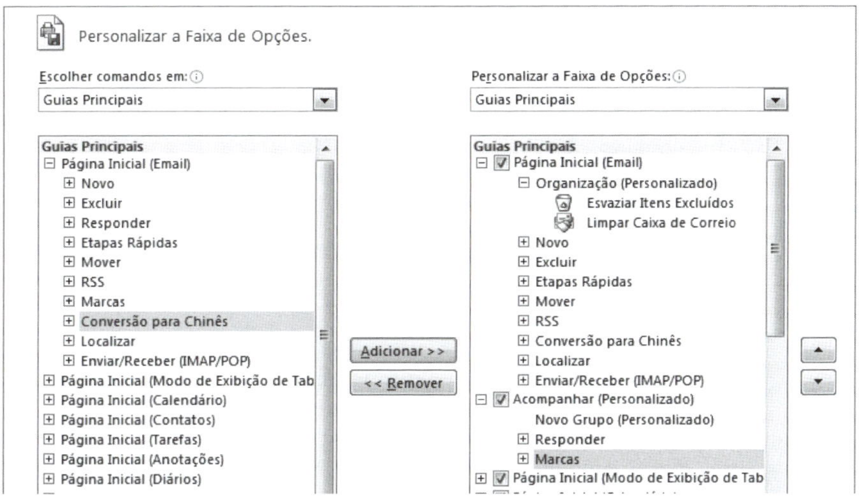

Você moveu grupos da guia Página Inicial do módulo Email para uma nova guia Acompanhar.

19. Na caixa de diálogo **Opções do Outlook**, clique em **OK**.

    O novo grupo Limpeza da Casa estará na extremidade esquerda da guia Página Inicial e a nova guia Acompanhar aparecerá na Faixa de Opções também após a guia Página Inicial.

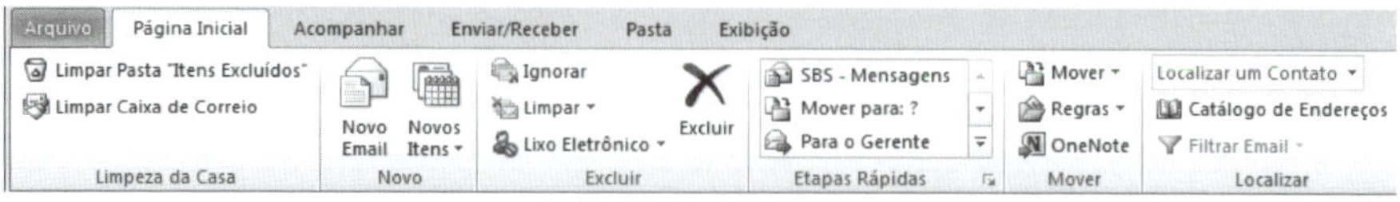

O grupo personalizado Limpeza da Casa e a guia personalizada Acompanhar.

20. Exiba a página **Personalizar a Faixa de Opções** da caixa de diálogo **Opções do Outlook**. No canto inferior direito, clique em **Redefinir** e depois em **Redefinir Todas as Personalizações.** Em seguida, na caixa de mensagem solicitando que você confirme se deseja excluir todas as personalizações da Faixa de Opções e da Barra de Ferramentas de Acesso Rápido, clique em **Sim**.
21. Na caixa de diálogo **Opções do Outlook**, clique em **OK**.

    A configuração padrão da Faixa de Opções será restaurada.

LIMPEZA Faça as modificações que quiser na Faixa de Opções antes de passar para o próximo exercício.

Personalizando a Barra de Ferramentas de Acesso Rápido

Os comandos usados no controle do Outlook estão disponíveis na Faixa de Opções que fica no topo da janela do programa e nas janelas de itens do Outlook. À medida que usar o Outlook, você se acostumará com o local dos comandos que usa com mais frequência. Para economizar tempo, pode inserir os comandos mais usados na Barra de Ferramentas de Acesso Rápido que, por padrão, fica localizada no canto superior esquerdo da janela do programa. Para economizar ainda mais tempo, pode mover a Barra de Ferramentas de Acesso Rápido de sua posição padrão acima da Faixa de Opções para baixo dessa para que o mouse tenha que percorrer uma distância menor do conteúdo com o qual você está trabalhando ao comando que deseja chamar.

Na janela do programa, a Barra de Ferramentas de Acesso Rápido exibe o botão Enviar/Receber e o botão Desfazer. Nas janelas de itens individuais, ela exibe os botões Salvar, Desfazer, Refazer, Anterior e Próximo.

Há três maneiras de inserirmos os botões e listas que representam comandos na Barra de Ferramentas de Acesso Rápido:

- A partir da Barra de Ferramentas de Acesso Rápido
- A partir da Faixa de Opções
- A partir da caixa de diálogo Opções do Outlook

Um clique no botão Personalizar Barra de Ferramentas de Acesso Rápido na extremidade direita da barra exibe uma lista de comandos pertinentes ao tipo de janela com a qual estamos trabalhando.

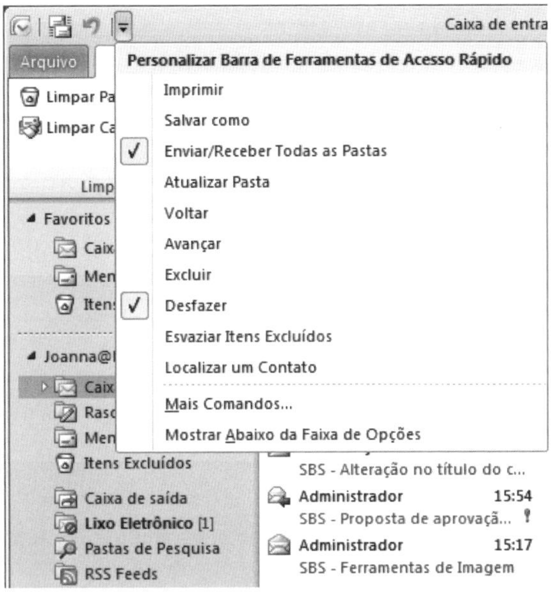

Uma marca de seleção indica um comando que já está sendo exibido na Barra de Ferramentas de Acesso Rápido.

Um clique em um comando que ainda não tem uma marca de seleção antecedendo-o adiciona esse comando à extremidade direita da Barra de Ferramentas de Acesso Rápido.

Um clique com o botão direito do mouse na Faixa de Opções e um clique em Adicionar à Barra de Ferramentas de Acesso Rápido adiciona esse botão ou lista à extremidade direita da Barra de Ferramentas de Acesso Rápido.

Na página Barra de Ferramentas de Acesso Rápido da caixa de diálogo Opções do Outlook, você pode especificar que comandos deseja que apareçam na barra de ferramentas, controlar a ordem em que os comandos aparecerão e dividir os comandos em grupos lógicos. É bom ressaltar que as configurações da página se aplicam apenas à janela do programa ou do item a partir da qual o modo Backstage foi exibido.

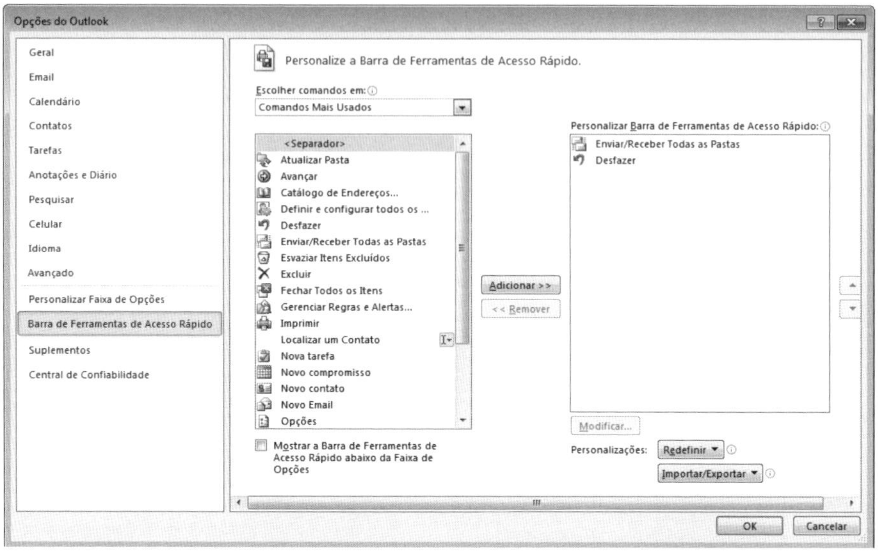

A página Barra de Ferramentas de Acesso Rápido da caixa de diálogo Opções do Outlook, aberta a partir da janela do programa.

Nessa página, você pode personalizar a Barra de Ferramentas de Acesso Rápido das seguintes maneiras:

- Pode definir uma Barra de Ferramentas de Acesso Rápido para a janela do programa Outlook ou para a janela de um tipo de item específico.
- Pode adicionar qualquer comando de qualquer grupo de qualquer guia, inclusive guias contextuais.
- Pode adicionar comandos que não aparecem na Faixa de Opções.
- Pode exibir um separador entre diferentes tipos de botões.
- Pode mover os botões na barra de ferramentas até eles estarem na ordem que deseja.
- Pode redefinir a Barra de Ferramentas de Acesso Rápido com sua configuração padrão.

Se você só usa alguns botões, pode adicioná-los à Barra de Ferramentas de Acesso Rápido e então ocultar a Faixa de Opções clicando duas vezes na guia ativa ou clicando no botão Minimizar a Faixa de Opções. Só a Barra de Ferramentas de Acesso Rápido e os nomes das guias da Faixa de Opções permanecerão visíveis. Você pode voltar a exibir a Faixa de Opções temporariamente clicando na guia que deseja visualizar. Para voltar a exibir permanentemente a Faixa de Opções, clique duas vezes em qualquer guia ou clique no botão Expandir a Faixa de Opções.

À medida que você adicionar botões à Barra de Ferramentas de Acesso Rápido, ela se expandirá para acomodá-los. Se adicionar muitos botões, pode ficar difícil visualizar o texto na barra de título, ou talvez nem todos os botões fiquem visíveis na barra, o que anularia o efeito de adicioná-los. Para resolver esse problema, você pode mover a Barra de Ferramentas de Acesso Rápido para baixo da Faixa de Opções clicando no botão Personalizar Barra de Ferramentas de Acesso Rápido e clicando em Mostrar Abaixo da Faixa de Opções.

Dica Ainda que atualmente a maioria dos comandos esteja disponível na Faixa de Opções, você ainda pode chamar vários comandos usando atalhos do teclado. Para ver uma lista dos atalhos do teclado disponíveis no Outlook 2010, consulte "Atalhos do teclado" no fim deste livro.

Neste exercício, você adicionará e organizará botões na Barra de Ferramentas de Acesso Rápido que é exibida nas janelas de composição de mensagem.

PREPARAÇÃO Não é preciso arquivo para fazer este exercício. Exiba sua Caixa de Entrada do Outlook e siga as etapas.

1. No grupo **Novo** da guia **Página Inicial**, clique no botão **Novo Email**.

   Uma janela de composição de mensagem será aberta. A Barra de Ferramentas de Acesso Rápido estará exibindo os botões Salvar, Desfazer, Refazer/Repetir, Anterior e Próximo.

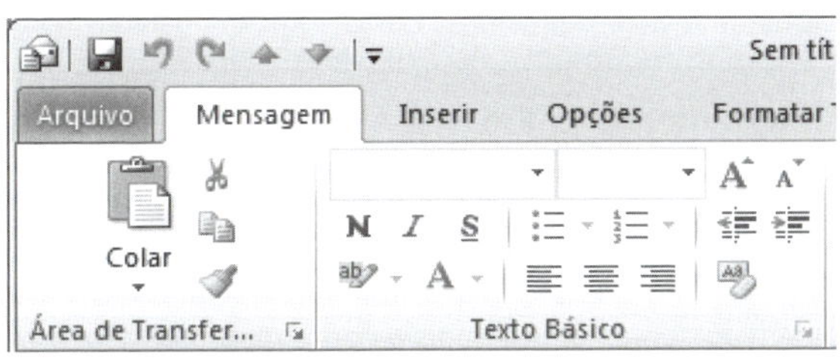

Só o botão Salvar está ativo dessa vez.

2. Na extremidade direita da Barra de Ferramentas de Acesso Rápido, clique no botão **Personalizar Barra de Ferramentas de Acesso Rápido**.

   O menu Personalizar Barra de Ferramentas de Acesso Rápido será aberto, exibindo uma lista de comandos usados com frequência para serem clicados e adicionados à barra de ferramentas.

3. Na parte inferior do menu, clique em **Mais Comandos**.

   Uma lista de comandos disponíveis aparecerá no painel da esquerda e uma lista dos comandos que estão sendo exibidos atualmente na Barra de Ferramentas de Acesso Rápido aparecerá no painel da direita.

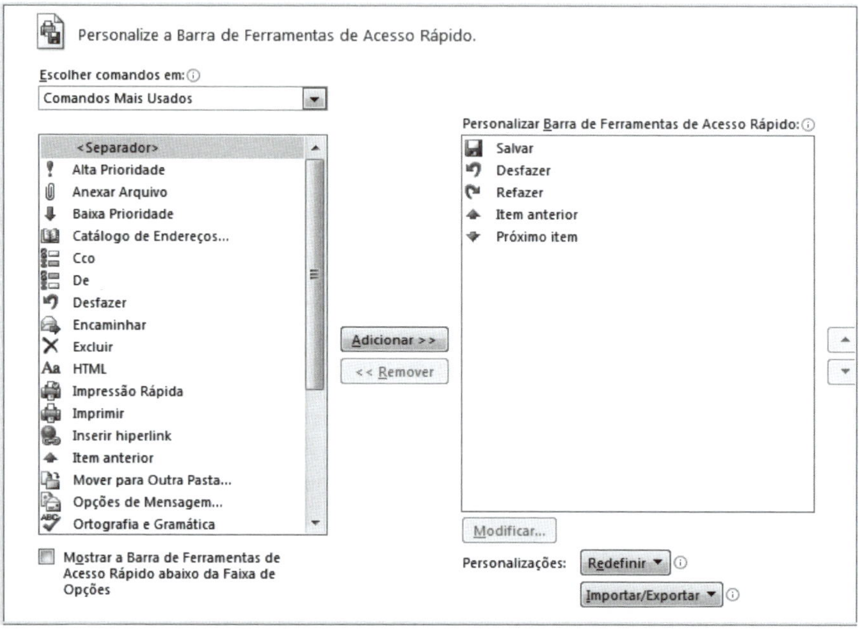

A página Barra de Ferramentas de Acesso Rápido da caixa de diálogo Opções do Outlook, aberta a partir de uma janela de mensagem.

4. No topo da lista de comandos disponíveis da esquerda, clique duas vezes em **<Separador>**.

   Um separador será inserido após os comandos padrão.

5. Na lista **Escolher Comandos Em**, clique em **Todos os Comandos**.

   Dica Em alguns casos, várias instâncias de um comando aparecem na lista Todos os Comandos – referentes aos locais em que o comando aparece dentro do programa. Se você apontar para um comando, exibirá sua localização em uma Dica de tela. Comandos que aparecem em guias contextuais e comandos que não aparecem em nenhuma guia também estão disponíveis nessa lista.

   Todos os comandos, inclusive os que não estão sendo exibidos na Faixa de Opções, aparecerão na lista de comandos disponíveis.

   Dica Você pode exibir apenas os comandos que não estão aparecendo na Faixa de Opções clicando em Comandos Fora da Faixa de Opções na lista Escolher Comandos Em.

6. Role para baixo na lista de comandos disponíveis, clique no comando **Novo compromisso** e clique em **Adicionar**.

   O comando aparecerá no painel direito após o separador.

7. Repita a etapa 6 para adicionar os comandos **Novo contato, Novo Email** e **Nova tarefa**. Em seguida, role até o início da lista de comandos disponíveis e adicione outro separador após o comando Nova tarefa.

   Os quatro comandos que você adicionou ao painel direito ficarão destacados por separadores, portanto, aparecerão na Barra de Ferramentas de Acesso Rápido como um grupo coeso.

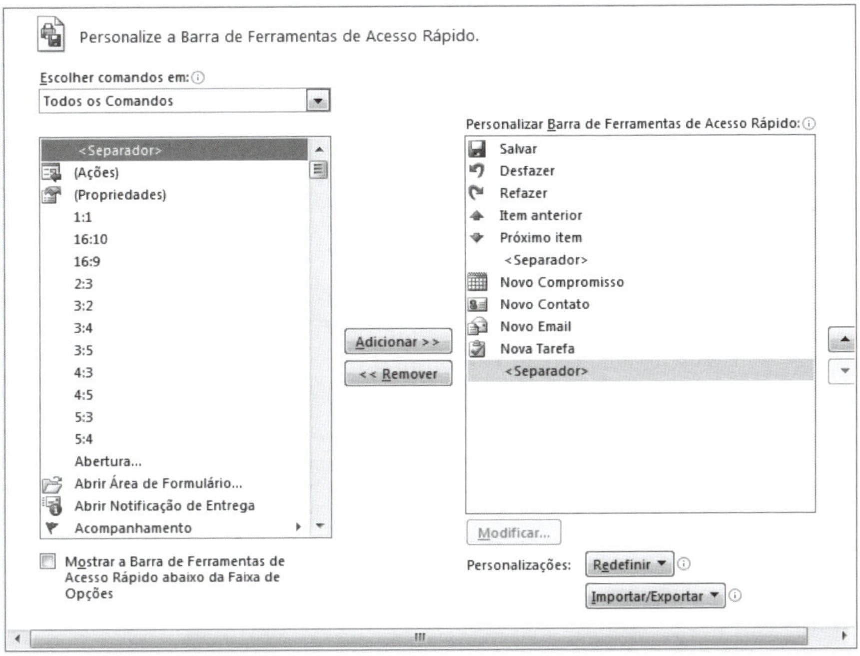

Você pode mover e agrupar comandos na Barra de Ferramentas de Acesso Rápido.

8. No painel direito, clique em **Novo Email**. Em seguida, clique no botão **Mover Para Cima** duas vezes para posicionar esse botão que é usado com mais frequência como primeiro do grupo.

9. Na caixa de diálogo **Opções do Outlook**, clique em **OK**.

   Agora a Barra de Ferramentas de Acesso Rápido da janela de mensagem aberta inclui os botões padrão e os novos botões Novo compromisso, Novo contato, Novo Email e Nova tarefa, separados por uma linha.

Você adicionou um grupo de botões à Barra de Ferramentas de Acesso Rápido.

Para criar novos itens do Outlook, você não precisa mais abrir o módulo associado, clicar na guia Página Inicial e então clicar no botão Novo "Item". Agora pode criar um novo item do Outlook com um único clique.

10. Feche a janela de composição de mensagem. (Não salve suas alterações se o Outlook lhe pedir que o faça.)

    Observe que não houve mudança na Barra de Ferramentas de Acesso Rápido da janela do programa Outlook. Ela ainda está exibindo apenas os botões Enviar/Receber e Desfazer.

11. Abra uma nova janela de composição de mensagem.

    A Barra de Ferramentas de Acesso Rápido personalizada estará presente na nova janela.

12. Clique no botão **Personalizar Barra de Ferramentas de Acesso Rápido** e, na parte inferior do menu, clique em **Mostrar Abaixo da Faixa de Opções**.

    A Barra de Ferramentas de Acesso Rápido passará da barra de título para a área entre a Faixa de Opções e o cabeçalho da mensagem e ocupará toda a largura da janela da mensagem.

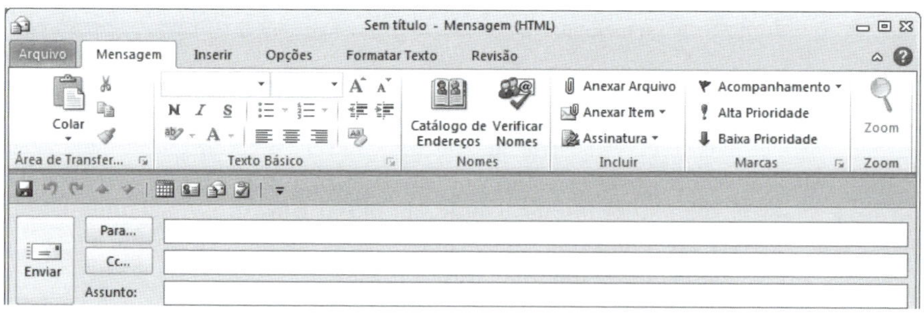

Quando posicionada abaixo da Faixa de Opções, a Barra de Ferramentas de Acesso Rápido pode conter muitos botões.

13. A partir da janela de composição de mensagem, exiba a página **Barra de Ferramentas de Acesso Rápido** da caixa de diálogo **Opções do Outlook** e clique em **Redefinir** e em **Redefinir apenas a Barra de Ferramentas de Acesso Rápido**.

14. Na caixa de mensagem **Redefinir Personalizações**, clique em **Sim** para retornar a Barra de Ferramentas de Acesso Rápido ao seu conteúdo padrão. Em seguida, clique em **OK** para fechar a caixa de diálogo **Opções do Outlook**.

    Agora a Barra de Ferramentas de Acesso Rápido está exibindo apenas os botões padrão da janela da mensagem, mas continua localizada abaixo da Faixa de Opções.

LIMPEZA Reposicione a Barra de Ferramentas de Acesso Rápido se quiser, clicando em Mostrar Acima da Faixa de Opções no menu Personalizar Barra de Ferramentas de Acesso Rápido.

Personalizando a Barra de Status

A Barra de Status, que fica localizada na parte inferior da janela do programa, exibe informações sobre o conteúdo da pasta que está sendo visualizada, lembretes de atraso, status de envio/recebimento, status online e outras informações. Em sua extremidade direita, exibe um conjunto de controles de zoom com os quais podemos controlar a ampliação de conteúdo no Painel de Leitura e em janelas de itens.

Quase todas as informações disponíveis são mostradas na Barra de Status por padrão; a única informação não mostrada é a de cotas que ajuda a rastrear quanto do espaço de armazenamento disponível na caixa de correio está sendo usado atualmente.

Para alterar as informações exibidas na Barra de Status:

1. Clique com o botão direito do mouse em uma área vazia da Barra de Status.

   O menu de atalho da Barra de Status aparecerá.

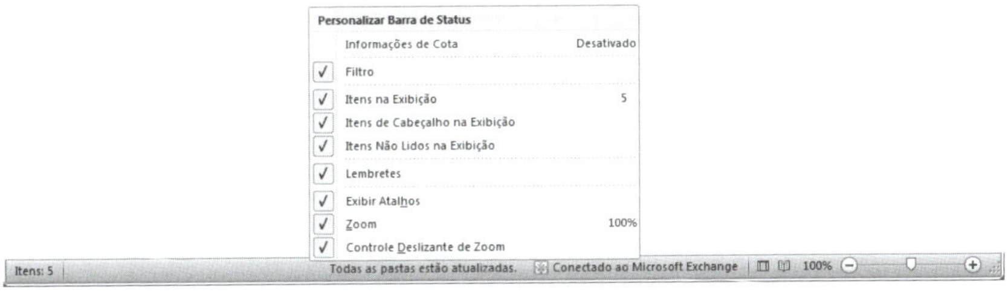

Uma marca de seleção indica as informações que estão sendo exibidas atualmente na Barra de Status.

2. Clique em um item do menu para adicioná-lo à Barra de Status ou removê-lo dela.

Muitas das entradas da Barra de Status permanecem ativas, ou seja, você pode clicar nelas para exibir informações adicionais. Por exemplo, se o item Lembretes aparecer na Barra de Status, isso significa que você tem lembretes de atraso. Um clique no item Lembretes abrirá a janela Lembretes em que você poderá ver os lembretes atuais.

Personalizando suas configurações do Office e do Outlook

Enquanto você ainda estiver conhecendo o Outlook 2010, deve ficar satisfeito em trabalhar com as configurações padrão (e é bom fazer isso até entender as razões para elas serem como são). Mas à medida que ganhar mais experiência, talvez queira ajustar algumas das configurações para que atendam melhor sua maneira de trabalhar.

Você pode alterar várias das configurações padrão do programa na caixa de diálogo Opções do Outlook, que é aberta com um clique em Opções no painel esquerdo do modo Backstage. Nessa caixa de diálogo, poderá controlar as configurações e a aparência de muitos recursos do Outlook, inclusive os seguintes:

- Funcionalidade, formatação e contas de email
- Funções editoriais e de arquivo
- Os painéis da janela do programa Outlook (o Painel de Navegação, o Painel de Leitura e a Barra de Tarefas Pendentes)
- Seu calendário, lista de tarefas, lista de contatos e anotações
- As funções de indexação e pesquisa
- As funções de telefone e correio de voz

Anteriormente, neste capítulo, fizemos testes com a modificação da Faixa de Opções e da Barra de Ferramentas de Acesso Rápido para personalizar a janela do programa e as janelas de itens de acordo com suas preferências. Agora examinaremos as configurações específicas de funções que você pode modificar para trabalhar de maneira mais eficiente.

A caixa de diálogo Opções do Outlook está dividida em 10 páginas de configurações específicas de funções, 2 páginas de configurações específicas de recursos (para a Faixa de Opções e a Barra de Ferramentas de Acesso Rápido) e 2 páginas de configurações relacionadas à segurança.

A página padrão da caixa de diálogo Opções do Outlook é a página Geral.

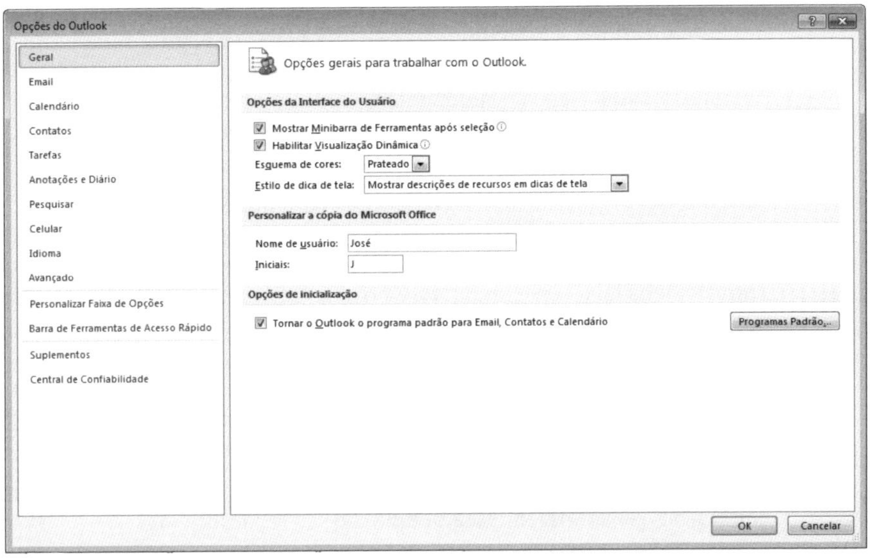

Clique em qualquer página no painel esquerdo para exibir essa página de opções no painel direito.

As configurações da página Geral são aplicadas a todos os módulos do Outlook. Essas configurações incluem mostrar a Minibarra de Ferramentas quando você selecionar texto, habilitar visualizações dinâmicas de opções das galerias, alterar o esquema de cores e definir o estilo das dicas de tela. Além disso, você pode especificar suas informações de usuário (nome e iniciais) nessa página. As informações de usuário que você definir aqui serão aplicadas a todos os programas do Office, e não só ao Outlook.

Email

A maioria das configurações que você pode querer alterar para modificar a maneira como o Outlook trabalha estão disponíveis na página Email da caixa de diálogo Opções do Outlook. Elas incluem configurações de composição de mensagens originais, respostas e encaminhamentos; controle do comportamento de painéis e alertas de área de trabalho do Outlook; limpeza de conversas; salvamento, envio e rastreamento de mensagens, e opções padrão de formato das mensagens.

O Outlook inclui uma seleção de opções para que você possa gerenciar seus emails de maneira mais eficaz. Para evitar perder seu trabalho, você pode selecionar que o Outlook salve automaticamente as mensagens criadas mas ainda não enviadas. Quando novas mensagens chegarem, você pode selecionar que o Outlook o alerte reproduzindo um som, mudando brevemente o ponteiro do mouse para um ícone de envelope, exibindo um ícone de envelope na área de notificação ou usando qualquer combinação desses efeitos. Também pode definir opções padrão para envio de uma mensagem. Por exemplo, se estiver preocupado com privacidade, pode optar pela configuração da confidencialidade de todas as novas mensagens com Particular.

A página Email está dividida em 10 seções. Já que é aí que você fará a maioria de suas alterações, examinaremos cada uma dessas seções.

Redigir mensagens

A seção Redigir mensagens da página Email inclui opções de alteração do comportamento do Outlook enquanto você estiver criando uma nova mensagem.

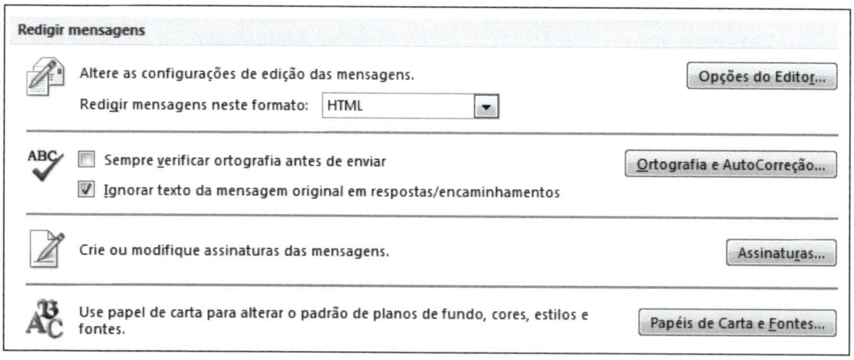

Opções de composição de mensagens.

Um clique em Opções do Editor ou Ortografia e Autocorreção na seção Redigir mensagens da página Email exibe a caixa de diálogo Opções do Editor. Nessa caixa de diálogo, você pode definir opções de Autocorreção para especificar como o Outlook corrigirá e formatará o conteúdo de suas mensagens à medida que elas forem digitadas, e personalizar as configurações de verificação ortográfica e gramatical.

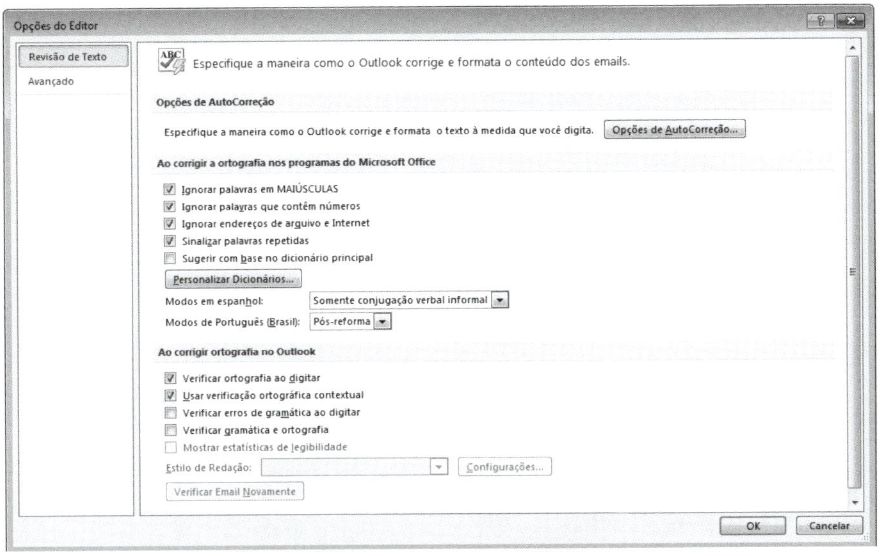

A caixa de diálogo Opções do Editor.

Consulte também Para obter informações sobre assinaturas automáticas, consulte "Personalizando a aparência do texto da mensagem" no Capítulo 10, "Melhore o conteúdo das mensagens".

Na página Avançado da caixa de diálogo Opções do Editor, você pode controlar a maneira como o Outlook trabalha com texto.

- Na área Opções de Edição dessa página, pode ativar ou desativar recursos de edição avançados, como, por exemplo, a maneira do Outlook selecionar e mover texto, se alterações na formatação devem ser rastreadas e se o modo Sobrescrever estará disponível.
- Na área Cortar, Copiar e Colar, pode especificar se o Outlook aplicará a formatação original ou de destino ao texto copiado dentro de uma mensagem, entre mensagens e de outros programas. Também pode definir opções avançadas de recorte e colagem (decidir se deve adicionar e remover espaços automaticamente quando necessário) e do botão Opções de Colagem (se ele deve aparecer após uma operação de colagem).
- Na área Exibir, pode definir se as medidas serão exibidas em polegadas, centímetros, milímetros, pontos ou paicas; se pixels serão exibidos para recursos HTML; se dicas de tela exibirão atalhos do teclado; e se o posicionamento dos caracteres será otimizado para melhorar o layout em vez da legibilidade.

Painéis do Outlook

A seção Painéis do Outlook da página Email inclui só uma opção, para alteração da maneira como os itens são marcados como lidos quando visualizados no Painel de Leitura.

Opções de painéis do Outlook.

Um clique no botão Painel de Leitura abre a caixa de diálogo Painel de Leitura em que podemos especificar como o Outlook processará as mensagens exibidas no painel.

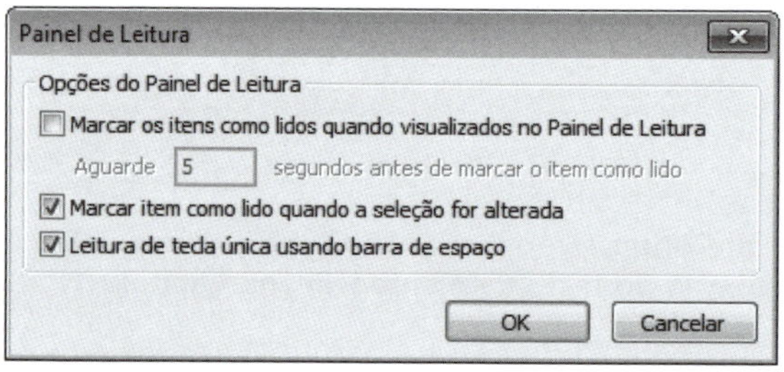

Opções do Painel de Leitura.

Consulte também Para obter informações sobre o Painel de Leitura, consulte "Visualizando mensagens e anexos de mensagens" e "Configurando o comportamento do Painel de Leitura" no Capítulo 3, "Envie e receba email".

Chegada de Mensagem

A seção Chegada de Mensagem da página Email inclui opções de controle da maneira como o Outlook notifica sobre o recebimento de uma mensagem.

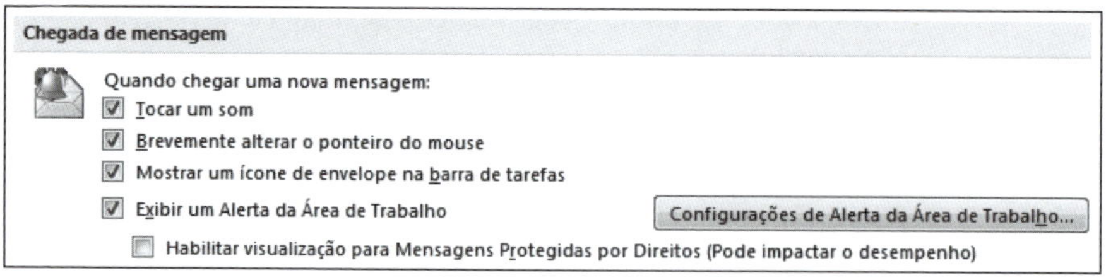

Opções de chegada de mensagem.

Consulte também Para obter informações sobre alertas de área de trabalho, consulte "Trabalhando com notificações de nova correspondência" no Capítulo 11, "Gerencie as configurações de emails".

Limpeza de conversa

A seção Limpeza de Conversa da página Email inclui opções de controle dos novos recursos de gerenciamento de conversas do Outlook 2010.

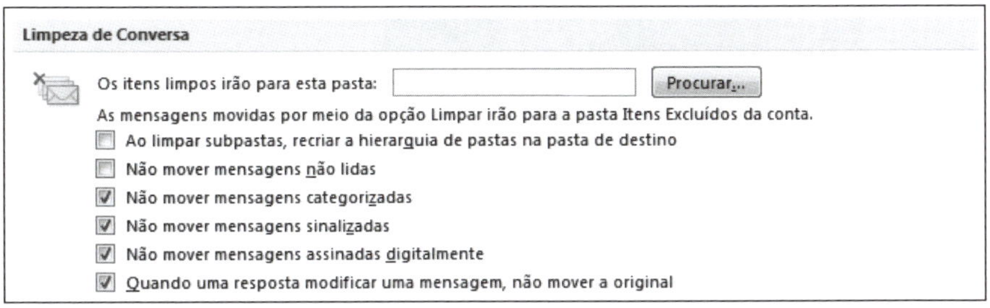

Opções de limpeza de conversa.

Consulte também Para obter informações sobre conversas, consulte "Trabalhando com o modo de exibição Conversa" no Capítulo 7, "Organize sua caixa de entrada".

Respostas e Encaminhamentos

A seção Respostas e Encaminhamentos da página Email inclui opções para o conteúdo de mensagens de resposta. Você pode selecionar fechar a janela da mensagem original quando responder a uma mensagem, inserir seu nome ou algum outro identificador antes de texto que incluir na mensagem original ao responder, e se e como deve incluir o texto da mensagem original em uma resposta.

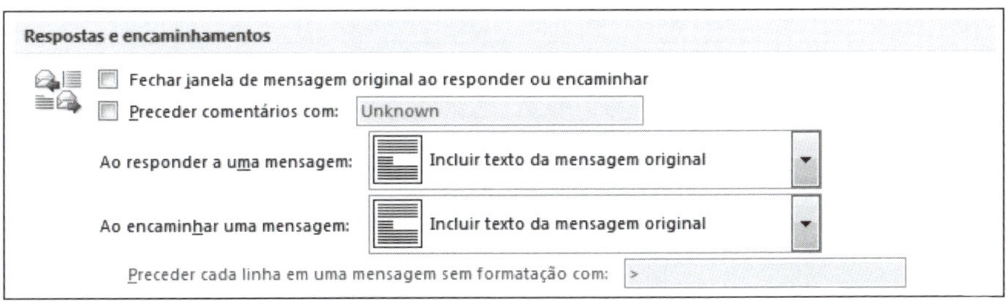

Opções de resposta e encaminhamento de mensagens.

Você pode incluir o texto da mensagem original anexando a mensagem a uma resposta em branco ou incluindo o texto da mensagem original e opcionalmente recuando-o ou recuando-o e inserindo uma linha vertical à esquerda do bloco de texto da mensagem.

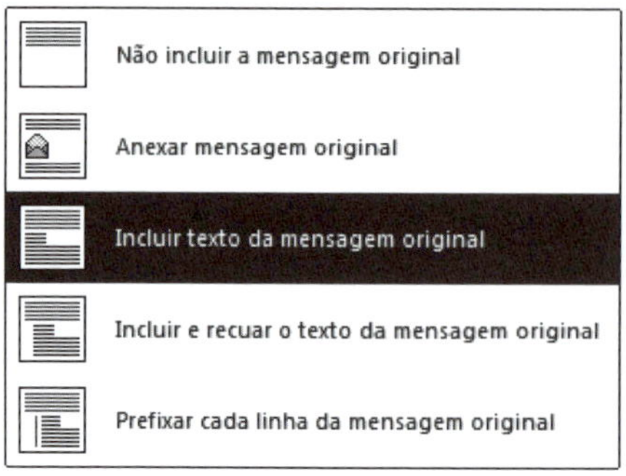

Opções para a inclusão do texto da mensagem original em uma mensagem de resposta.

Consulte também Para obter informações sobre responder e encaminhar mensagens, consulte "Respondendo mensagens" no Capítulo 3, "Envie e receba emails".

Salvar mensagens

A seção Salvar Mensagens da página Email inclui opções para o salvamento de rascunhos de mensagens.

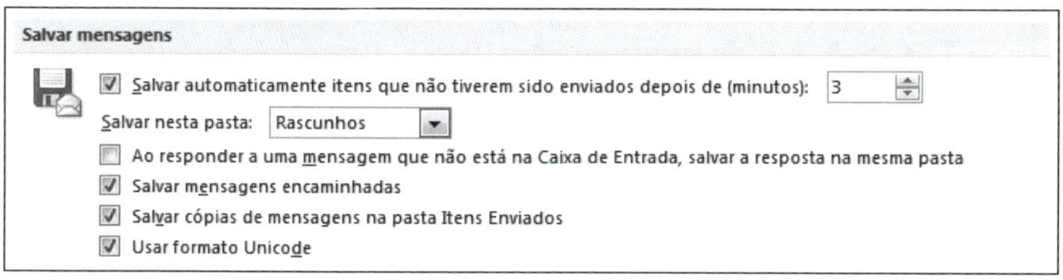

Opções para o salvamento de mensagens.

Por padrão, o Outlook salva o primeiro rascunho de uma mensagem três minutos depois que ela começa a ser composta e a salva novamente a cada três minutos depois disso. Você pode selecionar uma frequência de salvamento de 1 a 99 minutos ou selecionar a desativação do recurso de salvamento de rascunhos.

O local padrão para rascunhos de mensagens salvos é a pasta Rascunhos, que é uma pasta de nível superior da caixa de correio que aparece no Painel de Navegação no mesmo nível da Caixa de Entrada. Alternativamente você pode salvar rascunhos de mensagens em sua Caixa de Entrada, em Email Enviado (pasta Itens Enviados) ou na Caixa de Saída.

Consulte também Para obter informações sobre rascunhos de mensagens, consulte "Criando e enviando mensagens" no Capítulo 3, "Envie e receba emails".

Enviar Mensagens

A seção Enviar Mensagens da página Email inclui opções para a composição e o envio de mensagens.

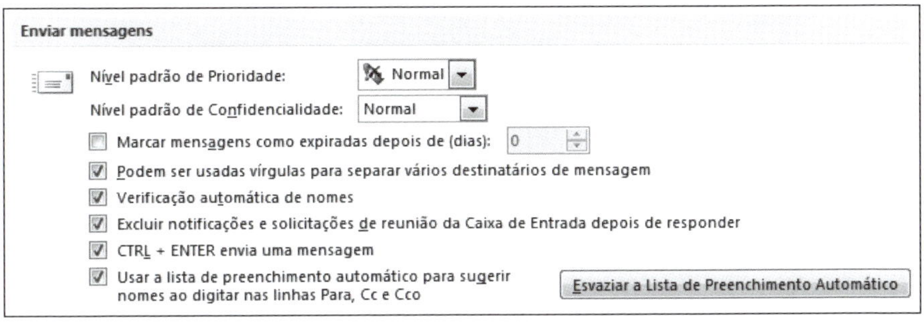

Opções de envio de mensagens.

Uma opção digna de nota nessa seção é Podem ser usadas vírgulas para separar vários destinatários de mensagem. Até que você decida marcar essa caixa de seleção, os endereços de email das caixas Para, Cc e Cco devem ser separados com o uso de ponto e vírgula.

Consulte também Para obter informações sobre configurações de níveis de importância e confidencialidade, consulte "Alterando as configurações e as opções de distribuição das mensagens" no Capítulo 10, "Melhore o conteúdo das mensagens".

Dicas de Email

A seção Dicas de Email da página Email inclui opções para o controle da exibição de dicas de email, que são mensagens geradas pelo servidor que aparecem no cabeçalho de uma janela de composição de mensagem para nos notificar sobre várias condições aplicáveis a uma mensagem de saída.

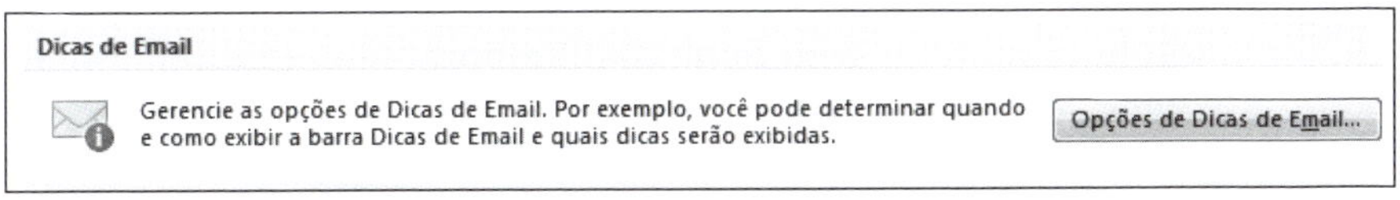

Opções de dicas de email.

Solução de problemas A seção Dicas de Email da página Email só está presente quando a configuração do Outlook inclui uma conta do Microsoft Exchange Server 2010, que suporta esse recurso.

Um clique no botão Opções de Dicas de Email abre a caixa de diálogo Opções de Dicas de Email em que você pode especificar os tipos de dicas que deseja que o Outlook exiba enquanto estiver compondo mensagens.

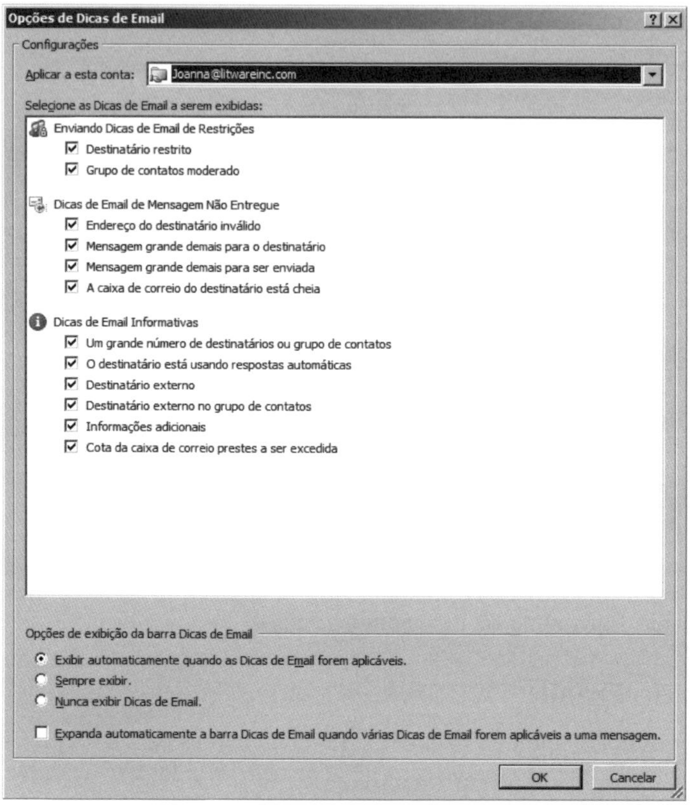

Você pode especificar as dicas de email que deseja que o Outlook exiba para cada conta do Exchange 2010.

As configurações de dicas de email são específicas de cada conta do Exchange à qual o Outlook é configurado para se conectar. Você pode definir suas preferências de dicas de email para cada conta selecionando a conta na lista Aplicar a esta conta no topo da caixa de diálogo.

Acompanhamento

A seção Acompanhamento da página Email inclui opções para a solicitação de recebimento de notificação quando uma mensagem enviada for distribuída para um destinatário e quando uma mensagem for marcada pelo destinatário como lida, e opções para o processamento de solicitações de notificação anexas às mensagens recebidas. Essa seção também inclui opções para o processamento de respostas às solicitações de reunião e votação que você enviar.

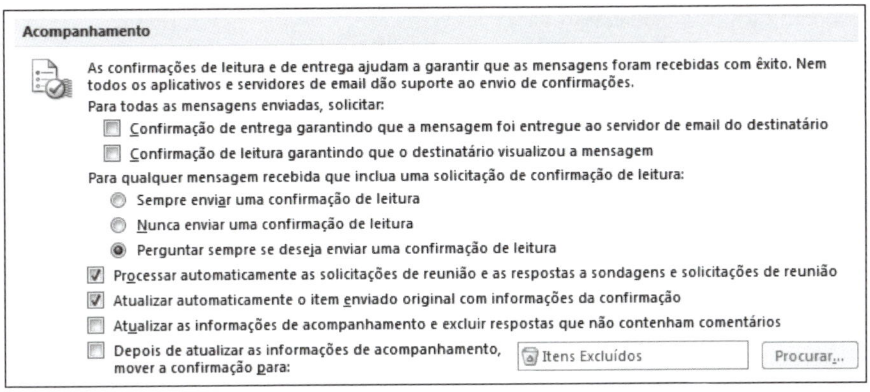

Opções de acompanhamento de mensagens.

As confirmações de distribuição podem ser uma ferramenta útil quando você enviar uma mensagem importante e precisar saber se ela alcançou o destinatário desejado. (No entanto, nem todos os tipos de contas de email dão suporte a todos os tipos de confirmações.) Quando você receber uma mensagem com uma solicitação de confirmação de leitura anexa, o Outlook perguntará se deseja enviar uma confirmação. Você pode fazer essa escolha para cada mensagem ou selecionar a opção Nunca enviar uma confirmação de leitura na seção Acompanhamento da página Email para recusar todas as solicitações de confirmação de leitura.

Dica Tenha cuidado ao aprovar solicitações de confirmação de leitura, já que elas são usadas por algumas empresas que enviam emails em massa para determinar se um endereço de email está ativo.

Formato de Mensagens

Na seção Formato de Mensagens da página Email, você pode especificar como o Outlook exibirá o conteúdo de suas mensagens na tela e o formato em que ele enviará mensagens para fora de sua empresa.

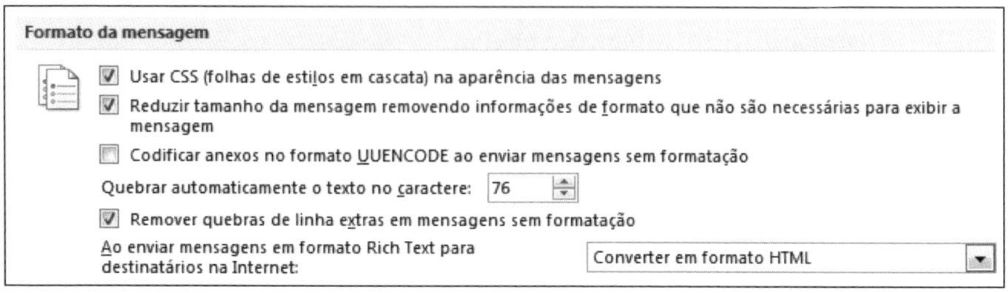

Opções de formato de mensagem.

Outros

A seção Outros da página Email inclui opções para a exibição do botão Opções de Colagem, o consentimento do uso de formulários do Microsoft InfoPath, o sombreamento de cabeçalhos de mensagens e a expansão de conversas quando da navegação na Caixa de Entrada com o uso do teclado. Você também pode especificar o que ocorrerá quando mover ou excluir um item aberto. As opções incluem a abertura do item anterior ou seguinte da pasta ou o retorno à pasta sem abrir outro item.

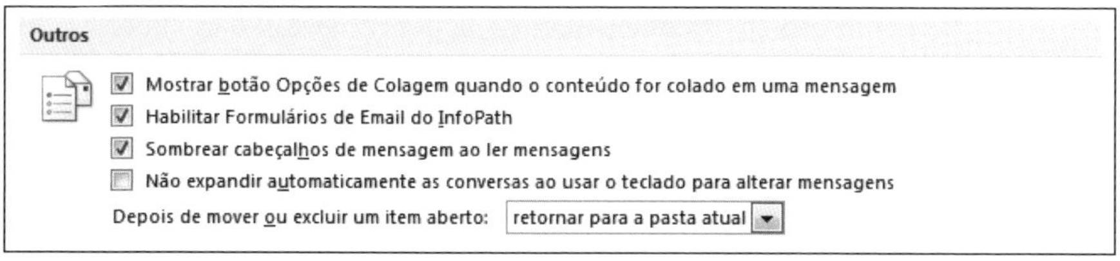

Opções da seção Outros.

Calendário

As opções da página Calendário controlam configurações de exibição e gerenciamento de calendários do Outlook e agendamento de compromissos e recursos.

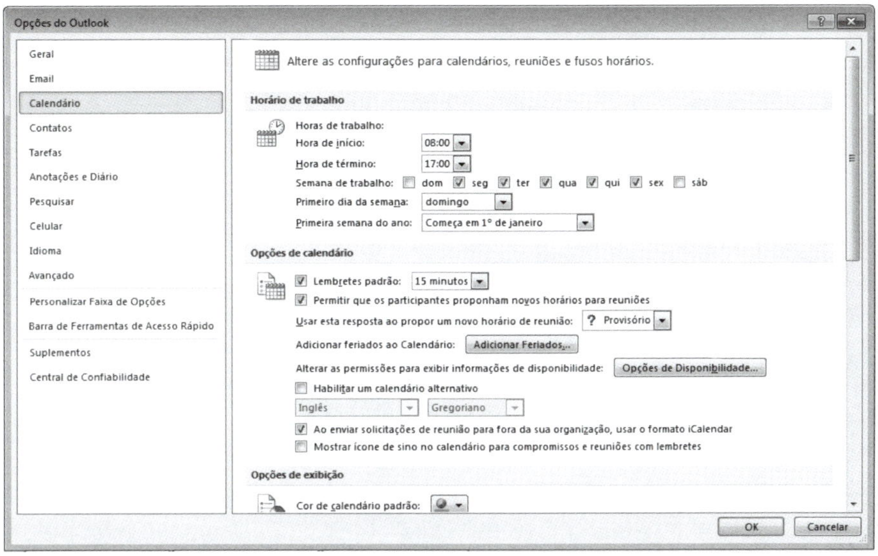

A página Calendário da caixa de diálogo Opções do Outlook.

Consulte também Para obter informações sobre a personalização de opções de calendário, consulte o Capítulo 8, "Gerencie seu calendário".

Contatos

As opções da página Contatos controlam configurações de criação e exibição de registros de contatos.

A página Contatos da caixa de diálogo Opções do Outlook.

Consulte também Para obter informações sobre a personalização das opções de contatos, consulte o Capítulo 4, "Armazene e acesse informações de contato", e o Capítulo 9, "Trabalhe com sua lista de contatos".

Tarefas

As opções da página Tarefas controlam configurações de criação e gerenciamento de tarefas.

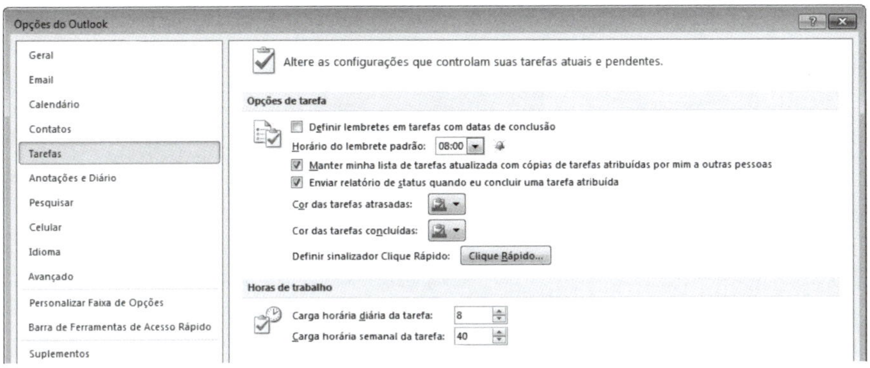

A página Tarefas da caixa de diálogo Opções do Outlook.

Consulte também Para obter informações sobre as opções de tarefas, consulte o Capítulo 6, "Controle as tarefas".

Anotações e Diário

As opções da página Anotações e Diário controlam configurações de criação de anotações e de registro de atividades no diário do Outlook.

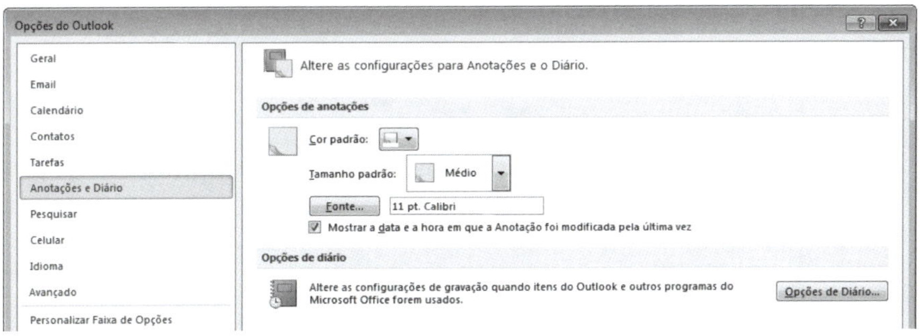

A página Anotações e Diário da caixa de diálogo Opções do Outlook.

Dica A discussão do Diário do Outlook não faz parte do escopo deste livro.

Pesquisar

As opções da página Pesquisar controlam o escopo de pesquisas padrão e a maneira como o Outlook exibe os resultados das pesquisas.

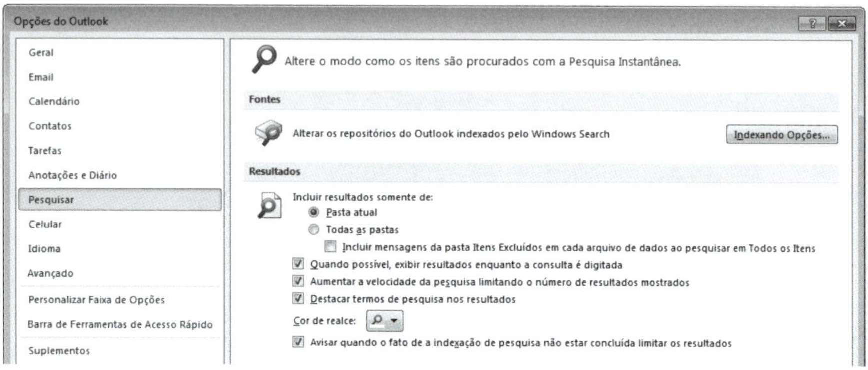

A página Pesquisar da caixa de diálogo Opções do Outlook.

Consulte também Para obter informações sobre opções de pesquisa, consulte "Localizando rapidamente as mensagens" no Capítulo 7, "Organize sua caixa de entrada".

Celular

As opções da página Celular controlam configurações de comunicação entre o Outlook e o dispositivo móvel.

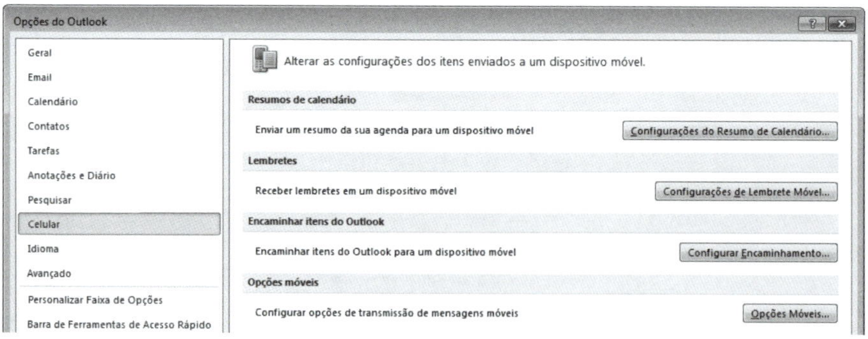

A página Celular da caixa de diálogo Opções do Outlook.

Idioma

As opções da página Idioma controlam os dicionários usados pelo Outlook na verificação ortográfica e gramatical do conteúdo das mensagens assim como o idioma em que os rótulos de botões, os nomes de guias, o conteúdo da Ajuda e as dicas de tela serão exibidos. Para usar um idioma diferente do idioma padrão do Windows, você deve instalar um pacote de idiomas. Os pacotes de idiomas estão disponíveis para download no Centro de Download da Microsoft, que fica em downloads.microsoft.com, e também podem ser fornecidos pelo Windows Update.

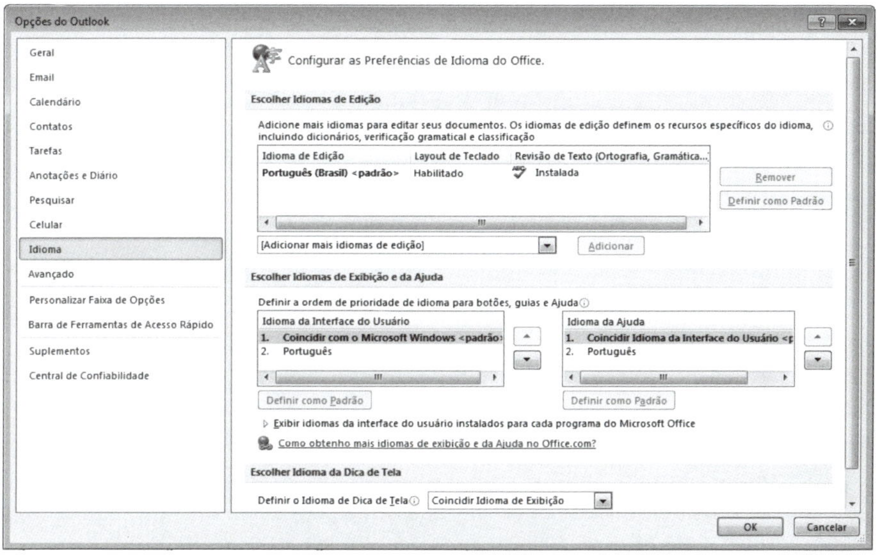

A página Idioma da caixa de diálogo Opções do Outlook.

Avançado

As opções da página Avançado controlam configurações de personalização de uma grande variedade de ações e respostas padrão do Outlook.

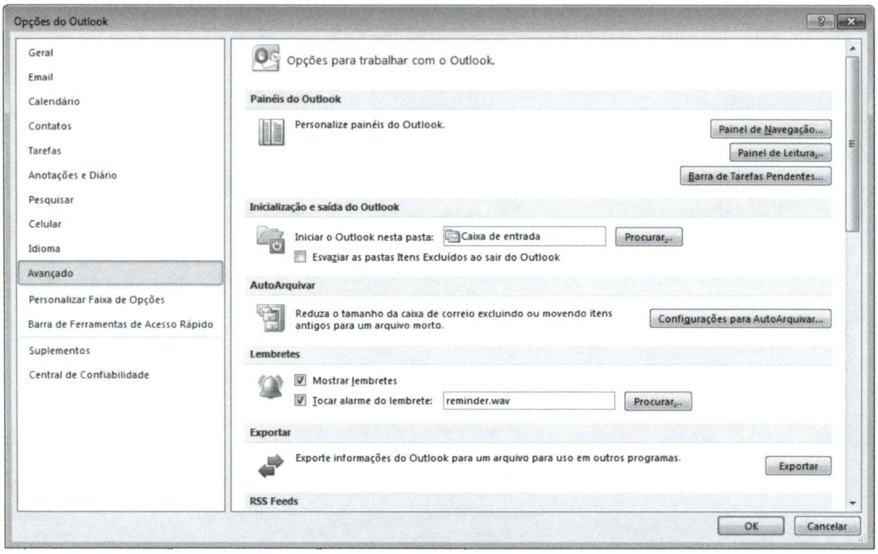

A página Avançado da caixa de diálogo Opções do Outlook.

Dica Explore as configurações da página Avançado e das outras páginas da janela Opções do Outlook por sua própria conta para determinar que alterações pode fazer para realmente otimizar sua experiência ao trabalhar no Outlook.

Usando suplementos

Os suplementos são utilitários que adicionam funcionalidades especializadas a um programa (não sendo isoladamente programas plenos). O Outlook inclui suplementos COM, que usam o Component Object Model.

Há várias fontes de suplementos:

- Você pode comprar suplementos de terceiros ou instalar um suplemento e permitir que ele se comunique com programas do Microsoft Office 2010.
- E também pode baixar suplementos a partir do site da Microsoft ou outros sites.

Importante Tenha cuidado ao baixar suplementos de sites que não sejam aqueles em que confia. Os suplementos são arquivos executáveis que podem facilmente ser usados para espalhar vírus e até mesmo danificar seu computador. É por isso que as configurações padrão da Central de Confiabilidade intervêm quando tentamos baixar ou executar suplementos.

Para usar alguns suplementos, primeiro você deve instalá-los em seu computador e então carregá-los na memória, como descrito a seguir:

1. Na parte inferior da página Suplementos da caixa de diálogo Opções do Outlook, exiba a lista Gerenciar e clique em Suplementos de COM e em Ir.

   Uma caixa de diálogo Suplementos será aberta.

2. Na caixa de diálogo, clique em Adicionar.
3. Na caixa de diálogo Adicionar Suplemento, navegue até a pasta onde o suplemento que deseja instalar está armazenado e clique duas vezes em seu nome.

   Na caixa de diálogo Suplementos, o novo suplemento aparecerá na lista dos que estão disponíveis para uso.

4. Na lista, marque a caixa de seleção do novo suplemento e clique em OK.

   Agora o suplemento estará carregado e disponível para uso no Outlook ou talvez você tenha que reiniciar o Outlook para o suplemento ser instalado.

Criando formulários do Outlook

Todos os itens do Outlook que você criar serão baseados em um formulário – você criará uma mensagem inserindo informações em um formulário de mensagem hospedado em uma janela de mensagem; o formulário de compromissos é composto pela página Compromisso e pela página Agendamento que são exibidas em uma janela de compromisso; você armazenará informações de contato em um formulário de cinco páginas (Geral, Detalhes, Atividades, Certificados e Todos os Campos) exibido em uma janela de contato e assim por diante. Os controles usados na interação com o formulário e seu conteúdo fazem parte da janela do item.

A Biblioteca de Formulários Padrão do Outlook 2010 inclui 11 formulários: Anotações, Compromisso, Contato, Entrada de diário, Lista de distribuição, Mensagem, Padrão, Remessa, Solicitação de reunião, Solicitação de tarefa e Tarefa. Formulários adicionais podem ser instalados por outros programas que tiverem comunicação com o Outlook. Para acessar as bibliotecas de formulários, clique no botão Novos Itens no grupo Novo da guia Página Inicial, aponte para Mais Itens e clique em Escolher Formulário.

Você pode criar seu próprio formulário a partir do zero ou modificar um formulário existente para que atenda suas necessidades. Por exemplo, se envia com frequência mensagens detalhadas com um formato padrão, quiser limitar ou aumentar os campos disponíveis dentro de um registro de contato ou quiser controlar as ações que um destinatário pode executar em um email, é só criar um formulário personalizado contendo os campos ou informações específicos que deseja ter disponíveis quando criar um item baseado nesse formulário. Os formulários podem ter diversas páginas e conter várias informações, inclusive conteúdo estático, campos, scripts e macros. Você pode especificar propriedades dos formulários, como o ícone que representará os itens baseados no formulário, ações que os destinatários dos itens poderão executar e o prefixo adicionado ao assunto do item quando eles as executarem.

Também podemos salvar um formulário personalizado na Biblioteca de Formulários Particulares para que ele esteja disponível a partir de qualquer pasta do Outlook. Se sua empresa estiver executando o Microsoft Exchange Server, você poderá disponibilizar um formulário para qualquer pessoa da empresa publicando-o na Biblioteca de Formulários Organizacionais. Seu administrador de rede pode lhe dar permissão para publicar nessa biblioteca.

Consulte também Para ver uma explicação detalhada dos formulários do Outlook, consulte *Microsoft Outlook 2010 Inside Out* de Jim Boyce (Microsoft Press).

Pontos principais

- Você pode reorganizar a janela do Outlook para que atenda suas preferências de trabalho. Todos os painéis de exibição – o Painel de Navegação, a Barra de Tarefas Pendentes e o Painel de Leitura – podem ser visualizados em qualquer módulo do Outlook. O Outlook preserva as alterações feitas na disposição padrão de uma sessão para outra.
- Precisa de acesso de um clique a comandos espalhados em diferentes locais? Apenas adicione um botão para esse comando à Barra de Ferramentas de Acesso Rápido.
- Você pode ajustar muitos aspectos do ambiente do Outlook para personalizá-lo de acordo com a maneira como trabalha.
- Não deixe de examinar as várias opções disponíveis na caixa de diálogo Opções do Outlook da forma que achar melhor.

Glossário

alerta de área de trabalho Notificação que aparece na área de trabalho quando um novo email, solicitação de reunião ou solicitação de tarefa surge na Caixa de Entrada.

anexo compartilhado Anexo salvo em um site de espaço de trabalho de documento do SharePoint, onde um grupo pode trabalhar em conjunto em arquivos ou discutir um projeto.

apontar para Pausar o cursor sobre um botão ou outra área da tela, sem clicar.

arquivo de texto com valores separados Arquivo com texto não formatado organizado em campos e registros. Os registros são separados por Enter; os campos são separados por um caractere específico, como uma vírgula, tabulação, dois pontos ou ponto e vírgula. Os arquivos de texto com valores separados podem ter a extensão .txt ou .csv.

arquivo de texto delimitado Consulte *arquivo de texto com valores separados.*

arquivos de texto sem formatação Arquivos que não contêm elementos de formatação. Às vezes, os arquivos de texto sem formatação são chamados de o "menor denominador comum" dos arquivos. Podem ser abertos e editados com vários programas comuns de edição de texto, inclusive o Bloco de Notas e o WordPad da Microsoft, e podem ser acessados em todos os sistemas operacionais.

assinatura digital Dados que vinculam a identidade de um usuário às informações enviadas. Pode ser incluída em qualquer mensagem, arquivo ou outra informação codificada digitalmente ou transmitida separadamente. As assinaturas digitais são usadas em ambientes de chave pública e fornecem serviços de autenticação e integridade.

atalho do teclado Qualquer combinação de teclas que possa ser usada na execução de uma tarefa que, de outra forma, demandaria um mouse ou outro dispositivo apontador.

Barra de Ferramentas de Acesso Rápido Barra de ferramentas pequena e personalizável que exibe os comandos mais usados.

barra de ferramentas de atalhos de modos de exibição Barra de ferramentas localizada perto da extremidade direita da Barra de Status que exibe botões para a alternância entre modos de exibição do módulo atual.

barra de ferramentas flutuante Barra de ferramentas que não fica anexa à borda da janela do programa. É possível alterar a forma de algumas barras de ferramentas flutuantes.

Barra de Status Linha de informações relacionadas ao programa atual. Geralmente, a Barra de Status fica localizada na parte inferior de uma janela. Nem todas as janelas têm uma Barra de Status.

Barra de Tarefas Pendentes Painel do lado direito da janela do programa que exibe o navegador de data, compromissos futuros e uma lista de tarefas.

barra de título Barra horizontal no topo de uma janela que contém o nome da janela. Em muitas janelas, a barra de título também contém o ícone do programa, os botões Maximizar, Minimizar e Fechar e o botão opcional ? de ajuda relacionada ao contexto.

botão Ajuda do Outlook Botão localizado na extremidade direita da Faixa de Opções, rotulado com um ponto de interrogação (?), que dá acesso ao sistema de ajuda do Outlook.

cabeçalho da mensagem Informações resumidas que baixamos no computador para determinar se devemos baixar, copiar ou excluir a mensagem inteira do servidor. O cabeçalho pode incluir esses campos: Assunto, De, Recebido, Importância, Anexo e Tamanho.

cancelamento Instrui o Outlook a excluir ou substituir qualquer cópia não lida de uma mensagem já enviada.

cartão de visita Caixa de informações interativa que aparece quando apontamos para o ícone de presença do emitente ou do destinatário da mensagem. O cartão de visita contém informações de contato e opções para contatar a pessoa por email, mensagem instantânea ou telefone; para agendar uma reunião; e para trabalhar com o registro de contato da pessoa. O cartão de visita expandido também contém informações sobre o cargo da pessoa na empresa e o ingresso em listas de distribuição.

catálogo de endereços Pasta de armazenamento, que fica dentro da caixa de correio, com registros e grupos de contatos.

Catálogo de Endereços do Outlook Catálogo de endereços criado automaticamente a partir dos contatos da pasta Contatos. Os contatos podem ser pessoas de dentro ou de fora da empresa. Quando você atualizar seus contatos, o Catálogo de Endereços do Outlook também será atualizado.

Catálogo de Endereços Móvel Catálogo de endereços com registros de contatos que incluem números de celular, criado automaticamente quando temos uma conta do Serviço Móvel do Outlook.

catálogo de endereços offline Cópia de um catálogo de endereços que foi baixado para que um usuário do Outlook desconectado do servidor possa acessar as informações que ele contém. Os administradores do Exchange podem selecionar que catálogos de endereços serão disponibilizados para usuários que estiverem trabalhando offline e também configurar o método pelo qual os catálogos de endereços serão distribuídos.

compromisso Bloco de tempo agendado no calendário com uma hora de início e uma hora de término definidas e ao qual não convidamos outros participantes.

contato Pessoa de dentro ou de fora da empresa do usuário, sobre quem é possível salvar vários tipos de informações, como o endereço físico e os endereços de email, números de telefone e fax e URLs de páginas Web.

conversas No Outlook, meio de organizar e visualizar emails que tenham o mesmo campo Assunto.

criptografia Processo de mascarar mensagens ou dados de modo a ocultar seu significado.

Dica de tela Nota que aparece na tela para dar informações sobre um botão da barra de ferramentas, uma alteração rastreada ou um comentário, ou para exibir uma nota de rodapé ou uma nota de fim. As dicas de tela também exibem o texto que aparecerá se você inserir uma data ou uma entrada de AutoTexto.

disposição Combinação predefinida de mensagens agrupadas e classificadas no modo de exibição de tabela.

domínio Na Internet e outras redes, a mais alta subdivisão de um nome de domínio em um endereço de rede, que identifica o tipo de entidade que possui o endereço (por exemplo, .com para usuários comerciais ou .edu para instituições educacionais) ou a localização geográfica do endereço (por exemplo, .fr para a França ou .sg para Cingapura).

email Abreviação de *electronic mail*. Troca de mensagens de texto eletrônicas e arquivos anexos entre computadores em uma rede de comunicações, como uma rede local ou a Internet.

espaço de trabalho de documento Site do SharePoint usado para planejar, postar e trabalhar em conjunto em um documento ou conjunto de documentos relacionados.

estilo de impressão Combinação de configurações de papel e página que determina a maneira como os itens serão impressos. O Outlook fornece estilos de impressão internos, mas você também pode criar o seu.

Etapa Rápida Recurso introduzido no Outlook 2010 com o qual você pode executar até 13 ações em um email por meio de uma etapa rápida.

evento Atividade que não está associada a uma hora específica ou que ocorre em um período que não ultrapassa um dia.

Faixa de Opções Layout de interface de usuário que organiza os comandos em grupos lógicos que aparecem em guias separadas.

galeria Caixas de listagem personalizáveis que podem ser usadas para organizar itens por categoria, exibi-los em layouts flexíveis baseados em colunas e linhas e representá-los com imagens e texto. Dependendo do tipo de galeria, a visualização dinâmica também tem suporte.

Gerenciamento de Direitos de Informação (RMI) Ferramenta de diretivas que dá aos autores controle sobre como os destinatários usarão os documentos e emails enviados.

grupo Área de uma guia da Faixa de Opções que contém botões relacionados a uma função ou elemento de documento específico.

guia Página com uma aba na Faixa de Opções que contém botões organizados em grupos.

Hypertext Markup Language (HTML) No Outlook, formato de email que suporta estilos de parágrafo, de caracteres e planos de fundo. A maioria dos programas de email suporta o formato HTML.

Hypertext Transfer Protocol (HTTP) Protocolo usado no acesso a páginas Web a partir da Internet.

ícone de presença Ícone colorido que indica a presença e o status online de um contato.

iniciador de caixa de diálogo Na Faixa de Opções, botão no canto inferior direito de um grupo que abre uma caixa de diálogo ou painel de tarefas contendo recursos relacionados ao grupo.

Internet Message Access Protocol (IMAP) Protocolo popular de recebimento de emails. Permite que um cliente de email acesse e manipule um arquivo de email remoto sem baixá-lo no computador local. É usado principalmente por usuários corporativos que desejam ler seus emails a partir de um local remoto.

item recorrente Compromisso, reunião, evento ou tarefa que ocorre repetidamente em um padrão específico. Por exemplo, uma reunião de status semanal ou um corte de cabelo mensal podem ser designados como recorrentes. Você pode especificar um compromisso, reunião ou evento como recorrente e definir a frequência de recorrência, assim, o Outlook criará uma série de itens com base em suas especificações.

janela da tarefa Janela do programa que exibe o formulário em que inserimos informações para criar ou gerenciar uma tarefa.

janela de compromisso Janela do programa que exibe o formulário em que são inseridas informações sobre um compromisso.

janela de evento Janela do programa que exibe o formulário em que são inseridas informações sobre um evento.

janela de item de calendário Janela do programa que exibe o formulário em que são inseridas informações sobre compromissos, reuniões e eventos.

janela de mensagem Janela do programa que exibe o formulário em que criamos ou respondemos um email.

janela de registro de contato Janela do programa que exibe o formulário em que inserimos informações sobre um contato para criar um registro.

janela de reunião Janela do programa que exibe o formulário em que inserimos informações de uma reunião no calendário.

lembrete Mensagem que aparece em um intervalo especificado antes de um compromisso, reunião ou tarefa e anuncia quando a atividade foi configurada para ocorrer. Os lembretes aparecem a qualquer momento durante a execução do Outlook, mesmo quando ele não é o programa ativo.

lista de distribuição Grupo de destinatários endereçados como apenas um destinatário. Os administradores podem criar listas de distribuição disponibilizadas no Catálogo de Endereços. Os usuários podem criar listas de distribuição e adicioná-las a seus catálogos de endereços pessoais.

Lista de Endereços Global (GAL) Também chamada de Catálogo de Endereços Global. Catálogo de endereços que contém todos os endereços de email de usuários, grupos e listas de distribuição da empresa. O administrador cria e edita esse catálogo de endereços. Também pode conter endereços de email de pasta pública.

Lista de Tarefas Disposição do módulo Tarefas, que exibe uma lista de tarefas associada a uma conta de email específica no painel Tarefas. Consulte também *Lista de Tarefas Pendentes.*

Lista de Tarefas da Barra de Tarefas Pendentes Área da parte inferior da Barra de Tarefas Pendentes que exibe uma visualização interativa das tarefas associadas à conta de email padrão.

Lista de Tarefas Pendentes Disposição padrão do módulo Tarefas que exibe uma lista de tarefas e mensagens sinalizadas da conta de email padrão no painel Tarefas. Consulte também *Lista de Tarefas.*

lixo eletrônico Email comercial não solicitado (UCE, unsolicited commercial email). Também conhecido como *spam*.

mensagem de email Mensagem enviada em uma rede de comunicações, como uma rede local ou a Internet.

mensagem de phishing Técnica usada para confundir os usuários e fazê-los revelar informações pessoais ou financeiras. Um scam de phishing online comum começa com um email que parece vir de uma fonte confiável mas, na verdade, induz os destinatários a fornecer informações para um site fraudulento.

mensagem instantânea (IM) Habilidade de ver se uma pessoa está conectada à Internet e de trocar mensagens. A maioria das trocas de mensagens é somente de texto. No entanto, alguns serviços permitem anexos.

mensagens de texto sem formatação Mensagens que não dão suporte à formatação de caracteres ou parágrafos em seu conteúdo.

menu de atalho Menu que exibe uma lista de comandos relevantes a um item específico. Às vezes chamado de *menu de contexto*.

Modo Cache do Exchange Recurso que permite que um usuário do Outlook com uma conta de email do Exchange trabalhe offline, voluntariamente ou devido a um problema de conexão. Uma cópia da caixa de correio do usuário é armazenada em seu computador e atualizada com frequência a partir do servidor de email. Qualquer alteração feita enquanto não houver conexão disponível com o servidor será sincronizada automaticamente quando a conexão estiver disponível.

modos de exibição Diferentes maneiras pelas quais os itens do Outlook podem ser organizados na janela do módulo do Outlook.

módulo Contatos Estrutura que fornece a funcionalidade de exibição e gerenciamento de catálogos de endereços.

Navegador de Data Pequeno calendário exibido no Painel de Navegação ou na Barra de Tarefas Pendentes que fornece uma maneira rápida e fácil de exibir datas ou intervalos de datas específicos no painel Calendário.

originador de tarefa Pessoa que cria uma tarefa, especificamente quando a atribui a outra pessoa.

Outlook Hoje Painel de tela única que exibe os eventos de calendário e as tarefas agendadas associados à conta de email padrão para o dia de hoje.

painel Calendário Painel central que exibe conteúdo no módulo Calendário.

painel Contatos Painel central que exibe conteúdo no módulo Contatos.

Painel de Navegação Coluna do lado esquerdo da janela do Outlook que inclui painéis como Atalhos e Email e os atalhos ou pastas de cada painel. Clique em uma pasta para exibir seus itens.

painel Email Painel central que exibe conteúdo no módulo Email.

painel Tarefas Painel central que exibe conteúdo no módulo Tarefas.

permissões Regras associadas a um recurso compartilhado em uma rede, como um arquivo, diretório ou impressora. As permissões dão autorização para a execução de operações associadas a esses objetos. Normalmente, podem ser atribuídas a grupos, grupos globais ou usuários individuais.

Post Office Protocol (POP) Método padrão que os computadores usam para receber emails. Normalmente, as mensagens POP são mantidas em um servidor de email até serem baixadas no computador e então são excluídas. Com outros protocolos de email, como o IMAP, os emails são mantidos no servidor até os excluirmos.

proprietário da tarefa Pessoa a quem a tarefa está atribuída atualmente. Após uma tarefa ter sido atribuída, seu criador não pode mais atualizar as informações na janela da tarefa.

rascunho Cópia temporária de uma mensagem que ainda não foi enviada e fica armazenada na pasta Rascunhos.

reenviar Criar uma nova versão de uma mensagem original sem nenhuma das informações adicionais que poderiam ser anexadas a uma mensagem encaminhada.

registro de contato Conjunto de informações sobre um contato armazenadas como um item do Outlook.

regras Conjuntos de critérios que definem ações específicas que o Outlook executará quando os critérios forem atendidos.

regra de cliente Ou *regra do lado do cliente*. Regra que o Outlook aplica às mensagens depois que elas chegam no computador. Consulte também *regra de servidor.*

regra de servidor Ou *regra do lado do servidor.* Regra que o Exchange aplica quando recebe ou processa uma mensagem, antes de distribuí-la. Consulte também *regra de cliente*.

resolver Processo de comparar o nome de usuário com as informações de um servidor de rede, que resulta na substituição do nome de usuário por um nome de exibição com o nome sublinhado.

Rich Text Format (RTF) Consulte *Rich Text Format (RTF) do Outlook*.

Rich Text Format (RTF) do Outlook Formato de email que dá suporte a estilos de parágrafo, estilos de caracteres, planos de fundo, bordas e sombreamento, mas só é compatível com o Outlook e o Exchange Server. O Outlook converte mensagens RTF em HTML quando as envia para fora da rede do Exchange.

Secure Multipurpose Internet Mail Extensions (S/MIME) Protocolo que dá suporte a recursos de segurança de email como assinaturas digitais e criptografia de mensagens.

segmento Em conversas de emails e de grupos de notícias da Internet, série de mensagens e respostas, todas relacionadas a um tópico específico.

semana de trabalho Dias e horas definidos dentro do Outlook como disponíveis para atividades relacionadas ao trabalho.

servidor de email Computador que armazena emails.

site de phishing Site que solicita aos usuários que atualizem informações pessoais, como contas e senhas bancárias, que pode ser usado para roubo de identidade.

solicitação de reunião Formulário de mensagem vinculado a um item de calendário do Outlook. As solicitações de reunião são geradas pelo Outlook para o gerenciamento da participação em reuniões.

spam Email comercial não solicitado (UCE, unsolicited commercial email). Também conhecido como *lixo eletrônico*.

suplementos de terceiros Programa de software criado por uma empresa (o "terceiro") que estende os recursos de um programa maior criado por outra empresa.

texto sem formatação Formato de email que não dá suporte à formatação de caracteres ou parágrafos. Todos os programas de email dão suporte ao texto sem formatação.

trilha de email Email e todas as respostas a essa mensagem. Quando uma mensagem individual recebe várias respostas, a trilha de email pode se ramificar em várias trilhas. Você pode visualizar todas as ramificações de uma trilha de email no modo Conversas.

Uniform Resource Locator (URL) Endereço que identifica um local na Internet. Geralmente, uma URL é antecedida por http://, como em http://www.microsoft.com. A URL pode conter mais detalhes, como o nome de uma página em hipertexto, normalmente com extensão de nome de arquivo .html ou .htm.

virtual private network (VPN) rede virtual privativa Extensão de uma rede privada que engloba links encapsulados, criptografados e autenticados de redes compartilhadas ou públicas. Normalmente, as conexões VPN fornecem acesso remoto e conexões de roteador a roteador a redes privadas pela Internet.

visualização dinâmica Recurso que exibe temporariamente o efeito da aplicação de um formato específico ao elemento de documento selecionado.

Web beacon Pequeno elemento gráfico quase imperceptível que se conecta a uma página Web e fica embutido em um documento para uso como dispositivo de escuta clandestina.

Atalhos de teclado

As tabelas a seguir listam os atalhos de teclado disponíveis no Microsoft Outlook 2010.

Procedimentos comuns

Navegação básica

Ação	Atalho do teclado
Exibir o modo Backstage	Alt+F
Exibir o módulo Email	Ctrl+1
Exibir o módulo Calendário	Ctrl+2
Exibir o módulo Contatos	Ctrl+3
Exibir o módulo Tarefas	Ctrl+4
Exibir o módulo Anotações	Ctrl+5
Exibir a Lista de Pastas no Painel de Navegação	Ctrl+6
Exibir a lista Atalhos no Painel de Navegação	Ctrl+7
Em uma janela de mensagem, exibir a próxima mensagem	Ctrl+Ponto
Em uma janela de mensagem, exibir a janela anterior	Ctrl+Vírgula
Mover entre o Painel de Navegação, a janela principal do Outlook, o Painel de Leitura e a Barra de Tarefas Pendentes	Ctrl+Shift+Tab ou Shift+Tab
Mover entre a janela do Outlook, os painéis menores do Painel de Navegação, o Painel de Leitura e as seções da Barra de Tarefas Pendentes	Tab
Mover entre os elementos dos módulos	F6
Mover entre as linhas do cabeçalho da mensagem no Painel de Navegação ou em uma mensagem aberta	Ctrl+Tab
Mover entre os painéis menores do Painel de Navegação	Teclas de seta
Ir para uma pasta diferente	Ctrl+Y
Ir para a caixa Pesquisar	F3 ou Ctrl+E
No Painel de Leitura, exibir a mensagem anterior	Alt+Seta para cima, Ctrl+Vírgula ou Alt+Page UP
No Painel de Leitura, exibir a próxima mensagem	Alt+Seta para baixo, Ctrl+Ponto ou Alt+Page Down
No Painel de Leitura, percorrer o texto para baixo por página	Barra de espaço
No Painel de Leitura, percorrer o texto para cima por página	Shift+Barra de Espaço
Recolher um grupo na lista de mensagens	Seta para a esquerda

(continua)

Ação	Atalho do teclado
Expandir um grupo na lista de mensagens	Seta para a direita
Mostrar o modo de exibição anterior na janela principal do Outlook	Alt+B ou Alt+Seta para a esquerda
Mostrar o próximo modo de exibição na janela principal do Outlook	Alt+Seta para a direita
Exibir o menu de comandos da Barra de Informações	Ctrl+Shift+W
Minimizar, fechar ou expandir a Barra de Tarefas Pendentes	Alt+F2

Criar um item ou arquivo

Ação	Atalho do teclado
Criar um item padrão em qualquer módulo	Ctrl+N
Criar uma mensagem	Ctrl+Shift+M
Criar um compromisso	Ctrl+Shift+A
Criar uma solicitação de reunião	Ctrl+Shift+Q
Criar um contato	Ctrl+Shift+C
Criar uma lista de distribuição	Ctrl+Shift+L
Criar uma tarefa	Ctrl+Shift+K
Criar uma solicitação de tarefa	Ctrl+Shift+U
Criar uma anotação	Ctrl+Shift+N
Criar um fax	Ctrl+Shift+X
Criar uma pasta	Ctrl+Shift+E
Postar nessa pasta	Ctrl+Shift+S
Postar uma resposta nessa pasta	Ctrl+T
Criar uma entrada do Diário	Ctrl+Shift+J
Criar um documento do Microsoft Word, uma pasta de trabalho do Excel ou uma apresentação do PowerPoint	Ctrl+Shift+H

Procedimentos em todos os itens

Ação	Atalho do teclado
Salvar (exceto no módulo Tarefas)	Ctrl+B ou Shift+F12
Salvar e fechar (exceto no módulo Email)	Alt+R
Salvar como (apenas no módulo Email)	F12
Fechar uma janela de item aberta	Esc
Desfazer a ação mais recente	Ctrl+Z ou Alt+Backspace
Excluir um item	Ctrl+D
Imprimir um item	Ctrl+P

(continua)

Ação	Atalho do teclado
Copiar um item	Ctrl+Shift+Y
Mover um item	Ctrl+Shift+V
Verificar nomes	Ctrl+K
Verificar ortografia	F7
Sinalizar um item para acompanhamento	Ctrl+Shift+G
Encaminhar um item	Ctrl+F
Enviar, postar ou convidar todos	Alt+S
Habilitar a edição em um campo (exceto no modo de exibição de emails ou ícones)	F2

Pesquisar

Ação	Atalho do teclado
Apagar os resultados da pesquisa	Esc
Expandir uma pesquisa para que inclua itens da pasta atual	Ctrl+Alt+K
Expandir uma pesquisa para que inclua subpastas	Ctrl+Alt+Z
Expandir uma pesquisa para incluir todos os itens principais, todos os itens de calendário ou todos os itens de contatos, dependendo do módulo em que você estiver	Ctrl+Alt+A
Usar a Localização Avançada	Ctrl+Shift+F
Criar uma Pasta de Pesquisa	Ctrl+Shift+P
Procurar texto dentro de um item aberto	F4
No Painel de Leitura ou em um item aberto, localizar e substituir texto, símbolos ou formatação	Ctrl+H

Email

Ação	Atalho do teclado
Exibir a Caixa de Entrada	Ctrl+Shift+I
Exibir a Caixa de Saída	Ctrl+Shift+O
Selecionar a conta a partir da qual enviar uma mensagem	Ctrl+Tab (com o foco na caixa Para) e então tabular até o botão Contas
Verificar nomes	Ctrl+K
Enviar uma mensagem	Alt+S ou Ctrl+Enter
Responder ao emitente de uma mensagem	Ctrl+R
Responder a todos os destinatários da mensagem	Ctrl+Shift+R
Encaminhar uma mensagem	Ctrl+F
Marcar uma mensagem como não sendo lixo eletrônico	Ctrl+Alt+J

(continua)

Ação	Atalho do teclado
Exibir conteúdo externo bloqueado (em uma mensagem)	Ctrl+Shift+I
Postar em uma pasta	Ctrl+Shift+S
Procurar novas mensagens	Ctrl+M ou F9
Ir para a mensagem anterior	Seta para cima
Ir para a próxima mensagem	Seta para baixo
Abrir uma mensagem recebida	Ctrl+O
Abrir o Catálogo de Endereços	Ctrl+Shift+B
Adicionar um Sinalizador Rápido a uma mensagem não aberta	Insert
Exibir a caixa de diálogo Sinalizar Para Acompanhamento	Ctrl+Shift+G
Marcar uma mensagem como lida	Ctrl+Q
Marcar uma mensagem como não lida	Ctrl+U
Em uma mensagem, abrir a dica de email	Ctrl+Shift+W
Em uma mensagem, abrir a caixa de diálogo Localizar e substituir	F4
Localizar a próxima ocorrência do termo de pesquisa atual	Shift+F4
Encaminhar uma mensagem como anexo	Ctrl+Alt+F
Exibir as propriedades do item selecionado	Alt+Enter
Criar uma mensagem multimídia	Ctrl+Shift+U
Marcar uma mensagem para download	Ctrl+Alt+M
Desmarcar uma mensagem para download	Ctrl+Alt+U
Exibir o progresso do envio/recebimento	Ctrl+B (quando o envio/recebimento estiver em andamento)

Calendário

Ação	Atalho do teclado
Definir a recorrência de uma reunião ou compromisso aberto	Ctrl+G
Encaminhar um compromisso ou solicitação de reunião	Ctrl+F
Em uma solicitação de reunião, enviar uma mensagem para o organizador	Ctrl+R
Em uma solicitação de reunião, enviar uma mensagem para todos os participantes	Ctrl+Shift+R
Exibir de um a nove dias no calendário	Alt+1 a Alt+9
Exibir dez dias no calendário	Alt+0
Ir para uma data	Ctrl+G
Ir para o dia seguinte	Ctrl+Seta para a direita
Ir para a semana seguinte	Alt+Seta para baixo

(continua)

Ação	Atalho do teclado
Ir para o mês seguinte	Alt+Page Down
Ir para o dia anterior	Ctrl+Seta para a esquerda
Ir para a semana anterior	Alt+Seta para cima
Ir para o mês anterior	Alt+Page Up
Ir para o início da semana	Alt+Home
Ir para o fim da semana	Alt+End
Passar para o modo Mês	Alt+Sinal de Igualdade ou Ctrl+Alt+4
Passar para o modo Semana Completa	Alt+Sinal de Subtração ou Ctrl+Alt+3
Passar para o modo Semana de Trabalho	Ctrl+Alt+2
Ir para o compromisso anterior	Ctrl+Vírgula ou Ctrl+Shift+Vírgula
Ir para o próximo compromisso	Ctrl+Ponto ou Ctrl+Shift+Ponto

Tarefas

Ação	Atalho do teclado
Aceitar uma solicitação de tarefa	Alt+C
Recusar uma solicitação de tarefa	Alt+D
Abrir a caixa de diálogo Ir Para Pasta	Ctrl+Y
Abrir o item selecionado	Ctrl+O
Selecionar todos os itens	Ctrl+A
Alternar entre o Painel de Navegação, a Lista de Tarefas e a Barra de Tarefas Pendentes	Tab ou Shift+Tab
Abrir o item selecionado como um item do Diário	Ctrl+J
Desfazer a última ação	Ctrl+Z
Sinalizar um item ou marcar um item sinalizado como concluído	Insert

Contatos

Ação	Atalho do teclado
Discar uma nova chamada	Ctrl+Shift+D
Inserir um nome na caixa Pesquisar Catálogos de Endereços	F11
No modo de exibição de contatos Tabela ou Lista, ir para o primeiro contato que comece com uma letra específica	Shift+*letra*
Selecionar todos os contatos	Ctrl+A

(*continua*)

Ação	Atalho do teclado
Criar uma mensagem com o contato selecionado como assunto	Ctrl+F
Criar uma entrada do Diário para o contato selecionado	Ctrl+J
Abrir um formulário para o contato selecionado	Ctrl+O
Criar uma lista de distribuição	Ctrl+Shift+L
Atualizar os membros da lista de distribuição	F5
Ir para uma pasta diferente	Ctrl+Y
Abrir o Catálogo de Endereços	Ctrl+Shift+B
Usar a Localização Avançada	Ctrl+Shift+F
Em um registro de contato, exibir o próximo contato	Ctrl+Shift+Ponto
Localizar um contato em um catálogo de endereços	F11
Enviar um fax para o contato selecionado	Ctrl+Shift+X
Abrir a caixa de diálogo Verificar Endereço	Alt+D
Em um registro de contato, exibir o endereço de email 1	Alt+Shift+1
Em um registro de contato, exibir o endereço de email 2	Alt+Shift+2
Em um registro de contato, exibir o endereço de email 3	Alt+Shift+3

Contatos: na caixa de diálogo Cartões de Visita Eletrônicos

Ação	Atalho do teclado
Abrir a lista Adicionar	A+A
Selecionar o texto para um campo na caixa Rótulo	Alt+B
Abrir a caixa de diálogo Adicionar Imagem de Cartão	A+C
Inserir o cursor no começo da caixa Editar	Alt+E
Selecionar a caixa Campos	Alt+F
Selecionar a lista suspensa Alinhamento da Imagem	Alt+G
Selecionar a paleta de cores para o plano de fundo	Alt+K e em seguida Enter
Selecionar a lista suspensa Layout	Alt+L
Remover o campo selecionado da caixa Campos	Alt+R

Categorias de cores

Ação	Atalho do teclado
Excluir a categoria selecionada da lista na caixa de diálogo Categorias de Cores	Alt+D

Formatar texto

Ação	Atalho do teclado
Exibir o menu Formatar	Alt+O
Exibir a caixa de diálogo Fonte	Ctrl+Shift+P
Mudar a caixa da letra (com o texto selecionado)	Shift+F3
Formatar letras como minúsculas	Ctrl+Shift+K
Aumentar o tamanho da fonte	Ctrl+] ou Ctrl+Shift+>
Diminuir o tamanho da fonte	Ctrl+[ou Ctrl+Shift+<
Aplicar formatação em negrito	Ctrl+B
Aplicar formatação em itálico	Ctrl+I
Sublinhar texto selecionado	Ctrl+U
Inserir um hiperlink	Ctrk+K
Formatar um parágrafo como um item de lista com marcadores	Ctrl+Shift+L
Aplicar estilos	Ctrl+Shift+S
Aplicar o estilo Normal ao texto selecionado	Ctrl+Shift+N
Remover a formatação aplicada ao texto selecionado	Ctrl+Shift+Z ou Ctrl+Barra de Espaço
Aumentar o recuo do parágrafo	Ctrl+T
Diminuir o recuo do parágrafo	Ctrl+Shift+T
Alinha um parágrafo à esquerda	Ctrl+L
Centralizar um parágrafo	Ctrl+E
Alinhar um parágrafo à direita	Ctrl+R
Justificar um parágrafo	Ctrl+Shift+J
Remover a formatação do parágrafo	Ctrl+Q
Excluir a próxima palavra	Ctrl+Shift+H
Recortar conteúdo selecionado	Ctrl+X ou Shift+Delete
Copiar conteúdo selecionado	Ctrl+C ou Ctrl+Insert É bom ressaltar que Ctrl+Insert não está disponível no Painel de Leitura
Colar o conteúdo recortado ou copiado mais recente	Ctrl+V ou Shift+Insert

Adicionar informações da Web a itens

Ação	Atalho do teclado
Editar uma URL no corpo de um item	Mantenha a tecla Ctrl pressionada e clique com o botão do mouse
Inserir um hiperlink	Ctrl+K

Impressão

Ação	Atalho do teclado
Exibir a página Imprimir do modo Backstage	Pressione Alt+F e depois P
Imprimir um item a partir de uma janela aberta	Alt+F e pressione P, F e 1
Abrir Configurar Página a partir de Visualizar Impressão	Alt+S ou Alt+U
Selecionar uma impressora a partir de Visualizar Impressão	Alt+F, pressione P e então 1
Definir estilos de impressão	Alt+F, pressione P e então L
Abrir a caixa de diálogo Opções de Impressão	Alt+F e pressione P e R

Enviar/Receber

Ação	Atalho do teclado
Iniciar o processo de envio/recebimento de todos os grupos definidos com a opção Incluir Este Grupo Em Enviar/Receber (F9) selecionada. Essa operação pode incluir cabeçalhos, itens completos, pastas especificadas, itens menores do que um tamanho específico ou qualquer combinação que você definir	F9
Iniciar o processo de envio/recebimento para a pasta atual, recuperando itens completos (cabeçalho, item e anexos)	Shift+F9
Iniciar o processo de envio/recebimento	Ctrl+M
Definir os grupos de envio/recebimento	Ctrl+Alt+S

Editor do Visual Basic

Ação	Atalho do teclado
Abrir o Editor do Visual Basic	Alt+F11

Macros

Ação	Atalho do teclado
Executar a macro selecionada	Alt+F8

Modos de exibição

Modo de exibição Tabela

Ação	Atalho do teclado
Uso geral	
Abrir um item	Enter
Selecionar todos os itens	Ctrl+A

(*continua*)

Ação	Atalho do teclado
Uso geral	
Ir para o próximo item	Ctrl+Seta para cima
Ir para o item anterior	Ctrl+Seta para baixo
Ir para o item do fim da tela	Page Down
Ir para o item do início da tela	Page Up
Estender ou reduzir em um item os itens selecionados	Shift+Seta para cima ou Shift+Seta para baixo
Selecionar ou cancelar a seleção do item ativo	Ctrl+Barra de Espaço
Com um grupo selecionado	
Expandir o grupo	Seta para a direita
Recolher o grupo	Seta para a esquerda
Selecionar o grupo anterior	Seta para cima
Selecionar o próximo grupo	Seta para baixo
Selecionar o primeiro grupo	Home
Selecionar o último grupo	End

Modo de exibição Dia/Semana/Mês do Calendário

Ação	Atalho do teclado
Modo Dia	
Selecionar a hora em que começa seu dia de trabalho	Home
Selecionar a hora em que termina seu dia de trabalho	End
Selecionar o bloco de tempo anterior	Seta para cima
Selecionar o próximo bloco de tempo	Seta para baixo
Selecionar o bloco de tempo do início da tela	Page Up
Selecionar o bloco de tempo do fim da tela	Page Down
Estender a hora selecionada	Shift+Seta para cima
Reduzir a hora selecionada	Shift+Seta para baixo
Mover o compromisso ativo para cima ou para baixo	Alt+Seta para cima ou Alt+Seta para baixo, respectivamente
Alterar a hora de início ou término do compromisso ativo	Alt+Shift+Seta para cima ou Alt+Shift+Seta para baixo, respectivamente
Mover um item para o mesmo dia da semana anterior	Alt+Seta para cima
Mover um item para o mesmo dia da próxima semana	Alt+Seta para baixo
Modo Semana	
Ir para o início das horas de trabalho do dia selecionado	Home
Ir para o fim das horas de trabalho do dia selecionado	End

(continua)

Ação	Atalho do teclado
Modo Dia	
Subir em uma página a visualização do dia selecionado	Page Up
Descer em uma página a visualização do dia selecionado	Page Down
Alterar a duração do bloco de tempo selecionado	Shift+Seta para a esquerda, Shift+Seta para a direita, Shift+Seta para cima ou Shift+Seta para baixo; ou ainda Shift+Home ou Shift+End
Modo Mês	
Ir para o primeiro dia da semana	Home
Ir para o mesmo dia da semana da página anterior	Page Up
Ir para o mesmo dia da semana da próxima página	Page Down

Navegador de Data

Ação	Atalho do teclado
Ir para o primeiro dia da semana atual	Alt+Home
Ir para o último dia da semana atual	Alt+End
Ir para o mesmo dia da semana anterior	Alt+Seta para cima
Ir para o mesmo dia da próxima semana	Alt+Seta para baixo

Modos de exibição Cartões de Visita

Ação	Atalho do teclado
Uso geral	
Selecionar um cartão específico na lista	Uma ou mais letras do conteúdo do campo de classificação atual
Selecionar o cartão anterior	Seta para cima
Selecionar o próximo cartão	Seta para baixo
Selecionar o primeiro cartão da lista	Home
Selecionar o último cartão da lista	End
Selecionar o primeiro cartão da página atual	Page Up
Selecionar o primeiro cartão da próxima página	Page Down

(*continua*)

Ação	Atalho do teclado
Uso geral	
Selecionar o cartão mais próximo da coluna seguinte	Seta para a direita
Selecionar o cartão mais próximo da coluna anterior	Seta para a esquerda
Selecionar ou cancelar a seleção do cartão ativo	Ctrl+Barra de Espaço
Estender a seleção ao cartão anterior e cancelar a seleção de cartões após o ponto inicial	Shift+Seta Para Cima
Estender a seleção ao próximo cartão e cancelar a seleção de cartões antes do ponto inicial	Shift+Seta Para Baixo
Estender a seleção ao cartão anterior independente do ponto inicial	Ctrl+Shift+Seta Para Cima
Estender a seleção ao próximo cartão independente do ponto inicial	Ctrl+Shift+Seta Para Baixo
Estender a seleção ao primeiro cartão da lista	Shift+Home
Estender a seleção ao último cartão da lista	Shift+End
Estender a seleção ao primeiro cartão da página anterior	Shift+Page Up
Estender a seleção ao último cartão da última página	Shift+Page Down
Mover entre os campos de um cartão aberto	
Passar para o campo anterior	Shift+Tab
Passar para o próximo campo	Tab
Fechar o cartão ativo	Enter
Mover entre os caracteres de um campo	*Para que os atalhos de teclado a seguir possam ser usados, um campo do cartão deve ser selecionado. Para selecionar um campo quando um cartão estiver selecionado, clique no campo.*
Adicionar uma linha em um campo de várias linhas	Enter
Passar para o começo de uma linha	Home
Passar para o fim de uma linha	End
Passar para o começo de um campo de várias linhas	Page Up
Passar para o fim de um campo de várias linhas	Page Down
Passar para a linha anterior de um campo de várias linhas	Seta para cima
Passar para a próxima linha de um campo de várias linhas	Seta para baixo
Passar para o caractere anterior de um campo	Seta para a esquerda
Passar para o próximo caractere de um campo	Seta para a direita

Modo de exibição da Linha do Tempo (Tarefas ou Diário)

Ação	Atalho do teclado
Quando um item foi selecionado	
Selecionar o item anterior	Seta para a esquerda
Selecionar o próximo item	Seta para a direita
Selecionar vários itens adjacentes	Shift+Seta para a esquerda ou Shift+Seta para a direita
Selecionar vários itens não adjacentes	Ctrl+Seta para a esquerda+Barra de espaço ou Ctrl+Seta para a direita+Barra de Espaço
Abrir os itens selecionados	Enter
Selecionar o primeiro item da linha de tempo (se os itens não estiverem agrupados) ou o primeiro item do grupo	Home
Selecionar o último item da linha de tempo (se os itens não estiverem agrupados) ou o último item do grupo	End
Exibir (sem selecionar) o primeiro item da linha de tempo (se os itens não estiverem agrupados) ou o primeiro item do grupo	Ctrl+Home
Exibir (sem selecionar) o último item da linha de tempo (se os itens não estiverem agrupados) ou o último item do grupo	Ctrl+End
Quando um grupo foi selecionado	
Expandir o grupo	Enter ou seta para a direita
Recolher o grupo	Enter ou seta para a esquerda
Selecionar o grupo anterior	Seta para cima
Selecionar o próximo grupo	Seta para baixo
Selecionar o primeiro grupo da linha de tempo	Home
Selecionar o último grupo da linha de tempo	End
Selecionar o primeiro item da tela em um grupo expandido ou o primeiro item de fora da tela à direita	Seta para a direita
Quando uma unidade de tempo da escala em dias foi selecionada	
Voltar em incrementos de tempo iguais aos mostrados na escala de tempo	Seta para a esquerda
Avançar em incrementos de tempo iguais aos mostrados na escala de tempo	Seta para a direita
Alternar entre o modo de exibição ativo, as pastas da Barra de Tarefas Pendentes, de Pesquisa e do Diário e voltar ao modo ativo	Tab e Shift+Tab

Índice

A

B

C

D

E

M

N

O

P

R

S

T

U

V

W

Z